Heine-Jahrbuch

Weitere Bände in der Reihe http://www.springer.com/series/15524

Heine-Jahrbuch 2020

Sabine Brenner-Wilczek (Hg.)
Heinrich-Heine-Institut der Landeshauptstadt Düsseldorf

59. Jahrgang

Anschrift der Herausgeberin:
Sabine Brenner-Wilczek
Heinrich-Heine-Institut
Düsseldorf, Deutschland

Redaktion: Christian Liedtke
Herausgegeben in Verbindung mit der Heinrich-Heine-Gesellschaft

Heine-Jahrbuch
ISBN 978-3-662-62310-7   ISBN 978-3-662-62311-4   (eBook)
https://doi.org/10.1007/978-3-662-62311-4

Die Deutsche Nationalbibliothek verzeichnet diese Publikation in der Deutschen Nationalbibliografie; detaillierte bibliografische Daten sind im Internet über http://dnb.d-nb.de abrufbar.

© Springer-Verlag GmbH Deutschland, ein Teil von Springer Nature 2020
Das Werk einschließlich aller seiner Teile ist urheberrechtlich geschützt. Jede Verwertung, die nicht ausdrücklich vom Urheberrechtsgesetz zugelassen ist, bedarf der vorherigen Zustimmung des Verlags. Das gilt insbesondere für Vervielfältigungen, Bearbeitungen, Übersetzungen, Mikroverfilmungen und die Einspeicherung und Verarbeitung in elektronischen Systemen.
Die Wiedergabe von allgemein beschreibenden Bezeichnungen, Marken, Unternehmensnamen etc. in diesem Werk bedeutet nicht, dass diese frei durch jedermann benutzt werden dürfen. Die Berechtigung zur Benutzung unterliegt, auch ohne gesonderten Hinweis hierzu, den Regeln des Markenrechts. Die Rechte des jeweiligen Zeicheninhabers sind zu beachten.
Der Verlag, die Autoren und die Herausgeber gehen davon aus, dass die Angaben und Informationen in diesem Werk zum Zeitpunkt der Veröffentlichung vollständig und korrekt sind. Weder der Verlag, noch die Autoren oder die Herausgeber übernehmen, ausdrücklich oder implizit, Gewähr für den Inhalt des Werkes, etwaige Fehler oder Äußerungen. Der Verlag bleibt im Hinblick auf geografische Zuordnungen und Gebietsbezeichnungen in veröffentlichten Karten und Institutionsadressen neutral.

Einbandgestaltung: Willy Löffelhardt

Planung/Lektorat: Oliver Schuetze
J.B. Metzler ist ein Imprint der eingetragenen Gesellschaft Springer-Verlag GmbH, DE und ist ein Teil von Springer Nature.
Die Anschrift der Gesellschaft ist: Heidelberger Platz 3, 14197 Berlin, Germany

Inhaltsverzeichnis

Aufsätze

Heines Reisen im Kontext der argutia-Poetik 3
Ralph Häfner

Passage on a Ship of Fools. Heine, Marx, and Ruge on the Tragedy and Farce of the German Revolution 21
Jörg Kreienbrock

„Ich bin die Tat von deinen Gedanken". Heine's Nightly Musings 37
Willi Goetschel

Zwischen Europa und „Nazionalkatzenjammer". Zur jüdischen, europäischen und weltweiten Emanzipation bei Heinrich Heine 49
Kyra Gerber

Notions of Diaspora in Heine 73
Andree Michaelis-König

„An dem Webstuhl des Gedankens". Überlegungen zu Heine und Fontane 85
Joseph A. Kruse

Kommentierte Bibliographie zur arabischen Heine-Rezeption 131
Zouheir Soukah

Zwischen Haskala und Heine. Saul Aschers politischer Journalismus 141
Iwan-Michelangelo D'Aprile

Frühe Diskurskritik. „Jüdischer Witz' in Börnes politischem Feuilleton 155
Hans Kruschwitz

Journalist zwischen Deutschland und Frankreich. Georg Bernhard Depping (1784–1853) 185
Bernd Kortländer

Gutzkows Werke und Briefe, herausgegeben vom Editionsprojekt Karl Gutzkow. Ein Erfahrungs- und Werkstattbericht nach mehr als 20 Jahren 207
Martina Lauster

Heinrich-Heine-Institut Sammlungen und Bestände Aus der Arbeit des Hauses

„Allerlei Dummes". Neue Heine-Briefe (Berichtszeitraum 2017–2020) 227
Christian Liedtke

„laß mich Theil an Euch haben". Familienbriefe der Schriftstellerin Fanny Lewald aus Privatbesitz 241
Gabriele Schneider

22. Forum Junge Heine-Forschung 2019 mit neuen Arbeiten über Heinrich Heine 255
Sabine Brenner-Wilczek

Nachrufe

Ein Kämpfer für Heine. Nachruf auf Wilhelm Gössmann 261
Bernd Kortländer

Hartmut Steinecke – „gedacht soll seiner werden" 265
Dietmar Goltschnigg

Buchbesprechungen

Nicole Bröhan: *Fürst Pückler. Eine Biographie.* **Ulf Jacob, Simone Neuhäuser, Gert Streidt (Hrsg.):** *Fürst Pückler. Ein Leben in Bildern*... 271
Leslie Brückner

Wolfgang Drost: *Der Dichter und die Kunst. Kunstkritik in Frankreich. Baudelaire, Gautier und ihre Vorläufer Diderot, Stendhal und Heine* 275
Robert Steegers

Maria Carolina Foi, Gabriella Pelloni, Marco Rispoli, Claus Zittel (Hrsg.): *Heine – Nietzsche. Corrispondenze estetiche. Ästhetische Korrespondenzen* 279
Patricia Czezior

Adolf Glaßbrenner: *Eine Fahrt nach Oranienburg.*
Feuilleton-Erzählung. Mit anderen neuentdeckten Beiträgen zum
Freimüthigen *(1839)* 285
Olaf Briese

Willi Goetschel: *Heine and Critical Theory* 289
Karen Feldman

Karl Gutzkow: *Ueber Göthe im Wendepunkte zweier Jahrhunderte* 293
Robert Steegers

Helmut Schanze: *Erfindung der Romantik* 297
Bernd Kortländer

Heine-Literatur 2019 mit Nachträgen 301

**Veranstaltungen des Heinrich-Heine-Instituts und der
Heinrich-Heine-Gesellschaft e. V. Januar bis Dezember 2019** 335

**Ankündigung 24. Forum Junge Heine-Forschung
Heinrich-Heine-Institut, Düsseldorf 11. Dezember 2021** 345

Abbildungsnachweise 347

Hinweise für die Manuskriptgestaltung 349

Mitarbeiterinnen und Mitarbeiter des Heine-Jahrbuchs 2020........ 351

Siglen

B	Heinrich Heine: Sämtliche Schriften. Hrsg. v. Klaus Briegleb. Bd. 1–6. München 1968–1976.
DHA	Heinrich Heine: Historisch-kritische Gesamtausgabe der Werke. In Verbindung mit dem Heinrich-Heine-Institut hrsg. v. Manfred Windfuhr im Auftrag der Landeshauptstadt Düsseldorf. Bd. 1–16. Hamburg 1973–1997.
Galley/Estermann	Heinrich Heines Werk im Urteil seiner Zeitgenossen. Hrsg. v. Eberhard Galley und Alfred Estermann. Bd. 1–6. Hamburg 1981–1992.
Goltschnigg/Steinecke	Heine und die Nachwelt. Geschichte seiner Wirkung in den deutschsprachigen Ländern. Texte und Kontexte, Analysen und Kommentare. Hrsg. v. Dietmar Goltschnigg und Hartmut Steinecke. Bd. 1–3. Berlin 2006–2011.
HJb	Heine-Jahrbuch. Hrsg. vom Heinrich-Heine-Institut Düsseldorf (bis 1973: Heine-Archiv Düsseldorf) in Verbindung mit der Heinrich-Heine-Gesellschaft. Jg. 1–32 Hamburg 1962–1994; Jg. 33 ff. Stuttgart, Weimar 1995 ff.
Höhn	Gerhard Höhn: Heine-Handbuch. Zeit, Person, Werk. Stuttgart, Weimar ^{1}1987, ^{2}1997, ^{3}2004.
auf der Horst/Singh	Heinrich Heines Werk im Urteil seiner Zeitgenossen. Begründet v. Eberhard Galley und Alfred Estermann. Hrsg. v. Christoph auf der Horst und Sikander Singh. Bd. 7–13. Stuttgart, Weimar 2002–2006.

HSA	Heinrich Heine: Werke, Briefwechsel, Lebenszeugnisse. Säkularausgabe. Hrsg. v. den Nationalen Forschungs- und Gedenkstätten der klassischen deutschen Literatur in Weimar (seit 1991: Stiftung Weimarer Klassik) und dem Centre National de la Recherche Scientifique in Paris. Bd. 1–27. Berlin, Paris 1970 ff.
Mende	Fritz Mende: Heinrich Heine. Chronik seines Lebens und Werkes. 2. bearb. u. erw. Aufl. Stuttgart, Berlin, Köln, Mainz 1981.
Werner/Houben	Begegnungen mit Heine. Berichte der Zeitgenossen. Hrsg. v. Michael Werner in Fortführung v. H. H. Houbens „Gespräche mit Heine". Bd. 1, 2. Hamburg 1973

Aufsätze

Heines Reisen
im Kontext der argutia-Poetik

Ralph Häfner

Fragt man nach Heines Reisen, so wird man zuerst an den Werkkomplex der „Reisebilder" denken, der ihn über einen längeren Zeitraum seines frühen Schaffens beschäftigt hat und durch den er auf der literarischen Bühne über Deutschland hinaus rasch bekannt werden sollte. Heines frühe Reisen waren indes weniger spektakulär, als man es von dem Autor der „Harzreise" oder der italienischen „Reisebilder" erwarten könnte. Im Februar 1815 reist Harry Heine erstmals zum Verwandtenbesuch nach Hamburg; der noch nicht ganz Achtzehnjährige begibt sich im September 1815 in Begleitung seines Vaters, eines Düsseldorfer Tuchhändlers, zur Messe nach Frankfurt am Main, um im dortigen Bankhaus Rindskopf zu hospitieren. Das Unternehmen erweist sich indes als ebenso erfolglos wie inden Jahren darauf die Ausbildung im Bankhaus seines Onkels Salomon Heine in Hamburg. Während seines Aufenthalts in Hamburg, der hauptsächlich von der Affäre der unglücklichen Liebe zu seiner Cousine Amalie geprägt war, trägt er den Wunsch, zu studieren, an seinen Onkel heran, der ihm die finanziellen Mittel bereitstellt. Die Reise führt ihn zunächst nach Bonn, wo er sogleich das im Dezember 1819 begonnene Jurastudium zugunsten literarischer Interessen vernachlässigt. Wichtiger sind ihm die Vorlesungen August Wilhelm Schlegels, der ihn in die europäischen und außereuropäischen – vor allem indischen – Sprachen und Literaturen einführt. Nach Wanderungen durch Westfalen setzt er im Herbst 1820 das Studium in Göttingen fort, wechselt aber bereits im Frühjahr darauf nach Berlin. In Göttingen hatte er sich in die Schätze der Bibliothek vertieft und eignete sich eine breite Kenntnis frühneuzeitlicher Gelehrsamkeit an; unter seiner Lektüre finden sich Schriften über Zauberei, Hexenwesen und Geistererscheinungen. In Berlin knüpft der Wanderer zahlreiche

---

R. Häfner (✉)
Freiburg, Deutschland
E-Mail: ralph.haefner@germanistik.uni-freiburg.de

© Springer-Verlag GmbH Deutschland, ein Teil von Springer Nature 2020
S. Brenner-Wilczek, *Heine-Jahrbuch 2020*, Heine-Jahrbuch,
https://doi.org/10.1007/978-3-662-62311-4_1

gesellschaftliche Kontakte, wird regelmäßiger Gast des literarischen Kreises um Karl August Varnhagen von Ense und seine Frau Rahel, tritt in den Verein für Cultur und Wissenschaft der Juden ein, trifft sich in der Oper und den Konzerthäusern der Stadt und wird rasch zu einem Kenner des Konditorei- und Gastronomiewesens.

Heines Vorliebe für Badereisen manifestiert sich bereits in dieser Epoche seines Lebens. Aufenthalte an der Nordsee bei Cuxhaven und Ritzebüttel verbindet er mit Besuchen bei den Eltern, die nach der Liquidation des Düsseldorfer Handelshauses nach Lüneburg übergesiedelt waren. 1822 besucht er in Begleitung seines Studienfreundes Eugen von Breza Polen. Im Juli 1825 beendet er sein Studium in Göttingen mit dem juristischen Doktorexamen; die Sommerferien verbringt er auf Norderney. Von Hamburg aus unternimmt er 1827 eine Reise nach England; die Rückreise führt ihn über Holland wiederum nach Hamburg. Das unstete Wanderleben scheint zunächst ein Ende zu finden, als Heine zur Mitarbeit an Johann Friedrich Cottas „Neuen allgemeinen politischen Annalen" in München gebeten wird.[1] Heine hatte den Verleger bereits in Berlin kennengelernt. Im Oktober 1827 reist er über Frankfurt, Heidelberg und Stuttgart nach München, um die Redaktionsgeschäfte zu leiten, bricht dann aber im August 1828 zu einer dreimonatigen Reise nach Italien auf. Auf der Rundreise besichtigt er Mailand, Genua, Lucca, Florenz und Venedig. Die Sommermonate 1830 verbringt er auf der damals von Dänemark verwalteten, von einem internationalen Publikum besuchten Insel Helgoland.[2]

Halten wir hier zunächst einmal inne, brachte doch das Jahr 1830 einen tiefgreifenden Einschnitt in Heines Biographie. Die Nachricht von der Juli-Revolution in Paris, die ihn auf Helgoland erreicht, lässt in ihm den schon länger gehegten Entschluss reifen, dauerhaft nach Paris überzusiedeln. Der Schriftsteller und damalige Freund Ludwig Börne, den er in Frankfurt kennengelernt hatte, befand sich schon seit einigen Monaten am Ort der revolutionären Ereignisse. Heines Geburt fiel in eine Epoche, da Düsseldorf im Zuge der Napoleonischen Expansion von französischen Truppen besetzt war; er konnte sich also ohne Schwierigkeiten dauerhaft in Frankreich niederlassen. Die französische Hauptstadt hat er danach nicht oft mehr verlassen. Seit 1831 begibt er sich regelmäßig in den Sommerurlaub nach dem mondänen Boulogne-sur-mer. Ende September 1836 reist er in den Süden Frankreichs mit der Absicht, von dort aus nach Spanien überzusetzen. Da er Schiffbruch erleidet, scheitert der Plan ebenso wie die Absicht, stattdessen nach Neapel zu reisen. Seit der Abreise aus Paris an der Gelbsucht erkrankt, führt ihn der Weg über Marseille und Hyères nach Aix-en-Provence, wo er sich in ärztliche Behandlung begibt. Von dort aus schreibt er an den Freund, den Theaterkritiker, Schriftsteller und Intendanten August Lewald:

> Seit 8 Tagen bin ich hier, nachdem ich auf einer Reise nach Italien im Haven von Marseille Schiffbruch gelitten. Vor 3 Wochen wollte ich nach der spanischen Küste und das Schiff bekam ein Leck. Es ist in den Sternen geschrieben, daß ich diesen Winter in Paris zubringen soll; welches mir sehr verdrießlich, da ich einige Zeit an der Gelbsucht litt und meine Gesundheit ein milderes Clima rathsam macht. (HSA XXI, 168)

Wie so oft, nutzt Heine das fatale Ereignis der gescheiterten Reise für eine politische Inszenierung, indem er die Situation auf Paris, die restaurativen

Tendenzen unter dem Bürgerkönig Louis-Philippe und schließlich auf Deutschland überträgt:

> Auch auf der Seine war ich unlängst in Gefahr zu ersaufen, das Dampfschiff schlug nehmlich nach einer Seite, die Damen auf dem Verdeck schrien wie wahnsinnig, ich beruhigte sie aber, indem ich rief: Ne craignez rien, Mesdames, nous sommes tous sous la protection de la loix! – Aber wie dürfte ich ersaufen, ehe ich Antwort vom Bundestag habe auf meine Bittschrift. Schon die bloße Höflichkeit verlangt jetzt, daß ich am Leben bleibe. (ebd.)

Heine kam übrigens noch zweimal in den Süden Frankreichs. Ein Kuraufenthalt führte ihn, der an einer fortschreitenden Rückenmarkskrankheit litt, im Sommer 1841 über Lyon, Avignon, Sète und Toulouse in das für seine Thermalquellen berühmte Pyrenäendorf Cauterets. 1846 schließlich, zwei Jahre vor dem Zusammenbruch, verbringt er den Sommer in dem Pyrenäenbad Barèges, nachdem er wegen schwerwiegender gesundheitlicher Probleme in Bagnères-de-Bigorre, östlich des Wallfahrtsortes Lourdes, die Reise hatte unterbrechen müssen. Dazwischen, im Herbst 1843 und dann wieder im Sommer und Herbst 1844, reist er nach Deutschland.

England und das dänische Helgoland im Norden, die Provence und Italien bis hinab nach Florenz im Süden, Polen und das unter österreichischer Hoheit stehende Venedig im Osten, die Pyrenäen und die französische Atlantikküste im Westen: Heine vermisst auf seinen Reisen eine geopolitische Lage, die sein politisches Denken von allem Anfang an grundiert. Lange vor der persönlichen Begegnung mit Karl Marx im Jahr 1843 entwickelt er ein kosmopolitisches[3] Szenario für die künftige Gestaltung Europas. Zu Beginn der 1830er Jahre, als er sich mit der Soziallehre Saint-Simons und der Saint-Simonisten beschäftigt, ist ihm Paris das Modell einer derartigen kosmopolitischen Sozialisationsform, in der eine Avantgarde von Intellektuellen und Künstlern eine die Borniertheit nationaler und religiöser Ressentiments hinter sich lassende freie und befreiende Lebensform praktiziert. Über Frédéric Chopin schreibt Heine im zehnten der Briefe „Über die französische Bühne": Sobald er am Klavier sitze, sei er „weder Pole, noch Franzose, noch Deutscher, er verräth dann einen weit höhern Ursprung, man merkt alsdann, er stammt aus dem Lande Mozarts, Raffaels, Goethes, sein wahres Vaterland ist das Traumreich der Poesie." (DHA XII, 290).

Heines Reisen müssen dabei nicht immer in entfernte, im Falle des Pyrenäendorfs Cauterets gar abgelegene Gegenden und Kulturen Europas führen. Im Mikrokosmos der Großstadt nimmt er Aspekte der Zivilisation wahr, die er in seiner umfangreichen Berichterstattung aus Paris, zunächst in den Tagesberichten „Französische Zustände", dann in den Korrespondenzartikeln der „Lutezia", wie in einem Panorama ausfaltet. Von Paris aus schweift der Blick des Beobachters über Europa hinaus und erreicht die – die europäische Politik zutiefst tangierenden – Entwicklungen in Russland, den USA und im Nahen Osten.

Reisen durch die Großstadt unternahm Heine übrigens seit seinem Studium in Berlin. Während den vier Berliner Semestern wechselte er fünfmal die Wohnung. In Paris bezog er während 25 Jahren fünfzehnmal neue Appartements[4] und lernte dabei das soziale Mikroklima der Stadt im einzelnen kennen, wobei das Viertel von Montmartre sein Lebensmittelpunkt blieb. Hinzu kommen in der Regel mehrmonatige Aufenthalte in der näheren Umgebung, wie Montmorency oder Passy. Die Auslöser für derartige Reisen durch die und am Rande der Metropole waren dabei in der Regel trivial: Ungesundes, feuchtes Raumklima, lärmende Handwerksbetriebe im Hinterhof oder am Klavier übende Töchter aus der unmittelbaren Nachbarschaft sind gewöhnlich die Gründe, die das empfindliche Gemüt zu einem Umzug veranlassten. Indessen drückt sich darin auch eine Lebensweise aus, die für den Flâneur Heine kennzeichnend ist. ‚Durch Paris reisen', „voyager dans Paris"[5], lautet die Formel des Zeitgenossen, Freundes und Autors der „Comédie humaine", Honoré de Balzac, der in einem nicht unerheblichen Teil seines Romanwerks die Mechanismen der modernen Zivilisation am Modell des Großstadtlebens bloßgelegt hat. Auch er übrigens ‚reist durch Paris', ändert oft seinen Aufenthaltsort, meist, um den Nachstellungen der Gläubiger zu entkommen. Heines „Französische Zustände" und die „Lutezia" sind – im Modus der Berichterstattung – mit dem Panorama der „Comédie humaine" durchaus vergleichbare Zugänge zur modernen Großstadt.

Diese Modernität der Metropole hat sich übrigens bereits seit dem Grand Siècle ausgeprägt. Charles Rivière-Dufresny (1657–1724), der Autor der Aphorismensammlung „Amusements sérieux et comiques" (1699), hebt den Nutzen des Reisens um die Welt im Blick auf die Kenntnis der menschlichen Sitten und Charaktere hervor und begreift Paris als ganz eigenen Mikrokosmos:

> Paris ist eine ganze Welt; man entdeckt dort jeden Tag mehr neue Länder und überraschende Sonderbarkeiten, als auf dem ganzen Rest der Erde. Allein unter den Parisern unterscheidet man so viele verschiedene Völker, Sitten und Gewohnheiten, von denen die Einwohner selbst nur die Hälfte kennen.[6]

Man könnte es bei diesem Überblick belassen, wollte man eine Auflistung von Heines wichtigsten Lebensstationen geben. Aber diesen Lebensstationen korrespondiert ein Werkkomplex, der in einem intrikaten Verhältnis zu Heines Biographie steht und der Anlass zu einem eigenen narrativen Genre, den „Reisebildern", gegeben hat.[7] Heines „Reisebilder" sind nicht einfach Reiseberichte, in denen der Autor dem Leser Rechenschaft gäbe von den politischen, sozialen, naturkundlichen Beobachtungen, die er in fremden Ländern gesammelt hat. Dass es sich nicht um diese Art wissenschaftlicher Reiseberichterstattung handelt, macht schon der Umstand deutlich, dass wir im Falle der „Reisebilder" nicht eigentlich von einem Autor sprechen können, der Fakten mehr oder weniger objektivierend analysiert und interpretiert; vielmehr haben wir es mit einem Erzähler zu tun, dessen Physiognomie oft genug nicht eindeutig identifizierbar ist. Er trägt Masken, die er in wechselnden Gesellschaften ebenso rasch zu wechseln versteht wie den Schauplatz, auf dem er seine *dramatis personae* versammelt. Man kann im Falle der „Reisebilder" von einem Maskenball sprechen, so zwar, dass der Leser nicht selten selbst unvermittelt in das Geschehen gezogen wird; er ist Teil der Bühne, auf der der Erzähler seine wechselnden Rollen aufführt. Diese quasi-dramatische Inszenierung des Textes begegnet schon in den frühen Prosastücken „Briefe aus Berlin" und „Über Polen" und findet dann ihren Höhepunkt in den explizit so genannten „Reisebildern" „Die Harzreise", „Die Nordsee" in zwei Teilen (wobei es sich beim ersten Teil ausschließlich um Lyrik handelt), „Ideen. Das Buch Le Grand", „Reise von München nach Genua", „Die Bäder von Lukka" und „Die Stadt Lukka". Hinzu kommen Stücke wie die „Englischen Fragmente" und die verhältnismäßig späten, nicht eigentlich als Korrespondenz*berichte* zu bezeichnenden Prosastücke „Aus den Pyrenäen".[8] Auch diese sind ‚Bilder' im Heine'schen Sinne, „tableaux de voyage", wie die französische Übersetzung der „Reisebilder" noch präziser im Blick auf die Form einer Folge von ‚Gemälden' deutlich macht.

Gemeinsam ist all diesen Werken das gnoseo-poetische Verfahren der Ideenassoziation, welches Heine bereits in den „Briefen aus Berlin" entwickelt hatte (vgl. DHA VI, 9). Heines Poetik der Ideenassoziation ist ein Verfahren der Erkenntniserzeugung, wie es in den barocken argutia-Poetiken entwickelt und in Romanen wie Baltasar Graciáns „El Criticón" (1651–1657) virtuos zur Anwendung gebracht worden war. Argutia ist das Verfahren, durch Assoziation weit voneinander entfernter Ideen oder Ideenkomplexe überraschende Einsichten in scheinbar vertraute Zusammenhänge zu erzeugen. Die Poetik des Witzes (engl. ‚wit'), wie sie insbesondere für die englische Literatur des 18. Jahrhunderts charakteristisch ist, ist eine Überformung der argutia-Poetik. Heine entwirft auf seinen ‚tableaux de voyage' Räume, die den in sie gestellten Masken eine imaginäre Kommunikation über Zeitalter und geographische Grenzen hinweg ermöglichen. Gespräche mit zufälligen Reisebekanntschaften, mit längst Verstorbenen oder verstorben Geglaubten, mit Geistern und travestierten Göttern eröffnen ungeahnte Quellen einer Erkenntniserweiterung, der ein ausgesprochen burlesk-subversiver Grundzug eignet, indem sie landläufige Ansichten über Gott, Welt und Gesellschaft produktiv unterläuft. Bringt man den performativen Aspekt von Heines Prosa in Anschlag, so wird man eine Nähe zur Farce im Sinne von Shakespeares „Comedy of Errors" konstatieren können, die seine Prosa nicht selten zum quasi-dramatischen Dialog umformt. Das Problem der Identität und das Spiel mit wechselnden Identitäten desselben Individuums prägen übrigens nicht nur die „Reisebilder" im engeren Sinne; das Verfahren des argutesken Identitätstausches ist vielmehr noch für das späte ‚Lebensreisebild' „Geständnisse" („Aveux de l'auteur") bestimmend geblieben, das man nur allzu oft als authentische Autobiographie lesen zu können glaubte. Im Gegenteil handelt es sich um einen hybriden Text, dessen Poetik denselben Gesetzen der Ideenassoziation gehorcht wie die späten Gedichte des „Romanzero" und das Fragment gebliebene Epos „Bimini".[9]

Traditionsgeschichtlich lassen sich Heines „Reisebilder" vor allem in der englischen Literatur verorten. Laurence Sterne, der Autor des die Form der Autobiographie parodierenden Romans „The Life and Opinions of Tristram Shandy, Gentleman", publizierte 1768 das Reisebuch „A Sentimental Journey Through France and Italy", das die ‚reale' Reise nach Frankreich und Italien, die Sterne 1765, bereits tief von Krankheit gezeichnet, unternommen hatte, in der komplexen Form der argutesken Poetik reflektiert. Sterne konterkariert die Form des sachlich objektivierenden Reiseberichts, wie ihn Tobias Smollett mit den „Travels Through

France and Italy" 1766 vorgelegt hatte. Sterne, der Smollett in Italien persönlich kennengelernt hatte, reihte den Autor der „Travels" unter dem Pseudonym Smelfungus in die imaginäre Gesellschaft seiner „Sentimental Journey" ein. Die objektivierende und scheinbar verbindliche Beobachterperspektive Smolletts wird damit selbst zum Modus perspektivierender Erkenntnisführung.[10] Schon der Eingang der „Sentimental Journey", die Johann Joachim Christian Bode 1768/1769[11] unter dem Titel „Yoricks empfindsame Reise" in einer äußerst erfolgreichen deutschen Übersetzung vorgelegt hatte, ist ein Akt des Divagierens: „… In Frankreich, sagt' ich, verstehn sie das Ding besser. …" („They order, said I, this matter better in France.")[12] In direkter, aus dem Zusammenhang gerissener Rede äußert sich hier ein unbekanntes Sprecher-Ich über einen Gegenstand, der nicht näher benannt wird. Der fiktive Erzähler erläutert in einer „Vorrede", die nicht etwa am Anfang des Werks steht, sondern erst nach Verlauf einiger Kapitel eingerückt ist, mögliche Gründe, die uns zum Reisen veranlassen können: „Gebrechlichkeit des Körpers, Schwachheit des Geistes, oder Unumgängliche Nothwendigkeit."[13] Die Form systematischer Erkenntnis parodierend, folgt eine humoristisch-pedantische Auflistung verschiedener Klassen oder „Rubriquen" von Reisenden:

Müssige Reisende,
Neugierige Reisende,
Lügende Reisende,
Aufgeblasene Reisende,
Eitele Reisende,
Milzsüchtige Reisende.

Dann folgen die Reisenden aus Nothwendigkeit.
Der seiner Sündenschuld wegen Reisende,
Der unglückliche und unschuldige Reisende,
Der simple Reisende.[14]

Eine Zuspitzung erfährt dieser Katalog, indem auch der ziellos Umherschweifende offenbar zu den Reisenden aus „unumgänglicher Nothwendigkeit" rechnet. Es gibt Menschen, denen das Reisen zu einem inneren Bedürfnis geworden ist, ohne dass sie ein Ziel ihrer Reise nennen könnten, Reisende, die um des Reisens willen aufgebrochen sind:

Und ganz zuletzt (wenn Sies nicht übel nehmen wollen!) der Empfindsame Reisende, (womit ich mich selbst meyne) der ich gereiset bin, und nun sitze und davon Rechenschaft ablegen will … und eben so gut aus Nothwendigkeit, und *besoin de voyager* gereiset bin, als irgend einer aus der Klasse.[15]

Höchste Simplizität und virtuose Sophistikation, so legt es die Erzählung nahe, fallen im Typus des empfindsamen Reisenden offenbar zusammen – und zwar gerade weil dieser weder Grund noch Ziel seiner Reise angeben kann. Er ist der Flâneur[16], der aus „besoin de voyager" Welt und Gesellschaft von immer neuen Lebensstandpunkten aus in den Blick nimmt, ohne selbst einen festen Standpunkt einzunehmen. Der Text – das empfindsame Reisejournal – wird selbst zu einem Netz anekdotischer Referenzen, die in immer neuen Ansätzen *Leben erzählen,* ohne doch jemals die Erzählung zuende zu bringen. Die – unvollendete, fragmentierte – Erzählung wird zu einer großartigen Allegorie des Lebens.

Sternes fiktives Reisejournal findet eine fast zeitgleiche Parallele in Denis Diderots Roman „Jacques le fataliste et son maître". Das wohl im Jahr 1765 begonnene Werk wird allerdings zunächst nur einem kleinen Leserkreis durch die entsprechenden Hefte von Friedrich Melchior Baron von Grimms handschriftlich verbreiteter „Correspondance littéraire" (1778–1780) bekannt; die erste französische Buchausgabe erscheint erst 1798, übrigens sechs Jahre nach der deutschen Übersetzung von Wilhelm Christhelf Sigmund Mylius.[17] Der Beginn des Werks thematisiert in exemplarischer Weise die divagierenden Seitwärtsbewegungen, durch die Diderots Text – nicht weniger wie Laurence Sternes „Empfindsame Reise" – charakterisiert ist. Ein Dialog entspinnt sich zwischen zwei Unbekannten, dem Erzähler und dem fragenden Leser, die sich über zwei Unbekannte unterhalten, von denen erst später klar wird, dass es sich um Jacques und seinen Herrn handelt:

> Wie waren sie zu einander gekommen? – ‚Von ungefähr, wie das gewöhnlich der Fall ist.' – Wie hießen sie? – ‚Was kann euch daran liegen?' – Wo kamen sie her? – ‚Aus dem nächst gelegenen Orte.' – Wo wollten sie hin? – ‚Weiß man je, wohin man will?' – Was sprachen sie? – ‚Der Herr kein Wort; aber Jakob: sein Hauptmann habe gesagt, alles, was uns hienieden Gutes oder Böses begegne, stehe dort oben geschrieben.[18]

In Deutschland wurde Laurence Sternes Modell durch Moritz August von Thümmel adaptiert.[19] Thümmels „Reise in die mittäglichen Provinzen von Frankreich" (1791–1805), die das Genre ins Monumentale erweiterte, nutzt das poetische Prinzip der Ideenassoziation zum Aufbau eines Erzählstroms, der in seinem beinahe unendlichen Mäandrieren kausale Handlungsschemata außer Kraft setzt. Eine burleske Poetik vergleichbarer Art brachte Lord Byron dann in seinem unvollendet gebliebenen komischen Versepos „Don Juan" (1819–1824) zur Anwendung; Ideenassoziationen werden in dem Werk des von Heine hoch geschätzten englischen Autors nicht selten durch eine Reimtechnik erzeugt, die die scheinbare Evidenz witziger Pointen im poetischen Aufbau verbürgt.

In engster Nachbarschaft zu Heines „Reisebildern" sind zudem jene „Briefe eines Verstorbenen" zu sehen, die Hermann Fürst von Pückler-Muskau 1830 publiziert hatte.[20] Der vollständige Untertitel lautet: „Ein fragmentarisches Tagebuch aus Deutschland, Holland, England, Wales, Irland und Frankreich, geschrieben in den Jahren 1826 bis 1829". Schon im äußeren Aufbau destruiert Pückler-Muskau Erwartungen an eine folgerichtige Entwicklung, denn das Werk beginnt mit dem dritten und vierten Teil, obwohl die Zählung der Briefe linear durchgeführt wird. In seinem Tagebuch in der Form einer Sequenz von Briefen fragmentiert Pückler-Muskau die erzählte Wirklichkeit, indem sie sich immer wieder auf Räume imaginärer Kommunikationssituationen und traumhafte Vergegenwärtigungen innerer Vorstellungswelten hin öffnet; einziges Ordnungsschema ist der mäandrierende Reiseweg des Erzählers, dessen Vorliebe für englische Gartenbaukunst eine kaum verdeckte Identität mit dem Autor Pückler-Muskau stiftet. Die Kritik der Kausalbeziehungen – Vermächtnis von Immanuel Kants Auseinandersetzung mit der Gnoseologie des schottischen Philosophen David Hume (1711–1776)[21] – erfolgt im ausdrücklichen Rückgriff auf Lord

Byron, der die herrschende Pedanterie, den Hochmut und die Heuchelei in unterschiedlichsten Facetten des Gesellschaftslebens bloßgelegt hatte. Heine zitierte den entsprechenden Abschnitt aus Pückler-Muskaus Werk im Motto zum dritten der italienischen „Reisebilder", „Die Stadt Lukka" (vgl. DHA VII, 158).

Die Freundschaft mit Pückler-Muskau, die bis in die letzten Lebensjahre Heines andauerte, gründete nicht zuletzt in einer Poetik, die Heine über den „Don Quijote" des Cervantes bis auf den spätantiken Roman zurückführte.[22] Dem ständigen Ortswechsel, dem der „Tourist" (Heine) Pückler-Muskau unterliegt, korrespondieren ebenso plötzliche wie abrupte Perspektivenwechsel im Blick auf die Façonnierung der Bewusstseinsinhalte, die sich in unerwarteten – dem Traumgeschehen analogen – Ideenassoziationen manifestiert. Im langen „Zueignungsbrief" zur Buchausgabe der „Lutezia", „An seine Durchlaucht, den Fürsten Pückler-Muskau", datiert auf den 23. August 1854, hat Heine das Reisemotiv als lebensgeschichtliche Parallele eigens herausgestellt: „Ja, Reisende waren wir beide auf diesem Erdball, das war unsere irdische Spezialität" (DHA XIII, 15). Aber wer verbirgt sich hinter diesem „wir", und wie ist es um Heines Adressaten bestellt? Heine lässt Pückler-Muskau unter wechselnden Masken in wechselnden Gesellschaften auftreten, so dass der Text im Spiel der Assoziationen zu einer Schrift gerinnt, die in immer neuen Ansätzen sich in narrative Gedankensplitter auffächert. Die Schrift wird damit selbst zu einer Sammlung von – gleichsam mythischen – „klugen Rätselsprüchen", die dem wissenden Leser Fingerzeige über die wahre, eigentliche, d. h. gesellschaftskritische Bedeutung des Textes gibt. Greifen wir eine längere Passage heraus, die Heines Poetik der Ideenassoziation auf besonders eindrucksvolle Weise dokumentiert:

> Aber wo befindet sich in diesem Augenblick der vielverehrte und viel theure Verstorbene? Wohin adressire ich mein Buch? Wo ist er? Wo weilt er, oder vielmehr wo gallopirt er, wo trottirt er? er, der romantische Anacharsis, der fashionabelste aller Sonderlinge, Diogenes zu Pferde, dem ein eleganter Groom die Laterne vorträgt, womit er einen Menschen sucht. – Sucht er ihn in Sandomir, oder in Sandomich, wo ihm der große Wind, der durch das Brandenburger Thor weht, die Laterne ausbläst? Oder trabt er jetzt auf dem höckerigten Rücken eines Kamehls durch die arabische Sandwüste, wo der langbeinige Hut-Hut, den die deutschen Dragomanen den Legationssekretär von Wiedehopf nennen, an ihm vorüberläuft, um seiner Gebieterin, der Königinn von Saba, die Ankunft des hohen Gastes zu verkünden – denn die alte fabelhafte Person, erwartet den weltberühmten Touristen auf einer schönen Oase in Aethiopien, wo sie mit ihm unter wehenden Fächerpalmen und plätschernden Springbrunnen frühstücken und kokettiren will, wie einst auch die verstorbene Lady Esther Stanhope gethan, die ebenfalls viele kluge Räthselsprüche wußte – (DHA XIII, 19 f.)

In der Figur Pückler-Muskaus wird eine Ahnenreihe „weltberühmter Touristen" lebendig, deren Masken wechselnde Identitäten begründen. Dabei handelt es sich bei diesen Masken selbst wieder um Hypostasierungen fiktiver Identität. Nach Herodot bereiste der Skythe Anacharsis um 600 v. Chr. Griechenland, um bei seiner Rückkehr seinen Landsleuten griechische Lebensweise und sittliche Kultur zu empfehlen. Dieser frühe Versuch eines zivilisationsfördernden Bildungstransfers freilich scheiterte. Mit unverhohlener Spitze gegen den preußischen Absolutismus tritt Pückler-Muskau dann als neuer Diogenes in Erscheinung, der vergeblich die Freiheitsrechte des polnischen Volks – stellvertretend nennt Heine die Stadt Sandomierz an der Weichsel – einklagt.[23] Eine fragmentierte Episode entwickelt sich in dem orientalisierenden Bild des Kamelreiters, der durch die „arabische Sandwüste" reitet, um dort von der Königin von Saba zum Frühstück empfangen zu werden: Man assoziiert den Reisenden mit dem weisen König Salomon, in dessen Antlitz die Physiognomie des wahnwitzig-klugen Ritters Don Quijote aufscheint.

Die Episode gehört mit ihren malerischen Akzenten in die umfangreiche Sammlung von Heines Bildbeschreibungen; im Stil eines Decamps oder Delacroix zitiert sie Zivilisationsreflexe im Sinne des zeitgenössischen Orientalismus in der Malerei. Innerhalb dieses Raums imaginärer Kommunikation ist die Dimension der Zeit gänzlich abwesend. Denn in der „verstorbenen Lady Esther Stanhope", so gibt die Erzählung zu verstehen, lebt der Typus der Königin von Saba fort; die „klugen Rätselsprüche" – Heines Chiffre für die Unsterblichkeit der politischen Revolutionsideen – werden aus dem Munde wechselnder Masken immer von neuem wieder verkündet. Lady Hester Stanhope (1776–1839), die Tochter des nach ihm benannten Erfinders der eisernen Stanhope-Druckpresse, war eine bekannte Archäologin, die die antiken Stätten im Nahen und Mittleren Osten erforschte. Bekannt war sie auch dafür, dass sie sich auf ihren Forschungsreisen als Mann verkleidete, um den Schleier nicht tragen zu müssen. Pückler-Muskau lernte sie im April 1838 persönlich kennen. Sie bereichert Heines Galerie der Freiheitsheldinnen vom Typus der von Delacroix geschaffenen „Liberté guidant le peuple"; beim Besuch der legendären Gemäldeausstellung von 1831 im Louvre hatte er die unverschleierten Griechinnen auf dem Gemälde „Türkische Patrouille" des Orientalisten Decamps als Chiffre der erstrebten Unabhängigkeit Griechenlands gedeutet.[24]

Heine erzeugt durch das Prinzip der Ideenassoziation eine Bedeutungsdichte, in der er historische Daten, Elemente des Fabelhaften, märchenhafte Züge und mythische Versatzstücke aus weit auseinander liegenden zivilisationsgeschichtlichen Zusammenhängen zusammenschließt. Der „Tourist" Pückler-Muskau wird ebenso Teil des imaginären Kommunikationsnetzes wie der Leser, der sich mit dem Erzähler auf die Suche nach dem prominenten Reisenden begibt. Im „Zueignungsbrief" setzt Heine seine *räumliche* Gegenwart in eine mythische Ur*zeit,* um sie, die mythische Urzeit, in die eigene gesellschaftliche Gegenwart subvertierend einzublenden:

> Ja, wo ist jetzt der wandersüchtige Ueberall und Nirgends? Correspondenten einer mongolischen Zeitung behaupten, er sey auf dem Wege nach China, um die Chinesen zu sehen, ehe es zu spät ist und dieses Volk von Porzelan in den plumpen Händen der rothhaarigten Barbaren ganz zerbricht – ach! seinem armen wackelköpfigen Porzelankaiser ist schon vor Gram das Herz gebrochen! – Der *Calcutta advertiser* scheint der oberwähnten mongolischen Zeitungsnachricht keinen Glauben zu schenken, und behauptet vielmehr, daß Engländer, welche jüngst den Himalaja bestiegen, den Fürsten Piukler Miuskau auf den Flügeln eines Greifen durch die Lüfte fliegen sahen. Jenes Journal bemerkt, daß der erlauchte Reisende sich wahrscheinlich nach dem Berge Kaf begab, um dem Vogel Simurgh, der dort haust, seinen Besuch abzustatten und mit ihm über antediluvianische Politik zu plaudern. – Aber der alte Simurgh, der Dekan der Diplomaten, der Ex-Wesir so vieler präadamitischen Sultane, die alle weiße Röcke

und rothe Hosen getragen, residirt er nicht während den Sommermonathen auf seinem Schloß Johannisberg am Rhein? Ich habe den Wein der dort wächst, immer für den besten gehalten, und für einen gar klugen Vogel hielt ich immer den Herrn des Johannisbergs; aber mein Respekt hat sich noch vermehrt, seitdem ich weiß, in welchem hohen Grade er meine Gedichte liebt, und daß er einst Ew. Durchlaucht erzählte, wie er bey der Lektüre derselben zuweilen Thränen vergossen habe […]. (DHA XIII, 20)

Der zu Tränen gerührte „Herr des Johannisbergs" ist selbstverständlich niemand anderer als Fürst Metternich (1773–1859); damit ist das eigentliche Ziel dieser Zeit- und Gedankenreise bestimmt: Es handelt sich um die „antediluvianische Politik", die mit dem Metternich'schen System nach dem Wiener Kongress etabliert war. Heine liefert selbst die Auflösung dieser witzigen Überblendung mit Elementen der persischen Mythologie; Metternich alias Simurgh, der auf dem Berg Kaf alias Johannisberg „haust", ist deshalb ein „kluger Vogel", weil er es verstand, die alten europäischen Mächte – die „präadamitischen Sultane" – durch machiavellistische Diplomatie in sein reaktionäres System zu zwingen.

Das Wechselspiel von Chiffrierung und Dechiffrierung prägt Heines Werk seit seinen frühesten Anfängen. Es ist *seine* Form der machiavellistischen Argumentationskunst[25]; der Text bedeutet etwas anderes, als woraufhin seine Aussage zu verweisen scheint. Im „Reisebild" „Ideen. Das Buch Le Grand" hatte Heine einen Maskentausch inszeniert, der diese Spannung zwischen Maskierung und Demaskierung als gnoseo-poetisches Prinzip von Wahrhaftigkeit und Täuschung im Rahmen persischer und indischer Mythologie auslegt. Wenn sich der Held im zweiten Kapitel mit den Worten einführt: „Ich selbst – es ist der Graf vom Ganges, der jetzt spricht" (DHA VI, 173), so wird die angesprochene Adressatin im fünften Kapitel in Form eines Geständnisses eines besseren belehrt: „Madame! ich habe Sie belogen. Ich bin nicht der Graf vom Ganges […] Aber ich stamme aus Hindostan" (ebd., 178). Nach Entwicklung von Elementen indischer Mythen- und Sprachforschung – Reflex von Heines Sanskritstudien bei August Wilhelm Schlegel in Bonn und der Vorlesungen Franz Bopps in Berlin – wechselt das Sprecher-Ich noch im selben Kapitel abermals seine Identität; das Ich bleibt eine Maske, auch wenn es nun unverhohlen auf die Rheinpartie bei Schloss Johannisberg am Rhein und auf den berühmten, auch von Goethe geschätzten Weinjahrgang 1811 anspielt:

> Nein, ich bin nicht geboren in Indien; das Licht der Welt erblickte ich an den Ufern jenes schönen Stromes, wo auf grünen Bergen die Thorheit wächst und im Herbste gepflückt, gekeltert, in Fässer gegossen und ins Ausland geschickt wird – Wahrhaftig, gestern bey Tische hörte ich Jemanden eine Thorheit sprechen, die *Anno* 1811 in einer Weintraube gesessen, welche ich damals selbst auf dem Johannisberge wachsen sah. (DHA VI, 179)

Die behauptete Wahrhaftigkeit bleibt machiavellistische Verstellung, denn die ausgesprochene Torheit ist offenbar abermals ein *kluges Rätselwort* aus der Zeit der Koalitionskriege gegen Napoleon – verständlich für diejenigen, die die politische Botschaft zwischen den Zeilen zu lesen wissen.

Der junge Heine hatte E.T.A. Hoffmann noch persönlich im Kreis der Weinstube von Lutter und Wegner am Berliner Gendarmenmarkt kennengelernt. Die

Welt der italienischen Stegreifbühne, der Commedia dell'Arte[26], mit ihrer zum virtuosen Spiel gesteigerten Interaktion von Duplizität und Hypokrisie, bildete die formale Grundlage der „Fantasiestücke in Callots Manier" (1814/1815) mit dem Untertitel: „Blätter aus dem Tagebuch eines reisenden Enthusiasten". Auch dieses Werk kann als Variation auf Laurence Sternes „Sentimental Journey" gelesen werden, trägt aber vor dem Hintergrund von Jacques Callots Kupferstichen nach Tanzszenen der Commedia dell'Arte eine ganz eigene Färbung.[27] Hoffmanns „Fantasiestücke" folgen nicht nur in dem so genannten Kapitel „Höchst zerstreute Gedanken" einem scheinbar aleatorischen Prinzip der Ideenassoziation; sie sind traditionsgeschichtlich zumindest partiell frühneuzeitlichen Miscellanea im Stile der ana-Sammlungen[28] verpflichtet. Aus Anekdoten und Gedankensplittern konstruiert Hoffmann ein Netz von Bedeutungen, das – wie im Falle der „Kreisleriana" – schon im Titel das scheinbar zufällige Ordnungsprinzip der Ideenassoziation evoziert und mitunter, wie man am Beispiel des „Märchens aus der neuen Zeit", „Der goldne Topf", zeigen könnte, zu breit angelegten Narrativierungen sich auslegt. Zu einem vexatorischen Spiel wechselnder Identitäten steigert Hoffmann die Welt der Commedia dell'Arte in dem späten „Capriccio nach Jakob Callot", „Prinzessin Brambilla" (1820). Charles Baudelaire wird Hoffmanns Capriccio in dem Aufsatz „De l'essence du rire" (1855) zum Grundtext für die Form des auf kein internes oder externes Telos mehr gerichteten ‚absolut Komischen' erheben.

Wie ich an anderem Ort gezeigt habe, hat sich Heine mit dieser Welt der Stegreifbühne vor dem traditionsgeschichtlichen Hintergrund der spätantiken Atellanen[29] – oder was man dafür hielt – sehr bewusst auseinandergesetzt.[30] Auch Heines „Reisebilder" sind ‚höchst zerstreute Gedanken' eines „reisenden Enthusiasten", sind ‚Capricci' im Sinne E.T.A. Hoffmanns, ‚Balli' im Stile Jacques Callots (1592–1635), die mannigfaltige Möglichkeiten gesellschaftskritischer Subversion im burlesken Genre eröffnen. Das 24. Kapitel der „Reise von München nach Genua", dem ersten der drei italienischen „Reisebilder", bietet eine Miniatur dieser Art. Ausgangspunkt der „Betrachtungen" im „Amphitheater von Verona" sind einem Reiseführer nicht unähnliche, scheinbar objektivierende Überlegungen zur öffentlichen Bautätigkeit im antiken Rom; überrascht wird der Reisende dann durch den völligen Funktionswandel der Arena in der Gegenwart Heines. Der mächtige Bau kontrastiert mit einer „kleinen Holzbude", in der Spieler der Commedia dell'Arte ihre Bühne aufgebaut haben:

> Als ich das Amphitheater besuchte, wurde just Comödie darin gespielt; eine kleine Holzbude war nemlich in der Mitte errichtet, darauf ward eine italienische Posse aufgeführt, und die Zuschauer saßen unter freyem Himmel, theils auf kleinen Stühlchen, theils auf den hohen Steinbänken des alten Amphitheaters. Da saß ich nun und sah Brighellas und Tartaglias Spiegelfechtereyen auf derselben Stelle, wo der Römer einst saß und seinen Gladiatoren und Thierhetzen zusah. Der Himmel über mir, die blaue Krystallschaale, war noch derselbe wie damals. Es dunkelte allmählig, die Sterne schimmerten hervor, Truffaldino lachte, Smeraldina jammerte, endlich kam Pantalone und legte ihre Hände ineinander. Das Volk klatschte Beyfall und zog jubelnd von dannen. (DHA VII, 58)

Heine kontrastiert die ‚moderne' Komödie mit der Nutzung des Amphitheaters in der Antike:

> Das ganze Spiel hatte keinen Tropfen Blut gekostet. Es war aber nur ein Spiel. Die Spiele der Römer hingegen waren keine Spiele, diese Männer konnten sich nimmermehr am bloßen Schein ergötzen, es fehlte ihnen dazu die kindliche Seelenheiterkeit, und ernsthaft wie sie waren, zeigte sich auch in ihren Spielen der baarste, blutigste Ernst. (ebd.)

Auf die provokative Feststellung, dass es im römischen Reich „keine großen Menschen" gegeben habe, folgt ein Kulturvergleich, der die Aussage gleich wieder relativiert: „wie der Grieche groß ist durch die Idee der Kunst, der Hebräer durch die Idee eines heiligsten Gottes, so sind die Römer groß durch die Idee ihrer ewigen Roma, groß überall wo sie in der Begeisterung dieser Idee gefochten, geschrieben und gebaut haben."[31] Dann endlich verwandelt sich das Amphitheater, in dem eben noch die italienischen Komödianten gespielt hatten, in einen Raum imaginärer Kommunikation. Aus den Mauerfragmenten belebt sich die römische Vergangenheit zu traumhafter Gegenwart:

> Wie alle Gebäude im Abendlichte ihren inwohnenden Geist am anschaulichsten offenbaren, so sprachen auch diese Mauern zu mir, in ihrem fragmentarischen Lapidarstyl, tiefernste Dinge; sie sprachen von den Männern des alten Roms, und mir war dabey, als sähe ich sie selber umher wandeln, weiße Schatten unter mir im dunkeln Cirkus. Mir war, als sähe ich die Gracchen mit ihren begeisterten Märtyreraugen. Tiberius Sempronius, rief ich hinab, ich werde mit dir stimmen für das Agrarische Gesetz! Auch Caesar sah ich, Arm in Arm wandelte er mit Marcus Brutus – Seyd ihr wieder versöhnt? rief ich. Wir glaubten beide Recht zu haben – lachte Caesar zu mir herauf – ich wußte nicht, daß es noch einen Römer gab, und hielt mich deßhalb für berechtigt, Rom in die Tasche zu stecken, und weil mein Sohn Marcus eben dieser Römer war, so glaubte er sich berechtigt, mich deßhalb umzubringen. Hinter diesen Beiden schlich Tiberius Nero mit Nebelbeinen und unbestimmten Mienen. (DHA VII, 59)

Dass es sich für Heine hier um einen Kampf um Ideen handelte, die keinem historischen Wandel unterliegen, macht die Chiffre vom „agrarischen Gesetz" der Gracchen bereits deutlich. Es ging um die Freisetzung des Großgrundbesitzes und die Befreiung der Besitzlosen. Aber dieses imaginäre Gespräch mit den Großen der römischen Antike endet abrupt in einer Gegenwart *ohne* Vergangenheit: „da plötzlich erscholl das dumpfsinnige Geläute einer Betglocke und das fatale Getrommel des Zapfenstreichs. Die stolzen römischen Geister verschwanden, und ich war wieder ganz in der christlich-östreichischen Gegenwart." (ebd., 59 f.) Als Heine nach Oberitalien reiste, stand das Territorium noch immer unter österreichischer Herrschaft. Die Poetik der Ideenassoziation eröffnete ein Verfahren, eine unerträgliche Gegenwart im Blick auf Ideen, die bereits in einer fernen Vergangenheit gesellschaftlich produktiv geworden waren, subversiv zu unterlaufen.

Aus dem „fragmentarischen Lapidarstil" der römischen Antike rekonstruiert Heine die Idee gesellschaftlicher Freiheit, die sich unter den europäischen Völkern künftighin in neuer Form ausprägen würde.

Eine letzte imaginäre Reise unternahm Heine mit dem auf losen Blättern überlieferten Epos „Bimini". Heines frühere Versepen, „Deutschland. Ein Wintermährchen" und „Atta Troll. Ein Sommernachtstraum", standen je auf ihre Weise in einer komplexen Beziehung zur Lebensgeschichte des Autors. Reflexe der Reisen nach Deutschland und durch die Pyrenäen, die Heine wirklich unternommen hatte, spiegelten sich in Texturen, deren märchenhafte oder fabelartige Gestalt schon in den Anspielungen der Untertitel auf Werke Shakespeares zum Ausdruck kommt. Im Falle von „Bimini" treffen Wirklichkeit und Fiktion in anderer Form aufeinander. Die Insel Bimini ist Teil des Inselsundes der Bahamas südöstlich von Florida; Heine wusste aus Reiseberichten, dass der spanische Eroberer Juan Ponce de León sich auf die Suche nach der Insel machte, von der er glaubte, dass sie eine Quelle berge, deren Wasser Unsterblichkeit verleihe. Die Fahrt nach der „Wunderinsel" Bimini ist Gegenstand von Heines Epos, dessen Text sich in ein „Zauberschiff" verwandelt. Die erzählte Wirklichkeit wird damit zu einer Textur, die abermals einen Raum imaginärer Kommunikation stiftet. Wie von dem Brettergerüst einer Jahrmarktsbude herab wendet sich das Sprecher-Ich wie folgt an das Publikum:

> Fürchtet nichts, Ihr Herrn und Damen,
> Sehr solide ist mein Schiff
> Aus Trocheen stark wie Eichen
> Sind gezimme[r]t Kiel und Planken.
>
> Fantasie sitzt an dem Steuer,
> Gute Laune bläht die Segel
> Schiffsjung ist der Witz, der flinke.
> Ob Verstand an Bord? Ich weiß nicht!
>
> Meine Raen sind Metaphern,
> Die Hyperbel ist mein Mastbaum,
> Schwarz roth gold ist meine Flagge,
> Fabelfarben der Romantik –
>
> Trikolore Barbarossas,
> Wie ich weiland sie gesehen
> Im Kyffhäuser und zu Frankfurt
> In dem Dome von Sankt Paul. (DHA III, 367 f.)

Was sich dann aus dem Text entwickelt, ist eine träumerische Phantasmagorie, deren mythische Elemente an die fabelhaften Wasserwelten denken lassen, die Max Klinger einige Jahrzehnte später in der Berliner Villa Albers (1884/1885) realisieren wird: Erinnerungen eines uralten mythischen Gehalts gewinnen in Heines pittoresker Bildwelt wie auf einem malerischen Fries oder einer kunstvoll gewebten Tapisserie traumhafte Gegenwart. Heines Freund und Dichterkollege Théophile Gautier hatte einen malerischen Stil dieses Typs seit den Novellen von „Les Jeunes-France" ausgebildet. Betrachten wir einen Ausschnitt von Heines belebter Tapisserie:

> In dem Meer der Mährchenwelt,
> In dem blauen Mährchenweltmeer,
> Zieht mein Schiff, mein Zauberschiff
> Seine träumerischen Furchen –
>
> Funkenstäubend, mir voran,
> In dem wogenden Azur
> Plätschert, tummelt sich ein Heer
> Von großköpfigen Delphinen –
>
> Und auf ihrem Rücken reiten
> Meine Wasserpostilione,
> Amoretten, die paußbäckig
> Auf bizarren Muschelhörnern
>
> Schallende Fanfaren blasen –
> Aber horch! da unten klingt
> Aus der Meerestiefe plötzlich
> Ein Gekicher und Gelächter?
>
> Ach, ich kenne diese Laute,
> Diese süßmokanten Stimmen –
> Das sind schnippische Undinen,
> Nixen, welche skeptisch spötteln
>
> Ueber mich, mein Narrenschiff,
> Meine Narrenpassagiere,
> Über meine Narrenfahrt,
> Nach der Insel Bimini. (DHA III, 368)

Heine entfaltet ein intertextuelles Spiel, innerhalb dessen auch Sebastian Brants Allegorie vom „Narrenschiff" gegenwärtig ist. Seine Farben- und Klangwelt greift dabei – mitunter sogar explizit – auf Formen der Kunst des Rokoko zurück. Die zierlichen, oft in Arabesken und groteske Figuren ausblühenden Texturen stehen in Kontrast zu den grausamen Taten des Abenteurers und Eroberers Juan Ponce de Leon. Dessen Gestalt, so gibt der Erzähler zu verstehen, hat sich allerdings radikal gewandelt. Unter der Maske des Alters – „Ein verwittert Greisenantlitz" (DHA III, 369) – gerät auch der Erzähler in Zweifel, ob es sich um den einst gefürchteten Seefahrer handelt, wenn er fragt:

> Ist das Juan Ponce de Leon
> Der ein Schreck der Moren war
> Und als wären's Distelköpfe,
> Niederhieb die Turbanhäupter? (ebd., 370)

Auch hier wieder ein Ausgriff in den fabelhaften Bereich des Mythos. In Goethes Sturm-und-Drang-Hymnos „Prometheus" ist es Zeus, dem der Held des Gedichts spottet, er solle seine Macht an „Eichen" und „Bergeshöhn" üben, „Knaben gleich,/ Der Disteln köpft".[32] Juan Ponce de León, der einst wie ein Gott über das Schicksal der „Moren" verfügte, hat durch das Alter seine Kraft offenbar ebenso eingebüßt wie Zeus.

Man braucht nicht weiter ins Einzelne zu gehen, um Heines Reise als eine artifizielle Textur zu dechiffrieren, die den herrschaftskritischen Grundzug früherer Werke dieser Art noch einmal aufnimmt. Die mythische Dimension, die Heine am Ende des Fragments mit Anspielung auf Sandro Botticellis „Geburt der Venus" (um 1485) ins Kosmische überhöht, erfüllt dabei stets die Funktion, die existentielle Befindlichkeit des Menschen, des Reisenden, Touristen und Wanderers schlechthin – übrigens noch immer im Sinne von Versepen wie Lord Byrons „The Giaour" oder „Manfred" – zu thematisieren:

> Mehr als andre Menschenkinder
> Wundergläubig ist der Seeman;
> Hat er doch vor Augen stets
> Flammendgroß die Himmelswunder
>
> Während ihn umrauscht beständig
> Die geheimnißvolle Meerflut,
> Deren Schooß entstiegen weiland
> Donna Venus Aphrodite (DHA III, 384)

Juan Ponce de León, der auf seiner letzten Reise wie ein Tourist zu den Heilquellen der Unsterblichkeit aufbricht, findet am Ende Insel und Wasser, das meint: Tod und Vergessen:

> Lethe heißt das gute Wasser!
> Trink daraus und du vergißt
> All dein Leiden – ja vergessen
> Wirst du was du je gelitten –
>
> Gutes Wasser! gutes Land!
> Wer dort angelangt, verläßt es
> Nimmermehr – denn dieses Land
> Ist das wahre Bimini. (ebd., 385)

Überblickt man „Heines Reisen" im Ganzen, so wird man von einer wechselseitigen Überlagerung des Imaginären und des Wirklichen sprechen können, insofern auch das Imaginäre dem beobachtenden Bewusstsein wirklich gegenwärtig ist. Reisen bedeutet für Heine immer zugleich auch: in einer Erzählung begriffen sein; Reisen ist für ihn die Form, in der der spätantike Abenteuerroman seine reichste Ausprägung gefunden hatte. Unter wechselnden Reiseszenen wechselt auch der reisende Autor seine Identität; er ist niemals nur er selbst, er ist ein anderer oder *die* anderen, indem er unter wechselnden Masken eine Mannigfaltigkeit von möglichen Identitäten erprobt. Im Spiel mit imaginären Rollen werden Facetten des Wirklichen sichtbar, die das Verhältnis des Beobachters zu den scheinbar allezeit gültigen Normen sozialer Interaktion produktiv-subversiv auflockern. Heines Reisen und „Reisebilder" sind unter diesem Gesichtspunkt einer humoristisch-kritischen Distanznahme vergleichbar mit William Makepeace Thackerays „Vanity Fair" (1847/1848), auch wenn er den monumentalen Roman des englischen Autors offenbar nicht mehr zur Kenntnis genommen hat. Reisen bedeutet für Heine stets und zuallererst eine Erweiterung des Wissens um den Lebenstext, dessen im Innersten ‚poetische' – das heißt: schöpferische – Struktur Freiheit allererst ermöglicht.

Titelseite der Zeitschrift „Bimini" mit einer Illustration zu Heines Gedicht (1924)

Anmerkungen

1 Zu Heines Verhältnis zum Verlagshaus Cotta vgl. Ralph Häfner: „...aus den eigenen Herzwunden das freche Lebensblut...". Heinrich Heines Pariser Berichterstattung und das Verlagshaus Cotta. – In: „was die Zeit fühlt und denkt und bedarf". Die Welt des 19. Jahrhunderts im Werk Heinrich Heines. Hrsg. v. Bernd Kortländer. Bielefeld 2014, S. 137–160.
2 Über die Entstehung der Bäder an der Nord- und Ostsee vgl. Alain Corbin: Meereslust. Das Abendland und die Entdeckung der Küste 1750–1840. Aus dem Französischen von Grete Osterwald. Berlin 1990 (zuerst frz. 1988), bes. S. 329–332.
3 Vgl. Andrea Albrecht: Kosmopolitismus. Weltbürgerdiskurse in Literatur, Philosophie und Publizistik um 1800. Berlin, New York 2005; Philipp Hölzing: Republikanismus und Kosmopolitismus. Eine ideengeschichtliche Studie. Frankfurt a. M. 2011.
4 Vgl. Mende, S. 353.
5 Vgl. Honoré de Balzac: Ferragus, chef des Dévorants (Histoire des treize). Hrsg. v. Roger Borderie. Paris 2001, S. 49. Vgl. Rose Fortassier: La promenade du grand monde dans la Comédie humaine. – In: Promenades et écriture. Hrsg. v. Alain Montandon. Clermont-Ferrand 2006, S. 75–92.
6 Charles Rivière-Dufresny: Amusements sérieux et comiques. – In: Moralistes du XVIIe siècle. Hrsg. v. Jean Lafond, Paris 1992, S. 994–1050, hier S. 1003: „Paris est un monde entier; on y découvre chaque jour plus de pays nouveaux et de singularités surprenantes que dans tout le reste de la terre: on distingue dans les Parisiens seuls tant de nations, de mœurs, et de coutumes différentes, que les habitants mêmes en ignorent la moitié."
7 Vgl. Höhn[3] 2004, bes. S. 184–189.
8 Zu diesem Text vgl. Häfner: „...aus den eigenen Herzwunden das freche Lebensblut..." [Anm. 1].
9 Vgl. Ralph Häfner: Masken in Gesellschaft. Bacchanale, Bankette, Petits Soupers von Heine bis Rabelais. Heidelberg 2014, bes. Kap. 3 und 4.
10 Zum Verhältnis zwischen Sterne und Smollett vgl. John F. Sena: Smollett's Persona and the Melancholic Traveler. An Hypothesis. – In: Eighteenth Century Studies 1 (1968), S. 353–369; Robert W. Uphaus: Sentiment and Spleen: Travels with Sterne and Smollett. – In: The Centennial Review 15 (1971), S. 406–421.
11 Vgl. Hans-Wolfgang Schneiders: Johann Joachim Christoph Bode: traducteur, imprimeur, franc-maçon. – In: Portraits de traducteurs. Hrsg. v. Jean Delisle. Ottawa 1999, S. 97–130.
12 Laurence Sterne: Yoricks empfindsame Reise durch Frankreich und Italien, nebst einer Fortsetzung von Freundeshand. Aus dem Englischen von J. J. Chr. Bode. Nördlingen 1986, S. 23.
13 Ebd., S. 35.
14 Ebd., S. 36.
15 Ebd.
16 Zum Begriff vgl. Alain Montandon: Pour une socio-poétique de la flânerie. – In: Promenades et écriture [Anm. 5], S. 93–106.
17 Zur Wirkung Diderots im 19. Jahrhundert vgl. Anne Saada: Diderot en Allemagne au XIXe siècle. – In: Diderot Studies 31 (2009), S. 197–221.
18 Denis Diderot: Jakob und sein Herr aus Diderots ungedrucktem Nachlasse. Erster Theil. Berlin1792, S. 1.
19 Vgl. Manfred Windfuhr: Empirie und Fiktion in Moritz August von Thümmels Reise in die mittäglichen Provinzen von Frankreich. – In: Poetica 3 (1970), S. 115–126; zum weiteren Kontext vgl. Daniel Sangsue: Le récit de voyage humoristique (XVIIe–XIXe siècles). – In: Revue d'Histoire littéraire de la France 101 (2001), S. 1139–1162.

20 Vgl. Elvira Bürklin-Aulinger: Geschichte in Literatur – Literatur als Geschichte: Fürst Pücklers literarische Stellungnahme zu den historisch-politischen und sozialen Zuständen seiner Zeit dargestellt an den Werken *Briefe eines Verstorbenen, Tutti frutti* und *Südöstlicher Bildersaal.* Ann Arbor 1993 (konsultiert als pdf, URL: https://www.semanticscholar.org/paper/Geschichte-in-Literatur-Literatur-als-Geschichte%3A-%3A-Bu%CC%88rklin-Aulinger/26162e3577c4579f4852d5117c624627775e8983 [letzter Zugriff: 16.07.2020]); Daniela Richter: Inside the Oriental Spectacle: Hermann von Pückler-Muskau's Egyptian Travelogue. – In: Colloquia Germanica 46 (2013), S. 229–244.

21 Vgl. Giorgio Tonelli: Die Anfänge von Kants Kritik der Kausalbeziehungen und ihre Voraussetzungen im 18. Jahrhundert. – In: Kant-Studien 57 (1966), S. 417–456.

22 Vgl. Ralph Häfner: Die Weisheit des Silen. Heine und die Kritik des Lebens. Berlin, New York 2004, S. 288.

23 Heine mag durch Pückler-Muskaus „Betrachtungen einer frommgemütlichen Seele aus Sandomir oder Sandomich" zu der Assoziation angeregt worden sein. Vgl. Hermann Fürst von Pückler-Muskau: Briefe eines Verstorbenen. Hrsg. v. Günter J. Vaupel. Frankfurt a. M., Leipzig 1991, Bd. 2, S. 64–75.

24 Vgl. hierzu Ralph Häfner: Heines Balkonszenen. Der Kunstkritiker als Maler des modernen Lebens. – In: Heinrich Heine und die Kunstkritik seiner Zeit. Akten des Internationalen und interdisziplinären Kolloquiums, Paris, 26.–30. Mai 2006. Hrsg. v. Ralph Häfner. Heidelberg 2010, S. 31–47. Zu Pückler-Muskaus Bekanntschaft mit Lady Stanhope vgl. Fürst Pückler. Ein Leben in Bildern. Hrsg. v. Ulf Jacob, Simone Neuhäuser u. Gert Streidt. Berlin 2020, S. 210 (Objekterläuterung von Simone Neuhäuser).

25 Zu diesem Problemkomplex vgl. die Arbeiten von Bodo Morawe: Citoyen Heine. Das Pariser Werk, 2 Bde. Bielefeld 2010, bes. Bd. 1, S. 27–76 („List und Gegenlist: Heine als politischer Schriftsteller").

26 Vgl. grundsätzlich: The Science of Buffoonery: Theory and History of the Commedia dell'Arte. Hrsg. v. Domenico Pietropaolo. Ottawa 1989.

27 Vgl. Hartmut Steinecke: Ein Spiel zum Spiel. E.T.A. Hoffmanns Annäherungen an die Commedia dell'arte. – In: Das Land der Sehnsucht. E. T. A. Hoffmann und Italien. Hrsg. v. Sandro M. Moraldo. Heidelberg 2002, S. 127–143.

28 Zu diesen vgl. Francine Wild: Naissance du genre des Ana 1574–1712. Paris 2001.

29 Vgl. Elaine Fantham: The Earliest Comic Theatre at Rome: Atellan Farce, Comedy and Mime as Antecedents of the commedia dell'arte. – In: The Science of Buffoonery [Anm. 26], S. 23–32.

30 Vgl. Häfner: Die Weisheit des Silen [Anm. 22], S. 478.

31 Ebd., S. 58 f.

32 Vgl. Johann Wolfgang Goethe: Prometheus. – In: Der junge Goethe in seiner Zeit. Hrsg. v. Karl Eibl, Fotis Jannidis u. Marianne Willems. Frankfurt a. M., Leipzig 1998, Bd. 2, S. 234.

Passage on a Ship of Fools

Heine, Marx, and Ruge on the Tragedy and Farce of the German Revolution

Jörg Kreienbrock

I.

Giorgio Agamben's collection of essays "Categorie Italiane" begins with "Comedy", an essay discussing the "Divine Comedy" as a model for a "comic conception of the human nature, […] that Dante bequeathed to Italian culture."[1] Agamben opposes this Italian notion of comedy to a German ideology of tragedy. Referencing Walter Benjamin's "Der Ursprung des deutschen Trauerspiels" Agamben characterizes the early 20th century in Germany as a period, "that, with a tragic claim, considered its own *Weltanschauung* to be conceivable through tragedy alone."[2] In Italy, Agamben continues, these tragic "tendencies remained singularly inactive." Hence "Italian culture remained more faithful than any other to the antitragic inheritance of the late-ancient world."[3]

The following essay investigates one possible instance of an "antitragic inheritance" within the German literary tradition: the debate between Heinrich Heine, Karl Marx, and Arnold Ruge on the necessary repetition of world historical events as tragedy and farce. The most emblematic formulation of this association can be found in Marx's "Der achtzehnte Brumaire des Louis Bonaparte," in which he famously claims: "Hegel bemerkte irgendwo, daß alle großen weltgeschichtlichen Tatsachen und Personen sich sozusagen zweimal ereignen. Er hat vergessen, hinzuzufügen: das eine Mal als Tragödie, das andere Mal als lumpige Farce."[4] The analysis of the philosophical as well as the political situation in Germany during the first half of the 19th century revolves around an intense discussion of the status of theater in general and comedy in particular for the proletarian revolutionary discourse. Is there a literary genre adequate for the

---

J. Kreienbrock (✉)
Evanston, USA
E-Mail: j-kreienbrock@northwestern.edu

representation of the incessant production and destruction of illusions, which are, according to Georg Lukács in "Heinrich Heine als nationaler Dichter" (1935) characteristic for Germany's ideological situation during the *Vormärz*?

Marx's remark about history as tragedy and farce not only cites a passage from Hegel's "Vorlesungen über die Geschichte der Philosophie" but can also be found in Heine's "Zur Geschichte der Religion und Philosophie in Deutschland", wherein he laconically asserts: "Nach der Tragödie kommt die Farce" (DHA VIII, 89). The following essay does not draw a direct link between Heine and Marx or delineates other possible influences of Marx's iconic verdict[5] based in their shared experiences in Paris, but focuses on the genre of farce instead, which, for Jeffrey Mehlman in "Revolution and Repetition" constitutes a destabilizing third term that disrupts the classical opposition between comedy and tragedy. The drama of history unfolds as repetition—but a repetition that does not follow the classic distinction between tragedy and comedy, instead manifesting itself as farce. "We encounter," Mehlman writes, "a splitting of comic laughter into farce, a genre opposed quite differently—than comedy—to tragedy."[6] The genre of the farce represents for Mehlman, "the irruption of a *third* element which in its heterogeneity, asymmetry, and unexpectedness, breaks the unity of two specular terms and rots away their *closure*."[7] It is the idea of the farce, as well as the *Posse,* and the *Narrenspiel,* both irreducible to the traditional opposition of tragedy and comedy, which provides the model for a comedic *Weltanschauung,* offering an "escape route"[8] from history understood as a tragic repetition. One of the sources for Heine's farcical conception of German history is a letter from Karl Immermann from the 1st of February 1830, in which he praises the "Reisebilder" for its vivid depiction of the political situation in Germany:

> Der ganze tieftragische, romantische Eindruck des Landes tritt mir viel eindringlicher aus ihrem Buche zum Geist und Herzen, als aus dem rhetorischen Compendio der Staël. Die Posse der Verzweiflung, welche man seit Jahrhunderten das königliche Weib Hesperia, blutend und zerfleischt, behangen mit einer Narrenjacke, durchspielen läßt, haben Sie in ihrer wehmütigsten Bedeutung aufgefaßt. (HSA XXIV, 53).

While Madame de Staël's "De l'Allemagne" is nothing more than empty rhetoric, Heine, according to Immermann, was able to render the tragedy of Germany as a farce of desperation. An irresolvable link between melancholy and laughter, tragedy and farce, violence and playfulness characterizes the political reality of Germany. In "Ideen. Das Buch Le Grand" Heine discusses the necessity of a comic representation of the gruesome reality: "Die grauenhaftesten Bilder des menschlichen Wahnsinns zeigt uns Aristophanes nur im lachenden Spiegel des Witzes, […] und die tödtlichste Klage über den Jammer der Welt legt Shakespeare in den Mund eines Narren" (DHA VI, 200). In order to represent the tragic truth of the world a fool is needed. "[S]ogar in das höchste Pathos der Welttragödie," Heine writes, "pflegen sich komische Züge einzuschleichen" (ibid.). The fool is a figure who can "den Humor aufs Höchste […] treiben" (ibid.). The process of pushing humor to its extreme produces a form of comical representation irreducible to the traditional distinction between tragedy and comedy. Analogously, Marx's comic heroes of revolution degenerate into grotesque clownish figures, appearing neither in tragedy nor comedy, but in farce. For both Heine and Marx, farce pushes humor to its limits, it is a genre of excess and exaggeration, a literary form on the threshold of formlessness: *lumpig* and *buntscheckig*.

Many literary historians characterize farce negatively as a minor, more vulgar, and less sophisticated form of comedy. But according to the Soviet director and actor Vsevold Meyerhold it is located at the heart of the theatrical performance. He notes: "The idea of the actor's art, based on a worship of mask, gesture and movement, is indissolubly linked with the idea of the farce."[9] In revolutionary farce, as a repetition of tragedy as well as a profanation of comedy there is no direct revelation of the naked truth, instead it is a multiplication and intensification of the theatrical dialectics between actor and role, reality and fiction. Farce does not imitate reality but deforms it, producing grotesque figures. Heine discovers this poetics of defiguring excess in „Zur Geschichte der Religion und Philosophie in Deutschland" in medieval lyric poetry:

> Da ist nicht wie bey den Griechen eine sonnenklare Harmonie zwischen Form und Idee; sondern, manchmal übertragt die Idee die gegebene Form, und diese strebt verzweiflungsvoll jene zu erreichen, und wir sehen dann bizarre, abentheuerliche Erhabenheit; manchmal ist die Form ganz der Idee über den Kopf gewachsen, ein läppisch winziger Gedanke schleppt sich einher in einer kolossalen Form, und wir sehen groteske Farce; fast immer sehen wir Unförmlichkeit. (DHA VIII, 44).

In farce, form and content fall apart. Instead of a well-rounded, harmonious unity of signifier and signified, medieval poetry is torn apart – *zerrissen* to use one of Heine's favorite words. In the 1837 collection of letters entitled "Über die französische Bühne" Heine associates the formless form of the farce with a specific German predisposition for the foolish and the grotesque:

> Nein, sie [the French, J.K.] sind nicht heiterer als wir; wir Deutsche haben für das Komische vielleicht mehr Sinn und Empfänglichkeit als die Franzosen, wir, das Volk des Humors. Dabey findet man in Deutschland für die Lachlust ergiebigere Stoffe, mehr wahrhaft lächerliche Charaktere als in Frankreich, wo die Persiflage der Gesellschaft jede außerordentliche Lächerlichkeit im Keime erstickt, wo kein Originalnarr sich ungehindert entwickeln und ausbilden kann. Mit Stolz darf ein Deutscher behaupten, daß nur auf deutschem Boden die Narren zu jener titanenhaften Höhe emporblühen können, wovon ein verflachter, frühunterdrückter französischer Narr keine Ahnung hat. Nur Deutschland erzeugt jene kolossalen Toren, deren Schellenkappe bis in den Himmel reicht und mit ihrem Geklingel die Sterne ergötzt! (DHA XII, 235 f.)

Germany is the land not of the *Originalgenie* but that of the *Originalnarr*. Only here, foolishness is able to exploit its full potential as an "außerordentliche Lächerlichkeit". An extra-ordinary ridiculousness transcending all order. Thereby, the colossal fools of Germany are able to literally connect the earth and sky, the immanent and the transcendent, the dead and the living. Only in the reactionary political climate of Germany can the grotesque farce develop fully and unfold its critical capability. Or as Willi Goetschel has recently observed:

> In Heine, comedy becomes the open form of a praxis of critique and emancipation whose challenge and defiance post resistance against the normative commitments of Western culture while pointing out alternative ways of reimagining modernity as a project that recognizes difference and alterity as its most promising features.[10]

The critical insight into the farcical structure of modern German politics as a form of *Ideologiekritik* exposes the allegorical infrastructure of political representation. But this process of farcical enlightenment never reaches a position where subject and role, substance and appearance would coincide. Instead, Heine multiplies the differentiation between the literal and the ironic. It comes to a "happy contamination between mask and life," as Agamben notes, where political subjects as comedic actors "enter into a threshold of indistinction".[11] Here "actor and mask are [...] called together in a sphere in which real life and theatrical stage fade into each other".[12] For Agamben, Commedia dell'arte's farcical figure of Pulcinella represents such a fading of illusion and reality, fiction and truth: "Pulcinella cannot take off his mask, because there is no face behind it. That is to say, he calls into question the false dialectic between face and mask that has compromised the theatre and, along with it, the ethics of the West."[13]

II.

In an October 1825 letter to Friederike Robert, Heinrich Heine discusses the comedy "Der Pavian", written by Robert's husband Ludwig. He writes:

> Wie sehr man beim ersten Anblick lacht über den Pavian, der über Druck und Beleidigung von seiten bevorrechteter Geschöpfe sich bitter beklagt, so wird man doch bey tieferer Beschauung unheimlich ergriffen von der grauenvollen Wahrheit, daß diese Klage eigentlich gerecht ist. Das ist eben die Ironie, wie sie auch immer das Hauptelement der Tragödie ist. Das Ungeheuerste, das Entsetzlichste, das Schaudervollste, wenn es nicht unpoetisch werden soll, kann man nur in dem buntscheckigen Gewande des Lächerlichen darstellen. (HSA XX, 219)[14]

Heine claims the necessity of the ridiculous in order to poetically represent the terrible. While at first glance the baboon incites laughter, a more profound observation of the play exposes its uncanny truth: the baboon's ridiculous lament is justified. Like the sublime hero of tragedy, the baboon recognizes its harmatia in terms of an irreconcilable objective conflict beyond personal guilt. This recognition, central to traditional models of tragedy, Heine also discovers in comedy. In the motley dress of the ridiculous farce, oscillating between laughter and horror, the "Schuldzusammenhang des Lebendigen" (Benjamin) constitutive of tragedy's irony comes to the fore. The ridiculous is, according to Aristotle's "Poetics," "ein mit Häßlichkeit verbundener Fehler, der indes keinen Schmerz und kein Verderben verursacht, wie ja auch die lächerliche Maske häßlich und verzerrt ist, jedoch ohne den Ausdruck von Schmerz."[15] Against this exclusion of pain from the comic representation Heine insists on an uncanny and terrifying moment of tragic recognition in Robert's farce.

Lukács in "Heinrich Heine als nationaler Dichter" discovers in Heine's analysis of Robert's farce a "tragikomische Selbstproduktion und Selbstzerstörung der Illusionen"[16] similar not only to Romantic irony but also to Marxism. Lukács describes the specific situation of the German class struggle in the first half of the 19th century as follows:

> Diese Lage Deutschlands, die schon auf den ideologischen Aufmarsch zur Revolution im voraus ihren Schatten warf, obwohl die fortgeschrittenen Elemente der bürgerlichen Klasse sich mit historischer Notwendigkeit zu einem deutschen 1789 ideologisch rüsteten, machte sowohl das ununterbrochene Entstehen wie die ununterbrochene Zerstörung von Illusionen notwendig.[17]

In this context Heine describes "Der Pavian" as an "ächtaristophanische[s] romantische[s] Lustspiel. Dieses giebt ein [sic] größere Weltanschauung und ist im Grunde tragischer als der Paria selbst" (HSA XX, 219). Lukács remarks: "Heines Zurückgehen auf die tiefsten Quellen der romantischen Ironie ist also kein antiquarisches Zurückgreifen, sondern das Lebendigmachen einer aktuellen Tendenz, die aus den tiefsten Widersprüchen der besonderen Lage der deutschen Klassenkämpfe hervorging."[18] The tragedy of the contemporary political situation is being expressed by a "romantische[s] Lustspiel," in the tradition of Aristophanes, capable of representing a philosophical and political *Weltanschauung*. In "Die romantische Schule," Aristophanes's comedy serves as a model for a "tiefsinnigste[] Weltanschauung[]" capable of rendering the spirit of human beings rebelling against the tyranny of the Gods "in den possirlichsten Fratzen" (HSA VIII,1, 178). For Friedrich Schlegel in his early essay "Vom ästhetischen Werte der griechischen Komödie," (1794), Aristophanes's comedies represent "ein unübertreffliches Muster schöner Fröhlichkeit, erhabner Freiheit, und komischer Kraft".[19] Therefore, they provide what Martin Holtermann calls an "emanzipatorisches Medium".[20] But while Schlegel warns against a direct political engagement, Heine praises comedy's ability to show the underlying antagonisms of the actual political situation. Analogously, Lukács conceptualizes tragicomedy as a genre of bourgeois revolution, insofar as it represents the era's incessant oscillation between the creation and destruction of illusions, the impossibility of clearly separating enchantment and disenchantment. The history of class struggles is a history of "heroische[] Illusionen" and their exposure: "Die heroischen Illusionen, mit denen die bürgerliche Klasse ihre Revolutionen bis dahin vollzogen hat, werden von der Wirklichkeit als Illusionen entlarvt. Aber die auf ihre eigene Revolution sich vorbereitende deutsche Bourgeoisie bedarf ebenfalls heroischer Illusionen, soweit sie die bürgerliche Revolution wirklich als Führerin des gesamtgesellschaftlichen Fortschritts vollziehen will."[21] It is irony which is able to represent the struggle between necessary illusions—without which no revolution is possible—and their unmasking.

In the letter to Robert, Heine sketches a historical lineage of this tragicomical drama:

> [...] darum hat auch Schakspear das Gräßlichste im Lear durch den Narren sagen lassen, darum hat auch Göthe zu dem furchtbarsten Stoffe, zum Faust, die Puppenspielform gewählt, darum hat auch der noch größere Poet (der Urpoet sagt Friederike) nemlich Unser – Herrgott allen Schreckensscenen dieses Leben seine gute Dosis Spaßhaftigkeit beygemischt (HSA XX, 219).

The mix of terror and enjoyment is irreducible to a clear distinction between genres, i.e. between tragedy and comedy. Even great tragedies like "King Lear" or "Faust" contain a dose of fun. Heine returns to this farcical mixture of the tragic and the ridiculous in life in Chapter 11 of "Ideen". Here he claims:

> Aber das Leben ist im Grunde so fatal ernsthaft, daß es nicht zu ertragen wäre ohne solche Verbindung des Pathetischen mit dem Komischen. Das wissen unsere Poeten. Die grauenhaftesten Bilder des menschlichen Wahnsinns zeigt uns Aristophanes nur im lachenden Spiegel des Witzes, den großen Denkerschmerz, der seine eigne Nichtigkeit begreift, wagt Goethe nur in den Knittelversen eines Puppenspiels auszusprechen, und die tödtliche Klage über den Jammer der Welt legt Shakespeare in den Mund eines Narren, während er dessen Schellenkappe ängstlich schüttelt (DHA VI, 200).

Heine's examples—apart from Aristophanes—do not belong to the genre of comedy proper but represent minor forms. In the 19th century Aristophanes was regularly associated with lower, primitive dramatic genres like the farce. Gustav Cramer sums up this position as follows: "Rapp hält Aristophanes für einen, allerdings genialen Possenreisser, der aus Hass gegen die mit Euripides so hoch gestiegene tragische Kunst zu einer primitiveren, dramatischen Poesie d. h. zur Posse zurückgekehrt sei."[22] Only in popular modes of farcical theatricality like the puppet play, often excluded from the canon of high art, the combination of pathos and the comic, madness and laughter can express the fatal seriousness of life.

III.

In a letter to Arnold Ruge from March 1843, written from a barge on a Dutch canal, Marx describes the current political situation in Germany in explicitly farcical terms. From his extra-territorial position abroad Marx recognizes the truth of the German ideology: "Der Prunkmantel des Liberalismus ist gefallen und der widerwärtigste Despotismus steht in seiner ganzen Nacktheit vor aller Welt Augen."[23] While the whole world—even the Dutch—recognizes the Prussian state for what it is, the Germans themselves remain blind to it, i.e. they are still patriots. Marx, in contradistinction, is out of bounds, not on solid ground but floating on water. Having left German soil, his eyes are opened to the farce of German politics. "Welches System sollte ihnen [the Germans, J.K.] aber den Patriotismus austreiben, wenn nicht dieses lächerliche des neuen Ritters?"[24] asks Marx. He continues: "Die Komödie des Despotismus, die mit uns aufgeführt wird, ist für ihn eben so gefährlich, als es einst den Stuarts und Bourbonen die Tragödie war. Und selbst, wenn man diese Komödie lange Zeit nicht für das halten sollte, was sie ist, so wäre sie doch schon eine Revolution."[25] It is comedy which affords a means to recognize the reality of the political situation, providing an ex-centric position from where the essential indistinction of tragedy and farce, person and mask, and reality and fiction becomes visible.

According to Marx in his "Kritik der Hegelschen Rechtsphilosophie" comedy has been invented, "[d]amit die Menschheit *heiter* von ihrer Vergangenheit scheide."[26] Hence, "[d]ie letzte Phase einer weltgeschichtlichen Gestalt ist ihre *Komödie.*"[27] The cheerful disposition of the revolutionary critic prepares what Christoph Menke calls the "Ausstieg aus der tragischen Welt des Ernstes".[28] The decidedly anti-tragic character of comedy and, by extension farce, can be further illuminated by Agamben's reflection on Dante's use of the term *commedia*. For Agamben the "tragic situation" consists "in the confusion between actor and character,"[29] while in contradistinction, the comedian is "the one who, accepting without discussion whatever 'mask' has been assigned to him by fate, *represents* his part and thereby refuses to identify with it."[30] Hence, the "antitragic distance between actor and 'person'"[31] forms the basis for a comic attitude, refusing the identification with the mask, and thereby inaugurating an explicitly non-tragic view of history. In the "Briefe aus Berlin", Heine develops this idea of a "reinste Lustigkeit" in his description of a masked ball in terms of a "Maskenfreyheit" (DHA VI, 37).[32]

Marx's insistence on the comedic character of the Prussian regime foretells his famous phrase about world history as the repetition of tragedy as farce cited earlier. Or as Heine in "Ideen" notes: "[N]ach dem Abgang der Helden kommen die Clowns und Graziosos mit ihren Narrenkolben und Pritschen, nach den blutigen Revoluzionsscenen und Kaiseractionen kommen wieder herangewatschelt die dicken Bourbonen mit ihren alten abgestandenen Späßchen und zartlegitimen Bon-mots" (DHA VI, 200). Marx attempts to imagine a revolution liberated from this logic of farcical repetition. In "Der achtzehnte Brumaire" he writes:

> Die Todtenerweckung in jenen Revolutionen diente also dazu, die neuen Kämpfe zu verherrlichen, nicht die alten zu parodiren, die gegebene Aufgabe in der Phantasie zu übertreiben, nicht vor ihrer Lösung in der Wirklichkeit zurückzuflüchten, den Geist der Revolution wieder zu finden, nicht ihr Gespenst wieder umgehen zu machen.[33]

While the French revolution of 1848 consisted of nothing but "Clowns und Grazioso mit ihren Narrenkolben" and "dicken Bourbonen", to cite Heine, Marx's notion of a "Todtenerweckung" does not merely repeat the past in a farcical manner but instead glorifies the revolutionary struggle of the present. This glorification though, despite its rejection of parody, nevertheless requires exaggeration, i.e. a central device of farcical representation. The "Encyclopedia of World Drama" explains the etymological roots of the word farce as follows:

> The word 'farce' derives […] from the Latin *farcire*, meaning 'to stuff' – a derivation that refers apparently to the padding which was used in order to exaggerate the bellies and bosoms of the ancient farceurs. By extension the term may refer metaphorically to the exaggeration of human character that is typical of farce.[34]

Revolution cannot be separated from exaggeration, a hyperbolical discourse, which stuffs forms until they become grotesque, extravagant, and ridiculous. While the arc of the tragic plot moves from harmony to catastrophe, and that of comedy from dissonance to a harmonious resolution, the genre of farce refuses to be integrated into such models of dramatic development by insisting on the sudden eruptions of exaggeration. Johann Georg Sulzer in his "Allgemeine Theorie der Schönen Künste" (1773) expresses this common characterization of Aristophanes's plays as formless farces as follows:

> Damals (zur Zeit des Aristophanes) scheint die Comödie noch keine ordentliche Gestalt gehabt zu haben. [...] Die Form seiner (des Aristophanes) Comödie ist noch sehr barbarisch und mehr ein Possenspiel, als eine Handlung, in welcher sich Begebenheiten, Unternehmungen oder Charaktere entwickeln.[35]

Not unlike Aristophanes's obscene comedies the absolute freedom of farce is marked by its episodic character. They are without development, often resembling nothing more than "eine Anzahl lose verbundener Epeisodeia,"[36] as Ulrich von Wilamowitz-Möllendorff observes. In the farce historical progress is contaminated, interrupted by grotesque figures like clowns and graciosos. The rejuvenation of the spirit of revolution generates fools irreducible to the distinction between tragedy and comedy.

Michel Foucault in his well-known reconstruction of the *Stultifera Navis* in "Madness and Civilization" writes:

> In farces and *soties,* the character of the Madman, the Fool, or the Simpleton assumes more and more importance. He is no longer simply a ridiculous and familiar silhouette in the wings: he stands center stage as the guardian of truth [...]. He [the fool, J.K.] utters, in his simpleton's language which makes no show of reason that release, in the comic, the comedy.[37]

In the image of the ship of fools the *verkehrte Welt*—as Marx calls it in the "Kritik der Hegelschen Rechtsphilosophie"—becomes emblematic. Folly is "the deception of deception,"[38] as Foucault puts it. Despotism comically reveals its internal contradictions, i.e. the ridiculous distance between actor and mask, person and role, human being and political figure. In this sense, Germany is not only politically underdeveloped and backward, but is indeed a small inverted world, the site of farce. But it is precisely this farce, which represents, as Marx observes, "de[n] Sieg der französischen Revolution über den deutschen Patriotismus".[39] This victory of the French revolution over German patriotism is the victory of farce, characterized by "sudden bursts of life, the random gestures and words, the *wind of madness* that suddenly breaks lines, shatters attitudes".[40]

IV.

The motif of the ship of fools appears prominently in Heine's late poem "Bimini" narrating the tragic story of the Spanish explorer Ponce de León, who, in his failed quest for the mythical island of Bimini, ended up discovering Florida.[41] The bitter irony of "Bimini" is that its hero, who is foolishly searching for rejuvenation if not for eternal life, only finds death. Regeneration fails. Or as Washington Irving notes in "Voyages and Discoveries of the Companions of Columbus": "The discovery that Juan Ponce flattered himself was to lead to a means of perpetuating his life, had the ultimate effect of hastening his death"[42]. But Ponce's tragedy has farcical elements. On board of his ship the noble hero is "bunt herausgeputzt," resembling a fool, wearing a ridiculous "Geckentracht" (DHA III, 383). And also Kaka, the "alte Indianerin," from whom Ponce de León learned about the rejuvenating utopia of Bimini, wears a "närrische Frisur," her face a "Fratze" (ibid.). The quest for immortality—perhaps the oldest and most sublime motif of world literature—resembles a passage on a ship of fools. "It is for the other world that the madman sets sail in his fool's boat," as Foucault observes, "it is from the other world that he comes when he disembarks."[43] But Ponce de León does not return from the other world. Instead "he has his truth and his homeland only in that fruitless expanse between two countries that cannot belong to him."[44] Bimini, the island of eternal life, turns out to be Florida. In the essay "Ponce de León, Bimini und der Quell" Ernst Bloch notes laconically: "Ponce de León dürfte so der enttäuschteste Mensch gewesen sein."[45]

Woodcarving from Sebastian Brant, „Das Narrenschiff" (1499)

In "Bimini," the poet identifies himself and his poetical endeavor with Ponce de Leon's farcical adventure: "Bimini – mich selbst erfaßt/ Tolles Sehnen und ich schüttle/ Mich so stürmisch, daß die Näthe/ Meiner Narrenjacke platzen" (DHA III, 387). The reader is invited to join the poet and his farcical hero on their passage: "Wer will mit nach Bimini?/ Steiget ein, ihr Herrn und Damen! Wind und Wetter dienend, bringt/ Euch mein Schiff nach Bimini" (DHA III, 367). It is poetry, resembling a ship of fools, which promises to reach the shores of the promised land. But his folly tears the garment of the fool apart, transforming poetry into a "lumpige Farce" (Marx). In a letter to Christian Schad from the 26th of April 1856 Heine consequently calls the poem "Bimini" a "Fetzen" of a larger epic work: "[I]ch besitze nur Fetzen einer größeren epischen Arbeit, die nur im Zusammenhange etwas taugen möchten" (HSA XXIII, 279). "Bimini" is literally a rip-off. It comes as no surprise, therefore, that the coherence of "Bimini" is highly contested among philologists. In a provocative essay Michel Espagne for example emphasizes the "Heterogenität der zusammengeflickten Fragmente".[46]

The fool wears ragged clothes, stitched together like a motley garment, a *Lumpen*. For Heine, it is the genre of the *Lustspiel,* which is only insufficiently translated by the English word comedy—play of pleasure might be a better translation—, which renders in the guise of a ridiculous garment the lamentable political situation in Germany. The fool's activity is one of *Possen reißen.* He literally tears things apart. He represents life as torn and ripped, he speaks, to cite Paul North, "from the Rip."[47] And Samuel Weber notes: "The *Posse* distinguishes itself from aesthetic genres, whether theatrical or other, by the absence of a self-contained 'work.' It produces plays, pieces, *Stücke,* which can never be understood as instantiations of a general rule."[48] In "Die romantische Schule" Heine describes Clemens Brentano's play "Ponce de Leon" in similar terms as a carnivalesque and highly ambiguous mixture of folly and violence:

> Es giebt nichts Zerrisseneres als dieses Stück, sowohl in Hinsicht der Gedanken als auch der Sprache. Aber alle diese Fetzen leben, und kreiseln in bunter Lust. Man glaubt einen Maskenball von Worten und Gedanken zu sehen. […] Und das tanzt und hüpft und wirbelt und schnarrt, und darüberhin erschallen die Trompeten der bacchantischen Zerstörungslust. (DHA VIII, 200)

Like a farce, Brentano's romantic comedy is defined by its inner fragmentation. In this sense, it resembles Heine's and Hegel's diagnosis of the modern age as torn. In a famous passage from "Die Bäder von Lucca" Heine applies the term "Zerrissenheit" not only to the poet Lord Byron but uses it as an objective characterization of the times: "Ach, theurer Leser, wenn du über jene Zerrissenheit klagen willst, so beklage lieber, dass die Welt selbst mitten entzwey gerissen ist. Denn da das Herz des Dichters der Mittelpunkt der Welt ist, so mußte es wohl in jetziger Zeit jämmerlich zerrissen werden." (DHA VII, 95) The Romantic poets Byron and Brentano, far from creating merely subjective imaginations, render the spirit of the age. Brentano "zerreißt […] die glattesten Atlasschleppen und die glänzendsten Goldtressen" (DHA VIII, 200). He exposes the illusions of the bourgeois society not in the name of historical progress but as the result of a Dionysian mixture of joy and terror. Brentano does not call for an ideology of the naked truth by simply tearing of garments. For him words are like masks, they are not carriers of a definite meaning. Instead they dance, jump, and swirl. The torn fragmentary pieces of the play refuse to be integrated into any coherent progress—their dance like figures in a masked ball.

Therefore, the poem "Bimini" resembles a "Narrenschiff", the readers are "Narrenpassagiere", and its movement a "Narrenfahrt" (DHA III, 368). Farcical poetry like the passage on a ship of fools follows a fantastic trajectory guided by imagination, caprice, and wit: "Phantasie sitzt am Steuer,/ Gute Laune bläht die Segel,/ Schiffsjung' ist der Witz, der flinke;/ Ob Verstand an Bord? Ich weiß es nicht!" (DHA III, 367). Seafaring is a poetic enterprise. Its passage propelled by metaphors and hyperboles: "Meine Rahen sind Metaphern,/ Die Hyperbel ist mein Mastbaum" (ibid.). The sea journey like the revolution progresses not along a rationally calculated course. Instead, it is blown forward toward its fate, delivering "eine ganze Schiffsladung Witz," (HSA XX, 219) as Heine remarks in the abovementioned letter to Robert. It is the revolutionary as a witty fool on a ship drifting between territories who negotiates between the old and the new world, the past and present, tragic despotism and the utopian future of a coming revolution. But this farcical mediation remains attentive to the irreducible contingencies of progress. Like a ship of fools it floats as "a strange 'drunken boat' that glides along the calm rivers of the Rhineland and the Flemish canals,"[49] i.e. the landscapes of Marx's and Heine's revolutionary imagination. The proximity of Germany and the Caribbean becomes evident in the surprising appearance of symbols of German history and politics. Ponce de León's ship of fools sails under a flag that is black, red, and gold, the "Fabelfarben der Romantik/ Trikolore Barbarossas," which Heine once saw "[i]m Kyffhäuser und zu Frankfurt/ In dem Dome von Sankt Paul" (DHA III, 367 f.).[50]

V.

In the aforementioned essay "Ponce de León, Bimini und der Quell", Bloch criticizes Heine's colonial farce of German politics. He writes: "Vogel Kolibri hin zum Land Bimini, damit ist die Sache [a new utopian life, J.K.] selbstverständlich nicht erreichbar, dergleichen langt unmittelbar nur zu heiterer Poesie und zu einer skurrilen, obzwar nachdenklichen geographischen Legende."[51] Heine's cheerful poetry lacks the recognition of the objective laws of history. Instead of providing an insight into the utopian potential of Ponce de León's exotic adventure, Heine merely presents a bizarre, geographical legend:

> Unvergleichlich andere Mittel und Wege, Mannschaften und Begriffe sind nötig; auch aus ernsteren Utopien muß der Vogel weg (der ja nicht nur Kolibri heißt): Kenntnis objektiver Gesetze leitet in ein Zukunftsland (das weit Solideres als Jungbrunnen enthält), damit es erreichbar wird.[52]

Therefore, he concludes: "die Sache neues Leben braucht keine Narren".[53] Bloch echoes some the criticism of Heine's unsound poetry of folly by the so-called Young Hegelians. But while Arnold Ruge for example attempts to exclude imagination from the realm of progressive literature *tout court,* in the last lines of his essay Bloch concedes the necessity of fantasy for utopian hope:

> Aber ohne alle Phantasie, mit nichts als der Karte Pachulkistan in der Hand ist die Sache neues Leben nicht einmal visierbar. Dieses Sinns sind selbst so kleine, ergreifend-lustige Legenden wie die angegebene nützlich zu lesen; Heine war davon angetan, die Galionsfigur Speranza weiß warum.[54]

Ruge, to whom Marx's letter from a Dutch canal was addressed, claims in the essay "Heinrich Heine, charakterisiert nach seinen Schriften," published in the "Hallische Jahrbücher für deutsche Wissenschaft und Kunst" in February 1838, to have left Heine's insubstantial poetry behind, i.e. to have unboarded the ship of fools: "[W]ährend wir früher den Spaß unbefangen mitmachten, stehn wir jetzt auf dem olympischen Felsen der Substanz und schleudern den Blitz gegen das verdammte Lügenschiff der Heine'schen Poesie, das wir früher als lustiges Narrenschiff mit großem Jubel selbst befuhren."[55] Five years before the launching of the "Deutsch-Französische Jahrbücher," Ruge claims to have reached a stable foundation for revolutionary praxis. It is the solid ground of substance, which he opposes to the unstable ship of lies of poetry. The age of fun is over. Progress is only possible if one moves from poetry to politics, from irony to earnestness. Since the ship of fools has transformed into a ship of lies, it is necessary to find a solid ground for truth:

> So lange wir noch unbedenklich auf dem lustigen Strudel des ungenirten Witzes uns einschiffen, so lange wir mit ihm die Ufer des gemeinen Lebens umsegeln und ihm mährchenhaft-bewegten Wirbel vorbeitragen lassen, so lange wir die Pedanten, die Reifröcke, die Unbewußten, die Narren, gutmüthig und auf sie eingehend, in unser Schiff laden, so lange der Strom und an keinen Felsen des substantiellen Lebens auswirft und scheitern läßt; so lange ist diese ergötzliche Poesie wirklich so viel werth, als aus ihr gemacht wird, und eben darum hat Heine so viel aus sich machen können.[56]

Heine's ship of fools is devoid of substance and once it hits the reality of substantial life, it will shipwreck. While Lukács claims that Heine's irony was a direct representation of the situation of the working class, Ruge insists on the emptiness and insubstantiality of his poetry. Here, he directly repeats Hegel's attacks on the Romantics. Karl Heinz Bohrer summarizes the notion of literature propagated in Ruge's "Hallischen Jahrbüchern" as follows: "Literatur wird beurteilt nach ihrer Funktion für einen affirmativ gefaßten Begriff von 'Wirklichkeit' und seiner Realisation im progressiv fortschreitend gedachten Gang der Geschichte."[57] Heine's ship of fools gliding along im "mährchenhaft-bewegten Wirbel" cannot be integrated into the linear teleology of the Young Hegelians, because it is characterized by a merely "formale[], inhaltsleere[] Bewegung". In order to illustrate this rudderless floating, Ruge cites Heine's poem "Es treibt dich fort von Ort zu Ort" from the "Neue Gedichte" collection: "Es treibt dich fort von Ort zu Ort,/ Du weißt nicht mal warum" (DHA II, 71). Heine's movement has no reason, nor a stable position from which the torn pieces of the current situation could be integrated into a dialectic of organized progress. His fleeting subjectivity is irreducible to the objective advance of history. What Heine lacks is "Besinnung" and "Geist": "Aber die Besinnung selbst und das Recht des Geistes, die Spaßpoesie zu richten, ist der Wurm, den sie gleich mit sich führt, und der sie von Innen heraus verzehrt, oder ist der Felsen, an dem der zügellose Strudel von Außen zerschellt."[58] Hence, Ruge suggests:

> Mit einem Wort, man hat sich zu der Heine'schen Poesie eben so zu verhalten, wie zu der Ausgelassenheit des Carnevals und der Freiheit des burschikosen Lebens. Der Spaß und der Witz ist sich selbst Zweck und der einzige Zweck: weiter steckt durchaus nichts dahinter und weiter ist auch nichts dahinter zu suchen, so lange der Standpunkt in seiner Reinheit festgehalten wird.[59]

Heine's farces are without substance, like masks covering nothing. His irony serves no function, it has no reason nor higher goal. Radical subjectivity as *l'art pour l'art* lacks any political impact and, according to Ruge, must be rejected as hindering the necessary progress of world history. Heine's shifting position misses representing the political situation in Germany: "So ist ihm Deutschland nur noch historisch. Sein Standpunkt und sein Witz verhindern ihn, auf die gegenwärtige Arbeit des religiös-philosophischen Lebens der Deutschen einzugehen"[60]. Ruge, Bohrer notes, stigmatizes irony "zur reinen Willkür eines privaten, unmittelbaren Subjektivismus"[61]. According to Ruge, this rootless subjectivity is "losgelöst von seinen Wurzeln"—Ruge's latent anti-semitism becomes evident—, thereby Heine misses the objective spirit of the times as it crystallizes in the concrete political situation of the *Vormärz*. His poetry only recognizes the "subjektive Belieben, nicht die objektive Substanz"[62]. Furthermore, Heine's subjective, carnivalesque "Spaßpoesie" not only hinders political progress but actively prevents it by ridiculing anything substantial:

> So geschieht es denn, daß der ungenirte Witz sich nackt auszieht, um desto neckischer einherzuspringen, die Kleider aber und die weggeworfenen Fesseln, das sind die Gestalten des substantiellen Geistes, Liebe, Wahrheit, Freiheit, die nun links und rechts der Witzbold von sich reißt und mit Füßen tritt.[63]

Heine's wit knows no bounds, tearing everything apart. While the 18th century idea of ridicule in the sense of Shaftesbury was used as test of truth to distinguish the serious from mere pretension, Heine's poetry, according to Ruge, attacks the substantial notions of love, truth, and freedom itself. In his uncontrolled folly Heine does not reveal the naked truth but destroys it altogether.[64]

In the final passage of his letter to Ruge, Marx returns to his precarious position on a barge travelling through the Netherlands. He concludes:

> Der Staat ist ein zu ernstes Ding, um zu einer Harlekinade gemacht zu werden. Man könnte vielleicht ein Schiff voll Narren eine gute Weile vor dem Winde treiben lassen; aber seinem Schicksal trieb' es entgegen eben darum, weil die Narren dies nicht glaubten. Dieses Schicksal ist die Revolution, die uns bevorsteht.[65]

The Dutch barge from which he is writing equals a "Schiff voll Narren". If—to use Walter Benjamin's famous emblem—the angel of history is being blown forward by a storm from paradise, the ship of revolutionary fools "könnte vielleicht [...] eine gute Weile vo[n] dem Winde treiben lassen". But the drifting ship of fools which is not governed by any human navigator is nevertheless on a fateful path towards revolution. This path does not necessarily resemble a linear progress. Floating on a barge on a Dutch canal or embarking a Spanish galleon in the Caribbean provide farcical, non-tragic methods for a revolutionary politics. While aiming for utopian goals, their movement—"Wind und Wetter dienend" as Heine writes in "Bimini"—cannot be controlled. But isn't this fateful rudderless passage exactly the path towards "die Revolution, die uns bevorsteht"?

Notes

1 Giorgio Agamben: Comedy. – In: id.: The End of the Poem. Studies in Poetics. Stanford 1999, pp. 1–22, here p. 21.
2 Ibid.
3 Ibid.
4 Karl Marx: Der achtzehnte Brumaire des Louis Bonaparte. – In: Karl Marx, Friedrich Engels: Gesamtausgabe (MEGA). 1. Abt., Bd. 11, Berlin 1985, pp. 96–189, here p. 96. Cf. Martin Harries: Scare Quotes from Shakespeare: Marx, Keynes, and the Language of Reenchantment. Stanford 2000; Raphael Hörmann: Writing the Revolution: German and English Radical Literature, 1819–1848/1849. Münster 2011.
5 Cf. Among many others: Bruce Mazlish: The Tragic Farce of Marx, Hegel, and Engels. A Note. – In: History and Theory 11 (1972), pp. 335–337; Terry Eagleton: Walter Benjamin or Towards a Revolutionary Criticism. London 1981, pp. 162–170; Edward Said: On Repetition. – In: id.: The World, the Text, and the Critic. Cambridge 1983, pp. 111–125; Klaus Briegleb: General Marx – Hund Heine. Eine Textspiegelung. – In: id: Opfer Heine? Versuche über Schriftzüge der Revolution. Frankfurt a. M. 1986, pp. 71–104; Jost Hermand. Das Gemeinsame im Trennenden. Heine und Marx. – In: id.: Heinrich Heine: Kritisch, Solidarisch, Umstritten. Köln, Weimar, Wien 2007, pp. 85–103; Eleanor Courtemanche: Marx, Heine, and German Cosmopolitanism. The 1844 'Deutsch-Französische Jahrbücher.' – In: Telos 159 (2012), pp. 49–63; Lucien Calvié: Heine/Marx. Révolution, Démocratie et Communisme. Uzès 2013, Willi Goetschel: Heine and Critical Theory. London, New York 2019, pp. 49–63.
6 Jeffrey Mehlman: Revolution and Repetition. Marx/Hugo/Balzac. Berkeley, Los Angeles 1977, p. 19.
7 Ibid.
8 Giorgio Agamben: Pulcinella or Entertainment for Kids in Four Scenes. London, New York, Calcutta 2018, p. 43.
9 Cf. Jessica Milner Davis: Farce. New Brunswick, London 2003, p. 72; Alfred Bermel: Farce. A History from Aristophanes to Woody Allen. Carbondale 1982.
10 Goetschel: Heine and Critical Theory. [note 5], p. 10.
11 Agamben: Pulcinella [note 8], p. 57.
12 Ibid.
13 Ibid., p. 55 f.
14 Cf. Andreas Stuhlmann: "Die Literatur – das sind wir und unsere Feinde". Literarische Polemik bei Heinrich Heine und Karl Kraus. Würzburg 2010, S. 87.
15 Aristoteles: Poetik. Übers. u. hrsg. v. Manfred Fuhrmann. Stuttgart 1994, p. 17.

16 Georg Lukács: Heinrich Heine als nationaler Dichter. – In: id.: Deutsche Realisten des 19. Jahrhunderts. Bern 1951, pp. 89–146, herep. 129.
17 Ibid., p. 128.
18 Ibid., p. 129.
19 Friedrich Schlegel: Vom ästhetischen Werte der griechischen Komödie. – In: id.: Kritische Ausgabe seiner Werke. 1. Abt. Bd. 1. Paderborn 1979, pp. 19–30, here, p. 30. Cf. Stephan Kraft: Zum Ende der Komödie. Eine Theoriegeschichte des Happyends. Göttingen 2011, pp. 181–247.
20 Martin Holtermann: Der deutsche Aristophanes. Die Rezeption eines politischen Dichters im 19. Jahrhundert. Göttingen 2004, p. 98.
21 Ibid., p. 128.
22 Gustav Cramer: Die altgriechische Komödie und ihre geschichtliche Entwickelung bis auf Aristophanes und seine Zeitgenossen. Cöthen 1874, p. 9. For a discussion of Heine's reception of Aristophanes see David Pugh: Heine's Aristophanes Complex and the Ambivalence of 'Deutschland. Ein Wintermärchen'. In: The Modern Language Review 99 (2004), pp. 665–680.
23 Karl Marx: Briefe aus den "Deutsch-Französischen Jahrbüchern". – In: Karl Marx, Friedrich Engels: Gesamtausgabe (MEGA). 1. Abtl., Bd. 2, Berlin 1982, pp. 471–489, here p. 471.
24 Ibid.
25 Ibid.
26 Karl Marx: Zur Kritik der Hegelschen Rechtsphilosophie. Einleitung. – In: Karl Marx, Friedrich Engels: Gesamtausgabe(MEGA). 1. Abtl., Bd. 2, Berlin 1982, pp. 170–183, here p. 174.
27 Ibid. Cf. Werner Hamacher: Das Ende der Kunst mit der Maske. – In: Sprachen der Ironie – Sprachen des Ernstes. Ed. by Karl Heinz Bohrer. Frankfurt a. M. 2000, pp. 121–155.
28 Christoph Menke: Die Gegenwart der Tragödie. Versuch über Urteil und Spiel. Frankfurt a. M. 2005, p. 140.
29 Agamben: Comedy [note. 1], p. 17.
30 Ibid.
31 Ibid., p. 19.
32 For a discussion of the mask in Heine see Ralph Häfner: Masken in Gesellschaft. Bacchanale, Bankette, Petits Soupers von Heine bis Rabelais. Heidelberg 2014; Frank Schwamborn: Maskenfreiheit. Karnevalisierung und Theatralität bei Heinrich Heine. München 1998.
33 Marx: Der achtzehnte Brumaire [note 4], p. 98. Cf. Norbert Altenhofer: Die Bilder der Revolution. Literarische Totenbeschwörung 1789–1848. – In: id.: Die verlorene Augensprache. Über Heinrich Heine. Ed. by Volker Bohn. Frankfurt a. M., Leipzig 1993, pp. 76–103.
34 McGraw-Hill Encyclopedia of World Drama. Ed. by Stanley Hochman. New York 1984, p. 235.
35 Johann Georg Sulzer: Allgemeine Theorie der Schönen Künste. Bd. 1. Leipzig 1773, p. 107.
36 Ulrich von Wilamowitz-Möllendorff: Aristophanes Lysistrate. Berlin 1927, p. 57.
37 Michel Foucault: Madness and Civilization. A History of Insanity in the Age of Reason. New York 1965, p. 14.
38 Ibid.
39 Marx: Briefe aus den "Deutsch-Französischen Jahrbüchern" [note 23], p. 471.
40 Foucault: Madness and Civilization [note 37], p. 34.
41 For a discussion of Heine's maritime discourse see Todd Samuel Presner: Jews on Ships, or How Heine's 'Reisebilder' Deconstruct Hegel's Philosophy of World History. – In: Publications of the Modern Language Association of America 118 (2003), pp. 521–538.
42 Cited from the commentary in DHA III, 1616. Irving's 1831 work was one of the main sources for Heine's "Bimini".

43 Foucault: Madness and Civilization [note 37], p. 11.
44 Ibid.
45 Ernst Bloch: Ponce de León, Bimini und der Quell. – In: id.: Verfremdungen. Bd. 1, Frankfurt a. M.1962, pp. 226–231, here p. 226. For a discussion of the notion of utopia in Heine see Robert Holub: Heine and Utopia. – In: HJb 27 (1988), pp. 86–112; Jürgen Jacobs: Der späte Heine und die Utopie – zu Bimini. – In: Études Germaniques 22 (1967), pp. 511–516.
46 Michel Espagne: Die fabelhafte Irrfahrt. Heines späte Entwicklung im Spiegel der Handschriften zu „Bimini". – In: HJb 23 (1984), pp. 69–89, here p. 76.
47 Paul North: 'Der Zerrissene'. Nestroy at the Rip. – In: Modern Language Notes119 (2004), pp. 451–473, here p. 456.
48 Samuel Weber: Kierkegaard's Posse. – In: id.: Theatricality as Medium. New York 2004, pp. 200–228, here p. 218.
49 Foucault: Madness and Civilization. [note 36], p. 7.
50 Cf. Espagne: Die fabelhafte Irrfahrt [note 46], p. 74: "Bimini endet in der Reinschrift mit Strophen, die dem Text eine eindeutige politische Färbung geben und die Problematik der nachrevolurionären Ära in den Vordergrund rücken […]. Die Verbindung der Fahrt nach 'Bimini' mit den revolutionären Hoffnungen […] bildet in der Reinschrift die Schlußpointe des ganzen Gedichts, dessen Zeitbezogenheit der existentiellen Komponente vorgezogen wird." Cf. Markus Winkler: Mythisches Denken zwischen Romantik und Realismus. Zur Erfahrung kultureller Fremdheit im Werk Heinrich Heines. Tübingen 1995, pp. 212–231.
51 Bloch: Ponce de León [note 45], p. 230.
52 Ibid.
53 Ibid.
54 Ibid.
55 Arnold Ruge: Heinrich Heine, charakterisiert nach seinen Schriften. – In: Hallische Jahrbücher für deutsche Wissenschaft und Kunst 25 (Februar 1838), pp. 193–227, here p. 220.
56 Ibid., p. 212.
57 Karl Heinz Bohrer: Die Kritik der Romantik. Der Verdacht der Philosophie gegen die literarische Moderne. Frankfurt a. M.1989, p. 191. Cf. Gerhard Höhn: Heine. Ein junghegelianisches Ärgernis. – In: Philosophie, Literatur und Politik vor den Revolutionen von 1848. Zur Herausbildung der demokratischen Bewegung in Europa. Ed. by Lars Lambrecht. Frankfurt a. M. 1996, pp. 153–168; Ralf Schnell: Heine und der Junghegelianismus. – In: Vormärz und Klassik. Ed. by Lothar Ehrlich, Hartmut Steinecke, Michael Vogt. Bielefeld 1999, pp. 141–153.
58 Ruge: Heinrich Heine [note 55], p. 212.
59 Ibid., p. 207.
60 Ibid., p. 194.
61 Bohrer: Kritik der Romantik [note 57], p. 196.
62 Ruge: Heinrich Heine [note 55], p. 205.
63 Ibid., p. 207.
64 For a discussion of the relation of clothing, truth, and wit see Yael Kupferberg: Dimensionen des Witzes um Heinrich Heine. Zur Säkularisation der poetischen Sprache. Würzburg 2011, pp. 108–112.
65 Marx: Briefe aus den „Deutsch-Französischen Jahrbüchern" [note 23], p. 472.

„Ich bin die Tat von deinen Gedanken"

Heine's Nightly Musings

Willi Goetschel

In Heine's "Deutschland. Ein Wintermärchen" ("Germany. A Winter's Tale"), there is a scene with an unusual exchange between the poet and the executor of his thought that addresses what "writing revolution" means in a way that is itself a revolutionary act by how it stages the revolution it invokes. They are the nightly musings of a poet whose performative writing enacts what it describes. What is perplexing about the haunting scene is its aspect of apparent inaction and suspension of time, or more precisely, delayed, or deferred, action. Addressing the question: what is thought—and action—highlights the intimate nexus of thought, its expression and realization. The passage is worth closer examination for its critically subversive impulse that is in pointed opposition to Hegel (Heine's teacher and often critical foil) and for its striking proximity to Marx but for the salient difference of denying action the final word. However, rather than reversing the order and thereby elevating thought over action, Heine shows how thought and action intertwine in a way that challenges the reader to view the relationship between thought and action, the word and its realization, differently.[1]

The stanzas of Caput VI in "Germany. A Winter's Tale" describe the association of the first-person narrator of this mock-epic, the poet Heine, and a dreamlike figure, the executor of his thoughts, that follows the poet like a magistrate follows the henchman. The seeming simplicity and bluntness of the brooding meditation showcases Heine's project of rewriting Hegel's view on the relationship between theory and practice and its powerful undertone evokes something of a primal scene of this relationship. Written in 1843 and early 1844, the poet's nightly musings reflect Heine's daily exchanges with Marx who, for a few short months, had become Heine's most engaging interlocutor. While Heine composed

---

W. Goetschel (✉)
Toronto, Kanada
E-Mail: w.goetschel@utoronto.ca

his stanzas about the poet and his axe-wielding henchman in December 1843 or early 1844, Marx wrote an essay that was to project his critical agenda in a more programmatic (and prosaic) manner: "Toward A Critique of Hegel's 'Philosophy of Right.'" Read together, Marx's essay elucidates the provocative thrust of Heine's nightly musings whose Romantic, seductive setting conceals a radical edge, just as the poem's executor carries his axe hidden under his coat. It would not be incorrect to summarize Heine's message about the poet and the henchman with the famous words Marx penned in his essay:

> Die Waffe der Kritik kann allerdings die Kritik der Waffen nicht ersetzen, die materielle Gewalt muß gestürzt werden durch materielle Gewalt, allein auch die Theorie wird zur materiellen Gewalt, sobald sie die Massen ergreift. Die Theorie ist fähig, die Massen zu ergreifen, sobald sie *ad hominem* demonstriert, und sie demonstriert *ad hominem*, sobald sie radikal wird.[2]

> The weapon of criticism obviously cannot replace the criticism of weapons. Material force must be overthrown by material force. But theory also becomes a material force once it has gripped the masses. Theory is capable of gripping the masses when it demonstrates *ad hominem*, and it demonstrates *ad hominem* when it becomes radical.[3]

Some critics were quick to argue that Marx influenced Heine but Heine was Marx's senior by two decades and a poetic inspiration from Marx's school days. However, a close examination of Heine's nightly musings suggests that Heine was more than a formidable master of the word and an inspiring interlocutor; he was also a powerful critic who pushed the discussion on theory and practice to the next level.[4]

The subject was in the air. Moses Hess's seminal essay "Philosophie der Tat" was published the same year, in 1843, in the notorious "Einundzwanzig Bogen aus der Schweiz." The collection was received with great enthusiasm by the progressive critics. Hess was an author who played an important role in the development of Marx's theoretical thinking and, as Heine noted in a letter to his publisher Campe, was "eine der ausgezeichnetsten politischen Federn," whom Heine suggested his publisher should hire (HSA XXII, 90).

Against this backdrop, Heine's verses emerge both as a poet's and a critic's unique intervention that reappraises the nexus of theory and practice and registers its reservation against a straightforward conceptualization in either Hegelian or Marxian terms. By using the metaphor of the henchman, Heine shows that the relationship between theory and practice is a complex entanglement. While Marx, rightfully, formulates his programmatic approach in radically combative fashion, Heine's supplementary approach is cautiously circumspect in preserving what a dialectics designed for action must disregard, that is, the conceptually elusive but no less decisive aspect of all that escapes the grasp of the concept, that which Adorno calls the nonconceptual. Just as Adorno will suggest that the nonconceptual resides in the various forms of subjectivity that resist the assimilating powers of the concept, poetry serves for Heine as the place where the nonconceptual asserts itself through metaphor as the poet's irrepressible subjectivity gives voice to what conceptual thinking silences. Caput VI suggests a more complex and nuanced understanding of theory and practice that eludes strictly theoretical discourse. For even in its most differentiated forms—and especially there—terminologically armored debates erase the rich chiaroscuro of the half-tones and nuances that Heine's presentation returns so unashamed to the center of the stage.

Heine's laconic style creates an edgy tone where each word accentuates the critical thrust of the poem. The diction circumspectly resists conceptual fixation by punctuating the dynamic at every point. To avoid arbitrary interruption of the poem's integrity and its poetically captivating flow of references that move back and forth, I present the text follows here in its entirety:

> Den Paganini begleitete stets
> Ein Spiritus Familiaris,
> Manchmal als Hund, manchmal in Gestalt
> Des seligen Georg Harris.
>
> Napoleon sah einen rothen Mann,
> Vor jedem wicht'gen Ereigniß.
> Sokrates hatte seinen Dämon,
> Das war kein Hirnerzeugniß.
>
> Ich selbst wenn ich am Schreibtisch saß
> Des Nachts, hab ich gesehen
> Zuweilen einen vermummten Gast
> Unheimlich hinter mir stehen.
>
> Unter dem Mantel hielt er etwas
> Verborgen, das seltsam blinkte
> Wenn es zum Vorschein kam, und ein Beil,
> Ein Richtbeil, zu seyn mir dünkte.
>
> Er schien von untersetzter Statur,
> Die Augen wie zwey Sterne;
> Er störte mich im Schreiben nie,
> Blieb ruhig stehn in der Ferne.
>
> Seit Jahren hatte ich nicht gesehn
> Den sonderbaren Gesellen,
> Da fand ich ihn plötzlich wieder hier
> In der stillen Mondnacht zu Cöllen.
>
> Ich schlenderte sinnend die Straßen entlang,
> Da sah ich ihn hinter mir gehen,
> Als ob er mein Schatten wäre, und stand
> Ich still, so blieb er stehen.
>
> Blieb stehen, als wartete er auf was,
> Und förderte ich die Schritte,
> Dann folgte er wieder. So kamen wir
> Bis auf des Domplatz Mitte.
>
> Es ward mir unleidlich, ich drehte mich um
> Und sprach: Jetzt steh' mir Rede,
> Was folgst du mir auf Weg und Steg,
> Hier in der nächtlichen Oede?

Ich treffe dich immer in der Stund,
Wo Weltgefühle sprießen
In meiner Brust, und durch das Hirn
Die Geistesblitze schießen.

Du siehst mich an so stier und fest –.
Steh' Rede: was verhüllst du
Hier unter dem Mantel, das heimlich blinkt?
Wer bist du und was willst du?

Doch jener erwiederte trockenen Tons,
Sogar ein bischen phlegmatisch:
„Ich bitte dich, exorzire mich nicht,
Und werde nur nicht emphatisch!

Ich bin kein Gespenst der Vergangenheit,
Kein grabentstiegener Strohwisch,
Und von Rhetorik bin ich kein Freund,
Bin auch nicht sehr philosophisch.

Ich bin von praktischer Natur,
Und immer schweigsam und ruhig.
Doch wisse: was du ersonnen im Geist',
Das führ' ich aus, das thu' ich.

Und gehn auch Jahre drüber hin,
Ich raste nicht bis ich verwandle
In Wirklichkeit was du gedacht;
Du denkst, und ich, ich handle.

Du bist der Richter, der Büttel bin ich,
Und mit dem Gehorsam des Knechtes
Vollstreck' ich das Urtheil, das du gefällt,
Und sey es ein ungerechtes.

Dem Consul trug man ein Beil voran,
Zu Rom, in alten Tagen.
Auch du hast deinen Liktor, doch wird
Das Beil dir nachgetragen.

Ich bin dein Liktor, und ich geh'
Beständig mit dem blanken
Richtbeile hinter dir – ich bin
Die That von deinem Gedanken." (DHA IV, 103 ff.)

It is clear that behind the chilling and provocative character of this scene and its politically explosive imagery there looms a theoretically no less potent message. Unmistakably, somebody has got quite literally an axe to grind, and it does not look pretty. The repetitive mention of the axe, five times in total, twice in the compound construction "Richtbeil", highlights the cutting bluntness of the instrument that ominously glints ("blinkt") but also chops and kills in the hand of the poet's enigmatic companion. The brooding and haunting nature of the scene sends chills down the reader's spine while dumbfounding the capacity of understanding. The seemingly straightforward simplicity of this scene elicits more questions than it can answer.

A Roman lictor, depicted by Jacques Grasset de Saint-Auveur (1796)

Curiously, the executor comes in the guise of an executioner. Playing on the double entendre of the word 'execution,' the English language highlights Heine's point. What exactly does it mean to realize or act on a word or thought? What exactly happens at that moment? Is it a change, transformation, or permutation that transitions from one state of being to another or does it consist in a gradual, continuous process? In other words, is there a cut, a divide that separates more than interlinks word and action? Does one exist without the other or are they linked to each other in some causal relation or other? What does the portrayal of the executor/executioner suggest here: is action the death of the word, giving it life, or its afterlife, or is there life for thought after action? Are they compatible or mutually exclusive? Are they distinct or continuous? Does the scene suggest one is really the other in the guise of its *alter ego*?

The message seems deceptively simple and this impression is part of the poetic lure and conceit: the poet is the author of the word that channels the ideas that history is destined to realize sooner or later. But this might seem like a fantastic misconception of the poet's imaginary powers. Casting the poet as a prophet instrumentalizes the poet contrary to Heine's vision of the poet, and the poet's word, as agents of revolutionary change. It seems no easy task to figure what to make of this scene. But precisely this, I argue, is already part of Heine's point. We are here at a juncture that gives the reader pause to ponder the nexus of thought and action as complex, obscure, and irreducible: the apparent simplicity of the scene brings home its underlying conundrum the more strikingly prompting us to revisit the interrelation between thought and action in a new and different way that heeds the undertow that couples the two in unfathomable swirls of currents and countercurrents. The scene highlights both moments: the connect and disconnect between thought and action, and both at the same time. This simultaneity appears as constitutive, both liberating and strangely torturous. Inseparable, their nexus is *unheimlich*. The word appears in line 12 and returns as *heimlich* again in line 43. *Heimlich* is here *unheimlich*—and *unheimlich* it is precisely because it is so *heimlich*. This uncanny relation foreshadows Freud in suggestive manner: the *Unheimlich* is always the *Heimlich,* at the same time both hidden and intimate and because of this the more powerful.

The distinction between active and passive is suspended if only for a moment as the relationship between theory and practice is renegotiated between poetical and historical reality. The striking intimacy of the scene derives from the transference that the originating of action in thought produces while the text suggests that thought appears in light of the action it produces, and moreover, the action that thought itself already is. This linkage departs from Hegel's notion of thought and contemplation arising at the end of the day like Minerva's owl at dusk, Hegel's metaphor for the work of philosophy that follows action as it contemplates history afterwards. Remarkably, Heine seems here closer to Kant and resonating with Marx. For both Kant and Marx, critique is the liberating practice that emancipates thought by performing it, i.e. recognizing the power and articulation of thought (as critique) as an action of its own.

While highlighting the revolutionary power of the word, the passage also emphasizes how revolutionary action is part of a regime of causal relations that resists clear and simple control by thought: they are both separate but also the result of a deeper nexus of a historical reality they express. Agency then is no longer to be located in one or the other. Rather, agency is an effect whose push springs from the intimacy of their interface.

The passage reverberates with a line that Heine had written a decade earlier. It occurs in the concluding pages of "On the History of Religion and Philosophy in Germany" where he announces the big revolution that was yet to come. In that passage, Heine notes:

> Der Gedanke geht der That voraus, wie der Blitz dem Donner. Der deutsche Donner ist freylich auch ein Deutscher und ist nicht sehr gelenkig und kommt etwas langsam herangerollt; aber kommen wird er, und wenn Ihr es einst krachen hört, wie es noch niemals in der Weltgeschichte gekracht hat, so wißt, der deutsche Donner hat endlich sein Ziel erreicht. (DHA VIII, 118)

> Thought goes before deed as lightning before thunder. German thunder is certainly German; it is not very agile and begins to rumble very slowly. But it will come and when you hear crashing, as it has never crashed before in all of world history, you will know, German thunder has finally reached its goal.[5]

We can now read Heine's poem as an echo of this earlier line that thought precedes action like lightning precedes thunder. The meteorological metaphor suggests that action and thought, just like thunder and lightning, are different aspects of one and the same phenomenon. Both sets of metaphors point then to a process that manifests itself with a temporal difference whose aftereffect is simply the result of perception rather than its underlying reality. The poet's *Geistesblitze*—a word Heine uses only one other time in his writings—manifest themselves at moments when "Weltgefühle sprießen/ In meiner Brust" (DHA IV, 104), i.e. when the poet finds himself in sync with the movement of world history.[6] Unlike Hölderlin's notion of the vocation of the poet as prophetic medium of the divine voice that views action as the lightning that the clouds release—"oder kömmt, wie der Strahl aus dem Gewölke kömmt,/ Aus Gedanken die Tat?"[7] ("or does action descend from thoughts like lightning from clouds?")—for Heine, thought is the light while action is the sound that originates simultaneously with the light but follows it by traveling at a different speed. Both are the results of the same event indicating a change; meteorological in one case, political in the other. In Heine, the lightning is both announcement and warning. The lightning is the visual—literally the "theoretical"—aspect of the change after which action follows behind sooner or later like thunder. Just like the meteorological metaphor suggests, the difference is simply the delay of the sound reaching the ear of the spectator who experiences one and the same phenomenon through different senses. However, at first glance, the spectator experiences the phenomenon as if it were different phenomena perceived at different times.

Written in 1844 at the time Heine prepared "Deutschland. Ein Wintermärchen" for publication and part of the cycle "Zeitgedichte" where it precedes the cycle's famously striking finale "Nachtgedanken," the poem "Wartet nur" offers a remarkable variation on the theme of lightning and thunder. The poem presents Heine himself as both the source of lightning ("Weil ich so ganz vorzüglich blitze") and thunder ("denn ich besitze/ Gleichfalls für's Donnern ein Talent"). This warning ("Just wait!") shows how portentous the future will beshould the author choose to combine the two aspects presented as profoundly interrelated yet distinctly differentiated process in "Deutschland. Ein Wintermärchen," i. e. the moment of meteorological discharge of atmospheric tension when the author's word manifests itself as action:

> Es wird sich grausenhaft bewähren,
> Wenn einst erscheint der rechte Tag:
> Dann sollt Ihr meine Stimme hören,
> Das Donnerwort, den Wetterschlag.
>
> Gar manche Eiche wird zersplittern
> An jenem Tag der Sturm,
> Gar mancher Palast wird erzittern
> Und stürzen mancher Kirchenthurm! (DHA II, 128)

Similarly, but with the accent on the internal dynamics of the phenomenon, the somber and uncanny mood of Caput VI of "Deutschland. Ein Wintermärchen" underlines the poet's challenge to the reader to recognize that the distinction between thought and action works differently than we like to think. The *Unheimlichkeit* derives from the fact that actions are the product of the word and its thought, and that these are close to home—i.e. *unheimlich heimlich*. But this makes thought the hostage of the action it invokes. Yet, this thought arises in the poet only at the moment, "Wo Weltgefühle sprießen/ In meiner Brust, und durch das Hirn/Die Geistesblitze schießen." (DHA IV, 104).

The poet's words, in turn, arise as the result of intuitions—"Weltgefühle"—that are mediated via affects—"sprießen in meiner Brust" ("arise in my bosom")—originating from the poet's connection to the world and activated at historically distinct moments in history "at the hour" ("in der Stund") when these affective intuitions and "mind lightnings"—"Weltgefühle" and "Geistesblitze"—occur.

However, the poem ends with a final turn. Whereas the Roman lictor would carry the insignia of power ahead of the magistrate, Heine reverses the order and has *his* lictor, the figure of the executioner of action follow. This reversal of the marching order liberates thought without absolving the poet of his responsibility. Thought is here no longer understood to be bound to follow the institutions of state law and order but shown leading the way, while law, order, and their execution now follow. Thought emerges thus as emancipated from the fetters of the *status quo*. Yet, it is not imagined as ahistorical. Rather it is so profoundly potent because it is intimately connected to the world-historical hour in which it arises.

As a result, neither is severed from the other: thought and action answer to each other but do so differently than conventional wisdom has it. Heine thinks of them as interdependent. Yet while action follows the dictate of thought, and thought goes ahead, it remains linked to action as its shadow. The word has consequences whether we like it or not; consequences that cannot be ignored but are a function of the power of the word. Words liberate, oppress, give life, and kill—there is no innocence of the word and thought. And that is its power but also its limits.

Action is realized thought, and thought cannot be separated from the action it calls into being. In Heine, the problem of the relationship between theory and practice is reimagined as one in which "theory," i.e. vision, thinking, and critique are already seen to figure as forms of action. The poet's word is never detached from the action that the word presents as the speech act it performs. Writing is action. Writing revolution presents already the first and opening step of the revolution it calls forward and so initiates. It may be just the beginning, but the beginning it is.

The first action the text solicits is the act of reading. The uncanny character of the scene of reading that the word triggers turns out already to be the site of action, i.e. the response of reading that the reader—voluntarily or not—commits simply by reading: a response characterized by the delay and deferral that the hermeneutic process presents. Reading follows the call of the word but doing so it unleashes its own dynamics.

The *unheimlich* appearance of the *unheimlich* fellow who follows the poet is a striking embodiment of the scene of writing where the word once released into the world creates a hermeneutic feedback no writer nor interpreter can escape. Confronted with this feedback, the writer and interpreter are reminded that once released, word and thought are no longer in their exclusive control: such is the deal of the power of the word and the thought. While the word as speech act is already action, the meaning of an action is always tied to the hermeneutic challenge it produces: a situation that determines its meaning. A thought and a word's exchange value, one could say, determines their use value: in the sphere of circulation, poetry and theory are subject to the laws of the circulation of commodities like any other commodity. As a consequence, we can say that thought and writing may lead the march to freedom but they are also bound up with their reception, which holds them accountable. The action not only unfolds the thought's power but also binds it.[8]

The brooding figure of the axe-bearing character highlights the act of reading as an intensely transferential dynamics. In the process, the axe the poet has to grind is passed on to the reader who—like it or not—carries it on as the symbol of action that through the process of reading has moved out of the hands of the author but nevertheless remains caught in the hermeneutically binding relationship that the name of the *lictor* spells: the one who binds. Acts of reading, Heine suggests, might be unpredictable but they are always transformative.

Maybe Adorno's point is just a distant echo of Heine's when he notes in his "Lectures on Negative Dialectics" that "thinking is itself a form of behavior"[9] ("Denn das Denken selbst ist ja immer auch eine Verhaltensweise."[10]) and that every act of thinking, i.e. "every synthesis it creates brings about a change."[11] ("Es verändert durch jede Synthesis, die es vollzieht."[12]) Or as he put it elsewhere: "Thinking is a doing, theory a form of praxis."[13] ("Denken ist ein Tun, Theorie eine Gestalt von Praxis."[14]).

Goethe's Faust famously opines "Im Anfang war die Tat," translating the Greek *logos* with action rather than the usual "word." Heine restates the order not by annulling the nexus Faust desires to escape but by putting the stress back on the constitutive nexus between word and action, thought and reality, theory and practice. The word for Heine that is critique is so powerful because it not only signifies but moves and transforms, i.e. acts on the liberation that action can only bring to realization if it reflects its actions as the product of the hermeneutic dynamics thought produces.

Heine's stanzas thus remind us not only that thoughts and words generate action through the performative acts they represent but that actions do not exist detached from the interpretative acts that produce them. Heine's poetic intervention represents a critical move away from Hegel's scheme that reduced philosophers, thinkers, and poets to observers of the world historical spectacle they at best could describe and comment *post factum* and *post actum*. But it also registered its reservation against thesis 11 of Marx's theses on Feuerbach: the thesis that philosophers have only interpreted the world in various ways but that the point is to change it.[15] Against this injunction, Heine reclaims the decisive critical agency of the word and thought easily sidelined in the reductionist interpretations of the thesis that history has lavishly provided. For Heine, interpretation is already a movement that initiates change, and change is a function of interpretation.

Notes

1 For some background of this discussion see Willi Goetschel: Theory-Praxis. Spinoza, Hess, Marx, and Adorno. – In: Bamidbar. Journal for Jewish Thought and Philosophy 2 (2013), pp. 16–28. URL: https://bamidbar-journal.org/wp/wp-content/uploads/2013/11/2goetschel.pdf [accessed June 6, 2020]. For discussions of the theme in Heine see Terence M. Holmes: Welcher Gedanke geht wessen Tat voraus? – In: Aufklärung und Skepsis. Internationaler Heine-Kongreß 1997 zum 200. Geburtstag. Ed. by Joseph A. Kruse, Bernd Witte, Karin Füllner. Stuttgart, Weimar 1998, pp. 544–554; Joachim C. Fest: "Gedanke und Tat." Über eine Metapher von Heinrich Heine. – In: id.: Aufgehobene Vergangenheit. Porträts und Betrachtungen. Stuttgart 1981, pp. 127–146; Oskar Negt: "Ich bin die Tat von deinen Gedanken" – Heinrich Heine's Flaschenpost. – In: id.: Nur noch Utopien sind realistisch. Politische Interventionen. Göttingen 2012, pp. 86–90 (first published in: Die Jahre kommen und vergehn! 10 Jahre Heinrich-Heine-Universität Düsseldorf. Ed. by Holger Ehlert et al. Düsseldorf 1998, pp. 152–157.).
2 Karl Marx: Zur Kritik der Hegelschen Rechtsphilosophie. – In: id., Friedrich Engels: Werke. Berlin 1981, vol. 1, pp. 378–391, here p. 385.
3 Karl Marx: Selected Writings. Ed. by Lawrence H. Simon. Indianapolis, Cambridge 1994, pp. 27–39, here p. 34.
4 For a detailed discussion on Heine and Marx cf. Willi Goetschel: Heine and Critical Theory. London, New York 2019, pp. 49–64. For a bibliographical survey on literature on Heine and Marx see ibid., pp. 269–271.
5 Heinrich Heine: On the History of Philosophy and Religion and Other Writings. Trans. by Howard Pollack-Milgate, ed. by Terry Pinkard. Cambridge 2007, p. 116.
6 It would be tempting to think that "Geistesblitze" is a Heinean coinage but the word is twice documented in an earlier publication by Joseph von Görres, cf. id.: Teutschland und die Revolution. Koblenz 1819, p. 61 and p. 127. See Digitales Wörterbuch der deutschen Sprache. URL: https://www.dwds.de/r?corpus=dtak;q=Geistesblitz [accessed June 16, 2020]. Remarkably, Heine uses the word only one time earlier, in 1827, when he describes Napoleon in 1827 in "North Sea Part 3" (cf. DHA VI, 159) in what might well be a reference to Görres who he had mentioned as early as 1822 in his "Letters from Berlin" (cf. DHA VI, 18).
7 Friedrich Hölderlin: Sämtliche Werke. Vol. 1: Gedichte bis 1800. Ed. by Friedrich Beißner. Stuttgart 1969, p. 256.
8 In a dialogue between Thought and Action that opens his book "Philosophie als Dialogik," Hermann Levin Goldschmidt highlights a century later in 1948 the irreducible complexity of their difference that refuses any sort of dialectical resolution calling instead for a dialogical approach. Cf. Hermann Levin Goldschmidt: Werke. Vol. 1: Philosophie als Dialogik. Frühe Schriften. Wien 1992, pp. 165–168.
9 Theodor W. Adorno: Lectures on Negative Dialectics. Ed. by Rolf Tiedemann, trans. by Rodney Livingstone. Cambridge 2008, p. 53.
10 Theodor W. Adorno: Vorlesung über Negative Dialektik. Fragmente zur Vorlesung 1965/1966. Ed. by Rolf Tiedemann. Frankfurt a. M. 2003, p. 83.
11 Adorno: Lectures on Negative Dialectics [note 9], p. 53.
12 Adorno: Vorlesung über Negative Dialektik [note 10], p. 83.

13 Theodor W. Adorno: Marginalia on Theory and Practice. – In: id.:Critical Models: Interventions and Catchwords. Trans. by Henry Pickford. New York 1998, pp. 259–278, here p. 261.
14 Theodor W. Adorno: Marginalien zu Theorie und Praxis. – In: id.: Gesammelte Schriften. Ed. by Rolf Tiedemann in collaboration with Gretel Adorno et al. Frankfurt a. M. 1970–1986. Vol. 10.2, pp. 759–782, here p. 761.
15 Marx: Selected Writings [note 3], p. 101; Marx, Engels: Werke [note 2], vol. 3, p. 7.

Zwischen Europa und „Nazionalkatzenjammer"

Zur jüdischen, europäischen und weltweiten Emanzipation bei Heinrich Heine

Kyra Gerber

Europa ist ein Begriff, eine Hoffnung und ein geographischer Ort, der tief in unserem heutigen Weltbild verwurzelt und auch im Herzen von Heinrich Heines Schriften zu finden ist. Aber was ist Europa eigentlich, und welcher Konzepte bedienen wir uns, wenn wir dieses Wort in den Mund nehmen?

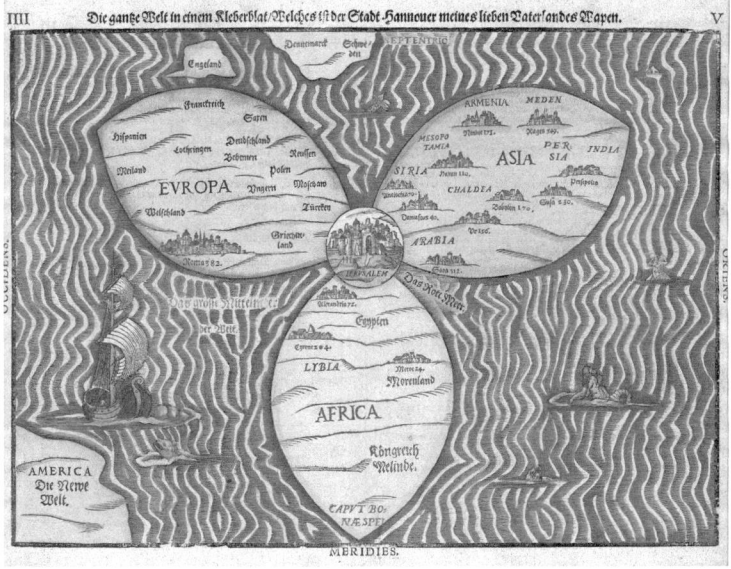

Weltkarte aus Heinrich Büntings „Itinerarium Sacrae Scripturae" (1581)

K. Gerber (✉)
Amsterdam, Niederlande
E-Mail: kyra.gerber@gmx.de

Um uns dem Konzept von „Europa" zu nähern, sehen wir auf die exemplarische Darstellung Europas auf der Weltkarte des Theologen Heinrich Bünting, die 1581 als Beilage seines Reisebuchs für die biblischen Lande, des „Itinerarium Sacrae Scripturae", gedruckt wurde.[1] Auf der Karte wird Europa als einer von drei Kontinenten abgebildet, die aus dem hier proklamierten Zentrum der Welt, Jerusalem, hervorsprießen. Die Einteilung der Welt in drei Kontinente borgt sie sich von dem griechischen Weltbild, wobei der Begriff Europa eine nicht genau definierte geographische Einheit darstellte.[2] Dabei greift Bünting nicht direkt auf griechische Kartographie zurück. Die Idee der drei Kontinente wurde im Mittelalter von christlichen Kartographen übernommen und Europa als einer der drei Weltteile dargestellt. Das Konzept von Europa war zu der Zeit der Elite vorbehalten, da die übergroße Mehrheit kein großräumiges geographisches Bewusstsein besaß.[3] Nach dem Aufkommen der Reformation entstand ein breiteres Interesse für das Selbststudium der Bibel, wobei die Karte als nützliche Beilage dienen konnte, um ein besseres Verständnis zu erarbeiten.[4] Bünting befriedigte diese Nachfrage und kombinierte an dieser Stelle Symbolik und Geographie. Es gibt keine Beweise dafür, ob Bünting selbst eine Reise in den Nahen Osten angetreten hat oder seine Karten ausschließlich auf biblischem Studium und zeitgenössischen Reiseberichten basieren.[5] Sicher ist jedoch, dass seine Karte angelehnt war an die Ideen der *mappa mundi,* die europäisch-christlichen Weltdarstellungen aus dem Mittelalter, die eher theologische und kosmologische Erkenntnisse darstellen als eine detailgetreue Weltwiedergabe erzielen sollten.[6] Diese künstlerischen Ambitionen kombinierte Bünting mit dem neuesten Stand der geographischen Kenntnis, indem er Amerika neben den drei mittelalterlichen Weltteilen Europa, Asien und Afrika darstellte. Die drei zentralen Kontinente spielen dabei auf das Wappen seiner Heimatstadt Hannover, ein dreiblättriges Kleeblatt[7], und die christliche Trinität an. Zudem stehen vor dem aus christlicher Perspektive proklamierten Weltzentrum Jerusalem drei Kreuze, die auf die Kreuzigung Jesu hinweisen.

Die Karte Büntings strotzt vor christlicher Symbolik und steht dabei in der Tradition europäisch-mittelalterlicher Karten. Die geographische Einheit Europa und das Christentum waren im Mittelalter selbst so stark verbunden, dass die Wörter „europäisch" und „christlich" als Synonyme verwendet wurden.[8] In der Renaissance wurden die Karten neu gemischt: Die Wiederentdeckung der griechischen und römischen Klassiker erlebte ihre Blütezeit in Europa, und die antike Mythologie vermengte sich und rivalisierte mit christlicher Weltanschauung. Dabei wurde Europa durch Humanisten von einem geographischen Begriff zu einer Idee und Vision transformiert.[9] Kann Europa also nach der Renaissance überhaupt noch als exklusiv christlich gelten? Man könnte sich des Arguments bedienen, die griechische und römische Klassik hätte kein antikes Tempelritual als Religion in Europa kultiviert. Doch tatsächlich hielten auch noch zur Zeit Heines viele an einem theologisch-christlich dominierten Europa fest, die das Judentum als Religion als befremdlich und anders empfanden.

Neben der theologischen Debatte entwickelte sich ab dem 18. Jahrhundert eine weitere Dimension, die zu einiger Meinungsverschiedenheit führte und von herbem Ausmaß war. Ein unter dem Volk verbreitetes nationales und auch transnationales Bewusstsein, welches im 18. Jahrhundert aufkeimte und im 19. Jahrhundert zur Blüte kam, stellte die jüdischen Europäer vor eine neue Herausforderung. Nicht nur der jüdische Glaube stand außerhalb der christlichen Mehrheitsgesellschaft, sondern ebenso stand die Idee eines jüdischen Volkes den aufkeimenden europäischen Nationen gegenüber, die ihre eigene Identität, Kultur und Sprache bewusst formten und ein organisch-nationales Selbstbewusstsein entwickelten.[10] Die Gefahr, die davon ausging, war, dass das Jüdische nicht nur als ungewöhnlicher Glaube angesehen werden konnte, sondern der Idee einer jüdischen Nation Vorschub leistete, die ein „orientalisch-jüdisches" Volk als inkompatibel mit Europa ansah.

Auch Heine, der aus einer jüdischen Familie stammte, kannte dieses moderne Dilemma und wurde mit dem christlichen Ego von Europa im Sozial- und Berufsleben konfrontiert. Eine Taufe, die als „Entre Billet" (DHA X, 313) in die europäische Gesellschaft dienen sollte, war weder für ihn und andere ein Schlüssel zu endloser Akzeptanz noch war sie für jedermann eine akzeptable Option. Eine mögliche Teilnahme der jüdischen Bevölkerung an der nationalen und europäischen Kultur ging mit der Forderung nach Integration einher.[11] In Deutschland beispielsweise verehrte eine Mehrheit der jüdischen Bevölkerung die Klassiker Schiller und Goethe, ja beinahe waren „Zitate von Goethe Teil jeder Mahlzeit"[12], was dem Elternhaus Heines mit größter Wahrscheinlichkeit auch nicht fremd war.

Auf diesem Wege erwartete die jüdische Bevölkerung Einlass in die gebildete Bourgeoisiegesellschaft.[13] Ein Vorbild der Integrationsmühen war der von jungen, jüdischen Wissenschaftlern in Berlin gegründete „Verein für Cultur und Wissenschaft der Juden", der das Judentum zum ersten Mal aus akademischer Perspektive betrachten sollte und dabei nicht nur systematische Kenntnis suchte. Die Mitglieder, unter ihnen für ein halbes Jahr auch Heine, hofften durch die wissenschaftliche Erforschung ein verbessertes Ansehen des Judentums in der modernen Gesellschaft und dessen Emanzipation zu erreichen.[14] Leopold Zunz, der Erzvater der Bewegung, erstrebte ein Judentum, welches in Harmonie mit dem Staat koexistiert. Vereinspräsident Eduard Gans umschrieb eine nahtlose Integration und Koexistenz, wobei die jüdischen Deutschen und Europäer fortbestehen sollen „wie der Strom fortlebt im Ocean"[15], also von außen nicht sichtbar, aber von innen spürbar.

Die Suche nach einer modernen jüdischen Identität, welche durch die Parameter Nation und Religion bestimmt wurde, war eine grundlegende Frage des 19. Jahrhunderts. Die Berliner Wissenschaftler sind dabei ein kleiner Strom im wirren Meinungsozean, der noch viele weitere Strömungen und Modelle hatte. Die Ansichten darüber, was und wie die Nation und die Religion sein sollten, unterschieden sich dabei von Modell zu Modell, die allesamt in jüdischen und nichtjüdischen Kreisen Zuspruch und Kritik ernteten. Die möglichen Modelle sind I. Jüdische Religion – Jüdische Nation (siehe beispielsweise *Charedim* oder das frühmoderne *kehillah*-Model), II. Jüdische Religion – Allgemeine Nation (siehe beispielsweise der Berliner Kulturverein und *Haskalah*), III. Christliche Religion –

Allgemeine Nation (das vermeintliche „Entre Billet", die Taufe), oder VI. Keine Religion – Jüdische Nation (siehe beispielsweise Zionismus und andere jüdische Nationalbewegungen).

Heine bewegte sich zunächst als Mitglied des „Culturvereins" im Spektrum des zweiten Modells, der Suche nach einer positiven jüdischen Identität, die in den europäischen Nationen weiterbestehen und sich integrieren konnte. Später, durch die lutherische Taufe im Jahre 1825, wandte er sich dem III. Modell zu, musste aber schmerzlich erfahren, dass auch eine Taufe keine Toleranzgarantie bot. Heine war derweil auch kein Befürworter eines Aufgehens des Judentums in der christlichen Mehrheitsgesellschaft, sondern sah das Judentum als fest verwurzelten Teil der europäischen Kultur an.

Der teils holprige, teils erfolgreiche Weg der Integration und des christlich-jüdischen Dialogs unterschied sich von Land zu Land und war zumeist auch innerhalb des Landes von einem Spektrum unterschiedlicher Meinungen gekennzeichnet. Wo beispielsweise in den Niederlanden im Zuge der Französischen Revolution den jüdischen Einwohnern Bürgerrechte verliehen wurden und der Staat und progressive Gemeindemitglieder, wie beispielsweise der Übersetzer Samuel Israël Mulder, die Integration und Landessprachenkenntnis aktiv förderten[16], blieb in vielen östlichen Staaten die Emanzipation bis ins frühe 20. Jahrhundert unerreicht.

Die Emanzipation war dabei nicht nur Teil der jüdischen Frage, sondern ein allgemein präsentes Thema. Heine wurde in die Zeit der Emanzipationen geboren. Bereits in Kindertagen erlebte er die französische Besetzung des Rheinlands, welche den Code Civil für die ganze Düsseldorfer Bevölkerung brachte. Der französische Geist der Revolution, die humanistischen Prinzipien und die französische Sprache begleiteten ihn ein Leben lang. „In meiner Wiege lag schon meine Marschroute für das ganze Leben." (HSA XXI, 58), schrieb Heine im Juli 1833 an seinen Freund Varnhagen aus Paris, seiner neuen Bleibe, in welcher der lebendige, europäische Puls schlug und er sich an ein deutsches, französisches und europäisches Publikum richtete. In einem Brief an Varnhagen schreibt Heine bereits 1826, was er in der europäischen Metropole tun will: „In Paris will ich die Bibliothek benutzen, Menschen und Welt sehen, und Materialien zu einem Buche sammeln, das Europäisch werden soll." (HSA XX, 271) Europa war jedoch für Heine weitaus mehr als eine Buchgesinnung. Es war ein politischer und kultureller Nexus, der die weltliche Revolution, Freiheit und Emanzipation einläuten und befördern sollte und durch das Junge Deutschland, unter anderem mit Heine an seiner Spitze, gefördert wurde. Für Heine war Europa, ob bewusst oder teils noch unbewusst, ein omnipräsenter Teil seines Lebens, Denkens, Hoffens und Träumens.

Die Idee eines freien, emanzipierten und vereinten Europas fand jedoch nicht bei allen seiner Zeitgenossen Anklang, und ihr wirkten die nationale Freiheitssuche, das Streben der Aristokratie und die christliche Exklusivität entgegen. Dies hält Heine jedoch nicht davon ab, unter aufmerksamer Beobachtung der kleinen und großen Geschehnisse und politischen Stimmungen ein emanzipiertes Europa zu erhoffen und zu erträumen. Hier sollen einige Ideen Heines über die Themen

Europa, das Judentum und die Emanzipation, welche in seinen Werken einige Schnittstellen aufweisen, aus dem Blickwinkel einer Judaistin skizziert werden. Dabei wird besonders der Dualismus zwischen Judentum als Religion gegenüber der christlichen Mehrheit und der jüdischen Schicksalsgemeinschaft als Volk gegenüber den entstehenden Nationalstaaten hervorgehoben.

Dieser Essay bezweckt keine vollständige Darstellung von Heines Gedanken und Wünschen zum Judentum, der Emanzipation oder Europa, denn „es gehört mehr als ein Menschenalter dazu, um den Charakter eines einzigen Menschen zu begreifen: und aus Millionen einzelnen Menschen besteht eine Nazion." (DHA VI, 62) Und aus wie vielen Nationen besteht Europa? Vielmehr soll er einige ihrer Berührungspunkte und Perspektiven darstellen, die zum Weiterdenken und Weiterlesen anregen.

I. Emanzipationsträume und Nationalalbträume

> Was ist aber diese große Aufgabe unserer Zeit? Es ist die Emanzipazion. Nicht bloß die der Irländer, Griechen, Frankfurter Juden, westindischen Schwarzen und dergleichen gedrückten Volkes, sondern es ist die Emanzipazion der ganzen Welt, absonderlich Europas, das mündig geworden ist. (DHA VII, 69)

Bereits im Jahre 1828 schreibt Heine im dritten Band der „Reisebilder" seiner Zeit diese besondere Aufgabe zu. Dabei soll die Emanzipation eine zukünftige Zeit einläuten, die vielleicht noch etwas auf sich warten lässt, „aber sie wird doch endlich kommen, diese Zeit, wir werden, versöhnt und allgleich, um denselben Tisch sitzen; wir sind dann vereinigt, und kämpfen vereinigt gegen andere Weltübel, vielleicht am Ende gar gegen den Tod – dessen ernstes Gleichheitssystem uns wenigstens nicht so sehr beleidigt, wie die lachende Ungleichheitslehre des Aristokratismus." (DHA VII, 70) Unter Emanzipation versteht Heine ein Gleichheitssystem, die Brüderlichkeit und die Abschaffung gesetzlich und materiell bevorrechteter Aristokratie. Bis 1848 hegt Heine die Hoffnung, dass diese Wende auch die Ankunft der Moderne vollendet.[17]

In der zitierten Passage listet Heine Beispiele von „gedrückten Völkern" auf, welche die Erfüllung der Zeitaufgabe besonders benötigen und wozu er auch die Frankfurter Juden zählt. Deren Emanzipation wurde nicht nur bei Heine erwähnt, sondern außerhalb und innerhalb der jüdischen Gemeinde viel diskutiert. Von jüdischer Seite erhoffte man sich, dass eine allgemeine Bildung der Kinder die Emanzipation befördern sollte, was zur Gründung einer Armenschule, genannt Philanthropin, in Frankfurt führte.[18] Bewusst betont Heine die Idee einer jüdischen Volksgemeinschaft, die neben anderen nationalen Völkern genannt und im Rahmen einer nationalen Emanzipation gleichgestellt werden kann. Heines eigene Begegnung mit Frankfurt gibt weitere Auskunft über diese Wahl. In „Ludwig Börne. Eine Denkschrift" blickt Heine auf ein Treffen mit Börne in Frankfurt zurück:

> Ist aber in unserem Sinne kein großer Unterschied zwischen Juden und Christen, so existirt dergleichen desto herber in der Weltbetrachtung frankfurter Philister; über die Mißstände, die sich daraus ergeben, sprach Börne sehr viel und sehr oft während den drey Tagen, die ich ihm zu Liebe in der freyen Reichs- und Handelsstadt Frankfurt am Mayn verweilte. (DHA XI, 19)

In der Geburtsstadt Heines, dem von ihm als „wunderlich" (DHA VI, 182) bezeichneten Düsseldorf, existierte kein abgeschirmter Raum für die jüdische Bevölkerung. In der hier mit ironischem Unterton als „frey" gepriesenen Stadt Frankfurt hingegen kam Heine in Berührung mit dem ihm fremden Konzept eines abschließbaren jüdischen Wohnviertels. Später verarbeitet Heine diese Eindrücke im Fragment „Der Rabbi von Bacherach", wo die schöne Sara und ihr Gatte, der Rabbiner, nach erfolgreicher Flucht am Tor des mittelalterlichen jüdischen Viertels zu Frankfurt ankommen. Heine weicht im „Rabbi"-Fragment bei der Beschreibung des Viertels für einige wenige Sätze von dem historischen Narrativ ab und gibt einen Einblick in das moderne Viertel, auf welches er zu seiner Zeit trifft:

> Damals nemlich waren die Häuser des Judenviertels noch neu und nett, auch niedriger wie jetzt, indem erst späterhin die Juden, als sie in Frankfurt sich sehr vermehrten und doch ihr Quartier nicht erweitern durften, dort immer ein Stockwerk über das andere bauten, sardellenartig zusammenrückten und dadurch an Leib und Seele verkrüppelten. Der Theil des Judenquartiers, der nach dem großen Brande stehen geblieben und den man die alte Gasse nennt, jene hohen schwarzen Häuser, wo ein grinsendes, feuchtes Volk umherschachert, ist ein schauderhaftes Denkmal des Mittelalters. (DHA V, 131)

Deutlich weisen Heines Eindrücke von dem jüdischen Viertel, gepaart mit den vielen Reden von Börne über die Missstände der lokalen jüdischen Bevölkerung, auf Heines Wahl der Frankfurter Juden in der Liste der „gedrückten Völker" hin. Nicht nur die Situation der Juden an sich, sondern auch die Meinungen und Ideen von der intolerant gesinnten Bevölkerung, die Heine an dieser Stelle als „Frankfurter Philister" bezeichnet, tragen zu dem trüben Bild bei. Der Begriff Philister umschreibt hier nicht das biblische Volk, welches immerzu im Streit mit den Hebräern liegt, sondern ist eine durch Studenten benutze Spottbezeichnung für die Spießbürger und Nichtstudenten einer Universitätsstadt.[19] Diese sehen einen desto herberen Unterschied zwischen Christen und Juden, wobei in „unserem Sinne kein großer Unterschied zwischen Juden und Christen" (DHA XI, 19) besteht. Heine appelliert durch den Gebrauch der Pluralform „unserem Sinne" an seinen Leser, der solchen Unterschied ebenso nicht sieht oder zumindest nicht sehen sollte. Hierbei betont Heine nur eine Seite zuvor, dass die Begriffe Juden und Christen von ihm gebraucht werden, um ein Naturell zu bezeichnen, das nicht nur durch Herkunft, sondern auch durch eigene Bildung entstehen und sich verändern kann:

> Ich sage nazarenisch, um mich weder des Ausdrucks „jüdisch" noch „christlich" zu bedienen, obgleich beide Ausdrücke für mich synonym sind und von mir nicht gebraucht werden, um einen Glauben, sondern um ein Naturell zu bezeichnen. „Juden" und „Christen" sind für mich ganz sinnverwandte Worte im Gegensatz zu „Hellenen," mit welchem Namen ich ebenfalls kein bestimmtes Volk, sondern eine sowohl angeborne als angebildete Geistesrichtung und Anschauungsweise bezeichne. (DHA XI, 18)

Der eben angesprochene Unterschied zwischen Juden und Christen wird in dieser Textpassage aufgehoben. Wo im Zitat zu den kleinen Unterschieden die Meinung mehrerer einbezogen wurde, indem Heine den Unterschied „in unserem Sinne" betont, spricht Heine an dieser Stelle vollständig für sich selbst. Für ihn bezeichnen die Begriffe ‚jüdisch' und ‚christlich' ein veränderbares Naturell, welches explizit unabhängig von der Volkszugehörigkeit gestellt wird, denn „so gab es Hellenen in deutschen Prädigerfamilien, und Juden, die in Athen geboren und vielleicht von Theseus abstammen." (DHA XI, 19) Er wendet sich an dieser Stelle von einer Volksdefinition des Judentums ab, auch mit der Motivation, mit seiner Stimme der strengen Scheidung zwischen Juden und Christen, die damals nicht nur von „Frankfurter Philistern" ausgeübt und missbraucht wurde, entgegenzutreten.

Heine spricht sich gegen eine Unterscheidung von Christen und Juden aus und fasst ihr Naturell gemeinsam unter dem Begriff Nazarener zusammen. Das nazarenische Naturell steht dem hellenischen gegenüber, welches ebenso durch die eigene Geisteshaltung und nicht die Abstammung bestimmt wird. Der Dualismus von Nazarenern und Hellenen ist nicht von Heine erfunden worden. Diese beiden Elemente galten seit der Renaissance als die zwei Hauptpfeiler der modernen europäischen Kultur. Die griechische Klassik, die Ethik und Propheten der hebräischen Bibel und das „Neue Testament" bilden die Grundpfeiler der Spiritualität, der Ethik und des Rechtssystems Europas.[20]

In Heines Gedankenwelt müssen Christentum und Judentum einander nicht ausschließen oder entgegenwirken, sondern können auch in einer produktiven Synthese aufgehen, wobei das Christentum den Spiritualismus, die Bedeutung des Jenseits, und das Judentum den Sensualismus, die Sinneslust, verkörpert.[21] Bereits Ende des 18. Jahrhunderts keimte der Begriff „christlich-jüdisch" auf. Der Theologe Johann Michaelis erwähnt in seiner 1793 erschienenen Autobiographie beispielsweise „jüdisch-christliche Chimären."[22] Mit dem Ausdruck Chimäre gibt Michaelis dem christlich-jüdischen Begriff eine biologisch-organische, beinahe völkische Dimension, wobei er als Wesen aus zwei unterschiedlichen Organismen gedeutet wird. Der Begriff „christlich-jüdisch" lässt sich auch in einigen zeitgenössischen Schriften, unter anderem bei Herder, finden.

Im „Börne"-Buch erwähnt Heine die Verbindungen zwischen dem frühen Judentum und Christentum im Spiegelbild der Emanzipation und umschreibt die Rolle Jesu als desjenigen, der „alle Völker der Erde zur Theilnahme an dem Reiche Gottes [berief], das früher nur einem einzigen auserlesenen Gottesvolke gehörte, er gab der ganzen Menschheit das jüdische Bürgerrecht." (DHA XI, 39) Diese antike „Emanzipazionsfrage, die jedoch weit großmüthiger gelöst wurde wie die heutigen Emanzipazionsfragen in Sachsen und Hannover" (ebd.), verbindet nicht nur einen kreativen und zugleich zeitkritischen Umgang mit der Emanzipation, sondern stellt das Bürgerrecht als himmlisch und geoffenbart dar. In der „Vorrede zur Vorrede" der „Französischen Zustände" spricht Heine sich gegen die Beschränkung auf nationale Rechtssysteme aus, „denn jene Erklärung der Menschenrechte, worauf unsere ganze Staatswissenschaft basirt ist, stammt nicht aus Frankreich, wo sie freylich am glorreichsten proklamirt worden, nicht einmahl aus Amerika, woher sie Lafayette geholt hat, sondern sie stammt aus dem Himmel, dem ewigen Vaterland der Vernunft." (DHA XII, 451) Heine nimmt bewusst die Idee der Menschenrechte aus dem nationalen Kontext und gibt sie in die Hände eines göttlichen Ursprungs, sodass niemand behaupten kann, er habe die richtigen, besseren, oder gar selbst erfundenen Menschenrechte in seiner Mitte. Er setzt seine Stimme auf diesem Weg gegen die viel vertretene Meinung ein, das Recht müsste sich wie Sprache national entwickeln und entfalten.[23] Das himmlisch-biblische Recht und damit ein essenzieller Teil der jüdischen und christlichen Kultur ist für Heine demnach aus Europa nicht wegzudenken. Erneut bestätigt sich, dass das Judentum für Heine gänzlich in Europa verwurzelt ist.

Neben dem nazarenischen Erbe sieht Europa auf das klassizistisch-altgriechische Kulturerbe. Bereits zu Zeiten der Weimarer Klassik stellte die altgriechische Kunst ein Ideal dar, woran sich der Dichter orientieren konnte, um selbst klassische Werk zu schreiben. Zudem war das Studium der antiken Kultur und Sprachen im Lehrprogramm der Universität verankert, wie beispielsweise in den Altertumswissenschaften, und dem Bildungsbürgertum bekannt. Heine selbst war mit der griechischen Ideenwelt und Mythologie mehr als vertraut. In ihrer Doktorarbeit konkludiert Eun-Kyoung Park zu Heines Verwendung der Mythologie, dass „mit mythischen Bildern stets konkrete gesellschaftliche Vorgänge oder politische, historische Konstellationen und Sachlagen mit Blick auf die umfassende Emanzipation umschrieben [werden]."[24] Heine verarbeitet dabei nicht nur die griechische, sondern beispielsweise auch jüdische Mythologie bewusst in seinen Werken und bindet diese sinnbildlich an das Tagesgeschehen. Der festgekettete Messiach aus der rabbinischen Literatur, welcher in Heines Werk die Welt ohne jene Fesseln bereits befreit hätte und dessen Ketten bei der Julirevolution besonders laut rasseln, ist ein Beispiel hierfür.[25] Auch im „Börne"-Buch, in welchem sich Heine nicht davor scheut, seine eigenen politischen Zukunftsträume zu schildern[26], werden Hellenen und Nazarener nicht nur des kulturellen Wertes wegen, sondern für eine konkrete politische Aussage erwähnt: Im „Börne"-Buch trennen sie die Abstammung eines Individuums bewusst von der persönlichen Verhaltensweise.

Diese Unterscheidung soll an erster Stelle einen gezielten Angriff auf Börne und die Absonderung Heines und Goethes von diesem bezwecken:

> Wie in seinen Aeußerungen über Goethe, so auch in seiner Beurtheilung anderer Schriftsteller, verrieth Börne immer seine nazarenische Beschränktheit. […] In dieser Beziehung möchte ich sagen: alle Menschen sind entweder Juden oder Hellenen, Menschen mit ascetischen, bildfeindlichen, vergeistigungssüchtigen Trieben, oder Menschen von lebensheiterem, entfaltungsstolzem und realistischem Wesen. […] Börne war ganz Nazarener, seine Antipathie gegen Goethe ging unmittelbar hervor aus seinem nazarenischen Gemüthe, seine spätere politische Exaltazion war begründet in jenem schroffen Ascetismus […]. (DHA XI, 18 f.)

Der nazarenische Börne wird dem Hellenen Goethe gegenübergestellt, wobei der Erstgenannte negative Charakterzüge und der Zweitgenannte positive Charakterzüge aufweist. Heines Abneigung gegenüber dem Charakter des nazarenischen Börne dient zur Unterscheidung der beiden Schriftsteller.

Der Dualismus von Hellenen und Nazarenern beschränkt sich in Heines Werk nicht nur auf die oben genannten Charakterzüge. An späterer Stelle im „Börne"-Buch behauptet er: „Shakspear ist zu gleicher Zeit Jude und Grieche, oder vielmehr beide Elemente, der Spiritualismus und die Kunst, haben sich in ihm versöhnungsvoll durchdrungen, und zu einem höheren Ganzen entfaltet." (DHA XI, 45).

Shakespeare ist demnach der künstlerische Beweis dafür, dass ein nazarenisch-jüdisches Naturell nicht nur negative Aspekte mit sich bringt, sondern essenziell und beförderlich sein kann. Dabei gelingt es Shakespeare, die griechische und nazarenische Ideenwelt zu vereinen. Die Synthese zwischen Hellenischem und Nazarenischem umschreibt Heine als wünschenswert und stellt sie als Zukunftsziel in den Raum. Bereits Herder deutete solche Synthese an, denn „Europa ist ein Gewächs aus Römisch-Griechisch-Arabischem Samen" (Hellenismus), welches „eine fremde Religion nöthig"[27] (Nazarener/Bibel) hat, um zur Blüte und Bildung zu gelangen. Auf die Frage: „Ist vielleicht solche harmonische Vermischung der beiden Elemente die Aufgabe der ganzen europäischen Civilisazion?" antwortet Heine jedoch nüchtern: „Wir sind noch sehr weit entfernt von einem solchen Resultate." (DHA XI, 45).

Für Heine stellte jenes Dreigestirn, nämlich die hellenische, christliche und jüdische Kultur, einen Grundpfeiler der europäischen Kultur dar, dessen Synthese wünschenswert oder vielleicht gar die Aufgabe der europäischen Zivilisation sein möge, wo Jerusalem und Athen brüdcrlich vereint werden.[28]

Nebst der noch in Kinderschuhen steckenden Synthese von Hellenen und Juden/Christen steht einer europäischen Kultur und Emanzipation das Nationalego im Weg. An früherer Stelle ist bereits die Idee eines nationalen Rechtssystems angerissen worden, wobei eine jede Nation ein eigenes Rechtsmodell genau wie eine eigene Sprache erbauen soll und demnach beispielsweise das französische Rechtssystem nicht so einfach nach Deutschland importiert werden kann.[29] Der bekannteste Vertreter dieser Theorie ist der Rechtstheoretiker und Begründer der modernen Rechtswissenschaft, Carl von Savigny, der in seinen Schriften einen angenommenen *Volksgeist* und die jeweiligen Rechtssysteme eng miteinander verknüpft.

Das nationale Ego äußert sich jedoch nicht nur in Rechtssystemstreit, sondern seine Unterstützer suchen explizit nach einem kulturell-nationalen Standpunkt. Die Mitglieder des Berliner Vereins für die Wissenschaft der Juden adaptierten die Idee eines über die Kultur definierten jüdisches Volks, wobei dieses eher als eine „Volkstümlichkeit" als eine Nation gedeutet werden soll und sich somit in die einzelnen Nationen integrieren und fortbestehen kann. Der Begriff Volkstümlichkeit wurde nie genauer definiert, und auf die Frage, wie die jüdische Volkstümlichkeit in den Nationalstaaten bestehen könne, keine deutliche Antwort gegeben.[30]

Nicht nur in der innerjüdischen Debatte, sondern auch außerhalb wurde das jüdische Volk in Relation zu den aufkeimenden Nationalidentitäten gesehen. Dabei wurden die jüdische Kultur und ihre Schöpfungen mit den Maßstäben nationaler Kulturmodelle bewertet. Das Pamphlet „Das Judenthum in der Musik", welches 1851 durch den Komponisten Richard Wagner unter dem Pseudonym K.

Freigedank publiziert wurde und das er 1869 in bearbeiteter Form unter seinem eigenen Namen herausbrachte, ist ein geeignetes Beispiel hierfür. So leite sich laut Wagner die „Unfähigkeit des Juden" zum genialen Komponieren von den ethnisch-biologischen Umständen ab. Dabei versucht Wagner nicht einmal, den direkten Antisemitismus zu verdecken, sondern spricht sich offen für die Idee einer Volksklassifizierung aus:

> Der Jude, der bekanntlich einen Gott ganz für sich hat, fällt uns im gemeinen Leben zunächst durch seine äußere Erscheinung auf, die, gleichviel welcher europäischen Nationalität wir angehören, etwas dieser Nationalität unangenehm Fremdartiges hat: wir wünschen uns unwillkürlich mit einem so aussehenden Menschen nichts gemein zu haben.[31]

Direkt thematisiert Wagner bereits die „Fremdartigkeit", die er sowohl in geistiger als auch in physischer Form sieht. Wagners Vorstellung vom Judentum ist nicht nur kulturell und spirituell verankert, denn so haben sie einen „eigenen Gott", sondern äußert sich in ethnisch-biologischer Klassifizierung, wobei er die Juden unter den Europäern als „befremdlich" und „abstoßend" sieht. Wagner spannt die Idee von einem jüdischen Volke so weit, dass die jüdische Abstammung inkompatibel mit den europäischen Völkern und damit der europäischen Kultur scheint. Diese abscheulich direkte Umschreibung ist ein Beispiel für die Schattenseiten der europäischen Hochkultur(en), in welchen radikaler Rassismus, Nationalismus und die Idee einer ethnischen Kultur, einem *Volksgeist,* eine toxische und hochgefährliche Mischung bildet, welche die aufgeklärten, verlockenden Blüten von Europas Kultur vergiftet und dabei eventuell, wie beispielsweise durch Wagner proklamiert, das jüdische Volk aus Europa ausschließt.

Auch wenn Heine sich der zum Pessimismus verleitenden Lage durchaus bewusst war, scheute er sich nicht davor, prophetisch Gedanken, Emanzipationswünsche und idealisierte Zukunftsbilder zu skizzieren. Dabei bediente er sich der Ideen und Konzepte der Aufklärung.[32] Letztlich sollen die Emanzipation und die damit einhergehende Gleichstellung eine Verbrüderung der Welt einläuten:

> Wie ein Sterbender, der sich in krampfhafter Angst gegen den Tod sträubt, so empört und sträubt sich ihr Gemüth gegen die Idee der Vernichtung ihrer Nazionalität. [] Alle Völker Europas und der ganzen Erde werden diesen Todeskampf überstehen müssen, damit aus dem Tod das Leben, aus der heidnischen Nationalität die christliche Fraternität hervorgehe. Ich meine hier nicht alles Aufgeben schöner Besonderheiten, worin sich die [Vaterlands-]Liebe am liebsten abspiegelt, sondern jene […] von unsern Volkssprechern Lessing, Herder, Schiller, usw. am schönsten ausgesprochene allgemeine Menschenverbrüderung, das Urchristentum. (DHA VI, 65)

Die in den „Reisebildern" angedeutete Emanzipation der Welt, insbesondere Europas, lässt sich bereits in dem Text „Ueber Polen" finden. Schon im Jahr 1822 plädiert Heine hier für das Überwinden von Nationalitäten und deren exklusivem und abschottendem Nationalego, welchem Heine auch in der Pariser Zeit gezielt entgegenwirkt. Christian Liedtke fasst die Rolle dieser Vermittlungsbemühungen in Heines Leben in einem Satz treffend zusammen: „In der literarischen Vermittlung seiner Erkenntnis über die moderne Gesellschaft, die er in der Zeit der Julimonarchie gewann, sah Heine selbst eine seiner großen Lebensleistungen."[33]

Heine war sich dennoch bewusst, dass viele dem nationalen Pathos huldigten und die Abkehr vom Nationalstolz wohl peinigend, ja befremdlich wirkte. Dabei beförderte sowohl das Volk als auch die Elite die nationale Formung, welche des Öfteren auch Hand in Hand mit künstlerischem Schaffen ging, vor allem auch in der Romantik.[34]

Heine unterscheidet zwischen „Nationalvorurteilen" und „Nationalbesonderheiten", wobei der erstgenannte Begriff schlechte Eigenschaften und der zweitgenannte Begriff gute Eigenschaften umfasst. Er spricht sich nicht gegen regionale Küchen, einen regionalen Brauch oder eine eigene Tradition aus, sondern sieht diese Besonderheiten vielmehr als Quellen einer positiven Verbindung zur Heimat. Viel eher sind nationale Vorurteile, die ein Land über das andere setzen, eine Tradition besser als die andere porträtieren, eine Religion als wünschenswert oder gar notwendig erachten oder gar für politische Zwecke missbraucht werden, ein Dorn in Heines Augen. Hierbei knüpft er an das bereits durch Goethe, Möser und Herder vertretene Modell einer „Vielfalt in der Einheit" an.[35] Die regionalen Besonderheiten sollen mit einem freundschaftlichen, emanzipierten Europa einhergehen können und so der Menschenverbrüderung nicht entgegenwirken.

Heine lehnt sich an Konzepte von aufklärerischen Denkern, präziser gesagt an Konzepte der prominenten Autoren Lessing, Herder und Schiller an, deren Namen er in einem Brief aus 1822 an Christian Sethe unter den Dingen, „was ich liebe" (HSA XX, 49), aufzählte. Die Aufklärung an sich war nach den Worten von Peter Faulstich, „zunächst ein Kampfbegriff, der sich gegen Aberglauben, Vorurteile und Schwärmerei richtete."[36] Die Bildung des Individuums, die für jedermann und somit auch für Juden zugänglich ist[37], fungierte als Motor dieser Aufklärung. Bildung meint hierbei deutlich mehr als ein Studium oder dergleichen, sondern die moralische, rationale und ästhetische Bildung des Verstandes, welche den Menschen aus verurteilender Voreingenommenheit zum rational aufgeklärten Individuum erhebt.[38] Die Idee der Bildung ging Hand in Hand mit der Emanzipation[39] und schien auch für Teile der jüdischen Bevölkerung ein hoffnungsvolles Versprechen zu sein und die Pforten der Umgebungskultur nicht für das Kollektiv, aber für einzelne Individuen zu öffnen. Eine Harmonie zwischen Religion und Ratio wurde angestrebt, wobei die Idee einer nicht exklusiv christlichen oder europäischen, sondern universellen natürlichen Religion entstand. Dabei wird die natürliche Religion, wie wir sie beispielsweise bei Lessing finden, und ihre Grundwahrheiten, nämlich die Existenz eines guten und weisen Gottes, Freiheit der Menschen, Gut und Böse zu unterscheiden, und die Unsterblichkeit der Seele, als keine reine Glaubenssache angesehen, sondern es wird ihre Beweisbarkeit betont.[40] Die Offenbarungsreligion, wie etwa das Christentum oder das Judentum, spielt hierbei eine sekundäre Rolle. Der Mensch wird als Individuum gesehen, als einzelne Einheit von Verstand und natürlicher Religion. Dabei dient – frei nach einer mündlichen Äußerung von Professorin Irene Zwiep – die geoffenbarte Religion als Mantel, den man wechseln oder gar abstreifen kann. Diese Betrachtungsweise lässt Hoffnung auf eine individuelle, aufgeklärte Emanzipation aufkeimen, wobei Christentum und Judentum als auswechselbare

Kleidungsstücke angesehen werden. Doch so vielversprechend dies klingt, so hatte die Aufklärung auch ihre Tücken.

Moses Mendelssohn wurde beispielsweise in öffentlicher politischer Debatte von dem Theologen Johann Lavater dazu aufgefordert, eine Stellungnahme abzugeben, warum er nicht bereits zum Christentum übergetreten sei. Lavater legte seinem Brief Teile seiner deutschen Übersetzung der „Palingénésie philosophique" des Calvinisten Charles Bonnet bei, einem Werk, das die Wahrheit des Christentums beweisen sollte, und appellierte an den Empfänger Mendelssohn, „zu thun, was Klugheit, Wahrheitsliebe, Redlichkeit Sie thun heissen; was Socrates getan hätte, wenn er diese Schrift gelesen, und unwiderleglich gefunden hätte."[41] Neben solch direkten, öffentlichen Konversionsversuchen stritten die Aufklärungsdenker untereinander darüber, ob bestimmte Bevölkerungsgruppen überhaupt aufklärbar seien. Die Publikation „Über die bürgerliche Verbesserung der Juden"[42], geschrieben von dem preußischen Beamten Christian Wilhelm von Dohm und publiziert im Jahre 1781, mag zwar für die Aufklärung der Juden sprechen, hat aber den bitteren Beigeschmack, dass solche befürwortenden Bücher überhaupt notwendig waren. 1792 publizierte der Staatsmann und Schriftsteller Theodor Gottlieb von Hippel unter dem beinahe identischen Titel das Werk „Über die Bürgerliche Verbesserung der Weiber"[43], was verdeutlicht, dass die Aufklärer um mehr als eine ‚Problemgruppe' stritten. Die trügerische, auf den ersten Blick tolerant wirkende Aufklärung hatte ihre Grenzen und Schattenseiten, und viele ihrer christlichen Vertreter umarmten das Judentum nicht immer brüderlich.

Heines Aufzählung von Lessing, Herder und Schiller war eine sehr bewusste Wahl. Ihre Schriften waren in seiner Vorstellung mit einer allumfassenden Menschenverbrüderung kompatibel. Lessings tiefe Freundschaft mit Mendelssohn, welche in erster Linie Liebe für alle Menschen, unabhängig von ihrer religiösen Herkunft verkörpert[44], und sein Klassiker „Nathan der Weise" sind Beweise für seine gutmütige Gestimmtheit gegenüber dem Judentum. Dabei war seine Freundschaft mit Mendelssohn ein starkes Symbol in der Zeit der Aufklärung, wo die Idee von Freundschaft und persönlichen Kontakten zentral war und bald im 19. Jahrhundert durch Nationalismus dominiert werden würde.[45] Von Schiller hingegen gibt es wenig Dokumente, die seine Meinung über Juden verdeutlichen.[46] Als Individuen im Geist der Aufklärung waren sie ihm willkommen, was ihn jedoch nicht davon abhielt, gewisse Vorurteile über ein ‚jüdisches Verhalten' zu rezipieren, an den Missständen schlichtweg vorbeizusehen und über die Emanzipationsdebatte bewusst zu schweigen. Über Herders Schriften streiten sich die Geister, denn wo der eine früh aufkeimenden Antisemitismus sieht, erkennt der andere eine mögliche Koexistenz unter der Bedingung von erfüllten Assimilationsbemühungen.[47] Diese Meinungsverschiedenheiten rühren von den inkohärenten Äußerungen Herders her, der einerseits freudig auf den Tag wartet, wo „niemand mehr in Europa mehr fragt, wer Jude und Christ ist, weil die Juden nach europäischem Gesetz leben und zum Positiven an den staatlichen Interessen beitragen."[48] Der späte Herder äußert sich im 1802 geschriebenen Aufsatz „Bekehrung der Juden" jedoch deutlich gegen eine Bekehrung zum Christentum:

> Die Religion der Juden ist, wie sie selbst sagen, ein Erbstück ihres Geschlechts, ihr unveräußerliches Erbteil. [...] Das Volk ist und bleibt also auch in Europa ein unserem Weltteil fremdes Asiatisches Volk, an jenes alte [...] Gesetz gebunden. Wiefern nun dies Gesetz und die aus ihm entspringende Leb- und Denkweise in unsere Staaten gehöre, ist kein Religionsdisputat mehr, wo über Meinung und Glaube diskutiert würde, sondern eine einfache Staats-Frage.[49]

Herder stellt einem christlichen Europa das „jüdisch-asiatische" Denken gegenüber, wobei politische und religiöse Denkbilder verschmelzen und das mosaische Gesetz den europäischen Staatsgesetzen gegenübersteht. Dabei werden in diesem Zitat die ersten Keime von Nationalstaatenformung und eine an den Staat gebundene Religion in Europa, das Christentum, sichtbar. Während in den Disputen zwischen Lavater und Mendelssohn und in vielen anderen aufklärerischen Schriften noch das Christentum gegenüber dem Judentum abgewogen und zur Bekehrung geraten wurde, findet sich in Herders Schrift eine jüdische Volksdefinition, die Juden als „asiatisch" bezeichnet und damit gegen die Möglichkeit einer Bekehrung zum europäischen Christentum argumentiert.

Heine hat demnach drei Aufklärungsdenker aufgeführt, die einerseits dem Judentum gut gesonnen (Lessing), recht gleichgültig (Schiller) und teils tolerant, teils stark ablehnend (Herder) gegenüberstanden. Heines Idee von der Aufklärung und ihren Vertretern ist an seine eigenen Ideale angepasst. Natürlich muss an dieser Stelle ebenso in Frage gestellt werden, ob Heine überhaupt alle Werke Herders gelesen hatte und inwiefern ihm dabei tolerant oder intolerant gesinnte Stellen aufgefallen sind – oder inwiefern er Herders Aussagen über das jüdische Volk gegen dessen andere Aufklärungsgedanken abwiegt.

Der von Heine an dieser Stelle verwendete Kampfbegriff Urchristentum, den er der Menschenverbrüderung gleichsetzt, findet sich auch in Werken Lessings und Herders. Dabei sieht Lessing bei den Urchristen, den frühesten Vertretern der christlichen Religion, „von aussen nur den großen und schönen Lehrsatz der natürlichen Religion."[50] Das bereits zuvor angesprochene Konzept der natürlichen Religion und deren Grundwahrheiten stehen in enger Verbindung mit Lessings Idee vom Urchristentum. Dabei ist die beste geoffenbarte Religion diejenige, welche die wenigstens Zusätze enthält und den guten Weisungen der natürlichen Religion am wenigsten entgegenwirkt. Lessing identifiziert das Urchristentum als eine solche Religion. Er plädiert dafür, dass nicht nur in dem Urchristentum, sondern in sämtlichen Offenbarungsreligionen, also Christentum, Judentum, Islam, die Grundwahrheiten enthalten sind.[51] Lessing umschreibt mit dem Begriff Urchristentum ein auf Grundwahrheiten gestütztes und nicht von den Dogmen der verschiedenen Kirchen geprägtes und verändertes Christentum.

Heines Idee vom Urchristentum ist Teil eines konstruierten, aufklärerisch gefärbten Emanzipationsprogramms, welches die Welt verbrüdern und eine „christliche Fraternität" hervorbringen soll. Hierbei meint das Wort „christlich" keine exklusive Fraternität zwischen Christen, sondern ist der Gedankenwelt der Aufklärung entlehnt und bezweckt im Heineschen Denken eine Fraternität ohne dogmatisches Stigma, welche tatsächliche Nächstenliebe vermittelt und jeden Menschen brüderlich umarmt.

Eine besondere Rolle spielt bei dieser Vorstellung Heines Idee von einem symbiotischen Verhältnis zwischen Frankreich und Deutschland. Hierbei erfüllt Deutschland die Rolle des Landes „der Reformation, der Aufklärung und des Idealismus" und Frankreich die des Landes „der revolutionären Umwälzungen, der politisch sozialen Tat."[52] Das französische Handeln soll gepaart mit dem deutschen Denken eine produktive Symbiose formen, was an die positive Synthese des christlich-jüdischen, nazarenischen Naturells mit dem hellenischen erinnert. Heine sieht jedoch ein, dass „der Nazionalkatzenjammer, den wir jetzt, nachdem der übertolle Freyheitsrausch verdampft, auch im politischen Leben der Franzosen" (DHA XII, 53) aufkeimt und dass die erhoffte friedliche Versöhnung eher durch einen von „Nazionalkatzenjammer" verursachten Krieg abgelöst wird. Der europäische und letztendlich weltweite Befreiungskrieg soll die Besitzlosen von der Aristokratie erlösen. Dabei soll weder von Religion noch von Nationalität die Rede sein. Für den jüdischen Casus bedeutet dies, dass das Judentum weder als Religion noch als Volksgemeinschaft ausgeschlossen werden kann.

Diese Hoffnungen tragen den Charakter von Zukunftswünschen und sind keine Prognosen für das nahe Zeitgeschehen. Heine greift mit den Händen nach den Sternen einer besseren Zukunft, aber bleibt zur gleichen Zeit mit den Füßen auf dem Pariser Steinpflaster und beobachtet aufmerksam das Geschehen und die Denkweisen um sich. Auch wenn Heine sich ein freies, gleiches und vereinigtes Europa erträumt, in welchem keine Nationalegos herrschen und welches keine Religion über die andere stellt, so realisiert er eben auch, dass die erhoffte Freiheit und Emanzipation als Idee zwar transnational existiert, aber paradoxerweise vor allem auf nationaler Ebene erstrebt wird[53] und damit ein vereintes Europa praktisch noch weit entfernt ist. Dieses historische Bewusstsein und die immer wieder auftretenden Spannungen zwischen träumerischer Prognose und dem genauen Verfolgen der aktuellen politischen Stimmungen prägen Heine als modernen Schriftsteller.[54] Die beiden Dimensionen äußern sich auch in den Gedanken Heines über das Judentum und jüdische Volk, wobei er diese in den Kontext der ganzen Emanzipation einbezieht und zugleich pessimistisch und hoffnungsvoll einem toleranteren Heute und Morgen gegenübersteht. Auch wenn er sich nicht mit dem dogmatischen Judentum als Religion identifizieren kann, stärkt Heine der jüdischen Schicksalsgemeinschaft den Rücken.[55] Diese Unterstützung ist nicht auf exklusive Liebe für das Judentum, sondern vielmehr auf humanistische Grundgedanken und eine Abneigung gegenüber barbarischem Handeln und exkludierenden Nationalegos begründet.

Ein aktiver und bewusster Einsatz für die jüdische Schicksalsgemeinschaft lässt sich im Jahre 1840 finden, wo eine lokale Ritualmordanschuldigung gegenüber der jüdischen Bevölkerung zum Pressephänomen ausartet, den guten Namen der Juden in ganz Europa aufs Spiel setzt und einen Einblick in die Strukturen und Interessen der europäischen Gesellschaft gibt.

II. Die Damaskusaffäre in „Lutezia": Ein orientalischer Spiegel für Europa

„Es ist die Zeit des Ideenkampfes, und Journale sind unsre Festungen." (HSA XX, 350), schrieb Heinrich Heine im Winter 1828 an den damals frisch ernannten Redakteur der Augsburger „Allgemeinen Zeitung", Gustav Kolb. Die Damaskusaffäre ist ein brutales Beispiel dafür, wie solch ein Ideenkampf zu Tage treten kann und wie Journale durch politisch bewusste oder einfach unkritische Informationsverbreitung die Ideenwelt und Meinungen ihrer Leserschaft beeinflussen. Was als lokale Mordbeschuldigung begann, artete innerhalb der nächsten Monate zu einem europaweiten Pressephänomen aus, welches einen Spiegel vor die europäische Gesellschaft und ihre politische Gesinnung hielt. Erneut zeigt sich, dass Europa mehr als ein geographischer Ort auf der Weltkarte ist und als politisch-kultureller Nexus fungiert, der den Ideenkampf mit sich selbst und der Außenwelt führt.

Die Affäre ist durch ihre Komplexität schwer zu rekonstruieren.[56] Die Abhandlung „The Damascus Affair" des Historikers Jonathan Frankel gibt tiefgründigen Aufschluss über ihre Vielschichtigkeit.[57] Heine, welcher sich erst recht spät, aber mit umso stärkerer Intensität für die Juden in Damaskus aussprach und seine Stimme gegen die weitverbreitete Ritualmordlegende einsetzte, nahm die Rolle eines Vermittlers und Kämpfers für Humanismus und Menschenrechte ein.[58] Neben seinem journalistischen Engagement trieb die Affäre auch das Entstehen des „Rabbi"-Fragments voran.

Am 5. Februar 1840 verschwanden der Damaszener Kapuzinermönch Pater Tomaso und sein Diener ohne jegliche Spur, wobei sie zuletzt im jüdischen Viertel der Stadt gesehen wurden. Rasch beschuldigte die christliche Bevölkerung die jüdischen Damaszener des Ritualmordes an den beiden, um deren Blut zur Herstellung des Pessach-Brotes zu verwenden. Da in dem 1740 unterzeichneten Franko-Türkischen Vertrag den französischen Diplomaten das Recht zugeschrieben wurde, den katholischen Klerus im ottomanischen Reich zu schützen[59], informierte man umgehend den französischen Konsul Comte de Ratti-Menton. Dieser nahm die Ritualmordbeschuldigung kritiklos an. Ob er zuvor bereits antijüdische Gedanken hegte, bleibt eine offene Frage. Heine schrieb in einem seiner Artikel, dass Ratti-Menton sich zu Paris auch in reaktionären Kreisen aufhielt, während er sich kurz nach seiner Ankunft in Damaskus für die jüdische Emanzipation in Europa aussprach.[60] Sein Engagement bei der Mordaufdeckung hatte jedoch ganz andere Gründe als eine positive oder negative Gestimmtheit gegenüber dem Judentum. Ratti-Menton versuchte in jeder ihm möglichen Weise die lokale christliche Unterstützung für Frankreich zu stärken, auch um eine mögliche Annäherung des Landes an Russland oder England zu unterbinden.[61] „Frankreich hat mit diesem Lande weit ausgreifende Plane, die noch von den Kreuzzügen datiren" (DHA XIII, 75), schreibt Heine im Juli 1840, denn so wäre ein französisches Protektorat über das Libanon-Gebirge oder gar ganz Syrien für den Konsul erwünscht.[62] Diese Bemühungen Ratti-Mentons sind laut Heine auch der Grund für das Fallenlassen des „europäische[n] Verfahren[s] beim Criminalprozeß" (DHA XIII, 75), was er scharf kritisiert. Dreizehn jüdische Männer wurden ohne gerichtlichen Prozess inhaftiert, später sollten viele von ihnen unter Folter die Tat gestehen.

Die Ritualmordbeschuldigung der Damaszener Juden wurde ab Ende März 1840 in der europäischen Presse behandelt.[63] Da die Journale keine professionellen Korrespondenten in den Nahen Osten schickten, bezogen sie die Informationen über die wenigen Kontakte, die sich an diesem Ort aufhielten, und publizierten deren Berichte zumeist ohne kritische Analyse.[64] Der lange Postweg verursachte zudem eine verspätete Berichterstattung. Die am 13. März in der „Sémaphore de Marseille" publizierte Notiz zum Verschwinden von Pater Tomaso und der Verdächtigung einiger jüdischen Familien[65] artete Anfang April in die Schlagzeile „Neue Details über das Verschwinden von Pater Thomas: Die Entdeckung der Mörder"[66] aus, die das im Mittelalter entstandene Blutmördermärchen hervorholte und in vielen berühmten Zeitungen, einschließlich der „Allgemeinen Zeitung", gedruckt wurde. In der Berichterstattung über den Damaszener *cause célèbre*, der nicht mehr allein in Damaskus wütete, sondern auch ins Herz Europas eingedrungen war, lassen sich bereits Ende April deutliche politische Unterschiede erkennen: Das bewusste Schweigen der protestantisch-englischen und niederländischen Journale bot einen herben Kontrast zu dem laut schreienden Westeuropa, an dessen Spitze das katholische Frankreich stand.[67] Die französische Beichterstattung führte dazu, dass Heine sein Frankreichbild veränderte[68] und sich fragte: „Ist das Frankreich, die Heimath der Aufklärung, das Land, wo Voltaire gelacht und Rousseau geweint hat?" (DHA XIII, 82).

Heines Eingreifen in das Geschehen lässt sich auf den 7. Mai datieren, wo zugleich auch der dem Juristen Isaac Adolphe Crémieux zugespielte Bericht des österreichischen Konsuls Merlot erstmals eine neue Perspektive ermöglichte. Der Bericht Merlots warf ein besseres Bild auf die Damaszener Juden und wurde durch die Mühen Crémieux' am 7. Mai im „Journal des débats" in Auszügen veröffentlicht und durch Heine dem Redakteur der „AZ" zugespielt.[69] Dies war jedoch nicht das erste Dokument, das für die Damaszener Juden Stellung bezog. Bereits Mitte Februar verschickte der englische Geschäftsmann E. Kilbee einen Brief an Hirsch Lehren in Amsterdam, der den Leiter der jüdischen Hilfsorganisation „Pekidim und Amarcalim" über die Situation informieren sollte.

Einen Monat später empfing Lehren den Brief und leitete ihn umgehend an James de Rothschild weiter, der jedoch zu dieser Zeit in London war. Erst Ende März wurde auf Lehrens Ersuchen reagiert und Albert Cohn einbezogen, der Rothschilds Kinder im jüdischen Brauchtum unterwies und den Baron in öffentlichen jüdischen Angelegenheiten beriet.[70] Cohn arbeitete sodann mit Crémieux zusammen und übersetzte für ihn einige hebräische Briefe, die mit der Zeit aus dem Nahen Osten in Paris ankamen.[71] Es wurde eine Gegenoffensive vorbereitet, in welcher Crémieux, Heine und Rothschild und damit auch Cohn in enger Zusammenarbeit gegen die unkritische, oft unter antijüdischen Vorzeichen stehende Berichterstattung vorgingen.[72]

Dass Heines Gegenstimme auch von der jüdischen Seite positiv aufgefasst wurde, zeigt beispielsweise ein Nachdruck seines Artikels in der „Allgemeinen

Zeitung des Judenthums".⁷³ Dabei wurde der Damaszener *cause célèbre* nicht mehr als rein orientalisches Gerichtsverfahren gehandhabt, sondern erweckte eine theologische Diskussion zur angeblichen Ritualmordpraxis und dem Judentum an sich.

Heine leitete nicht ohne Grund seinen ersten Artikel in der „AZ" über die Damaszener Juden damit ein, dass „deren Martyrthum an die dunkelsten Zeiten des Mittelalters erinnert." (DHA XIII, 46) Zu Zeiten des Berliner Kulturvereins hatte sich Heine bereits mit der im 12. Jahrhundert entstandenen Ritualmordlegende beschäftigt. Er studierte unter anderem Jacques Basnages „Histoire des juifs, depuis Jesus-Christ jusqu'à present", welche er von seinem Freund Moses Moser, einem der Gründungsmitglieder des Vereins, lieh. Später erwähnte er Basnage in einem der „Lutezia"-Artikel (DHA XIII, 53). 1824 schrieb er an Moser die Gründe seiner intensiven Auseinandersetzung mit *historia judaica,* die er „wegen Berührung mit dem Rabbi, und vielleicht auch wegen inneren Bedürfnisses" (HSA XX, 167) betrieb. Diese historischen Recherchen für seinen „Rabbi von Bacherach" bezeichnet er als „eine Fülle der Belehrung und des Schmerzes" (HSA XX, 167). Das Fragment ruht für mehr als ein Jahrzehnt in seinem Schreibtisch. Die Damaskusaffäre, wo die Ritualmordlegende von einer *historia judaica* zum aktuellen *cause célèbre* in ganz Europa ausartet, haucht dem Fragment neues Leben ein. Als Reaktion darauf arbeitet Heine an einer Verteidigung und greift den „Rabbi von Bacherach" wieder auf. Deutlich spielt sein erster „AZ"-Artikel zur Damaskusaffäre auf sein „Rabbi"-Fragment an:

> Während wir in Europa die Mährchen desselben als poetischen Stoff bearbeiten und uns an jenen schauerlich naiven Sagen ergötzen, […] fängt man an im Morgenlande sich sehr betrübsam des alten Aberglaubens zu erinnern und gar ernsthafte Gesichter zu schneiden, Gesichter des düstersten Grimms und der verzweifelnden Todesqual! (DHA XIII, 46)

Heine kündigte den „Rabbi von Bacherach" seinem Verleger Campe als „zeitgemäße Materialienzuthat" (HSA XXI, 358 f.) an. Sie wurde schließlich im selben Jahr im vierten Band des „Salon" gedruckt. So sehr Heine die Ritualmordlegende im Westen als surrealistisch und als reinen Sagenstoff porträtiert, so findet sie in Europa auch ernsten Anklang und theologische Ausmaße. Auch in Deutschland sah sich die jüdische intellektuelle und religiöse Elite mit Anschuldigen auf theologischer Basis konfrontiert. Beispielsweise versuchte Leopold Zunz das Ansehen der jüdischen Religion durch akademische Argumentationen zu retten. Zunz veröffentlichte in der „Leipziger Allgemeinen Zeitung" am 31. Mai 1840 die Beilage „Ein Wort zur Abwehr", in welchem er den französischen Konsul Ratti-Menton als Haman[74] bezeichnete und den Talmud von den Anschuldigungen befreite, dass dieser Blutspeisen verlangen würde. Dabei griff er auf den jüdischen Gelehrtenklassiker Maimonides zurück, dessen Darstellungen des mosaischen Gesetzes bis heute studiert werden und wo deutlich hervortritt, dass keine aktiven Schritte unternommen werden dürfen, um den Tod eines Menschen herbeizuführen.[75] Zudem ist das Blut nach jüdischer Tradition der Sitz der Seele und sein Verzehr somit strengstens verboten.[76]

Die Damaskusaffäre bringt die Position der Juden in ganz Europa in Gefahr. In einer Zeit der Emanzipation und Gleichstellung, wo sich die Pforten öffneten und in einzelnen Ländern eine allgemeine Emanzipationsdebatte geführt wurde, traf die Damaskusaffäre einen besonders empfindlichen Nerv. Denn nicht nur das Ansehen, sondern auch die Emanzipationswünsche der jüdischen Bevölkerung waren dadurch aufs Spiel gesetzt worden. Zur gleichen Zeit befand sich die jüdische Gemeinschaft intern in einer schwierigen Situation. Das alte Modell der *kehillah,* der autonomen und in sich selbst funktionierenden Gemeinschaft, wurde aufgebrochen und eine teils gewünschte, teils verfluchte Zusammenarbeit mit den einzelnen Staaten und Regierungen eingeleitet. Die jüdischen Gemeinden waren noch nicht ganz in das moderne Format hineingewachsen und hatten noch kein europäisches Organ aufgebaut, welches einen solch herben Angriff abfangen konnte. Erst 1860, als Reaktion auf die Damaskusaffäre und den Mortara-Fall[77], wurde die „Alliance Israélite Universelle" gegründet, welche Unterstützung und ein nationenübergreifendes Organ gegen antijüdische Anfeindungen bereitstellte.

Im Falle der Damaskusaffäre appellierte Heine für mehr Solidarität auf französischer Seite und kritisierte das Verhalten der französischen Juden, vor allem auch der Getauften unter ihnen:

> Unter den getauften Juden sind viele, die aus feiger Hypokrisie über Israel noch ärgere Mißreden führen, als dessen geborene Feinde. In derselben Weise pflegen gewisse Schriftsteller, um nicht an ihren Ursprung zu erinnern, sich über die Juden sehr schlecht oder gar nicht auszusprechen. (DHA XIII, 54)

Trotz Heines pessimistischer Sicht und der instabilen Situation wurde eine erstaunlich schnelle transnationale Reaktion organisiert, die als der erste Fall von moderner, internationaler *Shtadlanut* (einem konzertierten politischen Eintreten für jüdische Interessen) aufgefasst wurde und die auch außerhalb jüdischer Kreise Unterstützung für die Damaszener Juden bewirkte.

Nachdem die französische Regierung sich gegen eine erneute Prüfung des Damaszener Falles entschied, reiste auf jüdische Initiative eine Delegation in den Nahen Osten, um auf eigene Faust den Casus zu lösen. Der Franzose Crémieux und der Brite Moses Montefiore standen an der Spitze dieser Delegation. Beide brachten ihre eigenen, nationalen Interessen mit auf die Mission und koordinierten ihre Strategien kaum.[78] Heine stand gänzlich an der Seite Crémieux', dessen humanistische Prinzipien er lobte, und schwieg bemerkenswert deutlich über Montefiore. Zwar erreichte die Delegation bei den lokalen Autoritäten die Freilassung der Inhaftierten und eine Rücknahme der Mordanschuldigungen, aber eine Auflösung des Falls konnte nicht erarbeitet werden.[79] Durch ihren Teilerfolg erfuhr die Mission von der Presse genauso viel Kritik wie Lob.[80] Ende des Jahres wurde die Berichterstattung hierüber von Artikeln über die sich anbahnenden Konflikte im Nahen Osten abgelöst, und mit dem Ende der Mission verringerte sich auch das journalistische Interesse am Casus deutlich.[81]

Ob und inwiefern die Damaskusaffäre Heines Einstellung zum Judentum verändert hat, ist umstritten. Beispielsweise deutete Sabine Bierwirth sie als „ein Schlüsselerlebnis, das […] seine erneute Rückwendung zum Judentum als

Folge der Solidarisierung mit den verfolgten Juden"[82] hervorbrachte, derweil Hong-Kyung Yi sich auf eine ausschließlich humanistische Auseinandersetzung Heines mit der Affäre beruft.[83] Auch wenn Heine sich vielleicht nicht mit der dogmatischen Religion des Judentums identifizieren konnte, war die Damaskusaffäre doch eine Inspiration für vermehrte kreative Auseinandersetzung mit jüdischen Themen. In seinen späteren Werken kehrte er zu jüdischen Themen zurück – u. a. bei den im „Romanzero" publizierten „Hebräischen Melodien" –, und nicht zuletzt gab die Damaskusaffäre den direkten Anstoß zur Weiterarbeit am „Rabbi"-Fragment, welches dann im vierten Band des „Salon" erschien.

Als Pressephänomen hielt die Damaskusaffäre Europa einen Spiegel vor und verdeutlichte exemplarisch die zeitgenössischen Gesinnungen gegenüber dem Judentum und dem jüdischen Volk. Dabei vermengten sich politische Umstände und bewusste oder unbewusste antijüdische Haltungen zu einer explosiven Mischung, welche die jüdische Emanzipation in Europa aufs Spiel setzte und das Judentum mit den mittelalterlichen Ritualmordlügen beschuldigte.

Epilog

In Heines Denken geht ein emanzipiertes und friedliches Europa einher mit einer produktiven Synthese zwischen den zwei Hauptpfeilern der europäischen Kultur, dem christlich-jüdischen Nazarenertum und dem Hellenentum. Die erhoffte Synthese wird durch den Fall von Damaskus bedroht, und die antijüdische Medienpräsenz gefährdet das Ansehen der Juden in ganz Europa. Heine greift hierbei nicht aus rein jüdischer Empathie, sondern als humanistisch motivierte Gegenstimme ein, die jenen mittelalterlichen Vorwürfen entgegenwirkt und einem vereinten Europa auf die Sprünge hilft, welches eine gemeinsame Offensive gegen die bevorrechtete Aristokratie führen soll.

Das Thema Europa und die damit verbundenen Hoffnungen auf Emanzipation, Freiheit und Gleichheit ziehen sich als roter Faden durch Heines ganzes Leben, Denken und Schreiben. Dabei griff Heine auf Ideen zurück, die er an die Klassiker Herder, Schiller und Lessing anlehnte, denen er mit großer Wahrscheinlichkeit bereits im Rahmen der elterlichen Erziehungspläne begegnet ist. Bereits 1822 deutete er im Fragment „Ueber Polen" den Wunsch nach einem emanzipierten Europa an, den er auch noch zwanzig Jahre später in der „Lutezia" verfolgte. Zur gleichen Zeit beobachtete Heine das politische Geschehen aufmerksam und erfuhr das Aufkommen und Scheitern vieler Revolutionen.

Auch die Revolution von 1848, in die Heine anfangs viel Hoffnung setzte, entpuppte sich als Fehlschlag. Trotz vieler Enttäuschungen ließ Heine die Idee der Emanzipation nicht los und positionierte sich auch noch in der Matratzengruft, nach den Worten Christian Liedtkes, „als Ruhestörer, der die restaurative Stille, die nach dem Scheitern der europäischen Revolution von 1848/9 herrschte, immer wieder durchbrach."[84] Obwohl die politischen Entwicklungen mehr Enttäuschung als Hoffnung versprachen, setzte Heine dem Nationalpathos und der Restauration eine progressive Stimme für Emanzipation entgegen. Seinem emanzipierten Europaprogramm, welches er aus aufklärerischem Gedankengut und eigenen Hoffnungen zimmerte, blieb er bis zu seinem Lebensende treu.

Auch wenn Heine sich nicht mit der dogmatischen Religion des Judentums identifizieren kann, stärkt er der jüdischen Schicksalsgemeinschaft aus humanistischen Prinzipien den Rücken. Dabei vermischen sich in Heines Werk die Definitionen vom Judentum als Religion und als Volk. Beide sind für ihn tief in Europa und der europäischen Kultur verwurzelt, und beide bezieht er in sein allgemeines Emanzipationsprogramm ein. Er schließt sich dabei nicht vollständig an ein bestimmtes Modell von Religion und Staat an, aber stützt sich auf ein durch die Aufklärung beeinflusstes System von einer allweltlichen, friedlichen Koexistenz, die über die jüdische Frage, den christlich-jüdischen Dialog und Europa hinausreicht und eine friedliche Welt erträumt.

Sein Engagement ist nicht durch exklusiv jüdische Solidarität motiviert, sondern betrachtet das Judentum und das jüdische Volk als Teil der von ihm angestrebten allgemeinen Weltverbrüderung und Emanzipation, welche er bereits 1828 als „große Aufgabe unserer Zeit" (DHA VII, 69) andeutet. Heine erträumt sich ein besseres Morgen, wendet aber seinen Blick ebenso dem aktuellen Tagesgeschehen zu und ist sich der politischen Situation bewusst. Diese Spannung zwischen Realität und Traum, Enttäuschung und Enthusiasmus prägt Heine als modernen Schriftsteller und lässt seine progressive Stimme auch heute aktuell und relevant erklingen.

Anmerkungen

1 Vgl. H. A. M. van der Heijden: Heinrich Bünting's Itinerarium Sacrae Scripturae, 1581: a Chapter in the geography of the Bible. – In: Quaerendo 28 (1998), S. 49–71, hier S. 57.
2 Vgl. Jehuda Reinharz, Yaacov Shavit: Glorious, Accursed Europe. An essay on Jewish ambivalence. Trans. by M. Engel. Hanover, London 2010, S. 11.
3 Vgl. ebd., S. 12.
4 Vgl. van der Heijden: Heinrich Bünting's Itinerarium [Anm. 1], S. 53.
5 Vgl. ebd., S. 55.
6 Vgl. John Block Friedman: The Monstrous Races in Medieval Art and Thought. New York 2000, S. 33.
7 Vgl. van der Heijden: Heinrich Bünting's Itinerarium [Anm. 1], S. 57.
8 Vgl. Reinharz, Shavit: Glorious, Accursed Europe [Anm. 2], S. 12.
9 Vgl. ebd., S. 13.
10 Vgl. ebd., S. 77.
11 Vgl. ebd., S. 66.
12 Marie Jahoda: „Für mich ist mein Judentum erst mit Hitler eine wirkliche Identifikation geworden." Gespräch mit Maria Jahoda. – In: Ästhetik und Kommunikation 14 (1983), H. 51, S. 71–89, hier S. 72.
13 Vgl. Simone Lässig: Jüdische Wege ins Bürgertum. Kulturelles Kapital und sozialer Aufstieg im 19. Jahrhundert. Göttingen 2004, S. 19.
14 Für eine ausführlichere Besprechung des Berliner Kulturvereins und dessen Emanzipationsmühen vgl. Regina Grundmann: „Rabbi Faibisch, Was auf Hochdeutsch heißt Apollo". Judentum, Dichtertum, Schlemihltum in Heinrich Heines Werk. Stuttgart, Weimar 2008, S. 58 ff.

15 Eduard Gans: Zweite Rede vor dem ‚Kulturverein' [1822]. – In: Norbert Waszek: Eduard Gans (1797–1839). Hegelianer – Jude – Europäer. Texte und Dokumente. Frankfurt a. M. u. a. 1991, S. 62–75, hier S. 65.
16 Für eine allgemeine Eileitung in die niederländisch-jüdischen Integrationsmühen vgl. beispielsweise Bart Wallet: „End of the jargon scandal." The decline and fall of Yiddish in the Netherlands (1796–1886). – In: Jewish History (2006), S. 333–348. Für eine Einführung zu der Person Samuel I. Mulder und einen niederländischen Blick auf Leopold Zunz und den Berliner „Culturverein" vgl. Irene E: Zwiep: A Maskil reads Zunz: Samuel Mulder and the earliest dutch reception of the ‚Wissenschaft des Judentums'. – In: The Dutch Intersection: The Jews and the Netherlands in Modern History. Ed. by Yosef Kaplan. Leiden, Boston 2008, S. 301–317.
17 Vgl. Jürgen Habermas: Zeitgenosse Heine: „Es gibt jetzt in Europa keine Nationen mehr". – In: ders.: Im Sog der Technokratie. Kleine politische Schriften. Berlin 2013, S. 47–65, hier S. 58.
18 Inge Schlotzhauer: Erziehung zur Emanzipation. Das Frankfurter Philanthropin in der ersten Hälfte des 19. Jahrhunderts. – In: Zeitschrift für Religions- und Geistesgeschichte 43 (1991), S. 233–247, hier S. 236.
19 Für eine ausführliche Behandlung des Begriffes vgl. Philister. Problemgeschichte einer Sozialfigur der neueren deutschen Literatur. Hrsg. v. Remigius Bunia, Till Dembeck, Georg Stanitzek. Berlin 2011.
20 Vgl. Reinharz, Shavit: Glorious, Accursed Europe [Anm. 2], S. 68.
21 Die Synthese von Spiritualismus und Sensualismus wurde an die Lehre der Saint-Simonisten angelehnt, mit welchen Heine in den früheren Pariser Jahren verkehrte. Vgl. für eine ausführlichere Besprechung der Begriffe Höhn ^{3}2004, 314.
22 Johann David Michaelis: Lebensbeschreibung, von ihm selbst abgefaßt. Rinteln, Leipzig 1793, S. 152.
23 Vgl. Joep Leerssen: Notes towards a definition of Romantic Nationalism. – In: Romantik 2 (2013), S. 9–35, hier S. 19.
24 Eun-Kyoung Park: „… meine liebe Freude an dem Göttergesindel". Die antike Mythologie im Werk Heinrich Heines. Stuttgart, Weimar 2005, S. 421.
25 Vgl. dazu Grundmann: „Rabbi Faibisch" [Anm. 14], S. 266 ff.
26 Vgl. Christian Liedtke: Heinrich Heine. Reinbek bei Hamburg 2017, S. 123.
27 Johann Gottfried Herder: Ideen zur Philosophie der Geschichte der Menschheit. Vierter Theil. Riga, Leipzig 1791, S. 57.
28 Vgl. Habermas: Zeitgenosse Heine [Anm. 17], S. 58 f.
29 Vgl. Joep Leerssen: Notes towards a definition of Romantic Nationalism [Anm. 23], S. 19.
30 Vgl. Grundmann: „Rabbi Faibisch" [Anm. 14], S. 53 f.
31 Richard Wagner: Das Judenthum in der Musik. Leipzig 1869, S. 13.
32 Vgl. Renate Stauf: Der problematische Europäer. Heinrich Heine im Konflikt zwischen Nationenkritik und gesellschaftlicher Utopie. Heidelberg 1997, S. 17.
33 Christian Liedtke: Heinrich Heine. Ein ABC. Hamburg 2015, S. 99.
34 Vgl. Leerssen: Notes towards a definition of Romantic Nationalism [Anm. 23], S. 9.
35 Stauf: Der problematische Europäer [Anm. 32], S. 12.
36 Peter Faulstich: Aufklärung, Wissenschaft und lebensentfaltende Bildung, Geschichte und Gegenwart einer großen Hoffnung der Moderne. Bielefeld 2011, S. 17.
37 Vgl. George L. Mosse: German Jews Beyond Judaism. Bloomington, Cincinnati 1985, S. 7.
38 Ebd., S. 3. Für eine ausführlichere Besprechung des Bildungs-Konzepts im Bezug zu den deutschen Juden vgl. z. B. David Sorkin: The Transformation of German Jewry, 1780–1840. Detroit 1999.
39 Vgl. Mosse: German Jews [Anm. 37], S. 3.
40 Faulstich: Aufklärung, Wissenschaft und lebensentfaltende Bildung [Anm. 36], S. 100.
41 Moses Mendelssohn: Ausgewählte Werke. Studienausgabe. Hrsg. v. Christoph Schulte, Andreas Kennecke, Grazyna Jurewicz. Darmstadt 2009. Bd. 2, S. 10.

42 Christian Wilhelm [von] Dohm: Ueber die bürgerliche Verbesserung der Juden. Berlin, Stettin 1781.
43 Theodor Gottlieb von Hippel: Über die bürgerliche Verbesserung der Weiber. Berlin 1792.
44 Vgl. Mosse: German Jews [Anm. 37], S. 15.
45 Ebd., S. 13.
46 Vgl. Hans Otto Horch: Friedrich Schiller, die Juden und das Judentum. – In: Aschkenas. Zeitschrift für Geschichte und Kultur der Juden 16 (2006), S. 17–36, hier S. 18.
47 Vgl. Kathrin Wittler: Morgenländischer Glanz. Eine deutsche jüdische Literaturgeschichte (1750–1850). Tübingen 2019, S. 215.
48 Herder: Ideen [Anm. 27], S. 41 f.
49 Zit. n. Wittler: Morgenländischer Glanz [Anm. 47], S. 214.
50 Gotthold Ephraim Lessing: Sämtliche Schriften. Neue rechtmäßige Ausgabe [Hrsg. v. Karl Lachmann]. Bd. 11. Berlin 1839, S. 67.
51 Vgl. Martin Bollacher: Lessing. Vernunft und Geschichte. Untersuchungen zum Problem religiöser Aufklärung in den Spätschriften. Tübingen 1978, S. 153.
52 Martin Bollacher: [Rez.] Nina Bodenheimer: Heinrich Heine und der Saint-Simonismus (1830–1835) – In: HJb 54 (2015), S. 225–229, hier S. 225.
53 Stauf: Der problematische Europäer [Anm. 32], S. 16.
54 Vgl. Habermas: Zeitgenosse Heine [Anm. 17], S. 52.
55 Vgl. Grundmann: „Rabbi Faibisch" [Anm. 14], S. 323.
56 Zu der Damaskusaffäre schrieb ich im Februar 2020 eine Arbeit für die Jewish Studies Winterschool, welche die jüdisch-politische Interferenz bei der Vertreibung der Prager Juden in 1744/1745 durch Kaiserin Maria Theresa und der Damaskusaffäre miteinander verglich. Dieser Abschnitt basiert auf jener Arbeit. Für zusätzliche Lektüre zu Heine und Damaskus vgl. beispielsweise Grundmann: „Rabbi Faibisch" [Anm. 14], S. 323 ff., und Sabine Bierwirth: Meilenstein der Zeitgeschichtsschreibung. Heinrich Heines Berichte über die Judenverfolgung in Damaskus 1840. – In: PaRDeS. Zeitschrift der Vereinigung für jüdische Studien e. V. 12 (2006), S. 68–74, sowie den Kommentar in DHA XIII, 921 ff.
57 Jonathan Frankel: The Damascus Affair. „Ritual Murder", Politics, and the Jews in 1840. Cambridge 1997. Die jüngste Publikation zum Thema ist Andrea Schatz: L' affaire de Damas (1840). Perspectives franco-allemandes/Die Damaskus-Affäre (1840). Französisch-deutsche Perspektiven. Traduit de l'allemand par Franck Lemonde. Éd. p. Stephan Braese et Céline Trautmann-Waller. Paris 2017.
58 Vgl. DHA XIII, 921.
59 Frankel: The Damascus Affair [Anm. 57], S. 20.
60 Vgl. ebd, S. 56 f. Zu Heine über Ratti-Menton vgl. DHA XIII, 47.
61 Vgl. Frankel: The Damascus Affair [Anm. 57], S. 57.
62 Vgl. ebd.
63 Vgl. DHA XIII, 921.
64 Vgl. Frankel: The Damascus Affair [Anm. 57], S. 73.
65 Vgl. ebd., S. 74.
66 Vgl. ebd., S. 76.
67 Vgl. ebd., S. 78.
68 Vgl. ebd., S. 325.
69 Vgl. DHA XIII, 921, und den Brief von Heine an Crémieux, HSA XXI, 361.
70 Vgl. Frankel: The Damascus Affair [Anm. 57], S. 84.
71 Vgl. ebd., S. 85.
72 Vgl. DHA XIII, 921.
73 Vgl. ebd., 922.
74 Haman: Sinnbild für den schlechten, unmoralischen Menschen und Feind Israels; Antagonist in der Esther-Geschichte, die jedes Jahr zu Purim wiederholt, laut gelesen, und gefeiert wird.

75 Vgl. Frankel: The Damascus Affair [Anm. 57], S. 276 f.
76 Vgl. Jacob Milgrom, Louis Isaac Rabinowitz, Judith R. Baskin: Blood. – In: Encyclopaedia Judaica. Ed. by Michael Berenbaum, Fred Skolnik. Detroit 2007. Bd. 3, S. 771–772.
77 Zum Fall Mortara vgl. Giorgio Romano: Mortara Case. – In: Encyclopaedia Judaica. Ed. by Michael Berenbaum, Fred Skolnik. Bd. 14. Detroit 2007, S. 513.
78 Jonathan Frankel: The Damascus Affair [Anm. 57], S. 362.
79 Vgl. ebd., S. 352 f.
80 Vgl. ebd., S. 370 und 384.
81 Vgl. ebd., S. 385 f.
82 Bierwirth: Meilenstein [Anm. 56], S. 68.
83 Vgl. Hong-Kyung Yi: Heinrich Heines Vermittlungsversuch zwischen Kunst und Politik in ausgewählten Werken von 1837–1840. Heidelberg 2003, S. 190.
84 Liedtke: Heinrich Heine. Ein ABC [Anm. 33], S. 117.

Notions of Diaspora in Heine

Andree Michaelis-König

The Diaspora Experience

In 1985, George Steiner remarked on Judaism's affinity to textual practice: "The dwelling assigned, ascribed to Israel is the House of the Book. Heine's phrase is exactly right: *das aufgeschriebene Vaterland.*"[1] Revealingly entitled "Our Homeland, the Text", Steiner's essay in his somewhat direct yet imprecise allusion to Heine marks perhaps the starting point of an ever-growing fascination with the diaspora condition. In the past, the term has become a proliferate concept in many fields of Cultural Studies beyond Jewish Studies. Already in 2005, Rogers Brubaker suggested the existence of a "'diaspora' diaspora", i.e. "a dispersion of the meanings of the term in semantic, conceptual and disciplinary space".[2] More recent approaches, particularly in Jewish Studies, have reclaimed the term yet again, pushing its connotations further. Thus, Daniel Boyarin and others[3] have questioned what for Brubaker were three almost indisputable "core elements" in conceptualizing diaspora: (a) the precondition of a "forced or otherwise traumatic dispersion", (b) the "orientation to a real or imagined 'homeland'"[4] and (c) the active "preservation of a distinctive identity vis-à-vis a host society".[5] Although they might be accurate in some fields of analysis, for Boyarin, all three criteria fail to fully grasp the Jewish experience that gave rise to the term in the first place. Going back to the founding narrative of the creation of the Babylonian Talmud, Boyarin instead argues for its significance as a "diasporist text that engenders diasporic existence and practice" *par excellence.*[6] In focusing on the perpetuated Jewish practice of moving from one diaspora to the next as illustrated in Abraham Ibn Daud's chronicle story, Boyarin strives to dissociate Jewish diasporic

---

A. Michaelis-König (✉)
Frankfurt, Germany
E-Mail: michaelis@europa-uni.de

experience from the original, biblical background of dispersion and traumatic destruction.[7] In its place, "a trans-local, dispersed, diasporic cultural form"[8] that is not dependent on any territorial center becomes the defining practice of rabbinic scholarship. Moreover, this practice is not necessarily connected to the trauma of dispersion as a defining feature.[9] Its central point of orientation has become the holy book as "the portable homeland of the Jewish people".[10]

This ever-returning reference to Heinrich Heine—albeit quoted by Boyarin without referencing to its literal source in Heine's "Geständnisse" of 1854—is what interests me in the following. What is it in Heine's discourse on Jewish diaspora that enables its diverse and long-lasting topicality? Going back to his writings, I want to ask how Heine framed his thoughts on the "portable homeland", and how they can be related back to his own experience as an exiled Jewish writer. What traditions did these thoughts establish and how far or close are we really to these traditions today? By going back to the exact context of the metaphor's creation in Heine's works, I also want to focus on its perhaps not so unequivocal meaning, thereby opening up once again the potential of Heine's perspective on diaspora.[11]

Diaspora—An Unequivocal Neologism

As it is a translation found in the Greek "Septuaginta" whose origins are all but clear, 'diaspora' has always been the object of a controversial history of interpretation. In particular, scholars have argued about how it can be translated back into Hebrew most accurately. As the discussion shows, 'galut' and 'tfutzot' are the two terms most often considered. However, it remains unclear whether 'diaspora' shares the negative connotations of 'galut' as forced exile and punishment or rather the neutral to positive meaning of 'tfutzot' as voluntary dispersion of the Jewish people.[12] Moreover, even this binarism of the two terms is disputable, as 'galut' has also received positive interpretations and 'tfutzot', too, implies an outcast experience.[13] Thus, 'diaspora', no less than 'galut' or 'tfutzot', shares the polyvalence almost always present in the Tanach where God's command to leave the land of the fathers also gives reason to a messianic hope of a positive future in, or rather, after exile.[14] However, as Vivian Liska has argued in light of many modern interpretations of diaspora as a positive metaphor of Jewish existence, this ambivalence is not simply a semantic one. It is highly problematic, because it acts as a catalyst for the split into two different discourses on the Jewish condition that for some scholars belong closely together: a universal, more philosophical take on Jewish existence on the one hand, and a particular, more politically oriented approach on the other.[15] Whenever the philosophical interpretation of Jewish "rootlessness" takes the road of an ethically positive and generalized understanding of diaspora life, the political interpretation cannot ignore the real-life suffering which exile and dispersion entail.[16] Thus a tension between life and thought, as well as between history and literature, is always at play when considering the potentials and consequences of diaspora.

Notions of a Jewish Diaspora in Heine's Works

One should think that Heine knew about this very well. At any rate, a fundamental ambivalence is always present in Heine's attempts to express what the Jewish diaspora for him implies. This becomes apparent in light of the fact that his thoughts on the Bible, or even literature as such,[17] as being "a portative fatherland" clearly do not overcome or negate the traumatic implications of his forced Parisian exile or his unbroken orientation towards Germany and German culture. In this regard, Boyarin is wrong in referring his understanding of diaspora back to Heine,[18] whose thoughts on the matter were part of an explicitly autobiographical writing. This, however, implies that what Heine said on Jewish life in exile and the importance of the book as "a portative fatherland" must always also be considered in relation to his own complicated and syncretistic self-fashioning as a converted Jew.[19]

There are several passages in Heine's late works to be considered in regard to his understanding of the Jewish *raison d'être* in modern Europe. An often-referenced source is Heine's fragment "Der Rabbi von Bacherach" with its last chapter being finished in 1840 after an antisemitic pogrom in Damascus repeated in an uncanny way what Heine retold as a past long gone in the story's first chapter.[20] This text, in fact, lays the groundwork for Heine's diaspora understanding by reviewing a prime example for the best way of Jewish-non-Jewish conviviality[21] in the Spanish period of the 15th century. This example sets the tone of Heine's deliberations on Jewish diaspora in so far as it reaches outside of both the German and the Ashkenazi frame.[22] In combination with several other poems and fragments[23] and with a gesture certainly romanticizing a far more dire Jewish reality, Heine turns to the Spanish age of Judaism in order to find inspirational moments of a lively cohabitation with both Catholics and Muslims. In the story's first chapter the narrator only mentions in passing that the Rabbi "auf der hohen Schule zu Toledo zwar emsig genug das Studium des göttlichen Gesetzes getrieben, aber auch christliche Gebräuche nachgeahmt und freygeistige Denkungsart eingesogen habe" (HSA IX, 56). However, it is this passage that marks the link to the unfinished third part and sets the stage for the entrance of Don Isaak Abarbanel, the Spanish "knight" and friend of the Rabbi of Bacherach. Heine emphatically refers to the Spanish Jews because they were "damals auf einer außerordentlichen Höhe der Bildung" (HSA IX, 56 f.), but also because, in his vision, they offered a more flexible, lively version of being Jewish. Don Isaak represents, what Heine later will call a "Hellenistic" character. He lives a rather unorthodox, but joyful Jewishness that even some Jews, like the Rabbi himself, might call frivolous and blasphemous ("du bist ein Heide, ein Götzendiener"; HSA IX, 85). With his take on joy and cuisine ("ich liebe Eure Küche weit mehr als Euren Glauben"; HSA IX, 84), Heine's Don Isaak really poses the first version of a critique of modern (German) Judaism that Heine will develop further later on.[24] When stating that he dislikes those "trüben, qualsüchtigen Nazarener" as much as he rejects the attitude of those "dürren, freudlosen Hebräer" (HSA IX,

85), Don Isaak seeks to grasp one diasporic feature of Jewish existence that transcends local specificities: its supposed highly intellectual, yet bleak way of life. Against the backdrop of Jewish tradition as a faith and as a religious practice, Heine's Don Isaak as a convert of Jewish origin who has preserved an affinity to some aspects of Jewish everyday life serves as a fictional mirror for the German author and how he saw himself.

Building on this is, Heine further develops his understanding of modern Judaism in "Ludwig Börne. Eine Denkschrift" of 1840 by discussing in greater detail what he calls "Nazarene" characteristics. The passages in question are strategic. They are meant to differentiate his self-understanding as a Jewish writer from that of Börne (see HSA IX, 288). It is, thus, part of a highly polemical effort to distinguish himself from the former brother in arms as a writer and as a Jew.[25] Heine's contrasting of "Nazarener" and "Hellenen" is picking up the thread right where he had left it in "Der Rabbi von Bacherach". And while this new binarism might seem essentialist at first, the way Heine structures his system of distinctions makes it quite clear that the logic behind them is far more complex than it would seem. It is not an opposition of Jewish and non-Jewish, of East and West, or of Occident and Orient that drives his argument. Rather, Heine's binarism seeks to transcend any clear othering between Jews and Christians, two words he also calls "synonym" (HSA IX, 288). All conventional affiliations are shattered, and Heine introduces a new distinction instead between those "Menschen mit ascetischen, bildfeindlichen, vergeistigungssüchtigen Trieben" and those "Menschen von lebensheiterem, entfaltungsstolzem und realistischem Wesen" (ibid.). That Heine counts Börne to the first "Nazarian" type, himself to the second "Hellenistic" kind—a statement of belonging he makes ever so often in his writings[26]—fundamentally feeds his following attempt to relate to Judaism by way of the Bible only.

It is the way in which Heine attempts to look from the outside in that makes his fascination with the Jews as the "people of the book" so interesting. Avowedly, his approach to the Bible is fed by despair.[27] Written on Helgoland in 1830, Heine's contemplations are driven by his quest for a place to rest his head and to find new inspiration after Germany has become hostile territory.[28] This situation, it seems, has inspired an approach to what Judaism can be that is genuinely exterritorial[29]: all attributions that come to his mind stem from an outside perspective and, thus, mirror Heine's own stance as a Jew that has lost any closer ties to Jewish traditions and that he had already portrayed in Don Isaak. After declaring once more that he reads the Bible as "heimlicher Hellene" (HSA IX, 306), Heine proposes two strikingly similar but distinct definitions of the Jewish people as "Volk des Buches" (HSA IX, 306) and as "Volk des Geistes" (HSA IX, 307).

The first is attributed to "Mahomet", i.e. Mohammed, hence an 'oriental', Muslim perspective; a reference once more recalling the Spanish epoch of Jewish-Christian-Muslim conviviality. The second term refers to Hegel whom Heine calls the "Prophet des Abendlands" (ibid.), representing a modern German point of view. By introducing these three external views on being Jewish—the Hellenic, the Muslim and the German one—Heine seems to admire a Jewish practice of thought and study closely connected to the Torah. However, he also questions Judaism's supposed "einseitige[s] Streben nach Vergeistigung [spiritualization]" (ibid.) as unhealthy and one-sided. In any case, Heine clearly attempts to adopt a supposedly Jewish concentration on literature and study *vis-à-vis* his own future in exile:

> Ein Buch ist ihr Vaterland, ihr Besitz, ihr Herrscher, ihr Glück und ihr Unglück. Sie leben in den umfriedeten Marken dieses Buches, hier üben sie ihr unveräußerliches Bürgerrecht, hier kann man sie nicht verjagen, nicht verachten, hier sind sie stark und bewundrungswürdig. (HSA IX, 306)

What Heine thus admires is a Jewish existence *within* the margins of the Bible despite a hostile surrounding world. However, since this way of existence for Heine lacks any closer ties to real 'Lebensbejahung', to politics and passion, he seems hesitant and opts for his "Hellenistic" persona instead. It is, more precisely, the absence of man-made art that bothers him, stating that, despite searching for it, he failed to find in the Bible any "Spur von Kunst" (HSA IX, 311). Only two worldly figures, half-gods of their own kind, seem to point towards a solution: Jesus Christ and Shakespeare.[30] Jesus Christ, as he meant to lead the Jewish people into the world, represents a way of overcoming Jewish particularity and founding cosmopolitism for Heine.[31] His crucifixion, however, renewed the supremacy of the spiritual over the material and, thus, inflicted this Jewish peculiarity on Christianity as well (HSA IX, 307). Shakespeare, on the other hand, represents a writer of true genius who managed to combine that which, at least in Heine's view, is generally separate: Only Shakespeare "ist zu gleicher Zeit Jude und Grieche" (HSA IX, 312), only he could merge both spiritualism and art to a higher form of existence. Heine states this seemingly utopian work of the consolidation of two opposing ways of seeing the world as a general task for European civilization (HSA IX, 312). Judaism and its ingenious practice of reading and rereading the book of all books (HSA IX, 306) has the potential to take a major part in this, but as long as the Jews remain reclusive from the world as well as from the passion of art, Heine prefers to withdraw from the task altogether.

Passover Seder. From the Darmstadt Pessach Haggadah (ca. 1410)

This attitude had changed twelve years later, when Heine wrote his "Geständnisse" as an exiled author in Paris. In the meantime, his self-fashioning as a diaspora Jew had grown stronger. "Geständnisse", meant as an autobiographical addition to his "De l'Allemagne", reviews and, at the same time, reverses some of his earlier perspectives on German philosophy and art. Closely connected to this is Heine's renewed commitment to religion and Judaism, although his repeated statement of a "Wiedererwachen des religiösen Gefühls" (HSA XII, 72) remains vague in a telling way. It is not religion as such that Heine is interested in. Rather, his newly-discovered "Geburtsstolz" (HSA XII, 71) as a Jew is accompanied by a shift in his perspective on the artfulness of Judaism. Thanks to a new perspective on the persona of Moses, Heine now manages to see more in Judaism fatal asceticism that, in his view, is typical for both Jews and Germans (ibid.). Now, in his Parisian exile, his focus is not on what the "portable homeland", the Bible, says about art and faith. Jewish "Haß gegen alle Bildlichkeit", the constituting *Bilderverbot,* here understood as Moses' "Befeindung der Kunst" (HSA XII, 70), can be set aside in favor of the artfulness of Jewish history and existence as such. In regarding Moses as an artist that created Israel,[32] i.e. whose work *is* the Jewish people and not the law he gave to them, Heine finds a new way of relating to Judaism in diaspora.

Following his thoughts on Shakespeare in "Ludwig Börne", the Jewish people become both artful and political not as they live *within* the Bible, drawn away from all outside life and politics, but as a people who live *with* the Bible as their "portable homeland".[33] This shift also explains why the often-referenced quote is really part of a paragraph in "Geständnisse" that seeks to acknowledge not Judaism's, but Protestantism's merits. It was Protestantism, for Heine, that translated and disseminated the holy book, thereby paving the path for the "Eroberung der Denkfreyheit" (HSA XII, 72) which Heine sees rooted in the Bible's teachings. At the same time, the Jews as a people of unknown martyrs remained a "wandelndes Geheimniß" (HSA XII, 71) throughout history. However, for Heine they are really at the root not only of Christian faith, but of rationality and morality ("Vernunft" und "Sittlichkeit"; HSA XII, 74) as it shaped European culture.

In developing his argument, Heine manages to shape a positive understanding of diasporic Judaism as artful, brave and morally influential which at the same time can be regarded as a fundamental constituent of the German-Protestant culture he always was aspiring to be a part of. The Jewish people for Heine are both artful and political, both universally inspiring and bearers of their own hidden history. Exactly because of this the Jews, according to Heine, were able to integrate their "Sitte und Denkweise" (HSA XII, 74) so successfully into European culture, in particular the German one, since both share a great "Wahlverwandtschaft" (ibid.)in character and thought. As an example of their life with the holy book as a source of reason and morality—and not as a people secluded in their studies of the book—the Jews became a people "das allen andern Völkern als Muster, ja der ganzen Menschheit als Prototyp dienen konnte" (HSA XII, 70). With this thought, Heine last, but not least renews the notion of diasporic cosmopolitism of his earlier reference to Jesus Christ in "Ludwig Börne".

After Heine

Freed from its national and lawful specificity, Heine formulated an understanding of Jewish diaspora that has inspired a vast number of successors, finding its way into even most recent approaches to the topic. Clearly, what he developed in his late works remains highly syncretistic and quite specific to Heine's own way of writing and conceptualizing. However, one could argue that exactly because of this multifaceted nature of his deliberating, so many different views on European diaspora could build on it later on. Already Gustav Karpeles developed his overall concept of Jewish writing based on the thought that Jewish particularity enabled an exceptionally rich practice of interacting and intertwining with other cultural forms of writing: "Alles assimilirt sich dieser Literatur und Alles lagert diese an seine Bibel, das Grundbuch dieser Literatur an."[34] Moreover, many Jewish intellectuals after 1900, such as Lion Feuchtwanger, Karl Wolfskehl or Joseph Roth, did carry on Heine's view on the connection between diaspora and (European) cosmopolitism.[35] In 1918, Rafael Seligmann touches in an almost surprising directness on Heine's distinction between asceticism and "Lebensbejahung", speaking of the "vermaterialisierte[] Geistigkeit" of the Jewish *modus vivendi* that is based upon the concept of an "exterritorialen nationalen Existenz".[36] Certainly, much of this is located in slightly different frameworks of argument, yet Heine's ideas are still very much recognizable.

Another example is Alfred Wolfenstein who follows Heine in his own way when he compares being Jewish and being a poet, problematizing what he calls a general similarity between the two.[37] Wolfenstein draws from what Heine called the "wahren Künstlergeist" (HSA XII, 70) that Moses introduced by shaping the Jewish condition.[38] And while he is primarily interested in the ways Jewishness can be related to art, he, too, ends up highlighting Jewish morality as exemplary human: "Die Beziehung auf das Menschliche beherrscht ihn [i.e. den Juden] wie wenige."[39] A thread of thought becomes tangible here that, yet another generation later, reaches as far as to Emmanuel Lévinas stating that "[f]or Judaism, the world becomes intelligible before a human face and not [...] through houses, temples and bridges."[40] Lévinas, not unlike the above cited George Steiner, widens his focus to grasp a real-life Jewish experience in diaspora that includes the practice of studying the Tora, but stretches beyond it, touching in yet another way on Heine's reflections.

Heine is still present, although seldomly referenced, in these deliberations. As for the present, however, there appear to be more differences than commonalities with contemporary takes on diaspora like Boyarin's. Heine's idea of Jewish diaspora, although it too remains without center, is not quite as globally and anti-essentialist oriented as Boyarin wants it to be. For Heine, Jewish diasporic culture, while finding its great model in the Spanish period of conviviality, is mostly focused on the German lands and its intellectual landscape. Moreover, the traumatic Jewish history of dispersion and suffering, although secret (a "wandelndes Geheimniß"; HSA XII, 71) to the outside perspective, remains an integral part of what Judaism represents, since only because of this history its character maintains the 'artfulness' Heine has recognized in Moses. This reference to the history of dispersion is also the reason for the remainder of an at least partially essentialist view on the Jewish people whose particularity becomes universal for Heine simply because other peoples have absorbed and integrated its qualities. Finally, his understanding of the core metaphor in recent discussions of diaspora—a book being the "portable homeland" of the Jews—quite differs from Boyarin's understanding of the matter: Although art and literature clearly remain in the focus of Heine's argument, what he really meant was not so much a Jewish practice of reading and rereading, of continuous commenting, but instead an awareness of the Jewish history of martyrdom in diaspora; the life of the Jews *with* the book.

However, what remains quite feasible today in Heine's ideas on what Jewish modern diaspora entails is Boyarin's accentuation of a "shared culture" that the term diaspora points to.[41] One could very well state that already for Heine, diaspora took part in a "particular kind of cultural hybridity"[42] and "co-responsibility"[43]. On the one hand because, following the Spanish medieval model, he was hoping for a realignment of German-Jewish relations during his time, on the other because he used it more generally to argue for an integration of certain values, such as democracy, reason and morality, in the modern world (see HSA XII, 74). His starting point was a specific Jewish experience, yet his argument transcends this framework. Exactly because of this, Heine, in coining the now-famous metaphor of "the portable homeland", inspired ways of thinking about culture that remain intriguing up until today. At the core of this is a notion of culture as a pool of plurality still linked, in all its generality, to a specific point of reference—the Bible, the Tora, or simply: literature.

Notes

1 George Steiner: Our Homeland, the Text. – In: id.: No Passion Spent. Essays 1978–1996. London 1996, pp. 304–327.
2 Rogers Brubaker: The 'diaspora' diaspora. – In: Ethnic and Racial Studies 28/1 (2005), pp. 1–19, here p. 1.
3 See Daniel A. Boyarin: A Travelling Homeland: the Babylonian Talmud as Diaspora. Philadelphia 2015; Jonathan Boyarin; Daniel Boyarin: Powers of Diaspora. Two Essays on the Relevance of Jewish Culture. Minnesota 2002. See also Caspar Battegay: Geschichte der Möglichkeit. Utopie, Diaspora und die 'jüdische Frage'. Göttingen 2018, pp. 87–106; Liliana Ruth Feierstein: Diaspora. – In: Handbuch Jüdische Studien. Eds. Christina von Braun; Micha Brumlik. Köln, Weimar, Wien 2018, pp. 99–109; Liliana Ruth Feierstein: Das portative Vaterland: Das Buch als Territorium. – In: Topographien der Erinnerung. Ed. Bernd Witte. Würzburg 2008, pp. 216–225; Vivian Liska: Exil und Exemplarität. Jüdische Wurzellosigkeit als Denkfigur. – In: Literatur und Exil. Neue Perspektiven. Eds. Doerte Bischoff; Susanne Komfort-Hein. Berlin 2013, pp. 239–256; Bryan Cheyette: Diasporas of the Mind. Jewish and Postcolonial Writing and the Nightmare of History. New Haven, London 2013.
4 Both Brubaker: The 'diaspora' diaspora [note 2], p. 5.
5 Ibid., 6. It should be noted that, on this last criterion, Brubaker at least mentions "a strong counter-current" in research that instead "emphasizes hybridity, fluidity, creolization and syncretism" (ibid). However, Brubaker generally sticks with his claims that "boundary-maintenance is an indispensable criterion of diaspora" (ibid.).
6 Boyarin: A Travelling Homeland [note 3], p. 6.
7 See also Feierstein: Diaspora [note 3], pp. 99 f.
8 Boyarin: A Travelling Homeland [note 3], p. 15.
9 See ibid., p. 17.
10 Ibid., p. 5.

11 See on this also Lydia Fritzlar: Heinrich Heine und die Diaspora. Der Zeitschriftsteller im kulturellen Raum der jüdischen Minderheit. Berlin, Boston 2013. However, it should be noted that although she explicitly focusses on Heine's poetics in relation to notions of Jewish diaspora, Fritzlar in her book completely leaves out any analysis of exactly those texts by Heine that deal with the metaphor of the "portable homeland".
12 See Feierstein: Diaspora [note 3], pp. 102 f.
13 Cf. Yosef Hayim Yerushalmi: Exil und Vertreibung in der jüdischen Geschichte. – In: Ein Feld in Anatot. Versuche über jüdische Geschichte. Berlin 1993, pp. 21–38.
14 See on this Liska: Exil und Exemplarität [note 3], pp. 239 f.
15 See ibid., pp. 240–242.
16 Ibid., p. 242.
17 See Andreas Kilcher: Diasporakonzepte. – In: Handbuch der deutsch-jüdischen Literatur. Ed. Hans Otto Horch. Berlin 2016, pp. 135–150, here p. 138.
18 Rather, Heine's diaspora existence seems to follow Rogers Brubaker's criteria catalogue. Only Brubaker's third notion, "boundary-maintenance" or "the preservation of a distinctive identity vis-à-vis a host society" (Brubaker: The 'diaspora' diaspora [note 2], p. 6), does not apply to Heine, who, during his time in Paris, did very much engage with French culture and language.
19 See on this also Andreas Kilcher: Poétique et politique du Witz chez Heinrich Heine. Poetik und Politik des Witzes bei Heinrich Heine. Paris 2014 as well as Regina Grundmann: "Rabbi Faibisch, Was auf Hochdeutsch heißt Apollo". Judentum, Dichtertum, Schlemihltum in Heinrich Heines Werk. Stuttgart, Weimar 2008.
20 See on this background of the story's creation HSA IX K, 107 f.
21 I borrow this term from Paul Gilroy: Postcolonial Melancholia. New York 2005, p. XV. It should be noted, however, that "conviviality" as a concept has a long history of appliances, ranging far beyond the Modern postcolonial context Gilroy places it in.
22 See on Heine's take on the "golden" Spanish epoch of Jewish life Grundmann: "Rabbi Faibisch" [note 19], pp. 171–183; Anne Maximilian Jäger: Heines "Rabbi von Bacherach" als literarisches Projekt der jüdischen Aufklärung. – In: Aufklärung und Skepsis. Internationaler Heine-Kongreß 1997 zum 200. Geburtstag. Eds. Joseph A. Kruse; Bernd Witte; Karin Füllner. Stuttgart, Weimar 1999, pp. 334–351; Steffen Leibold: Der Rabbi von Bacherach. Heinrich Heines 'fragmentarisches' Verhältnis zu den Juden seiner Zeit. – In: HJb 54 (2015), pp. 42–57.
23 Already his early play "Almansor", although *prima face* not about Jews, deals with the diaspora situation of, generally speaking, "der Nichtchrist in der christlichen Gesellschaft" (Klaus Briegleb: note in B I, p. 737). Among the poems that pick up the theme see especially "Donna Clara" in "Heimkehr" as well as the late poem "Jehuda ben Halevy" in "Romanzero". On this more detailed: Grundmann: "Rabbi Faibisch" [note 19], pp. 375–394.
24 See on this also Hans Kruschwitz: "… möglich, daß die Sendung dieses Stammes noch nicht ganz erfüllt". Satire, jüdische Textkultur und das moderne Europa bei Heinrich Heine. – In: HJb 54 (2015), pp. 84–120, here p. 104.
25 See Inge Rippmann: Heines Denkschrift über Börne. Ein Doppelporträt. – In: id.: "Freiheit ist das Schönste und Höchste in Leben und Kunst". Ludwig Börne zwischen Literatur und Politik. Bielefeld 2004, pp. 162–192; id.: Börne und Heine. – In: ibid., pp. 193–216; id.: "Sie saßen an den Wassern Babylons". Eine Annäherung an Heinrich Heines "Denkschrift über Ludwig Börne". – In: ibid., pp. 223–248; also: Höhn ^{3}2004, pp. 421–424.
26 See HSA IX, 306; HSA XII, 41.
27 Cf. HSA IX, 306: "[…] griff ich aus Verzweiflung zur Bibel […]".
28 Cf. HSA IX, 303: "Wenn ich nur wüßte, wo ich jetzt mein Haupt niederlegen kann."
29 See on the "exterritorial" character of Jewish writing Kilcher: Diasporakonzepte [note 17], pp. 141 f. and id.: Was ist "deutsch-jüdische Literatur"? Eine historische Diskursanalyse. – In: Weimarer Beiträge 45 (1999), pp. 485–517.

30 In "Ludwig Börne", these two historic role models are mirrored by the passing mentioning of two contemporary 'heroes': Napoleon and Goethe. In these two, Heine sees potential remedies against the unsound separation of the spiritual and the material. See on Heine's relation to Napoleon Ralph Häfner: Mosaismus, Caesarismus, Bonapartismus. Ambivalenzen des Napoleon-Bildes bei Heine, Balzac und Nerval. – In: Philosemitismus. Rhetorik, Poetik, Diskursgeschichte. Ed. Philipp Theisohn; Georg Braungart. Paderborn 2017, pp. 167–184. On Heine and Goethe cf. Hiroshi Kiba: Die Goethe-Rezeption bei Heine und Börne. Unter besonderer Berücksichtigung des Judentums. – In: Confrontations/Accommodations. German-Jewish Literary and Cultural Relations from Heine to Wassermann. Ed. Mark Gelber. Tübingen 2004, pp. 69–82.
31 See HSA IX, 307: "[D]er Erlöser, der seine Brüder vom Ceremonialgesetz und der Nazionalität befreyte, und den Cosmopolitismus stiftete".
32 See HSA XII, 70: "Ich sah nicht, daß Moses, trotz seiner Befeindung der Kunst, dennoch selber ein großer Künstler war und den wahren Künstlergeist besaß. […] er baute Menschenpyramiden, er meißelte Menschen-Obelisken, er nahm einen armen Hirtenstamm und schuf daraus ein Volk […]: er schuf Israel!"
33 Andreas Kilcher has called this an "ästhetisch-kosmopolitischen Modell" of diaspora. See Kilcher: Diasporakonzepte [note 17], p. 138.
34 Gustav Karpeles: Geschichte der jüdischen Literatur. Berlin 1886, Vol. 1, p. 2.
35 See on these and other examples Kilcher: Diasporakonzepte [note 17], pp. 141, 145 and 147. Also see Battegay: Geschichte der Möglichkeit [note 3], p. 95 f.
36 Rafael Seligmann: Bejahung und Verneinung des Galuth. – In: Der Jude 2/9 (1917/18), pp. 595–601, here p. 597.
37 See Alfred Wolfenstein: Das neue Dichtertum des Juden. – In: Juden in der deutschen Literatur. Essays über zeitgenössische Schriftsteller. Ed. Gustav Krojanker. Berlin 1922, pp. 333–359, here p. 336: "Denn aus jener Vergleichbarkeit des jüdischen mit dem dichterischen Schicksal ist nicht etwa zu folgern, als stelle der Jude geradezu *den* Dichter dar. Vielmehr: dies gefährdet ihn. Durch die Nähe seiner Wirklichkeit zu seinem Dichtertum kann beides unsicher werden, sich kreuzen, ineinander übergehen."
38 See ibid., p. 334: "Der Dichter ist der unter die Völker Verstreute".
39 Ibid., p. 344. That for Wolfenstein Jews were also "Doppelgänger des Deutschen" (Alfred Wolfenstein: Jüdisches Wesen und Dichtertum. – In: Der Jude 6 (1921/22), pp. 428–440, here p. 437) points towards another parallel in relation to Heine.
40 Emmanuel Lévinas: A Religion for Adults. – In: Difficult Freedom. Essays on Judaism. Translated by Seán Hand. Baltimore 1997, pp. 11–23, here p. 23. Also see Feierstein: Diaspora [note 3], pp. 108–109.
41 Boyarin: A Travelling Homeland [note 3], p. 4.
42 Ibid., p. 3.
43 Boyarin borrows this term from Robin Cohen. See ibid., p. 4.

„An dem Webstuhl des Gedankens"

Überlegungen zu Heine und Fontane

Joseph A. Kruse

> Ich verstehe nichts von Politik und noch weniger von Armee, wer mir aber ernsthaft versichern will, daß ein kluger General Müller allemal eine Landeskalamität und neben einem Hampel von Hampelshausen nie zu nennen sei, wer mir das ernsthaft versichern will, mit dem bin ich fertig, und wenn ich ihn trotz alledem interessant finden soll, so bin ich dazu bereit, aber frag mich nur nicht wie.
> Theodor Fontane, „Cécile" (1887)[1]

> Plötzlich war er wieder der alte Charlie. Die Kunst hatte über die Natur gesiegt. Es war die alte Sache: „Aus meinen großen Schmerzen mach' ich die kleinen Lieder …"
> Frank O'Connor, „Abenteuer eines Handelsreisenden"[2]

1. Von Motiven

Die Literatur entsteht keineswegs aus dem Nichts und hängt in den seltensten Fällen ohne Zusammenhang im luftleeren Raum. Sie besitzt ihre Vorläufer und Nachfolger. Sie schafft unvergessliche Bilder, die sich dem allgemeinen Gedächtnis einprägen. Der „Webstuhl der Zeit" (DHA II, 102)[3] beispielsweise ist eine der von Heine benutzten bzw. übernommenen Variationen für ein solches Bild vom fortwährend arbeitenden, hilfreich-ratternden Instrument und damit eine Metapher für die Vergänglichkeit wie für das fortgesetzt schöpferisch-gestaltende Wirken. Ohne Goethe, auch wenn sämtliche Heine-Kommentare zu dieser Stelle einen solchen Hinweis verschweigen, da sie offenbar von der selbstver-

---

J. A. Kruse (✉)
Berlin, Deutschland

ständlichen Kenntnis ausgehen, hätte Heine die Metapher wohl nicht in dieser Form verwendet. Und der Klassiker selbst konnte schon auf die gesamte Bibel zurückgreifen, dabei z. B. auf die Apostelgeschichte (Kap. 17, V. 28) des Neuen Testaments mit dem Paulus-Wort auf dem Areopag in Athen bei seinem monotheistischen Argument für eine im ‚unbekannten' Gott, dem ein Tempel geweiht war, integrierte, nach göttlicher Art geschaffene Menschheit: „in ihm leben, weben und sind wir", wie es in Luthers Übersetzung heißt. Dabei steht diese Tätigkeit des Webens für jede Art menschlicher Bewegung, wovon in anderen Übertragungen dieser Stelle die Rede ist. In Goethes „Faust", schon in der Fassung vom „Urfaust", gleich in der Anfangsszene „Nacht", lauten die berühmten Verse des heraufbeschworenen ‚Geistes' gegenüber dem in seinem „hochgewölbten, engen gotischen Zimmer" weilenden, u. a. „leider auch Theologie" studiert habenden Grübler: „So schaff' ich am sausenden Webstuhl der Zeit/ Und wirke der Gottheit lebendiges Kleid."[4] Dieser Webstuhl, der die unaufhaltsame Zeit illustriert, findet bei Heine seinen oben angesprochenen Platz im respektlos theologiekritischen Gedicht über die Trinität namens „Symbolik des Unsinns" aus dem Zyklus „Zur Ollea", der, statt teilweise dem „Romanzero" zu dienen, 1851 zur Auffüllung der dritten Auflage den „Neuen Gedichten" (die ersten beiden Auflagen erschienen 1844) hinzugefügt wurde. Das hier benutzte Adjektiv betrifft allerdings weniger die Schnelligkeit, sondern eher lautmalerisch das Gehör, wenn dort der dreieinige Gott spricht: „Ich stand am schnurrenden Webstuhl der Zeit/ Wohl manches lange Jahrtausend" (DHA II, 102). Der Webstuhl verbindet somit in temporaler Abstraktion oder Verselbständigung unausgesprochen die notwendige, in diesem Fall sogar göttliche Aktion unter Zuhilfenahme einer Gerätschaft und schafft die Voraussetzung zur Herstellung jenes in Ewigkeiten gefertigten Stoffes oder geradezu globalen Gobelins, dem die Weltgeschichte eindrucksvoll eingeschrieben bzw., um beim Bild zu bleiben, eingewebt ist.

Für die reale vergebliche Arbeit indessen, wie „Die schlesischen Weber" es erlebten, die Anfang Juni 1844 einen erbitterten Aufstand unternahmen, der amtlicherseits brutal niedergeschlagen wurde, hatte Heine zuvor bereits dem dazu betriebenen Arbeitsgerät in diesem hochpolitischen Jahr einen Signalcharakter zugewiesen. Heines revolutionäre Prophetie verleiht dem Kampf für Lohngerechtigkeit die drängendsten Worte. Mitsamt dem lästerlichen Fluch gegen die unglaubwürdig gewordene Trias von ‚Gott, König und Vaterland' zur Zeit der Befreiungskriege gegen Napoleon bilden die Strophen den Höhepunkt der Weber-Dichtung: „Das Schiffchen fliegt, der Webstuhl kracht,/ Wir weben emsig Tag und Nacht –/ Altdeutschland, wir weben dein Leichentuch,/ Wir weben hinein den dreyfachen Fluch,/ Wir weben, wir weben!" (DHA II, 150). Die am 10. Juli 1844 im „Vorwärts" zu Paris gedruckte und dann als Flugblatt verbreitete erste Fassung des „Zeitgedichts" wurde von Heine überarbeitet und erschien in der revidierten zweiten Fassung nur in späteren Anthologien seit 1846 bzw. 1847. Die öffentliche Rezitation des Gedichtes in Berlin wurde 1847 noch mit Gefängnis bestraft und hätte gleich zum Verbot eigener Heinescher Lyrik-Sammlungen geführt, weshalb sein Weberlied weder in die „Neuen Gedichte" noch in den „Romanzero" aufgenommen wurde. Vor allem war es im radikalen Umfeld und in

Emigrantenkreisen z. B. Londons geschätzt.[5] Gerhart Hauptmann, dessen frühes naturalistisches Auftreten Fontane mit großem Interesse verfolgen konnte, hat schließlich ein halbes Jahrhundert nach den Heineschen drohend-apokalyptischen Strophen das Schauspiel „Die Weber" geschaffen. Dessen Aufführung am 24. September 1894 in Berlin sprich „Fontanopolis", wie Ernst Heilborn im April 1909 die deutsche Hauptstadt beziehungsreich genannt hat[6], wurde vom alten Fontane als ‚epochemachendes' „Prachtstück", von Kaiser Wilhelm II. dagegen als Skandal empfunden, so dass er seine Loge im „Deutschen Theater" kündigte.[7]

Dann sei Heines „Webstuhl des Gedankens" genannt, gemäß der Zeile aus dem dreiteiligen ‚Dichtergedicht' „Der Dichter Firdusi" aus dem Zyklus „Historien" des „Romanzero" von 1851.[8] Damit wird ausgedrückt, auf welche Weise die Dichter arbeiten, indem sie handwerkliches und intellektuelles Schaffen vereinen müssen und von Vervielfältigung wie Verbreitung, aber auch von Gunst und Versprechen etwaiger Auftraggeber abhängig bleiben: „Siebzehn mal die Rose blühte,/ Siebzehn mal ist sie verwelket,/ Und die Nachtigall besang sie/ Und verstummte siebzehn mal –// Unterdessen saß der Dichter/ An dem Webstuhl des Gedankens,/ Tag und Nacht, und webte emsig/Seines Liedes Riesenteppich –" (DHA III, 49 f.). Nicht umsonst hat Fontane, der, wie Heine selbst, als „Alter Ego" des persischen Dichters darin „eine unmittelbare Parallele zu seiner eigenen Situation"[9] fand, diese Ballade in seinem „Romanzero"-Exemplar mit der besten Note „sehr gut" versehen![10] Als Lebens- und Schreib-Bild spielt der Webstuhl schließlich ebenfalls im vierteiligen ‚Dichtergedicht' „Jehuda ben Halevy" des dritten und letzten Zyklus „Hebräische Melodien" des „Romanzero" eine Rolle. Realität und Metapher haben sich in jener Strophe, deren vier Zeilen als Faksimile unter sein auf Wunsch des Verlegers Julius Campe entstandenes und vertriebenes Lithographie-Porträt als ‚Schmerzensmann' von Ernst Benedikt Kietz aus demselben Jahre 1851 gesetzt wurden, zu einem unauflöslichen Rätsel vereinigt: „Jahre kommen und vergehen –/ In dem Webstuhl läuft geschäftig/ Schnurrend hin und her die Spule –/ Was er webt, das weiß kein Weber." (DHA III, 136).[11] Auch hier die Lautmalerei, die neben dem Unheimlichen gleichermaßen etwas Heimeliges vermittelt, obgleich von Sinn und Ziel der Geschichte keine Rede sein kann und selbst der Weber den Dingen einfach ihren Lauf lassen muss.

Motive sind es denn auch, von denen Fontanes Werk lebt und in deren Adaption und Verwendung er ein Meister ist. Ohne Lesefrüchte und -anregungen (und seien es z. B. Grimms und Andersens Märchen, Lessings, Goethes, Schillers oder Heines Werke, so beim letzteren vor allem dessen Gedichte) gäbe es viele seiner kunstvollen, sehr häufig nur mit versteckten Fußangeln versehenen und dennoch luziden Erzählverweise sowie auch etwa Thomas Manns darauf gründende und genauso verschlüsselte Reaktionen nicht, wie jüngst in gleich mehreren Studien zu solchen ‚Finessen', vor allem im Roman „Irrungen, Wirrungen", ein Fontane-Interpret aufgrund detektivischer Lektüre betont hat.[12] Selbstverständlich ist die Verwendung des Bildes vom Weben Fontane geläufig, so z. B. im Gedicht „Lady Essex" über die frühe englische Abwehr monarchischer Konstellationen, in dem die politische Tradition der schlesischen Weber lebendig wird: „In England wüten zwei Tyrannen,/ Der König Jakob und die Pest" – schließlich heißt es: „Schon aber weben Haß und Rache/ Dein Siegeskleid – Revolution."[13] Denn Cromwell steht unmittelbar vor der Tür. Oder im „Rußland"-Abschieds-Gedicht an den Jugendfreund Wilhelm Wolfsohn mit Goethe-Anklang: „Der fliehe *dich,* wo keine Geister weben,/ Und jede Hoffnung eitel Torheit ist".[14] Auch im autobiographischen Kontext, nämlich in der von Fontane wiedergegebenen gereimten Antwort des Leipziger Mentors Dr. Christian Friedrich Adler im autobiographischen Kontext „Von Zwanzig bis Dreißig", dichtet dieser im zweiten Kapitel über die echte Poesie, die Fontane bis dahin noch nicht erreicht habe, bald darauf jedoch schon: „Zwar aus dunklen Wolken weben/ Läßt sie sich des Kleides Saum,/ Aber frei darüber schweben/ Muß sie hoch im lichten Raum."[15] Natur- und Technikbilder vereinigen sich so zu einer symbiotischen Einheit, was Fontane z. B. bei der Ballade über das Zugunglück in „Die Brück' am Tay" (28. Dezember 1879)[16] glänzend gelang. Vom echten, im Gebrauch befindlichen „Webstuhl", der bereits „im Wendenlande" als Werkzeug für die einheimische „Arbeit" zur Herstellung der „Leinewand" aus „Flachs" und „Hanf" zweifellos „bekannt" war, wie er im das „Havelland" betreffenden „Teil" seiner „Wanderungen durch die Mark Brandenburg" feststellt, ganz zu schweigen.[17] Vom Webstuhl ist denn auch im achten Kapitel von „Stine" (1890) die Rede, wo sich Stine beim Gespräch mit dem sie verehrenden jungen Grafen der „Rahmenstickerei" zuwendet, doch endlich von ihrem „Stickrahmen" loslässt, während beim nachbarlichen Ehepaar Polzin sich der Mann bei seiner Frau, die „von ihrem Horchplatz wieder an den Klapptisch zurück" tritt, nach dem Erlauschten erkundigt, „während er sich wieder an den Webstuhl setzte".[18] Besser kann man soziale Verhältnisse wie Abläufe der unterschiedlichen Gespräche, kombiniert mit einem handarbeits- bzw. handwerklichen Symbol des Verlaufs von Zeit und menschlicher Fertigkeit, nicht veranschaulichen.

2. Und von Generationen

Die Zeit also regelt aufs Nachhaltigste zusammen mit dem „Publikum", an das der „Autor" sich „am Ende" gewöhnt hat, „als wäre es ein vernünftiges Wesen" (DHA III, 181), wie es im „Nachwort zum Romanzero" von 1851 heißt, im Laufe der Dezennien die verwickeltsten Abläufe wie Abhängigkeiten der Literatur. Das jeweils oben ausgewählte Motto von Fontane und O'Connor vermag anzudeuten, wie auch Heines Aussagen und Formulierungen zum Allgemeingut geworden sind, dessen Verfasserschaft nicht mehr eigens genannt zu werden braucht. Die Zeit stiftet zunächst die genannten untergründigen Prozesse, das Publikum sorgt dann von selbst für mancherlei stockendes oder unablässiges Interesse sowie für immer wieder sich ereignende Entdeckungen im Gang der Literaturhistorie. Was lesenswert bleibt, besitzt das eigene einvernehmlich zugestandene Gewicht von Qualität wie Wirkung und hat in der Regel Glück durch eine gewisse Anhänglich- wie Aufmerksamkeit der zuständigen Vermittlungsinstanzen in den Medien oder der Wissenschaft. Zusammenhänge liegen nicht selten mehr als verborgen, aber per Zufall plötzlich wie unverhofft vor dem danach suchenden Blick. Heine formulierte kurzerhand in Bezug auf die Geschichte des „Faust"-Stoffs mit Rückgriff auf die Genealogie der Urväter von Abraham, Isaak, Jakob und Juda sehr witzig diesen Ablauf und beendete damit die Herkunftsfolge am Schluss seiner „Einleitenden Bemerkung" zum „Der Doktor Faust. Ein Tanzpoem, nebst kuriosen Berichten über Teufel, Hexen und Dichtkunst" vom 1. Oktober 1851: „In der Literatur wie im Leben hat jeder Sohn einen Vater, den er aber freylich nicht immer kennt, oder den er gar verläugnen möchte." (DHA IX, 81) Rabiater war die ethnologisch getönte Bemerkung fünfzehn Jahre zuvor in der „Romantischen Schule" von 1836, dass „in der Literatur wie in den Wäldern der nordamerikanischen Wilden [...] die Väter von den Söhnen totgeschlagen" würden, „sobald sie alt und schwach geworden" (DHA VIII, 165) – und melancholisch-gefühlvoller der zuvor schon gezogene Vergleich über die „Literaturgeschichte" als Leichenschauhaus, sie sei „die große Morgue wo jeder seine Todten aufsucht, die er liebt oder womit er verwandt ist." (DHA VIII, 135).[19] Wie vielsagend, dass Fontane aus Berlin auf seiner Rückreise nach London über Paris, wo er vom 14. bis 22. Oktober 1856 Halt machte, genau acht Monate nach Heines Tod im Morgengrauen des 17. Februar in offenbar feinfühliger Absicht dessen Grab auf dem Montmartre-Friedhof besucht hat; im Tagebuch vom 17. Oktober des Jahres notiert er nur das Faktum![20] Gewissermaßen handelt es sich also um eine so umgehend wie möglich wahrgemachte „Gedächtnißfeyer" („Keine Messe wird man singen,/ Keinen Kadosch wird man sagen,/ Nichts gesagt und nichts gesungen/Wird an meinen Sterbetagen." [DHA III, 114]), wie sie das XII. Gedicht der Folge „Lazarus" des Zyklus „Lamentazionen" des „Romanzero" als eventuellen, wenn das Wetter mitspielt, Grabbesuch für seine Witwe Mathilde beschreibt, obgleich Fontane gerade diesen so speziellen Gedichten keine besondere Aufmerksamkeit geschenkt hat und besonders die von Heine in den Anfangszeilen berufenen religiösen Erinnerungsformen eher fremd waren.[21]

    Es lohnt sich, die weitausholenden Gedanken noch ein wenig zugunsten einiger unerwarteter Verflechtungen fortzuführen: Dem in Süchteln am linken Niederrhein geborenen Albert Vigoleis Thelen hat Heines umständlicher „Faust"-Titel gewiss gefallen, falls er ihn, was man bei seiner Belesenheit getrost voraussetzen darf, je wahrgenommen hat. Dieser Schriftsteller des 20. Jahrhunderts wäre exakt als Beispiel für staunenswerte Verquickungen innerhalb der Generationen im Zusammenhang mit unseren Überlegungen zu Heine und Fontane zu nennen. Mit seinem insgesamt eher schmalen Werk stellt er vor allem durch die ebenso umfängliche wie nach wie vor faszinierende, 1953 erschienene Beschreibung über die bereits frühe Emigration samt seiner unverzichtbaren Geliebten und baldigen Frau Beatrice Bruckner aus der Schweiz in den Anfangszeiten der 1930er Jahre (1931 bis 1936) auf Mallorca unter dem Titel „Die Insel des zweiten Gesichts. Aus den angewandten Erinnerungen des Vigoleis" einen unserer zwar nicht überall präsenten, aber hochkarätigen Schriftsteller dar. Er wurde genau fünf Jahre und acht Tage, nämlich am 28. September 1903, nach dem plötzlichen Tod Theodor Fontanes, der bis auf ein Vierteljahr beinahe das Alter von 79 Jahren erreicht hatte, geboren und umgehend, begleitet von den trinkfestesten Nachfeiern, getauft, wovon er später noch viel weniger angepasst-frommen Gebrauch machte, als man es bei Heine und Fontane feststellen kann. Beider Lebensläufe, also die von Thelen und Fontane, hätten sich unter günstigeren gesundheitlichen Voraussetzungen des großen Erzählers mit seinem eingedeutschten französischen Hausnamen aus sozusagen altpreußischem Umfeld noch überschneiden können. Thelens Landsmann Heinrich Heine dagegen (preußisch war auch das Rheinland nach dem Wiener Kongress von 1815 längst) war damals noch kein halbes Jahrhundert tot und hatte selber nach acht Jahren einer unsäglichen Leidenszeit in der „Matratzengruft zu Paris" (DHA III, 177), wie er im oben bereits zitierten „Nachwort zum Romanzero" vom 30. September 1851 schreibt, an seinem Todestag knapp viereinhalb Jahre später noch längst nicht die 60 erreicht. Zahlenvergleiche werden auch im Folgenden gelegentlich eine Rolle spielen bzw. berücksichtigt werden müssen, weil sich dadurch manchmal die Übergabe erstaunlicher Stafetten beobachten lässt.

Heine und Thelen waren, zwar durch den Rhein getrennt, im selben Jülich-Kleve-Bergischen Herrschaftsgebiet geboren, der jüngere ganz in der Nähe der Narrenmühle zu „Dülken" bzw. zur altehrwürdigen Narrenakademie dieses Ortes, wo er denn sogar gestorben ist. Der seinerseits taucht schon in Heines frühen autobiographischen „Ideen. Das Buch Le Grand" auf, da er zu jenen „sieben" Städten mit Narrentraditionen gehört, die deshalb, nach Heines „Tode", sich „um die Ehre streiten, meine Vaterstadt zu seyn" (DHA VI, 181). Was Thelen, den zumindest durch Hans Werner Richter als Haupt und Organisator der Gruppe 47 mit dem Vorwurf vom „Emigrantendeutsch"[22] konfrontierten, auch damals aus den spanischen, portugiesischen, holländischen und zweimal Schweizer Stationen noch lange nicht nach Deutschland zurückgekehrten, erst 1989 in der niederrheinischen Heimat verstorbenen Fabulierer mit Heine verbindet, ist nicht etwa eine jüdische Herkunft, sondern die bewundernswert widerständige Geisteshaltung. Sie lässt sich u. a. am Beispiel des bei allen Emigranten so leidvoll beliebten Auftakts von Heines Gedicht „Denk ich an Deutschland in der Nacht,/ Dann bin ich um den Schlaf gebracht" (DHA II, 129) dem Mallorca-Buch überzeugend entnehmen.[23] Was ihn gerade auf Fontane zurückbezieht, vermag trotz Richters Mäkelei von 1953 „eine direkte Reaktion auf den Erfolg von Thelens Roman" aufgrund der Teilnahme am Bebenhauser Treffen der Gruppe 47 der im Folgejahr verliehene Westberliner Fontane-Preis 1954 unter Beweis zu stellen.[24] Über den Autor Fontane sinniert Thelen fast ein Vierteljahrhundert später in einem Brief an die Schweizer Germanistin Rosmarie Zeller vom Januar 1978 sehr differenziert, indem er sich einerseits auf ihn einlässt, andererseits allgemein über die ihm selber nicht zu eigen gewordene Romankunst urteilt und damit indirekt wieder Fontane bestens zu charakterisieren weiß. Der Briefabschnitt beginnt: „Literarische Vorbilder: gar kein so weites feld, wie Sie denken, wobei Sie natürlich an Fontane (ich meine dessen Ausspruch vom W.F.) denken. Diese frage hat man mir immer wieder gestellt, weil man mich doch irgendwie lit. einordnen will oder gar muß." Einige Sätze später gesteht er:

> alles entwickelt sich aus meiner epischen veranlagung [...]; denn erfinden kann ich, der erfinder so vieler sachen [...] – im literarischen bereiche nichts, weshalb ich auch nie

einen richtigen roman schreiben könnte; da müssen gestalten geschaffen werden – das brächte ich noch zuwege, aber sie weiter zu entwickeln, da versage ich.[25]

Wenn einer das vor Thomas Mann, der schon von ihm lernte, zu schaffen wusste, dann Theodor Fontane.

Thelens Hinweis auf das so vieldeutige Wort des Herrn von Briest, Vater der Titelheldin, der bei schwierigen Situationen immer wieder das „weite Feld" beruft, gehört geradezu zum Erkennungszeichen Fontanes in seinem bekannt-beliebtesten Roman „Effi Briest"[26], der ihm, wie er gestand, diesmal ohne „Mühe, Sorgen und Etappen […] wie von selbst gekommen" sei, „ohne rechte Überlegung und ohne alle Kritik"[27] – und der auch, was die Einverleibung Heines und die darum sich vornehmlich damit beschäftigenden Studien betrifft, absolut an erster Stelle rangiert. Nicht umsonst trägt der 1995 erschienene und kontrovers diskutierte, im Fontane-Jahr 2019 neu beachtete und auf jeden Fall lesenswerte Fontane-Roman von Günter Grass (1927–2015) den Titel „Ein weites Feld". Grass seinerseits erhielt den Fontane-Preis u. a. nach Peter Huchel, Golo Mann, Arno Schmidt und dem Emigranten Walter Mehring im Jahre 1968 und gehört zweifellos, wie z. B. diese Auswahl an Fontane-Preisträgern und manche darüber hinaus, ebenfalls in unsere Generationenfolge hinein. Der Roman beginnt aus der Erzählerperspektive im Plural: „Wir vom Archiv nannten ihn Fonty" und streut später gewissermaßen das Berufsstands-Motto für sämtliche Mitarbeiter aller Geschlechtszugehörigkeiten in solchen Verwahranstalten für das kulturelle Gedächtnis ein: „[…] nichts ist unsterblicher als ein Archiv."[28] Übrigens hätten den erst seit 1972 verliehenen Düsseldorfer Heine-Preis, eine der Dichterehrungen, die dem damit viel früher bedachten Fontane aus vielen Gründen einer belastet-verzögerten Heine-Rezeption hinterherhinkte, beide Autoren, Thelen wie Grass, verdient gehabt. Sie hätten ihn sogar erhalten können: Doch mit dem älteren war damals noch kein Staat zu machen und wegen des anderen, trotz seiner Düsseldorf-Nähe durch sein Studium an der Kunstakademie wie durch den darauf Bezug nehmenden Auftakt der ,Danziger-Trilogie', in der „Blechtrommel" nämlich, und sogar wegen der zur Zeit der Einrichtung des Preises geäußerten Idee, Heines Romanfragment „Der Rabbi von Bacherach" einerseits „zu Ende zu schreiben", aber dass er andererseits eben wegen der Abgeschlossenheit des Fragments „nie dazu kommen" werde[29], fürchtete man, auch angesichts mancher Uneindeutigkeit des Schriftstellers, zu großen politischen Ärger – und schließlich wäre eine solche Auszeichnung nach dem Nobelpreis von 1999 eher unpassend erschienen.

Mit anderen Worten: unsere Schriftsteller reichen sich jeweils, auch wenn sie selber nicht immer davon wissen, die Hand und können sich in der Regel auf ihre Sachwalter nach dem Tode, aber nur bedingt auf die bestellten Preisrichter zu Lebzeiten verlassen. Anregungen, Überschneidungen, Parallelen, Vorlieben sind es, die das literarische Geäst, ja den Irrgarten bilden, in dem sich die Leserschaft produktiv verlieren kann und mit dem sich die selbst im selben Sprachraum unbedingt als komparatistisch tätigen Interpreten beschäftigen müssen. Doch genug der Anspielungen auf das poetische Flechtwerk von Kenntnisnahme, Nachahmung und untergründiger Beziehung. Weiter hinein in das wahrlich ,weite Feld' unaufhörlicher Verbindungen und Vergleiche zwischen Heine und Fontane, oder besser noch in Umkehrung der Namen, denn Fontane ist der Generationenfolge nach derjenige, der sich auf Heine berufen kann. Der gern zitierte ursprünglich Leipziger Fontane-Freund im Herwegh-Club, Max Müller aus Dessau, der ihm auch in Berlin und in England begegnete, Sohn des Dichters Wilhelm Müller, mit Felix Mendelssohn Bartholdy eng verbunden und später bedeutender Orientalist in Oxford, prophezeite gar: Fontane habe ein zweiter Heine werden können.[30] Wenn wir bei jeder neuen Generation neben dem kulturellen Erbe auch individuelle eigene Originalität zu erwarten vermögen, ist ihm das zweifellos gelungen.

Unsere Überlegungen insgesamt versuchen auf die zeitgenössischen, wirkungsgeschichtlichen und werkspezifischen, nicht gerade immer offensichtlichen, sondern auch geheimen Beziehungen abzuzielen. Vieles davon ist glücklicherweise schon häufiger Gegenstand der Forschung gewesen. Man betritt bei diesem Thema keineswegs Neuland.[31] Denn alle bewundernswerten Einfälle und ernsthaften Institutionen wie Vereinigungen oder literarischen Gesellschaften zugunsten unserer beiden Dichter gleichen sich von vornherein und zumal in ihren jeweils überaus aktiven Gedenkjahren: Archive und Museen, Editionen und Publikationen wie Biographien oder Monographien, Jahrbücher oder Halbjahresblätter, Ausstellungen, Kongresse, Vorträge bündeln sich zuhauf und halten eine Zeit lang die Feuilletons in Atem. Heine und Fontane sind just zu ihren jeweilig 200. Geburtsjahren damit flächendeckend bedacht worden, Heine vom Todestag Mitte Februar bis zum Geburtstag im Dezember 1997 und Fontane von Ende März bis Ende Dezember 2019, als handele es sich bei diesen neun Monaten nach menschlichem Ermessen genau um rührende Feste im Kirchenjahr. Manchmal staunt das interessierte Publikum, weil vor lauter Wald fast keine Bäume mehr zu sehen sind und es kaum möglich scheint, dass über ein noch so entlegenes Thema nicht irgendjemand manch eigentlich unüberholbar Gescheites schon einmal oder erneut gesagt und geschrieben hat. Unsere längst dahingegangenen Schriftsteller haben viel zu ertragen, bis sich ihr einhellig festgestellter Ruhm einbürgert. Aber nur so scheint unsere Erinnerungskultur nachhaltig zu funktionieren. Wobei ketzerisch angefügt werden darf, dass, so lästig das manchmal erscheint, verschiedene Ortschaften der Biographie wie der Hinterlassenschaften für die Nachwirkung auch ihre Vorteile des Gedenkens besitzen können. Dankbar und nachdenklich stimmt die Tatsache indessen, dass diese Gedenkjahre in aller Welt ohne große Probleme durchgeführt werden konnten, was hingegen seit Anfang 2020 wegen der allüberall Leib und Leben hart treffenden Corona-Pandemie gar nicht möglich gewesen wäre.

3. Ein Jahrhundert – zwei Schriftsteller

Selten vermögen unsere Zahlenspiele so günstige Voraussetzungen zu finden wie bei den Lebensläufen und Wirkungskreisen Heines und Fontanes. Natürlich ist durch den Älteren, durch Heine, die Vorläuferschaft begründet worden und steht Fontane als Jüngerer für die Nachfolgerschaft ein. Aber zugleich verfügen sie über eine enorme „literarische Zeitgenossenschaft", wie sie nicht ohne Gewinn für Heine und die Droste konstatiert wurde.[32] Zusammen füllen sie auf jeden Fall, bis auf gut 15 Monate, die bei Fontane fehlen, mit ihrer zusammengezählten Lebenszeit exakt das gesamte 19. Jahrhundert aus und erlangen, wenigstens in Ansätzen, in der deutschen Literatur als zu den Galionsfiguren zählende Gestalten einen hohen Stellenwert der Identifikation und Anteilnahme, wenn auch nach manchen Hindernisläufen, was sicherlich für Heine mehr gilt als für Fontane. Sie teilen sich gewissermaßen das Säkulum auf und führen dann in ihrer Wirkung weit darüber hinaus. Gemeinsam verbrachten sie davon sogar ein ganzes Vierteljahrhundert „In dieser holden Erdenküche" (DHA III, 106) oder „In diesem traulich süßen Erdenneste!" (DHA III, 353)[33], wie Heine als Sterbender das Leben liebevoll-ironisch immer noch umschrieb und wie es Fontane gewiss nicht viel anders gefühlt und, damit dem jungen Heine ähnlich, stets ein wenig hypochondrisch genossen hat. In der Tat, so Hans Otto Horch bei seiner quasi als Initialzündung anzusehenden Untersuchung über die „Beziehungen" von Heine und Fontane im Heine-Jahrbuch 1979, „gelten" die beiden „ – jeweils für ihre Jahrhunderthälfte – als die repräsentativen Vertreter einer gesellschaftskritischen und sozial engagierten Literatur im Deutschland des 19. Jahrhunderts"; und weiter: „unter der Perspektive einer Traditionslinie literarischer Aufklärung hätten beide Autoren schon längst in einen Zusammenhang gebracht werden müssen".[34] Das eben hat seither zum Glück stetig zugenommen.

Dabei ist selbstverständlich zu beachten, dass die Ordnung im Jahrhundertschritt keineswegs die vorhandenen, eine jeweilige Schwelle überschreitenden bzw. übergreifenden Kriterien unberücksichtigt lassen kann, wie in unserem Fall z. B. den Begriff der ‚Sattelzeit' (so Reinhart Koselleck) für die Übergangszeit zwischen Früher Neuzeit und Moderne, der für die späte Aufklärung über die Französische Revolution hinweg sich als kürzerer Schritt von 1770 bis 1830 oder verlängert von der Mitte des 18. bis zur Mitte, wenn nicht zwei Jahrzehnte länger, also bis 1850 oder 1870, des 19. Jahrhunderts erstreckt und die verschiedensten Veränderungen gesellschaftlicher, umwelt- oder landschaftsbezogener, kultureller, wirtschaftlicher, industrieller und verkehrstechnischer Entwicklungen wie Wandlungen umfasst, Themen, die besonders in jüngerer Zeit monographische Werke sowohl über Heine wie Fontane bestimmt haben.[35] Heine und Fontane sind Teilhaber und Vermittler eben solcher Geschehnisse des Wechsels von einer ständischen zu einer bürgerlichen Gesellschaft. Ihre zeitversetzte ‚Partnerschaft' bei dieser beobachtenden, darstellenden und durch Kritik begleitenden Aufgabe und enormen Leistung als Schriftsteller bildet den berechtigten Grund für eine Koppelung ihrer Namen und Werke.

Heine wurde, da aufgrund der durch einen Brand vernichteten Akten des jüdischen Gemeindearchivs in Düsseldorf sich eine gewisse Unsicherheit für das Geburtsjahr ergab und seinerzeit nur die Kindertaufen in die „Gülich-Bergischen Wöchentlichen Nachrichten" gelangten, nach allgemeiner Übereinkunft am 13. Dezember 1797 geboren. Verwendung fand aufgrund eigener Angabe auch, z. B. im Heiligenstädter protestantischen Taufzeugnis von 1825, das Geburtsjahr 1799.[36] Jedenfalls nutzte er den Auftakt zu einer grotesken Szene in den „Bädern von Lukka" aus dem dritten Band der „Reisebilder" (1830), sich zum ersten Mann des neuen Jahrhunderts auszurufen: „Ich, Signora, bin in der Neujahrsnacht Achtzehnhundert geboren. Ich habe Ihnen ja schon gesagt, bemerkte der Markese, es ist einer der ersten Männer unseres Jahrhunderts" (DHA VII, 106). Was aber den Hinweis auf den Vater oder besser die Elterngeneration angeht, ohne die eine nächste nicht denkbar ist, sei darauf hingewiesen, dass die Eltern Fontanes aufgrund ihrer frühen Ehe genau aus den Geburtsjahren des Älteren stammen, Heine also nach solcher Rechnung schlicht und einfach zur Vätergeneration des Jüngeren zählt. Denn der Vater Fontanes mit den Vornamen Louis Henri wurde in der fünften Generation hugenottischer Preußen am 24. März 1796 in Berlin geboren und heiratete, nachdem er im Oktober 1818 Inhaber der Königlich Privilegierten Löwen-Apotheke zu Neuruppin geworden war, am 24. März 1819, seinem 23. Geburtstag, die am 21. September 1798 in Berlin geborene und zweieinhalb Jahre jüngere Emilie Louise Labry. Am 1. April zog das junge Ehepaar nach Neuruppin. Die Geburt des ersten Sohnes Heinrich Theodor (Henri Théodore) fand nach allen bürgerlichen Vorstellungen, und damit einigen Legenden bei den Heines und einigen tatsächlichen Verhältnissen bei den Fontanes zum Trotz, völlig passend am 30. Dezember 1819 statt, wohl genau 22 Jahre nach Harry Heine in Düsseldorf. Fontanes Vater war 23-dreiviertel, die Mutter seit drei Monaten 21 Jahre alt.[37] Auch die öffentliche Bekanntgabe seiner Geburt, wie sich neulich erst erwiesen hat, stellte für den zukünftigen Schriftsteller kein Problem dar.[38] Beide ‚Knaben' übrigens waren die Erstgeborenen der jeweilig jungen Familie. Und beim Älteren wandelte sich Harry zu Heinrich, beim Jüngeren das Heinrich Theodor zum zweiten, allein benutzten Markenzeichen.

Die Französische Revolution von 1789 bestimmt für lange Zeit auch das gesamte europäische Schicksal. Revolutionen überhaupt sind es, die für Heine, den „Sohn der Revoluzion" (DHA XI, 50), wie er sich in den „Helgoländer Briefen" der „Denkschrift" über Ludwig Börne bezeichnet, und den jungen Fontane von Bedeutung sind. Die französische Julirevolution von 1830 lockte den unter der deutschen Zensur leidenden Autor Heine von Hamburg nach Paris. Dort erlebte er am Beginn seiner Bettlägerigkeit schließlich die Februarrevolution von 1848 eher als Desaster. In ihrer deutschen Ausgabe hat sie der junge Fontane sehr viel sympathischer und engagierter sowie nachhaltiger, nämlich als Wahlmann für die deutsche Nationalversammlung in Frankfurt am Main, erlebt und journalistisch begleitet, wobei er deren Rückschlag jedoch ebenfalls schmerzlich empfunden hat. Die eigentliche Verwandlung der deutschen ‚Zustände' im 20. Jahrhundert durch die Revolution von 1918 nach dem Ersten Weltkrieg und die einschneidenden Veränderungen nach dem Zweiten Weltkrieg 1945 mit der deutschen Teilung sowie durch die friedliche ‚Revolution' in der DDR von 1989 und der im Jahr darauf folgenden Vereinigung der beiden deutschen Staaten haben ihrerseits auf die Wirkungs- und Forschungsgeschichte beider Autoren manchen Schatten, aber auch sehr viel Licht geworfen, was trotz allem zum Optimismus Hoffnung gibt. Anzumerken bleibt: Einzelne ‚Männer' prägen der Geschichte ihren Stempel auf, obgleich für das 19. Jahrhundert auch manche Frau den Ton angibt oder einer Epoche den Namen oder eine Besonderheit verleiht wie Victoria, die englische Königin, oder Elisabeth, die österreichische Kaiserin, ohne die Heines Ruhm nicht so verlaufen wäre, wie er denn doch ausschaut. Beide Schriftsteller haben Berührungen mit Victoria, der ältere nur indirekt und am Rande seiner englischen Rezeption, z. B. beim erwähnten „Faust"-Ballett, der jüngere war geradezu beruflich mit ihrer Person befasst. Heine hatte nach einer ihn höchlichst faszinierenden Londonreise am Ende seiner deutschen Zeit seine „Englischen Fragmente" vorgelegt. Fontane, der diese kannte, schätzte und darauf 1854 mit seinem Buch „Ein Sommer in London" reagierte – wie auf Johanna Schopenhauers und Georg Weerths englische Beobachtungen –, allerdings bereits ,nachmärzlich' aufgrund einer veränderten politischen Bewertung der Fremde wie der Heimat, gehörte bereits zur neuen Generation der deutschen Schriftsteller, die eine intensivierte, geradezu gestaffelte Englandliteratur publizierten. Er hatte als Autor Land und Leute samt Kronprinzessin bzw. Königin durch entsprechende journalistische Tätigkeiten und Publikationen seinem Publikum zu schildern und dabei anders als Heine, der „die Freiheit in den verschiedenen Ländern Europas" als Gegenbild zu den dunklen „heimischen" Verhältnissen nutzte, seine „altpreußische Loyalität", wie er das nannte, zu betonen.[39] Aber selbst die große Heine-Verehrerin, die Kaiserin Elisabeth von Österreich, spielt z. B. im Fontane-Roman „Graf Petöfy" von 1884 durchaus ihre eigene Rolle: Die Protagonistin aus Swinemünde nämlich, die Schauspielerin Franziska Franz in Wien, die den alten Grafen Petöfy heiratet, weiß gleich zu Beginn ihrer späteren Schwägerin, graziös auf eine Konversion vorausweisend, zu gestehen, dass „außer Ihrer schönen Kaiserin" Wien nichts habe, „das mich so sympathisch berührte wie seine Geistlichkeit, Jesuiten und Liguorianer eingeschlossen."[40]

Doch zurück zu jenen großen Männernamen, die Heines und Fontanes Zeit bestimmen und umgreifen. Die ,klassische' Darstellung der deutschen Geschichte für die Jahre 1800 bis 1866 von Thomas Nipperdey (1983) beginnt mit dem Paukenschlag: „Am Anfang war Napoleon." In der Tat standen Heines wie Fontanes Familien, „ihr Leben und ihre Erfahrungen in den ersten einein- halb Jahrzehnten des 19. Jahrhunderts, in denen die ersten Grundlagen eines modernen Deutschland gelegt worden" seien, „unter seinem überwältigenden Einfluß."[41] Obendrein hat der Schüler Harry Heine „mit hochbegnadigten, eignen Augen" (DHA VI, 193) den, nach dem Muster des ,Heilands' am Palmsonntag in Jerusalem gestalteten, Besuch bzw. triumphalen Einzug und Umritt Napoleons Anfang November 1811 in Düsseldorf miterlebt. Der andere Name lautet Bismarck, der als Reichskanzler bis 1890 wenigstens Fontanes Schaffen mitbestimmte und weiterhin als Bezugsperson in Werk wie Briefen eine extrem schwankende, geradezu sanguinische Figuration erhielt.[42] Was Heine betrifft, sei angemerkt, dass Bismarck im antisemitischen Streit jener Jahre um den Dichter und ein Düsseldorfer Heine-Denkmal (unter übrigens beeindruckender Beteiligung der Kaiserin von Österreich) sich zu keinem Protest dagegen bewegen ließ, also ganz auf der Seite Fontanes stand, der ebenfalls „das Projekt" unter- stützte.[43] Bismarck hatte wenigstens intern für Heines Leistung großes Verständnis geäußert: „Und vergessen die Herren denn ganz, daß Heine ein Liederdichter ist, neben dem nur noch Goethe genannt werden darf, und daß das Lied gerade eine spezifisch deutsche Dichtungsform ist?"[44] Mit seiner Entlassung im März 1890, schreibt Theodor Schieder, „ging eine Epoche nicht nur der deutschen, sondern der europäischen Geschichte zu Ende".[45]

In diesen Zeiten und teilweise sogar unter zwei dieser bestimmenden Namen lebten Heine und Theodor Fontane ihr jeweils nicht einfaches, aber alles in allem literarisch erfolgreiches Leben, wobei die literarhistorischen oder kulturellen einander folgenden und übergeordneten Begriffe wie Romantik, Junges Deutschland, Literatur des Vormärz und Realismus auf die unterschiedlichen Phasen innerhalb der großen Publikationsbreite beider Autoren Anwendung zu finden vermögen. Fontane z. B. schaffte es jedenfalls zweifellos, dem doch ein wenig abschätzig betrachteten literarischen Brandenburg im mehr als übertragenen Sinne die Spitze eines Vorurteils zu nehmen, das Goethe im satirischen Gedicht „Musen und Grazien in der Mark"[46] befördert hatte und das Heine weitertrug, als er in den „Elementargeistern" von 1837 allein schon Westfalen um die Hohensyburg einen „Nachhall jener tiefsinnigen Zaubersprüche, worin mehr Lebensfülle quillt, als in der ganzen Literatur der Mark Brandenburg" (DHA IX, 11), attestierte. Das erreicht er, neben dem hoch anerkannten Romanwerk und manchen Balladen, vor allem durch eines seiner immer noch gelesenen und geschätzten großen Lebenswerke mit dem wenig aufgeregten, doch sehr wohlklingenden, von dunklen Vokalen regierten Titel „Wanderungen durch die Mark Brandenburg", die längst nicht mehr in der Hauptsache zu Fuß absolviert wurden. Um die Parallelen voll zu machen: Die daran anklingende Überschrift „Wanderbuch" (HSA XX, 229) hatte Heine, der beachtliche Distanzen seiner Reisen, wenn es möglich war, zu Fuß zurückgelegt hat, bereits für seine „Reisebilder" (1826–1831) erwogen, aber wieder fallenlassen![47] Da streiten sich gewissermaßen die Reisenden um eine jeweils frischere oder modernere Darstellungs- bzw. Präsentationsweise. Oder anders, wie „im Kontext der europäischen Reiseliteratur" konstatiert wurde, sind Heines „Reisebilder" und Fontanes „Wanderungen" in der Tat „zwei ästhetisch diametrale, aber strategisch komplementäre Pole in der Entwicklung einer modernen, zeitbezogenen Reiseliteratur in Deutschland", wobei der „Blick auf das Eigengewicht dieser Texte" jeweils durch die Heinesche Lyrik bzw. durch die großen Romane Fontanes „verstellt" sei, weil „das Werturteil der Rezeptionsgeschichte" sie diesen letzteren Werkkomplexen untergeordnet habe.[48] Der lange Titel Fontanes bleibt einfach konkurrenzlos. Immer jedoch wird spürbar, dass wir es sprachlich bei ihm mit dem jüngeren, noch weniger preziös oder ‚hehr' sich gerierenden Autor zu tun haben. Am ‚Webstuhl der Zeit' ändern sich Stoff und Farbe. Heine gehört zweifellos zu den großen Sprachkünstlern der Weltliteratur. Aber selbst der als noch so ‚heutig' empfundene Heine vermag trotz des an ihm gerühmten sogenannten normalen Tonfalls auf literarischem Felde durch den Fontane-Stil eingeholt zu werden, dessen Werke und Briefe nicht umsonst immer wieder als ‚Causerie' oder Plauderton charakterisiert wurden, mit einer Sprache für jedermann mit großem Nachhall, aus seiner Zeit kommend, aber überzeitlich wirkend. Gerade in diese Richtung des besser Verständlichen oder Passenden gehen sogar seine Notate im „Romanzero"-Exemplar. Und beachte man auch die Parallelen in der Beherrschung humoristischer sowie ironischer Tonlagen, durch die sie aus der Menge der zeitgenössischen Literaturproduktion herausragen.

Dabei wollen wir beileibe nicht jener „Deutschen Litteraturgeschichte" von Robert Koenig das Wort reden, die in der ersten Auflage aus dem Herbst 1875, also fast ein Vierteljahrhundert vor Fontanes Ableben, den deutschnationalen Anspruch erhebt, neben der „Hausbibel und der Familienchronik" mehr als „nur ein Hausbuch" darstellen, ja sogar die Geltung eines der „Erbbücher" erlangen zu können. Die rasant folgenden Auflagen vermöchten tatsächlich fast dafür zu sprechen. 1883 ist die 15. Auflage erreicht, die herausgegriffen sein soll, mit dem bemerkenswerten 57. bis 60. Tausend. Dort wird ganz nach dem damaligen Zeitgeist unter Einschluss antisemitischer Vorbehalte einerseits an der ausführlichen Darstellung Heines, selbst an Lob für einige seiner Gedichte und an verstreut sachlichen Verweisen nicht gespart. Andererseits gehört er für den Literarhistoriker zusammen mit Ludwig Börne, mit dem er zunächst „gemeinsam" kämpfte, dann verfeindet gewesen sei, zur „Spitze dieser jüdischen Stürmer", deren „Ruten" von den Deutschen „lange Zeit aufs demütigste geküßt" wurden: „ja", so verurteilt der Verfasser die zeitgenössisch nicht insgesamt ablehnende deutsche Heine-Rezeption, „thun es zum Teil noch heute!" Gerade Fontane, trotz eigener antisemitischer Ausfälle vor allem im Alter, gehört jedoch bleibend zu den Heine-Verehrern; so bringt es Hädecke auf den Punkt und schreibt Fontane es beispielsweise in ausdrücklich anerkennender Bewunderung von seines Vorgängers inhaltlich-sprachlicher Leistung bei literaturkritischer Gelegenheit seinem Verleger Wilhem Hertz am 2. Oktober 1889 ins briefliche Album: „Wenn diese Dinge nicht *den* Schneddredin haben, den ihnen sonderbarerweise der jüdische Heinrich Heine am besten zu geben wußte, so sind sie Blech und die berühmte Frage ‚was soll der Unsinn' wird wach."[49]

Selber bildet Fontane in der Literaturgeschichte Koenigs, der 1875, im Erscheinungsjahr seiner Literaturgeschichte, in der Zeitschrift „Daheim" mit dem Essay „Theodor Fontane, der Sänger der Mark" einen der Grundsteine für die landschaftsbezogene Wirkung des Schriftstellers legte[50], dann sogar mit seiner Lyrik den *„patriotischen"* Gegenpol als Gewährsmann für die richtige preußische Haltung, obgleich der größte Teil seines Erzählwerks, noch gar nicht berücksichtigt werden konnte, bis auf den *„vaterländischen"* Auftakt „Vor dem Sturm. Roman aus dem Winter 1812 auf 13" (1878). Koenigs Literaturgeschichte endet u. a. mit dem Zitat einer Fontane-Strophe zum triumphalen Einzug des gerade in Versailles zum Kaiser ausgerufenen Wilhelm I. in Berlin am 16. Juni 1871, die freilich das Sowohl-als-Auch des Dichters indirekt mitliefert, da die Tränen trotz der hier erwarteten Ergänzung von ‚Freude' durchaus doppelsinnig bleiben: „Der Kaiser vorauf, die Sonne scheint,/ Alles lacht und alles weint."[51] Fontane blieb als erprobter Verfasser umfangreicher Kriegsbücher und als Historiker angesichts der Ereignisse von 1870/1871 tatsächlich bei aller Begeisterung sachlich und übernahm selbst nach der eigenen französischen Gefangenschaft mit fast tödlichem Ausgang durchaus nicht jenen antifranzösischen Ton, dem z. B. zur selben Zeit der so verdiente und engagierte Heine-Herausgeber und -Biograph Adolf Strodtmann bei seinem stattlichen Bericht über den von ihm selbst erlebten deutsch-französischen Krieg zumindest in seinem lyrischen Vor- und Nachspiel erlegen ist[52], womit er der eigenen vormärzlich-demokratischen Jugend wie amerikanischen Emigration und bürgerlichen Rückkehr nach Deutschland, vor allem jedoch Heines deutsch-französischer Vermittlungsarbeit krass widersprach. Jeder Taumel macht benommen. Aber da wird man Thomas Mann nicht widersprechen wollen, der im Aufsatz „Der alte Fontane" von 1910 die wechselnden Positionen seines Vorgängers auf den Punkt bringt: „Ein unsicherer Kantonist".[53] Was für Heine, wie schon zeitgenössisch oft betont wurde, nicht anders hätte gesagt werden müssen.[54] Insofern passen selbst hier Verhaltensweisen und Wirkungsformen beider Schriftsteller zusammen.

4. Vergleichbarkeiten und Unterschiede

Alle Vergleiche, auch die bereits angestellten, hinken, wie wir wissen, bieten aber dennoch die Möglichkeit, auf aussagekräftige Übereinstimmungen hinzuweisen. So verschieden die Menschen bereits in ihren eigenen Lebensläufen zu operieren verstehen, so gemeinsam ist ihnen mit anderen Personen aus demselben Tätigkeitsbereich und trotz einzuhaltender zeitlicher Perspektiven einiges an Strukturen von Vor- wie Verlaufsgeschichte und Erfolg. In unserem Fall spielen zweifellos auch die Fragen nach der jeweiligen Identität eine große Rolle.[55]

Zunächst sei auf die jeweilige Einschätzung ihrer Familien durch die deutsche Umgebung als anders oder fremd hingewiesen. Nicht umsonst ist für beide Familien schon vor der Geburt unserer Schriftsteller die Eindeutschung der jeweiligen Familiennamen erfolgt, was einer gewissen Ausgrenzung entgegenwirkte. Beispielsweise fiel für Heine der kurz zuvor noch gebräuchliche Ortsname der väterlichen Familie, nämlich Bückeburg, fort. Dies gilt nicht in derselben Weise für die mütterliche Familie van Geldern, ein Herkunfts-Hausname (hier aus dem Niederländischen), der jedoch auch bei Christen Verwendung fand genauso wie der väterliche Name ‚Heine'. Allerdings kamen die hugenottischen Vorfahren Fontanes, der ja in Erinnerung an den französischen Fabeldichter im „Tunnel über der Spree" den Mitgliedsnamen Lafontaine erhielt und dessen familiäre Schreibung ursprünglich Fontaine lautete, Ende des 17. Jahrhunderts aus Frankreich auf Einladung des Großen Kurfürsten Friedrich von Brandenburg als Neubürger in eine freilich durchaus nicht immer problemlos aufnahmewillige deutsche Heimat. Aber ihre Namen konnten im Prinzip auch als aparte Besonderheit wahrgenommen werden. Das sehen wir beispielsweise, im freilich nicht gänzlich vergleichbaren Fall, bei Adelbert von Chamisso mit seinem germanisierten „de" und verkürztem adligen Hausnamen, der „zugleich" mit dem Fontaneschen Großvater Pierre Barthélemy, freilich seinerseits als „Page in Schloss Monbijou", Hofdienst versah.[56] Dahingegen bedurften die Juden seit dem Mittelalter und bis in die Neuzeit hinein stets eines kirchlich oder weltlich herrschaftlichen Schutzes und waren gewohnt, durch ihre Namen stigmatisiert zu sein (was auch Fontanes jüdische Freunde, z. B. der ansonsten arrivierte, aber „durch Diskriminierungserfahrungen leidgeprüfte Georg Friedlaender"[57], zum Teil noch schmerzlich erlebten), sich nie als gleichberechtigte Bürger betrachten konnten und oft genug mit erneuter Verfolgung oder Vertreibung zu rechnen hatten. Durch die Nähe zum Berliner Hof zeichneten sich sowohl einige von Heines mütterlichen Vorfahren van Geldern, nur wenige Generationen vor seiner Geburt, als dort handelnde Hofjuden oder Hoffaktoren aus, so die auch mit dem Komponisten Meyerbeer verwandten Mitglieder der Familie Liebmann Jost unter König Friedrich I.[58], als auch Fontanes Großvater, der gerade genannte Porzellanmaler Pierre Barthélemy (Peter) Fontane, durch sein Amt als Zeichenlehrer und schließlich Kabinettssekretär am preußischen Hof wohl schon seit Friedrich des Großen Zeiten, wo er dann vor allem unter Friedrich Wilhelm II. wie Friedrich Wilhelm III. für Kronprinzessin bzw. Königin Luise tätig war, bis er seinen Dienst aus Gesundheitsgründen quittierte.[59]

Genauso ist beiden trotz noch so unterschiedlicher Lebensverhältnisse ein jeweils enger Familienzusammenhang bei manch gelegentlich schwierigen Verhältnissen eigen. Dabei erscheint einerseits der Arztberuf beispielsweise von Heines Großvater wie Onkel mütterlicherseits der Apothekerlaufbahn eines Teils der Fontane-Familie und Fontanes selbst als verwandt, andererseits spiegeln die Väter beider, der eine als Textilkaufmann, der andere als Apotheker, wenn auch aus teilweise unterschiedlichen Gründen, durch und durch gescheiterte bürgerliche Existenzen. Bei beiden Vätern herrschte, um es mit Heine in seinem „Memoiren"-Fragment zu sagen, im „Gemüth [...] beständig Kirmeß" (DHA XV, 80).[60] Samson Heine könnte gar, so ein Hinweis aus der amerikanischen Forschung, als „Damenmann" nach dem Vorbild von Crampas aus „Effi Briest" durchgehen.[61] Die sogenannte Fallsucht sprich altersbedingte Unzurechnungsfähigkeit und Epilepsie samt familiär beantragter Entmündigung bei Samson Heine besaßen bei Fontanes Vater ihr kapitales Gegenstück in der Spielsucht, die dem galoppierenden Abstieg des Apothekers Vorschub leistete. Wenn man die so anspielungsreichen Manufakturwaren als jeweilige Geschäftsgrundlagen bemühen will, kann man sagen, dass Heines Vater es nur eine gewisse Zeit als erfolgreicher Kaufmann am Rhein für speziellen Samt mit englischen Verbindungen, das von Heine so gern berufene „Velveteen" (DHA XV, 83 f.)[62], der Großvater Jean François Labry vonseiten der Mutter Fontanes dagegen „als vermögender Kaufmann für Rohseide"[63] es an der Spree zu etwas brachte, womit die Tradition des Webens ihren besonderen, familiären Stellenwert besäße.

Auch den Müttern scheinen Gemeinsamkeiten zuzusprechen zu sein. Sie versuchten beide für ihre Familien Erfolg, bürgerliches Ansehen und ‚Anstand' aufrecht zu erhalten, was bei den Fontanes aufgrund der Trennung der Eltern weniger gelingen konnte. Bemerkenswert ist das jeweilige Verhältnis der Schriftsteller zu den Schwestern, was als innige Anregung und kinderfrohe Nachwuchsbeschaffung im Falle von Heines Schwester Charlotte gilt, während sich solches als Gewähr und Hilfe für die „Wanderungen" bei Fontane durch die erst 1838 geborene Schwester Elise erweist, dagegen nicht so bei der Schwester Jenny des Jahrgangs 1823 verschlägt; dafür mag sie dann ein wenig als Vorbild jener Frau dienen, die dem Fontane-Roman „Frau Jenny Treibel" den Titel leiht.

Die Ehen der beiden Autoren sind weniger gut über einen Leisten zu schlagen: Heines um 17 Jahre jüngeres ‚Verhältnis' in Paris, das er „Mathilde" nannte, wodurch er romantisierend mit dem idealen Paar im „Ofterdingen"-Roman von Novalis spielte, blieb alles in allem auch nach der erst 1841 erfolgten und sogar katholischen Trauung ein harmlos-fröhliches kinderloses „Süßes, dickes Kind" (DHA III, 114), wie es in der „Gedächtnißfeyer" heißt, das dem Dichter auch in schweren Jahren beistand. Emilie Fontane war hingegen nicht nur die Mutter einiger gemeinsamer Kinder mit eigenständiger Zukunft, sondern auch die voll einsatzfähige Mitarbeiterin als Schreibkraft ihres Mannes. Der kranke Heine hat im Gegenteil mehrere Sekretäre beschäftigen müssen; seine lebenslustige Frau verstand die deutschen Texte nicht einmal. Und was die Liebe angeht, so scheint Heine in manchem ein begabter Verbalerotiker gewesen zu sein, dabei, solange die Gesundheit es erlaubte, ein nicht gerade überaus treuer, doch eifersüchtiger Beschützer seiner Frau. Fontane dagegen hatte nicht nur mit zwei unehelichen Kindern seine psychische und materielle Last zu tragen, sondern sich auch mit allen Beschwernissen einer respektablen Ehe samt Schwangerschaften und Kindern, von denen einige im Säuglingsalter, der Sohn George als junger Mann starben, also mit einem Familienleben voller Probleme, mit Höhen und Tiefen herumzuschlagen. Er konnte es allerdings zeitweise auch durchaus genießen und sich bürgerlich aufgehoben wissen. Bewundernswert, wie er im Auf und Ab seiner etwas anstrengend bekrittelnd-‚nölenden' Art dennoch so viele Dinge zusammen mit seiner alles in allem vernünftig-geduldigen Frau auf Augenhöhe und mit gegenseitigem Respekt zu behandeln wusste. Das Verhältnis zur Tochter Martha oder Mete war über die Maßen eng; man könnte auf die Idee verfallen, Heines letzte Liebe zu seiner jugendlichen, gar 27 Jahre jüngeren Vorleserin Elise Krinitz, die er wegen der Fliege auf ihrem Ring „Mouche" nannte, angesichts aller platonisch-erotischen Natur mit dem Siegel väterlich-töchterlich gegenseitiger Anhänglichkeit, ja gegenseitiger Schwärmerei zu versehen, wie das zweifellos ähnlich bei Vater und Tochter Fontane der Fall war.

Dass die Gesundheit beider Schriftsteller nicht immer zum Besten stand, dass bei ihnen Morphium-Abusus vorkam, der am Schluss Heines, freilich unbeabsichtigt verordnetes, medizinisches Ende bedeutete, dass im Ganzen dennoch Heine als einer der damals zahllosen Syphilitiker (wenn denn die Selbstdiagnose sowie die medizinische Stimmenmehrzahl Recht haben) der Krankste von allen war und die oft so schlagend elegante sowie ungemein liebenswerte Weltskepsis Fontanes schon Jahrzehnte zuvor dennoch souverän, wenn auch für den Jüngeren gelegentlich zu offen, obszön oder erotisch-sexualisiert, zum insgesamt vorbildlichen Ausdruck zu bringen vermochte, steht unbedingt fest. Melancholische Lebenseinsichten und Todesvorstellungen waren trotz des bekannten Humors und einer überragenden Ironie beiden gemeinsam: Auffällig sind die nicht gerade wenigen freiwilligen Abschiede sprich ‚Selbstmorde', oder Gedanken daran (wie in „Irrungen, Wirrungen"), aus sogenannter Ehre oder einer gescheiterten Liebe willen, womit die als unüberwindbar schwierig empfundenen Situationen in Fontanes Romanen erstaunlich oft bei den Protagonistinnen und Protagonisten ihr damals moralisch zweifelhaftes selbstgewähltes Ende finden (u. a. in „Schach von Wuthenow", „Graf Petöfy", „Cécile", „Stine", „Unwiederbringlich"). Der junge Heine hätte dafür bereits ebensolches Verständnis besessen wie der todkranke

‚Lazarus' in Paris. Das zeigt ein Göttinger Gespräch mit seinem Kommilitonen Eduard Wedekind von Ende Juli 1824. Goethes „Werther", das Vorbild einer ganzen Generation von unglücklichen Nachahmern, hatte zuvor den Anstoß gegeben; beide kamen anschließend „auf den Selbstmord im allgemeinen zu sprechen", wobei Wedekind berichtet, ein Mitstudent habe ihm „neulich einmal gesagt": „er könne nicht begreifen, wie sich jemand das Leben nehmen könne". Heines Resümee lautet: „Und ich kann nicht begreifen, wie sich jemand zuweilen *nicht* das Leben nehmen kann."[64] Der späte Heine selbst überwand allerdings trotz aller unerträglichen Leiden, obgleich ihm sehr bewusst die Mittel der vorzeitigen Beendigung zur Verfügung standen, nämlich „auf dem Tische eine Dosis Opium […], nach der ich nicht wieder aufwachen würde" und „ein Dolch, den ich noch Kraft genug habe zu brauchen, wenn die Schmerzen unaushaltbar werden", jegliche Versuchung, „diese letzte Freiheit" zu wählen; sie gab ihm andererseits „Muth" und machte ihn „gewissermaßen heiter".[65] Die nahe liegenden Gedanken an einen ‚Freitod' versagte er sich vor allem aus Liebe zu seiner Mutter, seiner Schwester und seiner Frau Mathilde.

Besonders ist bei Heine und Fontane die Begabung zu Freundschaften hervorzuheben (was Männer wie Frauen betrifft), die in ausgezeichneten Briefwechseln ihr zum Glück tradiertes Quellendasein behalten haben. Ist nicht auch der anfangs pubertär-männliche Freundschaftskult vergleichbar, den beide dann jeweils lange Jahre hindurch zu pflegen wussten? Die Überfülle des Gefühls spricht sich manchmal in Versen aus. „Meinem Theodor" beispielsweise wird empfindsam zugerufen: „Doch immer denke ich dessen, daß ich Dich nie vergaß/ Und nie Dich kann vergessen,/ Den ich so ganz besessen,/ Und der mich ganz besaß!" usw. Die Verse reagieren auf Dresdner Schilderungen und werden aufmerksam beantwortet. Sie stammen vom jüdischen Jugendfreund Wilhelm Wolfsohn, der aus Odessa stammte, der nicht einmal ein Jahr jünger war und bereits 1865 starb. Sie hatten sich 1841 im Leipziger „Herwegh-Klub" kennengelernt. Die Freundschaft war ebenso beständig wie die mit Bernhard von Lepel (1818–1885), der im Militärdienst sein Vorgesetzter war.[66] Oder mit Friedrich Witte (1829–1893) und später etwa mit Georg Friedlaender (1843–1914). Ähnlich anhängliche Worte sind in Heines Briefen an seinen Düsseldorfer Schulfreund Christian Sethe (1798–1857) zu finden; aber auch Moses Moser (1796–1838) aus Berlin, Friedrich Merckel (1786–1846) aus Hamburg oder Rudolf Christiani (1797–1858) aus Lüneburg wurden einer emotionalen Freundschaft gewürdigt. Letzterer heiratete später sogar eine französische Kusine des Dichters. Der anfangs stark jüdische Anteil bei Heine nimmt nicht wunder, erstaunlicher sind Fontanes außerordentlich fruchtbaren Korrespondenzen mit jüdischen Freunden und Kollegen, die durch seine ambivalente, ja nicht zu leugnende, spürbar vorhandene antisemitische Haltung durchaus damals und bis heute belastet werden.[67] Dass beide auch mit unterschiedlichsten Frauen im Laufe ihres Lebens, wie gesagt, diffizil vertraute Verhältnisse aufzubauen wussten, darf ebenfalls bewundernd anerkannt werden. Die jeweiligen Briefwechsel legen davon manches Zeugnis ab.

Aber auch der nichtakademische Einstieg in den Schriftstellerberuf ist vergleichbar. Heine begann als Kaufmannslehrling in Hamburg: Was blieb, war vor allem die Schönschrift; Fontane fing als Eleve des in seinem Fall reinen Apotheker-Lehrberufs an: Er war und blieb aufgrund dessen ein „Listen-Fuchs".[68] Beide versuchten die ihnen nicht genehme Situation zu verlassen. Heine gelang das relativ früh. Er wurde Mitte 1825 am Ende des Jurastudiums in Göttingen promoviert, was ihm jedoch beruflich, genauso wenig wie die für eine öffentliche Anstellung notwendige, damals erfolgte Taufe, nicht unbedingt weiterhalf. Fontane erlebte diesen Sukzess erst am Ende seines erfolgreich gewordenen Schriftstellerlebens 1894 durch den Ehrendoktor der Berliner Universität. Beide hielten selbst gewählte oder ihnen zugewiesene Mitgliedschaften in Vereinigungen oder Gruppen für zielführend, so Heine im Berliner ‚Verein für Cultur und Wissenschaft der Juden' oder, eher unbeabsichtigt, als Haupt der Anfang Dezember 1835 verbotenen Literatur des Jungen Deutschland, und gelangten dadurch, wie Fontane im „Platen-Klub", „Lenau-Verein", „Tunnel über der Spree", dem „Rütli" und anderen Vereinigungen, in die Mitte des Literaturbetriebs. Sie begannen beide als Lyriker und als Journalisten, Heine nur mit einem halben Jahr fester Anstellung als Redakteur bei Cotta in München, Fontane in wechselnden, insgesamt lange währenden Stellungen mit oft amtlichem, darum sehr gemäßigtem Anstrich. Nur Heine glückte es, den schwankenden Verdienst als Schriftsteller durch regelmäßige private Renten aufzustocken, vor allem aufgrund einer lebenslangen Unterstützung durch den ‚Chef' der Familie, Salomon Heine in Hamburg, Bankier, Mäzen und Millionär, sowie nach einem zermürbenden Erbschaftsstreit mit dessen Erben, seinem Vetter Carl, durch diesen, so dass ein gewisser Lebensstandard oder die finanzielle Bewältigung seiner „Matratzengruft zu Paris" (DHA III, 177) sowie die Witwenpension gewährleistet waren. Fontane nagte auf noch unzuverlässigere Weise mit seiner immer größer werdenden Familie zwar nicht gerade am Hungertuch, hatte sich aber stets einzuschränken und lebte relativ bescheiden, erstaunlicherweise gewissermaßen unter dem ‚Dach' des Johanniterordens. Insofern blieb das von Heine formulierte Problem vom „Genius und Geldsack"[69] für beide ein ständiges Thema.

Nicht ohne einigenden Klang wirken sogar die ausgesprochene Bibelkenntnis sowie deren Nutzung oder Anspielungen darauf im Werk beider. Wenn irgendwo ein sogenannter Zeitgeist trotz aller von beiden beobachteten, geförderten, gleichzeitig aber dennoch sozusagen metaphysisch wieder zu steuern versuchten oder bereicherten Säkularisation sich erhalten hat, dann in der traditionellen Benutzung der Hl. Schrift als Dokument der Weltliteratur.[70] Ganz zu schweigen vom Lob der norddeutschen protestantischen Pfarrhäuser bei Heine und den unaufdringlich weisen Pastoren bei Fontane.[71] Obendrein konnten beide den von Heine für sich in den „Geständnissen" reklamierten Titel, ein „protestirender Protestant" (DHA XV, 50) zu sein, durchaus zu Recht für sich beanspruchen. Insofern gibt es angesichts belobigter christlicher Berufsvertreter immer auch skeptisch-ungläubige oder satirische Schlagschatten bei beiden.

Heines von vielen als Skandal empfundene, ihm regelmäßig bezahlte „französische Staatspension"[72] durch die Julimonarchie Louis-Philippes von 1840 bis zur 1848er Februar-Revolution machte ihn keineswegs mundtot. Die dennoch dadurch als Fesseln zu betrachtenden Nebenaspekte der Vorsicht ähneln denen Fontanes, der sich nicht immer als einen wirklich ‚freien' Schriftsteller betrachten konnte, da er zu oft von jeweiligen Regierungserwartungen bzw. -zwängen abhing. Beide benutzten den Literaturmarkt geschickt nach mehreren Seiten und gewannen somit ihren Arbeiten durch Mehrfachverwendungen in der Presse wie durch Verlagsprodukte größere Tantiemen ab. Beide erhoben, so lange es ging, den Satz aus Goethes „Wilhelm Meisters Lehrjahre" zu ihrem Motto: „denn die beste Bildung findet ein gescheiter Mensch auf Reisen".[73] Und beide hatten es auch, der eine direkt, der andere indirekt, mit dem großen Weltreisenden Alexander von Humboldt zu tun. Der sterbende Heine entbot ihm, „Dem großen Alexander seinen letzten Gruß" (HSA XXIII, 482), der Lehrling Fontane in der Apotheke „Zum weißen Schwan" der Familie Rose hatte in einem der Brüder den Mineralogen Gustav Rose im Umfeld, der Humboldts Russlandexpedition von 1829 mitgemacht hatte.[74] So weit in die Ferne zu schweifen, war beider Lebensplan nicht. Aber ‚Bewegung' lautete nicht umsonst das Zauberwort des Jungen Deutschland. Auch die heimatlich deutsche Nähe oder die näher gelegenen europäischen Länder boten Abwechslung wie erstaunliche Einsichten. Der Harz und England, München, Norderney und Italien gehörten beispielsweise neben der Berlin-brandenburgischen Erfahrung zu einem ebenfalls gemeinsamen Erlebnishintergrund. Beide wandten die verschiedensten Erlebnisse aus den unterschiedlichsten Orten ihrer dienstlichen oder Erholungsaufenthalte auf ihr Schreiben an. Heines „Reisebilder", etwa mit den „Briefen aus Berlin", der „Harzreise" oder den „Englischen Fragmenten", und Fontanes „Wanderungen" sowie die englischen Schriften sind dafür die offensichtlichste, bereits gestreifte, aber durchaus nicht deckungsgleiche Parallele. Fontane selbst legt z. B. Wert auf den Unterschied in den Ergebnissen der England-Betrachtung, wenn er im September 1854 an Theodor Storm, dem seine „Londoner Briefe", wie er sagt, „gefallen" hätten, differenzierend schreibt:

> Mit den ‚Reisebildern' ist doch nur eine teils zufällige, teils scheinbare Ähnlichkeit da. Ich will nämlich wirklich eine Art ‚Guide' geben und bilde mir ein, das auch erreicht zu haben. Diesen Zweck hat Heine nie. [...] Insofern haben diese Briefe einen ganz praktischen Zweck.[75]

Obendrein benutzten sie sämtliche sie interessierenden Nachrichten aus sämtlichen damals zu erreichenden Medien und des Buchmarkts als Anregungen oder Versatzstücke für ihre Werke. Sie avancierten aufgrund ihrer ‚Studien' zu wahrhaft gelehrten Dichtern oder Schriftstellern, ohne je der Leserschaft irgendwelche Langeweile zuzumuten.

Einprägsam erscheint der Kontrast, auf welche Art Heines Adelskritik, vor allem aber seine Kritik an den Hohenzollern und Preußen, als Kritik an von Hochmut und Standesdünkel getragenem, falschem Blick auf die Ergebnisse revolutionärer Forderungen nach Gleichheit und Menschenrechten formuliert ist[76], während bei Fontane die Sicht des Historiographen auf die zeitgenössischen Verhältnisse vor allem als Sowohl als Auch, das Heine zwar ebenfalls kennt, die wenn auch nicht kritiklose, aber vorsichtig-lavierende Oberhand behält. Durch Fontane wird die sich verändernde Adelswelt zum Spiegelbild zeitgenössischer

Wandlungen; wie fruchtlos seine Anhänglichkeit, was das Leserbewusstsein betraf, am Ende wirklich war, zeigen seine schließlich im Druck zurückgehaltenen, vielleicht doch gar nicht so eindeutig als „berüchtigte[s] Altersgedicht" zu bezeichnenden Verse mit der Überschrift „An meinem Fünfundsiebzigsten", wie es im Gegensatz zu Marcel Reich-Ranickis anerkennendem Urteil beim ansonsten klug abwägenden D'Aprile geschieht, wo eben nicht die verewigten preußischen Familien von Stand, sondern die jüdische Anhängerschaft, somit die ältesten ‚Adligen', womit Heine als „Abkömmling" (DHA XV, 42) verwandt zu sein in den „Geständnissen" trotz demokratischer Gesinnung stolz eingesteht, sein eigentliches Publikum bilden.[77]

Heines „Briefe", die er an August Lewald „Über die französische Bühne" richtete, können mit den zahllosen Theaterkritiken Fontanes zwar nicht mithalten, zeigen aber beider Sinn und Begabung für dasselbe Thema. Das gilt auch für die Kunst wie Musik, womit sich ebenfalls ein weites Feld eröffnen ließe. Besonders positiv ist das wache Verständnis für die nachfolgende Generation, die moderne literarische Jugend, in Urteil und Fürsorge beider Schriftsteller zu bewerten. Auch wenn man bei ihnen jeweils von Spätzeit zu sprechen pflegt, von halsstarriger Altersverknöcherung und Missgunst auf die literarischen ‚Nachkommen' waren sie weit entfernt, ganz entsprechend der „Vorrede zur zweiten Auflage" des „Buchs der Lieder" von 1837. Denn sie sind beide keinesfalls ein „alter Polterer" geworden, „der aus Neid die jüngeren Geister anklässt, oder ein matter Jammermensch, der über die gute alte Zeit beständig flennt", sondern besaßen bis zuletzt „die Tugenden der Jugend, den uneigennützigen Groll, die uneigennützige Thräne!" Der „Sinn" ihrer „Worte" blieb „unerschrocken und frisch" (DHA I, 567). Heines Spürsinn für die außergewöhnliche Begabung Ferdinand Lassalles, wobei er dem erst „neunzehnjährigen Jünglinge" wohl Ende 1845 bereits das Prädikat „Messias des Jahrhunderts" (HSA XXII, 180) beilegte, und Fontanes außerordentliche Freude an Gerhart Hauptmann und der neuen literarischen Jugend sprechen für dieses nicht gar so verbreitete Phänomen der ‚Nachwuchsförderung' eine exzellente Sprache.

Im Vergleich der überlieferten Gesamtwerke steht allein schon aufgrund der längeren Lebenszeit Fontane mit seinen unterschiedlichen, stets großen Komplexen aufgrund seiner enormen Schreibleistung an der Spitze. Nicht zu vergessen die Tagebücher und Briefe. Heine vermochte wegen der ihm selber, im Vergleich zu Fontane, zwei fehlenden Jahrzehnte und einer acht Jahre währenden Bettlägerigkeit sich nicht weiter z. B. um das Theater oder Kunstausstellungen in Paris oder musikalische Ereignisse zu kümmern. Seine „Berichte über Politik, Kunst und Volksleben", wie 1854 der Untertitel seiner überarbeiteten Pressearbeiten aus den 1840er Jahren unter dem Pariser lateinischen Namen „Lutezia" lautet, waren aus eigener Anschauung nicht mehr zu noch umfangreicheren Studien der Zeitgeschichte auszubauen. Statt ein Tagebuch zu führen, sammelte er unterschiedlich fragmentarische Notizen, die teilweise den Werken zugewiesen werden können und nicht sehr umfangreich sind. Das autobiographische Virus war beiden in einem auffälligen Maße mitgegeben. Heine erzählte das "Mährchen" (DHA XV, 60) seines Lebens, wie es zu Beginn des „Memoiren"-Fragments genau nach dem Muster Andersens heißt, vermochte es jedoch nie so breit und genau, wie Fontane das zu Gebote stand, zu schildern. Man denke nur an die Gradmesser ihrer Werkumfänge, wofür die klassischen DDR-Ausgaben eine gutes Maß bilden: In acht Bänden werden allein die Romane und erzählerischen Werke des späten Fontane präsentiert[78], während Heine in der zehnbändigen Ausgabe nur sieben, wenn auch teils dickleibigere Bände für das Gesamtwerk füllen kann, zwei Bände eine Briefauswahl bieten und der letzte Band eine Einführung in das Werk des Dichters durch den Herausgeber Hans Kaufmann und das Register enthält.[79] Dass an beiden Ausgaben der unermüdliche und sachkundige Gotthard Erler mitgearbeitet hat, ohne den zumal die Fontane-Forschung ärmer wäre, soll eigens vermerkt sein. Genauso hervorzuheben ist die Kunst aus der Feder von Wolfgang Hädecke, unterschiedliche Biographien zueinander bestens passender Figuren zu entwerfen. Ihm verdanken wir sowohl für Heine wie für Fontane eine jeweils großartige Darstellung.[80]

5. Personengeflecht

Nicht nur von Generationen ist zu reden, sondern auch, wie wir es bei Heine und Fontane tun, von jenen, die, wenn auch verschiedensten Alters und mit Zeitverschiebungen, dennoch gleichzeitig leben, miteinander zu tun haben, darüber hinaus oft genug miteinander verwandt, verschwägert, befreundet, bekannt oder verfeindet sind. Sie alle leben vereint oder getrennt und doch allesamt zur gleichen Zeit, oft am selben Ort, treten miteinander in Verbindung, manchmal zufällig und für kurze Gelegenheiten, manchmal für erkleckliche Lebensspannen, beeinflussen oder korrigieren sich, mögen oder meiden sich, treffen sich persönlich oder nehmen nur ihre jeweiligen Äußerungen wahr, bilden alles in allem aber eine kulturelle oder literarische Gemeinschaft zeitgenössischer Gleichzeitigkeit, sind Teil der Gesellschaft, prägen den Geschmack und sorgen für Bewusstseinsveränderungen. Was sich bei solcher Betrachtung ergibt, mag als Flickenteppich oder unvollständiges Mosaik erscheinen, enthält aber gewiss manche untergründigen Verbindungen, von denen die Kulturgeschichte lebt. Allein schon flüchtige Blicke in die Register der immer noch aufschlussreichen einbändigen „Heine-Chronik" von Mende[81] und der bewundernswert gründlichen, sehr viel umfassenderen fünfbändigen und mit zahlreichen Zitaten bestückten „Fontane-Chronik" von Berbig[82] verweisen ungewollt auf solche Verflechtungen und offensichtliche wie oft sogar abgründige Zusammenhänge. In unserem Kontext sind nur Streiflichter möglich, deren Verstärkung und Vermehrung zweifellos weitere sinnvolle Aufschlüsse vermitteln würden.

Zahlreiche Personen treffen auf beider Lebensweg zusammen, wobei sich das meiste um den Fixpunkt Berlin dreht. Bei manchen würde man eine bedeutsame Verflechtung gar nicht mehr für möglich halten. So bei Friedrich Wilhelm Gubitz (1786–1870), der durch seine seit 1817 von ihm drei Jahrzehnte lang herausgegebene Zeitschrift „Der Gesellschafter" zu den frühen Förderern und

Vermittlern Heinescher Texte gehört. Wegen seiner vorauseilenden Zensur und redaktionellen Eigenmächtigkeit wurde er vom jungen Autor am 9. März 1824 beschworen, dass er sich bei den 33 angebotenen Gedichten zum berühmten „Heimkehr"-Zyklus „alles Gubitzens – Sie wissen, was ich meine – dabey enthalten, daß Sie bey Abdruck kein Wort, keine Sylbe verändern" (HSA XX, 151). Nach seinem trotz hohen Alters unerwarteten Tod am 5. Juni 1870 übernahm Fontane ab dem 15. August desselben Jahres „den Posten des ständigen Theaterkritikers für das Königliche Schauspielhaus am Gendarmenmarkt" in der „Vossischen Zeitung", den er die folgenden zwei Jahrzehnte beibehielt.[83] Solche Verbindungen gelten aber auch für die kunstgeschichtlich wichtigen Persönlichkeiten wie Franz Kugler (1808–1858) und Karl Schnaase (1798–1875). Der eine hat Heine 1829 in Berlin gezeichnet[84], der andere[85] war ihm während eines Erholungsaufenthalts im selben Jahre auf Helgoland begegnet; damals, im Oktober 1829, stand gerade sein Wechsel nach Düsseldorf ans Amtsgericht bevor, wo bereits Heines Freund Carl Leberecht Immermann (1796–1840), aus Magdeburg stammend, für Fontane trotz des wenige Jahre später erschienenen prognostisch zeitkritischen Romans „Die Epigonen" (1836) offenbar ohne jede Resonanz, tätig war, sich mit Schnaase anfreundete und für eine kurze Zeit, vom Dienst befreit, eine deutsche Musterbühne schuf. Kugler und Schnaase waren in Berlin wichtige Kontakte für Fontane. Und Kugler war familiär besonders mit Heines Berliner Erfahrungen und den späteren freundschaftlichen Beziehungen Fontanes verflochten: Seine Frau Clara Kugler (1812–1873) war eine Tochter des Kriminalrats Julius Eduard Hitzig, aus der berühmten Hofjudenfamilie Itzig stammend, Freund und Biograph E. T. A. Hoffmanns, dem Heine noch in den „Hebräischen Melodien" des „Romanzero" durch viele Strophen seines „Jehuda ben Halevy" im Zusammenhang mit der Frage nach Chamissos Schlemihl-Figur ein witzig-ironisches Denkmal gesetzt hat (DHA III, 154–156). Die Kuglersche Tochter Margaretha (1834–1862) wiederum war mit Fontanes Freund Paul Heyse (1830–1914) verheiratet, über dessen Berliner Verflechtung sowie Bedeutung für Heines Nachwirkung und Beziehung zu Fontane im späteren Verlauf unserer Überlegungen noch eigens einiges anzumerken ist.

Während Heines Beziehung zur Familie Mendelssohn in ihrer Vielfalt besonders erwähnenswert bleibt[86] und er im Jahr 1829 nicht nur von Kugler, sondern auch von Wilhelm Hensel, dem Mann von Fanny und Schwager von Felix Mendelssohn Bartholdy, gezeichnet wurde[87], spielt diese Familie fast nur noch in Gestalt eben dieses Malers aus dem ‚Schoße' des Mendelssohnschen Hauses bei Fontane in seinem Lebensbild Hensels in den dem „Spreewald" gewidmeten vierten Teil der „Wanderungen" eine liebenswürdig bedeutende Rolle, wobei er an Fanny und Felix erinnert, den Sohn Sebastian herausstellt und etwa Hensels „Begräbnisstätte" im Rahmen der ‚Überfamilie' Mendelssohn als „Staat im Staat", als „Kirchhof auf dem Kirchhof" auf „dem alten Dreifaltigkeitskirchhof, unmittelbar links vom Halleschen Tore" aufsucht. Ihn, Wilhelm Hensel, bzw. sein „Riesenwerk der 1027 Zeichnungen", so der Historiograph der Mendelssohns, Thomas Lackmann, „preist" Fontane durch die umfassende Darstellung in der Tat und hat dem Künstler damit ein „Denkmal" gesetzt.[88] Fontanes Charakteristik verdient unbedingt ausführlich hervorgehoben zu werden: Hensel gehöre zu den „Naturen, die man als doppellebig, als eine Verquickung von Derbheit und Schönheit, von Gamaschentum und Faltenwurf, von preußischem Militarismus und klassischem Idealismus ansehen" könne. Diese Mixtur wird zur triadischen Formel: „Die Seele griechisch, der Geist altenfritzig, der Charakter märkisch." Bei ihm sei „alles in Balance" geblieben. Die „Neuuniformierung eines Garderegiments oder ein Witzwort des Professor Gans interessierten ihn ebenso lebhaft wie der Ankauf eines Raffael." „Was", wie es außerdem heißt, „er *in* der Gesellschaft und *für* die Gesellschaft schuf, das wird unter allem, was künstlerisch geleistet, das Dauerndste sein." In den Porträts aus vierzig Jahren gebe sich „alles, oder doch fast alles, was in diesem langen Zeitabschnitt in ganz Mitteleuropa zu Ruhm und Ansehen gelangte", ein „Rendezvous". Dabei seien alle diese „Portraitköpfe" nicht etwa „Phantasieschöpfungen", sie liefen auch nicht „auf ein bequemes ‚corriger la nature' hinaus". Sie verrieten „vielmehr, abgesehen von einer meisterhaften, unserem Hensel ganz eigentümlichen Technik, vor allem auch eine eminente Begabung für das Charakteristische"; seine „Mappen" würden in Zukunft als „Bibliothekenschatz" gelten.[89]

Nicht zu vergessen zwei Figuren des Jungen Deutschland, die im Leipziger „Tunnel" Mitglied waren, nämlich Karl Gutzkow (1811–1878) und Heinrich Laube (1806–1884). Da Fontane literarisch alles zu verkosten versuchte, waren diese beiden Bezugspersonen Heines – Gutzkow als Gegner, Laube als Freund – auch seine ‚betriebsnahen' Informanten. Gutzkow war ihm nicht lieb, in dessen Berliner Jugenderinnerungen folgte er ihm jedoch gewissermaßen.[90] Zu den ursprünglich vormärzlichen Gestalten gehört auch Richard Wagner (1813–1883). Heine kannte den Komponisten aus Paris, regte ihn durch sein „Tannhäuser"-Gedicht und die Sage vom Fliegenden Holländer zu den entsprechenden Opernstoffen an und wurde sogar von ihm vertont (so „Die Grenadiere", wie bei Robert Schumann mit Anklängen an die Marseillaise), aber nach seinem Tod in der verrufenen Schrift über „Das Judentum in der Musik" geradezu von ihm verraten, woran seine Frau Cosima großen Anteil hatte.[91] Fontane war die Wagnersche Rolle bewusst, auch wenn er dessen Musik samt dem Kult, der damit zusammenhing, nicht sonderlich mochte, während seine Kinder sich durchaus als Wagnerianer gaben.

Selbst der in Berlin allgegenwärtige Karl August Varnhagen von Ense (1785–1858), Witwer der berühmten Rahel (bzw. Friederike), geb. Levin-Marcus (1771–1833), Landsmann und Freund Heines, des Rahel-Verehrers, bis zuletzt, nahm seinerseits im Tagebuch noch die mutig-junge, geradezu republikanische Phase Fontanes im Revolutionsjahr 1848 „mit erschrockenem Beifall" wahr, als dieser in seinen Artikeln von Ende August bis Anfang November in der „Berliner Zeitungshalle" im ersten mit dem Titel „Preußens Zukunft" davon spricht, Deutschland werde „bald groß, frei und einig sein […], allerdings auf Kosten Preußens", das sterbe: „Jeder andere Staat kann und mag in Deutschland aufgehen; gerade Preußen muß darin untergehen". Das stellte wahrlich „eine schockierende Forderung mit prognostischem Anspruch" dar, was beispielsweise die „Thüringer

Zeitung" (und andere außerhalb Berlins) zum „Nachdruck des Artikels" veranlasste.[92]

Varnhagen, über den Verhältnissen stehend, skeptisch aber auch nicht eindeutig, hatte persönlichen Kontakt zu Fanny Lewald (1811–1889) und Adolf Stahr (1805–1876). Besonders Fanny, aus jüdischem Königsberger Haus und als junges Mädchen protestantisch getauft, längst jedoch emanzipiert und assimiliert, mit dem bereits erwähnten Heine-Freund und Kollegen August Lewald aus der Generation ihres Vaters verwandt, u. a. zur Zunft der England-Literatur aufgestiegen, inzwischen eine bekannte Berliner literarische Institution mit einem Salon, kannte und liebte Heine. Sie bezog sich in ihren Gesprächen mit dem kranken Dichter in Paris explizit darauf, dass Heines Freund Lewald ein Cousin ihres Vaters und dass weiterhin der Schwager von Varnhagen in Hamburg, der Arzt David Artur Assing, verheiratet mit Varnhagens Schwester Rosa-Maria, der Bruder ihrer Mutter, also ihr Onkel war. Somit waren die beiden Töchter Ottilie und Ludmilla Assing, Varnhagens mit diesem eng verbundene Nichten, ihre Kusinen.[93] Aber auch Stahr, bei spürbarer Distanz, hatte für Heines „Romanzero" die verständnisvollste Trommel gerührt. Durch Bernhard von Lepel (1818–1885) waren sie mit Fontane in Berührung gekommen. Der große Briefwechsel (von 1846 bis 1852) des mühsam ein gemeinsames Leben sprich die Ehe erkämpfenden Paares verweist sehr häufig auf diese beiden Berliner Urfreunde.[94] Stahr darf man getrost als Fontane-Enthusiasten bezeichnen. Ob sie bei ihren Paris-Besuchen (Fanny bereits im März 1848, beide jeweils im Frühjahr 1850 und 1855), denen wir die besten Berichte über den „sterbenden Aristophanes" Heine, so Stahr[95], verdanken, auch auf Fontanes aufgehenden Stern zu sprechen kamen, bleibt unklar. Immerhin hatte dieser noch zur selben Zeit wie Heine, der damals bereits mit seiner miserablen Gesundheit zu laborieren hatte, Mitte der 1840er Jahre Gedichte in jenem berühmten Cotta-Blatt publiziert, dem seit 1807 bestehenden „Morgenblatt für gebildete Stände" bzw. seit 1837 „Morgenblatt für gebildete Leser" (Stuttgart und Tübingen), in dem auch Heine veröffentlichte. Durch Fontane erreichte Fanny eine Lehrstelle in einer Berliner Drogerie im Zentrum Berlins für Stahrs ältesten Sohn Alwin. Stahr selber trennte sich erst dann von Frau und Kindern, um sich nach schweren Jahren des Scheidungsversuchs aus Oldenburg und Jena von der Familie zu lösen und mit Fanny ein neues literarisch-professionelles Leben zu beginnen. Auf solche Weise kam der Junge als Vorbote der neuen Verhältnisse nach Berlin und als Mieter bei Mariane Bargiel, Mutter von Clara Wieck, unter, die in zweiter Ehe mit ihrer neuen Familie in Berlin lebte.[96]

Also ein Würfelspiel mit Namen, die ihrerseits einige gemeinsame Bezüge besitzen. Denn Heine hatte Robert und Clara Schumann erlebt, Robert gar nach dessen Abitur 1828 durch München geführt, beide widmeten ihm bedeutende Vertonungen. Mit dem jungen Ehepaar Schumann in Leipzig war zu Fontanes Lehrzeit dort einer seiner Mentoren, der Arzt Dr. Moritz Emil Reuter, eng befreundet, was jedoch ein Treffen des Apothekereleven mit dem Komponisten und der schon berühmten gleichaltrigen Pianistin nicht einschloss. Vielleicht lief man sich über den Weg, hat sich aber trotzdem „verpasst".[97] Dass Heine mit dem berühmten Philosophen Hegel (1770–1831) Kontakt und ihn gehört hatte, was wegen der kontroversen Einflussnahme auf den Dichter bis heute diskutiert wird, macht in unserem Zusammenhang die Funktion des Sohnes Immanuel Hegel (1814–1891) für Fontane selbstverständlich erwähnenswert; er nämlich sprach als neuer Verwaltungsleiter der „Centralstelle für Preßangelegenheiten" dem längere Zeit krank gewesenen jungen Schriftsteller am 14. Oktober 1853, als just der dritte Sohn Peter Paul geboren wurde, der knapp ein halbes Jahr später starb, zunächst die prompte Kündigung aus. Diese wurde dann glücklicherweise mit der Aussicht auf „ein höheres Jahressalär" nach Fontanes Widerspruch und dem Ausscheiden eines Kollegen anschließend durch Hegel am 16. Dezember doch in eine Weiterbeschäftigung umgewandelt.[98]

Als besonders interessant in genealogischer Sicht sind die Beziehungen zu den außergewöhnlich engen Fontane-Freunden des Hauses Friedlaender in Schmiedeberg anzusehen. Georg Friedlaender (1843–1914) war ein Urenkel des berühmten David Friedlaender (1750–1834), den Heine im Frühjahr 1823 in Berlin noch bewusst wahrnahm, indem er ihn etwa als einen der „Hüneraugenoperateurs" am „Körper des Judenthums" (HSA XX, 71 f.) bezeichnete. Ihm und seinem Sohn Moses, einem Berliner Bankier, der von Rebecca Salomon bzw. Saaling (der späteren Wiener Schriftstellerin Regina Frohberg und Schwester der uns im Folgenden besonders interessierenden Julie und Marianne) geschieden war und bei dem Heines Freund Moses Moser arbeitete, lässt der Dichter beispielsweise durch letzteren eigens seine „glückliche Ankunft" (HSA XX, 88) in Lüneburg anzeigen. Ein verzwickt miteinander verknüpfter und gleichzeitig auf alle mögliche Weise Kontakt haltender Kosmos! David Friedländer hatte als Kaufmann und Schriftsteller gelebt, war Schüler und Mitarbeiter Moses Mendelssohns gewesen und wurde der erste jüdische Stadtrat in Berlin. In der Schrift „Ueber Polen" hat Heine sein Buch zur „Verbesserung der Israeliten (Juden) im Königreich Polen" von 1819 wegen „einer seltenen Wahrheit- und Menschenliebe", mit der es „geschrieben" sei, gerühmt (DHA VI, 60). Dieser Familie entstammte der ostpreußische Gutsbesitzer Jonathan Friedländer (1793–1863) aus Königsberg, der mit Heines Hamburger Lieblingskusine Amalie Heine (1799–1838) verheiratet war.[99] So schließen sich die vor allem in jüdischen Familien engen Kreise und führen anschließend weit darüber hinaus. Dass Emilie Fontane die Briefe Friedlaenders an ihren Mann nach dessen Tod vernichtet hat, entspricht ihrem eigenen, mit spitzen Fingern zu vergleichendem, Vorbehalt. Auch bei Heine kennt man aus anderen Gründen solche Vorsicht bei der Überlieferung von Briefschaften zum Schutz des familiären Privatlebens sowie einiges endgültige Aussortieren.[100]

Vergessen sei nicht der Jurist und jüdische Repräsentant Isaac-Adolphe Crémieux (1796–1880), mit dem schon Heine in Verbindung stand und der bei der Freilassung Fontanes aus Frankreich eine Rolle spielte. Heine bewunderte ihn besonders 1840 wegen dessen Eintretens für die Juden nach einem Pogrom in Damaskus, das ihn selbst zur solidarischen Veröffentlichung seines Romanfragments „Der Rabbi von Bacherach" veranlasste. Im Juli 1855 übersandte er ihm seine gerade erschienene „Lutèce".[101] Als späterer republikanischer Kriegsminister und Präsident der „Alliance Israélite Universelle" verhalf Crémieux dem in gefährlicher Situation sich befindenden Fontane aus der französischen Gefangenschaft, wobei Bismarcks Intervention eine entscheidende Rolle spielte.[102]

Von Lassalle war bereits die Rede. Sein Genie stand dem bereits von der Krankheit gezeichneten Pariser Dichter bei, als er seinen öffentlichen Erbschaftsprozess mit der Hamburger Familie führte. Auch er verdient als Figur zwischen beiden Schriftstellern eigens herausgestellt zu werden. Als Freund von Christian Friedrich Scherenberg wurde der führende Kopf der Sozialdemokratie und Arbeiterführer Ferdinand Lassalle (1825–1864) denn auch für Fontane ein besonders interessanter Zeitgenosse, der noch im „Stechlin" erstaunlich „präsent" bleibt und dessen Parterrewohnung in der Bellevuestraße Nr. 13 von ihm nicht nur in der Scherenberg-Biographie beschrieben wurde, sondern auch das Muster abgibt für jene des Protagonisten Botho von Rienecker, wie sie im sechsten Kapitel des Romans „Irrungen, Wirrungen" vergegenwärtigt wird. Es sei dies „die Methode des Überschreibens", wie ein „Palimpsest" scheine noch immer die Textstelle aus dem Scherenberg-Buch durch.[103] Dass auch im anderen Sinne grenzüberschreitende Personen das Interesse beider Schriftsteller in Beschlag zu nehmen verstanden, zeigt etwa der ungarische Schriftsteller Karoly Kertbény [Karl Maria Benkert] (1824–1882), der Heine im Frühjahr 1847 in Paris traf, weiter mit ihm in Verbindung blieb und sich 1848 in Berlin aufhielt, dort mit Fontane zusammengetroffen sein soll und auch späterhin brieflichen Kontakt mit diesem aufrecht erhalten hat, wodurch er verständlicherweise als früher Informant u. a. für „Graf Petöfy" (so lautet immerhin der Name des ungarischen Nationaldichters Sandor Petöfi [1822–1849]) hilfreich war.[104] Er soll nur als Beispiel genannt werden, wie die gemeinsamen, aber zeitversetzten literarischen Kontakte aus einer originellen Kollegenschaft zu ergänzen wären.

Fontanes Verhältnis zu Gustav Karpeles (1848–1909) war eher dienstlicher Natur, als dieser zusammen mit Friedrich Spielhagen von 1878 bis 1889 Mitherausgeber von „Westermann's Illustrirten Deutschen Monatsheften" war, aber des Austausches wegen einen wichtigen Meilenstein der neuen Phase als Erzähler setzte. Karpeles seinerseits gehört zu den bedeutendsten Heine-Verfechtern seiner Zeit und hat sich durch Ausgaben, Bücher über ihn und Versuche der Vermittlung zur jüdischen Leserschaft unermessliche Verdienste erworben. Teile seiner Heine-Archivalien wanderten weit nach seinem Tode durch seine Witwe Anna (1860–1940) im Jahre 1932 vor dem Ausbruch des Dritten Reiches in das Heine-Archiv nach Düsseldorf. Sie starb noch vor dem Beginn der Deportationswelle in Berlin.[105]

Ebenfalls in den Zusammenhang von Heine-Philologie und Fontane-Redakteuren gehört Eduard Engel (1851–1938). Von ihm erscheint „endlich eine Kritik" zu „L'Adultera" (1882), „die nicht nach moralischen, sondern literarisch-ästhetischen Kriterien ihr Urteil formulierte" und „Fontanes Berliner Roman mit den neusten französischen und englischen Großstadtromanen" verglich.[106] Und in Bezug auf „Irrungen, Wirrungen" (1888) wird Fontane vier Jahre zuvor am 21. April 1884 gerade Engel dieses Werk und dessen Inhalt treffend vorstellen: „Nichts von Radau, von Skandal, von Katastrophen, einfach *Leben* wie es ist, nicht verschönt, nicht verhäßlicht. Vielleicht ein weniges verschönt, wie's die Kunst soll."[107]

Just in jenem Jahr hatte Eduard Engel Heines bislang unbekanntes „Memoiren"-Fragment herausgegeben, zunächst in der „Gartenlaube", dann auch als Supplementband der rechtmäßigen Heine-Ausgabe bei Hoffmann und Campe in Hamburg. Fontane, der Engel am 10. Februar 1884 zu einem sonntäglichen „literarischen Kaffee" mit dem „Thema: H. Heine" aufsuchte, reagierte auf die Lektüre der editionstechnisch gesehen nicht unbedingt hervorragenden Fassung einerseits durchaus distanziert, andererseits verteidigend.[108] Vor allem aber sei an Eduard Engels Verbindung zu ‚seinem' Heine-Gemälde von Gottlieb Gassen erinnert, das schließlich seiner im chilenischen Exil lebenden Familie gehörte, lange als Leihgabe für eine Heine-Ausstellung in Düsseldorf zur Verfügung gestellt wurde und nun seit Jahren einen der exzellenten Anziehungspunkte im Museum des Heinrich-Heine-Instituts bildet: Die Kaiserin von Österreich hatte das ihr unbekannte Gemälde aus Heines Münchener Zeit in der „Gartenlaube" gesehen, schrieb dem Literarhistoriker, sie würde es gern erwerben, was er und seine Frau ablehnten, so dass es wenigstens für die Schaffung einer Kopie erbeten wurde. Das geschah. Das Bild kehrte nach vier Wochen aus Wien zurück, die Kopie fand im „Lesezimmer" der Kaiserin den ständigen Platz, wo es „ihr täglich Freude" mache. Als Dank erhielt der Verleiher eine „Kleinigkeit", nämlich „eine sehr kostbare Busennadel mit einem großen Opal im Kreise von Diamanten". Engel beendet die Geschichte aus seiner Autobiographie von 1929 mit dem humoristischen Satz: „Da es mit meinem Busen nicht weit her ist, so trägt meine Frau zuweilen das Andenken an die edle unglückliche Fürstin."[109]

Auch Paul Heyse (1830–1914), wie so viele mit der Gesamtfamilie Heine und van Geldern verwandt[110], der beredte Anwalt für ein Heine-Denkmal in Düsseldorf, verdient als Fontanes wichtiger, von ihm hochbelobigter, gleichzeitig ambivalenter Freund genannt zu werden. Er gehörte damals zu den ganz großen Namen der Literatur, erhielt 1910 den Nobelpreis und besaß berlinische Wurzeln durch die Privatlehrer-Tätigkeit seines Vaters bei den Mendelssohns. Seine Mutter Julie Saaling (vormals Salomon, 1788–1863) war eine Kusine der Mutter von, um das berühmteste der Kinder herauszugreifen, Felix Mendelssohn Bartholdy. Julie und ihre Schwester Marianne Saaling (1786–1868), dem Rahel-Freundeskreis zugehörig und Heine sicherlich nicht unbekannt, zählten sozusagen zu den beliebtesten Mitgliedern im Verbund der Mendelssohns. Marianne („eine sehr geistreiche Dame, deren Namen ich vergessen habe" [HSA XXIV, 261], so Maximilian Heine aus Hamburg nach Paris an seinen Bruder über das im Folgenden zu betonende Faktum) galt 1834 zeitweilig als Verlobte des verwitweten Varnhagen bzw. war es zweifellos (worauf Max eben mit seiner Nachricht von „Bräutigam" und „heirathet" anspielt [ebd. u. HSA XXIV K, 202]), wobei Varnhagen in seiner umfänglichen Rückschau über diese spezielle Verbindung ihren Vornamen stets als ‚Mariane' schreibt.[111] Sie war katholisch geworden und eine der anerkannten Stützen der Hedwigskirchen-Gemeinde, in den 1830er Jahren sogar zusammen mit der als protestantische Predigerstochter zum Katholizismus konvertierten Dichterin Luise Hensel (1798–1876), Schwester des Malers und Schwägerin von Fanny Hensel, als sie bei denen im Mendelssohnschen Hause wohnte; noch im Alter schleppte die im Vinzenz-Verein sozial aktive Marianne Saaling Steine für den Aufbau des St. Hedwigskrankenhauses.[112] Von beiden Schwestern Saaling wird später noch, des wohl nicht unbeabsichtigten Namengleichklangs wegen, im Zusammenhang mit dem Roman „Irrungen, Wirrungen" die Rede sein müssen.

Fontanes literarischer Kollege und Jahrgangsgenosse Gottfried Keller (1819–1890), dem er nie begegnete, obgleich sie sich hätten treffen „müssen", von dem er jedoch „alles gelesen" hat, arbeitete sich in ganz anderer Weise als er, beispielsweise in seinem satirischen Versgedicht „Der Apotheker von Chamonix oder der kleine Romanzero" (1883), an Heine ab.[113] Ebenso genannt zu werden verdient die Schriftstellerin Clara Viebig (1860–1952). Ihre Ehe mit Friedrich Cohn (1864–1936), dem zeitweisen Teilhaber des Verlags von Fontanes Sohn Friedrich, wurde von Fontane befördert[114], was er angesichts der jüdischen Herkunft des Verlegers z. B. bei den eigenen Kindern ungern oder gar nicht geduldet hätte. Sie hatte zeitweise in Düsseldorf gelebt und durch ihren dort angesiedelten Roman „Die Wacht am Rhein", als Buch 1902 im Verlag Friedrich Fontane in Berlin erschienen, dem deutsch-französischen Verhältnis nach 1870/1871 wieder einen versöhnlich-menschlichen Ton zu verleihen versucht. Insofern hatte der Roman trotz des Titels nichts mit der Richtung des gleichnamigen patriotischen Liedes zu schaffen. Er hat darüber hinaus dem preußisch-rheinischen Verhältnis die Unversöhnlichkeit genommen, wobei in der Liebesgeschichte die Rheinromantik und Heines „Buch der Lieder" eine wesentliche Rolle spielen. Selbst Sachverhalte der Nachwirkung sprechen ihre eigene verknüpfende, geradezu übergreifende Sprache, nämlich dass Theodor Storm, der Heine-Verehrer und Fontane-Freund, wegen seiner von 1856 bis 1864 währenden Tätigkeit als Kreisrichter in Heiligenstadt, im katholischen Eichsfeld, dort schon Ende der 1980er Jahre ein Literaturmuseum unter seinem Namen erhalten hat, in dem in der Folge – aufgrund der Heiligenstädter protestantischen Taufe am 28. Juni 1825 – auch ausdrücklich Heinrich Heines gedacht wird.[115]

Unsere kursorischen Bemerkungen zum Personenkarussell mit seiner Mixtur an Figuren, die jene Umwelt Heines und Fontanes bestimmten, wodurch man Gemeinsamkeiten aufzeigen kann, mögen zufällig oder beiläufig wirken. Sie wollen schlicht darauf aufmerksam machen, dass jene frühen Gedanken Heines auf dem Stammbuchblatt „Lebensgruß" (DHA I, 113) mit der Anfangszeile „Eine große Landstraß' ist unsere Erd',/ Wir Menschen sind Passagiere" auch unter veränderten Reise- und Kommunikationsbedingungen ihre Geltung bewahrt haben. Wenn dort von einer „Carosse" die Rede ist, auf die sich die zugehörigen „Rosse" reimen, vom Vorüberfahren und Grüßen, vom Treffen „auf derselben Station" und vom ‚Auseinanderblasen' der Fahrgäste durch den „Postillon", hätte er selber später schon von Omnibus, Zug oder Dampfschiff sprechen können. Unterschiedliche Konstellationen zeitigen einfach andere changierende Folgen. Nur das soll durch ein solches Rezept der Verknüpfung von Namen und Begegnungen, vermuteten Einflüssen und tatsächlichen Verhältnissen betont sein.

6. Fontanes Urteile über Heine und seine Rückgriffe auf das Werk

Es bedarf schon der liebend-gelehrten Sinne, um der integrativen Schöpferleistung Fontanes in Hinsicht auf die Anregung durch Heine oder die Verwendung von Partikeln aus dessen Werk immer Herr zu werden. Hier ist bei weitem nicht alles aufzuzählen und zu wiederholen, was in den unterschiedlichsten Vergleichen Fontanescher Verwendungskunst von Heineschen ‚Vorlagen' inzwischen veröffentlicht wurde. Immerhin bildete Heine nach eigener Aussage Fontanes in einem Brief an Theodor Storm vom 22. Mai 1868, allerdings in einem Kontext mehrerer poetischer Lieblinge aus der zweiten Riege im Vergleich zu den größeren Namen über allen anderen, stets ein „Herzensbedürfniß".[116] Der ganze Satz wird schon von Horch bewusst zitiert: „Bürger ist kein Schiller, Heine ist kein Goethe, Storm ist kein Wieland, und doch decken Bürger, Heine, Storm mein Herzensbedürfnis unendlich mehr als das große Dreigestirn."[117] Und wovon ihm das Herz voll war, floss es in seinen literarischen Erzeugnissen deutlich über. Leider ist aus dem offenbar versprochenen und manche jugendliche Einsicht verdeutlichenden Heine-Artikel, dessentwegen er sogar von seinem Freund Friedrich Eggers, Altersgenosse, Kunsthistoriker und „Tunnel"-Mitglied, 13 Jahre zuvor angemahnt wurde, dann doch nichts geworden.[118] Immerhin seien hier einige Sachverhalte näher benannt und notwendige Hinweise festgehalten. Denn es handelt sich zweifellos um die Fragen einer Verinnerlichung von vorausgegangener Literatur, die man in diesem speziellen Fall nur als beispielhaft bezeichnen kann. Oder, wie es bei Horch heißt, der zugleich einen passenden Überblick über das Gesamtwerk des Nachfolgers liefert: „Heine ist bei Fontane ständig präsent: Es vergeht von den frühesten Gedichten 1837 bis zu einem der letzten Briefe vor seinem Tod 1898 kaum ein Jahr, ohne daß sich Fontane zitierend und verweisend auf ihn bezöge." Das geschehe „in allen Textarten: in der frühen nichtpolitischen und politischen Lyrik, in den Romanzen und Balladen, den Korrespondenzen, den frühen Erzähltexten, in der Reiseberichterstattung und den ‚Wanderungen durch die Mark Brandenburg', in den Theaterberichten und den literaturkritischen sowie kunstkritischen Essays und Rezensionen, in den Kriegsbüchern, in der Biographik und Autobiographik, im Romanwerk und natürlich in den privaten Äußerungen der Tagebücher und Briefe."[119] Vor allem der ‚Ton' war es offenbar, dem Fontane am 7. Juni 1872 in seiner Theaterkritik zu Emanuel Geibels „Brunhild" in der „Vossischen Zeitung" den Vorzug gab. Fontane kritisiert nämlich die „Wohlanständigkeit" in der „Redeweise der Figuren": „Für unser modernes Gefühl ist hier der keck-phantastische Ton, den beispielsweise Heine so meisterhaft anzuschlagen verstand, der weitaus richtigere."[120] Da gibt es für den nachfolgend verständigen und anhänglichen Schriftsteller kein Zurück!

Dagegen ist schlichtweg für Heine Folgendes festzuhalten: In den Haupt-Registern, die Heines Leben und Werk betreffen und die man zu Rate ziehen kann, spielt Fontanes Name nur eine wahrlich untergeordnete Rolle. Fontanes am Anfang des eigenen öffentlichen Auftritts vorgelegte Anthologie „Deutsches

Dichter-Album", zuerst Berlin 1852, sowie die vermehrte 4. und 6. Auflage im Jahre 1858, tangiert die Heine-Überlieferung. Denn sie enthielt von Anfang an zahlreiche Heine-Gedichte aus dem „Buch der Lieder" sowie in den beiden genannten Nachauflagen Reduktionen aus Heines ‚Bestseller', vor allem weniger Texte aus dem Zyklus „Die Heimkehr", dafür ein Exempel aus den „Neuen Gedichten" und zwei aus dem „Romanzero". Dokumentiert wird diese Sammlung samt deren wechselndem Heine-Anteil in der Düsseldorfer Heine-Ausgabe (DHA) unter den ‚Nachdrucken'.[121] Auch die „Heine-Chronik" von Fritz Mende nimmt durch diese Anthologie den Namen Fontane als Herausgeber ein einziges Mal wahr.[122] Für das Thema „Heine und die Nachwelt", herausgegeben von Dietmar Goltschnigg und Hartmut Steinecke, wurde zu Recht auf die Wirkung aufgrund von „Heine-Tönen" zumal auf die frühe Lyrik „auch bei durchaus anerkannten und bedeutenden Lyrikern" hingewiesen: „Die wichtigsten Beispiele sind wohl Gottfried Keller, Theodor Storm und Theodor Fontane."[123] Womit wir zugleich bei einem einvernehmlichen poetischen Trio jener Zeit angelangt sind. Fontane hatte seinem Freund Storm übrigens Mitte Oktober 1853 das Urteil seines Künstlerfreundes Adolph Menzel über dessen Gedichte mitgeteilt: „diese Sachen sind doch sehr heinisch".[124]

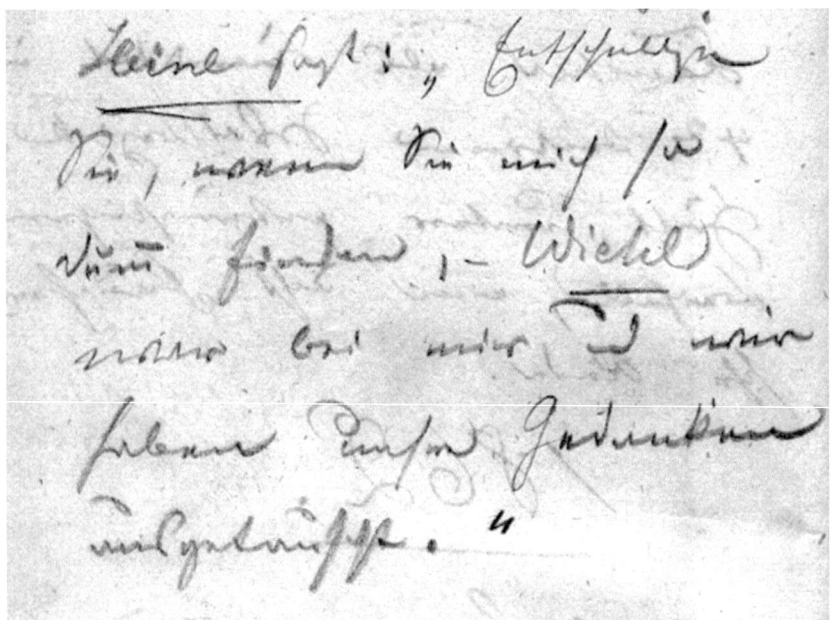

Theodor Fontane, Tagebuchnotitz (1862): „Heine sagt: ‚Entschuldigen Sie, wenn Sie mich so dumm finden, – Wiehl war bei mir und wir haben unsre Gedanken ausgetauscht.'"

Den verständlichen Fehlstellen im Heine-Kontext bietet dagegen, was die Fontane-Heine-Beziehung angeht, inzwischen eine ertragreiche Forschungsliteratur über das insgesamt glückliche Verhältnis ein staunenswertes Paroli. Fontane mochte gewissermaßen ohne seine fruchtbare Heine-Lektüre nicht leben und schreiben. Sei es, dass er durch die Lektüre Mirabeaus auf Anregung durch Heines Adelskritik seine eigene „Kritik der Royaldemokratie" in „Frau Jenny Treibel" (1892) zum Ausdruck brachte[125], oder sei es, dass er zuvor 1889 unter der Rubrik „Die besten Bücher" in assoziativer Listenform an 12. Stelle bekannte: „Heinrich Heine: das Schlechte (mit alleiniger Ausnahme des Sentimentalen) mit demselben Vergnügen wie das Gute" und vor allem „Das Schlachtfeld von Hastings" hervorhob; hingegen antwortete er 1894 auf die Frage „Was soll ich lesen?" unter der 12. Stelle „Heinrich Heine: besonders Romanzero und Deutschland, ein Wintermärchen".[126] Gerade das letztgenannte Versepos von 1844 gehört zu den anspruchsvoll kritischen Texten zu Fragen von Thron und Altar, von Religion und Politik, von deutscher Heimat und Emigration, was Fontanes ein halbes Jahrhundert danach geäußertes Urteil zu einem fortschrittlich-solidarischen Bekenntnis erhebt. Wir werden hier nur ein kleines Potpourri zusammenstellen, um als Anregung jenen verwirrenden Eindruck zu vermitteln, den Fontane selbst oft genug durch das Einschleusen von Heine-Anspielungen an so vielen Stellen erreicht. Liefert nicht selbst die schottische Ballade „Archibald Douglas" in einigen Zeilen ein Echo, das auf Heines Gedicht vom „alten Märchenwald", dem lyrischen Vorwort der dritten Auflage des „Buchs der Lieder", sowie vom „romantischen Zauberwald" aus dem zweiten Buch der „Romantischen Schule", auf humane Weise folgt?[127]

Es sei erlaubt, vor weiteren bekannten Funden kurz auf ein unterschiedliches Schreibverhalten bei beiden einzugehen, wenn es sich um damals tabuisierte Bereiche handelt, was der Anspielungskunst beider Autoren ganz und gar entspricht. Auf verschlüsselte Hinweise auf ein spezielles Tabu hat, was Fontane betrifft, H.-P. Fischer in seiner detektivischen Betrachtung von „Irrungen, Wirrungen" (1887/88) hingewiesen.[128] Im Vergleich zu Heine eröffnet sich ein zeitversetzter Blickwinkel, wobei das Ende des Jahrhunderts vorsichtig-dezenter sich verhielt als Heine an dessen Beginn. Es ist vom Platen-Skandal die Rede, der sich als antijüdischer Angriff aufgrund Immermannscher Distichen gegen „Oestliche Poeten" (DHA VI, 165 f.) sprich orientalische Lyrikformen im zweiten „Reisebilder"-Band, gegen dessen Verfasser Heine richtete. Die entrüstete Attacke des klassizistischen Lyrikers Platen parierte Heine außerordentlich scharf durch eine „Rhetorik homophobischer Verunglimpfung"[129], was er später bedauerte. Fontane, von Heines Gegenangriff schon bei der „Reisebilder"-Lektüre im Februar 1857, trotz des allgemeinen Lobes: „manches sehr schön, hochpoetisch und politische Urtheile mitunter tief und zutreffend wie durch Inspiration", gerade deshalb unangenehm berührt[130], vermochte einerseits viel vorurteilsfreier zu verfahren, kannte sich bei allen angepassten wie verschwiegenen Verhältnissen ebenfalls aus, wollte oder musste sie aber nicht derart waghalsig offen beschreiben: Einige Figuren im besagten Roman haben sich während des tragisch-gewöhnlichen Verlaufs der Handlung tatsächlich verirrt und bleiben verwirrt, geradezu ein „Wirrwarr", wie das Schlagwort vom literarhistorischen Sturm und Drang ursprünglich hieß. Davon wird jedoch am Ende kein großes Aufhebens mehr gemacht. Die durch Mutter und Junggesellen-Onkel Baron Osten, was hier im doppelten Sinn für sich selber spricht, verordnete Verwandtenheirat zwischen Botho von Rienäcker und seiner Kusine Käthe von Sellenthin hält Konvention wie Geld zusammen. Lene, die einfache, aber herzliche Freundin wäre auf der Strecke geblieben, da des ‚schönen' Bothos angeborene Interessen, bei aller sentimentalen Anhänglichkeit, wenig zu deren glaubwürdig liebevoll anhänglicher Lebensweise passen. Seine Vorliebe für einen Plausch mit der Lene benachbarten lebens- und gräflich liebeserfahrenen Gärtnersfrau Dörr ist verräterisch konkurrenzlos.

Nicht nur der unterschiedliche Stand, sondern auch die verschiedene erotische Ausrichtung bestimmen die Verhältnisse. Von der Entstehung einer üblichen Ehe mit Kindern mag dann bei Botho und seiner Frau genauso wenig die Rede sein. Besonders Käthe ist in ihrer emotional überlagerten ‚Scheinehe' kaum zu schlagen. Beide jedoch unterscheiden sich nicht grundsätzlich. Sie sind endlich in der Lage, sich jeweils nach der vergeblichen ‚Empfängnis-Kur' ohne Folgen in ihrem Leben einzurichten. Die ‚dalbrige' junge Baronin erliegt vor allem den Reizen einer interessanten jüdischen Wiener Bankiersgattin, deren Hausname Salinger zur Steigerung ihres Mädchennamens Saling erklärt wird, was man glatt für einen der berühmten Heineschen Sprachwitze halten könnte. Allerdings lebt ein solcher, ähnlich wie Heines Spiel mit dem Namen des Hamburger Nachbarn seines Millionärsonkels Salomon, des Bankiers Lazarus Gumpel, der als geadelter katholischer Markese Christophero di Gumpelino in den „Bädern von Lukka" eine wesentliche Rolle spielt, von vertrackt intim zu nennenden Bezügen Fontanes auf reale Berliner Gestalten. Zwei Frauen aus der Mendelssohnschen „Menagerie" (HSA XXI, 57) – ein ‚Bild', mit dem Heine über die eigene Hamburger Verwandtschaft zu scherzen beliebte – waren wie Abrahams, des Sohnes von Moses Mendelssohn, Frau Lea, was oben bereits gesagt wurde, ebenfalls mit dem Hausnamen Salomon geboren und verwandtschaftlich gesehen deren allseits geschätzte Kusinen. Sie machten sogar die berühmte Schweizer Reise von 1822 mit, an der ebenfalls der Hauslehrer und Sprachforscher Karl Wilhelm Ludwig Heyse teilnahm.[131] Durch die Namensänderung Saaling (meist mit einem Doppel-A im Unterschied zur Protagonistin bei Fontane, aber auch durchaus einfach) erschien der Hausname weniger jüdisch konnotiert. Mit der Benutzung eben dieses Namens wurden also sowohl die Berliner ehemalige Verlobte von Varnhagen, Marian(n)e Saaling, genauso wie ihre Schwester Julie Heyse, geb. Saaling, frühere Salomon, Mutter seines guten Freundes Paul Heyse, ins zur damaligen Zeit gewiss wie selbstverständlich nebenher laufende Bewusstsein oder Erinnerungsvermögen gehoben, was zweifellos zu jenen Finessen gehört, die Fontane so mannigfach und nicht ohne ironische, gar mehrsinnige und nicht in allen Fällen (genau wie bei Heine) unbedingt sympathisch zu nennende Spitzen zu Gebote standen. Marianne gehörte immerhin schon in politisch bedeutsamen Tagen zu den ‚schönsten' gesellschaftlichen Erscheinungen des Wiener [!] Kongresses!

Den eigentlichen, in „Irrungen, Wirrungen" nur verschleiert angedeuteten eher gleichgeschlechtlich bestimmten Intentionen – man denke etwa an die eine Generation jüngere Erinnerungsarbeit „Auf der Suche nach der verlorenen Zeit" von Marcel Proust in ihrer gleichfalls enormen Dezenz – werden sich die beiden jungen Ehepartner beruhigt überlassen können, ohne dass das je öffentlich ruchbar werden muss. Sie bleiben beide Opfer der Verhältnisse und des ehestiftenden Onkels, der andere statt seiner die unbeeinflussbaren Emotionen bewältigen lässt. Allerdings hat Botho die Größe Lenes auf melancholische Weise begriffen und ihre an das völlig ‚unprofessionell' freundschaftliche Verhältnis sich anschließende ordentliche Ehe samt passendem Ehemann als bürgerlichen Gewinn gegenüber der ihm und seiner Frau eigenen „Verwirrung der Gefühle", um auf Stefan Zweigs Novelle von 1927 anzuspielen, geradezu rührend anerkannt. Aber ‚schöne' Männer sind es auch in anderen Romanen, deren Rolle nicht ganz eindeutig ist. Man denke nur an „Schach von Wuthenow" und dessen tragisches Ende.

Ob nicht sogar, was den adlig-familiären Zusammenhalt angeht, das u. a. wegen differenter frommer Überzeugungen unglückliche und ebenfalls, in der ersten Ehe, eng verwandte Ehepaar von Lepel/geb. von Lepel das Vorbild sein könnte, ohne unbedingt die sexuelle Orientierung mitzuliefern? Wohl aber verweist der Jugendfreund von Lepel mit seinem „konfuse[n] Durcheinander" (Originalton Fontane) vieler Verhältnisse, den schon Dieterle als Fontanes „Modell" für den „liebenswürdigen, schönen und schwachen" Botho bezeichnet[132], mit seinen obskuren Eskapaden und seiner zweiten, offenbar gewöhnungsbedürftig lauten Frau, geb. von Heydebreck, der literarischen Herkunft wie Neigung nach auf den klassizistisch beeindruckenden Platen.[133] Jener gräfliche Dichter mit einer, natürlich unter anderem, ungeschützt zur Schau getragenen homoerotischen Lyrik, war Lepels Lieblingsdichter, als handele es sich bei ihm selber, dem Leser und Nachahmer, um den von Heine in den „Bädern von Lukka" als Karikatur gezeichneten Markese Gumpelino, der sich ebenfalls an Platenschen Versen berauscht und durch Folgen von Glaubersalz („O wackerer Apotheker! dein Trank wirkt schnell"; DHA VII, 123) der Liebesnacht mit der von ihm angebeteten Engländerin Julia Maxfield verlustig geht. Insofern gerät schon bei Heine manche erotische Problematik bewusst durcheinander.

Es wird stets betont, wie sehr Fontane sein Erzählwerk von antisemitischen Vorurteilen frei gehalten habe, was im Prinzip sicherlich stimmt. Dennoch spielen z. B. untergründig in den beiden ursprünglich jüdischen männlichen Helden von „L'Adultera", die um die Heldin kämpfen, zweifellos der eine als Heine und der andere als Wagner sozusagen ein zeittypisches Zwillingspaar, bei dem von einigen Blessuren seiner Protagonisten nicht abgesehen werden kann.[134] Das ‚weite Feld' von Nähe und Ferne, Anerkennung und Abstoßung, liebendem Verständnis und brüsker Ablehnung erhält nicht nur im Privaten, sondern auch in der Darstellung oftmals die Funktion eines unauflöslichen Mysteriums. Nichts ist ungebrochen, Fontane dennoch durchweg menschlich und klug. Das erweist sich in den Heine-Bezügen bei vielen Erzählwerken, „kulminiert"[135] aber zweifellos im „Effi Briest"-Roman, dessen Stoff, wofür Heine freilich nichts kann, ursprünglich mit der Ehegeschichte der von Ardennes und des Amtsrichters Emil Hartwich in Düsseldorf zusammenhängt.[136] Des letzteren wurde wegen seiner sportlichen Initiativen mit Vereinsfolgen bis zum heutigen Tag dort noch jüngst durch eine Gedenktafel gedacht. Ob Effi selbst den Dichter Heine trotz des sie überfallenden lyrischen Kurses durch Crampas überhaupt gelesen hat, bleibt offen. Sie folgt den Ausführungen ihres Begleiters und späteren Liebhabers, der sie geradezu mit Heine-Gedichten verführt und ihr durchaus nicht mit allen Texten die reinste Freude bereitet. In regelmäßiger Folge wurde gerade dieser Roman mit besonderem Interesse untersucht, sei es unter der jeweils sprechenden Überschrift „Wenn Effi läse, was Crampas empfiehlt … Offene und verdeckte Zitate im Roman"[137] oder „Effi Briest, Heinrich Heine und der Teufel"[138] oder „*Effi Briest:* Crampas und sein Lieblingsdichter Heine"[139] oder „Unterwelten. Heines Proserpine und Fontanes Effi Briest"[140] – kein Wunder, dass sich auf solche Weise ein Lieblingsroman des Publikums mit einem der Lieblingsdichter Fontanes aufs Beste verbindet.

Dennoch spielt hier eine offenbar beiden Autoren eigene ironische Skepsis bei aller Anerkennung des sprachlich-poetischen Vorrangs hinein. Die Dichtung selbst wird zum ‚Rattenfänger von Hameln'. Denn ist es nicht verräterisch, dass gerade der klassische Verführer Crampas, dem das tragische Ende des Romans zu verdanken ist, just den Lyriker Heine zu seinem Motiv- wie Worthelden erhoben und durch dessen Gedichte die Geliebte letztendlich dazu gebracht hat, ihrem Mann untreu zu werden und durch dieses Ereignis oder besser durch dessen spätere Entdeckung und Folge der Isolation vorzeitig zu ‚verbleichen' oder ‚unterzugehen'? Enthält nicht das „Buch der Lieder" am Anfang des „Heimkehr"-Zyklus im Gedicht „Ich weiß nicht, was soll es bedeuten" (DHA II, 206–209) auf zwar geschlechtsbezogen umgekehrte Weise jenen Gesang der Loreley, dem der Schiffer im kleinen Kahn erliegt – was als Tragödie aber vor allem der verführerischen Lyrik in ihrer wandlungsfähigen Mythisierung zuzuschreiben ist? Liebessehnsucht und Liebeswahn ist ohne Untergang wie Tod im Gefolge nicht zu haben. Beispielsweise wird die „Nordsee"-Atmosphäre transformiert und haben „Historien" mit tragischem Ausgang als Anreiz gedient, angeboren-anerzogene Normen zu übertreten. Im berühmten 17. Kapitel des Romans lautet das Geständnis von Crampas über einige Texte Heines:

> Aber lang oder kurz, welche Schilderungskraft, welche Anschaulichkeit! Er ist mein Lieblingsdichter, und ich kann ihn auswendig, sowenig ich mir sonst, trotz gelegentlich eigener Versündigungen, aus der Dichterei mache. Bei Heine liegt es aber anders: Alles ist Leben, und vor allem versteht er sich auf die Liebe, die doch die Hauptsache bleibt. Er ist übrigens nicht einseitig darin …

Hier spricht er von „Seegespenst", „Du hast Diamanten und Perlen" sowie von „Deine weißen Lilienfinger", die er bewusst oder unbewusst in „weiche" verwandelt, um dann auch gleich „leise ihre Hand" zu berühren. Crampas erklärt bei den literarischen Ausführungen weiter, dass Heine „auch sehr für das Romantische" sei und spricht von den Gedichten aus dem „Romanzero", in denen „in einem fort hingerichtet" werde, „allerdings vielfach aus Liebe. Aber doch meist aus anderen, gröberen Motiven, wohin ich in erster Reihe die Politik, die fast immer gröblich ist, rechne."[141] Er nennt das Gedicht über Karl Stuart und dessen Enthauptung. Und erzählt den Inhalt des grausamen Gedichts über den mexikanischen Gott „Vitzliputzli" mit seinen Menschenopfern; weiterhin die Geschichte über das geradezu mythologisch königliche Morden durch Don Pedro in „Spanische Atriden", wobei er den „wunderschönen Hund" namens Allan, der das Haupt des „Calatrava-Ritter[s], den die Königin natürlich heimlich liebte …", auf den vorbestimmten Platz „an der langen Festestafel" setzt, natürlich nicht bei Namen nennt, sondern aus Analogie-Gründen kurzerhand mit dem das Paar begleitenden Rollo („sagen wir wie Rollo") vergleicht und deshalb dessen Namen für die Erzählung in ihrem situativen Sinne weiter benutzt. „Effi war ganz still geworden", heißt es und erkennt an, dass „das […] in seiner Art sehr schön" sei, „und weil es sehr schön ist, will ich es Ihnen verzeihen". Sie verlangt jedoch nach anderen Geschichten, die Crampas erzählen soll: „Auch von Heine. Heine wird doch nicht bloß von Vitzliputzli und Don Pedro und *Ihrem* Rollo – denn meiner hätte so was nicht getan – gedichtet haben".[142]

Wenigstens soll unter den hier nur andeutungsweise genannten Heine-Texten mit „Effi"-Folgen noch das Gedicht „Unterwelt" (DHA II, 96–99) aufgerufen werden, jenes fünfteilige Poem aus dem „Romanzen"-Zyklus der „Neuen Gedichte" von 1844 „als Travestie des Mythos vom Raub der Proserpina" und „ironisch als Geschichte einer verfehlten Ehe":

> Die ländliche Idylle, die Heine skizziert, hat Fontane im Roman als Effis Welt mehrfach ausgemalt: in den Anfangskapiteln, bei den Sommeraufenthalten Effis, besonders aber in den Schlusskapiteln, die ganz im Zeichen ihrer Spaziergänge in der Idylle von Hohen-Cremmen stehen. Nicht einmal der Heinesche Strohhut fehlt; Effi trägt ihn, wenn sie mit Rollo durch die Felder geht.[143]

Dieter Breuer hat diese Deutung zu Ehren seines Kollegen Horch beim Abschied vom Aachener Hochschuldienst genau 30 Jahr nach dessen Fontane-Heine-Auftakt so sympathisch ansprechend festgeschrieben.

Und noch einmal zur „Loreley". Sie wird im zehnten Kapitel von „Frau Jenny Treibel" als bekanntes Lied zum dargebotenen Gegenstand und, neben den „Grenadieren" als Anspielung auf die Ehe samt ihren üblichen Problemen, mit leichter Hand eingebaut[144] sowie in „Stine" durch die Witwe Pittelkow per Alltagserotik gleich zu Beginn beim Fensterputzen für die vorbeigehenden Arbeiter auf schwarzhaarig proletarische Art nachgespielt.[145] Das zweistrophige, geradezu die eigene Identität beschwörende Jugendgedicht „Ein Fichtenbaum steht einsam" aus dem „Lyrischen Intermezzo" (XXXIII; DHA I, 165) taucht in „Quitt" unter den von der „Rätin" geliebten „Dunkelheiten auf, besonders wenn sie sich in poetischer Geheimsprache gaben"[146], während, nicht zu vergessen, die sehr viel späteren vier Strophen des „Asra" (DHA III, 41 f.), von Fontane in seinem „Romanzero"-Exemplar als „Ausnahme" mit einem empfindungsstarken, einzigen „schön" bezeichnet[147], ihren Zauber noch im fünften Kapitel des „Stechlin"[148], nach dem Gespräch über das Schicksal der Bienen in einer eher beiläufigen Bemerkung, entfalten können. Also hat Heine, nicht immer namentlich genannt, sehr oft die Folie abgegeben, vor der sich die Fontaneschen Geschichten abspielen. Beide vermögen dadurch ihren literarischen Rang unter Beweis zu stellen, beiden ist gleichermaßen deshalb die Dankbarkeit des Publikums gewiss. Denn durch eine nachvollziehende Lektüre werden beider Texte zu tragfähigen oder übertragungsmöglichen Schilderungen der überzeitlich-menschlichen Bedingungen, sind Zeugnisse von Skepsis, Ängsten wie Humor, und somit auch für eine noch so veränderte Gegenwart aussagekräftig und lebendig. Sie bilden und bleiben Dokumente für das, was wir als durch schriftstellerische Leistungen ‚gewebte Zeit' mit ihren vielfältigsten Verweisstrukturen bezeichnen könnten, und verdienen ein unablässig fortwirkendes Nachdenken.

Anmerkungen

1 Theodor Fontane: Romane und Erzählungen in acht Bänden. Hrsg. v. Peter Goldammer, Gotthard Erler, Anita Golz u. Jürgen Jahn. 2. Aufl. Berlin, Weimar 1973, Bd. 4, S. 454; im Kommentar S. 599 heißt es über das Satzende („aber frag mich nur nicht wie") der auf der Seite zuvor eigens als „Fräulein Rosa Hexel" benannten Malerin gegenüber ihrem Begleiter von Gordon: „Zitat aus Heines Gedicht ‚Anfangs wollt ich fast verzagen ...' im „Buch der Lieder" (1827)"; vgl. DHA I, 64 f. (im Erstdruck: „frag' mich", im „Buch der Lieder" im Plural: „fragt mich").
2 Frank O'Connor: Abenteuer eines Handelsreisenden. – In: Die großen Meister. Europäische Erzähler des 20. Jahrhunderts. Hrsg. u. ausgew. v. Rolf Hochhuth. Gütersloh, Köln o. J., Bd. 1, S. 131–141, hier S. 141 als Schluss der Kurzgeschichte des irischen Autors (übersetzt von Elisabeth Schnack); er zitiert damit die beiden ersten Zeilen des zweistrophigen Heine-Gedichts aus dem „Buch der Lieder" („Lyrisches Intermezzo" XXXVI); vgl. DHA I, 167.
3 Weiterhin ist in den Werken Heines, wie im Folgenden ausführlicher dargestellt, auf den „Webstuhl" seines Weberliedes (DHA II, 150) und jenen in der Zitat-Überschrift des Beitrags, nämlich auf den im ‚Dichtergedicht' „Der Dichter Firdusi" (DHA III, 50) sowie im ‚Dichtergedicht' über den spanisch-jüdischen mittelalterlichen Dichter „Jehuda ben Halevy" (DHA III, 136) zu verweisen. In einem Brief an seinen Verleger Julius Campe vom 21. April 1854 spricht er beispielsweise über sein eigenes „Material das auf dem Webstuhl", zu dem er weitere Seiten zu einer dann dreibändigen Ausgabe seiner „Vermischten Schriften" „zusammenbringen" könne (HSA XXIII, 325).
4 Johann Wolfgang von Goethe: Werke. Hamburger Ausgabe in 14 Bänden. Textkritisch durchges. u. m. Anm. vers. v. Erich Trunz u. a. 7. Aufl. Hamburg, 1964, Bd. 3, S. 20 u. 24, vgl. S. 367 („Und leider auch die Theologie") u. 371 („würke" statt „wirke"); die Abschrift des „Urfaust" entstand zwischen November 1775 und Juli 1786, „Faust, ein Fragment" erschien 1790, „Faust, I. Teil" wurde 1808 gedruckt.
5 Vgl. den ausführlichen Kommentar DHA II, 816–819.
6 Vgl. Iwan-Michelangelo D'Aprile: Fontane. Ein Jahrhundert in Bewegung. Reinbek bei Hamburg 2018, S. 377 f. u. 519 (Anm. 93).
7 Vgl.Wolfgang Hädecke: Theodor Fontane. Eine Biographie. München 1998, S. 314.
8 Vgl. Joseph A. Kruse: Heinrich Heines „Der Dichter Firdusi". Fremde Historie als eigene Situation. – In: Ballade und Historismus. Die Geschichtsballade des 19. Jahrhunderts. Hrsg. v. Winfried Woesler. Heidelberg 2000 (Beihefte zum Euphorion 38), S. 116–134.
9 D'Aprile: Fontane [Anm. 6], S. 51, 106 u. 161.
10 Roland Berbig: *Der Dichter Firdusi* – „sehr gut". Zu Theodor Fontanes Lektüre des *Romanzero* von Heine. Begleitumstände mit einem detektivischen Exkurs. – In: Fontane-Blätter 65–66 (1998), S. 10–53. Die beigefügte Abbildung zeigt deutlich die zu groß geratene Klammer, so dass in früheren bibliothekarischen Erläuterungen auch das folgende Gedicht „Nächtliche Fahrt" missverständlicher Weise ebenso für „sehr gut" gehalten wurde.
11 Vgl. die Abbildung z. B. in Joseph A. Kruse: Heinrich Heine. Leben und Werk in Daten und Bildern. Frankfurt a. M. 1983 u. ö., S. 252 u. 336 (Lithographie von Friedrich Adolf Hornemann. Hamburg: Hoffmann und Campe 1851. Nach der Zeichnung von Ernst Benedikt Kietz vom 27. Juli 1851 mit faksimilierter Unterschrift Heines und einer Strophe

aus „Jehuda ben Halevy", 3. Buch des „Romanzero"); ebenfalls: Heinrich Heine im Porträt. Wie die Künstler seiner Zeit ihn sahen. Hrsg. v. Christian Liedtke. Hamburg 2006, S. 65.

12 Vgl. die Studien von Hans-Peter Fischer: „Okuli, da kommen sie". Überraschende Einblicke in Theodor Fontanes *Irrungen, Wirrungen*. Würzburg 2013 (rez. v. Verf. in: Fontane-Blätter 96 [2013], S. 71–73); „Der alte Fontane macht Geschichten". Notizen zu Thomas Manns „Der kleine Herr Friedemann" & „Buddenbrooks". Würzburg 2014 (rez. v. Verf. in: Fontane-Blätter 99 [2015], S. 144–146); „Dinge, worüber man nie ins Reine kommt" oder tausend Gründe Theodor Fontanes *„Irrungen, Wirrungen"* (erneut) zur Hand zu nehmen. Kleiner Romanführer & Aufsatzsammlung. Würzburg 2016; „Die Wirklichkeiten fangen an". Theodor Fontanes „Irrungen, Wirrungen" als Gradmesser einer sich verändernden Welt. Würzburg 2019 (rez. v. Verf. In: Fontane-Blätter 109 [2020], S. 152–156).

13 Theodor Fontane: Werke, Schriften, Briefe. Hrsg. v. Walter Keitel u. Helmut Nürnberger. 3. durchges. u. erg. Aufl. Darmstadt 1995, Abt. I, Bd. 6 (hrsg. v. H. Nürnberger), S. 120–123, hier S. 120.

14 Ebd., S. 735 f., hier S. 735; in Klammern unter der Überschrift „Rußland" heißt es: „Einem Freunde, als er nach Moskau übersiedeln wollte"; W. Wolfsohn ging 1843 nach St. Petersburg.

15 Theodor Fontane: Von Zwanzig bis Dreißig. Autobiographisches. Hrsg. v. der Theodor-Fontane-Arbeitsstelle, Universität Göttingen. Bandbearb.: Wolfgang Rasch. (Große Brandenburger Ausgabe. Begründet u. hrsg. v. Gotthard Erler. Seit 2014 fortgeführt v. Gabriele Radecke u. Heinrich Detering). Berlin 2014, S. 80 („Mein Leipzig lob' ich mir", 2. Kap.).

16 Fontane: Werke [Anm. 13], Abt. I, Bd. 6, S. 285–287.

17 Theodor Fontane: Wanderungen durch die Mark Brandenburg. 8 Bde. Hrsg. v. Gotthard Erler u. Rudolf Mingau, u. Mitarb. v. Therese Erler. (Große Brandenburger Ausgabe [Anm. 15]). 2. Aufl. Berlin 1994–1997, Bd. 3, 1994: Havelland, S. 22 (aus der Beschreibung der Lebensweise, Sitten und Tracht der Wenden in der Mark).

18 Fontane: Romane [Anm. 1], Bd. 5, S. 214.

19 Beide Zitate als Motto vor dem die Untersuchungen des Verhältnisses von Fontane zu Heine eigentlich initiierenden Beitrag von Hans Otto Horch: „Das Schlechte … mit demselben Vergnügen wie das Gute". Über Theodor Fontanes Beziehungen zu Heinrich Heine. – In: HJb 18 (1979), S. 139–176.

20 Vgl. z. B. Berbig: Fontanes Lektüre [Anm. 10], S. 10; eine unerschöpfliche Fundquelle für sämtliche Daten und Tätigkeiten Fontanes (somit auch für die Heine-Bezüge, die eingestandenermaßen im Vergleich zu den Registerstellen zu den Klassikern Goethe und Schiller weniger prominent, aber bedeutsam sind) hat Roland Berbig geschaffen durch: Theodor Fontane Chronik. Projektmitarbeit 1999–2004: Josefine Kitzbichler. 5 Bde., Berlin, New York 2010, hier Bd. 1, S. 636. Vgl. Regina Dieterle: Theodor Fontane. Biografie. München 2018, S. 352.

21 Vgl. Berbig: Fontanes Lektüre [Anm. 10], S. 44, der bei der Deutung von Fontanes Lektüre der „Lazarus"-Gedichte „ohne jeden Bleistift-Vermerk" von „Spekulationen" absehen wollte.

22 Vgl. Walter Delabar: Missglückte Rückkehr? Albert Vigoleis Thelen und der bundesdeutsche Literaturbetrieb. – In: Albert Vigoleis Thelen – ein moderner Tragelaph. Perspektiven auf ein vielgestaltiges Werk. Hrsg. v. Moritz Wagner, Magnus Wieland. Bielefeld 2019, S. 57–77, hier S. 62. Insgesamt vgl. vor allem Jürgen Pütz: Doppelgänger seiner selbst. Der Erzähler Albert Vigoleis Thelen. Wiesbaden 1990, so den Exkurs zu Beginn des zweiten Teils: Die „Gruppe 47" und ihre Forderung nach einem Neubeginn in der Literatur, S. 84–95.

23 Vgl. Joseph A. Kruse: „Denk ich an Deutschland". Über die Präsenz Heinrich Heines in Albert Vigoleis Thelens „Die Insel des zweiten Gesichts". – In: Preußens Himmel breitet seine Sterne … Beiträge zur Kultur-, Politik- und Geistesgeschichte der Neuzeit. Festschrift

zum 60. Geburtstag von Julius H. Schoeps. Hrsg. v. Willi Jasper u. Joachim H. Knoll. Hildesheim u. a. 2002, Bd. 2, S. 805–812; vgl. auch ders.: Steigende Erinnerungstendenz. Albert Vigoleis Thelen als Garant für manchen Lektüregenuss. – In: Flandziu. Halbjahresblätter für Literatur der Moderne. (In Verbindung mit der Internationalen Wolfgang Koeppen Gesellschaft) NF 11 (2019), H. 2, S. 85–97.

24 Delabar: Missglückte Rückkehr [Anm. 22], S. 67. So auch Thelen selbst in einem Brief an Helmut Salden, vgl. Tim van der Grijn Santen: Ihnen mangelte es an Charakterlosigkeit: Albert Vigoleis Thelen, Konrad Merz und Helmut Salden. – In: Im Abseits der Gruppe 47. Albert Vigoleis Thelen und andere ‚Unzeitgemäße' im Literaturbetrieb der 1950er und 1960er Jahre. Hrsg. v. Heinz Eickmans, Werner Jung u. Jürgen Pütz. Duisburg 2019, S. 145–162, hier S. 160: sein Telegramm an den ältesten Bruder in Krefeld habe gelautet, „‚gruppe 47 stop vogel abgeschossen!' […] dieser triumpf in bebenhausen, gegen eine schwere konkurrenz (walser, bachmann, jens, andersch, weihrauch ect.) hat zum fontanepreis geführt".

25 Briefe von Albert Vigoleis Thelen aus den Jahren 1978–1979. Hrsg. v. Rosmarie Zeller. – In: Wagner/Wieland (Hrsg.): Thelen [Anm. 22], S. 245–292, hier S. 251 f. (der Brieftext wird hier ohne die von der Herausgeberin wiedergegebenen Verschreibungen bzw. Streichungen zitiert).

26 Fontane: Romane [Anm. 1], Bd. 7, z. B. S. 310, wo der Roman „Effi Briest" sogar mit der Steigerung des Satzes endet: „Ach, Luise, laß … das ist ein *zu* weites Feld."

27 Theodor Fontane. Dichter über ihre Dichtungen. Hrsg. v. Richard Brinkmann in Zusammenarb. m. Waltraud Wiethölter. München 1973, Bd. 2, S. 448 f. (Fontane an Hans Hertz, 02.03.1895); vgl. meine Rez. der immer noch hilfreichen Bde. in: Erasmus 30 (1978) Nr. 15/16, Sp. 614–617.

28 Günter Grass: Ein weites Feld. Roman. Göttingen 1995, S. 9 u. 108.

29 Interview mit Günter Grass am 08. Juni 1972. – In: Geständnisse. Heine im Bewußtsein heutiger Autoren. Hrsg. v. Wilhelm Gössmann u. Mitw. v. Hans Peter Keller u. Hedwig Walwei-Wiegelmann. Düsseldorf 1972, S. 174–178, hier S. 178.

30 Horch: Fontanes Beziehungen zu Heine [Anm. 19], S. 168; Hädecke: Fontane [Anm. 7], S. 83 („He could have become another Heine", so „Müllers seltsamer Satz"); Dieterle: Fontane [Anm. 20], S. 208–212; D'Aprile: Fontane [Anm. 6], S. 422.

31 Hier sei besonders auf die zwei schon genannten Beiträge verwiesen, die den Einfluss Heines auf Fontane würdigen, nämlich Horch: Fontanes Beziehungen zu Heine [Anm. 19] sowie Berbig: Fontanes Lektüre [Anm. 10]. Aufgrund dieses Gewichts der Heine-Präsenz bei Fontane auch meine eigenen ausdrücklichen Hinweise darauf in Joseph A. Kruse: Heinrich Heine. Leben, Werk, Wirkung. Frankfurt a. M. 2005, S. 140, und ders.: Heine und die Folgen. Stuttgart 2016, S. 101.

32 Vgl. Wilhelm Gössmann: Heine und die Droste. Eine literarische Zeitgenossenschaft. 2. Aufl. Düsseldorf 1997.

33 Aus dem Gedicht „Rückschau" in den „Lamentazionen" des „Romanzero" und dem Nachlassgedicht „Zum Lazarus": „Mein Tag war heiter, glücklich meine Nacht".

34 Horch: Fontanes Beziehungen zu Heine [Anm. 19], S. 140.

35 Vgl. Götz Großklaus: Heinrich Heine. Der Dichter der Modernität. München 2013; und D'Aprile: Fontane [Anm. 6].

36 Vgl. Werner/Houben I, 131 (Taufzeugnis vom Pfarrer und Superintendenten der evangelischen Gemeinde in Heiligenstadt Gottlob Christian Grimm, 28. Juni 1825).

37 Für die Familiengeschichte samt ihren Daten vgl. insbes. Berbig: Fontane-Chronik [Anm. 20] oder auch in Kurzform bei Dieterle: Fontane [Anm.20], hier die „Zeittafel", S. 699.

38 Wolfgang Rasch: Familienanzeigen – wie Fontane vor 200 Jahren erstmals in die Berliner Presse kam. – In: Fontane-Blätter 107 (2019), S. 8–17.

39 Vgl. Wulf Wülfing: „Das Gefühl des Unendlichen": Zu Fontanes Versuchen, seinen deutschen Leserinnen und Lesern die fremde Semiotik der „Riesenstadt" London zu vermitteln. – In: Fontane-Blätter 58 (1994), S. 29–42, hier S. 29.

40 Fontane: Romane [Anm. 1], Bd. 4, S. 20 (Ende des 3. Kapitels).
41 Thomas Nipperdey: Deutsche Geschichte 1800–1866. Bürgerwelt und starker Staat. München 1983 (zit. nach der Ausgabe aus dem 46.–51. Tausend 1994), S. 11.
42 Vgl. z. B. Rudolf Augstein: „Heros und Heulhuber". Zum 100. Todestag der epochalen Preußen Bismarck und Fontane. – In: Der Spiegel, 28/1998 (die Titelseite ist den beiden gewidmet mit der Überschrift „Der Dichter und der *Schwefelgelbe*" samt einer sympathischen Karikatur von Kanzler und Dichter).
43 Dietrich Schubert: „Jetzt wohin?" Heinrich Heine in seinen verhinderten und errichteten Denkmälern. Köln, Weimar, Wien 1999, S. 94. Vgl. auch Horch: Fontanes Beziehungen zu Heine [Anm. 19], S. 141 samt Anm. 8; in der Anmerkung überdies über Theodor Lessings Gespräch mit Fontane und dessen Engagement in Bezug auf das Heine-Denkmal. Th. Lessing war über die Familie Gans mit Heine verwandt (vgl. Joseph A. Kruse: „Sehr viel von meiner mütterlichen Familie" (H. Heine). Geschichte und Bedeutung der van Gelderns. Mit 5 Stammtafeln. – In: ders.: Heine-Zeit. Stuttgart, Weimar 1997, S. 1–44, hier S. 11) und traf als 17-jähriger in Begleitung von Maximilian Harden Ende April 1889 mit Fontane zum Austausch über Verleger und Theater zusammen, der seinerseits aus dem Komitee für das Heine-Denkmal Lessings Großvater, den Düsseldorfer Bankier Leopold Ahrweiler, kannte (vgl. Berbig: Fontane-Chronik [Anm. 20], Bd. 4, S. 2988).
44 Goltschnigg/Steinecke I, 50 (u. ebd., S. 134, Anm. 59: gemäß dem Bericht von Bismarcks Vertrautem Dr. von Rottenburg).
45 Theodor Schieder: Das Reich unter der Führung Bismarcks 1871–1890. – In: Deutsche Geschichte im Überblick. Hrsg. u. Mitw. zahlreicher Fachgelehrter v. Peter Rassow. Ein Handbuch. 2., durchges. u. erw. Aufl. Stuttgart 1962, S. 523–572, hier S. 566.
46 So sind denn auch die beiden Bde. überschrieben, die sich mit Recht als einschlägige Hilfen zur Überwindung von Vorurteilen verstehen dürfen: Musen und Grazien in der Mark. 750 Jahre Literatur in Brandenburg. Bd. 1: Ein Lesebuch, hrsg. v. Jürgen Israel u. Peter Walther; Bd. 2: Ein historisches Schriftstellerlexikon, hrsg. v. Peter Walther. Berlin 2002.
47 So Heine an Moses Moser am 19.12.1825 (HSA XX, 229); vgl. DHA VI, 533, wo vom Bandbearbeiter Jost Hermand vermutet wird, dass Heine der erste Titel ‚Wanderbuch' „vielleicht doch noch zu ‚romantisch'" geklungen habe: „Die Prägung ‚Reisebild' ist höchstwahrscheinlich Heines eigene Erfindung", was damals in der Kritik „ausdrücklich hervorgehoben wird".
48 Andreas Stuhlmann: Fontanes *Wanderungen* als Gegenentwurf und Komplement zu Heines *Reisebildern*. – In: „Geschichte und Geschichten aus Mark Brandenburg". Fontanes *Wanderungen durch die Mark Brandenburg* im Kontext der europäischen Reiseliteratur. Internationales Symposium des Theodor-Fontane-Archivs in Zusammenarbeit mit der Theodor-Fontane-Gesellschaft, 18.–22. September 2002 in Potsdam. Hrsg. v. Hanna Delf von Wolzogen. Würzburg 2003, S. 137–157, hier S. 138 f.; als Motto wird zunächst auf die Heine-Stelle über die Literatur der Mark Brandenburg aus den „Elementargeistern" verwiesen und dann aus Fontanes „Effi Briest" zitiert: „Er ist mein Lieblingsdichter und ich kann ihn auswendig […]" (so Crampas im 17. Kap.).
49 So Hädecke: Fontane [Anm. 7], S. 346: „Ungeachtet aller zum Teil klischeehaften Vorbehalte galt ihm das dichterische Genie Heines als unbestritten." Wolfgang Hädecke kannte sich bei beiden Autoren sehr gut aus; vgl. seine gründliche Darstellung: Heinrich Heine. Biographie. München 1985; zum 100. Todesjahr Fontanes legte er 1998 dessen Biographie vor (2011 folgte die über den an seinem Geburtsort Weißenfels/Saale verstorbenen Novalis). Vgl. weiterhin für das Fontane-Zitat selbst Brinkmann/Wiethölter: Fontane [Anm. 27], Bd. 1, S. 157 und Berbig: Fontane-Chronik [Anm. 20], Bd. 4, S. 3028.
50 Vgl. Dieterle: Fontane [Anm. 20], S. 705.
51 Zum gesamten Abschnitt vgl. Robert Koenig: Deutsche Litteraturgeschichte. Mit 45 zum Teil farbigen Beilagen u. 254 Abbildungen im Text. 15., mit der 12. bis 14. übereinstimmende Aufl. Bielefeld, Leipzig 1883, (in der Folge der Zitate) S. V, 631, 825, 762/64 u. 831. Beizupflichten ist Koenig voll und ganz bei dem bereits oben geäußerten Gedanken,

dass Fontane die „einst von Goethe mit Recht" verspotteten „Musen und Grazien in der Mark" mit seinen „Wanderungen durch die Mark Brandenburg" „wieder zu vollen Ehren gebracht" habe (S. 825).

52 Vgl. Meyers Großes Konversations-Lexikon. 6. Aufl. Neuer Abdruck. Leipzig, Wien 1909, Bd. 19, S. 123 (Art. Strodtmann: Er begleitete 1870 „als Korrespondent mehrerer großer Zeitungen die dritte deutsche Armee auf ihrem Siegeszug nach Frankreich und veröffentlichte aus den Eindrücken dieser Tage: ‚Alldeutschland in Frankreich hinein!'", erschienen Berlin 1871; seine erste rechtmäßige Heine-Gesamtausgabe bei Hoffmann und Campe in Hamburg erschien von 1861–66, Nachtrag 1869; die Heine-Biographie zuerst 1869 in Berlin, die 3. Aufl. in Hamburg bei Hoffmann und Campe).
53 Thomas Mann: Gesammelte Werke in dreizehn Bänden. 2., durchges. Aufl. Frankfurt a. M. 1974, Bd. IX: Reden und Aufsätze I, S. 9–34, hier S. 30. – S. auch Hädecke, Fontane [Anm. 7], S. 343.
54 Vgl. vor allem Fritz J. Raddatz: Heine. Ein deutsches Märchen. Essay. Hamburg 1977; sowie ders.: Taubenherz und Geierschnabel. Heinrich Heine. Eine Biographie. Weinheim, Berlin 1997.
55 Vgl. Kwame Anthony Appiah: Identitäten. Die Fiktionen der Zugehörigkeit. Berlin 2019. Hier werden zwar Heine und Fontane bei aller sonstigen Literaturkenntnis des Verf. nicht genannt oder zitiert, dennoch ist auch von ihren Problemen ständig die Rede.
56 Dieterle: Fontane [Anm. 20], S. 17; Fontanes Verleger Wilhelm Hertz (1822–1901) war übrigens ein illegitimer Sohn des selbst jung verheirateten Chamisso mit der schon länger verheirateten Marianne Hertz, geb. von Halle aus Hamburg (S. 428), die also ihrerseits familiär mit den Hamburger Heines zusammenhing. So enthalten selbst genealogische ‚Anekdoten' noch ihre heimlich gesponnenen Fäden des Zusammenhangs von allem mit jedem!
57 D'Aprile: Fontane [Anm. 6], S. 450; vgl. S. 376.
58 Vgl. Kruse: Geschichte und Bedeutung der van Gelderns [Anm. 43], S. 12.
59 Dieterle: Fontane [Anm. 20], S. 15–22.
60 Vgl. die Beschreibung des Malers Jan Steen in den „Memoiren des Herrn von Schnabelewopski" (DHA V, 182): „Keiner hat so tief wie er begriffen, daß auf dieser Erde ewig Kirmes sey sollte; er begriff, daß unser Leben nur ein farbiger Kuß Gottes sey, und er wußte, daß sich am herrlichsten offenbart im Licht und Lachen.
61 Vgl. Jeffrey L. Sammons: Heinrich Heine. A Modern Biography. Princeton 1979, S. 22: „and he drops broad hints that his father was something of a ‚ladies" man, as he himself would very much like to have been", worauf sich Hädecke: Heine [Anm. 49], S. 45, mit der Formulierung beruft: Samson sei „vielleicht gar ein Damenmann, wie Sammons unter Anspielung auf Major Crampas in Fontanes ‚Effi Briest' vermutet, also etwas, das Heine vielleicht selbst gern gewesen wäre."
62 Das englische Wort, erklärt Heine, bedeute „Sammtartig", man benenne „damit eine Art Sammt von Baumwolle, woraus sehr schöne Hosen, Westen und Camisöle verfertigt werden"; der „Kleidungsstoff" trage auch „den Namen Manchester", wo er „zuerst fabrizirt wurde" (DHA XV, 83 f.).
63 Hädecke: Fontane [Anm. 7], S. 17.
64 Werner/Houben I, 114 (aus Wedekinds Tagebuch, Göttingen, 25. Juli 1824).
65 Werner/Houben II, 214 (aus den Heine-Erinnerungen von Adolf Stahr und Fanny Lewald).
66 D'Aprile: Fontane [Anm. 6], S. 99–101, Zitat S. 99.
67 Vgl. z. B. Norbert Mecklenburg: Theodor Fontane. Realismus, Redevielfalt, Ressentiment. Stuttgart 2018, bes. S. 194–218 (IX. Fontane und die Juden: Ressentiment mit schlechtem Gewissen und besonderen Finessen) sowie die folgenden zwei Kapitel X, S. 219–241 (Altersweisheit und Antisemitismus in der späten Lyrik) und XI, S. 242–257 („Moses hat die Priorität". Die ‚dritte Konfession' in *Mathilde Möhring*).
68 D'Aprile: Fontane [Anm. 6], S. 8.

69 Vgl. Michael Werner: Genius und Geldsack. Zum Problem des Schriftstellerberufs bei Heinrich Heine. Hamburg 1978.
70 Vgl. Hilde Winter: Heinrich Heine und „Das Buch". Funktionen der Bibelzitate und -anspielungen in seinen Werken und Briefen. Mit einer Datenbank auf CD. Hildesheim 2012; sowie Friedmar Coppoletta: „Und er bückte sich wieder und schrieb auf die Erde". Theodor Fontanes zunehmende Differenzierung der Bibel in seinem Romanwerk. Mit einem Register der in den Novellen und Romanen Fontanes vorhandenen Bibelbezüge. Potsdam 2017. Vgl. jedoch auch für Fontane und die Religion: Religion als Relikt. Christliche Traditionen im Werk Fontanes Hrsg. v. Hanna Delf von Wolzogen. Würzburg 2006. Das Thema ist im Heine-Kontext ein wahrlich ‚weites Feld', vgl. z. B. Joseph A. Kruse: „Wahrlich, wenn Christus noch kein Gott wäre, so würde ich ihn dazu wählen". Über Heinrich Heines Verhältnis zum Christentum. – In: Zeitschrift für Religions- und Geistesgeschichte 72, 2 (2020), S. 113–145.
71 Vgl. aber auch den Vorbehalt bei Fontane, so Mecklenburg: Fontane [Anm. 67], S. 70 (seine radikale Kritik an der „Dogmen- und Predigtsprache", so sehr er „die Berufsgruppe der Pastoren" bei vielen ihrer Vertreter „auch sympathisierend dargestellt" habe).
72 Werner: Genius und Geldsack [Anm. 69], S. 126–132; sowie ders.: Heines französische Staatspension. – In: HJb 16 (1977), S. 134–142.
73 Goethe: Werke [Anm. 4], Bd. 7, 288 f. (im Brief ‚Werners', 2. Kapitel).
74 Vgl. Dieterle: Fontane [Anm. 20], S. 140.
75 Brinkmann/Wiethölter: Fontane [Anm. 27], Bd. 1, S. 229 (Brief vom 12.09.1854).
76 Joseph A. Kruse: Heine, Preußen und Berlin. – In: HJb 51 (2012), S. 1–20.
77 D'Aprile: Fontane [Anm. 6], S. 444 (das Gedicht wird im Abschnitt über Fontanes „Alters-Antisemitismus", S. 444–455, herangezogen). Vgl. den ‚ausgewogen' endenden Abschnitt, des ansonsten hellhörig-kritischen Interpreten, „Antisemitischer Impuls im ‚Cohn'-Gedicht?" – In: Mecklenburg: Fontane [Anm. 67], S. 235–241. Vgl. die Hochschätzung, ja Verteidigung des Gedichts von Marcel Reich-Ranicki auf der „Sonderseite Frankfurter Anthologie" in der „Frankfurter Allgemeinen Zeitung" vom 19. September 1998 (auch im 22. Bd. der „Frankfurter Anthologie", hrsg. v. Marcel Reich-Ranicki. Frankfurt a. M. 1999).
78 Vgl. Fontane: Romane [Anm. 1].
79 Heinrich Heine: Werke und Briefe in zehn Bänden. Hrsg. v. Hans Kaufmann. Berlin, Weimar ³1980. Auch die Kombination von Erler mit Edda Ziegler in ihrer Fontane-Biographie mit dem Untertitel „Lebensraum und Phantasiewelt", zuerst Berlin 1996, spricht für die ‚Verwandtschaft' der Heine- und Fontane-Forschung; Ziegler verdanken wir u. a. auch den opulenten Bildband Heinrich Heine. Leben – Werk – Wirkung, Zürich 1993.
80 Hädecke: Heine [Anm. 49] von 1985, sowie ders.: Fontane [Anm. 7] aus dem Jahre 1998.
81 S. das Siglenverzeichnis.
82 Vgl. Berbig: Fontane-Chronik [Anm. 20].
83 Hädecke: Fontane [Anm. 7], S. 223.
84 Vgl. Liedtke (Hrsg.): Heine im Porträt [Anm. 11], S. 32 f. (1. Bleistiftzeichnung und 2. Radierung von Eduard Mandel nach der Zeichnung von Kugler mit der eigenhändigen bzw. faksimilierten Aufschrift: „So sah ich aus, heute Morgen, den 6ten April 1829 H. Heine.") – und weitere sieben Verweise im Register. Vgl. auch Kruse [Anm. 11], Heine. Leben und Werk, S. 155.
85 Zu Heines Kontakt mit Schnaase vgl. Joseph A. Kruse: Heines Hamburger Zeit. Hamburg 1972, S. 138 u. 165.
86 Vgl. Joseph A. Kruse: „Hört es, hört, ich bin ein Bär!" Heinrich Heine und die Mendelssohns. – In: Mendelssohn-Studien 19 (2015), S. 95–117. Immer noch faszinierend die 1879 zuerst erschienene Darstellung zur Geschichte des Hauses Mendelssohn durch den Sohn von Wilhelm und Fanny Hensel: Die Familie Mendelssohn. 1729 bis 1847. Nach Briefen und Tagebüchern hrsg. v. Sebastian Hensel. Mit zeitgenössischen Abbildungen u. einem Nachwort v. Konrad Feilchenfeldt. Frankfurt a. M., Leipzig 1995, wo auch manche der hier in Rede stehenden Personen eine Rolle spielen.

87 Liedtke (Hrsg.): Heine im Porträt [Anm. 11], S. 30 f.: mit eigenhändiger Aufschrift Heines „Eh bien, cet homme, c'est moi! H. Heine." (Hier wie auch andernorts Zitate aus Fontanes „Wanderungen" und, genau wie bei Kugler, weitere 7 Verweise im Register). Vgl. bereits Kruse: Heine. Leben und Werk [Anm. 11], S. 154.
88 Thomas Lackmann: Das Glück der Mendelssohns. Geschichte einer deutschen Familie. Berlin ^{3}2009, S. 239.
89 Die zit. Schilderungen von (hier zunächst) den „Begräbnisplatz" und (dann erst) Hensels Charakter, Begabung und die Arbeiten betreffend in Fontane: Wanderungen [Anm. 17], Bd. 4 (^{2}1994), S. 434 f. u. 431–434.
90 S. Peter Hasubeks Nachwort in der von ihm hrsg. Edition von Karl Gutzkow: Aus der Knabenzeit. Textkritische und kommentierte Ausgabe. Hildesheim u. a. 2013, S. 343.
91 Vgl. Karl Richter: Heinrich Heine in Richard Wagners autobiographischen Schriften und in den Tagebüchern von Cosima Wagner. – In: HJb 18 (1979), S. 209–217 (zufällig im selben HJb wie Horch: Fontanes Beziehungen zu Heine [Anm. 19]).
92 Hädecke: Fontane [Anm. 7], 101 f., vgl. D'Aprile, Fontane [Anm. 6], S. 141 f.
93 Werner/Houben II, 113 (Ende März 1848) u. 201 (September 1850).
94 Vgl. Ein Leben auf dem Papier. Fanny Lewald und Adolf Stahr. Der Briefwechsel 1846 bis 1852. Hrsg. v. Gabriele Schneider u. Renate Sternagel. 3 Bde. Bielefeld 2014 f. u. 2017 (s. die zahlreichen Registereinträge für beide in allen drei Bänden).
95 Werner/Houben II, 205 (Sept. 1850).
96 Lewald/Stahr: Briefwechsel [Anm. 94], Bd. 3, S. 704 (Kommentar u. zahlreiche Verweise).
97 Dieterle: Fontane [Anm. 20], S. 194–197.
98 Ebd., S. 312–315, hier S. 315.
99 Vgl. Julius H. Schoeps: David Friedländer. Freund und Schüler Moses Mendelssohns. Hildesheim u. a. 2017, S. 45 (vgl. auch S. 288, 404 u. 412) sowie Sylvia Steckmest: Salomon Heine. Bankier, Mäzen und Menschenfreund. Die Biographie eines großen Hamburgers. Hamburg 2017, S. 88–91. Schoeps, selber aus der Friedländer-Familie stammend, formulierte übrigens nach dem Fontane-Jahr 2019 einen moderat abwägenden ‚Brief' an den hoch gefeierten 200jährigen Schriftsteller wegen ‚seiner' antisemitischen Verlautbarungen: „Kommen Sie, Fontane!" Der märkische Schriftsteller und sein ambivalentes Verhalten Juden gegenüber. – In: Zeitschrift für Religions- und Geistesgeschichte 72, 1 (2020), S. 84–86.
100 Selbst Albert Vigoleis Thelen, der ja als Nachfahre zwischen beiden literarisch vermittelt, äußert nach schlechten Erfahrungen 1978 seinen „entschluß": „ich bleibe dabei, daß mein ges. briefwechsel (tausende s.) nach meinem tode vernichtet wird" (an Rosmarie Zeller am 06.03.1978; Zeller (Hrsg.): Briefe von Thelen [Anm. 25], S. 270). Seine Witwe folgte seinem Willen und opferte diesem den literarischen Nachlass.
101 Mende, 332.
102 S. z. B. Hädecke: Fontane [Anm. 7], S. 228 f.
103 Dieterle: Fontane [Anm. 20], S. 469–473, Zitat S. 473.
104 Mende, S. 249 f. u. ö. sowie Fontane: Romane [Anm. 1], Bd. 4, S. 506 (Kommentar). Kertbény gehört zu den frühen Sexualtheoretikern und prägte z. B. 1868 die Begriffe „Monosexual", „Homosexual" und „Heterosexual". Aus assoziativen Gründen sei der Verquickung mit damals neuen sozialen Konstellationen halber auf den geradezu vererbten Sinn für exzeptionelle Verhältnisse hingewiesen, nämlich darauf, dass der ansonsten als Verleger und Sachwalter seines Vaters nicht eben hervorragende Friedrich Fontane sich in seinem 1888 gegründeten Verlag für die als skandalös empfundene Marie Gräfin Larisch (1858–1940) und ihre Lebenserinnerungen eingesetzt hat („Eine arme Königin". Berlin 1900 und „Meine Vergangenheit". Berlin 1913): Bei ihr handelt es sich um eine voreheliche Tochter des ältesten Bruders von Kaiserin Elisabeth von Österreich, Ludwig Herzog in Bayern, mit seiner bürgerlichen Lebensgefährtin, dann ‚unstandesgemäßen' Frau, der Schauspielerin Henriette Mendel, die ihrerseits zur Freifrau von Wallerstein ernannt wurde. Die Kaiserin setzte sich über alle Standesgrenzen hinweg und schätzte ihre Schwägerin;

deren Tochter, die schöne und intelligente Freiin Wallerstein, wie Elisabeth eine vorzügliche Reiterin, wurde durch Vermittlung der kaiserlichen Tante eine Gräfin Larisch-Moennich und aus den unkonventionellen Gründen Elisabeths Lieblingsnichte, bis sie wegen des verheimlichten Vorwissens um das Desaster des Thronfolgers Rudolf, ihrem Vertrauten, verstoßen wurde und sozial in eine katastrophale Schieflage geriet, bis hin zu einer ausgeklügelt unglücklichen dritten Ehe in Amerika; vgl. u. a. die Standard-Werke von Brigitte Hamann: Rudolf. Kronprinz und Rebell. Wien, München 1982 (u. vorher: 1978) sowie dies.: Elisabeth. Kaiserin wider Willen. München 2002 (zuerst 1982). Ihr Leben also ein rarer Stoff für einen Fontane-Roman!

105 Vgl. Joseph A. Kruse: Auch ein Beitrag zum Thema „… kommen Sie, Cohn". Einige Bemerkungen über Fontanes zu Unrecht vergessenen Weggefährten Gustav Karpeles. – In: Fontane-Blätter 91 (2011), S. 132–143.
106 Dieterle: Fontane [Anm. 20], S. 585.
107 Ebd., S. 615.
108 Vgl. Berbig: Fontane-Chronik [Anm. 20], Bd. 4, S. 2619 (10.02.1884: dort das Zitat), S. 2630 (16.03.1884: eigene kritisch-distanzierte Lektüre) u. 2653 (07.06.1884: verstimmt über einen abfälligen Bericht bezüglich des Werts der „Memoiren"; „Es ist doch ein Jammer, wie die Literatur betrieben, die Kritik gehandhabt wird. Alles Schwindel, Klüngel.").
109 Vgl. Liedtke (Hrsg.): Heine im Porträt [Anm. 11], S. 10, 27–29 (Zitate S. 28; E. Engels Lebensbeschreibung war mit „Menschen und Dinge. Aus einem Leben" überschrieben; die Kopie für Schönbrunn ist nicht erhalten) u. S. 80 f.
110 Vgl. Kruse: Geschichte und Bedeutung der van Gelderns [Anm. 43], S. 10 f.: „Über die Familie Gans verlaufen die Linien auch zu Paul Heyse, Carl Sternheim und Karl Wolfskehl, zu Felix Mendelssohn Bartholdy und Philipp Spitta, zu Theodor Lessing, Gustav Droysen und Adolf v. Baeyer, ja sogar zu Pieter van Vollenhoven, dem Schwager der holländischen Königin Beatrix." Zur Verwandtschaft in mehrfachem Sinn mit Walter Benjamin vgl. ders.: „Nur mein Herze brach". Zu einigen Parallelen zwischen Walter Benjamin und Heinrich Heine. – In: „Magnetisches Hingezogensein oder schaudernde Abwehr". Walter Benjamin 1892–1940. Hrsg. v. René Buchholz u. Joseph A. Kruse. Stuttgart, Weimar 1994, S. 30–41.
111 Vgl. Karl August Varnhagen von Ense: Werke in fünf Bänden. Hrsg. v. Konrad Feilchenfeldt. Frankfurt a. M. 1987–1994, Bd. 3: Denkwürdigkeiten des eignen Lebens. Dritter Band (1815–1834). Hrsg. v. Konrad Feilchenfeldt (1987), S. 597–691 (43. Abschnitt: Mariane Saaling. Berlin 1834). Zur Rolle, welche diese beiden Schwestern Saaling u. a. auch bei Ludwig Börne einnahmen, vgl. Inge Rippmann: Börne-Index. Historisch-biographische Materialien zu Ludwig Börnes Schriften und Briefen. Ein Beitrag zur Geschichte und Literatur des Vormärz. 2 Halbbde. Berlin, New York 1985, Bd. 2, S. 679 f., wo beide gebräuchlichen Namenschreibungen „Saling (Saaling)" angegeben werden und unter den mehreren Vornamen von Marianne dieser die Schreibung mit nur einem ‚n' hat. Einblicke in Marianne Salings Leben, insbesondere ihre langjährige Beziehung zu dem zum Mendelssohn- und Varnhagen-Kreis gehörenden Arzt Ferdinand Becker, gibt Heinz Knab: Das kurze Leben des Ferdinand Becker zur Zeit der Romantik 1805 bis 1834. Hrsg. u. bearb. v. Bert Böhmer. Berlin 2005. Online unter URL: https://carl-heinrich-becker.de/category/verwandte-und-vorfahren/ferdinand-becker/heinz-knab-das-kurze-leben-des-ferdinand-becker [letzter Zugriff: 08.06.2020].
112 Vgl. Klaus Hohmann: Einige Anmerkungen zu Winfried Freunds Publikation „Müde bin ich, geh' zur Ruh. Leben und Werk der Luise Hensel". – In: Westfälische Zeitschrift 137 (1987), S. 347–360, hier S. 357 (Luise Hensel lebte von 1833–1838 in Berlin). Anfang der 1820er Jahre war Luise Hensel, die äußerst gebildete Freundin u. a. von Clemens Brentano, als Gesellschafterin der Fürstin Salm-Reifferscheidt-Krautheim, geb. v. Gallitzin in der Bilker Straße 14 zu Düsseldorf tätig, dort, wo sich seit 1974 das Heinrich-Heine-Institut befindet. Vgl. auch die Würdigung von ‚Fräulein Marianne Saaling' im „Schlesischen Pastoralblatt". Verantw. Redakteur August Meer. 13. Jg., Nr. 19, Breslau, 01.10.1892, S. 159

(ohne jeden, sonst auch in der zeitgenössischen katholischen Publizistik üblichen antisemitischen Vorbehalt, da ausdrücklich nur die lange katholische Laufbahn erwähnt wird).

113 Vgl. Dieterle: Fontane [Anm. 20], S. 587 f.; vgl. Martin Stern: „Poetische Willkür". Heine im Urteil Gottfried Kellers. – In: HJb 16 (1977), S. 49–70.
114 Vgl. Carola Stern: Kommen Sie, Cohn! Friedrich Cohn und Clara Viebig. Köln 2006.
115 Antonia Günther: Heiligenstadt also doch eine Heine-Stadt? Bericht von der Einweihung eines Heine-Denkmals und eines Raumes für Heinrich Heine im Literaturmuseum „Theodor Storm" Heiligenstadt. – In: HJb 40 (2001), S. 154–156. Das Museum wurde 1988 gegründet, 2000 wurde der Heine-Raum eingerichtet, 2008 übernahm der Theodor-Fontane-Verein zugunsten des vorher städtischen Literaturmuseums „Theodor Storm" im Heilbad Heiligenstadt die Verantwortung für die Storm-Pflege und das nach wie vor integrierte Heine-Zimmer.
116 Dieterle, Fontane [Anm. 20], S. 352 (Brief vom 22. Mai 1868).
117 Horch: Fontanes Beziehungen zu Heine [Anm. 19], S. 144. Vgl. auch Berbig: Fontane-Chronik [Anm. 20], Bd. 2, S. 1498: Storm legt diesen Brief Fontanes in seinem Brief an Klaus Groth vom 11.07.1868 bei.
118 Berbig: Fontane-Chronik [Anm. 20], Bd. 1, S. 459 (am 23.03.1855).
119 Horch: Fontanes Beziehungen zu Heine [Anm. 19], S. 141 f.
120 Berbig: Fontane-Chronik [Anm. 20], Bd. 3, S. 1796.
121 Vgl. DHA I, 631 f., DHA II, 305 u. DHA III, 542 (letztere Stelle fehlt im Register DHA XVI). Weitere Verweise auf Fontane: DHA VI, 400 („Briefe aus Berlin" mit der italienischen Wein- und Delikatessenhandlung Sala-Tarone, die ebenfalls bei E. T. A. Hoffmann in „Die Fermate" von 1815 und in Fontanes „Schach von Wuthenow" von 1883, drittes Kapitel, eine Rolle spielt); sowie DHA XIII, 526 (Kommentar), wo in einer Rezension unter der Überschrift „Reisebilder" Julian Schmidt aus den „Grenzboten", Leipzig 1854, bei der Besprechung von fünf Neuerscheinungen, darunter auch Fontanes „Ein Sommer in London", den 1854 erschienen Band der überarbeiteten Korrespondenzartikel von 1852 erwähnt: Schmidt geißelt dabei, geradezu im Vorgriff auf Karl Kraus, Heine als Vorgänger für den bei Fontane greifbaren epigonalen Sinn der Intention des ‚Jungen Deutschland', nämlich „geistreich" zu sein; Heine sei für die „Geckenhaftigkeit unsres Feuilletonstils" verantwortlich, und „niemals hat ein Dichter einen verderblicheren Einfluß auf eine ganze literarische Generation ausgeübt".
122 Mende, 288.
123 Goltschnigg/Steinecke I, 30.
124 Gerd Eversberg: „… diese Sachen sind doch sehr heinisch": ein bisher unbekannter Brief Fontanes an Theodor Storm. – In: Fontane-Blätter 60 (1995), S. 5–9.
125 Vgl. Jost Schneider: „Plateau mit Pic": Fontanes Kritik der Royaldemokratie in „Frau Jenny Treibel". – In: Fontane-Blätter 53 (1992), S. 57–73, hier S. 65–67.
126 Vgl. Horch: Fontanes Beziehungen zu Heine [Anm. 19], dessen Aufsatz dieser Aussage den Titel zu verdanken hat, vor allem S. 141; vgl. Stuhlmann: Fontanes „Wanderungen" [Anm. 48], S. 147, Anm. 38; und D'Aprile: Fontane [Anm. 6], S. 7 (der Anfang seines Buches gilt der Anfrage des Berliner Verlagsbuchhändlers Friedrich Pfeilstückers nach der Liste der „100 besten Bücher aller Zeiten und Litteraturen", ohne dabei Heines zu gedenken, und formuliert die weitsichtige Folge, die sich, wie auch weiter oben schon festgehalten wurde, aus der Apotheker-Gehilfenzeit fortschreiben lässt: „Fontane war ein Listenfuchs").
127 Horch: Fontanes Beziehungen zu Heine [Anm. 19], S. 149 f.
128 Vgl. Fischer: „Dinge, worüber man nie ins Reine kommt" [Anm. 12], vor allem S. 225–267 (mit der erklärenden zweiten Überschrift „Topologisches: Zur Finesse des homosexuellen Anspiels").
129 Stuart Ferguson: Heinrich Heines „Die Bäder von Lukka" als perverse Ethopoetik: Die Ästhetik der Sexualabweichung und/oder die Rhetorik homophobischer Verunglimpfung. – In: HJb 41 (2002), S. 37–53. Vgl. auch Robert Steegers: „Indezent und degoutant zugleich". Intertextuelles in Heines „Romanzero" – am Beispiel August von Platen. – In:

HJb 42 (2003), S. 59–72 (ein Beitrag, der sich im Zitat auf „Effi Briest" bezieht und ein „Seitenstück" bildet zu Steegers' Studie von 2006 [Anm. 142]); s. auch Kruse: Heine [Anm. 31], S. 101: Heine habe nach eigenen Andeutungen später die Platen-Episode entfernen und die Schrift „somit vom Skandal reinigen" wollen, „aber dafür war sie mit dem gesamten Text wohl doch zu eng verwoben"; der „Vorgang" jedenfalls scheine ihm „leid getan zu haben".

130 Vgl. den kleinen Beitrag von Georg Bartsch: Fontane und die „sexuellen Uncorrectheiten". Theodor Fontanes Umgang mit der Homosexualität. o. O. 2014; vgl. Fontane im Tagebuch vom 26.02.1857 nach der Lektüre eben auch der „Bäder von Lukka" und in Fortsetzung des oben zitierten Urteils über die gesamten „Reisebilder": „das Ganze aber doch unerquicklich. Es fehlt das hohe, noble Fühlen, ohne das kein wahrer Dichter existirt. Die Angriffe gegen Platen sind das widerlichste was man lesen kann." Theodor Fontane: Tage- und Reisetagebücher. 3 Bde. [Große Brandenburger Ausgabe (Anm.15)] Berlin 1994–2012, hier Bd. 1: 1852/1855–1858, hrsg. v. Charlotte Jolles unter Mitarbeit v. Rudolf Muhs, 1994, S. 228.

131 Lackmann: Glück der Mendelssohns [Anm. 88], S. 160, und Thomas Lackmann: Der Sohn meines Vaters. Biographische Studie über Abraham Mendelssohn Bartholdy. Göttingen 2008, S. 51.

132 Dieterle: Fontane [Anm. 20], S. 611; vgl. zu Lepels „Platen-Klub" S. 178 und dessen lyrische Platen-Nachfolge S. 544.

133 Vgl. Hädecke: Fontane [Anm. 7], S. 88 und 91.

134 Vgl. Jocelyne Kolb: Historisches Vorbild und künstlerische Alchemie. Heine, Wagner und Antisemitismus in Fontanes *L'Adultera*. – In: Lebendige Sozialgeschichte. Gedenkschrift für Peter Borowsky. Hrsg. v. Rainer Hering u. Rainer Nicolaysen. Wiesbaden 2003, S. 721–734.

135 Horch: Fontanes Beziehungen zu Heine [Anm. 19], S. 159.

136 Vgl. Hädecke: Fontane [Anm. 7], S. 375 f.; und ergänzend D'Aprile: Fontane [Anm. 6], S. 376–379.

137 Peter Pütz: Wenn Effi läse, was Crampas empfiehlt ... Offene und verdeckte Zitate im Roman. – In: Text und Kritik: Fontane 1989, S. 174–184.

138 Hans-Georg Pott: Effi Briest, Heinrich Heine und der Teufel. Theodor Fontanes Roman *Effi Briest*. – In: Klassiker der deutschen Literatur. Epochen-Signaturen von der Aufklärung bis zur Gegenwart. Hrsg. v. Gerhard Rupp. Würzburg 1999, S. 98–116.

139 Als Kapitel im Sammelband seiner Fontane-Arbeiten von Christian Grawe: „Der Zauber steckt immer im Detail". Studien zu Theodor Fontane und seinem Werk 1976–2002. Dunedin 2002, S. 363–384.

140 Dieter Breuer: Unterwelten: Heines Proserpine und Fontanes Effi Briest. – In: Integration und Ausgrenzung. Studien zur deutsch-jüdischen Literatur- und Kulturgeschichte von der Frühen Neuzeit bis zur Gegenwart. Festschrift für Hans Otto Horch zum 65. Geburtstag. Hrsg. v. Mark H. Gelber, Jakob Hessing u. Robert Jütte in Verb. m. Dominic Bitzer, Doris Vogel u. Michaela Wirtz Tübingen 2009, S. 139–152.

141 Fontane: Romane [Anm. 1], Bd. 7, S. 144.

142 Ebd., S. 146–148. Vgl. Robert Steegers: Heinrich Heines „Vitzliputzli". Sensualismus, Heilsgeschichte, Intertextualität. Stuttgart, Weimar 2006, S. 87 (vgl. auch Steegers: Intertextuelles [Anm. 129]).

143 Breuer: Unterwelten [Anm. 140], S. 140, 145 u. 148.

144 Fontane: Romane [Anm. 1], Bd. 6, S. 385–887.

145 Fischer: Die Wirklichkeiten fangen an [Anm. 12], S. 238–240: „Heines Loreley-Gedicht erhält proletarische Züge"; s. Fontane: Romane [Anm. 1], Bd. 5, S. 175 f. (1. Kap.).

146 Fontane: Romane [Anm. 1], Bd. 5, S. 381 (16 Kap.).

147 Berbig: Fontanes Lektüre [Anm. 10], S. 23.

148 Fontane: Romane [Anm. 1], Bd. 8, S. 63.

Kommentierte Bibliographie zur arabischen Heine-Rezeption

Zouheir Soukah

Im Folgenden wird erstmals der Versuch unternommen, die einhundertjährige Aufnahme von Heines Werk in der Literatur der arabischen Welt[1] möglichst vollständig in einer Bibliographie zu erfassen. Diese besteht aus zwei Hauptteilen, wobei im ersten Teil über die arabische Primärliteratur zwischen direkten Übersetzungen und freien Nachdichtungen von Heines Lyrik unterschieden wird. Der zweite Teil bietet zudem eine Übersicht über die Sekundärliteratur, in der sich die anhaltende arabische Beschäftigung mit Heine und dessen Schaffen spiegelt.[2]

1. Arabische Primärliteratur

1.1 Vollständige Übersetzungen

الإياب. ديوان شعر [dt.: „Die Heimkehr. Gedichtsammlung"], „Die Heimkehr". Übersetzt von Usama Abu Taleb. Kuwait 2015. [Kuwait]

أندلسية مسرحية المنصور [dt.: „Al-Mansor, ein andalusisches Drama"], „Almansor. Eine Tragödie". Aus dem Deutschen von Mounir Fendri. Beirut 2009. [Libanon]

الهةفيالمنفى, [dt.: „Götter im Exil"], „Die Götter im Exil". Aus dem Französischen von Fuad Ayyoub. – In Fuad Ayyoub: روائع من الأدب الألماني [dt.: „Meisterwerke der deutschen Literatur"]. Damaskus 1953, S. 47–75. [Syrien]

Z. Soukah (✉)
Düsseldorf, Deutschland

تراجيدي المنصور [dt.: „Al-Mansors Tragödie"], „Almansor. Eine Tragödie". Übersetzt von Majed Al-Khatib. – In Majed Al-Khatib: هاينريش هاينه. حور الألماني الشعر [dt.: „Heinrich Heine. Das Wesen der deutschen Dichtung"]. Beirut 2012, S. 221–336. [Libanon]

تراجيدي المنصور [dt.: „Al-Mansors Tragödie"], „Almansor. Eine Tragödie". Aus dem Deutschen von Sarjoun Karam. Beirut 2006. [Libanon]

ابوروأ يف هنياه تالحر. ردليبسيار [dt.: „Reisebilder. Heines Reise durch Europa"], „Reisebilder". Aus dem Französischen von Abdelmu'in Maluhi. 2 Bde. Beirut 1982. [Libanon]

يف تاريخ الدين والفلسفة [dt.: „Zur Geschichte der Philosophie und Religion"], „Zur Geschichte der Religion und Philosophie in Deutschland". Aus dem Französischenvon Salah Hatem. Damaskus 1988. [Syrien] (mit einer Einleitung zur Entstehungsgeschichte)

1.2 Einzelübersetzungen

السفلي العالم [dt.: „Die Unterwelt"], „Unterwelt" I–V („Neue Gedichte", „Romanzen"). Übersetzt von Majid Alkhatib. – In: Majid Alkhatib:هاينريش هاينه حور الشعر الألماني [dt.: „Heinrich Heine. Das Wesen der deutschen Dichtung"]. Beirut 2012, S. 75–81. [Libanon]

فردوسي الشاعر, „Der Dichter Firdusi" („Romanzero", „Historien"). Übersetzt von Majid Alkhatib. – In: Majid Alkhatib: هاينريش هاينه حور الشعر الألماني [dt.: „Heinrich Heine. Das Wesen der deutschen Dichtung"]. Beirut 2012, S. 365–376. [Libanon]

المنصور, „Almansor" („Die Heimkehr"). Übersetzt von Saki Muhammed Hassan. – In: Ar-Risala 104, 01.07.1935, S. 1077–1078. [Ägypten] (mit einer kurzen Heine-Biographie)

أنشودة مختارة من مقترحات الشاعر الألماني هينريش هاينه [dt.: „Ein ausgewähltes Lied aus den Liedern des deutschen Dichters Heinrich Heine"], „Ich weiß nicht, was soll es bedeuten" („Die Heimkehr" II). Aus dem Deutschen von Ali An-Nani. – In: Apollo, 01.10.1932, S. 160. [Ägypten]

تحت قناطر جامع قرطبة [dt.: „Unter den Kuppeln der Cordoba-Moschee"], „Almansor" („Die Heimkehr"). Übersetzt von Ma'rouf Al-Aranaout. – In: Ar-Rissala 138, 24.02.1936, S. 289–290. [Ägypten] (Prosa-Übersetzung).

شجرة البلوط فوقي وحده/من آلامي الكبرى/قريةليرولل, „Ein Fichtenbaum steht einsam" („Lyrisches Intermezzo" XXXIII), „Aus meinen großen Schmerzen"(„Lyrisches Intermezzo" XXXVI), „Ich weiß nicht, was soll es bedeuten" („Die Heimkehr" II). – In: Mustafa Maher: Die arabische Welt in Heines Werk und Heines Werk in der arabischen Welt. – In: HJb 38 (1999), S. 175–196.

قصيدة غزلية [dt.: „Ein Liebesgedicht"], „Erklärung" („Die Nordsee. Erster Zyklus" VI). Unbekannter Übersetzer. – In: Albayan 61, 01.10.1921, S. 33. [Ägypten]

Kommentierte Bibliographie zur arabischen Heine-Rezeption 133

لورېلياي [dt.: „Loreley"], „Ich weiß nicht, was soll es bedeuten"(„Die Heimkehr" II). Übersetzt von Ahmad Kamel Abderrahim. – In: Al-Kahira 22, 02.07.1985, S. 38–39. [Ägypten]

مختارات من شعر الشاعر الألماني هاينريش هاينه [dt.: „Ausgewählte Gedichte des deutschen Dichters Heinrich Heine"]. Enthält: „Fragen" („Die Nordsee. Zweiter Zyklus" VII), „Sehnsüchtelei" („Neue Gedichte", „Zur Ollea" VII), „Auf diesem Felsen bauen wir" („Neue Gedichte", „Verschiedene" VII), „Nachtgedanken" („Neue Gedichte", „Zeitgedichte" XXIV), „Die Wanderratten" (Lyrischer Nachlass), „Doktrin" („Neue Gedichte", „Zeitgedichte" I), „Reinigung" („Die Nordsee. Erster Zyklus" XI), „Epilog" („Die Nordsee. Zweiter Zyklus" X) [Auszug], „An Salomon Heine" (Zueignung in „Tragödien nebst einem lyrischen Intermezzo"). Übersetzt von Abdo Abboud. – In: Aadab Ajjnabiyya 93, Oktober 1997, S. 103–112. [Syrien]

هاينريش هاينه الألماني الشاعر قصائد أجمل من [dt.: „Aus den schönsten Gedichten Heinrich Heines"]. Enthält: „Die Launen der Verliebten" („Gedichte. 1853 und 1854" XIII); „Während die Kleine von Himmelslust" („Deutschland. Ein Wintermärchen", Caput II); „Im traurigen Monat November war's" („Deutschland. Ein Wintermärchen", Caput I); „Aus meinen großen Schmerzen" („Lyrisches Intermezzo" XXXVI). Aus dem Deutschen von Adnan Jabbal. – In: Aadab Ajjnabiyya 106–107, Juli 2001, S. 156–165. [Syrien] (mit einer kurzen Heine-Biographie)

هاينه. مختارات [dt.: „Heine. Ausgewählte Gedichte"]. Enthält fünfzehn Gedichte aus dem „Buch der Lieder". Aus dem Deutschen von Abdelwahhab Achikh. – In: Akhbar al-Adab 1318, 28.10.2018, S. 15–18. [Ägypten] (mit einer kurzen Charakterisierung des „Buchs der Lieder")

هاينريش هاينه، وداع باريس [dt.: „Abschied von Paris – Heinrich Heine"], „Abschied von Paris" („Deutschland. Ein Wintermärchen", Paralipomenon). Aus dem Deutschen von Ali Ouda. – In: Naouafid 10, 10.12.1999, S. 133–136. [Saudi-Arabien]

يوم المعجزات [dt.: „Der Tag der Wunder"], „Die Wallfahrt nach Kevlaar" („Die Heimkehr"). Übersetzt von Abdellatif Al-Aranaout. – In: Ar-Risala 929, 23.04.1951. [Ägypten] (Prosa-Übersetzung)

استندي بوجنتك إلى وجنتي, „Lehn deine Wang' an meine Wang'" („Lyrisches Intermezzo" V). Übersetzt von Nermine El-Sharkawy. – In: Akhbar al-Adab, 03.06.2003. [Ägypten]

ترتعش زهرة اللوتس, „Die Lotosblume ängstigt" („Lyrisches Intermezzo" X). Übersetzt von Nermine El-Sharkawy. – In: Akhbar al-Adab, 03.06.2003. [Ägypten]

مسممة هي أغنياتي, „Vergiftet sind meine Lieder", („Lyrisches Intermezzo" LI). Übersetzt von Nermine El-Sharkawy. – In: Akhbar al-Adab, 03.06.2003. [Ägypten]

ليلة، في منامي لك يا أراكِ, „Allnächtlich im Traume seh' ich dich" („Lyrisches Intermezzo" LVII). Übersetzt von Nermine El-Sharkawy. – In: Akhbar al-Adab, 03.06.2003. [Ägypten]

ما هذه العبرة حول الوحيدة ؟, „Was will die einsame Träne?" („Die Heimkehr" XXVII). Übersetzt von Nermine El-Sharkawy. – In: Akhbar al-Adab, 03.06.2003. [Ägypten]

إن كان بصرك ثاقبا, „Wenn du gute Augen hast" („Neue Gedichte", „Neuer Frühling" XVI).Übersetzt von Nermine El-Sharkawy. – In: Akhbar al-Adab, 03.06.2003. [Ägypten]

كما ترتعش صورة القمر, „Wie des Mondes Abbild zittert" („Neue Gedichte", „Neuer Frühling"XXIII). Übersetzt von Nermine El-Sharkawy. – In: Akhbar al-Adab, 03.06.2003. [Ägypten]

هتبتك يذلا باطخلا, „Der Brief, den du geschrieben" („Neue Gedichte", „Neuer Frühling"XXXIV). Übersetzt von Nermine El-Sharkawy. – In: Akhbar al-Adab, 03.06.2003. [Ägypten]

1.3 Einzelübersetzungen in Anthologien, Gedichtsammlungen und Monographien

الأحمق [dt.: „Der Narr"], „Wer zum ersten Male liebt" („Die Heimkehr" LXIII). Übersetzt von Abbas Mahmud Al-Akkad. – In: Abbas Mahmud Al-Akkad: عرائس وشياطين [dt.: „Puppen und Teufel", Gedichtsammlung]. Kairo 1944, Nachdruck 2014, S. 85. [Ägypten]

توابت [dt.: „Sarg"], „Die alten, bösen Lieder" („Lyrisches Intermezzo" LXVI). Übersetzt von Abbas Mahmud Al-Akkad. – In: Abbas Mahmud Al-Akkad: عرائس وشياطين [dt.: „Puppen und Teufel", Gedichtsammlung]. Kairo 1944, Nachdruck 2014, S. 102. [Ägypten]

شر من الحب والبغض [dt.: „Unheil aus Liebe und Hass]", „Sie haben mich gequälet" („Lyrisches Intermezzo" XLVII). Übersetzt von Abbas Mahmud Al-Akkad. – In:Abbas Mahmud Al-Akkad: عرائس وشياطين [dt.: „Puppen und Teufel", Gedichtsammlung]. Kairo 1944, Nachdruck 2014, S. 65. [Ägypten]

أجروميّة [dt.: „Ajrumiyya" (Grammatik)], „Es stehen unbeweglich" („Lyrisches Intermezzo" VIII). Übersetzt von Abbas Mahmud Al-Akkad. – In:Abbas Mahmud Al-Akkad: عرائس وشياطين [dt.: „Puppen und Teufel", Gedichtsammlung] Nachdruck, Kairo 2014, S. 85. [Ägypten]

Bahjat Abbass: ستون قصيدة ألمانية [dt.: „Sechzig deutsche Gedichte"] (zweisprachige Anthologie. Enthält neun Übersetzungen von Heine-Gedichten), Beirut 2006. [Libanon][3]

مختارات من شعر هاينرش هاينه [dt.: „Ausgewählte Gedichte Heinrich Heines"]. Übersetzt von Mustafa Maher. Enthält: „Ein Fichtenbaum steht einsam" („Lyrisches Intermezzo" XXXIII), „Aus meinen großen Schmerzen" („Lyrisches Intermezzo" XXXVI), „Ich weiß nicht, was soll es bedeuten" („Die Heimkehr" II). – In: Alsun. Zeitschrift der Ain-Schams-Universität Kairo, Nr. 3, Juni 2002. [Ägypten]

التحرير „Die Befreiung"(„Englische Fragmente" XI). Übersetzt von Mustafa Maher. – In: Mustafa Maher: صفحات خالدة من الأدب الألماني [dt.: „Meisterwerke der deutschen Literatur"], Beirut 1970, S. 226–249. [Libanon]

1.4 Online erschienene Einzelübersetzungen

بكيت في الحلم, „Ich hab im Traum geweinet" („Lyrisches Intermezzo" LV). Übersetzt von Muad Aloumari, 22.8.2008, URL: https://elaph.com/Web/Culture/2008/8/358891.html.[4]

العاشق العذري [dt.: „Der platonische Liebhaber"], „Der Asra" („Romanzero", „Historien"). Übersetzt von Abdelwahhab Achikh, 04.04.2020, URL: https://baytalnas.blogspot.com/2020/04/heinrich-heine.html.

تساؤلات, „Fragen" („Die Nordsee. Zweiter Zyklus" VII). Übersetzt von Bahjat Abbas, 20.9.2005, URL: https://www.ahewar.org/debat/show.art.asp?aid=45965&r=0.

للتهدئة, „Zur Beruhigung" („Neue Gedichte", „Zeitgedichte" XX). Übersetzt von Bahjat Abbas, 24.11.2004, URL: https://www.ahewar.org/debat/show.art.asp?aid=27038&r=0.

أغنية [dt.: „Ein Lied"], „Und wüßten's die Blumen, die kleinen" („Lyrisches Intermezzo" XXII). Übersetzt von Bahjat Abbas, 05.07.2017, URL:https://www.ahewar.org/debat/show.art.asp?aid=557857&r=0.

الشاعر فردوسي كما رآه هاينرش هاينه [dt.: „Der Dichter Firdusi, wie ihn Heinrich Heine gesehen hat"], „Der Dichter Firdusi" („Romanzero", „Historien"). Übersetzt von Bahjat Abbas, 24.11. 2006, URL: https://elaph.com/Web/Translations/2006/11/193070.html.

من حكايات الأساطير القديمة ام تولّي, „Aus alten Märchen winkt es" („Lyrisches Intermezzo XLIII). Übersetzt von Bahjat, Abbas, 23.7.2016, URL: https://www.almothaqaf.com/b/c3/908042.

خواطر ليلية, „Nachtgedanken" („Neue Gedichte", „Zeitgedichte" XXIV). Übersetzt von Jamil Al-Saadi, 28.8.2019, URL: https://www.almothaqaf.com/b/nesos2019/939399.

استراحة شعرية [dt.: „Eine lyrische Pause"], „Sie saßen und tranken am Teetisch"(„Lyrisches Intermezzo" L). Übersetzt von Bahjat Abbas, 10.8.2016, URL: https://www.almothaqaf.com/b/c3/908597.

ملاح هجمي [dt.: „Wilder Schiffsmann"], „Warte, warte, wilder Schiffmann" („Junge Leiden", „Lieder" VI). Übersetzt von Bahjat Abbas, 29.01.2016, URL: https://www.almothaqaf.com/b/c3/902285.

لورلَيْ [dt. „Loreley"], „Ich weiß nicht, was soll es bedeuten" („Die Heimkehr" II.) Übersetzt von Bahjat Abbas, 24.10.2013, URL: https://www.almothaqaf.com/index.php?option=com_content&view=article&id=80313&catid=178&Itemid=305.

Seraphine, „Sie floh vor mir wie'n Reh so scheu" („Neue Gedichte", „Verschiedene", „Seraphine" VI.) Übersetzt von Bahjat Abbas, 24.3.2015, URL:

https://www.almothaqaf.com/index.php?option=com_content&view=article&id=891387&catid=178&Itemid=54.

في الغربة, „In der Fremde" („Neue Gedichte", „Verschiedene"). Übersetzt von Bahjat Abbas, 19.6.2011, URL: https://www.almothaqaf.com/nesos2009/50306-2011-06-19-12-32-24.

الصبيّ الراعي, „Der Hirtenknabe" („König ist der Hirtenknabe", „Aus der Harzreise"). Übersetzt von Bahjat Abbas, 03.07.2013, URL: https://www.almothaqaf.com/index.php?option=com_content&view=article&id=76343&catid=178&Itemid=54.

من أشعار هاينريش هاينه: وَقَالَتْ امْرَأَةٌ [dt.: „Aus Heines Lyrik: und eine Frau sagte"], „Ein Weib" („Neue Gedichte", „Romanzen" I). Übersetzt von Muhamed Ramadan Hussein, 09.01.2013, URL: https://ar.mideastyouth.com/.

يا لِلورل [dt.: „Loreley"], „Ich weiß nicht, was soll es bedeuten" („Die Heimkehr" II). Übersetzt von Haschem Aboud al-Musawi, 16.5.2018, URL: https://www.almothaqaf.com/b/c3/927723.

قصائد لهاينريش هاينه [dt.: „Einige Gedichte Heinrich Heines"]. Enthält: „Wo wird einst des Wandermüden" („Neue Gedichte", Nachlese); „Zur Beruhigung" („Neue Gedichte", „Zeitgedichte" XX, „Die schlesischen Weber" („Neue Gedichte", „Zeitgedichte", Nachlese). Übersetzt von Riyad Kadim As-Samaoui, 01.02.2013, URL: https://www.ahewar.org/debat/show.art.asp?aid=343584&r=0.

أنتِ مثلُ زهرةٍ, „Du bist wie eine Blume" („Die Heimkehr"XLVII). Übersetzt. von Zouheir Soukah, 20.04.202, URL: https://www.ahewar.org/debat/show.art.asp?aid=674082&r=0.

حينما أمرُ بجانبِ بيتِكَ, „Wenn ich an deinem Hause" („Die Heimkehr" XIII). Übersetzt von Zouheir Soukah, 20.05.2020, URL: https://www.ahewar.org/debat/show.art.asp?aid=678162.

أقوال هاينيه خالدة [dt.: „Berühmte Zitate von Heine"]. Ausgewählt u. übersetzt von Zouheir Soukah, 06.10.2016. Enthält 15 Zitate aus Gedichten und Prosawerken Heines. URL: www.ahewar.org/debat/show.art.asp?aid=533704.

1.5 Arabische Nachdichtungen von Heines Lyrik

Abdellatif An-Naschar: تمثال الحب [dt.: „Die Statue der Liebe"], Nachdichtung von „Das ist der alte Märchenwald" („Buch der Lieder", „Vorrede zur dritten Auflage"). – In: Al-Hilal 2, 01.11.1916, S. 151–152. [Ägypten]

Abdellatif An-Naschar: زهور الحب [dt.: „Blumen der Liebe"] und بكاء الكأس [dt.: „Das Weinen des Glases"], Nachdichtungen von „In mein gar zu dunkles Leben" („Die Heimkehr" I) und „Aus meinen Tränen sprießen" („Lyrisches Intermezzo" II). – In: Magallatu Jammiyat Al Malagi' Al Abbassiyya 10, Bd. 5, 1915 (o. S.). [Ägypten][5]

Abdellatif An-Naschar: الموت [dt.: „Der Tod"], Nachdichtung von „Der Tod das ist die kühle Nacht" („Die Heimkehr" LXXXVII). – In: Al-Hilal, 01.12.1917, S. 275. [Ägypten]

Ibrahim Nagi: دعاء الراعي [dt.: „Das Gebet des Schäfers"], Nachdichtung von „Ich war, o Lamm, als Hirt bestellt" (Lyrischer Nachlass). – In: Al-Muqtataf 4, Bd. 81, 01.11.1932, S. 431. [Ägypten][6]

Ali Mahmmud Taha: أغنية الحب [dt.: „Das Lied der Liebe"], Nachdichtung von „In dem Walde sprießt und grünt es" („Neue Gedichte", „Neuer Frühling" II) und „Frühlingsfeier" („Neue Gedichte", „Romanzen" II). – In: Ar-Rissala 434, 27.10.1941. [Ägypten][7]

Ibrahim Al-Mazini: الملاح المسحور [dt.: „Der verzauberte Schiffer"], Nachdichtung von „Ich weiß nicht, was soll es bedeuten" („Die Heimkehr" II). – In: Diwan Al-Mazini II, Kairo 1916, Nachdruck 2013, S. 271. [Ägypten]

Ibrahim Al-Mazini: قبر الشعر [dt.: „Das Grab der Dichtung"], Nachdichtung von „Mit Rosen, Zypressen und Flittergold" („Junge Leiden", „Lieder" IX). – In: Diwan Al-Mazini I, Kairo 1913, Nachdruck 2013, S. 37. [Ägypten]

Ibrahim Al-Mazini: وصية شاعر [dt.: „Vermächtnis eines Dichters"], Nachdichtung von „Vermächtnis" („Romanzero", „Lamentationen" XIX). – In: Diwan Al-Mazini III, Kairo 1961, Nachdruck 2013, S. 303. [Ägypten]

2. Sekundärliteratur

2.1 Arabische Beiträge zu Heines Leben und Werk

Ahmad As-Sawi: هاينى: حياة العذاب والابداع [dt.: „Heine, ein Leben des Leides und der Schöpfung"] Kairo [1946], 180 S. [Ägypten] (ein ausführliches Buch über Heines Leben und Werk)

Ali Adham: بين هيني وجيتي [dt.: „Zwischen Heine und Goethe"]. – In: Attaqafa 661, 27.08.1951, S. 7–10. [Ägypten] Wiederabgedr. in ders: صوربدية [dt.: „Literarische Porträts"] Kairo 1997, 184 S. [Ägypten] (Artikel über das Verhältnis zwischen den beiden Dichtern)

Ali Adham: هيني ودون كيشوت [dt.: „Heine und Don Quijote"]. – In: Attaqafa 669, 22.10.1951, S. 8–10. [Ägypten]. Wiederabgedr. in ders: صوربدية [dt.: „Literarische Porträts"] Kairo 1997, 184 S. [Ägypten] (Über Heines Einleitung zur Ausgabe des „Don Quijote" von 1837)

Ali Adham: ألم وإيمان: هينه [dt.: „Heine: Schmerz und Glaube"]. – In: ders: صوربدية [dt.: „Literarische Porträts"] Kairo 1997, 184 S. [Ägypten] (Über Heines Verhältnis zur Religion)

Ali Dikr: وطنية الشاعر الألماني هاينه [dt.: „Der Patriotismus des deutschen Dichters Heine"]. – In: Al-Bayan 58, 30.11.1920. [Ägypten] (Artikel über Heines Verhältnis zu Deutschland und Frankreich)

Hassan Fathi Khalil: الشاعر هاينه وغرامه العجيب [dt.: „Der Dichter Heine und seine wunderbare Liebe"] – In: Al-Adieb 10, 01.10.1964, S. 37–39. [Ägypten] (Artikel über Heines unglückliche Liebe zu seiner Cousine Amalie als biographische Inspiration für seine Liebeslyrik)

Majed Al-Khatib: الألماني حور هاينه شرنياه [dt.: „Heinrich Heine. Das Wesen der deutschen Dichtung"]. Beirut 2012. 406 S. [Libanon] (Biographische und literaturhistorische Studie, u. a. mit einer Lebensbeschreibung, Charakterisierung seines Werkes und dessen Rezeption, über Heine als Autor jüdischer Abstammung, seine Darstellung der islamisch-arabischen Kultur)

Majid Al-Khatib: قرشلاو هاينه شرنياه [dt.: „Heinrich Heine und der Orient"]. – In: Al-Bayt, Nr. 17–18, Casablanca 01.06.2010, S. 177–194. [Marokko] (Artikel über Heines persönliche und literarische Auseinandersetzung mit der arabisch-islamischen Kultur)

Mounir Fendri: قلبنبسلاو بيلصلاو لالهلا يمالسإلا قرشلاو هاينه شرنياه [dt.: „Halbmond, Kreuz und Schibboleth. Heinrich Heine und der islamische Orient"]. Übersetzt von Hussam Al-Haydari. Beirut 2011.[8] [Libanon]

Mounir Fendri: قرشلا إلى يمالسإلاو سلدنألا في شعر هاينه [dt.: „Der islamische Orient und Andalusien in Heines Lyrik"]. – In: Fikrun wa Fann 51, Juni 1990, S. 73–80. (Artikel über Heines Beschäftigung mit der arabisch-islamischen Kultur)

Mounir Fendri: لوح لاقم تاقالع الشاعر الألماني هاينه شرنياه بالثقافة العربية قرشلا إلى يمالسإلاو [dt.: „Über das Verhältnis des deutschen Dichters Heinrich Heine zur arabischen Kultur und zum islamischen Orient"]. – In: Qantara, 30.05.2006, URL: https://ar.qantara.de/node/13044.

Sarjoun Karam: تراجيديا قرش الألماني في القرن التاسع عشر. المنصور انموذجا. عندما يكون العربي عناق لليهودي في معاناته. [dt.: „Der Orient in der deutschen Literatur im 19. Jahrhundert am Beispiel der Almansor-Tragödie: Der Araber als Projektion für den Juden in seinem Leid"] – In: Ibn-Rushd Magazin 10, Sommer 2010, URL: https://www.ibn-rushd.org/typo3/cms/ar/magazine/10th-issue-summer-2010/sarjoun-karam/.

Shaker Mutlak: الشاعر الألماني هاينه شرنياه. بمناسبة مرور قرنين على والدته [dt.: „Der deutsche Dichter Heinrich Heine. Zu seinem zweihundertsten Geburtstag"] Homs 1997. 112 S. [Syrien] (Biographie)

Shaker Mutlak: هاينه شرنياه الألماني الشاعر عن دراسة [dt.: „Studie über den deutschen Dichter Heinrich Heine"]. – In: Al-Mauqif Al-Adabi 423, Bd. 35 (2006). 14 S. [Syrien] (Biographie)

Mustafa Maher: المصريون أحبه شاعر هاينه شيرنياه [dt.: „Heinrich Heine. Ein von den Ägyptern geliebter Dichter"] – In: Akhbar al-Adab, 11.01.1998. [Ägypten] (Artikel über die ägyptische Heine-Rezeption)

Nermine El-Sharkawy: هاينه شرنياه. الشاعر الساخر بين الرومانسية والنقد السياسي. [dt.: „Heinrich Heine. Ein satirischer Dichter zwischen Romantik und politischer Kritik."] – In: Akhbar al-Adab, 03.06.2003. [Ägypten] (ein Zeitungsartikel, der sich mit Heines politischer Lyrik als Überwindung der romantischen Poesie befasst. Er enthält acht übersetzte Gedichte aus dem „Buch der Lieder" und „Neue Gedichte".[9])

2.2 Arabische Forschungsliteratur mit Heine-Erwähnungen

Ahmad Achibani: قمم الشعر الألماني [dt.: „Schlüsselfiguren der deutschen Poesie"]. Djidda 1985. [Saudi-Arabien] (enthält ein Kapitel über Heine und seine Stellung in der deutschen Geistesgeschichte)

Abbas Mahmud Al-Akkad: يتيجِ ذكراك [dt.: „Andenken an Goethe"]. Kairo 1932, Nachdruck 2013. [Ägypten] (ein Buch über Goethes Leben und Werk mit mehrfacher Erwähnung Heines)

Hamid Al-Khayyat: موجز إلى تأشنه من ذي الألماني الأدب خيرات [dt.: „Deutsche Literaturgeschichte. Von der Entstehung bis heute"] Köln 1974. (enthält Angaben über Heine und dessen Werk)

2.3 Rezensionen

Fatima Almuhssin: الرومانسية الساخرة. هاينه. هاينريش [dt.: „Heinrich Heine. Sarkastische Romantik"]. – In: Alriyadh 16679, 22.02.2014, URL: https://www.alriyadh.com/912379#. [Rezension von Majed Al-Khatib: „Heinrich Heine. Das Wesen der deutschen Dichtung", s. o.]

Ibrahim Al-Haydari: روح الشعر الألماني. هاينه. هاينريش [dt.: „Heinrich Heine. Das Wesen der deutschen Dichtung"]. – In Al-Hiwar 6.1.2013, URL: https://www.ahewar.org/debat/show.art.asp?aid=339939&r=0. [Rezension von Majed Al-Khatib: „Heinrich Heine. Das Wesen der deutschen Dichtung", s. o.]

Ibrahim Darouich: تراجيديا المنصور للشاعر الألماني هاينريش هاينه في أول ترجمة عربية. رومانسية مجنون ليلى والعربي "مور" كقناع لليهودي المتأزم في ألمانيا القرن التاسع عشر [dt.: „,Almansor'. Tragödie des deutschen Dichters Heinrich Heine in der ersten arabischen Übersetzung: die Romantik des Majnun-Leila und der Maure als Projektion für den Juden in seiner Krise im Deutschland des 19. Jahrhunderts"]. – In: Al-Quads Al-Arabi 5434, 17.11.2006, S. 10. [Rezension von Karam Sarjouns Übersetzung von Heines „Almansor. Eine Tragödie", s. o.]

Ibrahim Khalil: شعر في ثقافة العربية وتأثير هاينريش هاينه [dt.: „Heinrich Heine und der Einfluss der arabischen Kultur auf seine Dichtung"]. – In: qabaqaosayn.com, 13.05.2016, URL: https://www.qabaqaosayn.com/node/10580. [Rezension der arabischen Übersetzung von Heines „Heimkehr" durch Usama Abu Taleb, s. o.]

Mounir Arrifai: هاينريش هاينه. جاليا لعبقرية ألمانيا في عصر غوته وفاجنر وماركس ونيتشه [dt.: „Heinrich Heine als Genie Deutschlands in der Zeit Goethes, Wagners, Marx' und Nietzsches"]. – In: Adaab Alamiyya 172, Bd. 41, (09/2017), S. 150–152 [Rezension der arabischen Übersetzung von Heines „Heimkehr" durch Usama Abu Taleb, s. o.]. [Syrien]

Younan Saad: الإياب لهاينريش هاينه الفن والخلود [dt.: „Heines ‚Die Heimkehr'. Die Kunst und die Ewigkeit"]. – In: Alhayat 21.03.2016, URL: https://www.

alhayat.com/article/840917. [Rezension der arabischen Übersetzung von Heines „Heimkehr" durch Usama Abu Taleb, s. o.].

2.4 Allgemeine arabische Literatur mit Heine-Erwähnungen

Abbas Mahmud Al-Akkad: جمال الجبار [dt.: „Göttinnen der Schönheit"]. – In: ساعات بين الكتب [dt.: „Stunden zwischen Büchern"]. Nachdruck, Kairo 2014, S. 598–602. [Ägypten] (Artikel über Heines Vorstellung von der Schönheit)

Ahmed Zaki Abu Shadi: تصدير [dt.: „Einleitung"]. – In: الينبوع [dt.: „Der Brunnen"]. Kairo 1933 [Nachdruck 2013], S. 7–19. [Ägypten] (Gedichtsammlung, in der Einleitung Erwähnung Heines als Vertreter eines romantischen Realismus)

2.5 Deutschsprachige Beiträge zur arabischen Rezeption

Mustafa Maher: Die arabische Welt in Heines Werk und Heines Werk in der arabischen Welt. – In: HJb 38 (1999), S. 175–196.

Nermine El-Sharkawy: Die Rezeption Heinrich Heines in Ägypten. Kairo, Universität Ain-Schams, Magisterarbeit, 2002. 384 S.

Zouheir Soukah: Heinrich Heine in der arabischen Rezeption. Geschichte und Aktualität. – In: HJb 57 (2018), S. 63–77.

Anmerkungen

1 Vgl. dazu: Zouheir Soukah: Heinrich Heine in der arabischen Rezeption. Geschichte und Aktualität. – In: HJb 57 (2018), S. 63–77.
2 An dieser Stelle möchte ich Herrn Christian Liedtke für seine Unterstützung bei der Identifizierung einiger Heine-Originaltexte herzlichst danken.
3 Vgl. die einzelnen Titel im Abschnitt 1.4 Online erschienene Einzelübersetzungen.
4 Der letzte Zugriff auf alle im Folgenden angegebenen Weblinks erfolgte am 08.06.2020.
5 Beide Nachdichtungen sind wiederabgedruckt bei Soukah: Heinrich Heine in der arabischen Rezeption [Anm. 1], S. 73 f.
6 Vgl. Nermine El-Sharkawy: Die Rezeption Heinrich Heines in Ägypten. Magisterarbeit, Universität Ain-Schams. Kairo 2002, S. 209.
7 Nermine El-Sharkawy nimmt an, dass es sich hier um eine kombinierte Nachdichtung dieser beiden Heine-Texte handelt. Vgl. ebd., S. 212 ff.
8 Es handelt sich um die Übersetzung von Mounir Fendri: Halbmond, Kreuz und Schibboleth. Heinrich Heine und der islamische Orient. Hamburg 1980.
9 S. o. 1.2 Einzelübersetzungen.

Zwischen Haskala und Heine

Saul Aschers politischer Journalismus

Iwan-Michelangelo D'Aprile

Heinrich Heines humoristische Anekdote aus der „Harzreise", in der ihm im Traum Saul Ascher als hartnäckig die Prinzipien der Vernunft verfechtendes Nachtgespenst erscheint (vgl. DHA VI, 103 ff.), kann aus heutiger Sicht nicht darüber hinwegtäuschen, dass Ascher in vielerlei Hinsicht als direkter Vorläufer Heines gelten kann. Bevor Heine und Ludwig Börne ab den 1820er Jahren mit ihren Reisefeuilletons und Korrespondenzberichten innovative Formen journalistischen Schreibens in die deutsche Literatur einführten, hat Saul Ascher bereits eine politische Publizistik praktiziert, die sich vor allem in Zeitschriften und Zeitungen zum Ausdruck brachte und bis dato unbekannte Formen politischer Öffentlichkeit erschloss.

Saul Ascher gehörte zu einer Reihe von Schriftstellern, die um 1800 einen neuen Autorentypus des politischen Journalisten, oder wie es in der zeitgenössischen Terminologie auch heißt, des Tages- oder Zeitschriftstellers, begründeten.[1] Dazu zählen Journalisten wie Friedrich Gentz, Karl Julius Lange, Garlieb Merkel, Karl Ludwig Woltmann oder Friedrich Buchholz. Ascher selbst hat diese Gruppe in seinem „Kabinett Berlinischer Karaktere" satirisch porträtiert und hier treffend als „Privatpersonen" definiert, die durch ihre schriftstellerischen Arbeiten zugleich einen „public character" erworben hätten.[2] Innerhalb dieser Gruppe lässt sich Ascher wiederum als „der bedeutendste deutsch-jüdische Publizist" vor Börne und Heine situieren.[3]

Auf die außergewöhnliche Bedeutung von Saul Aschers politischem Denken in der Umbruchszeit um 1800 ist in den letzten Jahrzehnten von namhaften Forschern immer wieder hingewiesen worden, wobei unterschiedliche Aspekte hervorgehoben worden sind. Zuerst wiederentdeckt wurde Ascher in den 1970er

I.-M. D'Aprile (✉)
Potsdam, Deutschland
E-Mail: daprile@uni-potsdam.de

und 80er Jahren in der sogenannten Jakobiner-Forschung, als Historiker wie Walter Grab und Jörn Garber immer noch grundlegende Studien zu Ascher vorlegten.[4] Bei Walter Grab und seinen Nachfolgern wurde Ascher vor allem im Kontext der Suche nach demokratischen Traditionen in der deutschen Geschichte gelesen, als revolutionärer Denker, der als erster eine moderne Geschichtsphilosophie des Revolutions-Begriffs entwickelt hat, in der Revolutionen als grundlegende historische Umbrüche basierend auf gesellschaftlichen Veränderungen der Eigentumsordnung gedeutet werden. Auf dieser Linie lässt sich Aschers politisch-philosophisches Denken in der Tradition einer materialistischen Geschichtskonstruktion verorten, die parallel zu Hegel verläuft und in vielem bereits die Idealismus-Kritik der Junghegelianer vorwegnimmt.[5]

Seit den frühen 1990er Jahren haben zweitens Peter Hacks und nach ihm weiterführend André Thiele auf Aschers Bedeutung als früher Kritiker und Gegenspieler des deutschen Frühnationalismus aufmerksam gemacht. Neben Auswahleditionen, in denen Aschers Werke wieder zugänglich gemacht wurden, hat Hacks dies in seiner Studie „Ascher gegen Jahn. Ein Freiheitskrieg" von 1991 entwickelt, wo er Ascher als „ehrenhaftesten und tiefstschürfenden" politischen Denker dieser Epoche neben Hegel bezeichnet und ihn innerhalb seiner Deutungs-Dichotomie auf die Seite der – von ihm geschätzten – Klassik neben Goethe und Hegel und gegen die – von ihm verachteten und nur polemisch bedachten – Romantik einordnet.[6] Ebenfalls aus der Nationalismus-Forschung zu nennen ist auch Renate Bests vorzüglich eingeleitete Auswahlausgabe von Aschers Aufsätzen aus dem Umfeld des Tübinger Historikers Dieter Langewiesche.[7]

Drittens hat schließlich in den 2000er Jahren Christoph Schulte Saul Ascher mit seinem Buch über „Die jüdische Aufklärung" innerhalb der Haskala verortet. Schulte bezeichnet Aschers frühe Schriften wie den „Leviathan oder Ueber Religion in Rücksicht des Judenthums" von 1792 als „wichtigsten Entwurf einer Philosophie des Judentums" neben Mendelssohns „Jerusalem" und weist Ascher als einen politischen Denker aus, der als erster einen systematischen Begriff des „orthodoxen Judentums" entwickelt hat, dem er ein Reformkonzept entgegenstellt, nachdem das Judentum – wie alle anderen Religionen auch – ein historisch wandelbares Phänomen darstellt, das sich nicht auf zeitlos gültige Gesetze festschreiben lässt.[8] Bei Christoph Schulte ist mit William Hiscotts Dissertation „Saul Ascher. Berliner Aufklärer. Eine philosophiehistorische Darstellung" schließlich die erste Gesamtdarstellung zu Saul Ascher entstanden, die zwar aufgrund des frühen Todes des Verfassers nicht mehr vollendet werden konnte, aber 2017 als Buch erschienen ist und mit ihren knapp 800 Seiten Umfang den *state of the art* der Ascher-Forschung markiert.[9]

Auf der Basis dieser Forschungen und in Ergänzung zu den von Hiscott nicht mehr behandelten Aspekten werde ich mich im folgenden auf Saul Aschers Tätigkeit als politischer Journalist, Zeitschriftenherausgeber, Korrespondent und Verleger von 1800 bis zu seinem Tod 1822 konzentrieren. Dabei lassen sich entlang von Aschers Publikationsorganen und -formen, der jeweiligen politischen Situation in Preußen und damit verbundenen thematischen Schwerpunktsetzungen drei Phasen unterscheiden: Aschers Anfänge als politischer Journalist mit Beiträgen für unterschiedliche Berliner und norddeutsche spätaufklärerische Zeitschriften liegen noch in der Zeit des Baseler Separatfriedens zwischen Preußen und Frankreich und reichen bis zum Kriegseintritt Preußens auf antifranzösischer Seite (Abschn. Pronapoleonischer Journalismus im preußischen Friedensjahrzehnt (1800–1806)). Der Beginn einer zweiten Phase lässt sich mit Aschers Korrespondententätigkeit für Zschokkes „Miszellen für die neueste Weltkunde" und Cottas „Morgenblatt für gebildete Stände" im Jahr 1807 markieren und reicht über die Hardenberg'sche Reformzeit und die Herausgabe von Aschers erster eigenen Zeitschrift „Welt- und Zeitgeist" 1810–1811 bis zum Zusammenbruch des Napoleonischen Empire 1814 (Abschn. Berliner Korrespondent und Hardenberg'scher Pressearbeiter (1807–1814)). In der dritten Phase schließlich, der Restaurationszeit nach 1814, hat Ascher hauptsächlich nur noch im Selbstverlag publiziert. Neben seinen heute bekanntesten nationalismuskritischen Flugschriften „Die Germanomanie" (1815) und „Die Wartburgs-Feier" (1818) gab er in dieser Phase seine zweite eigene Zeitschrift „Der Falke" (1818/1819) heraus. (Abschn. Nationalismus-Kritik im Selbstverlag in der Restaurationszeit (1814–1822)) Abschließend werden die Beobachtungen knapp rekapituliert.

1. Pronapoleonischer Journalismus im preußischen Friedensjahrzehnt (1800–1806)

Begonnen hat Ascher seine Laufbahn als politischer Journalist mit Beiträgen zu spätaufklärerischen Berliner Journalen: zum „Berlinischen Archiv der Zeit und ihres Geschmacks", zur eng mit der „Gesellschaft der Freunde der Humanität" verbundenen „Eunomia. Eine Zeitschrift für das 19. Jahrhundert", zur von Johann Friedrich Unger und Karl Ludwig Woltmann herausgegebenen Zeitschrift „Geschichte und Politik" und zu Karl Julius Langes „Der Nordische Merkur". Hinzu kommen Artikel für August Hennings Altonaer „Genius des 19. Jahrhunderts". Diese Journale sind alle Ausdruck des Friedensjahrzehnts seit dem Baseler Separatfrieden zwischen Frankreich und Preußen 1795. Wie bereits der häufige Bezug auf das beginnende 19. Jahrhundert in den Titeln der Zeitschriften anzeigt, sind sie vom Fortschrittsoptimismus dieser Zeit geprägt. Während Gentz sein „Historisches Journal" im Jahr 1800 einstellt und Preußen wegen der Annäherungspolitik an Frankreich verlässt, vertreten diese Journale eine eher pro-französische Ausrichtung und sehen in Frankreich und Preußen die beiden Träger-Staaten der Aufklärung und von politischen Reformen in Europa. Wie es in Woltmanns „Geschichte und Politik" beispielhaft heißt, habe „die Gruppe der deutschen Fürsten […] von den mächtigen Monarchien wie Großbritannien, Österreich und vor allem Russland mehr zu fürchten, als vom Freistaat der Franzosen", da von diesem die zunehmende „Gleichheit der Menschen und die mit ihr verbundene Freiheit" ausgehe.[10] Auch wenn diese Passage den preußischen Behörden doch zu weit ging und vom Zensor gestrichen wurde, wurden solche Ansichten durchaus von Vertretern der preußischen Regierung geteilt. Zu nennen ist hier vor allem der preußische Finanzminister Karl August von Struensee, der zusammen mit Hardenberg den Baseler Frieden mit Frankreich ausgehandelt hatte und bis zu seinem Tod 1804 viele fortschrittliche Denker um sich versammelte. Gegenüber dem französischen Gesandten in Berlin Emmanuel Sièyes äußerte Struensee 1799 die Überzeugung, dass Preußen die Ziele der französischen Revolution „von oben" umsetzen werde und es in Preußen während weniger Jahre keine Ständeordnung mehr geben werde.[11]

Nach eher philosophisch-ästhetischen Beiträgen im „Berlinischen Archiv der Zeit und ihres Geschmacks" wendet sich Ascher um 1800 zunehmend konstitutionellen Fragen zu.[12] In seinen Zeitschriftenartikeln, wie der „Eigenen Ansicht der gegenwärtigen Regierung in Frankreich" in August Hennings „Genius des 19. Jahrhunderts", argumentiert er dafür, dass auch Preußen die napoleonische Konstitution übernehmen solle.[13] Mit Napoleon sei der revolutionäre Prozess in Frankreich zu seinem erfolgreichen vorläufigen Abschluss gekommen, indem dieser die republikanischen und egalitären Ziele der Revolution mit einer stabilen Regierungsform verbunden habe, die sowohl den innenpolitischen gegenrevolutionären Interessengruppen gewachsen ist als auch militärisch in der Lage sei, der Bedrohung der antirevolutionären Allianz unter britischer Führung standzuhalten. In diesem Sinn einer französisch-preußischen Reformallianz schließt Ascher seinen Aufsatz mit einem Lob der preußischen Regierungen seit Friedrich II., die zu der Hoffnung berechtigten, dass Preußen jedem konstitutionellen Volk an die Seite gesetzt werden könne und mit allen modernen konstitutionellen Entwicklungen Schritt zu halten vermöge.[14]

Aschers politische Artikel der ersten journalistischen Phase variieren damit vor allem Positionen seiner beiden 1799 erfolglos bei den preußischen Zensurbehörden eingereichten geplanten Buchpublikationen „Ideen zur natürlichen Geschichte der politischen Revolutionen" (schließlich 1802 anonym unter dem Titel „Philosophische Skizzen zur Geschichte des Ursprungs, Fortschritts und Verfalls der gesellschaftlichen Verfassungen" erschienen) und „Über Friedrich Wilhelm III. und seine Vorfahren" (ebenfalls von der Zensur verboten und heute verschollen), die er später in der selbständigen Publikation „Napoleon oder Über den Fortschritt der Regierung" (Berlin und Stralsund 1808) noch einmal zusammengefasst hat.

Waren Aschers napoleonisch stabilisiertes Revolutionskonzept, sein konstitutionelles preußisch-französisches Koalitionsprogramm und sein in diese Richtung zielendes Lob der Modernität der preußischen Regenten schon vor 1805 vielfachen Zensurschwierigkeiten ausgesetzt, war es mit dem Tod Struensees 1804 und der Vorbereitung des Kriegseintritts Preußens auf antifranzösischer Seite dann ohnehin mit solchen Reformhoffnungen vorbei. Mit dem Jahresende 1805 mussten die reformorientierten Berliner Zeitschriften „Eunomia, Geschichte und Politik" und der „Nordische Merkur", d. h. Aschers Publikationsorgane der ersten journalistischen Phase, allesamt ihr Erscheinen einstellen. Das Erscheinen beziehungsweise die Einstellung einer ganzen Reihe von Journalen mit der

Änderung der Regierungspolitik zeigt schlaglichtartig, wie wenig frei der Pressemarkt nach heutigen Maßstäben in Zeiten der Vorzensur noch war.

2. Berliner Korrespondent und Hardenberg'scher Pressearbeiter (1807–1814)

Wie viele andere der eher pro-französischen Berliner Journalisten wechselte Ascher im Anschluss als Mitarbeiter zu Zeitschriften im Rheinbund beziehungsweise in der Helvetischen Republik. Von 1807 bis 1812 wurde er ständiger Berliner Korrespondent bei Cottas Tübinger „Morgenblatt für gebildete Stände" und Heinrich Zschokkes „Miszellen für die neueste Weltkunde" – also zwei der größten deutschsprachigen überregionalen Journale. Hier kommentierte er unter den Titeln „Bericht aus Berlin" (in Cottas „Morgenblatt") und „Mannigfaltigkeiten aus Berlin" (in Zschokkes „Miszellen") in monatlichen Abständen das ökonomische, politische und kulturelle Zeitgeschehen der preußischen Hauptstadt. Ascher begründete damit ein journalistisch-literarisches Format, das Heinrich Heine später in seinen „Briefen aus Berlin" für den „Rheinisch-Westfälischen Anzeiger" (ab 1822) und in seinen Berichten als Pariser Korrespondent für Cottas „Allgemeine Zeitung" (ab 1832) weiterentwickelte. Besonders Cotta war als Verleger sehr geschickt darin, die in Preußen freiwerdenden besten journalistischen Autoren an seinen Verlag zu binden. Dies gilt neben Ascher z. B. auch für Friedrich Buchholz, der ebenfalls Mitarbeiter bei Woltmanns „Geschichte und Politik" war und ab 1805 für Cotta die „Europäischen Annalen" redigierte.

Im Frühjahr 1810 geriet Ascher wegen seiner Korrespondenten-Berichte ins Visier der preußischen Behörden, weil er in seinen „Mannigfaltigkeiten aus Berlin" die Missstände in der preußischen Finanzverwaltung angeprangert hatte. In der Finanzkrise des preußischen Staates würden die Zeichner von doch so dringend benötigten Staatsanleihen nicht ausgezahlt, während weiter eine Privilegienwirtschaft für staatliche Funktionsträger und den Adel betrieben würde. Aus der Perspektive von Unternehmern und Bürgertum schreibt Ascher hier:

> Es ist wirklich jedem Patrioten unbegreiflich, daß man diesen Leuten entweder keine Zinsen zahlt, oder das wenige, was man bezahlt, so armselig zuzählt, als wäre es ein aus Mitleid dargebrachtes Opfer, während Staatsdiener, Militair und Pensionairs reichlich besoldet werden.[15]

Ascher plädiert dagegen in seinem Artikel für Abschaffung von allen Steuerausnahmen und Privilegien und gleichmäßige Besteuerung aller Bevölkerungsgruppen. Wegen dieses Artikels wurde Ascher im April 1810 als, wie es im Polizeibericht heißt, „unruhiger und ungehorsamer Bürger" verhaftet und „wegen seiner bösartigen Schriftstellerei in auswärtigen Zeitungen und injuriöser Aufsätze über die […] höchsten Staatsbehörden" in das Berliner Stadtgefängnis gesperrt.[16] Aschers Kritik aus der Perspektive eines Besitzbürgertums, das überhaupt über die Mittel verfügte, Staatsanleihen zu zeichnen und das in England oder Frankreich bereits die staatstragende Schicht ausmachte, galt in Preußen zu dieser Zeit noch als revolutionär und ‚jakobinisch'.

Zu Aschers Glück wurde nur sechs Wochen später, im Juni 1810, Karl August von Hardenberg auf Betreiben Napoleons zum preußischen Staatskanzler, der seine Politik eher an Westeuropa ausrichtete. Hardenberg ließ gleich nach seinem Dienstantritt das gegen Ascher eingeleitete Verfahren niederschlagen und ordnete persönlich dessen Freilassung an.[17] Mit Hardenbergs Dienstantritt begann nicht nur die Hauptphase der preußischen Reformzeit mit der Einführung von Rechtsgleichheit und Gewerbefreiheit und dem Abbau von Steuerprivilegien und der rechtlichen Gleichstellung der jüdischen Bevölkerung mit dem Emanzipationsedikt von 1812. Wie Ascher wurden nun auch viele andere der pro-französischen Journalisten direkt oder indirekt aus Hardenbergs Pressestelle zur publizistischen Begleitung der Reformen unterstützt oder angestellt. In diese Zeit fällt auch Aschers Promotion zum Doktor der Philosophie im September 1810 an der Universität Halle. Damit war Ascher der erste in Philosophie promovierte Jude in der Geschichte Deutschlands und wohl auch Europas insgesamt.[18] Die Ernennung des ersten jüdischen Professors in Philosophie in Preußen hat dann trotz des Emanzipationsediktes von 1812 noch lange auf sich warten lassen und war mit der Berufung von Eduard Gans in den späten 1820er Jahren nur nach jahrelangen Widerständen aus der Berliner Universität durchsetzbar.[19]

Ascher dankte Hardenberg, indem er ihm seine Übersetzung von Charles Ganhils vergleichenden „Untersuchungen über die Systeme der politischen Ökonomie" widmete und in seinem eigenen, 1810 gegründeten Journal „Welt- und Zeitgeist" Memoranden und Gutachten der Regierung wie etwa Friedrich von Raumers „Betrachtungen über das englische Besteuerungssystem" veröffentlichte. In seinen Korrespondenzen für Zschokke und Cotta berichtete er seit 1811 monatsaktuell über die Vorbereitungen des Emanzipationsediktes. Bereits ein Jahr vor der Verabschiedung des Ediktes machte er im März 1811 darauf aufmerksam, dass der ebenfalls inzwischen in der Hardenbergischen Pressestelle besoldete Journalist Friedrich Buchholz den Verkauf von Domänengütern auch an Juden gefordert hat. Zwar sei dessen Annahme, dass die Juden über das meiste bare Geld verfügen, irrig und zudem seien die meisten Juden mit Geld Kaufleute und Bankiers, die „ihr Geld besser anzuwenden wissen, als auf einen mäßigen Ertrag von Grund und Boden." Dennoch zeuge die Diskussion von „humanen Grundsätzen" und sei ein Hoffnungszeichen, „daß der Plan, nach welchem den Juden im preussischen Staat ebenfalls völlige Bürger- und Gewerbefreiheit gestattet werden soll, bald zur Reife gediehen sein wird."[20]

Umgekehrt hat Ascher zur gleichen Zeit unermüdlich auf die personellen und institutionellen Querverbindungen und Netzwerke der Reformgegner zwischen altständischer Adelsopposition, „Berliner Abendblättern", „Christlich Deutscher Tischgesellschaft" und Teilen der neugegründeten Berliner Universität hingewiesen, die sich unmittelbar mit den Reformen seit Mitte 1810 herausbildeten. In ihnen überlagerten sich ständische Positionen mit einem romantischen Frühnationalismus, wobei ein ausgrenzender Begriff des Christentums als Nationalreligion und der zugehörige Antisemitismus eine Art kleinsten gemeinsamen Nenner bildeten.

So hat Ascher als erster die Vorgänge um die „Lebuser Denkschrift" gegen die Hardenberg'schen Reformen vom Mai 1811 öffentlich gemacht, die wesentlich Adam Müller zugeschrieben wird, der in den Worten Jens Biskys schon seit Oktober 1810 in den „Berliner Abendblättern" die „Pressemitteilungen der altständischen Reaktion"[21] verfasste. In einem Artikel, der zeitgleich am 25. Juli 1811 in drei großen Tageszeitungen, dem „Nürnberger Korrespondenten", der „Bayreuther Zeitung" und dem „Österreichischen Beobachter" erschien, was sehr stark auf eine unmittelbare Unterstützung durch Hardenberg schließen lässt, berichtet Ascher

> [...] Näheres über die von den Ständen des Lebuser Kreises eingereichte[n] Vorstellung an den König, welche bittere Beschwerden über die neuen Staatseinrichtungen, über die Entziehung der Feudalrechte, und grobe Invektiven gegen den allgemein verehrten Staatskanzler enthält, und worin unter andern gesagt wird: der Staatskanzler habe die Absicht, den Staat zu Grunde zu richten, und sei von lauter jungen excentrischen Leuten umgeben, die mit dem Staat mancherlei Experimente machten; der Adel wäre an den Bettelstab gebracht und der Erfolg der neuen Einrichtungen und der jetzigen Staatsverwaltung würde ohne Zweifel einen allgemeinen Aufstand in dem preußischen Staat bewirken.[22]

Ascher macht in seinem Artikel auch die Urheber der Eingabe namhaft (den ehemaligen Präsidenten des Landtags in Küstrin von Finckenstein, den ehemaligen Offizier im Regiment Gensd'armes von Marwitz, weitere Landräte, den Hofmarschall von Massow und den General von Rüchel) und berichtet von deren Entlassung bzw. Inhaftierung.

Bekanntlich schließt schon die „Lebuser Denkschrift" mit einem antijüdischen Passus, in dem Hardenberg vorgeworfen wird, dass er mit seinen Reformen „unser schönes, altes Brandenburg-Preußen [in einen] neumodische[n] Judenstaat" verwandeln würde.[23] Wird der Antisemitismus in der „Lebuser Denkschrift" altständisch-regionalistisch eingebettet – auch Hardenberg und sein Mitarbeiterstab werden hier wegen ihrer Herkunft aus Hannover als „Ausländer" denunziert[24] –, erscheint er in der parallel entstehenden „Christlich Deutschen Tischgesellschaft" nationalistisch und konfessionell gewendet. Die „Tischgesellschaft" wurde am 18. Januar 1811 ebenfalls aus dem Kreis der „Berliner Abendblätter" – namentlich von Adam Müller, Achim von Arnim, Clemens Brentano und Ludolph von Beckedorff – in Berlin gegründet.[25]

Über deren antisemitische Tendenzen berichtet Ascher zuerst in seinen „Mannigfaltigkeiten aus Berlin" am 1. Mai 1811. Hier schreibt Ascher:

> Da ich von Gesellschaften oder Verbindungen spreche, muss ich noch einer erwähnen, die sich seit einiger Zeit unter dem Namen deutsche christliche Gesellschaft gebildet haben soll. Sie soll freilich keine politische Tendenz haben, wir ihr Name auch anzudeuten scheint. Indeß enthalten ihre Statuten einige Curiosa, die über den Geist der (der)zeitigen deutschen Kultur einige Winke zu geben vermögen. Eins ihrer Statute legt nämlich fest, daß kein Jude, kein getaufter Jude und kein Nachkomme eines getauften Juden sogar,

als Mitglied aufgenommen werden soll. Weiter kann doch warlich die Reinheit nicht getrieben werden![26]

Mit dem Verweis auf das den Antisemitismus schon ethnisierende Reinheitsgebot in den Statuten der Gesellschaft entlarvt Ascher den vermeintlich unpolitischen Charakter der angeblich bloß „fröhlichen Tischgesellschaft" und betont deren schon im Namen angelegtes ausschließendes Konzept einer „christlichen Deutschheit oder deutschen Christlichkeit".[27]

Die enge Verbindung zwischen einer derartigen neuen Geselligkeitskultur und aktuellen politischen Entwicklungen hat Ascher einen Monat später in einer ausführlichen Artikelserie unter dem Titel „Briefe über die Tendenz der wissenschaftlichen Bildung zu Berlin: über Berliner Geselligkeitskultur und neu gegründete Universität" im „Morgenblatt für gebildete Stände" weiter ausgeführt: Hier verweist Ascher auf die Stoßrichtung der antisemitischen Statuten der Tischgesellschaft als Opposition gegen die in Vorbereitung befindliche staatsbürgerliche Gleichstellung der Juden. So sei es bemerkenswert, dass ein solches Institut gerade im „humanen und toleranten Berlin" gegründet worden sei – „unter den Augen einer Regierung, die Europa das Muster der Toleranz und Duldung gegeben hat und die eben begriffen ist, dem von ihr seit einem Jahrhundert gepflegten Keim der Duldung für alle Religionspartheien die Krone aufzusetzen."[28]

Und Ascher betont die engen personellen und programmatischen Querverbindungen zur philosophischen und theologischen Fakultät der neugegründeten Berliner Universität. Tatsächlich war, wie wir heute dank der Forschungen von Stefan Nienhaus, Marco Puschner und Werner Treß wissen, der Professorenanteil in der Tischgesellschaft überdurchschnittlich hoch: Von den 86 eingetragenen Mitgliedern waren 12 Universitätsprofessoren, unter anderen der führende Philosoph Johann Gottlieb Fichte, der führende Theologe Friedrich Schleiermacher und der führende Historiker Friedrich Rühs. Ludolph von Beckedorff kam später als Regierungsbevollmächtigter des Kultus-Ministeriums bei der Universität hinzu.[29]

Dass Ascher mit seinem Verdacht, dass es bei der „Christlich Deutschen Gesellschaft" nicht nur um fröhliches Beisammensein zu Tische ging, nicht ganz falsch lag, zeigen die Reaktionen einiger Mitglieder. So schrieb der Sprecher der Tischgesellschaft Ludolph von Beckedorff in Reaktion auf Aschers Artikel am 9. Oktober 1811 an Arnim:

> Ich habe, dem Morgenblatte zum Trotz, hier zu viel von unserm christlichen Vereine gesprochen […]. Halten Sie sich nur brav und streitbar, vor allen Dingen aber lassen Sie sich ja nicht in gedrucktem Wortwechsel mit dem Judenvolke ein. Das Zeug muß am Ende das Maul halten, wenn man nicht auf seinen lächerlichen Groll Achtung giebt.[30]

In einer programmatischen Rede von Beckedorff in der Tischgesellschaft heißt es: „Wir führen Krieg gegen die Juden, gegen ein Gezücht, welches mit wunderbarer Frechheit […] sich in den Staat, in die Wissenschaft, in die Kunst, in die Gesellschaft […] einzuschleichen, einzudrängen und einzuzwängen bemüht ist."[31]

Insgesamt lässt sich feststellen, dass in Aschers journalistischen Beiträgen zu den Debatten im Vorfeld des Emanzipationsediktes alle Argumente schon angelegt sind, die er später in seinen Schriften „Die Germanomanie", „Die Wartburgs-Feier" oder „Über den deutschen Geistesaristokratismus" ausformuliert hat. Wie in diesen Schriften wendet er sich gegen einen aggressiven romantischen Frühnationalismus, in dem „Christentum und Deutschheit zu einem deutschen Christentum oder einer christlichen Deutschheit verschmolzen werden und in dem Juden, da sie weder Christen noch Deutsche seien, als Juden der Deutschheit entgegengesetzt werden", wie Ascher die „Germanomanie" kennzeichnet.[32] Tatsächlich findet sich in Aschers Zeitschrift „Welt- und Zeitgeist" 1810 auch schon ein Artikel mit dem Titel „Über die derzeitige Allemannomanie".[33]

3. Nationalismus-Kritik im Selbstverlag in der Restaurationszeit (1814–1822)

Die dritte und letzte Phase in Aschers journalistischer Tätigkeit ist wesentlich mit der Herausgabe seiner eigenen Zeitschrift „Der Falke" verbunden.[34] Nach dem Zusammenbruch des napoleonischen Empire 1813/1814 gerieten die profranzösischen Journalisten in ganz Deutschland zunächst unter großen Druck. Einige von ihnen, wie Karl Julius Lange, sind gänzlich verschollen, über einige konnte Cotta seine schützende Hand halten und sie bei seinen Journalen weiterbeschäftigen.[35] Erstaunlich viele von ihnen wurden aber dann auch in den neu eingerichteten Presseabteilungen der restaurierten oder neu gegründeten deutschen Fürstentümer und Königreiche angestellt.[36]

Saul Ascher hat nach 1814 ausschließlich nur noch in seinem eigenen Verlag Achenwall und Compagnie publiziert. Auch wenn man die in zeitgenössischen Quellen immer wieder auftauchende Vermutung, dass Achenwall nur ein Pseudonym für Ascher war, nicht ungeprüft übernehmen sollte, ist es doch gerechtfertigt, von Aschers Selbstverlag zu sprechen, weil er den Kaufvertrag des Verlags unterzeichnet hat und bei Achenwall ausnahmslos Aschers eigene Werke erschienen sind.[37] Zunächst noch in Berlin eingetragen, hat Ascher den Verlag bald nach Leipzig verlegt, um der preußischen Zensur zu entgehen. Die zugehörige politische Zeitschrift „Der Falke" hat Ascher 1818 gegründet, und es sind nur zwei Jahrgänge erschienen. Das größte Echo hat sein Artikel „Ansicht vom künftigen Schicksal des Christenthums" ausgelöst – wenn auch sicher nicht in Aschers Sinn.

Hier vertritt Ascher die These, dass die drei großen Offenbarungsreligionen zwar ihre historische Bedeutung in der Überwindung der beschränkten Nationalreligionen des Altertums gehabt hätten, aber wegen des Fortschritts des wissenschaftlichen Geistes der Kritik künftig in einer kosmopolitischen und rationalen Weltreligion aufgehen würden, da ihre Begründung in Wundern, Glauben und

Autorität von Gottes Worten nicht mehr zeitgemäß seien. Das Christentum als Offenbarungsreligion tauge daher weder zu einer Nationalreligion noch zur Weltreligion. Dem „katholisierenden Protestantismus" der romantischen Frühnationalisten stellt Ascher einen Protestantismus der fortlaufenden rationalen Religionskritik gegenüber, durch den „das Christenthum [...] allmählig an seiner Autorität verlieren muß" und dem „sich entwickelnden Bewusstsein unserer Selbstständigkeit" weichen wird, „wodurch einzig und allein das für die Menschen dauernde Band einer wahren Weltreligion sich zu bilden vermag."[38] Da sich dies alles dem Beobachter mit höchster Evidenz darstelle, könne man nur zuversichtlich in die Zukunft schauen. Es sind solche Passagen, über die Heine halbironisch notierte, dass bei Ascher „immer die Vernunft von ihrer eigenen Vortrefflichkeit renommiert" und den Sieg davonträgt, wofür er aber „alle Achtung" verdiene (DHA VI, 103).

Weniger amüsiert reagierten die preußischen Behörden, die die Schrift sofort beschlagnahmten. In der Presse gab es empörte Reaktionen, in denen vor allem zwei Punkte skandalisiert wurden. Erstens wurde Ascher als Jude überhaupt die Berechtigung abgesprochen, über das Christentum zu schreiben.[39] Beinahe noch mehr aber erregten sich die Blätter darüber, dass die Schrift in Aschers Selbstverlag erschien. In der Zeitschrift „Der Freimüthige" wurde eine Preisfrage angeregt: „Ob es gerathen seyn dürfte, den Bekennern des mosaischen Gesetzes den Buchhandel zu gestatten?"[40] Und das Leipziger „Zeitblatt für Literatur und Politik" rief „Schriftsteller und Buchhändler" dazu auf, die Regierungen „auf die Nachtheile aufmerksam zu machen, welche das Eindrängen der Juden in den aus wenigen Gliedern bestehenden und so gut organisirten Deutschen Buchhandel" habe und „die kräftigsten Maaßregeln zur Verhütung" dieses Eindrängens zu fordern.[41] Die diskursverweigernden Ausschlussmechanismen auf der Ebene der Geselligkeitskultur der „Tischgesellschaft" wiederholten sich so auf der Ebene der medialen Öffentlichkeit und des Verlagswesens. Bis in die Wortwahl hinein gleichlautend werden dabei ökonomisch-ständische Interessen kulturalistisch und religiös verbrämt und vor dem „Eindrängen" (vgl. oben Beckedorffs Rede vor der „Tischgesellschaft") einer angeblich nicht dazugehörigen Gruppe gewarnt. Waren in der „Tischgesellschaft" hauptsächlich altständische und akademische Interessensvertreter versammelt, die für sich in Anspruch nahmen, die „deutsche" Nation zu repräsentieren, um gegen die Hardenberg'schen Reformen der Gewerbe-, Handels- und Religionsfreiheit zu agitieren, so ist es hier ein zünftisch geschlossenes Verständnis des Buchhandels, der sich als nationaler „Deutsche[r] Buchhandel" ausgibt.

Zusammenfassend lässt sich festhalten: Je mehr Ascher mit seinen journalistischen Arbeiten ab 1800 das Feld einer innerjüdischen Aufklärung seiner Frühschriften verlassen und über gesamtgesellschaftliche politische Reformen im Namen säkularer und konstitutioneller Werte geschrieben hat, desto mehr wurde er wie kein anderer Autor von bestimmten Akteuren und ständischen Interessensgruppen, die sich nun ihrerseits als „christlich" und „deutsch" definierten, zum Skandalon erklärt und mit dem Attribut „jüdisch" versehen.

Aschers politischer Standpunkt erscheint dabei weniger als eine ‚jakobinische' Kritik im engeren Sinn, sondern eher als ein ‚bürgerlicher', nach dem liberale Forderungen am ehesten durch reformbereite Regierungen umzusetzen sind, für die als Kandidaten sowohl Napoleon als auch die preußischen Regierungen bis zu Hardenberg in Betracht gezogen werden. Die Religionsfrage wird damit einerseits zur Verfassungsfrage gleicher staatsbürgerlicher Rechte und andererseits in einem global perspektivierten Vergleich der Weltreligionen verallgemeinert.

Wie Aschers journalistische Tätigkeit zeigt, hat er früh und als einer der ersten auf das Konglomerat aus altständischen, antikonstitutionellen und antijüdischen Ingredienzien in der romantischen Spielart des deutschen Frühnationalismus öffentlich aufmerksam gemacht. Zeitgenössische Leserinnen und Leser erfuhren durch Ascher, wie sich dessen Vertreter in Opposition zu liberalen Gesellschaftsreformen (Verfassung, Gewerbe- und Religionsfreiheit) bereits vor dem Emanzipationsedikt von 1812 in unterschiedlichen städtischen Geselligkeitsformen, Netzwerken und Institutionen um „Berliner Abendblätter", „Tischgesellschaft" und neugegründete Universität mit Querverbindungen zu Ständeversammlungen und Regierungsbeamten organisiert haben. Über die unausgesprochenen politischen Zielsetzungen dieser vermeintlich bloß kulturell-wissenschaftlichen Organisationen hat Ascher umfassend informiert.

Während Ascher die Öffentlichkeit gesucht hat und seine Kritik notfalls im Selbstverlag publiziert hat, sind öffentlich-publizistische Reaktionen auf seine Artikel relativ rar. Dies hat nach den historischen Zeugnissen weniger damit zu tun, dass Aschers Artikel nicht wahrgenommen worden sind, sondern ist eher in der Diskursverweigerung durch die von ihm kritisierten Akteure begründet. Ständisch-korporatistische Interessen und Ausschlussmechanismen, etwa im Verlagswesen oder im akademischen Bereich, werden von diesen als kulturell und religiös gewendete nationale Interessen ausgegeben, um Ascher als „Juden" die Berechtigung zur Teilnahme am öffentlichen Diskurs abzusprechen. In dieser Hinsicht lässt sich eine gerade Linie von Beckedorffs Reden in der „Tischgesellschaft" über die Forderung nach Ausschluss von Juden aus dem Verlagswesen im „Freimüthigen" und im Leipziger „Zeitblatt" bis hin zur Bücherverbrennung von Aschers Werken auf dem Wartburg-Fest durch studentische Burschenschaftler ziehen. Im Hinblick auf die Frage nach der unmittelbaren Wirkung von Aschers Artikeln offenbaren gerade diese Reaktionen, dass er nicht nur aus heutiger, historisch-rückblickender Sicht, sondern bereits in der Wahrnehmung seiner Zeitgenossen einen Punkt getroffen hatte.

Bücherverbrennung beim Wartburg-Fest (1817). Spätere Darstellung

Aufklärung im Namen westlicher und säkularer Werte, das macht Aschers journalistische Kritik ebenso deutlich wie die Reaktionen auf sie, waren nicht nur eine innere Angelegenheit der Haskala, sondern vor allem eine Aufgabe und Herausforderung der preußischen Ständeordnung, die noch lange nicht westlich und säkular war.[42] Darauf wiederum weist auch Heinrich Heine seine westfälischen Landsleute in seinen Korrespondentenberichten aus Berlin hin, die in Aschers Todesjahr 1822 die journalistische Laufbahn des bedeutendsten deutschen Zeitschriftstellers des 19. Jahrhunderts begründeten.

Anmerkungen

1 Vgl. auch Iwan-Michelangelo D'Aprile: Die Erfindung der Zeitgeschichte. Geschichtsschreibung und Journalismus zwischen Aufklärung und Vormärz. Berlin 2013, S. 15 f.
2 [Saul Ascher]: Kabinett Berlinischer Karaktere. [Berlin] 1808, S. IV f.
3 Christoph Schulte: Vorwort. – In: William Hiscott: Saul Ascher. Berliner Aufklärer. Eine philosophiehistorische Darstellung. Hrsg. v. Christoph Schulte und Marie Ch. Behrendt. Hannover 2017, S. 7–30, hier S. 16.
4 Walter Grab: Saul Ascher, ein jüdisch-deutscher Spätaufklärer zwischen Revolution und Restauration. – In: Tel Aviver Jahrbuch VI (1977), S. 131–179; Walter Grab: Ein Volk muss seine Freiheit selbst erobern. Zur Geschichte der deutschen Jakobiner. Frankfurt a.M. 1984; Jörn Garber: Revolutionäre Vernunft. Texte zur jakobinischen und liberalen Revolutionsrezeption in Deutschland 1789–1810. Kronberg/Ts. 1974.

5 Iwan-Michelangelo D'Aprile: Der „Weltgeist" der Aufklärung. Saul Aschers und Friedrich Buchholz' anti-idealistische Weltgeschichtsschreibung. – In: Aufklärung – Evolution – Globalgeschichte. Hrsg. v. Iwan-Michelangelo D'Aprile und Ricardo S. Mak. Hannover-Laatzen 2010, S. 89–104.
6 Peter Hacks: Ascher gegen Jahn. Ein Freiheitskrieg. 3 Bde. Berlin 1991, Zitat: Bd. 1, S. 84; Saul Ascher: Flugschriften. Hrsg. v. André Thiele. Mainz 2011; Peter Hacks: Zur Romantik. Berlin 2008.
7 Renate Best: Der Schriftsteller Saul Ascher. Im Spannungsfeld zwischen innerjüdischen Reformen und Frühnationalismus in Deutschland. – In: Saul Ascher: Ausgewählte Werke. Hrsg. v. Renate Best. Köln 2010, S. 7–57.
8 Vgl. Christoph Schulte: Die jüdische Aufklärung. Philosophie, Religion, Geschichte. München 2002, S. 184.
9 William Hiscott: Saul Ascher. Berliner Aufklärer. Eine philosophiehistorische Darstellung. Hrsg. v. Christoph Schulte u. Marie Ch. Behrendt. Hannover 2017. Aus der jüngeren Haskala-Forschung zu nennen ist daneben Sven-Erik Rose: Jewish Philosophical Politics in Germany 1789–1848. Waltham, Mass. 2014. Einen neueren Überblick bietet auch der Eintrag zu Ascher in Lexikon deutsch-jüdischer Autoren. Hrsg. v. Renate Heuer. Bd. 21: Nachträge und Gesamtregister. Berlin, Boston 2013, S. 9–26. Vgl. außerdem: Bernd Fischer: Ein anderer Blick. Saul Aschers politische Schriften. Wien 2016.
10 Karl Ludwig Woltmann: Das englische Ministerium und Buonaparte, Pitt und Fox. – In: Geschichte und Politik, Bd. 1 (1800), S. 302–311, vollständige Fassung in: Zensurblätter betreffend den Aufsatz „Das Englische Ministerium und Buonaparte, Pitt und Fox". Geheimes Staatsarchiv Preußischer Kulturbesitz, I. HA, Rep. 9, F2a, Fasc. 42, Bl. 233–252, hier Bl. 237, 239.
11 „La révolution très utile que vous avez faite du bas en haute se fera lentement en Prusse du haute en bas. Sous peu d'année, il n'y aura plus des classes privilégiées en Prusse." Zit. n. Dominique Bourel: Zwischen Abwehr und Neutralität. Preußen und die Französische Revolution 1789 bis 1803/1806. – In: Preußen und die revolutionäre Herausforderung. Hrsg. v. Otto Büsch u. Monika Neugebauer-Wölk. Berlin, New York 1991, S. 43–57, hier S. 56.
12 Vgl. die Bibliographie von Aschers Zeitschriftenbeiträgen bei Best: Der Schriftsteller Saul Ascher [Anm. 7], S. 299 f.
13 Saul Ascher: Eigene Ansicht der gegenwärtigen Regierung in Frankreich. – In: Genius des 19. Jahrhunderts 4 (1802), S. 169–187.
14 Ebd., S. 186 f.
15 Saul Ascher: Mannigfaltigkeiten aus Berlin. – In: Miszellen für die neueste Weltkunde, Nr. 16, Sonnabend, den 24. Februar 1810, S. 1.
16 Zit. n. Grab: Ein Volk [Anm. 4], S. 481. Vgl. dazu auch Best: Der Schriftsteller Saul Ascher [Anm. 7], S. 29–32.
17 Vgl. auch D'Aprile: Die Erfindung der Zeitgeschichte [Anm. 1], S. 88 f.
18 Vgl. auch Hiscott: Saul Ascher [Anm. 9], S. 11.
19 Vgl. Eduard Gans (1797–1839). Politischer Professor zwischen Restauration und Vormärz. Hrsg. v. Reinhard Blänkner, Gerhard Göhler, Norbert Waszek. Leipzig 2002.
20 Miszellen für die neueste Weltkunde, Nr. 26, Sonnabend, den 30. März 1811, S. 102.
21 Jens Bisky: Kleist. Eine Biographie. Berlin 2007, S. 390.
22 Vgl. Österreichischer Beobachter, Nr. 199 v. Donnerstag, 25. Juli 1811, S. 821.
23 Friedrich August Ludwig von der Marwitz: Letzte Vorstellung der Stände des Lebusischen und Beeskow-Storkowschen Kreises an den König [1811]. – In: Friedrich August Ludwig von der Marwitz. Ein märkischer Edelmann im Zeitalter der Befreiungskriege. Hrsg. v. Friedrich Meusel. Bd. 2/2, Berlin 1913, S. 3–22, hier S. 21.
24 Ebd., S. 18.
25 Vgl. Ethel Matala de Mazza: Sozietäten (Christlich-deutsche Tischgesellschaft). – In: Kleist-Handbuch. Leben – Werk – Wirkung. Hrsg. v. Ingo Breuer. Stuttgart 2009, S. 283–285.

26 Saul Ascher: Mannigfaltigkeiten aus Berlin. – In: Miszellen für die neueste Weltkunde, Nr. 35, Mittwoch, den 1. Mai 1811, S. 138.
27 Ebd.
28 Saul Ascher: Briefe über die Tendenz der wissenschaftlichen Bildung zu Berlin. Über Berliner Geselligkeitskultur und neu gegründete Universität. – In: Morgenblatt für gebildete Stände, Nr. 156, 157 und 159 vom 1., 2. und 4. Juli 1811.
29 Vgl. Stefan Nienhaus: Geschichte der deutschen Tischgesellschaft. Tübingen 2003; Marco Puschner: Antisemitismus im Kontext der politischen Romantik. Konstruktionen des „Deutschen" und des „Jüdischen" bei Arnim, Brentano und Saul Ascher. Tübingen 2008; Werner Treß: Professoren. Der Lehrkörper und seine Praxis zwischen Wissenschaft, Politik und Gesellschaft. – In: Geschichte der Universität unter den Linden 1810–2010. Bd. 1: Biographie einer Institution (1810–1918). Hrsg. v. Heinz-Elmar Tenorth u. Charles McClelland. Berlin 2013, S. 131–207.
30 Ludolph von Beckedorff an Achim von Arnim, 9. Oktober 1811, zit. n. Reinhold Steig: Heinrich von Kleist's Berliner Kämpfe. Berlin, Stuttgart 1901, S. 612.
31 Ludolph von Beckedorff: Rede vor der Christlich Deutschen Tischgesellschaft vom 18. Juni 1811. Zit. n. Nienhaus: Tischgesellschaft [Anm. 29], S. 238.
32 Saul Ascher: Die Germanomanie. – In: ders.: Flugschriften [Anm. 6], S. 141–172, hier S. 147.
33 Welt- und Zeitgeist. Ein Archiv politisch-philosophisch-literarischen Inhalts. Hrsg. v. Saul Ascher. Bd. 1, H. 2. Leipzig 1810, S. 125–133.
34 Der Falke. Eine Vierteljahrsschrift. Der Politik und Literatur gewidmet. Hrsg. v. Saul Ascher. Leipzig 1818/1819.
35 Zu Lange vgl. Peter Jungblut: Ein verteufeltes Leben. Simson Alexander David – Karriere eines Feindbilds. Berlin 2012; zu Cotta Bernhard Fischer: Johann Friedrich Cotta. Verleger – Entrepreneur – Politiker. Göttingen 2014.
36 Vgl. Iwan-Michelangelo D'Aprile: Europäische Pressenetzwerke im napoleonischen Zeitalter. – In: Netzwerke des Wissens. Das intellektuelle Berlin um 1800. Hrsg. v. Anne Baillot. Berlin 2011, S. 331–346.
37 Vgl. Gründung einer Verlags- und Sortimentsbuchhandlung durch Ankauf von Verlagsartikeln der Fr. Braunes'schen Buchhandlung. Kommission: Cnobloch in Leipzig. Dr. Ascher, Achenwall & Co., Berlin 1813. Archivalien in der Bibliothek des Börsenvereins der Deutschen Buchhändler zu Leipzig, Sign. Bö-GR/A/45.
38 Saul Ascher: Ansicht vom künftigen Schicksal des Christenthums. – In: Der Falke 1 (1818), S. 145–187. Zit. n. Best: Der Schriftsteller Saul Ascher [Anm. 7], S. 282–297, hier S. 294 ff.
39 So moniert Der Katholik. Eine Zeitschrift zur Belehrung und Warnung „unchristliche Äußerungen" Aschers und fragt rhetorisch: „Darf denn ein Jude in Berlin den Christen sagen, daß das Christenthum nicht zur vaterländischen Religion tauge?" Der Katholik. Eine Zeitschrift zur Belehrung und Warnung 2 (1822), H. 9, S. 67.
40 Der Freimüthige für Deutschland. Zeitblatt der Belehrung und Aufheiterung, Nr. 43 vom 1. März 1819.
41 Zeitblatt für Literatur und Politik, 32. St., Oktober 1819, S. 251.
42 Vgl. Heinrich August Winkler: Der lange Weg nach Westen. 2 Bde. Neuaufl. München 2014.

Frühe Diskurskritik

„Jüdischer Witz' in Börnes politischem Feuilleton

Hans Kruschwitz

I.

Ludwig Börnes Hallenser Studienjahre waren nicht seine glücklichsten. Denn hatte der Zehnjährige die weitgehende Zerstörung der Frankfurter Judengasse infolge des französischen Beschusses von 1796 weit weniger als Verlust denn als Befreiung aus geistiger Enge empfunden, für die er noch Jahre später der Vorsehung dankte[1], und war dem Sechzehnjährigen ein kurzer Studienaufenthalt in Berlin von November 1802 bis April 1803 zur Erfahrung geworden, weil die jüdischen Salons der Stadt bewiesen, dass Juden „Anschluß an das gebildete deutsche Großbürgertum"[2] finden konnten, erlitt sein Emanzipationsdrang in der preußischen Provinz schwere Dämpfer. Mindestens einmal klagt er in den Briefen, die er aus Halle an Henriette Herz richtet, offen über das „rauhe, ja oft brutal-antisemitische Klima"[3] unter seinen Kommilitonen:

> Wenn sie erst kommen und dir sagen, daß du ein Jude bist, wenn sie den Mauschel beohrfeigen, daß man sich kranklachen möchte. O, wenn ich dies bedenke, wie ein Sturm braust es in meinem Innersten, es möchte die Seele aus ihrem Wohnhaus stürzen, und sich den Leib eines Löwen suchen, daß sie den Frechen begegnen könnte mit Klaue und Gebiß.[4]

Wenn berichtet wird, dass Ludwig Börne in dieser Zeit damit begann, eine Geschichte der Judenverfolgungen zu schreiben[5], ist man daher nicht überrascht. Er hatte offenbar Anlass dazu. Man erstaunt auch nicht, dass er sich im Vorfeld eines Besuchs der Heimat 1805 vornahm, sich „durch Erinnerungen" aus der „Kindheit" „rühren und bewegen" zu lassen[6], denn was liegt näher, als sich in feindlicher Umgebung nach der Heimat zu sehnen? Der Versuch

---

H. Kruschwitz (✉)
Aachen, Deutschland
E-Mail: h.kruschwitz@germlit.rwth-aachen.de

misslang freilich, weil Börne sich seiner Herkunft bereits entfremdet hatte und dem jüdischen Leben Frankfurts emotional distanziert gegenübertrat. Er habe die Zeit bei den Eltern zwar genossen, schreibt er später an Henriette Herz, aber „das Element", in dem er in Frankfurt „athmete," sei ihm doch „fremd" gewesen: „Die Leute amüsirten mich erstaunlich, weil sie so gar exzentrisch waren, außer *meinem* Mittelpunkt. Ich spreche immer von Juden, denn mit Christen gehen wir nicht um, noch weniger sie mit uns."[7] Dieselbe Distanzierung bezeugt zwei Jahre später ein Text, den Börne anlässlich eines weiteren Besuchs in Frankfurt zu Papier bringt, nämlich die fragmentarische Skizze „Die Juden in Frankfurt am Main" (1807), über die Liliane Weissberg richtig geurteilt hat, dass sie „weniger als nostalgische Heimkehr denn als ethnographischer Report verfaßt" ist.[8] Mag die Erzählstimme darin auch beteuern, wie erwartungsvoll sie nach siebenjähriger „Trennung" zu ihren „Glaubensgenossen" zurückkehrt[9], schon ihre wie selbstverständliche Parallelisierung christlicher und jüdischer Feste – „[e]s war grade am ersten Tage des Osterfestes, als ich in die Judengasse trat"[10] – zeigt, dass ihr Lebensmittelpunkt kaum noch derselbe wie der traditioneller Juden ist. Man muss allerdings einräumen, dass sie das auch nicht zu verbergen versucht. Vielmehr bekennt sie offen, dass ihr nach eigener Einschätzung nicht mehr „jüdischer Sinn übriggeblieben" ist, als eben nötig ist, um „bei einem Anblick, der lächerlich ist," „gutmütig [zu] lächeln".[11]

Peter Becker: Hinterhäuser in der Frankfurter Judengasssse (1872)

Sieht man von der Arroganz gegenüber dem Herkunftsmilieu ab, die sich darin ausspricht, ist der Text gleichwohl bemerkenswert. Denn es gibt kein vergleichbares Zeugnis, in dem Börne das Judentum zugleich so *sinnlich* affirmiert. So sehr seine Erzählstimme im Weiteren über die „Dunkelheit" klagt, die ihres Erachtens „ein Symbol [...] von der Geisteskultur der Juden"[12] in der Gasse abgibt, so angenehm empfindet sie nämlich die Hitze, die die Sonne darin erzeugt und ihr den Gedanken eingibt, dass die Juden vielleicht doch „des Himmels Lieblingskinder" sind, da er ihre Wohnungen „wärmer" bescheint „als den übrigen Teil der Stadt, wo es zur selben Zeit" noch „ziemlich kühle" ist.[13] Man kann diese Bemerkung natürlich als ironische Vorausdeutung auf die Zweifelhaftigkeit des sinnlichen Lebens in der Judengasse verstehen, das im Folgenden geschildert wird – doch dass sie deshalb ironisch *gemeint* wäre, müsste erst einmal bewiesen werden. Schließlich muss sie mit Blick auf den Hallenser Antisemitismus[14] und Börnes mit ihm koinzidierenden Vorsatz von 1805, sich in Frankfurt von Kindheitserinnerungen „rühren und bewegen"[15] zu lassen, keineswegs ironisch gemeint sein. Auch bürgen weder sein anhaltendes Schwärmen für Henriette Herz noch die Tatsache, dass er zur Entstehungszeit des Texts stark unter dem Eindruck von Friedrich Schleiermachers Ethik-Vorlesung steht[16], wirklich dafür, dass hier vom Standpunkt überlegener Rationalität aus gesprochen werden soll. Immerhin entwickelt Schleiermacher in dieser Vorlesung doch die Idee von der „Identität des Theoretischen und des Praktischen"[17], und es ist nicht plausibel zu machen, warum Börne, der seinem Gedanken einer „Versöhnung von Intellektualismus und Realismus"[18] folgt, sich in irgendeiner Weise mokant über das Sinnliche äußern sollte. Eher wäre das Gegenteil zu vermuten, da er ihn offenbar mit der naturphilosophischen Vorstellung von der Wesenseinheit von Geist und Natur verknüpft[19] und in seinen „Freimütigen Bemerkungen über die neue Stättigkeits- und Schutzordnung für die Judenschaft in Frankfurt am Main" (1808) offen in die Klage über die *falsche* Trennung von Geist und Leib übersetzt:

> Es war zu jeder Zeit ein Gemeinspruch der Prediger gewesen, daß man bei Erforschung der Wahrheit suchen müsse, sich soviel als möglich vor dem Einflusse der Leidenschaft zu bewahren. [...] Der alte sündliche Wahn vieler Köpfe, der Leib und Geist auf verschiedene Stufen des Ranges stellt, ist es [...], welcher Vater war zu jener naturwidrigen Moral- und Klugheitsregel. [...] Wir bemerken bloß, daß wenn es auch wirklich *möglich* wäre, die Tätigkeit des Geistes rein wirken zu lassen, ungetrübt von dem Einflusse der persönlichen Lüste, daß dieses doch auf keinem [sic] Fall auch *wünschenswert* sei.[20]

Kurz: Wenn es stimmt, dass die „Kluft zwischen Theorie und Praxis deutscher Philosophie und Gelehrsamkeit"[21] für Börnes „gesamte Publizistik" zentral ist[22], spricht wenig dafür, seine Darstellung des sinnlichen Lebensüberschusses der Frankfurter Juden für eine glatte Distanzierung zu halten. Stattdessen ist gerade bei Börne, den Freud später selbst für die Vorgeschichte der Psychoanalyse in Anspruch genommen hat[23], anzunehmen, dass der literarisierten Beschreibung seiner Rückkehr in die dunkle, überhitzte Judengasse genauso wie der des erotischen Treibens oder des Widerspiels von religiöser Autorität und Frauenschläue darin eine wie auch immer gebrochene innere Sympathie entspricht – und nicht nur das, ein Seitenblick auf die Deutschen, die schon nach Auffassung des jungen Börne „vor lauter Wissenschaft [...] das *Leben* verlernt"[24] haben, berechtigt sogar zu der Annahme, dass die „Töchter Abrahams", die sich hier dem Blick des Betrachters „im nachlässigsten Morgengewande"[25] darbieten, genau das repräsentieren, was den Deutschen fehlt: das *Leben*. Wie sehr Börne den Gegensatz von Leben und Wissenschaft damit mit dem von Juden und Deutschen identifizieren würde, könnte ein kurzer Blick in die erwähnten „Freimütigen Bemerkungen" zur Frankfurter Stättigkeitsordnung bestätigen (1808), die den Juden verbieten will, unter 25 Jahren zu heiraten. Da „die physische Organisation des Menschen" ohnehin schon „zum Vorteil seiner geistigen" vernachlässigt werde, wendet er hier nämlich ein, obwohl der Geschlechtstrieb bei vielen „im zwölften Jahre" erwache und „im vierzehnten Befriedigung"[26] verlange, sei wohl vorhersehbar, zu welchen Verwerfungen das führen müsse. „Zumal bei den Juden, die sich ihres südlichen Temperaments wegen schneller konsumieren."[27] Denn mit diesem Nachsatz greift Börne nicht nur die orientalistische Rede von der „Südlichkeit"[28] der Juden auf, um eine pseudobiologische Erklärung dafür zu geben, warum die Juden als Nation angeblich „mehr Phantasie als Verstand, mehr Witz als Beurteilungskraft und mehr Feuer als Ausdauer"[29] besitzen, sondern er legt auch den Grund zu einer kleinen Reihe von verstreuten Äußerungen, in denen er den Süden mitsamt seiner Beziehung zum Judentum und zur jüdischen Lebenslust sowie in klarer Abgrenzung zur deutschen Sprödigkeit erneut aufruft.

So lobt Börne zum Beispiel 1819 in einer Rezension der Oper „Saul. König in Israel" des Österreichers Ignaz von Seyfried die Stoffwahl: „Solche plastische, lebenskräftige biblische Geschichten", „wäre ich ein Bühnendichter", „[s]olche Stoffe wählte ich mir".[30] Insbesondere für Saul selbst begeistert er sich, der „mit unverhohlner, faltenloser, durch keine diplomatische Grimasse entstellter Herrschsucht und Ruhmbegierde, *südlich glühenden Herzens,* wegen seiner Blutsünden den unterirdischen Mächten heimgefallen".[31] Denn mag sein Charakter auch zwiespältig sein, so tut doch wohl, dass sich sein Auftritt von den „verflachten, dahinkränkelnden, durch tausendfältiges Durchseifen und Waschen ausgefaserten, durch Sitten- und Polizeizwingherrschaft verkrüppelten, durch Höllenfurcht und Himmelssehnsucht entnervten Worten und Taten der neuen Menschen"[32] merklich unterscheidet. Börne zählt Saul zu den „Kraftmenschen"[33] bzw. zu den „Solospieler[n] im Konzerte der Welt", deren „Kadenzen", wie es einmal in seiner Logenrede „Über Musik und Talentbrüder" (1811) heißt, „den einförmigen Takt der Lebensmusik"[34] unterbrechen, und deren moralische Ausnahmestellung er ausdrücklich anerkannt sehen will:

> Legt nicht die schnöde Elle des Schneiders an Pyramidenherzen an, die den Himmel küssen und, sich über das Gemeine erhebend, dem Zahne der Zeit trotzen und den Zungen kleiner Toren. Legt das wilde Brausen des erzürnten Meeres nicht auf die Wagschale der bürgerlichen Gerechtigkeit und zürnt nicht, wenn sein lauter Ton eure schwachen Instrumente überstimmt und euer schleichender Takt seinem raschen Lauf nicht zu folgen vermag.[35]

Mutmaßlich 1828, also zwanzig Jahre nach den „Freimütigen Bemerkungen" und neun nach seiner Rezension von Ignaz von Seyfrieds Oper, kommt Börne in einer kurzen Besprechung von Heinrich Ludens „Geschichte des teutschen Volkes"

(1825 ff.) wieder auf den Süden zurück, beschwört den Süden als *die* Quelle der Freiheit und bringt das Südliche überdies in direkte Opposition zu den Deutschen. Das heißt, er übersetzt die von Schleiermacher und der romantischen Naturphilosophie übernommenen Rufe nach Ineinssetzung von Theorie und Praxis, Geist und Natur sowie Geist und Leib in den *unaufhebbaren* Gegensatz eines nördlich-deutschen und, wenn man seinem metaphorischen Gebrauch des Südens ein gewisses Maß an Stabilität zubilligen will, südlich-jüdischen Charakters:

> Man preist die Freiheit und die Freiheitsliebe der alten Deutschen. Freiheit! Wer ist frei? Frei ist, wer alle Kräfte seines Leibes und seiner Seele und alle Güter gebrauchen darf wann und wie er will, der nicht zu heucheln, nicht zu lügen, sich nicht zu verstellen braucht, und der reden und schweigen kann, was er will. Waren die wilden Deutschen frei [...]? Die Freiheit ist *nur eine Frucht des Südens,* keine des Nordens; von dem Norden kam immer nur Befreiung, kam der kalte Wintersturm, der lustmatte Völker zu neuen Genüssen stählte. Man rühmt die Keuschheit der deutschen Frauen! Wie, keusch wären diese Mädchen gewesen, die in Frost und Sturm und Nebel ihrer Wälder nackt heranwuchsen, wie Männer jagten und kriegten, keinen Tee, keinen Kaffee, keine Schokolade tranken, nicht stickten, kein Kasino hatten und erst im fünfundzwanzigsten Jahr ihres Alters die Entdeckung machten, daß sie keine Männer sind?[36]

Börnes frühe Rede vom „südlichen Temperament" der Juden und seine spätere davon, dass die Freiheit „nur eine Frucht des Südens" sein kann, mag freilich umso mehr erstaunen, als Börne stets ein gebrochenes Verhältnis zum Judentum nachgesagt worden ist. Auch wenn man nicht übersehen hat, dass Börne sich immer für die rechtliche Gleichstellung der Juden eingesetzt hat, er antisemitischen Ausfällen ebenso öffentlich wie nachdrücklich entgegengetreten ist und seinen Einsatz für die Freiheit unzweideutig mit dem Hinweis auf seine jüdische Erfahrung begründet hat – „Ja, weil ich als Knecht geboren, darum liebe ich die Freiheit mehr als ihr"[37], heißt es 1832 in seinen „Briefen aus Paris" –, auch wenn all das also bemerkt worden ist, hat man doch wenig Anhaltspunkte für ein positives Verhältnis zum Judentum bei ihm entdecken wollen. Schließlich beweist der Einsatz für die politische Gleichberechtigung der Juden nichts für die Existenz eines intakten jüdischen Selbstverständnisses. Besonders deutlich ist das von Jonathan Hess nachgezeichnet worden, der ausgehend von den Brüchen in Börnes Versuchen, bei seinem Eintritt in die Umgebungsgesellschaft ein jüdisches Selbstbewusstsein zu bewahren, geurteilt hat, dass „Börne's own texts question the very notion of articulating a Jewish self in a non-Jewish world".[38] Autoren wie Sander Gilman[39] oder Deborah Hertz haben Börne sogar ‚jüdischen Selbsthass' attestiert:[40]

> Für Endelman liegt der Fall des besonders nachhaltigen Selbsthasses, der sich bei Juden in der deutschen Vergangenheit feststellen läßt, in der Kombination von äußerem Vorurteil und innerem Mangel an jüdischen Riten, Loyalitäten und Identitäten. Diese Kombination würde bestimmt auch in höchstem Maße auf Börnes Situation zutreffen.[41]

Dagegen soll hier argumentiert werden, dass Börnes Publizistik als Versuch aufgefasst werden kann, das „südliche Temperament" der Juden als mutmaßliches Charakteristikum ihres *inneren* Lebens zum Orientierungspunkt sowohl für ihr eigenes als auch für das deutsche *äußere* Leben zu machen. Den Ausgangspunkt bildet dabei eine Passage in seinen „Freimütigen Bemerkungen" (1808), in der er ausgehend von einer eigentümlichen Geschichtstheorie für die gleichermaßen säkulare wie integrative Beschulung jüdischer Kinder wirbt. Solche Beschulung, heißt es da nämlich, tue dem jüdischen wie keinem zweiten Volke not, weil ihr Religionsgründer Moses ihm im Bewusstsein seines aus Ägypten mitgebrachten Sklavensinns Gesetze gab, die dahin zielten, „einen Konflikt zwischen Juden und Ausländern soviel als möglich entfernt zu halten".[42] „Es war also", so behauptet er, „Grundmaxime der mosaischen Politik, den Staat auf Isolierung zu gründen", und die Mittel, „die Moses zu diesem Zwecke anwendete, waren so weise und kräftig, daß sie noch bis den heutigen Tag fortwirken".[43] Eine Folge dieser Isolierung sei nur gewesen, dass die Juden „Wissenschaft und Kunst nicht aus sich selber schaffen" konnten, „weil beiden, als Töchtern des Bedürfnisses, ein Zustand des Kampfes vorhergehen muß, wie wir es durch die ganze Geschichte finden, daß jedes kunstreiche Volk zuvor ein kriegerisches gewesen" ist.[44]

Der entscheidende Punkt ist nun, dass Börne sich bei seinen weiteren Einlassungen keineswegs mit Hinweisen darauf begnügt, welche Vorteile *jüdische* Kinder von einer freien und gemeinsamen Beschulung zu erwarten hätten, sondern in direkter Fortsetzung seiner Theorie vom Zusammenhang der kriegerischen und wissenschaftlichen Entfaltung eines Volks *auch* andeutet, welche Vorteile *christliche* Kinder gewärtigen dürften. Insofern man nämlich als „Symptom des kriegerischen Zeitalters" ansehen könne, „daß die vorgeschriebenen Regeln, die bei der wissenschaftlichen Erziehung mit militärischer Subordination befolgt werden sollen, immer allgemeiner werden"[45], und insofern besonders die Deutschen „vor lauter Wissenschaft" schon ganz „das *Leben* verlernt" hätten[46], empfiehlt er dem Frankfurter Schulkuratel nicht nur, bei *jüdischen* Kindern davon abzusehen, ihnen bestimmte Methoden und Lehrbücher aufzudrängen, sondern – so die Konsequenz seiner nur äußerlich unverbundenen Urteile über den jüdischen Mangel und den deutschen Überfluss an Wissenschaft – auch bei *christlichen*. „Die Gelehrsamkeit" werde dadurch zwar verlieren, doch genau dafür sollten die Deutschen „dem Himmel danken"[47]. Sie täten gut daran, die Wissenschaft einmal „lauer zu behandeln".[48] Denn nur so könne an die Stelle der *Subordination* eine „Erziehung zur Freiheit",[49] das heißt ein Nachdenken über das Recht auf den freien Gebrauch aller „Kräfte seines Leibes"[50] bzw. über *In-Subordination* treten.

Blickt man von diesem schulpolitischen Standpunkt auf die eingangs erwähnte Skizze „Die Juden in Frankfurt am Main" von 1807 zurück, fällt auf, dass diese ausführlich von einer Insubordination handelt. Erzählt wird nämlich unter anderem, wie einige im „allgemeinen Backhause der Juden"[51] zubereitete Speisen möglicherweise verunreinigt wurden, weil eine Köchin die Töpfe, mit denen sie kochte, durch Auflegung eines Kartenblatts markiert hat, nicht beachtend, dass die Wärme des Herds die Pappverbindung der Karten angreifen, den Kleister aus ihr herauslösen und in die Speisen tropfen lassen kann, was an Passah, wo die Juden „nichts Gesäuertes essen dürfen"[52], bedeuten würde, dass die Speisen „für solche, die vom echten Geiste des Judentums erfüllt"[53] sind, unrettbar verdorben wären. Die fraglichen Töpfe werden eilig zum Rabbiner gebracht, und der entscheidet mit chemischem Sachverstand wie folgt: „[W]enn das Kartenblatt mit der

Bildseite auf dem Deckel lag, so sind die Speisen rein, denn die Farbe gibt gleichsam eine Mauer ab, durch welche die Partikelchen des Kleisters nicht in den Topf dringen können", „[w]enn hingegen die Karte mit der unbemalten Seite auf dem Topfe lag, so ist die Berührung zwischen dem Kleister und dem Deckel zu innig, als daß nicht die Speisen dadurch sollten verunreinigt werden."[54] Bedauerlicherweise ist natürlich das Zweite der Fall, doch was tut die findige Magd? Richtig, sie dreht die Karte behende um und fragt: „Jetzt dürfen wir's essen, nicht wahr, Herr Rabbiner?"[55] Worauf der Rabbiner entweder wirklich getäuscht oder sehr nachsichtig erwidert: „Nach Belieben, geht nach Hause und laßt's euch schmecken!"[56]

Erkennt man in dieser Szene einen Prototyp jener Tradition des ‚jüdischen Witzes', die man im Allgemeinen auf „das karnevaleske Element" des Purim-Spiels, also seine Tendenz, die Alltagsordnung zu invertieren[57], und im Besonderen auf den darin enthaltenen „Spott über Talmud-Gelehrsamkeit"[58] zurückgeführt hat, kann sie als Urszene von Börnes späterer Kritik an der „Kluft zwischen Theorie und Praxis deutscher Philosophie und Gelehrsamkeit" entziffert werden. An die Stelle der immer allgemeiner werdenden „Regeln, die bei der wissenschaftlichen Erziehung" in Deutschland mit „militärischer Subordination"[59] befolgt werden sollen, treten hier zwar die der „theologische[n] Chemie"[60] der Juden, aber sie tun es wahrscheinlich nur, weil die Juden ihnen mit ihrem „südlichen Temperament", das heißt ihrer angeblichen Neigung, „mehr Witz als Beurteilungskraft und mehr Feuer als Ausdauer"[61] zu bezeugen, nach Börnes Auffassung wenigstens innergemeinschaftlich etwas entgegenzusetzen haben. Dieses Vermögen soll ihnen nicht durch Oktroyierung bestimmter Methoden oder Lehrbücher genommen werden. Es gilt vielmehr, auch die christlichen Kinder von rigiden Vorgaben zu befreien, damit Wissenschaft und Witz einander befruchten.

Als modellbildend für Börnes politische Kritik kann diese dialektische Entgegensetzung von Judentum und Christentum, Witz und Wissenschaft, deshalb gelten, weil in ihr schon die Ahnung enthalten ist, dass aus dem einen eher der Mut zur Öffentlichkeit, aus dem anderen eher die Neigung zum Rückzug ins Private entspringt. Den Beleg dafür liefern erneut die „Freimütigen Bemerkungen" (1808), in denen Börne im Anschluss an eine Schilderung der Frankfurter Judengasse *vor* dem französischen Beschuss von 1796 daran erinnert, wie (allzu) leicht sich das Private darin an die Öffentlichkeit wagte:

> Wenn die Judenschaft ihre Gasse als einen großen Familiensaal zu betrachten pflegte, worin sie alles tun und unterlassen durfte, was man in seinem Hause zu verrichten und zu unterlassen gewohnt ist, so konnte der äußere Anstand unmöglich dabei gewinnen. Am Sabbat sah man die Herrn in Schlafrock und Pantoffel, die Damen in ihren Nachthauben herumspazieren. Die jungen Frauenzimmer zeigten sich in Negligés, als wären sie in ihren Schlafstuben. Sie saßen auf Bänken vor ihren Häusern und deklamierten Schillers Gedichte. Sie nahmen daselbst ganz ungeniert die Besuche ihrer Liebhaber an. Man trank auf der Straße seinen Kaffee, man rauchte, man zankte, man küßte sich; kurz, man tat wie zu Hause. Dieser Unfug mußte natürlich aufhören, sobald die Wohnungen der Juden zerstreut wurden[62]

So unübersehbar einerseits ist, dass der junge Börne die kecke Überführung von Privatem ins Öffentliche hier ablehnt und auf einen Mangel an Tugend zurückführt, so bedeutsam ist andererseits, dass er die Indifferenz von Privatem und Öffentlichem bei den Juden später in scharfen Gegensatz zur Verdrängung des Öffentlichen durch das Private bei den Deutschen bringt; so zum Beispiel in seiner Rezension „Der ewige Jude" (1821) von Ludolf Holsts Hetzschrift über das „Judenthum in allen dessen Theilen, aus einem Staatswissenschaftlichen Standpuncte betrachtet" (ebenfalls 1821). Nachdem Börne hier unterstrichen hat, dass Juden immerhin noch „Leidenschaften" besitzen und „nicht an jenen lumpigen, bettelhaften Lüsten" darniederliegen, „wobei man nicht lebt und nicht stirbt", dass sie also „keine *Philister*"[63] sind, urteilt er nämlich über die Deutschen: „Weil die Deutschen kein *öffentliches Leben* haben, wird jede öffentliche Tat und Rede als etwas Häusliches beurteilt; weil sie beständig hinter dem Ofen hocken, macht ihnen das kleinste Zuglüftchen freier Berührung einen steifen Hals".[64] Und in der „Vorrede" zu seinen „Dramaturgischen Blättern" (1829) ergänzt er: „Im Hause haben wir Mut, der Deutsche hält etwas auf sein Hausrecht", „vor der Türe" aber, „wo die Polizei beginnt, wenn die Dekoration einen Palast, eine Straße, einen Markt vorstellt, da sind wir ängstlich und blöde, sehnen uns nach der warmen Stube, nach den gemütlichen Pantoffeln zurück".[65] Eine konkrete Anwendung und vielleicht ihren Höhepunkt findet Börnes Kritik an der Scheu der Deutschen, aus dem Privaten entschieden ins Öffentliche zu treten, in seinen späteren Angriffen auf den liberalen Politiker Karl von Rotteck, dessen Nachgeben im Streit mit der badischen Regierung, die seine Wahl zum Freiburger Bürgermeister zweimal verwirft, mit der hastigen Umkehr eines Spaziergängers vergleicht, der plötzlich vom Regen überrascht wird:

> Er hat eine Art, einem den Liberalismus so bequem zu machen, daß es eine Lust ist. An schönen Maitagen, wo es weder zu kalt noch zu warm ist, geht er mit seinen politischen Freunden spazieren und macht sich über die faulen Bäuche lustig, die bei so herrlichem Wetter im Zimmer eingeschlossen bleiben. Kömmt aber der Sommer der Freiheit, und das Volk fängt zu donnern und zu blitzen an, wird, sobald der erste Tropfen fällt, der Regenschirm der Legalität aufgespannt, man eilt in die Stadt zurück und wimmert: *bleibt nur immer auf dem gesetzlichen Wege!*[66]

Rottecks Aufruf an seine Mitbürger, „sie möchten doch wegen seiner die väterliche Rache des Landesvaters nicht ihrer Stadt zuziehen"[67], das heißt nicht gegen die zweimalige Ablehnung seiner Wahl protestieren, sondern die „gesetzlichen Wege" achten und von einer dritten Wahl absehen – das ist für Börne die philiströse Übersetzung der anerzogenen Subordination aus dem Bereich der Wissenschaft in den des politischen Legalismus. *Ihr* möchte Börne entgegentreten, und er tut es, indem er den Egoismus, der bei den Juden zwar „theoretisch verleugnet" wird, aber, wie die Suppengeschichte illustrieren soll, „in der Praxis stets seine Rechte behauptet"[68], stark macht gegen jede Art von Duckmäuserei. Von hierher schreibt sich seine frühe Bewunderung Napoleons, auf den die Wendung vom „Solospieler im großen Konzerte der Welt", dessen Taten nicht mit der „Wagschale der bürgerlichen Gerechtigkeit"[69] gewogen werden sollen, wohl gemünzt ist, ebenso wie seine Genugtuung über den Gauner auf dem Hambacher Fest, der ihm seine Taschenuhr stiehlt und über den Heinrich Heine in seiner „Denkschrift" berichtet, dass Börne ihn als Garanten für das Gelingen der von ihm erwarteten deutschen Revolution hat ansehen wollen: „Auch wir, und das ist gut, auch wir haben Spitzbuben unter uns, und werden daher desto leichter reüssieren.

[…] Ja, auch wir, Germaniens Söhne, wir erwachen aus unserer schläfrigen Ehrlichkeit … Tyrannen zittert, wir stehlen auch!" (B IV, 85).

Das heißt freilich nicht, dass Börne *kategorisch* zur Widersetzlichkeit aufgerufen hätte, sondern es bedeutet, dass er seine Feder in den Dienst eines Publikums stellte, das ersteinmal darüber aufzuklären war, inwieweit seine Erziehung sowie die aus ihr hervorgehende Subordination unter eine (legalistische) Phraseologie sein Gefängnis war. „Wie es unter einer Million Menschen nur tausend Denker gibt, so gibt es unter tausend Denkern nur einen Selbstdenker"[70], schreibt Börne in seinem kurzen, aber wichtigen Text „Die Kunst, in drei Tagen ein Originalschriftsteller zu werden" (1823), und er begründet sein Urteil mit der strukturellen Macht von Diskursen, die sich durch die „vorgeschriebenen Regeln, die bei der wissenschaftlichen Ausbildung […] befolgt werden sollen", verfestigen:[71] „Drückender als die Zensur der Regierungen" wird durch solche Verfestigung nämlich „die Zensur, welche die öffentliche Meinung über unsere Geisteswerke ausübt."[72]

II.

Ihren Ausgang nimmt Börnes spätere Kritik an den deutschen Zuständen also von der Wahrnehmung, dass die Deutschen schon von ihrer Erziehung her gehemmt werden, ihre „persönlichen Lüste"[73] öffentlich zu artikulieren und den Staat als etwas anderes als eine von Traditionen geheiligte Struktur aufzufassen, in der das bürgerliche Handeln an strenge Regeln gebunden ist, so dass es sich niemals zur „Würde des Instinkts" erheben kann, „welcher doch immer die Zweckmäßigkeit für sich hat."[74] Die „preußische Staatsverwaltung", so schreibt er 1808 entsprechend in „Über Theorie und Praxis in der Politik", sei eigentlich „nie etwas anderes als eine kleinliche Tabellenkrämerei" gewesen.[75] Man habe „den Geist", soweit er über sich hinausgehen wollte, schlicht „in rote Linien" gezwängt und den „Mangel der Sinne […] durch die fünf Spezies der Rechenkunst"[76] ersetzt. Kein Wunder also, dass Preußen 1806 „bei Jena geschlagen" wurde, denn „[w]ie konnte ein solcher Staat sich retten in einem Kampfe, wo ihm" auf französischer Seite „die *ungeteilte* Intelligenz gegenüberstand?"[77] Mit Napoleon habe sich gleichsam „die Vorsehung […] herabgelassen," um dem alten „christlich-moralisch-ökonomischen Deutschland eine handgreifliche Lektion" zu erteilen.[78] Es ist anzunehmen, dass Börne die preußische Niederlage umso tiefer gefreut haben wird, als die Schlacht von Jena und Auerstedt just in seine Hallenser Studienzeit und damit die der herbsten Enttäuschung seiner Emanzipationsbemühungen fiel:

> Im Juli 1806 erklären 16 deutsche Staaten ihre Trennung von Kaiser und Reich und gründen den Rheinbund unter französischem Protektorat. Am 9. Oktober beginnt der preußisch-französische Krieg, und schon nach wenigen Tagen fällt in der Schlacht von Jena und Auerstedt die Entscheidung für Napoleon. Die alte Ordnung in Preußen bricht zusammen. Am 17. Oktober 1806 zieht das Heer Napoleons auch in Halle ein, die

Universität wird geschlossen. Börne jubelt und schmückt sich mit ‚französischem Hut, französischer Kokarde und französischem Schnurrbart'. Wie groß muß die Genugtuung des jüdischen Studenten gewesen sein, mitzuerleben, wie die christlich-germanische Überheblichkeit einen empfindlichen Dämpfer erhielt.[79]

Börnes 1808 durchweg preußenkritische Position verändert sich zwar unter dem Einfluss der Befreiungskriege, die, wie Wolfgang Labuhn formuliert hat, dadurch zur „Katastrophe des deutschen Frühliberalismus" führen, dass sie ein Bürgertum hervorbringen, das der Monarchie „sehr konziliant" gegenübertritt.[80] Aber am Prinzip seiner Kritik ändert sich wenig. Auch wenn Börne sich in seinem Aufsatz „Was wir wollen", der 1814 kurz nach „dem Sieg über Napoleon [...] im *Frankfurter Journal*"[81] erscheint, bis zur Unerträglichkeit von der nationalen Begeisterung der Deutschen angesteckt zeigt und pathetisch exklamiert: „Wir wollen freie Deutsche sein, frei in unserem Hasse, frei in unserer Liebe. Mit dem Leibe nicht, nicht mit dem Herzen einem fremden Volke ergeben"[82] – auch wenn Börne das Deutschsein in diesem Artikel also ganz untypisch mit dem Freisein identifiziert und eine unverkennbare Sympathie für die Staatsform der konstitutionellen Monarchie verrät[83], seine Kritik an der deutschen Trennung von Geist und Leib bleibt dieselbe. Denn schon sein nächstes Interesse richtet sich auf die Herausgabe einer Zeitung, die als „ministerielles politisches Blatt"[84] versuchen soll, „die schwankenden Verhältnisse zwischen Volk und Regierung" – deren Verwachsen die Politische Romantik im Anschluss an die „*makros anthropos*-Analogie"[85] als Vereinigung von ‚Körper' und ‚Geist' des Staates fordert – „in bestimmte Umrisse zu bringen".[86] Mag Börnes Plan auch von einer „Überschätzung des preußischen Reformeifers"[87] getragen werden, seine Entwürfe zur Ankündigung der von ihm geplanten Zeitung sind außerordentlich aufschlussreich. Denn er nutzt darin ein Bild, das er auf gleiche Weise auch für die Ankündigung der „Wage" verwenden wird und das den Schwerpunkt des von ihm geplanten Vermittlungsgeschäfts bei genauer Lektüre viel eher auf die Naturkräfte des Volks, das heißt auf das *Leben* denn auf die Wissenschaft, viel eher auf den *Instinkt* denn auf die Tabellenkrämerei im Staate legt.

„[W]ie zahlreiche Straßen und Kanäle, die durch das Gebiet eines Landes kreuzen, immer als Anzeichen eines gut geordneten und reichen Staates gehalten werden, da viele Wege auf häufige Bewegung deuten"[88], schreibt Börne im zweiten dieser Entwürfe, wäre seine Zeitung „selbst dann nicht zurückzuweisen, wenn ihr auch sonst nichts gelingen möchte als die Vermehrung der schon bestehenden."[89] Da „die Ausbeute edler Wissenschaft," die „durch mühsame Forschung aus der Tiefe des menschlichen Geistes zutage gebracht" werde, viel zu „oft in verborgenen Gemächern"[90] liege, wo sie, wie es später in der „Ankündigung der Wage" (1818) heißt, als „*Barren* der Wahrheit [...] nicht dienlich" sei, die kleinen täglichen Bedürfnisse der Unbemittelten [...] zu vergelten"[91], müssten die Wissensbestände nämlich ausgemünzt und über die publizistischen Kanäle verbreitet werden, und eben das leisten seines Erachtens die Zeitschriften: Sie „sind es, welche die Münzen bilden [...]. Nur sie führen die Wissenschaft ins Leben ein" sowie – und auf diese umkehrende Ergänzung wird es im Folgenden ankommen – „*das Leben zur Wissenschaft zurück.*"[92]

Auf den ersten Blick scheint es so, als ob Börne eine Zeitung vorschwebt, deren Hauptzweck darin liegt, das Publikum über die Vernunft der von den Regierungen getroffenen Maßregeln zu unterrichten. Unterwürfig formuliert er in seinem Brief an Johann Friedrich Cotta, den er als Herausgeber der Zeitung gewinnen möchte, er werde „die Insurrektionen der Leidenschaften gegen Klarheit und Verstand […] zu zerstreuen" suchen.[93] Allerdings ist das eine Finte, denn – und hier ist eben bedeutsam, dass Börne die Metapher von den Kanälen in der „Ankündigung der Wage" wiederholt[94] – sobald seine Hoffnung dahin ist, ein ‚ministerielles Blatt' zu gründen, verlagert er den Schwerpunkt offen auf die Umkehrung. Er gewichtet die Instandsetzung der Bürger, obrigkeitliche Maßregeln durch Meinungsäußerung zu kritisieren und zu beeinflussen, jetzt wesentlich höher als die Belehrung des Publikums. Die reine Beschäftigung mit Wissenschaft hält er für defizitär:

> Wenn […] der Buchgelehrte glücklich ist, den in seinem Treibhause der Wissenschaft die kalte frische Welt nicht berührt – dann waren es die deutschen Völker auch. Wenn aber nur *der* glücklich ist, der alle Kräfte, die er [in] sich fühlt, gebrauchen und *in das große Triebwerk des bürgerlichen Lebens […] auch eingreifen* darf […] – so waren es die Deutschen […] nicht.[95]

Die Hauptmotivation liegt also nicht (mehr) in der ‚Ausmünzung von Wissen', sondern in der Konfrontation des Staates mit den Interessen, Bedürfnissen und Leidenschaften der Bürger. In diesem Sinne nimmt Börne öffentliche Redner und Zeitungen auch in zwei Aphorismen gegen den Vorwurf in Schutz, zur Aufstachelung der Bürger beizutragen: „Man irrt sich, wenn man den Rednern geschehenes Unheil vorwirft, indem man behauptet, sie hätten Leidenschaften aufgeregt; sie haben sie vielmehr unschädlich gemacht, indem sie ihnen einen Ausweg bahnten."[96] Die Schuld sieht er vielmehr bei den Regierungen, die es versäumen, auf das (zuweilen aufgeregte) „Mienenspiel"[97] der Zeit adäquat zu reagieren: „Die Freiheit der Presse hat für die Regierenden manche Unbequemlichkeit; aber wenn sie dieser ausweichen, stürzen sie sich in Verderben. So hat schon tausendmal der Blitz diejenigen erschlagen, die bei einem Gewitter, nur um nicht durchnäßt zu werden, Schutz unter Bäumen suchten."[98]

Noch deutlicher warnt Börne die Regierungen, den wie auch immer unmündigen Interessen und Bedürfnissen des Volkes kein Gehör zu schenken, nur dann, wenn er ihre Neigung, publizistische Kanäle durch Zensur zu verstopfen, mit dem Versuch vergleicht, der Schneeschmelze des Frühlings durch eine Verlängerung des Winters Einhalt zu gebieten, was freilich keinen Erfolg haben, sondern nur dazu führen kann, dass die Masse des Schnees, die später taut, ins Unermessliche wächst:

> Wenn ausgetretene Wasser die Felder und die Saaten des Landmannes überschwemmen, wenn stürzende Lawinen sein Weib und Kind erschlagen: so ist das die Schuld des Frühlings nicht, es ist die Schuld des Winters, der die Ströme in ihrem Laufe gehemmt und Eis auf Eis gehäuft hat. Ist darum ein ewiger Winter mit seiner Stabilität und dem stillen Gange der Dinge über die hohe weiche Schneedecke dem Frühling vorzuziehen?[99]

Den entscheidenden Fehler der Regierungen erkennt Börne in der Verkennung der naturwüchsigen Kraft der „Leidenschaften des Volkes"[100], für deren Beschreibung er Bilder findet, die zweifellos auch Freud hätte wählen können. Außer vom Blitz, von Überschwemmungen oder Lawinen[101] redet er einmal auch vom Schornstein, dessen Rauchen man nicht abstellt, indem man ihn zumauert.[102] In jedem Fall aber begreift er die Kraft der öffentlichen Meinung als etwas, das plötzlich und umso gewaltsamer hervorbricht, als man es zuvor verdrängt hat. Wenigstens heißt es im ersten Heft der „Wage" (1818): „Die Ausbrüche der Unzufriedenheit, welche Thronen erschütterten, hatten wie Erdbeben in starken Trieben und Kräften ihren Ursprung, die aus den verborgenen und engen Räumen, in welchen sie eingeschlossen waren, sich zu befreien suchten".[103] Als Aufgabe der Zeitungskanäle sieht er also an, das gesellschaftliche Trieb-System gleichsam therapeutisch und zu aller Nutzen zu regulieren:

> Die öffentliche Meinung ist ein See, der, wenn man ihn dämmt und aufhält, so lange steigt, bis er schäumend über seine Schranken stürzt, das Land überschwemmt und alles mit sich fortreißt. Wo ihm aber ein ungehinderter Lauf gegeben ist, da zerteilt er sich in tausend Bäche mannigfaltiger Rede und Schrift, die [...] das Land [...] bewässern und befruchten.[104]

Ist damit skizziert worden, in welchem Maß Börnes publizistische Strategie mindestens seit der „Wage", wenn nicht von Beginn an darauf zielt, dem Leben Eingang in die (Staats)Wissenschaft zu verschaffen, ist der Boden für eine Darstellung bereitet, warum seine Theaterkritiken nicht nur dort politisch zu lesen sind, wo sie als Vehikel für mehr oder minder deutliche Anspielungen auf reale Sachverhalte dienen,[105] sondern auch dort, wo sie ästhetische Fragen behandeln. Immer wieder hat man die „Dramaturgie Börnes [...] als Ersatz für eine andere Betätigung" verstanden, nämlich „die politische, die unter den aktuellen Bedingungen des Vormärz ausgeschlossen war".[106] Doch damit lag man falsch. Als politische Einlassungen sind seine Theaterkritiken schon deshalb zu lesen, weil sie von dem Grundsatz ausgehen, dass Dramen ein „Spiegelbild des Lebens"[107] und damit etwas Ähnliches zu liefern haben wie Zeitungen, die die Bedürfnisse des Volks ventilieren und Sorge dafür tragen, dass jede „Klage einen Vormund"[108] findet, der sie ausspricht. Man muss sie als solche umso höher bewerten, als schon seine erste Äußerung zum Theater in der „Wage" untersucht, warum das Drama diese Aufgabe in Deutschland schlecht erfüllt.

Die entscheidende Entwicklung, die Börne mit dem Sprung ins Feuilleton macht, ist die zum Publikumskritiker. Erfolgt die Gründung der „Wage"noch im Glauben, es käme darauf an, die Stimmen der Bürger *hörbar* zu machen, verwundern sich seine Theaterkritiken bald mehr und mehr darüber, warum diese Stimmen *so wenig zu sagen* haben. Wann immer er gegen den Biedersinn von Stücken zu Felde zieht, dann um dem merkwürdigen Mangel an politischer Leidenschaft nachzuspüren, den das deutsche Publikum auszeichnet und der ungefiltert auf das Repertoire ihrer Bühne durchschlägt. „Das stehende Schauspiel eines Orts ist selten besser, nie schlechter als die Zuhörer darin, und so wird es die höflichste Art, einer lieben Bürgerschaft überall zu sagen, *was an ihr sei,* daß man über ihre Bühne spreche."[109] Börnes Verfahren, Theater- und Publikumskritik zu verbinden, ist dabei sehr einfach. Er selbst beschreibt seinen Umgang mit den

Stücken, die also nur im negativen Sinn ein „Spiegelbild des Lebens" zu geben wissen, in der späteren „Vorrede" zu seinen „Dramaturgischen Blättern" (1829):

> Wahrhaftig, ich hatte beim zweiten Akte den ersten, wenn der Vorhang fiel, alles vergessen, und ich erinnerte mich gar nicht, ob das Stück gut oder schlecht war. Aber am folgenden Tage kam immer etwas, das mich daran erinnerte: das Stück *mußte* schlecht gewesen sein, und da setzte ich mich hin und beurteilte es und tadelte die Zeitung des Morgens im Komödienzettel des Abends, die Natur in der Kunst.[110]

Ganz wörtlich kann man Börnes Rede vom ‚Tadel des Komödienzettels' im ersten Heft der „Wage" verstehen, wenn er seinen Kritiken „Ernsthafte Betrachtungen über den Frankfurter Komödienzettel" (1818) vorausschickt und das an erster Stelle dieses Zettels stehende „Mit gnädigster Erlaubnis!"[111] zum Anlass nimmt, ausführlich über die Wirkung des Fortlebens von überkommenen, mittlerweile hohl gewordenen Demutsformeln nachzudenken. Er klagt darüber, dass man „solche noch aufrechtstehenden Mauern und Trümmer von niedergerissenen Kerkern aus Zeiten einer knechtischen Untertänigkeit"[112] noch viel zu oft in Deutschland finde und erklärt ihre Auslöschung zur ersten Voraussetzung für den Erfolg des bürgerlichen Freiheitskampfs: „Solange nicht ihre letzte Spur vertilgt wird, denke man an keine wahre Freiheit der Deutschen."[113] Die anschließenden Kritiken der von ihm besuchten Stücke führen diese Sprachkritik zwar nicht fort, allerdings nehmen sie sehr wohl die gängige Erscheinungsform des demütigen Charakters in den Blick, denn was er in vielen Rezensionen angreift, das ist die Vorliebe der Bühne und ihres Publikums für spießbürgerliche Schicksalsdramen und die Abwesenheit großer Charaktere.

„Sooft das Schicksal mit der zermalmenden Keule als Sieger die Bühne verläßt, so oft ist auch die dramatische Kunst von ihrer Bestimmung abgewichen"[114], heißt es, Brecht vorwegnehmend, in der Rezension von Franz Grillparzers „Ahnfrau", und seine Besprechung von Karl Konrad Freiherr von Thumbs „Familie Anglade" beginnt mit dem vernichtenden Urteil: „Ich kenne nichts Abgeschmackteres als den Schicksalskampf der Menschen mit den bürgerlichen Gesetzen *unserer* Tage als den Stoff eines poetischen Kunstwerks zu bearbeiten."[115] Er schilt August Wilhelm Ifflands „Spieler", weil die Charakterschwäche eines Spielsüchtigen nicht bemerkenswert, sondern alltäglich und damit zwar Spießbürgern angemessen sei, denen „das furchtbare Schicksal höchstens" noch „unter der Gestalt eines Polizeidieners"[116] begegne, die aber umso langweiliger wäre, als der Mensch auf der Bühne „höher [...] als im Leben"[117] stehen solle. „Wir Werkeltagsnaturen", fordert er, „dürfen nur in den Feierkleidern unserer Leidenschaften auf die Bühne kommen."[118]

Er bemängelt zudem die merkwürdige Fixierung des deutschen Dramas, „alles aus der Vogelperspektive" zu betrachten, statt „in der Mitte der Sache"[119] zu bleiben, die im Lustspiel dazu führe, dass die Charaktere selbst über sich lachten, anstatt es dem Publikum zu überlassen, und im Trauerspiel dazu, dass die Charaktere, sobald nur einer beginne, „den Kuhreigen"[120] zu summen, nachhause liefen, um sich hinter den Ofen zu setzen und zu weinen. Ein besonders schlagendes Beispiel für diesen Mangel an Charakter im deutschen Drama erkennt er in Friedrich Schillers „Don Karlos". Wenn er bei der Rezension dieses Stücks von der Maxime ausgeht, dass die Überlegung die „Wurzel", die Empfindung die „Blüte" und die Handlung die „Frucht des menschlichen Geistes" sei und dass eigentlich nur „letztere […] in der Tragödie zum Vorschein kommen"[121] dürfe, dann nur, um die Frage, ob „Don Karlos" dieser Maxime folge, kurz und schneidend zu beantworten: „Nein […]. Nichts geschieht, wenig wird empfunden, am meisten wird gedacht."[122]

Es ist das Umfeld dieser Kritiken, die Börnes oben zitiertem Lob für den jüdischen Kraftmenschen Saul, der, „südlich glühenden Herzens, wegen seiner Blutsünden den unterirdischen Mächten"[123] anheimfällt, besonderen Nachdruck verleiht. Man findet dieselbe Abgrenzung gegen den deutschen Denkmenschen natürlich auch in seinen Aphorismen, so zum Beispiel, wenn er die Erde als „hohe Schule" und den Deutschen als „auf dem Lehrstuhle der Logik" sitzend beschreibt: Er „schleicht von Satz zu Satz und kommt nicht zum Schlusse"[124], oder wenn er drei Jahre[125] nach Beginn des enzyklopädischen Projekts von Johann Samuel Ersch und Johann Gottfried Gruber dessen praktischen Nutzen in Zweifel zieht:

> Die neue Encyklopädie von *Gruber* und *Ersch* zeigt schon als Kind diesen deutschen eisernen Sinn. Ist sie in 40 Jahren vollendet, so will ich dann, wenn ich noch unter den Lebendigen wandle, […] verurteilt werden, alle Buchstaben des Werks zu zählen und mir bei jedem Buchstaben eine Ohrfeige geben zu lassen. Und wenn sie endlich fertig ist, wozu wird sie zu brauchen sein? Der Artikel *Adel* ist geliefert; aber bis die Zeit und das Buch zur *Vernunft* kommen, gibt es vielleicht keinen Adel mehr.[126]

Von singulärer Bedeutung für seine Antwort auf die Frage, wie der Biedersinn eines Publikums, das nach solchen Stücken verlangt, und mit ihm die Zensur, die es an sich selbst praktiziert[127], aufzubrechen wäre, bleibt aber das Feuilleton, namentlich seine Rezension zu Ernst Christoph Freiherr von Houwalds Trauerspiel „Das Bild" (1820), mit der er nicht nur inhaltlich zu seiner Kritik am „Frankfurter Komödienzettel" zurückkehrt, sondern in deren Konsequenz er auch ein Verständnis des Witzes ausbildet, das sich erheblich von dem seiner früheren Zeit unterscheidet. Man muss sich das ganz genau ansehen: Während Börnes frühe Rede davon, dass die „Dunkelheit" in der Frankfurter Judengasse vor dem französischen Beschuss von 1796 als ein „Symbol […] von der Geisteskultur der Juden"[128] aufgefasst werden konnte, in Verbindung mit dem Urteil, wonach die Juden angeblich „mehr Phantasie als Verstand" und „mehr Witz als Beurteilungskraft"[129] besitzen, unzweideutig mit einer *pejorativen Entgegensetzung* von Witz und Verstand arbeitet, verteidigt sich Börne im „Nachtrag" zur Rezension von Houwalds „Bild" gegen einen Kritiker, der meint, dass er in seiner Rezension „mehr Witz als Urteil"[130] bewiesen habe, überraschend mit der Behauptung, dass der Witz *eine Form* des Verstandes sei: „Ich werde also beweisen, daß das *Literaturblatt* unmöglich habe behaupten wollen, es mangle mir durchaus an Urteilskraft, da man wohl Urteilskraft ohne Witz, aber nie diesen ohne jene haben kann."[131]

Der Gang von Börnes Argumentation ist dabei der Folgende: Wenn urteilen heißt, „eine wirkliche Sache oder deren Spiegelbild (den Begriff) […] in ihre *Ur-Teile*, ihre Grundstoffe" zu zerlegen, „um ihr inneres Wesen, ihre Beschaffenheit kennenzulernen"[132], dann unterscheiden sich Witz und Urteil vor allem dadurch voneinander, dass der Witz „die Grundstoffe einer Sache" „bald und leicht" ausfindig mache, während das Urteil sie „nur langsam und mit Mühe"[133] trenne. Der Witz sei also „das *geflügelte* Urteil".[134] So leicht das vorgetragen wird, so schwer wiegen freilich die Konsequenzen dieses Positionswechsels, denn Witz als *gesteigerte* Urteilskraft aufzufassen heißt, die Juden, die angeblich „mehr Witz als Beurteilungskraft"[135] besitzen, rückwirkend zu nobilitieren. Von seinem einstigen Urteil, wonach die „Dunkelheit" in der Judengasse als „Symbol von der Geisteskultur" ihrer Bewohner anzusehen war, bliebe dann nicht viel, im Gegenteil, die gegenzüge Bemerkung, wonach die Hitze in der Gasse als Hinweis darauf zu verstehen war, dass die Juden doch „des Himmels Lieblingskinder"[136] sind, entfaltet ihre volle Wucht – und die Suppengeschichte wird zum Sinnbild für die Korrektur eines mühsam erklügelten Urteils durch geflügelten Witz.

Durfte die Reaktion der Magd in der Suppengeschichte schon vorher als eine aufgefasst werden, mit der sich ein gewisser praktischer Egoismus gegen zweifelhafte Verbote durchsetzt, wird sie jetzt, nach der rückwirkenden Nobilitierung ihres Witzes, auch zur Antwort auf die Frage, wie denn die „Kluft zwischen Theorie und Praxis"[137] in der deutschen Wissenschaft zu schließen wäre, und zwar umso mehr, als Börne dazu übergeht, auch seine Kritik an der deutschen Gelehrsamkeit in Metaphern des Essens vorzutragen. Schreibt er in den Aphorismen etwa, dass ihm das deutsche philosophische System zuweilen „wie ein Getreidefeld" vorkomme, „zu dem man uns hinführt und [...] einladet, uns satt zu essen", obwohl es „artiger" wäre, „uns gebackenes Brot"[138] vorzusetzen, geht er 1830 noch weiter und will den Witz überhaupt höher als das Brot bewertet wissen. „Der Verstand ist Brot, das sättigt", konzediert er, wichtiger ist jedoch der Witz als das „Gewürz, das eßlustig macht", denn der „Verstand wird verbraucht durch den Gebrauch, der Witz erhält seine Kraft".[139]

Dass die Magd einen nennenswerten Vorrat dieses Gewürzes besitzt, wird wahrscheinlich niemand bestreiten. Noch eindrucksvoller als *diese* Parallele zwischen Börnes früher Schilderung jüdischen Lebens in Frankfurt und seiner späteren Kritik an der „Kluft zwischen Theorie und Praxis" in Deutschland ist allerdings, dass auch das *spezifische* Handeln der Magd – das Drehen des inkriminierten Kartenblatts so, dass dessen „Bildseite"[140] nach oben zeigt – einen eigentümlichen Bezug zu Börnes eigener, im Gefolge der Besprechung von Houwalds Stück bald reflektierter publizistischer Praxis aufweist. Denn was bemängelt Börne? Er kritisiert vor allem, dass Houwald die Handlung von dem schiefen Gedanken ausgehen lässt, ein Maler könne das Porträt eines Manns, der ihn als Nebenbuhler betrachtet, aus purer „Bosheit"[141] so treu malen, dass es eine später ausgeschriebene Fahndung auf ihn zum Erfolg führt, obwohl er bei der Herstellung des Porträts noch überhaupt nichts von seinem Konkurrenzverhältnis zu ihm weiß und er zudem ein ziemlich schlechter Maler sein müsste, wenn sein Bild *keine* Ähnlichkeit mit dem Gemalten bekommen sollte. Von diesem Grundeinwand ausgehend spießt Börne noch allerlei Ungereimtheiten in der Fabel und in einzelnen sprachlichen Wendungen auf, um zu dem Urteil zu kommen, dass die „ganze Bildnerei und Vergleichungsart" des Stücks „durchaus fehlerhaft"[142] sei. Im bereits zitierten „Nachtrag" zu dieser Rezension erneuert er seine Kritik und legt damit den Grundstein des Programms, das sein Feuilleton in den Rang einer frühen, *bildorientierten* Diskurskritik erheben wird: „Der Dichter spricht in *Bildern* [...]; er will ein unbekanntes Größenverhältnis durch ein bekanntes finden lassen. Dann muss aber [...] das vorgestellte Bild wirklich in der sinnlichen Welt vorhanden, die als bekannt angenommene Größe wirklich bekannt sein."[143] Überall dort, wo der Ausdruck eines Dichters dieser Forderung nicht gerecht wird, da vermutet Börne, dass die Sprache als das „Gewand des Geistes"[144] verunreinigt wird – und spätestens seit dem Aufsatz „Altes Wissen, neues Leben" (1823) erklärt er sich gegen jede Form des Scharfsinns, die gegen das Gebot der „Einfachheit und Klarheit" verstößt. Er behauptet dann in unverkennbarer Analogie zur späteren „Vorrede" der „Dramaturgischen Blätter" (1828), nach der die Deutschen es nicht verstehen, in der „Mitte der Sache"[145] zu bleiben, dass die „Alten" dies zu tun sehr wohl noch verstanden und darum auch gewusst hätten, immer „scharfe und genaue Umrisse" ihrer Ansichten zu geben – weshalb man in Bezug auf die Anknüpfung an sie sagen könne, dass heute die „Wahrheit" der von ihnen übernommenen „*Urbilde[r]*" bald aus „Unachtsamkeit", bald aus Unfähigkeit, „den Pinsel immer fest und genau zu führen"[146], rasch und gründlich verzeichnet würde.

Explizit bemängelt Börne, dass der wissenschaftliche Scharfsinn heute zu sehr darauf gerichtet sei, ähnliche Dinge durch die Betonung subtiler Unterschiede voneinander zu trennen, anstatt sie in gehörigen Zusammenhang zu bringen. Er selber macht es sich deshalb zur Aufgabe, gerade die „verborgenen *Ähnlichkeiten*"[147] der Dinge sichtbar zu machen, und zwar – wie sein Biograph Michael Holzmann zu Recht hervorgehoben hat – dadurch, dass er sich um stimmige *Bilder* bemüht: „Ein fehlendes Bild störte ihn lange, und hatte er es, so sann er wieder auf die passendste Art es anzubringen."[148] Tatsächlich gehört es zu den herausragenden Merkmalen von Börnes Stil, ins Metaphorische zu gehen[149], und dies nicht etwa, um komische Effekte zu erzeugen[150], sondern um die elementare Verfahrensweise der Metapher, die Offenlegung einer *Ähnlichkeit,* im Sinne des Witzes als Urteilsverfahren auszunutzen, das die von fehlgeleitetem Scharfsinn behauptete „äußere Uneinigkeit" zweier Dinge der „Lüge" überführt.[151]

> Es gibt Dinge, die den körperlichen Sinnen, oder wenn sie sich an den *Pforten* des Geistes melden, äußerlich nach Gestalt, Größe und Farbe ganz gleich erscheinen, obzwar ihre innere Natur voneinander abweicht; es gibt andere Dinge, die bei äußerer Ungleichheit dem inneren Wesen nach übereinstimmen. Das Urteil ist daher entweder *trennend* oder *bindend;* jenes straft die äußere Übereinstimmung, dieses die äußere Uneinigkeit Lüge. Man hat das eine *Scharfsinn,* das andere *Witz* genannt [...].[152]

Es wird im Anschluss an dieses Zitat aus Börnes „Nachtrag" zur Kritik an Houwalds Drama nicht schwer fallen, zu erkennen, inwiefern die Ausbildung seines metaphorischen Stils auf Innigste mit seiner Nobilitierung des Witzes als einem Instrument zur Überwindung diskursiver Grenzen zusammenhängt, die zu keinem anderen Zweck als zur Behinderung des Handelns über diese Grenzen hinweg gezogen zu sein scheinen. Seine ab den 1820er Jahren wiederkehrende Kritik an der „Geisteigenschaft"[153] der Deutschen, ihrem „Gefach-Leben"[154], das heißt ihrer Bereitschaft, sich „erblich-herrschende[n] Idee[n]"[155] nebst den zu ihnen gehörenden Worten, „diesen furchtbaren geheimen Oberen der Welt"[156], zu unterwerfen sowie am Bestreben der Staaten, dieses „Gefach-Leben" noch zu nähren, zeigen deutlich, gegen welche „wissenschaftliche Erziehung" und welche von ihr geförderte Neigung zur *sprachunkritischen* Subordination er kämpfen will:

> Und die bessern unter den deutschen Volksvertretern, die Unglückseligen! – sie verstehen den bösen Zauber mancher Worte nicht; sie vergessen, daß es ein Spott ist mit ihrer Freiheit, solange sie dulden, daß sie ihre Fürsten mit *Liebe Getreue* und mit *Ihr* anreden![157]

Zuweilen ist Börnes Blick dafür, wie sehr ein fortgesetztes unfreies Sprechen wie das von „hohen, höchsten und allerhöchsten Personen"[158] auch einem unfreien Denken und dieses wiederum einer „Zunftverfassung" Vorschub leistet, die „gedankenlose, folgsame, leicht zu regierende Untertanen bildet"[159], so klar, dass man über die Nähe erstaunt, in die er zu Einsichten gerät, die Michel Foucault viel später in fast identischer Weise formulieren wird. So zum Beispiel, wenn er den offenbar erwogenen Plan, „in Preußen allen Zivilbeamten Uniformen"[160] zu geben mit dem Hinweis kritisiert, dass das – als Einführung eines neuen ‚Einschließungssystems' – doch bedeute, „die Beamten unter den Korporalstock der Disziplin [zu] bringen, Vaterlandsliebe in blinden Gehorsam [zu] verwandeln und aus dem sitzenden Heere der Schreiber ein stehendes Heer [zu] machen"[161] – oder *bildlicher:* das „Ministerium" in ein „Hauptquartier" und „jedes Amt [in] eine Wachstube"[162] zu verwandeln. Schon anlässlich der Nachricht von der Aufstellung uniformierter Nationalgarden ein gutes Jahr zuvor hatte er sich gefragt, warum die Deutschen denn nicht einsähen, „daß die Uniform eine Art Gefängnis"[163] sei und man, „wenn man Schildwache" stehe, letztlich „am meisten selbst bewacht"[164] werde. Bei Foucault wird es sehr viel später in Bezug auf die Uniformierung nicht nur der Insassen, sondern auch der Wächter der französischen Strafkolonie von Mettray als Verdopplung des dort eingerichteten ‚Einschließungssystems' ganz ähnlich heißen:

> Ob nun Familienchefs oder Unterchefs, Monitoren oder Werkmeister – das Personal hatte ganz in der Nähe der Insassen zu leben; es trug eine Uniform, die ‚fast genauso bescheiden' war wie die der Insassen [...]. Zu seiner Ausbildung hatte man in der Kolonie sogar eine Spezialschule eingerichtet. Das Hauptelement ihres Programms bestand darin, das künftige Personal denselben Lehr- und Übungsprozeduren zu unterwerfen wie die Häftlinge: die Anwärter wurden ‚als Schüler eben der Disziplin unterworfen, die sie später als Wärter und Lehrer durchsetzen mußten.'[165]

Die prinzipiell diskurssprengende, den Geist befreiende Funktion von Metapher und Witz bei Börne sollte damit hinreichend umrissen und ihre Verwurzelung in seiner Schätzung des vermeintlich „südlichen Temperaments" der Juden, ihrer angeblichen Neigung, „mehr Phantasie als Verstand" und „mehr Witz als Beurteilungskraft"[166] zu bezeugen, nachvollziehbar dargestellt worden sein. So wie diese Neigung sich in der Suppengeschichte darin äußert, dass ein gewisser „Egoismus" „in der Praxis" nie „seine Herrschaft"[167] verliert, sondern unter Verkehrung der Alltagsordnung verlässlich an die Öffentlichkeit tritt, so sehr gehört es nach dieser Analyse zu den Kernanliegen seiner Publizistik, die Bedürfnisse und Leidenschaften der Bürger hervortreten zu lassen und so sehr konzeptualisiert er den Witz spätestens ab 1820/1821 als den „Enterhaken" dieser Bedürfnisse, der die „feindliche[n] Schiffe anzieht und festhält".[168] Jefferson Chases Wahrnehmung, nach der Börne sich zwar kritisch zu dem gerade jetzt von Antisemiten immer mehr als ‚zersetzend' denunzierten Witz der Juden geäußert hat, sein eigenes Schreiben jedoch „more in common with the object under attack" hatte, „than he acknowledged"[169], kann von dieser Seite nur bestätigt werden. Die Pflege einer ebenso metaphorischen wie witzigen Schreibart, seine fortgesetzten Versuche, „die Wahrheit als Fabel darzustellen"[170], waren *seine* Art, wie die Magd in der Suppengeschichte zu reagieren und die ‚Bildseite der Karte nach oben zu legen'. Nur eine Ergänzung scheint man vornehmen zu müssen, denn ohne jede Anerkennung des Zusammenhangs seines Schreibens mit dem ‚jüdischen Witz' blieb es bei Börne durchaus nicht. Wenigstens einmal, zu Beginn des Jahres 1832, verteidigt er sich nämlich in den „Briefen aus Paris" gegen einen Kritiker, der ihm (wie er Heine) vorwirft, *bloß* witzig zu sein, indem er diesen Vorwurf direkt auf sein Judentum bezieht – und die Juden in seiner Erwiderung für die ‚Frische ihres Herzens' lobt, die sich durch die lange Geschichte ihrer Isolation und Ausgrenzung erhalten habe. Sein Kritiker klagt ihn in der „Deutschen Allgemeinen Zeitung" an:

> Die ernsten schlagenden Worte eines *Rotteck* und *Welcker,* aber wahrlich nicht die fliegenden Witze eines *Heine* und *Börne,* streuen den Samen künftiger Taten über unser Vaterland aus ... Hat man Börnes Briefe zu Ende gelesen, so ist auch der Eindruck vorüber, und es ist uns nicht anders zumute, als hätten wir einem glänzenden Feuerwerke zugesehen ... Allein alle diese einzelnen Winke können doch nimmer die Bahn bezeichnen, auf welcher die Nationen vorwärtszuschreiten haben; das vermögen keine blendenden, zuckenden Gedankenblitze, sondern nur das Licht der klaren *unwandelbaren* Sonne.[171]

Börne reagiert auf diese Einlassung mit einer erstaunlich offenen Parteinahme für die Juden: „Wäret ihr nur wie sie, dann wäret ihr besser; wären ihrer nur so viele, als ihr seid, dann wären sie besser als ihr."[172] Denn, so begründet er sein Manöver, so tief man die Juden in der Vergangenheit in den „Keller gesperrt" und so sehr man ihnen „die Luft genommen"[173] habe, so sehr habe man sie – was eine vollständige Umkehrung seiner früheren Rede von der Verderblichkeit des „Zusammenwohnen[s] der Juden"[174] bedeutet – auch vor der „Fäulnis bewahrt" und ihr „Herz frisch"[175] erhalten. Anders als die christlichen Deutschen seien die Juden eben nicht „den ganzen langen Winter […] dem Froste"[176] ausgesetzt gewesen, und anders als sie, so darf man ergänzen, hätten sie sich nicht in „*Philister*"[177] verwandelt, sondern besäßen immer noch Leidenschaften und auch die Bereitschaft, sie zu äußern, weshalb es, so sein *metaphorischer* Schwenk ins Politische, auch zu erwarten sei, dass sie eher grünten, wenn einmal Tauwetter einsetze: „Wenn der Frühling kömmt, wollen wir sehen, wer früher grünt, der Jude oder der Christ."[178] Börnes Rede von der ‚Frische der jüdischen Herzen', die sich *erhalten* (nicht etwa: *gebildet*) hätte – genau das ist seine späte, offene Sympathieerklärung für das von ihm für charakteristisch gehaltene ‚südliche Temperament' der Juden.

III.

Berücksichtigt man, dass Michel Foucault den „Abschluß der Formierung des Kerkersystems"[179], das heißt die strukturelle Ablösung der Bestrafungsregime durch die Institutionalisierung ein- und ausschließender, von wissenschaftlichen Diskursen getragener Disziplinierungsregime, auf das Jahr 1840 datiert, kann Börnes Kampf gegen das deutsche „Gefach-Leben"[180], der 1808 mit der Vermutung beginnt, dass die Deutschen „vor lauter Wissenschaft […] das *Leben* verlernt"[181] haben, zeitdiagnostisch kaum hoch genug eingeschätzt werden. Parallelisiert man Foucaults Rede von der „Formierung des Kerkersystems" als einem Verfahren, „durch welches die Kraft des Körpers zu den geringsten Kosten als ‚politische' Kraft zurückgeschraubt und als nutzbare Kraft gesteigert wird"[182], zudem mit Max Webers auf der Schwelle zum 20. Jahrhundert formulierter Erkenntnis, wonach die arbeitsteilige Wirtschaftsordnung dem modernen Menschen wie ein „unabänderliches Gehäuse"[183] erscheint, in das man scheinbar ohne politische Eingriffsmöglichkeit hineingeboren wird, mutet Börnes gleichzeitige Kritik am ‚trennenden' Scharfsinn deutscher Wissenschaft und am deutschen Hang zur Zünftigkeit sogar seherisch an. Denn was als die Lähmung der ‚politischen' Kräfte durch ‚trennende' Wissens- und Arbeitsordnungen beklagt Börne schon 1820, wenn er in seinen „Briefen aus Frankfurt" auf die verderblichen Folgen der Übertreibung von *Schulwissenschaft* und *Zunftdenken* zu sprechen kommt?

> Für Kranke und Notleidende, für die *Erziehung der Jugend* ist gut und reichlich gesorgt, wer aber zu etwas Höherem Lust trägt als zu Arznei und Speise, zu *Schulwissenschaft und Schulkunst,* der kann sein Sehnen nicht befriedigen. Die […] Tore, Zugbrücken, Gräben, Wälle und Mauern, die in Gesetz und Sitte, in Ordnung und Gewohnheit herrschen, und die herübergekommen aus den Zeiten des Faustkampfes […] – diese verfinstern und verengen das Leben noch immer. *Alles hier ist zünftig,* sogar die Freude ist es. Die Arbeiten sind geteilt, die Genüsse sind es auch, und wie die Grenzen benachbarter Handwerke so ängstlich gezogen sind, daß eine fußbreite Übertretung Rechtsstreit und Richterspruch bewirkt, so ist auch Lust von Lust geschieden, und ungeneckt mag keiner herüber- oder hinüberschreiten. […] *Gemeinwesen herrscht nur in Finanz und Polizei, nicht im geselligen Leben* […].[184]

Das fehlende „gesellige Leben", das ist der Ort, wo das Politische nach Börne in Erscheinung zu treten hat. Um ihn zu schaffen und die Grenzen des ‚Gefach-Lebens' zu sprengen, instrumentalisiert er den von ihm für ‚typisch jüdisch' gehaltenen Witz. Die Kultivierung des mit ihm verbundenen Egoismus, der bei den Juden angeblich dazu führt, dass sich keiner „so niedrig" stellt, „daß er sich nicht als Mittelpunkt der ganzen Welt ansehen sollte"[185], ist gleichsam sein Rettungsanker im Kampf gegen die entpolitisierende Tendenz einer Moderne, die Max Weber in Auseinandersetzung mit den „überall entstehenden Maschinen der bürokratischen Ordnung"[186] erst sehr viel später als eine „Geschichte […] der unbeabsichtigten Nebenerfolge"[187] zu entziffern beginnen sollte. Nicht der irrationalistischen Rücknahme dieser Moderne redet Börne dabei das Wort, sondern ihrer Komplementierung durch ein Urteilsverfahren, das „ähnlich wie die Mathematik in ihrer Art" „Formeln von bekannten und anerkannten Sätzen"[188] (nämlich *Bildern*) bereitstellt, um sprachliche „Geistessprünge"[189] über wie auch immer stark befestigte Diskurs- und Gefach-Grenzen hinweg zu ermöglichen. Man könnte auch sagen, Börne benutzte den Witz, um der funktionalistischen Zerstückelung des Menschen als einem ‚unbeabsichtigten Nebenerfolg' der Moderne Einhalt zu gebieten.

Wenn dieser Zusammenhang bis heute nicht deutlich gesehen worden ist, so liegt das nicht zuletzt daran, dass die Entstehung seines Hauptwerks, nämlich der „Briefe aus Paris" (1830–1834), in eine Zeit fällt, in der sein diskurskritischer Impuls eher abnimmt, während seine Kritik an den jüdischen Akteuren des Finanzkapitalismus zunimmt. Erscheinen ihm die Deutschen wie „Stückmenschen"[190], so fasst er die Franzosen nämlich als „Totalmenschen"[191] auf. Ihr Leben und ihre Wissenschaft scheinen ihm „gesellig"[192], Paris wie ein Schmelztiegel, in dem die Menschen nicht etwa nebeneinanderher leben, sondern in dem es beständig zur „Vermischung der Stände"[193] kommt und wo es in der „Unterhaltung [...] einen Mittelpunkt" gibt, irgendein wechselndes „Etwas, von dem alle sprechen, weil es allen wichtig ist und das allen wichtig zu sein auch verdient."[194] Schon zehn Jahre vor seiner Übersiedelung nach Paris hatte Börne in Bezug auf diese „allgemeine Teilnahme an bürgerlichen Angelegenheiten"[195] die Zeitungskultur der Franzosen gelobt. Ab 1830 weitet sich sein Verständnis dieser bürgerlichen Teilnahme aber auch auf das Theater aus. Von einer Darstellung des Lebens von Napoleon zum Beispiel, der er Anfang 1831 im „Odéon" beiwohnt, berichtet er in den „Briefen aus Paris" enthusiastisch, weil das junge Publikum darin die Szene, in der Napoleon den Deputierten nach seiner Rückkehr von Elba Verrat vorwirft, unverhohlen nutzt, um seine „Verachtung" für „die *jetzige* Deputiertenkammer"[196] zum Ausdruck zu bringen, und damit die Politisierung des ganzen Saals bewirkt: „Als ich sah, wie die edle Gesinnung der Jugend sich hier so frei und laut äußern durfte und keiner wagte, sich ihr zu widersetzen, fragte ich mich: träume ich denn, ist es Wahrheit? Liegt Frankreich in dem nämlichen Europa, in dem auch Deutschland liegt?"[197] Es kann kein Zweifel daran bestehen, dass Börne bei diesem Theaterbesuch dem Ausläufer einer Bühnenkultur begegnete, die erst im Umfeld der Französischen Revolution etabliert worden war[198] und dort darauf gezielt hatte, die Bühne als Ort der öffentlichen Meinungsbildung zu institutionalisieren. Anders als Habermas, der den *rationalen,* räumlich *isolierten* Leser als Hauptakteur der sich konstituierenden Öffentlichkeit konzeptualisiert hat, wollte man in diesem Umfeld den Theaterbesucher als Hauptakteur dieser Öffentlichkeit begreifen, weil er im öffentlich-geselligen Kreis zu einer gleichermaßen *emotionalen* wie *kollektiven* Meinungsäußerung herausgefordert wurde:[199]

> Chénier's and La Harpe's accounts of public opinion imply an inversion of the Habermasian hierarchy of print and performance. That is, precisely those attributes that make reading the essential founding act in the constitution of the bourgeois public sphere for Habermas – that reading is an individual action, that is does not act on the senses, and that it therefore promotes detached judgments – attenuate reading's power for Chénier. Conversely, what makes theater the principal crucible of public opinion for Chénier and La Harpe – that it is a collective experience, that it acts powerfully on the emotions, and

that it produces impassioned, immediate conviction – marks the theater out as the antithesis of the Habermasian public sphere.[200]

Börne hat die grundsätzliche Intaktheit des in Frankfurt schmerzlich vermissten, in Paris gefundenen geselligen Leben, das direkt in öffentliche Meinungsbildung und mithin ins Politische umschlägt, niemals ernsthaft in Frage gestellt. Er kritisierte wohl zeitlebens, dass die französische Sprache einer strengeren Etikette folgt als das Deutsche, aber seine Sprachkritik verdichtete sich niemals so stark, dass er ihr wie in Deutschland eine Zunftkritik an die Seite gestellt hätte. Wenn das gesellige Leben in Frankreich aber intakt war und die Franzosen aller Etikette zum Trotz keine Scheu zeigten, ihren Überzeugungen öffentlich Ausdruck zu verleihen – wie hätte Börne seine Diskurskritik auf die französische Gesellschaft übertragen sollen? Nein, die Frage, warum Frankreich nach der Julirevolution von 1830 keine weiteren Fortschritte, sondern Rückschritte in der Freiheit machte, musste ganz anders beantwortet werden als die, warum die Freiheit in Deutschland nicht vorankam.

Es war diese Situation, in der sich Börne der sozialen Frage zuwandte. Ein gutes Jahr nach seinem Eintreffen in Paris, als die verarmten Seidenweber von Lyon den Aufstand probten, der liberale Ministerpräsident Casimir Périer aber „nichts von Politik", sondern *nur* einen „Krieg der Armen gegen die Reichen"[201] in ihrer Emeute entdecken wollte, entwickelte Börne eine spezifische Auffassung davon, was die Franzosen am weiteren Fortschritt in der Freiheit hemmte. Waren es in Deutschland Wissenschaft und Zunftwesen gewesen, so sah er für Frankreich jetzt die Angst der Bürger vor dem Pöbel als Ursache an, die die Aristokratie gezielt nährte, um einen Keil zwischen die beiden unteren Bevölkerungsschichten zu treiben und damit die „Vermischung der Stände" zu konterkarieren:

> Den Pöbel hetzen sie im stillen gegen die Bürger auf und diesen rufen sie zu: Ihr seid verloren, wenn ihr euch nicht an uns anschließt. Der dumme Bürger glaubt das und begreift nicht, daß seine Freiheit, sein eigener Wohlstand schwankt, solange das arme Volk nicht mit ihm in gleiche Freiheit und gleichen Wohlstand eintrete; er begreift nicht, daß, solange es einen Pöbel gibt, es auch einen Adel gibt und daß, solange es einen Adel gibt, seine Ruhe und sein Glück gefährdet bleibt.[202]

Es traf sich bei dieser Umorientierung nur unheilvoll, dass Börne 1819 in ähnlicher Weise wie hier die Verbindung zwischen den *Bürgern* und Aristokraten die geschichtlich begründete Verbindung zwischen *Juden* und Aristokraten angegriffen hatte: „[D]ie Juden, von dem Volke bedroht, suchen Schutz bei den vornehmen Herrn [...]. Man trenne sie, indem man den Juden die Beschützung von seiten der Großen entbehrlich mache, damit letztere zu keinen jüdischen Anleihen ihre Zuflucht nehmen können [...]."[203] Wenn Börne nämlich wahrnahm, dass Juden wie die Rothschilds *noch immer* der „Throne feste Säulen"[204] waren, weil sie im Glauben, von ihnen im Zweifel eher „geschützt"[205] zu werden, zu „den Fürsten und Ministern" hielten, anstatt „ihre Geldkasten [zu] verschließen" und sich „dem Volke zu[zu]wenden"[206] – kurz: wenn er sah, dass „jüdisches Geld" und „christlicher Adel" *noch immer* große „Affinität"[207] füreinander besaßen, dann war es ein naheliegendes Manöver, über die hasenfüßigen französischen Bürger *wie über*

Juden zu schreiben, die nicht verstanden, dass das Bündnis mit der Aristokratie keine Zukunft hatte. Und genau das tat er. Seine Darstellung von Périers Reaktion auf die Lyoner Erhebung ist in die erschreckende Sprache antisemitischer Verschwörungstheorien gehüllt. Der bürgerliche Liberale Périer erscheint darin als geheimer Meister einer jüdischen Finanzwelt:

> Kasimir Périer, der König von Israel, der Hohepriester der Renten, der Held des Friedens, hat sich in der Kammer gebärdet wie Moses, als er vom Berge Sinai herabkam und das Volk um ein goldenes Kalb tanzen sah. Er hat den Götzendienern seine zehn Gebote an den Kopf geworfen und das goldene Kalb in Pulver verwandelt. Er ist ein kompletter Narr! Auch haben die Leviten der Börse ein Jubelgeschrei erhoben, als sie ihren strahlenden Moses wiedersahen, daß man betäubt davon wurde. Dieser Kasimir Périer hat darüber gefrohlockt, daß in den blutigen Geschichten von Lyon gar nichts von Politik zum Vorschein gekommen, und daß es nichts als Mord, Raub und Brand gewesen![208]

Inge und Peter Rippmanns Urteil, wonach die „verhängnisvolle Verflechtung von politischer Reaktion und Kapitalismus" als Ursache für Börnes „nahezu überwertige Aggressivität gegen das [...] Bankhaus"[209] der Rothschilds anzusehen ist, ist also vollkommen zutreffend. „Die Rothschilds verkörpern" für ihn „eine Haltung, die in diametralem Gegensatz zur Aufgabe steht," die er „dem Judentum zuspricht."[210] Er erkennt in der Bankiersfamilie nicht nur die Bannerträger der überkommenen Verbindung zwischen Juden und Aristokraten, sondern auch die exemplarischen Repräsentanten des französischen Bürgertums, dem angesichts der Lyoner Erhebung nichts einfällt, als vom beginnenden ‚Krieg der Armen gegen die Reichen' zu faseln, obwohl dieser Krieg, wie Börne in einer genauen Beschreibung des wirtschaftlichen Ungleichgewichts zwischen Paris und seinem ländlichen Umfeld sogleich herausarbeitet[211], genau das Gegenteil, nämlich ein „Krieg der Reichen gegen die Armen"[212], war. So abfällig seine Bemerkungen über die Rothschilds daher sind, so wenig wird man sie als Urteile über das Judentum als Ganzes missverstehen dürfen. Als Vertreter einer traditionell gerechtfertigten *äußeren* Verbindung der Juden zu den Herrschenden der Umgebungsgesellschaft, die Börne schon 1819 zu überwinden gefordert hatte, repräsentierten sie das Ganze des Judentums niemals – und es spricht Bände, dass sich Börne in dem Moment, in dem er glaubte, sich gegen den Vorwurf verteidigen zu müssen, ein „*[f]rivoler Jude*" und „*herzloser Spötter*" zu sein, dem „nichts heilig ist"[213], positiv auf das zurückbesann, was er von Anfang an als *inneren* Charakterzug der Juden wahrgenommen hatte, nämlich ihr ‚südliches Temperament', ihr ‚frisches Herz'. Wenn Börne seine politischen Hoffnungen am Ende dennoch nicht auf die Juden, sondern den „sogenannten, so gescholtenen Pöbel" richtete, dann weil es ihm so schien, als ob dieser Pöbel, der „jung bleibt bis zum Grabe"[214], *noch früher* aus sich herausgehen und sein *inneres* auch zu seinem *äußeren* Leben machen würde. Er hoffte auf sein „unverbildetes und moralisches Wesen, das voll Leidenschaft für seine Rechte"[215] einzutreten bereit schien.

Anmerkungen

1 Ludwig Börne: Freimütige Bemerkungen über die neue Stättigkeits- und Schutzordnung für die Judenschaft in Frankfurt am Main, mit besonderer Hinsicht auf die Kritik der Jacobsohnschen Schrift, denselben Gegenstand betreffend. – In: ders.: Sämtliche Schriften. Neu bearb. u. hrsg. v. Inge u. Peter Rippmann. 5 Bde. Düsseldorf 1964–1968. Bd. 1, S. 14–72, hier S. 49. Im Folgenden werden Börne-Texte mit einfacher Band- und Seitenangabe, bei erstmaliger Nennung ergänzt um den Titel, nach dieser Ausgabe nachgewiesen.
2 Willi Jasper: Keinem Vaterland geboren. Ludwig Börne. Eine Biographie. Hamburg 1989, S. 47.
3 Ebd., S. 53.
4 IV, 148 (Brief an Henriette Herz vom 26. Juli 1806).
5 Jasper: Keinem Vaterland geboren [Anm. 2], S. 53.
6 IV, 121 (Brief an Henriette Herz vom 26. Mai 1805).
7 Ebd., S. 120.
8 Liliane Weissberg: Ein Medizinstudent in Berlin. Louis Baruch führt Tagebuch. – In: Ludwig Börne. Deutscher, Jude, Demokrat. Hrsg. v. Frank Stern u. Maria Gierlinger.Berlin 2003. S. 19–37, hier S. 20.
9 I, 7 (Die Juden in Frankfurt am Main)
10 Ebd. Auf dieselbe Weise parallelisiert auch Henriette Herz christliche und jüdische Feste, wenn sie Börne am 21. April 1807 fragt: „Wie lange werden Sie nun noch in H[alle] bleiben? ich glaubte Sie wollten auf Ostern fortgehen." (IV, 161) Da der Ostersonntag 1807 auf den 29. März fiel, kann sich ihre Frage nur auf das Passahfest beziehen, das am 23. April begann. Fortgeführt wird die Identifizierung beider Feste im Weiteren, wenn Börne in seiner Skizze bemerkt, dass die Juden an „Ostern […] nichts Gesäuertes essen dürfen" (I, 9).
11 I, 7.
12 Ebd.
13 Ebd.
14 Vgl. Helmut Richter: Faszination und Distanz. Zu den Beziehungen zwischen Ludwig Börne und Friedrich Schleiermacher. – In: Impulse. Aufsätze, Quellen, Berichte zur deutschen Klassik und Romantik. Folge 12. Hrsg. v. Werner Schubert u. Reiner Schlichting. Berlin 1989, S. 185–244, hier S. 202.
15 IV, 121.
16 Vgl. Richter: Faszination und Distanz [Anm. 14].
17 Friedrich Schleiermacher: Brouillon zur Ethik. – In: ders.: Philosophische Schriften. Hrsg. u. eingeleitet v. Jan Rachold. Berlin 1984, S. 125–264, hier S. 188.
18 Inge und Peter Rippmann: Nachwort. – In: Ludwig Börne: Sämtliche Schriften. Bd. 3. Neu bearb. u. hrsg. v. Inge u. Peter Rippmann. Düsseldorf 1964, S. 1057–1136, hier S. 1064.
19 Vgl. Hans Wisskirchen: Romantische Elemente im politischen und historischen Denken Ludwig Börnes. – In: Romantik im Vormärz. Hrsg. v. Burghard Dedner u. Ulla Hofstaetter. Marburg 1992, S. 147–178.
20 I, 14.
21 Richter: Faszination und Distanz [Anm. 14], S. 211.
22 Wisskirchen: Romantische Elemente im politischen und historischen Denken Ludwig Börnes [Anm. 19], S. 148.
23 Vgl. Jasper: Keinem Vaterland geboren [Anm. 2], S. 140 ff. und Dieter Lamping: Ein Vorläufer der Psychoanalyse? Börne, von Freud gelesen. – In: Ludwig Börne. Deutscher, Jude, Demokrat. Hrsg. v. Frank Stern u. Maria Gierlinger. Berlin 2003, S. 92–104.
24 I, 31.
25 I, 8.
26 I, 41.

27 Ebd.
28 Ebd., S. 62.
29 Ebd.
30 I, 250 (Saul).
31 Ebd (Hervorhebung HK).
32 Ebd.
33 Ebd.
34 I, 138 (Über Musik und Talentbrüder).
35 Ebd., S. 137.
36 I, 1215 f. (Geschichte der Deutschen; Hervorhebung HK).
37 III, 511 (Briefe aus Paris, 74. Brief).
38 Jonathan M. Hess: Ludwig Börne's Visit to the Anatomical Cabinet. The Writing of Jewish Emancipation. – In: New German Critique 55 (1992), S. 105–126, hier S. 125.
39 Vgl. Sander L. Gilman: Jewish Self-Hatred. Anti-Semitism and the Hidden Language of the Jews. Baltimore 1990, S. 148–167.
40 Nicht mit dem Begriff des Selbsthasses, sondern dem des „Jewish Anti-Semite" arbeitend kommt Charlene Lea einige Jahre vor ihnen zu einer ganz anderen Einschätzung, allerdings berücksichtigt sie in ihrer Studie auch ausschließlich solche Äußerungen von Börne, die in unmittelbarem Zusammenhang entweder mit seinem Kampf für die politische und soziale Gleichstellung der Juden oder seiner Kritik am aufkommenden Finanzkapitalismus stehen: „Never a foe of Judaism or Jew per se, Börne did single out Jewish bankers like the Rothschilds for criticism because he believed they were badly misusing their power." Charlene A. Lea: Ludwig Börne. Jewish Emancipationist or Jewish Anti-Semite? – In: Seminar. A Journal of Germanic Studies 16 (1980), S. 224–234, hier S. 233.
41 Deborah Hertz: Sexualpolitik und jüdische Politik im Leben Ludwig Börnes. – In: Ludwig Börne. Deutscher, Jude, Demokrat. Hrsg. v. Frank Stern u. Maria Gierlinger. Berlin 2003, S. 63–91, hier S. 82.
42 I, 26.
43 Ebd., S. 27.
44 Ebd.
45 Ebd., S. 31.
46 Ebd.
47 Ebd.
48 Ebd., S. 31 f.
49 Diese Formulierung stammt aus Börnes vielzitiertem „Fragment über Erziehung" (1805), in dem der Freiheitsbegriff eng an die Vorstellung der Befreiung von unreflektierten, vielleicht selbstgeschmiedeten Ketten geknüpft ist, die einen Häftling von seinem rechtmäßigen Genuss abhalten. Börnes Auftrag an die Erzieher lautet hier: „Ihr, die ihr erziehet, schlaget und rasselt mit den Ketten, daß euer Zögling sie fühle, und jaget ihn von Genuß zu Genuß, damit er seinen Schädel blutig stoße an die Wände [sic] seines Kerkers." (I, 3 f.)
50 I, 1215.
51 I, 9.
52 Ebd.
53 Ebd.
54 Ebd.
55 Ebd., S. 10.
56 Ebd.
57 Vgl. Christina Pareigis: Purim-Spiele und die Masken der Marx Brothers. Auf der Schwelle von Identität und Nicht-Identität. – In: Der jüdische Witz. Zur unabgegoltenen Problematik einer alten Kategorie. Hrsg. v. Burkhard Meyer-Sickendiek u. Gunnar Och. Paderborn 2015, S. 257–268, hier S. 260.

58 Stephen J. Whitfield: Die Unverwechselbarkeit des amerikanisch-jüdischen Humors. – In: Der jüdische Witz. Zur unabgegoltenen Problematik einer alten Kategorie. Hrsg. v. Burkhard Meyer-Sickendiek u. Gunnar Och. Paderborn 2015, S. 239–255, hier S. 242.
59 I, 31.
60 I, 10.
61 I, 62.
62 Ebd., S. 50.
63 II, 520 (Der ewige Jude).
64 Ebd., S. 524 (Hervorhebung HK).
65 I, 211 (Vorrede zu den Dramaturgischen Blättern). Börne nutzt das „Wir" in diesen Sätzen zweifellos mehr zur Ansprache der Gesamtheit aller zum räsonierenden Publikum sich versammelnden deutschsprachigen Leser denn als Bekenntnis zu irgendeinem seinem Judentum entgegensetzten Deutschtum.
66 III, 834 (Briefe aus Paris, 110. Brief).
67 III, 787 (Briefe aus Paris, 106. Brief).
68 I, 28.
69 I, 138.
70 I, 742 (Die Kunst, in drei Tagen ein Originalschriftsteller zu werden).
71 I, 31. In dieselbe Richtung geht sein Tagebucheintrag vom 6. Mai 1830, wo er schreibt: „Die höchsten Wälle hat man erstürmt, die stärksten Mauern hat man umgeworfen, aber was sich *hinter dem Worte* verschanzt, das ist sicher und verhöhnt euer ohnmächtiges Toben". (II, 791; Hervorhebung HK)
72 I, 742.
73 I, 14.
74 I, 108 (Über Theorie und Praxis in der Politik. Das Leben und die Wissenschaft).
75 Ebd., S. 114.
76 Ebd.
77 Ebd.
78 Ebd., S. 113 f. Eine ähnliche Kritik am „christlich-moralisch-ökonomischen Deutschland" findet sich auch im Aphorismus: „Die Deutschen haben drei Dinge zu viel und drei Dinge zu wenig. Sie haben zu viel Moral, zu viel Oekonomie und zu viel Gelehrsamkeit. Hingegen haben sie (im allgemeinen) zu wenig Witz, zu wenig Geschmack und zu wenig Lebensart." (I, 163) In diesem Aphorismus werden Moral, Ökonomie und Gelehrsamkeit überdies in offene Opposition zum Witz gebracht, den Börne in den „Freimütigen Bemerkungen" (1808) unmissverständlich als Charaktermerkmal der Juden auffasst (I, 62).
79 Jasper: Keinem Vaterland geboren [Anm. 2], S. 55.
80 Wolfgang Labuhn: Literatur und Öffentlichkeit im Vormärz. Das Beispiel Ludwig Börne. Königstein/Ts. 1980, S. 58 f.
81 Ebd., S. 112.
82 I, 164 (Was wir wollen).
83 Vgl. Labuhn: Literatur und Öffentlichkeit im Vormärz [Anm. 80], S. 125.
84 V, 623 (Brief an Johann Friedrich Cotta vom 2. März 1817).
85 Marcus Twellmann: „Ja, die Tabellen!" Zur Heraufkunft der politischen Romantik im Gefolge numerisch informierter Bürokratie". – In: Berechnen, Beschreiben. Praktiken statistischen (Nicht-)Wissens 1750–1850. Hrsg. v. Gunhild Berg, Borbála Zsuzsanna Török u. Marcus Twellmann. Berlin 2014, S. 141–170, hier S. 159.
86 V, 630 f. (Brief an Johann Friedrich Cotta vom 6. März 1817).
87 Jasper: Keinem Vaterland geboren [Anm. 2], S. 125.
88 V, 629.
89 Ebd.
90 I, 668 (Ankündigung der Wage).
91 Ebd., S. 668 f.
92 Ebd., S. 669 (Hervorhebung HK).

93 V, 631.
94 Vgl. I, 668.
95 Ebd., S. 670 (Hervorhebung HK).
96 II, 310 (Aphorismen und Miszellen).
97 I, 670.
98 II, 311.
99 II, 481 (Histoire de la Révolution Helvétique, de 1779 à 1803). Das gleiche Bild gebraucht Börne in seiner Kritik der „Zeitung der freien Stadt Frankfurt" von 1819 (I, 691 f.) und in einem späteren Aphorismus: „Es wird keineswegs behauptet, daß in Staaten mit repräsentativen Verfassungen ein ewiger Frühling herrsche. Aber sie haben den Vorzug, daß jedes Jahr der Schnee in ihnen schmilzt, während er sich in unbeschränkten Monarchien zu Gletschern und Lawinen anhäuft, die das unten wohnende Volk immer bedrohen, oft zermalmen." (II, 214).
100 II, 214.
101 Vgl. Stephan Braese: Ludwig Börne und „das Volk". Die Anfänge seiner Publizistik zwischen politischer Kategorie und subjektgeschichtlicher Erfahrung". – In: HJb 57 (2018), S. 126–151, hier S. 135 f.
102 Vgl. II, 212.
103 I, 823 (Die Freiheit der Presse in Bayern).
104 Ebd., S. 824.
105 Die ersten Theaterkritiken, die in der „Wage" erscheinen, hält Wolfgang Labuhn für „belanglos" (Labuhn: Literatur und Öffentlichkeit im Vormärz [Anm. 80], S. 137), interessant werden sie für ihn erst ab dem Jahr 1820. Die Kritiken, die ab diesem Jahr erscheinen, würdigt er vor allem, weil sie „kaum kaschierte politische Einsprengsel" (ebd., S. 182) enthalten und „das jeweilige Drama nur noch als Vehikel dient" (ebd., S. 183), um politische Fragen anzusprechen.
106 Wolfgang Beutin: „Der Weg führt vom Leben zur Bühne." Ludwig Börnes Dramaturgische Blätter (1829). – In: Jahrbuch Forum Vormärz Forschung 7: Theaterverhältnisse im Vormärz. Hrsg. v. Maria Porrmann u. Florian Vaßen. Bielefeld 2001, S. 213–241, hier S. 233.
107 I, 208.
108 V, 630.
109 I, 673 (Hervorhebung HK).
110 I, 209.
111 I, 980 (Ernsthafte Betrachtungen über den Frankfurter Komödienzettel).
112 Ebd., S. 981.
113 Ebd.
114 I, 235 (Die Ahnfrau).
115 I, 365 (Die Familie Anglade oder Der Schmuck).
116 I, 240 (Der Spieler).
117 Ebd.
118 Ebd.
119 I, 210.
120 Ebd., S. 212.
121 I, 247 (Don Carlos).
122 Ebd.
123 I, 250.
124 II, 251.
125 Die Datierung des Aphorismus folgt dem darin gegebenen Hinweis, dass die *Encyklopädie von Krünitz* […] im Jahre 1773" begonnen wurde „und jetzt", „48 Jahre nach Erscheinung des ersten Bandes" erst „im Buchstaben R" stehe (II, 344). Da die ersten beiden Bände von Krünitz' Enzyklopädie noch 1773, also im Jahr ihres Beginns, geliefert wurden, ergibt sich

als *terminus ad quem* der Niederschrift das Jahr 1821. Ersch und Gruber lieferten den ersten Band ihrer Enzyklopädie im Jahr 1818.
126 II, 344.
127 Vgl. Mark M. Anderson: Börne, der Print-Kapitalismus und die imaginäre Heimat. – In: Ludwig Börne. Deutscher, Jude, Demokrat. Hrsg. v. Frank Stern u. Maria Gierlinger. Berlin 2003, S. 118–136, hier S. 123.
128 I, 7.
129 I, 62.
130 I, 468 (Nachtrag zu vorstehender Kritik).
131 Ebd.
132 Ebd., S. 470.
133 Ebd.
134 Ebd., S. 472.
135 I, 62.
136 I, 7.
137 Richter: Faszination und Distanz [Anm. 14], S. 211.
138 II, 194.
139 II, 812 (Aus meinem Tagebuche).
140 I, 9.
141 I, 452 (Das Bild).
142 Ebd., S. 464.
143 I, 473.
144 I, 310 (Die Entführung oder Der alte Bürgerkapitän). Ähnlich formuliert Börne sowohl in seiner Kritik von Julius Graf von Sodens „Die Staatsnationalbildung" von 1821 („Gefäß des Geistes", II, 659) als auch in seinen „Schilderungen aus Paris" von 1822/1823 („Kleidung des Geistes", II, 124).
145 I, 210.
146 I, 709 (Altes Wissen, neues Leben).
147 Ebd., S. 712 (Hervorhebung HK).
148 Michael Holzmann: Ludwig Börne. Sein Leben und sein Wirken nach den Quellen dargestellt. Berlin 1888, S. 90.
149 Vgl. Helmut Koopmann: Doppeldeutiges. Zum literarischen Stil Ludwig Börnes. – In: Ludwig Börne 1787–1837. Hrsg. v. Alfred Estermann. Frankfurt a. M. 1986, S. 174–187, hier S. 185.
150 Das heißt nicht, dass Börne jemals etwas dagegen gehabt hätte, *auch* Lachen zu erregen („[I]ch kenne keine Wahl zwischen Nutzen und Gefallen", II, 378), verwerflich schien es ihm nur, auf das *bloße* Lachen abzuzielen, was bekanntlich den Kern seiner später einsetzenden, aber zweifellos fehlgeleiteten Kritik an Heinrich Heine ausmacht („Er hat ganz die jüdische Art zu witzeln und opfert einem Witz nicht bloß das Recht und die Wahrheit, sondern auch seine eigene Überzeugung auf", V, 26 f.).
151 I, 470.
152 Ebd.
153 I, 1058 (Briefe aus Frankfurt, 2. Brief).
154 II, 395 (Coopers Romane).
155 I, 1047 (Bauholz zu einem Roman).
156 II, 536.
157 III, 848 (Briefe aus Paris, 112. Brief).
158 II, 786.
159 III, 418 (Briefe aus Paris, 63. Brief).
160 III, 518.
161 Ebd.
162 Ebd., S. 519.
163 III, 114 (Briefe aus Paris, 24. Brief).

164 Ebd.
165 Michel Foucault: Überwachen und Strafen. Die Geburt des Gefängnisses. Aus dem Französischen von Walter Seitter. Frankfurt a. M. 1977, S. 381 f.
166 I, 62.
167 Ebd., S. 28.
168 II, 811.
169 Jefferson S. Chase: Inciting Laughter. The Development of ‚Jewish Humor' in 19th Century German Culture. Berlin 1999, S. 77.
170 II, 257.
171 III, 510.
172 Ebd., S. 512.
173 Ebd.
174 I, 50.
175 III, 512.
176 Ebd.
177 II, 520.
178 III, 512.
179 Foucault: Überwachen und Strafen [Anm. 165.], S. 379.
180 II, 395.
181 I, 31.
182 Foucault: Überwachen und Strafen [Anm. 165.], S. 284.
183 Max Weber: Die protestantische Ethik und der Geist des Kapitalismus. Vollst. Ausgabe. Hrsg. u. eingel. v. Dirk Kaesler. 4. Aufl. München 2013, S. 79.
184 I, 1057 f. (Hervorhebungen HK).
185 I, 28.
186 Dirk Kaesler: Vorwort des Herausgebers. – In: Max Weber: Die protestantische Ethik und der Geist des Kapitalismus. Vollst. Ausgabe. Hrsg. u. eingel. v. Dirk Kaesler. 4. Aufl. München 2013, S. 7–64, hier S. 56.
187 Ebd., S. 55.
188 II, 8 (Schilderungen aus Paris).
189 Ebd.
190 II, 807.
191 Ebd.
192 Ebd., S. 823.
193 Ebd., S. 840.
194 Ebd., S. 825 f.
195 II, 47.
196 III, 120 (Briefe aus Paris, 25. Brief; Hervorhebung HK).
197 Ebd., S. 121.
198 „Under tyrannical governments like that of the Old Regime, the audience was passive and silent: ‚No one may raise their voice or speak to the public except the actors,' and ‚Soldiers must always see to it that demonstrations of contentment or disapprobation are not made publicly' for fear that the theater audience would be transformed into a revolutionary assembly." Susan Maslan: Resisting Representation. Theater and Democracy in Revolutionary France. – In: Representations 52 (1995), S. 27–51, hier S. 35.
199 Dieses Vorzeichen des Affektiven ist es, was Börne einen Zusammenhang zwischen seinen eigenen publizistischen Bemühungen und der beschriebenen Theatererfahrung herstellen lässt. Verteidigt er die freie Rede in seinen „Aphorismen und Miszellen" mit den Worten: „Man irrt sich, wenn man den Rednern geschehenes Unheil vorwirft, indem man behauptet, sie hätten Leidenschaften aufgeregt; sie haben sie vielmehr unschädlich gemacht, indem sie ihnen einen Ausweg bahnten" (II, 310), so wandelt er dieses Urteil jetzt nämlich nur sehr geringfügig ab: „Unsere deutschen Polizeiärzte würden gewaltig zornig werden, wenn sie den Lärm gehört: sie würden sagen, die Regierung sollte nicht dulden, daß man im

Theater so die Leidenschaften aufrege. Aber sie irren sich; das besänftigt gerade gereizte Leidenschaft." (III, 121)
200 Maslan: Resisting Representation [Anm. 198], S. 32.
201 III, 371 (Briefe aus Paris, 60. Brief).
202 Ebd., S. 372 f.
203 I, 876 (Für die Juden).
204 III, 231 (Briefe aus Paris, 42. Brief).
205 III, 282 (Briefe aus Paris, 51. Brief).
206 III, 107 (Briefe aus Paris, 23. Brief).
207 III. 396 f. (Briefe aus Paris, 62. Brief).
208 III, 370 f.
209 Inge und Peter Rippmann: Nachwort [Anm. 18], S. 1077.
210 Ebd.
211 Vgl. Raphael Hörmann: „Zum so genannten, so gescholtenen Pöbel". Die radikale Aufwertung der sozialen Unterschichten bei Börne und Büchner. – In: Georg Büchner Jahrbuch 12 (2009–2012), S. 143–163, hier S. 159.
212 Ebd.
213 III, 550.
214 III, 123.
215 Hörmann: „Zum so genannten, so gescholtenen Pöbel" [Anm. 211], S. 147.

Journalist zwischen Deutschland und Frankreich

Georg Bernhard Depping (1784–1853)

Bernd Kortländer

I.

Paris war im 19. Jahrhundert Hauptstadt Europas, „Spitze der Welt" (HSA XXI, 20), Sehnsuchtsort der Deutschen, die sich, das behauptet zumindest Heinrich Heine, in keiner Stadt der Welt so wohl fühlen wie hier.[1] Neben den Touristen, Wissenschaftlern, Musikern, Künstlern kam aber vor allem nach der Julirevolution ein Strom von Flüchtlingen aus Deutschland in die Stadt, der von ca. 25.000 Menschen im Jahr 1830 bis auf ca. 80.000 im Jahr 1848 anschwoll, sogenannte ‚Wirtschaftsflüchtlinge' zumeist, die Hunger und Perspektivlosigkeit aus der Heimat vertrieb, aber auch Exilanten, die Schutz vor politischer Verfolgung suchten.[2]

Auch Schriftsteller und Journalisten kamen in großer Zahl, manche aus Not und manche aus Neugier. Manche verdienten sich als Korrespondenten für deutsche Zeitungen ein Zubrot, um ihren Aufenthalt zu finanzieren. Man spricht von bis zu 200 Autoren, die in den 1830er und 1840er Jahren von Paris aus das deutsche Publikum mit Nachrichten über das Leben in der Hauptstadt versorgten.[3] Die Mehrzahl dieser Autoren hielt sich nur für kürzere Zeit in Paris auf, und der Nachrichtenstrom, den sie produzierten, verlief ausschließlich aus Frankreich nach Deutschland. Daneben gab es einige wenige Autoren deutscher Herkunft, die Paris zu ihrer zweiten Heimat machten und dabei auf unterschiedliche Weise Teil der französischen Literatur- und Presselandschaft wurden und nicht nur für ein deutsches, sondern ebenso für ein französisches Publikum schrieben.

Der wichtigste unter ihnen war Heinrich Heine, der im Mai 1831 nach Paris kam. Sein Ehrgeiz bestand darin, in Frankreich ebenso wahrgenommen zu werden wie in Deutschland und eine „europäische Reputazion" (HSA XXIII, 387)

B. Kortländer (✉)
Düsseldorf, Deutschland

aufzubauen.[4] Wahrgenommen wurde man in Frankreich am ehesten als Autor der großen in Paris erscheinenden Zeitungen und Zeitschriften. Heines bevorzugtes Organ war dabei über die Jahre die renommierte „Revue des deux Mondes", wo von den 1830ern und bis in die 1850er Jahre Texte von ihm zum Druck gelangten. Nun stand seiner Karriere als ‚écrivain français' allerdings die fehlende Fähigkeit oder auch Bereitschaft im Wege, Texte, die für den Druck vorgesehen waren, direkt in französischer Sprache zu schreiben. Er bediente sich für seine Publikationen wechselnder Übersetzer, deren Arbeit er korrigierend begleitete. So entstanden Texte, die sich teils recht weit von der deutschen Vorlage entfernten, und man kann durchaus von einem deutschen und einem französischen Heine sprechen, die sich deutlich voneinander unterscheiden. Dass der französische Heine zumindest gegen Ende seines Lebens als Teil des französischen Betriebs gesehen wurde zeigt seine Aufnahme in das „Panthéon Nadar", eine großformatige Lithographie von 1854 mit Porträts der 249 wichtigsten lebenden Autoren und Journalisten Frankreichs, die zur Büste von George Sand pilgern; dort ist bereits an 12. Stelle der Prozession auch das Porträt von Henri Heine zu finden.

Mit dieser Art sprachlicher ‚Verdopplung' seiner Texte und seiner Schriftstellerexistenz war Heine eine Ausnahme, und sie war auch nur möglich aufgrund seiner auch in Frankreich bekannten herausgehobenen Stellung in der deutschen Literatur. Die Gestaltung seines Auftritts als ‚écrivain français' musste er allerdings weitgehend aus der Hand geben und seinen Übersetzern überlassen. Wie schwer ihm das fiel und wie deutlich er die Defizite wahrnahm, zeigen seine diesbezüglichen Äußerungen, und zwar nicht nur in Bezug auf die Lyrik, die er ohnehin für unübersetzbar hielt.[5] Die beiden Sprachen schienen ihm sich am Ende geradezu feindlich gegenüberzustehen: „Il n'existe aucune affinité spirituelle ou cordiale entre ces deux langues de souches différentes, et l'on dirait même qu'elles ressentent l'une pour l'autre une antipathie […]", schreibt er 1855 (DHA XIV, 300). Die Merkwürdigkeiten der französischen Rezeption zu Heines Lebzeiten unterstreichen sehr deutlich, wie Recht er mit seinen Befürchtungen hatte.[6]

Auch Ludwig Börne, der zwar ebenfalls früh ins Französische übersetzt wurde, aber anders als Heine stets vorrangig das deutsche Publikum im Blick hatte, machte die Erfahrung, wie schwierig es war, die Kontrolle zu behalten, wenn man sich in der fremden Sprache bewegte. Börne hat ganz am Ende seiner literarischen Laufbahn einige wenige Texte in Französisch verfasst und zum Druck gebracht, zuerst 1835 in der von François Vincent Raspail herausgegebenen republikanischen Zeitschrift „Le Réformateur". In einem Brief an den Herausgeber vom 28. April 1835 gesteht er, nicht sicher zu sein, ob sein Französisch für eine Veröffentlichung ausreicht, und gibt freie Hand für sprachliche Verbesserungen („Voyez, Monsieur, si cela est corrigible").[7] Im Folgejahr versucht er sich als Herausgeber einer ganz in französischer Sprache gedruckten Zeitschrift, „La Balance. Revue allemande et française", die er nach nur drei Heften aufgibt, u. a., wie er an August Lewald schreibt, weil er durch den Gebrauch des Französischen „in meinem Ideengang zu sehr gestört" ist: „Hundert Dinge kann man im Französischen gar nicht sagen."[8]

II.

Es gab aber durchaus eine Reihe deutschstämmiger Autoren in Paris, die sich in beiden Sprachen mit der gleichen Sicherheit bewegten. Einer der aktivsten unter ihnen war Georg Bernhard Depping. Er kam im Jahr 1803 als 19-jähriger aus dem beschaulichen Münster ins napoleonische Paris, mittellos und ganz auf sich allein gestellt, und schlug sich zunächst als angestellter Lehrer an Privatschulen, später als Privatlehrer durch. Nebenher bildete er sich fleißig fort, erlernte verschiedene Fremdsprachen und übte sich im Schreiben französischer Texte. 1807 gelang ihm mit dem Jugendbuch „Les soirées d'hiver", in dem ein Vater an langen Winterabenden seine Kinder in die Welt und ihre Wunder einführt, ein erfolgreicher Start als Autor, und 1811 folgte mit „Merveilles et beautés de la nature en France" ein Bestseller, der bis ins Jahr 1845 neun mehrfach überarbeitete Auflagen erlebte. Er schaffte so den Einstieg in eine Karriere als Gelehrter, Wissenschaftsautor und Journalist, ein Berufsbild, für das man in Frankreich die schöne Bezeichnung „homme de lettres" hat. In seinen 1832 erschienenen „Erinnerungen aus dem Leben eines Deutschen in Paris" hat Depping seinen Lebensweg bis zur Julirevolution von 1830 ausführlich geschildert. Als Historiker machte er sich durch Einzelstudien wie die viel beachtete „Histoire des expéditions maritimes des normands, et de leur établissement en France au dixième siècle" (1826/1843) und Editionen wie die der „Correspondance administrative sous le règne de Louis XIV" (4 Bde., 1850–1855) einen Namen im französischen Wissenschaftsbetrieb, war Mitglied in Akademien und wissenschaftlichen Gesellschaften. In Deutschland galt er als „würdigster Vertreter deutscher Wissenschaft in Frankreich"[9], ein Zeitungsartikel mit der Überschrift „Heine – Börne – Depping" stellt ihn 1835 gar in eine Reihe mit den beiden Heroen der deutschen Paris-Literatur.[10] Trotz verschiedener Auszeichnungen und Ehrungen blieb ihm die erhoffte Aufnahme in das Institut de France aber versagt. Die Gründe dafür waren vielschichtig, lagen aber auch in seiner deutschen Herkunft begründet, die man, obwohl er seit 1827 französischer Staatsbürger war, immer wieder gegen ihn ins Feld führte und die er auch keineswegs verleugnete.

Denn neben seiner französischen Karriere schrieb Depping stets auch für Verlage in Deutschland. Bereits im Jahr 1810 war er in die Dienste Cottas getreten und arbeitete als Paris-Korrespondent für das 1807 gegründete „Morgenblatt für gebildete Stände". Sein erster Artikel erschien am 13. Dezember 1810 und war der Auftakt zu einer außergewöhnlich beständigen und intensiven Zusammenarbeit, die erst am 6. Dezember 1850 mit einer letzten Korrespondenz endete. Von allen deutschen Paris-Korrespondenten war Depping derjenige, der am ausdauerndsten aus der französischen Hauptstadt berichtet und das Paris-Bild der Deutschen entsprechend nachhaltig geprägt hat. Zwischenzeitlich hat er noch für weitere deutsche Zeitungen korrespondiert: Zwischen 1820 und 1823 für das „Literärische Conversations-Blatt" des Brockhaus Verlages, Vorgänger der „Blätter für literarische Unterhaltung", und in den Jahren 1840 bis 1843 für die „Kölnische Zeitung" des Verlegers Joseph DuMont. Parallel zur Arbeit für deutsche Zeitungen war Depping in den Jahren zwischen 1808 und 1833 an ganz unterschiedlichen Stellen in der französischen Zeitschriften- und Zeitungslandschaft aktiv. Als Journalist schuf er die materielle Grundlage für seine Existenz, was durch Bücherschreiben allein nicht möglich war. Erst Mitte der 1830er Jahre hatte sich seine persönliche Situation so verändert, dass er sich zumindest im französischsprachigen Teil seiner Arbeit ganz auf das wissenschaftliche Schreiben und die Herausgabe historischer Dokumente konzentrieren konnte.

Der Beginn seiner Laufbahn als Journalist ist verständlicherweise geprägt von großer Unsicherheit. Zwar hatte er, bevor er mit seiner Arbeit für das „Morgenblatt" begann, bereits erste journalistische Erfahrungen in der Redaktion der „Annales des voyages" gesammelt, einer geographisch ausgerichteten Zeitschrift, für die er nicht nur Besprechungen, Übersetzungen und eigene Beiträge schrieb, sondern auch den Herausgeber in seiner Arbeit unterstützte. Doch zum Korrespondieren gehörten gewisse Routinen sowohl in Beschaffung und Auswahl von Informationen wie auch in der Art und Weise der Darstellung. Es gehörte dazu ein Standpunkt, von dem aus sich die Ereignisse in Paris einordnen und beurteilen ließen. Gerade in dieser Hinsicht ist Deppings Position anfangs schwankend. Nach 1815 ist er zunächst Anhänger der auf den Thron zurückkehrenden Bourbonen und hält nichts von zu weitgehenden Lockerungen der Pressefreiheit. Ab 1818 vollzieht sich hier ein Wandel, doch dauerte es bis in die frühen 1820er Jahre, bis Depping einen klaren Standpunkt gegen das reaktionäre *Roll-back* der Ultras und für eine Liberalisierung der Gesellschaft entwickelt hat. Jetzt gewinnen seine Urteile und Berichte an Substanz, es gelingt ihm, ein konsistentes Gesamtbild des Pariser kulturellen und gesellschaftlichen Lebens zu entwerfen. Diese Professionalisierung seiner Tätigkeit als Korrespondent, für die es damals noch kein fertiges Muster gab[11], war das Ergebnis intellektueller Anstrengung ebenso wie praktischer Erfahrung, und man kann die bittere Ironie verstehen, mit der er auf die Geringschätzung reagiert, die deutsche Redaktionen ihren Pariser Korrespondenten entgegenbringen: „Korrespondiren ist ein Talent, das bei jedem Deutschen in Paris vorausgesetzt wird, und, wie die Herausgeber deutscher Blätter wähnen, mit der Luft in dieser Hauptstadt eingeathmet wird."[12]

Bei der Herausbildung und Festigung seines Standpunktes hat Depping insbesondere von seiner Tätigkeit in den Redaktionen von zwei französischen Zeitungen profitiert, für die er von 1815 bis 1820 gearbeitet hat. Nach dem Ende der „Annales des voyages", die 1815 eingestellt wurden, wechselte er in die Redaktion einer neu gegründeten Zeitung, der „Annales politiques, morales et littéraires", die vom 16. Dezember 1815 bis zum 6. Juni 1819 erschien. Sie wollte ideologisch in der Mitte angesiedelt sein zwischen royalistisch und oppositionell, ihr Wahlspruch lautete: „Le roi et la charte", der König *und* die Verfassung. Depping war für die auswärtige Politik zuständig und wertete zu diesem Zweck ausländische, vor allem englische Zeitungen aus. Eugène Hatin, der Chronist der französischen Presse der Zeit, findet für die „Annales" fast nur lobende Worte.[13] Sie habe sich in kurzer Zeit zur Zeitung der Urbanität und des guten Tons entwickelt und sei deshalb zu Recht von einsichtigen Mitgliedern der Regierung durch den Ankauf von Abonnements unterstützt worden. Der einzige Vorwurf lautet, dass es ihr ein wenig an Heiterkeit und Liebenswürdigkeit gemangelt habe („...manquer d'enjouement et d'amabilité").[14] Am Ende gelang es den „Annales" trotz aller Anstrengungen und, wie Depping aus der Rückschau meint, gerade wegen ihrer unentschiedenen politischen Haltung nicht, sich dauerhaft einen Platz in der Presselandschaft der Hauptstadt zu erobern.

Er hatte allerdings das Glück, nahtlos zu einer anderen, diesmal entschieden liberalen und oppositionellen Zeitung, dem „Censeur européen" wechseln zu können, der unter seinen beiden Herausgebern Charles Comte und Charles Dunoyer europäische Zeitungsgeschichte geschrieben hat. Auch wenn Deppings Mitarbeit auf ein einziges Jahr beschränkt blieb, war diese Station für die Entwicklung seiner ideologischen und politischen Position von entscheidender Bedeutung.[15] Comte und Dunoyer verfolgten in ihrer Zeitung eine konsequent liberale, auf die Individualrechte bezogene Linie. Die Politik der Ultraroyalisten ebenso wie der wachsende Einfluss der katholischen Kirche wurde scharf kritisiert. Sie forcierten einen ‚ökonomischen Liberalismus', der vom wachsenden Einfluss der industriellen Produktionsweise auf die zukünftige Gesellschaft ausging, und berührten sich hier mit dem Denkansatz des Grafen Saint-Simon.[16] Nicht zufällig war Augustin Thierry, der vormalige Sekretär Saint-Simons, Kollege Deppings in der Redaktion, und auch Saint-Simon selbst wie sein aktueller Sekretär Auguste Comte steuerten Beiträge bei. Saint-Simon besuchte, wie Depping berichtet, gelegentlich auch persönlich die Redaktion.[17] Depping lernte hier aus nächster Nähe die fortschrittlichen sozialen Konzepte der Zeit kennen. Wenn er 1830 als einer der ersten Journalisten nicht ohne Sympathie das deutsche Publikum in mehreren Artikelfolgen im „Morgenblatt" mit den Saint-Simonisten bekannt macht, so ist dieser Einfluss noch deutlich zu spüren. Auch im „Censeur européen" war er vorrangig für auswärtige Politik zuständig und stellte Meldungen aus der ausländischen Presse zusammen. Daneben verfasste er eine Reihe von Aufsätzen zu historischen und literarischen Themen, die ganz auf der liberalen Gesamtlinie des Blattes liegen.[18] In zwei langen Artikeln bespricht er das Gesamtwerk der Frau von Staël positiv, indem er auf ihr fortschrittliches Literaturverständnis („littérature engagée") abstellt.[19] Seine heftige Kritik an der reaktionären Tendenz einer Schrift von Ferdinand Eckstein, der sich in Frankreich Baron d'Eckstein nannte, mit dem Titel „Vérités sur les sociétés secrètes d'Allemagne"[20] führte zu einer polemische Zuschrift im „Journal des débats", wo dem aus Westfalen eingewanderten Liberalen („un liberal arrivant de Westphalie") unterstellt wird, er plane offenbar, das Volk mit der Lektüre von Diderot und Helvétius zu verderben.[21]

In den folgenden Jahren hat Depping sich dann vor allem zwei enzyklopädisch angelegten Zeitschriftenprojekten gewidmet: Von 1819 bis 1833 war er als Autor für die renommierte „Revue encyclopédique" aktiv; von 1823 und bis 1830 hat er als festangestellter Redakteur und unermüdlicher Rezensent für das „Bulletin universel des sciences et de l'industrie" gearbeitet, eine groß angelegte kommentierte Wissenschaftsbibliographie.

Die „Revue encyclopédique" galt in den 1820er Jahren als führende Kulturzeitschrift Frankreichs.[22] Der Herausgeber Marc-Antoine Jullien wollte mit ihr nichts weniger schaffen als eine kurzgefasste Universalgeschichte der Geistesbewegungen der Zeit.[23] Seine Zeitschrift sollte alle Wissensgebiete behandeln, wandte sich ausdrücklich nicht nur an Gelehrte, wollte vielmehr aufklärerisch in einem umfassenden Sinne sein und befördern, was für das Glück der Individuen wie für den Wohlstand der Nationen von Bedeutung war. Wichtigste Voraussetzung für ein Gelingen seines Unternehmens war selbstverständlich die Rekrutierung einer Gruppe kompetenter Mitarbeiter aus so verschiedenen Wissensgebieten wie Mathematik, Physik, Ingenieurwissenschaft, Naturwissenschaft, Medizin, Geisteswissenschaft, Archäologie, Literatur, Bildender Kunst etc. Es ist nur den Besonderheiten des Pariser Wissenschaftsbetriebs mit seiner hohen Konzentration von Gelehrten um die Akademien und Gesellschaften herum zu verdanken, dass es überhaupt möglich war, eine solche Equipe zusammenzustellen. Ideologisch positionierte sich die Zeitschrift im liberalen Lager, ohne extreme Positionen einzunehmen, was dem Kreis potentieller Mitarbeiter einen gewissen Rahmen gab.[24] Es ist eine Mischung sowohl der Fachbereiche wie auch der Generationen, Oppositionelle arbeiteten Seite an Seite mit Angestellten der Regierung. Als Redakteur des „Censeur européen", aber auch als Beiträger der „Biographie universelle" der Brüder Michaud und anderer Projekte war Depping für Jullien ein potentieller Mitarbeiter. Die beiden kannten sich persönlich aus der „Société philotechnique", deren Mitglieder sie waren. Deppings erste Artikel stammen aus der Zeit, als er noch für den „Censeur européen" arbeitete; der allererste erschien im Oktoberheft 1819. Höhepunkt seiner Mitarbeit war das Jahr 1828, als er 44 Beiträge lieferte; insgesamt hat er zwischen Oktober 1819 und Februar 1833 ca. 300 Artikel zur „Revue encyclopédique" beigesteuert.[25]

Deppings Beiträge, überwiegend Besprechungen, umfassen erstaunlich viele Sachgebiete und Sprachen, und es ist schwierig, ein thematisches Muster zu erkennen. Sein besonderes Interesse galt aber zweifellos der Vorstellung der neuesten deutschen Literatur in der „Revue encyclopédique". Er lieferte damit einen wichtigen Beitrag zu einer Debatte, die in diesen Jahren allgemein und in der Zeitschrift insbesondere eine große Rolle spielte: Die Debatte um die „Romantik", die wie ein Gespenst durch ihre Seiten spukt. Die Mehrheit der Kritiker der „Revue" schlägt sich auf die Seite des Klassizismus und verhält sich offen ablehnend zu der aus England und Deutschland nach Frankreich drängenden Strömung. Die Gründe für diese Ablehnung liegen einerseits im Festhalten an der klassizistischen Ästhetik und einem gewissen Nationalstolz: Man sah im Klassizismus über die historischen Veränderungen hinweg die Verkörperung des Urbildes der Literatur, ihrer Substanz, deren Erhalt auch die französische Dominanz in ästhetischen Fragen sichern sollte.[26] Andererseits hat die Ablehnung der Romantik aber auch politisch-ideologische Ursachen, die im Verhältnis von Literatur und Gesellschaft begründet liegen. Literatur sollte nach der in der „Revue" herrschenden Meinung, die von der Philosophie der „Idéologues" beeinflusst war, jenseits der Unterscheidung zwischen klassisch und romantisch vor allem solche moralischen Wahrheiten befördern, die zum Erhalt und zum Glück der Gesellschaft beitragen können[27]; sie sollte aufklären in einem sehr weiten Sinne, sollte geistige Selbstbestimmung ermöglichen und die Bewegungen der modernen Gesellschaften unterstützen und verstärken. Genau in diesem Punkt sah man in der frühen Romantik mit ihrer Begeisterung für das Mittelalter, die Epoche der ‚Barbarei' mit anti-aufklärerischem Affekt, deutliche Defizite. Die inhaltlichen Grässlichkeiten und sprachlichen ‚Bizarrerien' der romantischen Prosa und Poesie schienen solche Vorbehalte zu unterstützen.

Bereits in Deppings Artikeln für das „Morgenblatt" spielt die Debatte über Klassizismus und Romantik in Frankreich eine Rolle, wobei er gegenüber dem deutschen Publikum noch relativ zurückhaltend ist, teilweise die gescholtene deutsche Romantik sogar gegen ihre französischen Verächter in Schutz nimmt. Aber auch ihm ist die schwärmerische Begeisterung für das Mittelalter suspekt, korreliert sie doch auffällig mit den Wünschen und Vorstellungen der Ultraroyalisten und Obskuranten. Schauen wir deshalb auf seine französisch geschriebenen Besprechungen in der „Revue encyclopédique", so sehen wir ihn ganz auf den Pfaden seiner französischen Kollegen wandeln. Das beginnt mit sehr ungnädigen Bemerkungen über Goethes „West-östlichen Divan", den er als ebenso kraft- wie teilweise auch sinnloses Alterswerk abtut. Man nehme die letzten Werke Goethes in Frankreich jetzt gar nicht mehr zur Kenntnis, heißt es weiter. Ausdrücklich moniert Depping, dass Goethe in diesem Werk den orientalischen Despotismus preise, wie er überhaupt viel zu wenig für die bürgerliche Gesellschaft engagiert sei: „Son génie n'a jamais été employé à revendiquer pour ses compatriotes l'exercice des droits sociaux, et sous ce rapport il n'a rendu aucun service à sa patrie."[28] Noch drastischer fällt die Besprechung von „Aus meinem Leben. Dichtung und Wahrheit" aus. Ausführlich geht er auf Goethes Berichte über die Kampagne in Frankreich und die Belagerung von Mainz ein, um festzustellen, dass der große Dichter wenig Interessantes zu berichten weiß. Vor allem empört ihn der subalterne Ton:

> Je ferai observer, en terminant, combien il est choquant de voir un écrivain du mérite de Goethe employer des phrases d'un courtisan subalterne, telles que celles-ci: ‚Je vis mon gracieux maître; j'eus l'honneur de faire ma cour à ce seigneur très-gracieux, etc.' Ce ton d'une soumission humble et servile n'étonne pas moins que la froide réserve avec laquelle l'auteur parle d'évènemens et des scènes qui, dans l'âge où son imagination brûlante créa Werther […] aurait quelquefois arraché à son âme des accens plus énergiques.[29]

Schiller nimmt er gegen seinen Biographen Heinrich Doering in Schutz, der im Titel den Adelstitel benutzt[30], als sei Schiller nur ein Adliger gewesen („un noble vulgair et obscur") und nicht ein Genie. Auch bei den Romantikern im engeren Sinne bleibt Depping meist kritisch. So liefert er einen Verriss von Zacharias Werners Drama „Die Mutter der Makkabäer", dem er ein Übermaß an Grässlichkeiten und Krassheiten vorwirft.[31] Karl Immermann war die große Hoffnung der deutschen Bühne, die sich nicht erfüllt hat, weil es ihm nicht gelingt, den Furor seiner Phantasie zu zügeln und seine Stücke auf diese Weise unspielbar werden.[32] Das dramatische Werk Heinrich von Kleists wird sehr kurz vorgestellt. Es scheint Depping aufgrund der vielen ‚Bizarrerien' wenig wahrscheinlich, dass er in Frankreich Fuß fassen könnte. Bei allen Schwächen besitze Kleist aber einen festen Platz in der Literatur des Jahrhunderts.[33] Wilhelm Hauffs „Phantasien im Bremer Ratskeller" werden trotz ihrer Fantasmagorien gelobt: „Il y a dans cette composition beaucoup de bizarrerie, mais on y remarque aussi un vrai talent; l'aventure du vieux sommelier est racontée avec beaucoup d'intérêt, et l'ironie est semée avec finesse dans cette petite débauche d'esprit."[34] ‚Bizarr' und ‚Bizarrerie' sind offensichtlich die Schlüsselwörter für Deppings Kritik an der romantischen Schreibweise, und er liegt damit ganz auf der Linie der „Revue". Das zeigt sich auch bei der Besprechung von Chamissos berühmter Erzählung „Peter Schlemihls wundersame Geschichte": „Il semble donc que le conte de M. de Chamisso est plus bizarre encore qu'intéressant, et que si l'auteur a voulu prouver une moralité, il n'a pas complètement réussi [...]"; es handele es sich um eine „composition défectueuse, qui néanmoins justifie la vogue dont elle jouit, en Allemagne surtout, par le talent du poète."[35]

Dagegen erscheint ihm Justinus Kerners „Die Seherin von Prevorst" nur lächerlich, und er meint, Kerner müsse eine Menge guter Gedichte schreiben, um diesen Missgriff vergessen zu machen.[36] Das ganze Grausen der Franzosen vor dem Geist der deutschen Romantik kommt aber in Deppings Notiz über Hegels „Enzyklopädie der philosophischen Wissenschaften" zum Ausdruck, die alle Vorurteile zusammenfasst, die man damals gegen die deutschen Meisterdenker hegte. Er hält ihn für völlig unverständlich, weil er Mystizismus und logisches Denken vermische und empört sich über Hegels Lob der preußischen Monarchie.[37]

1823 trat Depping dann in die Redaktion des „Bulletin universel des sciences et de l'industrie" ein, der von André d'Audebard de Férussac herausgegeben wurde mit dem Ziel, dem zunehmenden Spezialistentum in der Wissenschaft einen großen Rahmen zu geben. Das Problem war allerdings, wie ein solcher Rahmen sich konstruieren ließ, denn je ausdifferenzierter die wissenschaftlichen Felder sich gestalteten und je tiefer die Forscher sich auf die Details ihrer Spezialgebiete einlassen mussten, desto schwieriger wurde es, den Anschluss an das zu behalten, was sich in anderen, vor allem ausländischen Forschungseinrichtungen, aber auch in relevanten Nachbardisziplinen, abspielte. Férussac entwickelte deshalb den gigantoman anmutenden Plan zu einer umfassenden kommentierten Bibliographie, die das gesamte wissenschaftliche Schrifttum weltweit, sei es in Form von Büchern oder von Aufsätzen und Artikeln, erfassen sollte. 1823 startete er mit einem ersten Jahrgang in vier Bänden unter dem Titel „Bulletin général et universel des annonces et des nouvelles scientifiques". Mit Beginn des Jahres 1824 nahm das jetzt „Bulletin universel des sciences et de l'industrie" genannte Unternehmen, das in acht Sektionen von Mathematik bis Militärwissenschaft unterteilt war, dann seine endgültige Gestalt an.

Das Vorhaben erschien auf den ersten Blick unausführbar, aber Férussac ließ sich nicht abschrecken und kümmerte sich vor allem um eine gute Organisation: Er fand für jede Sektion einen oder mehrere namhafte Herausgeber, während er selbst sich mit einem relativ kleinen Stab von bezahlten Mitarbeitern, zu denen Depping gehörte, um die Gesamtleitung kümmerte. Die wichtigste Aufgabe bestand allerdings darin, qualifizierte Autoren für die Referate zu finden, was nicht ganz einfach war, zumal diese Arbeit nicht honoriert wurde. Depping war als Redakteur eine Art Idealbesetzung, denn die Hauptquelle für die im „Bulletin" publizierten Kurzreferate waren Zeitschriften aus aller Welt. 1828 liefen in den

Redaktionsräumen in der rue de l'Abbaye bereits 620 Zeitschriften zusammen[38], deren Berichte über Forschungsergebnisse und Neuerscheinungen gesichtet, zusammengefasst und dann von Übersetzern ins Französische gebracht wurden. Deppings breite Sprachkenntnisse ermöglichten es ihm, Zusammenfassungen und Besprechungen direkt aus der Fremdsprache und ohne den Umweg über die Übersetzung zu machen. Er selbst schreibt über seine Tätigkeit in den Jahren von 1824 bis 1830:

> Ich habe für das Bulletin während der sieben Jahre meines Mitarbeitens vielleicht an tausend kurze Auszüge von Büchern und Abhandlungen in acht bis zehn europäischen Sprachen geliefert, und außerdem sah ich noch für die Übersetzer die verschiedenen Zeitschriften durch, um die zu übersetzenden Stücke auszuheben. Schwerlich sind Jemandem so vielerlei Zeitschriften durch die Hände gegangen als mir.[39]

Nachdem das Unternehmen anfänglich gut lief, stellten sich doch bald wirtschaftliche Schwierigkeiten ein, die einerseits auf hohe Kosten durch die stetig wachsende Menge der zu verarbeitenden Literatur und andererseits auf den nach einiger Zeit ausgereizten Markt zurückgehen, der keine Zuwächse mehr zuließ. Férussac und seine Mitstreiter versuchten im März 1828 einen wirtschaftlichen Neustart, indem sie die Redaktion der Zeitschrift in die Hände einer Aktiengesellschaft legten, die sich „Société du Bulletin universel pour la propagation des connaissances scientifiques et industrielles" nannte[40], doch konnte das den endgültigen wirtschaftlichen Absturz nur verzögern. Im Februar 1832 weigerte sich die Deputierten-Kammer, die Aktien-Gesellschaft zu retten.[41] Depping bemerkt, auch die Julirevolution von 1830 habe das ihrige zum Ende eines Projekts beigetragen[42], dessen Kühnheit bewundernswert war und das die moderne Idee der globalen Wissensvernetzung mit analogen Mitteln zuerst angestoßen hat. Gleichzeitig ist es eine Reaktion auf die Veränderungen des Wissenschaftsbetriebs zu Beginn des 19. Jahrhunderts mit dem explosionsartigen Anwachsen von Forschung, internationaler Zusammenarbeit, Veröffentlichungen und vor allem Veröffentlichungen in spezialisierten Zeitschriften: „In a sense, it was even more than an attempt to control information. It was an attempt to come to terms with the new structure and geography of nineteenth-century research […]."[43]

Als Autor hat Depping an zwei der acht Sektionen des „Bulletin universel" mitgearbeitet, an der Sektion 6: „Bulletin des sciences géographiques, économie publique, voyages" und der Sektion 7: „Bulletin des sciences historiques, antiquités, philologie". Sein Arbeitsschwerpunkt lag bei der historischen Sektion, die von den Brüdern Champollion als Herausgebern betreut wurde. Ebenso groß wie die sprachliche Vielfalt und die Vielfalt der Zeitungen und Zeitschriften, auf deren Basis er seine Artikel verfasste, war auch das thematische Spektrum. Es reichte von den damals hoch aktuellen Fragen im Umkreis der Ägyptologie über Themen der Antike, Denkmäler der Etrusker, baltische und skandinavische Forschungen, slawische Literatur, römische Denkmäler in Osteuropa, ein spanisch-deutsches Wörterbuch bis zu archäologischen Stätten in den USA und einer englischen Münzsammlung. Er blieb als Redakteur offensichtlich auch stets der ‚Lückenbüßer', zuständig für alles und jedes, ein Umstand, der seinem

Ruf als seriösem Gelehrten nicht gerade zuträglich war. In seinem geradezu verzweifelt anmutenden Springen durch die Sprachen und Themen spiegeln sich aber auch die grundsätzlichen Schwierigkeiten der Unternehmung Férussacs auf fast schon groteske Weise. Es macht bereits deutlich, dass sich der enzyklopädische Anspruch des „Bulletin" nicht würde halten lassen; Herausgeber und Redaktionen stemmten sich zwar gegen diese Einsicht, aber de facto war es schon Mitte der 1820er Jahre nicht mehr möglich, das Gesamt des weltweiten Jahreswissens solcher Gebiete wie der Geschichte, der Sprachwissenschaft und der Altertumswissenschaften vollständig in zwei Halbjahresbänden zusammenzufassen, vor allem nicht mit dem Anspruch, die wichtigen Ergebnisse nicht nur dem Titel nach, sondern auch inhaltlich abzubilden. Wenn der „Bulletin" Ende 1831 den Betrieb einstellen muss, ist das nicht nur den finanziellen Umständen, sondern auch der Tatsache geschuldet, dass sein Ziel obsolet weil unerreichbar geworden war.

III.

Gegen Ende des Jahres 1830 ist Depping dann ein letztes Mal ein Engagement bei einer französischen Zeitungsredaktion eingegangen. Ganz genau lässt sich sein Eintritt in die Redaktion der Tageszeitung „Le Temps. Journal des progrès politiques, scientifiques, littéraires et industriels" nicht mehr rekonstruieren, doch spricht vieles dafür, dass er bald nach der Julirevolution dem Werben von „Temps"-Herausgeber Jacques Coste nachgegeben und sich um den Bereich „Auswärtige Politik" in „Le Temps" gekümmert hat, eine Aufgabe, die er schon Ende 1833 wieder abgab, um dann nurmehr gelegentlich Beiträge für das Feuilleton der Zeitung zu liefern.[44] Einer der Gründe dafür war sein Bemühen um Aufnahme in die „Académie des inscriptions et belles-lettres", wo die politische Arbeit in einer Zeitungsredaktion als Ausschlusskriterium betrachtet wurde.

„Le Temps" war eine jener Zeitungen, die am 27. Juli 1830 trotz Verbots erschienen und damit unmittelbar zum Ausbruch der Julirevolution und zum Ende der Herrschaft Karls X. und seines reaktionären Regimes beigetragen haben. Die Zeitung wurde im Oktober 1829 von Jean-Jacques Baude, einem hochrangigen Beamten und späteren Abgeordneten, und Jacques Coste, dem Herausgeber, mit Unterstützung einiger Aktionäre ins Leben gerufen und hatte ihre beste Zeit gleich zu Beginn, als sie sich im Kampf gegen die Regierung Polignac profilierte und später vom Schwung der Julirevolution profitieren konnte.[45] Die Revolution blieb ein wesentlicher Bezugspunkt im Selbstverständnis des Blattes und seines Herausgebers. Das geht z. B. aus einer Beilage hervor, die anlässlich des vierjährigen Bestehens im Oktober 1833 erschien und in der der Herausgeber Coste die politische und inhaltliche Ausrichtung seiner Zeitung ausführlich darlegt. Politisch steht das Blatt im linken Zentrum; es will liberal sein, aber nicht republikanisch, monarchistisch, aber nicht „ministeriell", also kein Sprachrohr der jeweiligen Regierung. Es tritt ein für die Achtung vor dem geltenden Recht wie vor der Macht, die dieses Recht durchsetzt, aber auch für garantierte

Freiheitsrechte für alle Bürger.[46] Als Staatsform unterstützt es eine konstitutionelle Monarchie auf der Basis der Verfassung von 1830. Diese politische Ausrichtung muss Depping gefallen haben, entspricht sie doch weitgehend jenem Liberalismus, für den er seit den 1820er Jahren eingetreten ist. Auch die Stärkung der Rolle des Königs wird er gutgeheißen haben, ebenso wie den Kampf gegen Versuche, Freiheitsrechte zu beschneiden und aufzuheben. So protestierte „Le Temps" im Juni 1832 energisch gegen die Verhängung des Belagerungszustandes und äußerte sich dabei nach Heines Einschätzung „am stärksten und kühnsten" von allen Blättern (DHA XII, 205); ebenso entschieden trat die Zeitung im Oktober 1832 Versuchen der unter der Regierung Soult an die Macht gelangten „Doktrinäre" um François Guizot entgegen, das Wahlrecht einzuschränken. Auch das Bekenntnis des Herausgebers zu einer umfassenden Freiheit der Presse hat selbstverständlich Deppings Beifall gefunden.

Un accapareur du Café Momus (Paris). Karikatur von C. J. Traviès (ca. 1825)

Er hat an mehreren Stellen des Blattes mitgewirkt. Zweifelsfrei verifizieren kann man diese Mitarbeit bei den mit „Depping" gezeichneten Artikeln, die er auch noch nach seinem Ausscheiden aus der Redaktion für das Feuilleton geschrieben hat und die vor allem Rezensionen von literarischen Werken und von Reiseliteratur betrafen. So besprach er etwa die französischen Übersetzungen von Börnes „Briefen aus Paris" und Pückler-Muskaus „Briefen eines Verstorbenen".[47] Die Beiträge des politischen Teils blieben in aller Regel ungezeichnet. Dennoch gibt es Hinweise, die sein Mitwirken im Bereich der außenpolitischen Beiträge und speziell in der Rubrik „Esprit des journaux étrangers" belegen, dem Pressespiegel aus den fremdsprachigen Zeitungen. Er kam damit gewissermaßen zurück zu seinen Anfängen als politischer Journalist bei den „Annales politiques" und beim „Censeur européen". Um einen genaueren Blick auf die Berichterstattung über auswärtige Politik und insbesondere über die deutschen Staaten in „Le Temps" zu werfen, habe ich die zweite Hälfte des Jahres 1832 ausgewählt, als Depping dort in der Verantwortung stand. Damals sorgten verschiedene Ereignisse für eine gewisse Brisanz in den internationalen Beziehungen: In Deutschland hatten das Hambacher Fest (27. Mai–1. Juni 1832) und seine Folgen liberale Stimmungen verstärkt, auf die der Deutsche Bund mit Gegenmaßnahmen reagierte; aus Polen strömten nach dem im September 1831 durch Russland niedergeschlagenen Aufstand immer noch Emigranten in Richtung Frankreich; und die Lage im nachrevolutionären Belgien war nach wie vor heikel: Erst im Dezember 1832 vertrieben französische Truppen die niederländischen Besatzer aus der Festung Antwerpen, während gleichzeitig französische Pläne zu einer Aufteilung Belgiens unter den Großmächten kursierten.

Das Bild, das „Le Temps" und sein Redakteur Depping in diesem Zeitraum von den deutschen Staaten entwerfen, ist durchgehend negativ eingefärbt. Im Vordergrund der Berichterstattung stehen die von der Bundesversammlung beschlossenen Unterdrückungs- und Verbotsmaßnahmen sowie der Gegensatz zwischen den rücksichtslos ihre Interessen durchsetzenden Führungsmächten Preußen und Österreich und den übrigen deutschen Staaten, den „petits princes", die diesem Treiben mehr oder weniger hilflos zusehen. Am 15. und 25. Juli bringt die Zeitung jeweils eine komplette Übersetzung der Beschlüsse der Frankfurter Bundesversammlung vom 28. Juni und 5. Juli, mit denen die Zensur verschärft, die Versammlungsfreiheit eingeschränkt und die Möglichkeiten zur Überwachung und Verhaftung erweitert werden. Dem Leser, der regelmäßig die Rubrik „Esprit des journaux étrangers" studiert, muss Preußen als der hoch neurotische Überwachungs- und Unrechtsstaat erscheinen, der er ja auch tatsächlich war: „Le nombre des espions est devenu prodigieux; on en trouve partout. Chaque jour des citoyens sont dénoncés, arrêtés et jetés dans les prisons: [...] on arrête même ceux qui manifestent trop librement leurs opinions par des discours."[48] Dieses Bild wird in der Folge durch immer weitere Züge angereichert, und man kann verstehen, dass die Behörden in Deutschland das mit höchster Aufmerksamkeit und Sorge verfolgten. Am 30. Juni 1832 heißt es z. B., in der Rheinprovinz seien jetzt alle Buchhandlungen unter polizeiliche Beobachtung gestellt, und die Verbote würden immer umfassender. So dürften Zeitungen aus Baden und alle Druckerzeugnisse aus Bayern nicht mehr eingeführt werden. Am 2. August drückt sich in der Einleitung zum Pressespiegel die ganze Verachtung für den Zustand der deutschen Presse aus:

> Les journaux allemands portent l'empreint de l'esclavage; non contens d'avoir empêché les hommes indépendans de parler et réduit au silence les représentans du peuple allemand, les despotes grands et petits se servent des feuilles asservies pour insérer des apologies des honteux décrets de Francfort.[49]

So sei in der „Frankfurter Oberpostamts-Zeitung" etwa die Bundesversammlung als „Stolz der deutschen Nation" („l'orgueil de la nation allemande") gerühmt worden, ein Beispiel dafür, welchen Grad der Erniedrigung deutsche Journalisten erreicht haben („dans quel degré d'abaissement sont tombés les journalistes allemands").[50] Immer wieder ist von der „beklagenswerten Bedeutungslosigkeit" („nullité déplorable") der deutschen Presse die Rede.[51] Das von Depping entworfene Deutschland-Bild in „Le Temps" verändert sich während der Zeit seiner Mitarbeit in der Redaktion kaum.

Neben der Auswertung der ausländischen Presse gab es auch bei „Le Temps" ein weiteres Informationsmittel, das in die Berichterstattung zur auswärtigen Politik einfloss: die Berichte von Korrespondenten und Informanten. Im Zusammenhang mit solchen Berichten kam es im Oktober 1832 zu einem Zwischenfall, in den Depping direkt verwickelt war und der ihn als Redakteur von „Le Temps" in besonderer Weise sichtbar macht, weshalb er hier etwas ausführlicher geschildert werden soll.

Wie wir aus einem Offenen Brief Deppings wissen, den er zu Beginn des Jahres 1833 in der Augsburger „Allgemeinen Zeitung" erscheinen ließ, war er im Sommer 1832 während dessen Paris-Besuch mit dem deutschen Schriftsteller August Traxel bekannt geworden[52] und hatte ihn als Informanten für „Le Temps" angeworben:

> Hr. Traxel […] schien mir in den Angelegenheiten seines Vaterlandes wohl bewandert, und ich bat ihn daher, bei der jetzigen Unbedeutenheit der meisten deutschen Tagsblätter, mir von Zeit zu Zeit über die Ereignisse in der Litteratur und in der politischen Welt einige Nachricht mitzutheilen. Ich wüßte nicht, welch andres Mittel man jetzt anwenden könnte, um von der Lage der Dinge genau unterrichtet zu werden. Hr. Traxel hielt Wort. Es waren vertrauliche Mittheilungen, […] die also vor kein öffentliches Forum gehören.[53]

Depping verwendete briefliche Informationen, die Traxel ihm im September/Oktober 1832 lieferte, für insgesamt drei Korrespondenzen[54], die jeweils mit der Ortsangabe „Coblentz" versehen sind. Dabei druckte er die Briefe nicht wörtlich ab, sondern formulierte aus ihrem Inhalt und aus weiteren Informationen eigenständige Texte. Der erste erschien am 12. Oktober 1832 unter dem Datum des 1. Oktober und mit der Angabe: „Correspondance particulière". Thema ist eine angebliche Verschwörung, die die preußischen Behörden in der Rheinprovinz und speziell in Köln aufgedeckt haben wollten und über die die deutsche Presse zu schweigen verpflichtet sei: „Suivant la police prussienne, il ne s'agissait de rien moins que de bouleverser l'état politique de toute l'Allemagne et de détrôner cette foule de petits princes qui composent la confédération germanique."[55] Berlin habe den Staatsanwalt Franz Xaver Berghaus in Köln angewiesen, unter Umgehung aller rechtlichen Vorschriften unmittelbar alle des Liberalismus Verdächtigen festzusetzen.[56] „On dit qu'il y en a déjà une cinquantaine en prison, tous sous la charge banale de haute trahison."[57] Der Staatsanwalt sei mit großer Härte vorgegangen, habe am Sonntagmittag mit den Festnahmen begonnen und halb Köln unter den Verdacht der Mitwisserschaft gestellt.[58] Dann nennt der Artikel die Namen einiger Hauptverdächtiger, darunter die des Studenten Jacob Venedey, des Buchhändlers Gerhard Pappers und des Lehramtskandidaten Schaltenbrandt, aber auch den des Sohns des Regierungspräsidenten Delius, Ludwig Delius. Venedey und Pappers gelang die Flucht nach Straßburg. Offenbar führten die flächendeckenden Verdächtigungen aber zu keinem Ergebnis; im Gegenteil schürten sie nach Ansicht des Korrespondenten den Ärger der Bevölkerung gegen die Preußen, zumal unter den Verdächtigten Angehörige angesehener Kölner Familien waren. Der Artikel schließt mit dem Satz: „Peut-être après avoir fait beaucoup de fracas pour rien, la police prussienne trouvera que le complot n'existait que dans son imagination effrayée."

Ein solcher Bericht, der einerseits die Existenz eines Komplotts als möglich erscheinen ließ, andererseits die Arbeit der Ermittlungsbehörden lächerlich machte und zudem im Ausland erschien, musste bei den preußischen Behörden selbstverständlich für Aufregung sorgen. Auch die Stadtverwaltung von Köln war alarmiert und sandte unmittelbar eine Ergebenheitsadresse an den König nach Berlin.[59] Am 19. Oktober meldete „Le Temps", dass von den vier Verhafteten drei bereits wieder frei gelassen seien, und bemerkt am 27. Oktober in der Rubrik „Prusse" über den als „Liberalen-Fresser" verhassten preußischen Justizminister Karl Albert von Kamptz: „Le ministre Kamptz s'est un peu fourvoyé en faisant grand bruit de la prétendue conspiration qu'il croyait avoir découverte sur le Rhin. On se divertit ici à ses dépens."[60]

Und es ging noch weiter. Am 3. November 1832 erschien unter dem Datum des 29. Oktober eine zweite von Depping zusammengestellte Korrespondenz aus Koblenz. Es geht darin um die Alarmierung der Truppen an der Grenze zu Belgien wegen eines befürchteten Einmarsches der Franzosen und um die Einberufung der Landwehr. Der Korrespondent warnt vor zu großen Hoffnungen und schreibt unter Anspielung auf die gebrochenen Verfassungsversprechen des preußischen Königs: „Cependant le gouvernement fera bien de se contenter des jeunes gens non mariés; quant aux autres, ils ne se presseront pas de se faire tuer pour des intérêts ambitieux; le temps de 1813 est passé; les habitans de la Prusse ont vu ce qui leur en revient."[61] Über die angebliche rheinische Verschwörung heißt es, man spreche nicht mehr öffentlich davon, es seien aber noch drei Personen inhaftiert. Verraten worden sei das Ganze durch einen gewissen Baron Ros**, der bereits 1828 als Geheimagent für Kamptz agiert habe.[62]

Schließlich lässt Depping am 22. November eine dritte auf der Basis des von Traxel gelieferten Materials entstandene Korrespondenz aus Koblenz erscheinen, diesmal wieder als „Correspondance particulière" gekennzeichnet, in der es erneut um die Kriegsvorbereitungen an der belgischen Grenze und kritisch um die

Einstellung der rheinischen Bevölkerung zu Preußen geht. Nur Regimenter aus entfernten Provinzen kämen zum Einsatz, da die Preußen den Rheinländern nicht wirklich vertrauten, die in der Tat unzufrieden seien.[63] Es habe sogar Widerstand gegen die Einberufungen gegeben, was zeige, dass die Landbevölkerung sich wenig um Berlins Absichten schere und nur möglichst in Ruhe gelassen werden möchte. Falls es aber zu einem Krieg Preußens gegen Frankreich und Belgien kommen sollte, so die Prognose des Korrespondenten, liefe das auf einen Krieg zwischen Despotismus und Freiheit hinaus: „[…] les habitans des bords du Rhin sont trop attachés aux principes libéraux pour les combattre sous les drapeaux de cette sainte-alliance qui tient en ce moment l'Allemagne dans l'asservissement."

Der preußische Polizeiapparat lief inzwischen bereits auf Hochtouren. Zunächst ging es darum herauszufinden, wer „Le Temps" als Informant diente, was mit Unterstützung der französischen Polizei und preußischer Spione in Paris gelang. Man kam sogar in den Besitz der wichtigsten Beweisstücke, der Originalbriefe Traxels an die Redaktion, die ganz offensichtlich aus den Räumen des „Temps" gestohlen wurden. Traxel wurde am 3. Dezember verhaftet, was die preußische Verwaltung mit hämischen Kommentaren versehen am 18. Dezember in der „Allgemeinen Zeitung" bekannt machte:

> Der sogenannte Privatgelehrte Traxel wurde am 3. Decbr. zu Köln zur Haft und Untersuchung gebracht, da er seit geraumer Zeit das Gewerbe trieb, außerhalb und innerhalb Deutschland erscheinende Zeitungen mit lügenhaften Mährchen und verläumderischen Artikeln über Deutschland, und insonderheit sein Vaterland Preußen, zu versehen.[64]

Depping versucht zunächst noch, Unwissenheit vorzuschützen und druckt eine Notiz in „Le Temps" vom 23. Dezember 1832, wo er behauptet, man kenne einen Herrn Traxel gar nicht und die preußische Polizei habe vielleicht den Absender falsch gelesen. Es folgte dann der Offene Brief in der „Allgemeinen Zeitung" vom 3. Januar 1833, in dem er sich empört zeigt über die Missachtung des Briefgeheimnisses und sich selbst als Autor der Korrespondenzen zu erkennen gibt, die man deshalb nicht Traxel anlasten könne:

> Hat sich also jemand über irgend einen von mir gethanen Gebrauch der Traxelschen Briefe zu beklagen, so möge er die rechtlichen Wege einschlagen, um Genugthuung zu verlangen. Hr. Traxel selbst kann und darf nicht dasjenige verantworten, woran er keinen Antheil gehabt hat […].

Und abschließend heißt es: „Hr. Traxel hat nichts weiter gethan, als sich über öffentliche Thatsachen unter vier Augen zu äußern, und ich wüßte kein Gesetzbuch in der Welt, welches so etwas verböte."[65] Und Traxel ergänzt in seiner Zuschrift im selben Artikel:

> […] im Uebrigen habe ich die (drei) Briefe im Temps selbst, wie die Untersuchung lehren wird, nicht geschrieben, sondern der rühmlichst bekannte Litterat Depping, dem ich privatim über disseitige Vorfälle gerade in dem Augenblicke schrieb, als hier die Untersuchungen und Verhaftungen das größte Aufsehen erregten.[66]

Es hat ihm wenig genutzt. Traxel wurde gleich zweimal vor Gericht gestellt, einmal vor großem Publikum nach französischer Rechtsprechung vor ein Korrektionalgericht und ein weiteres Mal unter Ausschluss der Öffentlichkeit vor ein Exceptionalgericht, das den Auftrag hatte, den ersten Prozess zu überprüfen. Am 12. Januar erfolgte die erste Verhandlung, in der die Verteidigung versuchte, „die ganze Nichtigkeit der vielbesprochenen rheinischen Revolution zu beweisen", und auf Auskunft darüber insistierte, wie die Briefe in den Besitz der Justiz gelangt seien.[67] In der zweiten Verhandlung vom 16. Januar 1833 wurde Traxel „wegen Verläumdung des Justizministers, Anreizung zum Aufruhr und Hochverrath, zu fünfjährigem Festungsarrest verurtheilt".[68] Und dann passierte etwas sehr Eigenartiges, was sich in der deutschen Presse folgendermaßen liest:

> Es war später Abend, als das Urtheil erfolgte; Traxel ersuchte den Polizeybeamten, der ihn ins Gefängniß zurückzubringen hatte, sich mit ihm nach seiner Wohnung zu begeben, wo er noch Einiges, was ihm im Gefängniß nöthig sey, abholen wolle. In seinem Zimmer angekommen, entfloh er, schloß die Thür hinter sich zu, und entkam, durch die Dunkelheit begünstigt, aus der Stadt. Man vermuthet, er habe sich über Aachen und Belgien geflüchtet.[69]

Ludwig Börne, der seine Information direkt von Traxel selbst bezog, präzisiert in einem Brief die Fluchtumstände: Danach hat Traxel den Polizeibeamten in sein Zimmer gelockt, dann „ging Traxel heraus, verschloß die Türe hinter sich, stürzte auf die Straße hinunter, lief ohne Hut und Mantel zum Tor hinaus und kam so glücklich über die Grenze."[70] Nach eigenen Angaben erreichte Traxel am 6. Februar 1833 Paris.[71] Die Behörden schrieben ihn steckbrieflich zur Fahndung aus.[72] „Le Temps" hatte bereits am 30. Januar 1833 über Einzelheiten von Traxels Flucht berichtet. Dort heißt es in einer Korrespondenz, die mit „Cologne, 24 janvier" überschrieben ist, die Polizei habe den Vollzugsbeamten, dem Traxel entwischt war, ergriffen, dieser werde aber von Kölner Bürgern finanziell unterstützt. Die ganze Affäre habe viel Aufsehen vor allem auch unter den Bonner Studenten erregt, und eine Privatkorrespondenz könne nur von einem despotischen Regime als Verbrechen gewertet werden.[73]

In der französischen Berichterstattung zumal des „Temps" taucht Deppings Name nicht auf im Zusammenhang mit der Traxel-Affäre, obwohl man selbstverständlich über seine Rolle dabei unterrichtet war. Einige Monate später, am 23. März 1833, besaßen die preußischen Behörden die Dreistigkeit, in der „Allgemeinen Zeitung" eine offizielle Stellungnahme abzudrucken, in der sie ihr Handeln zu rechtfertigen versuchen:

> Bereits früher hatte man sich mit einigen Agenten der französischen Polizei in Verbindung zu sezen gewußt, um durch ihre Hülfe Nachrichten über die geheimen Machinationen hinsichtlich Deutschlands und Preußens zu erhalten, so wie auch über mehrere in Frankreich sich aufhaltende Deutsche und Polen, deren Thun und Treiben zu Aufreizungen im Vaterlande Anlaß geben konnte. Und wer hätte es geglaubt! von den leztern übernahmen es mehrere, gegen bessere Bezahlung als die war, welche sie von der Propaganda zu erhalten hoffen konnten, den französischen Polizeiagenten von den Unternehmungen ihrer sich ihnen harmlos vertrauenden Landsleute die genauesten Nachrichten zu geben. Mit diesen schikten die Polizeimänner mehrere Originalbriefe der Korrespondenten französischer Journale aus Berlin, Dresden, aus dem Würtembergischen, dem Badenschen und den preußischen Rheinprovinzen ein. Unter diesen befanden sich auch die von Traxel an Herrn Coste adressirten Schreiben über die Verhaftungen in Köln; in denselben ist die Verhöhnung preußischer hoher Staatsbeamten und die Aufreizung der Rheinländer gegen die preußische Regierung unverkennbar.[74]

Diesen aufreizenden Artikel nahm der „Temps" zum Anlass, in zwei längeren Artikeln am 1. und 2. April 1833, die nicht gezeichnet sind, doch mit hoher Wahrscheinlichkeit von Depping stammen dürften, noch einmal auf die Affäre zurückzukommen.[75] Der erste Beitrag fasst in deutlicheren Worten zusammen, was Depping in seinem Offenen Brief vom 3. Januar 1833 bereits festgestellt hatte, dass nämlich die Verletzung des Briefgeheimnisses ein Verbrechen ist, das in Frankreich hart bestraft wird, was Preußen aber nicht anficht, das sich als „vengeur né de la morale", als geborener Wächter der Moral begreift. Als besonders abstoßend erscheint dem Verfasser der Umstand, dass jetzt auch noch polnische Exilanten als mögliche Zulieferer der Polizei mit in die Sache hineingezogen werden, um so die Helden des Freiheitskampfes als Diebe zu desavouieren. Der zweite Artikel nennt dann einige Namen der in die Machenschaften verstrickten Personen, wie den des Ministers von Kamptz oder des preußischen Gesandten in Paris von Werther, und zwar mit der Absicht, der preußischen Polizei zu demonstrieren, „que rien n'était plus facile que d'attacher de pareils adversaires au pilori de la publicité."

Anders als in Frankreich, wurde Depping in der deutschen Presse ständig als Adressat der Traxelschen Briefe genannt, was auch der Grund war, warum er sich genötigt sah, in einem Offenen Brief zu der Affäre Stellung zu nehmen. Denn er musste befürchten, dass der Vorgang sich zu seinem Nachteil auswirken würde. Und in der Tat hätte die preußische Regierung allen Grund gehabt, angesichts des negativen Bildes, das Depping kontinuierlich in „Le Temps" von den deutschen Zuständen entwarf, z. B. gegen seine Korrespondententätigkeit für das „Morgenblatt" zu protestieren. Wenn sie es getan hat, so blieb der Protest folgenlos, denn Depping setzte diese Tätigkeit ungebrochen fort. Mehr beunruhigte ihn wahrscheinlich die Möglichkeit, dass der Vorgang ihn auch bei den französischen Behörden in ein schlechtes Licht und in die Nachbarschaft von Demagogen und Spionen rücken konnte. Ein Brief der ihm befreundeten Prinzessin Salm-Dyck vom November 1832, in dem diese auf die Vorgänge um den „jungen Mann aus Köln" eingeht und bemerkt, die Sache sei wohl doch schwerwiegender, als er geglaubt habe, musste ihn aufschrecken.[76]

Interessanterweise wurde in einem Geheimbericht vom Oktober 1833, der dem nachweislich als preußischer Spion in Paris agierenden Orientalisten Julius Klaproth zugeschrieben wird, Heinrich Heine für die preußenfeindliche Berichterstattung des „Temps" in den Jahren 1832/1833 verantwortlich gemacht. Es heißt dort: „Es hat sich mir eine neue und sehr sichere Quelle eröffnet, um über des Temps Tun und Treiben seit dem vorigen Jahre sehr genaue Data zu erhalten. Ich weiß jetzt, daß die vorzüglichsten Artikel von Herrn Heine sind [...]."[77] Klaproth versuchte damals, Heines Stellung in Paris bei den französischen Behörden zu erschüttern und so seine Ausweisung aus Frankreich und Auslieferung an Preußen zu befördern. In diesem Zusammenhang war er auch in die sogenannte ‚Nolte-Affäre' verwickelt, die sich um die Vorrede zu „Salon I" im Oktober 1833 entwickelte.[78] Allerdings beruht seine Einschätzung hinsichtlich von Heines Mitarbeit an „Le Temps" ganz offenbar auf einem Irrtum wie so vieles, was die zahlreichen deutschen Spitzel in ihrem Eifer nach Berlin oder Wien meldeten.

Anmerkungen

Dieser Beitrag stützt sich auf meine Monographie: Zwischen Münster und Paris. Georg Bernhard Depping 1784–1853. Gelehrter, Schriftsteller, Journalist. Bielefeld 2020.

1 Vgl. „Lutetia", Artikel LI vom 17.09.1842: „Warum übt Paris einen solchen Zauber auf Fremde, die in seinem Weichbild einige Jahre verlebt? Viele wackere Landsleute, die hier seßhaft, behaupten, an keinem Orte der Welt könne der Deutsche sich heimischer fühlen als eben in Paris, und Frankreich selbst sey am Ende unserem Herzen nichts anderes als ein französisches Deutschland." (DHA XIV, 29)
2 Vgl. dazu Mareike König: Brüche als gestaltendes Element. Die Deutschen in Paris im 19. Jahrhundert. – In: Deutsche Handwerker, Arbeiter und Dienstmädchen in Paris. Eine vergessene Migration im 19. Jahrhundert. Hrsg. v. Mareike König. München 2003, S. 9–26; dort die Zahlen.
3 Vgl. Michael Werner: Les Journalistes allemands à Paris sous la monarchie de juillet. – In: Médiations/Vermittlungen. Hrsg. v. Michel Grunewald und Jochen Schlobach. Bd. 2. Bern u. a. 1992, S. 477–489.
4 Vgl. für das Folgende meinen Aufsatz: Heinrich Heine – Schriftsteller mit ‚europäischer Reputazion'. – In: Transkulturalität nationaler Räume in Europa (18. bis 19. Jahrhundert): Übersetzungen, Kulturtransfer und Vermittlungsinstanzen. Hrsg. v. Christophe Charle u. a. Göttingen 2017, S. 405–420.
5 „La pensée intime de l'original s'évapore facilement dans la traduction, et il ne reste que du clair de lune empaillé […]" (DHA I, 570).
6 Vgl. dazu meinen Beitrag: Verweigerte Annäherung. Zu Heines kultureller Übersetzungsarbeit. – In: „Das Fremde im Eigensten". Die Funktion von Übersetzungen im Prozess der deutschen Nationenbildung. Hrsg. v. Bernd Kortländer und Sikander Singh. Tübingen 2011, S. 195–206.
7 Ludwig Börne: Sämtliche Schriften. Neu bearb. u. hrsg. v. Inge und Peter Rippmann. Dreieich 1977, Bd. 5, S. 762.
8 Börne an Lewald, 20.04.1836, ebd., S. 784.
9 Blätter für literarische Unterhaltung, Nr. 324 vom 20.11.1845.
10 Vgl. Zeitung für die elegante Welt vom 28.04.1835.
11 Das Berufsbild des Auslandskorrespondenten verfestigte sich erst in der zweiten Hälfte des 19. Jahrhunderts, vgl. Sonja Hillerich: Deutsche Auslandskorrespondenten im 19. Jahrhundert. Die Entstehung einer transnationalen journalistischen Berufskultur. Berlin, Boston 2018.
12 Die Deutschen in Paris. – In: Deutsche Pandora, Bd. 3, 1840, S. 99.
13 Vgl. die Darstellung bei Eugène Hatin: Histoire politique et littéraire de la presse en France. Bd. 8. Paris 1861, S. 203 f.
14 Ebd., S. 203.
15 „Le Censeur européen", der zunächst 1814/1815 (Titel: „Le Censeur") und von 1817 bis 1819 als Zeitschrift erschienen war, hatte mit dem 15.06.1819 (Nr. 1) auf ein tägliches Erscheinen umgestellt, musste aber bereits am 22.06.1820 sein Erscheinen beenden.
16 Vgl. Ephraïm Harpaz: „Le Censeur européen". Histoire d'un journale industrialiste. – In: Revue d'histoire économique et sociale 37 (1959), S. 185–218; Robert Leroux: Aux Fondements de l'industrialisme. Comte, Dunoyer et la pensée libérale en France. Paris 2015.
17 Vgl. Georg Bernhard Depping: Erinnerungen aus dem Leben eines Deutschen in Paris. Leipzig 1832, S. 381 f.
18 Eine Zusammenstellung seiner Beiträge findet sich bei Ephraïm Harpaz: Le Censeur. Le Censeur européen. Histoire d'un journal liberal et industrialiste. Genève 2000, Register.
19 Vgl. die Artikel vom 15.12.1819 und 23.04.1820.

20 Vgl. den Artikel vom 24.09.1819.
21 Journal des débats, 26.09.1819. Die Zuschrift ist anonym, könnte aber von Eckstein selber stammen, der keinem Streit aus dem Wege ging.
22 Vgl. zur Zeitschrift insgesamt Barbara Revelli: Presse périodique, intellectuels et opinion publique sous la Restauration. La ‚Revue encyclopédique' (1819–1831). – In: Réseaux de l'esprit en Europe. Des Lumières au XIXe siècle. Hrsg. v. Wladimir Berelowitch u. Michel Porret. Genf 2009, S. 217–233.
23 Vgl. dazu den Aufsatz von Jean-Luc Chappey: Penser le progrès de la civilisation européenne sous la Restauration: Marc-Antoine Jullien et la ‚Revue encyclopédique' (1819–1831). – In: Riens appris, rien oublié? Les Restaurations dans l'Europe postnapoléonienne (1814–1850). Hrsg. v. Jean-Claude Carron u. Jean-Philippe Luis. Rennes 2015, S. 143–155. Vgl. auch Nicole und Jean Dhombres: Naissance d'un nouveau pouvoir. Sciences et savants en France 1793–1824. Paris 1989.
24 Zu Julliens Aufrufen zur Mäßigung vgl. Chappey: Penser le progrès de la civilisation européenne [Anm. 23], S. 148.
25 Seine Beiträge für die ersten 40 Bände sind aufgelistet im Registerband von P. A. M. Miger: Table décennale de la Revue Encyclopédique ou Répertoire général des matières contenues dans les quarante premiers volumes de ce recueil, … (de 1819 à 1829). 2 Bde. Paris 1831. Die restlichen Bände (41–60) wurden von mir elektronisch durchsucht, was eine gewisse Unsicherheit mit sich bringt.
26 Vgl. dazu Gérard Gengembre: L'Esthétique des idéologues et le statut de la littérature. – In: Philologiques I: Contribution à l'histoire des disciplines littéraires en France et en Allemagne au XIXe siècle. Hrsg. v. Michel Espagne u. Michael Werner. Paris 1990, S. 89–104.
27 Vgl. die Besprechung einer Anthologie französischer Gegenwartsliteratur durch Edmé Héreau, wo es heißt, Literatur und Poesie hätten einzig die Aufgabe, beizutragen zum „triomphe des vérités morales utiles, au maintien et au bonheur des sociétés." (Revue encyclopédique 29, 1826, S. 716).
28 Revue encyclopédique 10, 1821, S. 579 f., hier S. 580.
29 Revue encyclopédique 19, 1823, S. 87.
30 Heinrich Doering: Friedrich von Schillers Leben. Weimar 1822.
31 Vgl. Revue encyclopédique 15, 1822, S. 157–159.
32 Vgl. Revue encyclopédique 32, 1826, S. 681–683.
33 Vgl. Revue encyclopédique 34, 1827, S. 430.
34 Revue encyclopédique 40, 1828, S. 147.
35 Ebd., S. 675.
36 Vgl. Revue encyclopédique 45, 1830, S. 120.
37 Vgl. Revue encyclopédique 38, 1828, S. 412. Diese Kritik nimmt er später in seinem Hegel-Artikel für die „Biographie universelle" wieder auf, vgl. Biographie universelle. Supplément, Bd. 67, 1840, S. 19–25.
38 Vgl. die Aufstellung in: Bulletin des lois, Nr. 218 von 1828. Es handelte sich um 10 asiatische Zeitschriften; 31 amerikanische; 45 russische und polnische; 10 Schweizer; 36 belgische und holländische; 48 italienische; 10 spanische und portugiesische; 188 deutsche; 83 englische; 84 Pariser; 23 aus der französischen Provinz; 52 aus dem restlichen Europa (vor allem schwedische und dänische).
39 Depping: Erinnerungen [Anm. 17], S. 444.
40 Im „Bulletin des lois", Nr. 218 erschien unter dem 13.03.1828 die von Karl X. unterzeichnete „Ordonnance du Roi", mit der die Gründung der Aktiengesellschaft autorisiert wurde. Dort findet sich auch die notariell beglaubigte Satzung der AG.
41 Diese Angabe bei Anne Marie Claire Godlewska: Geography unbound. French geographic science from Cassini to Humboldt. Chicago und London 1999, S. 175. Vgl. dort, S. 165–176, den informativen Überblick über Férussacs Karriere und seine verschiedenen Tätigkeiten.
42 Vgl. Depping: Erinnerungen [Anm. 17], S. 446.

43 Godlewska: Geography unbound [Anm. 41], S. 174.
44 Vgl. Depping, (Georges-Bernard). – In: Germain Sarrut/B. Saint-Edme [d. i. Edme-Théodore Bourg]: Biographie des hommes du jour. Bd. IV, 2. Paris [1838], S. 235–240, hier S. 240: „Immédiatement après la révolution de juillet, M. Depping, cédant aux sollicitations de M. Coste, gérant du journal le Temps, s'était chargé provisoirement de la politique étrangère dans cette feuille; mais il ne tarda pas à quitter ce travail, et continua seulement de fournir de temps en temps des articles littéraires."
45 1831 hatte das Blatt eine Auflage von 8.733, die bereits 1836 auf 5.191 gesunken war und 1840 nurmehr 2.049 betrug; vgl. Ian McKeane: Bibliographie sélective de la presse française (1825–1848). URL: https://www.bris.ac.uk/dix-neuf/presse.html [letzter Zugriff: 05.05.2020].
46 Vgl. Le Temps. 4e année. – Compte rendu. Résume -Spécimen. – 1833, Supplément: „[…] libéral, sans être républicain; monarchique sans être ministériel"; „[…] respect à la loi et force au pouvoir, mais garanties pour toutes les libertés et pour tous".
47 Le Temps vom 14.03.1832: Lettres écrites de Paris pendant les années 1830 et 1831, trad. par M. F. Guiran. Paris 1832 (dieser Beitrag ist ungezeichnet); Le Temps vom 01.11.1832: Mémoires et voyages du Prince Pückler Muskau, trad. par J. Cohen, 2 Bde. Paris 1832; Le Temps vom 01.10.1833: Mémoires et voyages du Prince Puckler-Muskau, lettres posthumes sur l'Angleterre, l'Irlande etc., trad. par J. Cohen. 3 Bde. Paris 1833.
48 Le Temps vom 28.07.1832.
49 Le Temps vom 02.08.1832
50 Le Temps vom 22.08.1832.
51 Vgl. Le Temps vom 22.07.1832.
52 Zu Traxel vgl. Peter Neu: Christoph August Traxel, Journalist, Dichter, Demokrat, Freund Heinrich Heines (1802–1839). – In: ders.: Bitburger Persönlichkeiten. Frauen und Männer aus 2000 Jahren Bitburger Geschichte. Bitburg 2006, S. 46–59.
53 Außerordentliche Beilage zur Allgemeinen Zeitung, Nr. 4 vom 03.01.1833.
54 Darauf, dass insgesamt drei Briefe in „Le Temps" erschienen, die auf seine Informationen zurückgreifen, weist Traxel in seiner Einsendung an die „Allgemeine Zeitung" hin, die gemeinsam mit dem Offenen Brief Deppings gedruckt wurde; s. ebd. Neu belegt aus den Akten, dass Traxel sich auf jeden Fall August/September 1832 in Paris aufhielt. Das genaue Datum seiner Rückkehr nach Köln ist nicht bekannt. Vgl. Neu: Christoph August Traxel [Anm. 52], S. 51.
55 Le Temps vom 12.10.1832.
56 Vgl. dazu auch Eberhard Kliewer: Die Julirevolution und das Rheinland. Köln 1963, S. 40 f.
57 Le Temps vom 12.10.1832.
58 Ebd.: „[…] la moitié de Cologne est soupçonné de connivence."
59 Vgl. Neu: Christoph August Traxel [Anm. 52], S. 51.
60 Le Temps vom 27.10.1832.
61 Le Temps vom 03.11.1832.
62 Am 06.11.1832 meldet „Le Temps" dann unter Berufung auf den Nürnberger „Korrespondenten von und für Deutschland", die Verhaftungen in Köln gingen auf Hinweise der Badischen Polizei zurück, die bei einem Verdächtigen entsprechende Unterlagen gefunden habe.
63 Le Temps vom 22.11.1832.
64 Außerordentliche Beilage zur Allgemeinen Zeitung, Nr. 517 vom 18.12.1832.
65 Außerordentliche Beilage zur Allgemeinen Zeitung, Nr. 4 vom 03.01.1833.
66 Ebd.
67 Vgl. den Prozessbericht eines Augenzeugen in: Außerordentliche Beilage zur Allgemeinen Zeitung, Nr. 28 vom 21.01.1833. Am 21.01., als dieser Prozessbericht erschien, brachte „Le Temps" bereits eine Notiz über Traxels Flucht. Dort heißt es im Übrigen, er sei zu sechs Monaten Haft und permanenter Polizeiüberwachung verurteilt worden. Die deutsche Presse spricht übereinstimmend von fünf Jahren Festungshaft.

68 Münchner Tagsblatt, Nr. 37 vom 06.02.1833.
69 Ebd.
70 Börne an Jeanette Wohl, Paris, 07.02.1833. – In: Börne: Sämtliche Schriften [Anm. 7], Bd. 3, S. 773.
71 Vgl. Traxels Bericht über seine Flucht in: Memoiren eines Flüchtlings oder Continental-Chiaroscurgemälde. 2 Bde. Stuttgart 1835.
72 Vgl. das Faksimile des Steckbriefs aus dem „Trierer Amtsblatt" vom 24.01.1833 bei Neu: Christoph August Traxel [Anm. 52], S. 52.
73 Le Temps vom 30.01.1833: „Une correspondance particulière n'est un crime que sous un régime despotique."
74 Außerordentliche Beilage zur Allgemeinen Zeitung, Nr. 113 vom 26.03.1833.
75 Sie tragen die Überschriften „Les hauts-faits de la police prussienne" und „La police prussienne" und stammen wahrscheinlich aus der Feder Deppings.
76 Brief der Prinzessin Salm-Dyck an Depping, November 1832, Sign. C05/S. 39/149–150. – In: Die Korrespondenz der Constance de Salm (1767–1845). Inventar des Fonds Salm. Elektronische Edition, DHI Paris 2016: „Il paraitrait que la chose est plus grave que vous ne l'avait crue […]".
77 Das Dokument wurde zuerst veröffentlicht von Hans-Joachim Schoeps: Ein unbekannter Agentenbericht über Heinrich Heine. – In: HJb 6 (1967), S. 67–80, hier S. 69.
78 Vgl. zu den Einzelheiten den Kommentar von Karl Heinz Stahl in B V, 586–590, die Dokumente in B VI/2, 350–353, sowie DHA V, 1044–1051.

Gutzkows Werke und Briefe, herausgegeben vom Editionsprojekt Karl Gutzkow

Ein Erfahrungs- und Werkstattbericht nach mehr als 20 Jahren

Martina Lauster

Der bedeutende Beitrag, den Karl Gutzkow zur Literatur und zum Kulturleben des 19. Jahrhunderts leistete, wurde ab Mitte der 1990er Jahre zunehmend wahrgenommen.[1] In einem Beitrag, der als Gründungsdokument der Gutzkow-Edition[2] gelten kann, schrieb Gert Vonhoff über das Desiderat einer modernen Ausgabe:

> Gutzkow als Zeitgenossen Heines, als Entdecker und Förderer Büchners und als herausragenden Autor unter denen des Jungen Deutschland sollte man von den Erstdrucken seiner Werke her kennen, die dann die Landkarte der frühen literarischen Moderne in der ersten Hälfte des 19. Jahrhunderts etwas buntscheckiger machen dürften. Und mit den Werken seit den fünfziger Jahren gilt es eine verdrängte Alternative zum Poetischen Realismus wieder zu erschließen.[3]

Um Gutzkows Werke auf der Basis von Erstdrucken zugänglich zu machen, entstand 1997 außerhalb jedes Förderungsrahmens das Editionsprojekt. Wie die ein Jahr später erschienene „Bibliographie Karl Gutzkow"[4] – fortan das Arbeitsinstrument der Ausgabe – bestätigte, konnte nur eine Gesamtausgabe dem Schriftsteller gerecht werden, der in den literarischen Entwicklungen und Wissensdiskursen seiner Zeit hochgradig vernetzt war. Die auf den ‚ganzen Gutzkow' ausgerichtete Edition wurde als kooperatives Projekt von Mitarbeitern aus verschiedenen akademischen Disziplinen[5] ins Leben gerufen. Seitdem hat sie ihren Status als textkritische, kommentierte Hybridedition mit einem Internetzweig und einem Printzweig behaupten und festigen können.[6]

M. Lauster (✉)
Cowley, Großbritannien

Die Kommentierte digitale Gesamtausgabe
(https://gutzkow.de): *Work in progress*

Für Leser, die mit der Ausgabe nicht vertraut sind, hier zunächst einige Hinweise: Die Edition nutzt die Flexibilität des digitalen Mediums, um ihre Texte sukzessiv zu präsentieren und rezipierbar zu machen, auch wenn ggf. die Bandeinheiten, denen die Texte angehören, noch unvollständig sind. Die Kommentierung wird in der Internetausgabe ebenfalls schrittweise erarbeitet, wobei die Druckbände schon einen Teil des kritischen Apparates enthalten. Die Printausgabe, auf die im Einzelnen noch eingegangen wird, bietet wie die Internetausgabe die textkritischen Teile des Apparates (Textüberlieferung und Textdarbietung). Diese werden dann in der Internetedition ggf. erweitert und um die anderen Apparatteile ausgebaut (Entstehungs- und Rezeptionsgeschichte, Globalkommentar, Stellenerläuterungen). Wie Alexander Košenina in einer der frühesten Rezensionen bemerkte, geht die Ausgabe damit „einen dritten Weg": weder als Druckedition mit begleitenden digitalisierten Materialien noch als selbständige reine Digitalausgabe, sondern als „textkritische, kommentierte Edition ‚in progress', die in allen Produktionsstadien im Internet zugänglich ist"[7] und zugleich ihre Texte im Druck anbietet. Von Beginn an als Hybridausgabe konzipiert, stellt die Gutzkow-Edition unter den zunehmend auf digitale Medien zugreifenden Ausgaben und Portalen von Vormärz-Autoren (Heine, Grabbe, Büchner, Droste-Hülshoff) einen „Sonderfall" dar, wie Bernd Füllner im „Vormärz-Handbuch" vermerkt.[8]

Die Benennung der Ausgabe als ‚kommentierte' verdeutlicht, wo das Schwergewicht ihres wissenschaftlichen Apparates liegt. Das textkritische Modell allein eignet sich nicht, da sich die Textzeugen von Gutzkows Werken zum allergrößten Teil auf Drucke beschränken. Der Autor hinterließ so gut wie keine Werkhandschriften, da er seine Texte anhand der Druckfahnen oder zusätzlich noch anhand von Zeitschriften-Vorabdrucken publikationsfertig machte und sich der Manuskripte entledigte. Außerdem überarbeitete er die ihm wichtigen Werke von Auflage zu Auflage (also wieder anhand von Drucken) mitunter so gründlich, dass man von einem ‚Weiterschreiben' oder sogar von einem ‚Neuschreiben' sprechen kann. Ein Werk mit einer solchen Wandlungsgeschichte besteht aus einer Reihe von eigenständigen, über ‚Varianten' hinausgehenden Textzeugen. Die Ausrichtung des Schaffens auf den Druck und auf dessen Neuverwertung, Aktualisierung oder Umschöpfung ist ein Merkmal des Berufsschriftstellertums, das Gutzkow als einer der ersten in der deutschen Literatur verkörpert. Das Gebiet der Textkritik wird damit bereits zum Basisbereich der Kommentierung.

Eine große Herausforderung an den Kommentar stellt die Wissensdichte Gutzkowscher Texte dar. Für die Erläuterung von literarischen, philosophischen, historischen, sozialen, politischen und biographischen Bezügen profitiert das Editionsprojekt von der breiten Streuung der Spezialkenntnisse seiner Mitarbeiter. Die Kooperation hat sich vor allem bei den Stellenerläuterungen bewährt, die meist in enger Zusammenarbeit entstehen. Sie bieten ein gutes Beispiel für den prozessualen Charakter der Kommentierung in der digitalen Ausgabe. In der Regel erscheinen sie dort kapitel- oder bandweise (vgl. „Der Zauberer von Rom", die „Novellen" oder „Die Zeitgenossen"), und sie können nach Bedarf ergänzt oder korrigiert werden. Die aktuelle Fassungsnummer gewährleistet eine korrekte wissenschaftliche Nutzung, auch über diese Entwicklungsstufen hinweg.

Work in progress bedeutet zudem, dass die Ausgabe so manche Fluktuation in ihrer Arbeitsweise und Aufmachung erlebt hat. So ist die Quantität und Qualität von Quellen und Informationen, die aus dem Internet zu beziehen sind, über die vergangenen beiden Jahrzehnte rasant gewachsen. Die Abteilung „Fragen und Probleme" der alten digitalen Ausgabe, die sich bei nicht ermittelten Bezügen von Textstellen an Benutzer wandte, kann mittlerweile als weitgehend redundant gelten, so innovativ sie anfangs auch sein mochte. Längst aufgegeben ist die den ersten Bänden beigelegte CD-ROM mit dem Gesamtinhalt der Internetausgabe; sie sollte damals Buchlesern ohne Internetzugang die Nutzung der digitalen Version ermöglichen. Die Druckausgabe erscheint seit 2013 nicht mehr im Leineneinband mit Schutzumschlag, auch nicht mehr in Auflagen bestimmter Höhe, sondern aufgrund drucktechnischer Innovationen als Print-on-Demand Hardcover, wobei sich Papierqualität und Layout verbessert haben. Die Gründe für dieses veränderte Erscheinungsbild der Bände liegen teils in einer bewegten Verlagsgeschichte und einem Wandel im Verlagswesen schlechthin, teils in einer Professionalisierung bei der Anfertigung der Druckvorlage. Zum letzteren Punkt: Statt des anfänglichen Satzes in „Word" werden die mit „Word" erfassten und annotierten Dokumente jetzt in eine Eingabe für ein professionelles Satzsystem transcodiert. Diese Transcodierung lässt die Dokumente auch wahlweise für die Integration in die Internetausgabe aufbereiten. Die Transcodierung wurde im Institut für Informatik der Martin-Luther-Universität Halle-Wittenberg entwickelt und wird laufend gepflegt und angepasst. Ähnliches trifft auf die Bearbeitung von Texten und Kommentaren für die digitale Edition zu. Die händische HTML-Auszeichnung von Texten und Kommentaren wird zurzeit abgelöst durch einen web-basierten TEI-Editor, der an der britischen Open University für die in Halle angesiedelte neue digitale Ausgabe entwickelt wird. Die neue Internetausgabe, ein Gemeinschaftsprojekt zwischen der Open University und Halle, wird dann automatisch aus den TEI-annotierten Texten generiert.

Immer wieder stand für die Edition einiges auf dem Spiel, und immer wieder halfen ihr glückliche Umstände. Der Oktober Verlag stabilisierte sich nach kritischen Phasen als selbständiges kleines Print-on-Demand-Unternehmen und trägt die Printausgabe dank der Subskriptionen und dank der entfallenden Lagerkosten inzwischen ohne Zuschüsse. Es ist darum überaus bedauerlich, dass vereinzelte Bibliotheken, die zu den Abonnenten zählten, unter finanziellem Druck dazu überzugehen scheinen, die Subskription zu kündigen, obwohl Verlag wie Herausgeber alles unternommen haben, um die Bandpreise niedrig zu halten. Das Argument, es gebe die Texte ja auch in der kostenlos zugänglichen Internetausgabe und daher könne die Subskription der Druckausgabe eingespart werden, trifft nicht zu: Einzig die gedruckte Edition enthält die Seiten- und Zeilenzählung der Ausgabe, nach der die im Internet erarbeitete Kommentierung sich richtet. Die Printausgabe ist also zur Textzitation und damit zum wissenschaftlichen Arbeiten unerlässlich.

Die Internetausgabe, das Vehikel der Edition, kann dank des unentgeltlichen Engagements von Kollegen aus der Informatik auf ein neues Niveau gehoben werden, nachdem ihr fehleranfälliges, höchst zeitaufwendiges Text-Markup, die antiquierte HTML-Darbietung sowie die Schwierigkeiten ihrer Pflege zunehmend zum Hindernis wurden.

Zum gegenwärtigen Stand

Die Printausgabe umfasst zurzeit (Juni 2020) vierzehn Bände, einer davon im Druck, und die Planung sieht bis 2022/2023 drei weitere vor.[9] Von den 52 projektierten Textbänden[10] hat die Printversion damit das erste Drittel erreicht. Zusätzlich dazu bietet die Internetausgabe bereits einen beträchtlichen Werkanteil, der einmal in gedruckten Bänden vorliegen wird oder auch weiterhin nur zum Bestand der digitalen Edition gehören soll. Mit den Texten, die in den nächsten zwei bis drei Jahren erscheinen, hat die Ausgabe dann das erzählerische Werk Gutzkows zu einem großen Teil, das autobiographische komplett und das kritisch-diskursive in repräsentativen Bereichen erfasst. Werke der Abteilung Reiseliteratur befinden sich in Vorbereitung.

Die vorliegenden Dramenbände (GWB II, Bd. 1 und 2) decken erst die Zeit bis zu Gutzkows Durchbruch als Bühnenschriftsteller um 1840 ab. Seine wichtigen innovativen Theaterstücke der 1840er Jahre, etwa „Zopf und Schwert", „Das Urbild des Tartüffe" oder „Uriel Acosta", werden eines speziellen Aufwands für den kritischen Apparat bedürfen, bevor sie im Netz und im Druck erscheinen (in GWB II, Bd. 3–5). Signifikante Lücken im erzählerischen Werk sind noch „Wally, die Zweiflerin", Gutzkows ‚Skandalroman' von 1835 (GWB I, Bd. 4), der mit einem kurzen Apparat in der Internetausgabe steht, jedoch die Fertigstellung seiner kontextualisierenden Materialien erwartet, um als Band mit Begleittexten in den Druck zu gehen. „Die Ritter vom Geiste", Gutzkows erster Panoramaroman von 1850–1851 (GWB I, Bd. 8), fehlt noch gänzlich. Der Grund für das bisherige Hintanstellen der „Wally" und der „Ritter" in der Edition ist, dass diese Werke in modernen, ausführlich kommentierten Ausgaben vorliegen.[11] Dies war beim „Zauberer von Rom", Gutzkows zweitem Großroman in neun Büchern von 1858–1861, nicht der Fall. Dessen Publikation in drei monumentalen, insgesamt nahezu 3000 Seiten umfassenden Bänden (GWB I, Bd. 11.1–3) war 2007 ein Meilenstein des Projekts. Möglich wurde diese Publikation, deren Herstellungskosten in der gewohnten Ausstattung (Leineneinband und Lesebändchen) erheblich waren und von Projekt und Verlag allein nicht hätten bestritten werden können, durch die Unterstützung der Hamburger Stiftung zur Förderung von Wissenschaft und Kultur. Die Stiftung half auch mit Zuschüssen bei den anderen Bänden der späteren Anfangsphase zwischen 2004 und 2009.

Die digitale Edition erfährt gegenwärtig eine fundamentale Überholung. Diese wird die Bereitstellung von Texten, vor allem aber die Anfertigung von Kommentaren im Netz um vieles erleichtern. Auch wird die Benutzbarkeit durch die Einführung einer Suchfunktion verbessert. Dieser Schritt nach vorn bedeutet, dass die Texte und Apparate in Zukunft alle XML-TEI-kodiert vorliegen werden, ein Grunderfordernis nicht allein für die Möglichkeit der Vernetzung mit anderen EDV-basierten Editionsprojekten, sondern auch für die Nachhaltigkeit der Edition. Die Modernisierung des Internetauftritts geht mit dem Umzug der digitalen Ausgabe von der University of Exeter an die Martin-Luther-Universität Halle-Wittenberg einher. Die zurzeit noch zugängliche alte Internetausgabe enthält nicht mehr die seit 2018 edierten Texte und Apparate, die bereits in den Prototyp der neuen Ausgabe integriert sind.[12] Wann die neugestaltete digitale Edition freigeschaltet werden kann, hängt auch von der Bewältigung der beträchtlichen Transfermenge ab. Die Mitarbeiter hoffen auf 2021 zur Eröffnung des neuen Internetauftritts. Nicht beeinträchtigt wird durch den Umzug das kontinuierliche Erscheinen der Printausgabe im Oktober Verlag.

Die allmähliche Profilierung des Autors durch den Aufbau des Textbestandes

Das Projekt sah ursprünglich die ersten beiden Werkabteilungen für die journalistischen, kritischen, essayistischen und autobiographischen Arbeiten Gutzkows vor[13], denen die literarischen Abteilungen folgen sollten. Diese implizite Wertung hätte den Autor in moderner Sicht als kritischen Intellektuellen in den Vordergrund gerückt. Dadurch wäre jedoch ein altes Vorurteil gegen den Erzähler und Dramatiker Gutzkow gefestigt worden; eine Wahrnehmung, welche die Edition ja gerade korrigieren wollte. Also entschied sich die Gruppe für die Profilierung von Gutzkows literarischem Anteil an der ‚buntscheckigen Landkarte' der frühen Moderne sowie an den konkurrierenden Realismen ab den 1850er Jahren und damit für eine traditionellere Ausgabenstruktur, bei der die erzählerischen und dramatischen Werke an erste Stelle traten; dies allerdings noch ohne eine hierarchisch wirkende Abteilungsnummerierung. Als die Ausgabe wuchs, erwies sich ihre Zitation ohne Abteilungsnummern jedoch als Problem. Daher werden die acht Abteilungen jetzt in römischen Ziffern durchgezählt.

Der *Grass Roots*-Charakter des Projekts gab anfänglich einer gewissen Zufälligkeit bei der Wahl der zu edierenden Texte Vorschub. So wurden ausgerechnet Gutzkows letzter Roman von 1876–1877, „Die neuen Serapionsbrüder" (GWB I, Bd. 17), und sein literarischer Erstling von 1832, „Briefe eines Narren an eine Närrin" (GWB I, Bd. 1), zu den ersten Bänden der Ausgabe. Das war sperrige Kost für ein unvorbereitetes Publikum, die auch die Herausgeber-Nachworte kaum genießbarer machen konnten.[14] Dank der Kommentierung, auf die noch eingegangen wird, hat sich die Situation inzwischen geändert. Diese beiden Bände, also der Beginn und der Schluss der Abteilung „Erzählerische Werke", setzten den Herausgebern das Zeichen, dass nun einschlägige Prosawerke aus Gutzkows mittlerer Schaffensphase folgen mussten. Zwei Romane kamen hinzu, die den eigenständigen Kurs des Autors im nachmärzlichen Realismus verdeutlichen: außer dem Riesen des „Zauberer von Rom" auch der Kurzroman „Die Diakonissin" von 1855 (GWB I, Bd. 10). Nachdem nun durch die „Novellen" von 1834 (GWB I, Bd. 3) und den Roman „Maha Guru" von 1833 (GWB I, Bd. 2) wiederum Gutzkows Anfänge als jungdeutscher Erzähler vertreten sind, wird seine Kurzprosa der mittleren Zeit diese Abteilung bald weiter ergänzen (durch die ersten beiden Bände der „Kleinen erzählerischen Werke", GWB I, Bd. 7 und Bd. 9).

Während das dramatische Werk aus dem bereits erwähnten Grund noch auf weiteren Zuwachs warten muss, hat sich bei den diskursiven Schriften viel ereignet. Größtenteils als Journalbeiträge erschienen, bilden sie die eigentliche Text-Baustelle der Edition. Vor allem die Abteilungen III (Schriften zur Politik und Gesellschaft) und IV (Schriften zur Literatur und zum Theater) fungieren als Sammelzonen für Gutzkows journalistische Arbeiten. Hier kommen Beiträge zusammen, die einmal Bände der Ausgabe bilden werden. In Abteilung IV präsentiert die digitale Edition bisher über 60 Literaturkritiken und literaturtheoretische Schriften Gutzkows. Diese unabgeschlossene Textsammlung ermöglicht einen Einblick in das Arbeitsfeld des streitbaren Kritikers, der die Auseinandersetzungen um die Literatur seiner Zeit mitgestaltete, oft durch die von ihm herausgegebenen Zeitschriften. Bekanntere kritische Arbeiten aus dem Jahr 1835, wie z. B. Gutzkows Stellungnahme für Heine in „Börne gegen Heine", oder seine spätere Auseinandersetzung mit der realistischen Strömung in „Realismus und Idealismus" (1857), stehen neben unbekannten. Dazu gehören z. B. „Der Geist des Ortes" (1843), ein Plädoyer für eine sozio-geographische Innovation der deutschen Literatur, die in einigen Zügen den Ansatz von W. H. Riehls Sozialethnographie vorwegnimmt, und der späte Artikel „Das Feuilleton" (1878), in dem Gutzkow das Verdienst, die Gattung ‚Unterm Strich' in die deutsche Publizistik eingeführt zu haben, nicht dem vermeintlichen Initiator Heinrich Heine, sondern dem Freund Heines und seinem eigenen vormärzlichen Weggefährten August Lewald zuspricht.

Reizvoll ist die Arbeit an diesem Teil der digitalen Ausgabe, weil sich immer wieder neue Konstellationen ergeben. So z. B. reihen sich Gutzkows Journaltexte zum Thema Goethe-Rezeption, die im Druckband „Ueber Göthe im Wendepunkte zweier Jahrhunderte" mit dem Haupttext zusammen veröffentlicht wurden[15], unter Abteilung IV der Internetausgabe in eine andere, rein chronologische Ordnung ein. Herausgelöst aus dem Goethe-Kontext, steht z. B. der Beitrag „Goethe und Gervinus über Béranger" (1856) im Zusammenhang von Gutzkows Auseinandersetzung mit dem programmatischen Realismus: genau gesagt, zwischen den bedeutenden Artikeln „Der Roman und die Arbeit" (1855) und „Realismus und Idealismus" (1857).[16] Alle drei Artikel erschienen in Gutzkows „Unterhaltungen am häuslichen Herd" und zeigen, wie er diese Familienzeitschrift im Nachmärz zur Meinungsbildung in bürgerlichen Kreisen einsetzte. Die Journaltext-Sammlung wirft auch ein Licht auf Kontinuitäten in Gutzkows Beschäftigung mit zeitgenössischen Phänomenen. Eine kleine Notiz in den „Unterhaltungen am häuslichen Herd" vom 4. Juli 1861, „Die zoologischen Gärten", war wegen ihrer fraglichen Autorschaft in Raschs Bibliographie noch nicht verzeichnet. Ihre frappierende gedankliche Nähe zu Gutzkows kritischen Gesellschaftsskizzen der 1830er Jahre und seine Gewohnheit, als Herausgeber der „Unterhaltungen" den Schluss einer Nummer mit selbst geschriebenen ‚Lückenbüßern' zu füllen, war Grund genug, diese Glosse sowohl in die Ergänzungen zur Bibliographie[17] als auch in die Ausgabe aufzunehmen. Hier steht sie nun in der Sammlung für den achten Band („Zum Gesellschaftsleben – Skizzen und Zeitfragen") der Werkabteilung III und derzeit in Nachbarschaft zu der vormärzlichen Skizze „Naturgeschichte der deutschen Kameele" (1835). Beide behandeln das Thema ‚Kultur versus Natur' und zeigen, wie durchgängig Gutzkows kritische Aufmerksamkeit für das Phänomen der Zähmung, Abrichtung und Dressur war.

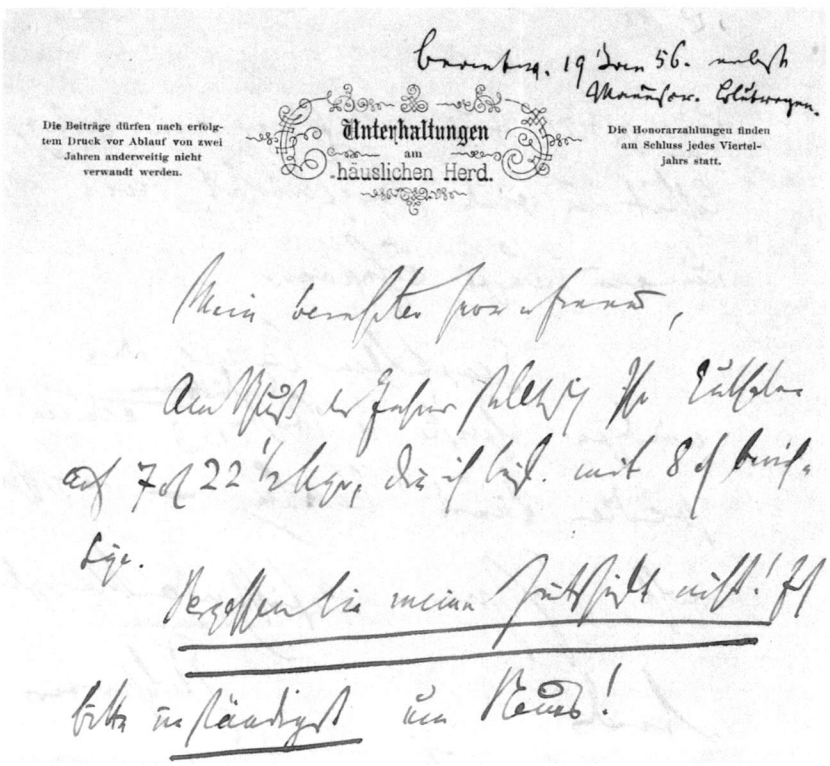

Schreiben von Karl Gutzkow an Bernhard von Cotta, 19. Januar 1856, mit Briefkopf der „Unterhaltungen am häuslichen Herd"

Die Abteilung VII, „Autobiographische Schriften", steht durch den Band „Aus der Knabenzeit" (1852), vom Autor später noch um wichtige Details aus seinen Gymnasialjahren ergänzt (GWB VII, Bd. 1), vor ihrer Vollendung. Gutzkow schildert seine Berliner Kindheit und Jugend hier im Schwung seines Erfolges mit den in und um Berlin spielenden „Rittern vom Geiste". Die „Knabenzeit"-Autobiographie, die Gutzkow mit seinem geübten panoramatisch-erzählerischen und soziologisch-topographischen Blick verfasste, wird im Netz eine Zeitlang auf den Band „Berliner Eindrücke" der Abteilung „Reiseliteratur" folgen (GWB VI, Bd. 3). Dort sind schon drei scharf gezeichnete journalistische Beiträge Gutzkows zu seiner Heimatstadt gesammelt.

In dieser Weise bietet die wachsende digitale Edition ein Medium, das dem Profil eines wandlungsfähigen, jedoch in seiner intellektuellen Statur beständigen Autors entspricht. Der Prozess an sich ist bereits von Interesse, bevor Abteilungen und Werkeinheiten zum Abschluss gelangen.

Aus der Werkstatt der Textkritik

Einen Text auf der Basis des Erstdrucks zu konstituieren, bedeutet nach dem Stand der modernen Editionsphilologie, ihn am „Schnittpunkt von Produktion und Rezeption" zu erfassen.[18] Dies ist der Punkt, an dem der historische Autor den Text aus der Hand gab und erstmals gedruckt in die Öffentlichkeit entließ, womit der Text Werkcharakter annahm. Hier muss aber zwischen Druckmedien differenziert werden.

Unselbständig erschienene Zeitschriftenbeiträge Gutzkows, die er nicht in eine Buchausgabe überführte, werden auf der Grundlage des Journaldrucks (J) ediert. Selbst wenn ein in Buchform veröffentlichter Text zuvor schon in einer Zeitschrift oder einem Periodikum publiziert wurde, zählt als Textgrundlage der selbständig erschienene erste Buchdruck (E), mit dem der Autor seinem Text bewusst ‚Werk'-Status verlieh. Das gilt z. B. für die proto-feministische Erzählung, die Gutzkow zuerst 1847 unter dem Titel „Imagina" im Taschenbuch „Urania" veröffentlichte (J) und 1849 als „Imagina Unruh" im selbständigen Druck (E) erscheinen ließ; 1873 nahm er sie unter nochmals geändertem Titel („Eine Phantasieliebe") in die zweite Ausgabe seiner Gesammelten Werke (A^2) auf. Ediert wird in diesem Fall auf der Grundlage von E.

Bei den Dramen ergibt sich ein noch komplexeres Bild. Für die aufgeführten Stücke existieren oft Manuskriptdrucke (M), d. h. Bühnentexte, die nur für Aufführungszwecke bestimmt waren und ganz besondere Einblicke in die Textgeschichte erlauben. „Schnittpunkt von Produktion und Rezeption" ist bei einem gespielten Stück die erste Darbietung auf der Bühne; edieren lässt sich aber kein Dramentext auf der Grundlage diverser Manuskriptdrucke. Hier gibt wiederum die vom Autor vorgenommene ‚Festschreibung' im Buchdruck den Ausschlag, d. h. die Dramen werden in der Regel auf der Grundlage von B^1 (der ersten Ausgabe der Dramatischen Werke, 1842–1857) ediert. Manuskript- und ggf. Zeitschriftendrucke sind dagegen unerlässliches Material, um etwaige Wandlungen eines Stückes bis zum ersten Buchdruck zu verfolgen. Die späteren Auflagen und Ausgaben innerhalb der Dramatischen Werke verdeutlichen die weiteren Metamorphosen, die viele Gutzkowsche Theaterstücke durchmachten, und so verlangen die Dramen schon bei der Textkritik ausführliche Erklärungen der Herausgeber.

Die Herstellung einer verlässlichen Edition auf der Grundlage eines historischen Erstdruckes scheint relativ problemlos: Der Text wird ohne Modernisierungen und Normierungen reproduziert, offensichtliche Druckfehler werden berichtigt, fehlerhafte Stellen ggf. emendiert, und in der Liste der Texteingriffe werden diese Herausgeber-Korrekturen verzeichnet. Die Entscheidung jedoch, ob ein Druck- bzw. Lesefehler vorliegt, oder ob es sich stattdessen um eine historische Schreibweise, einen zeitgenössischen Sprachstand, eine Verlagsgepflogenheit oder eine Eigenheit des Autors handelt, ist keineswegs immer einfach. Existiert ein früherer Zeitschriftendruck oder eine spätere Auflage, kann ein Vergleich Aufklärung bringen, aber nicht unbedingt einen Eingriff rechtfertigen.

Zwei Beispiele aus der Editionsarbeit an „Maha Guru" zeigen, wie unterschiedlich Herausgeberentscheidungen ausfallen können. Die Stelle in E (1833): „eines unverständlichen, ihm dunklen und erschaffenden Daseyns" lautet in A^1 (1845) und in A^2 (1874): „eines […] erschlaffenden Daseins". Nur die spätere Variante, die ziemlich genau das Gegenteil der früheren ausdrückt, ergibt Sinn. In E liegt vermutlich eine Verschreibung im Manuskript oder ein Lesefehler des Setzers vor, und daher erfolgt in der Edition eine Korrektur mit Verzeichnung unter „Texteingriffe". Anders liegt der Fall bei einem verdoppelten Komparativ in E: „desto tiefer empfundener die Reue". Im Zeitschriftendruck, den es für dieses Kapitel gibt, lautet die Formulierung: „desto tiefer empfunden die Reue". In der Auflage A^1, für die Gutzkow E heranzog, ist ein Komma eingefügt, das er in A^2 beibehielt: „desto tiefer, empfundener die Reue". Der Versuchung, die Version von E entweder nach J oder nach A^1/A^2 zu emendieren, wurde zugunsten einer authentischen Reproduktion von E widerstanden. Im Unterschied zu „erschaffenden/erschlaffenden" ist der Text des Erstdrucks an dieser Stelle nicht unverständlich. Sollte es sich in E um eine Änderung des Journaltextes handeln, die Gutzkow für die Buchausgabe vornahm, so ist sie stilistisch eigenwillig; sollte ein Irrtum des Setzers vorliegen, so entging er dem korrekturlesenden Autor, der seinen Buchtext *in dieser Form freigab*. Die Tatsache, dass Gutzkow bei der Bearbeitung von E für A^1 wohl über diese Stelle ‚stolperte' und sie änderte, rechtfertigt keinen Eingriff. Die gesamte Variantengeschichte dieses Lemmas wird somit im Apparat beschrieben.

Was Texteingriffe betrifft, sind die Herausgeber im Lauf ihrer Tätigkeit eher vorsichtig geworden. Das Gesicht des Erstdrucks soll in all seiner Eigenheit – und nach heutigen Standards auch Befremdlichkeit – erhalten bleiben. In den „Briefen eines Narren an eine Närrin", 2003 erschienen, wurde z. B. noch eine grammatische Korrektur der folgenden Stelle durchgeführt: „Sie lesen oft so schwache, unreife Behandlung liberaler Doctrinen, die sich durch Nichts auszeichnen, als durch ihren guten Willen" – der Singular „Behandlung" wurde im edierten Text zum Plural „Behandlungen" geändert. Heute würde diese Emendation als zumindest fragwürdig, wenn nicht unzulässig angesehen und stattdessen eher im Kommentar auf die grammatische Unstimmigkeit hingewiesen. Ohne Eingriff blieb in „Maha Guru", Erscheinungsjahr 2020, eine ähnliche Fehlkonstruktion mit Wechsel vom Singular in den Plural, die Gutzkow selbst erst in der Ausgabe letzter Hand korrigierte: „Er kostet die Suppe […] je nachdem, ob sie mager oder fett sind", in A² berichtigt zu: „Er kostet die Suppen […] je nachdem, ob sie mager oder fett sind". Dieser Fehler wurde in der Variantenbeschreibung aufgeführt und nicht mehr direkt im edierten Text verbessert.

Mit der wachsenden Zurückhaltung bei Eingriffen in den Text nahm die Aufmerksamkeit für die Textgestaltung zu. So reproduziert die Edition mittlerweile auch das Titelblatt des Erstdruckes mit Titel- und Autorenangabe und in der originalen Zeilenanordnung, denn mit diesem Blatt beginnt das Werk. Auffällig wurde im ersten Buchdruck auch immer mehr, dass sich ein vergrößerter Abstand zwischen Absätzen finden kann, wenn dieser keine rein satztechnischen Gründe hat (etwa die gleichmäßige Füllung einer Seite). In „Wally, die Zweiflerin", wo man meinen könnte, der Autor sei tatsächlich an einer Streckung des relativ kurzen Romantextes interessiert gewesen, um die Vorzensur zu vermeiden und 20 Druckbogen zu überschreiten, haben vergrößerte Abstände aber eine semantische Funktion. Sie können Übergänge von narrativen zu darlegenden Abschnitten, von Figurendiskurs zu Erzählerdiskurs markieren, und nahezu frei bleibende Seiten in Wallys Tagebuch zeigen das Abgebrochene ihrer persönlichen Entwicklung. Diese ‚weißen Stellen' geben dem Text insgesamt das Aussehen jener ‚Zerrissenheit', die für den Inhalt und die experimentelle Form des Romans bestimmend ist. Sie werden als nichtverbale Ausdrucksträger im Druck der Edition reproduziert. Ebenso werden Schmucklinien abgebildet, wenn sie über ihren ornamentalen Charakter hinaus Ausdrucksfunktion gewinnen. Es war eine Herausgeberentscheidung, die Linien vor und nach jedem Motto an den Kapitelanfängen von „Maha Guru" als solche bedeutungsvollen Zeichen abzubilden. Sie setzen die fernöstlichen, poetisch oder philosophisch geprägten Motti (Zitate aus dem Liederbuch „Schi-King", aus den Weisheiten des Konfuzius etc.) jeweils vom Erzähltext ab und markieren die Epigraphe als Zeugnisse einer Zivilisation, welcher sich die Außenperspektive eines europäischen Romans nur nähern kann.

Die so gepflegte Textkritik wird von den Herausgebern als eines der Qualitätsmerkmale der Edition betrachtet. Werke am „Schnittpunkt von Produktion und Rezeption" zu konstituieren, erfordert höchste Genauigkeit bei der Textwiedergabe. Drei oder mehr Kollationierungen des erfassten Textes mit dem Erstdruck werden durchgeführt, und dieser Druck muss mindestens einem Mitarbeiter im Original vorliegen, nicht als digitale Reproduktion. Die Druckausgabe vermerkt seit einiger Zeit auf der Impressumsseite auch die an der Kollationierung, am Satz und an anderen Elementen der Textpräsentation beteiligten Projektmitglieder.

Die Druckausgabe (Münster: Oktober Verlag, 2002 ff.)[19]

Um die sorgsam produzierte Druckausgabe als eigenständigen Zweig der Edition zu profilieren, bietet die Internetausgabe spätestens ab ihrem Umzug von Exeter nach Halle keine PDFs von Texten mehr, die im Druck vorliegen, nur noch von Texten, die nicht gedruckt bzw. zum Druck nicht vorgesehen sind.[20]

Gedruckt erscheinen alle wichtigen Werke und Arbeiten Gutzkows mit einem
Apparat, der aus dem Herausgeber-Nachwort und einer textkritischen „Editorischen Notiz" besteht. Letztere informiert über die Druckgeschichte, die Textvorlage und die Texteingriffe und beschreibt die wichtigsten Abweichungen späterer Auflagen vom edierten Erstdruck. Bei nichtliterarischen (etwa biographischen, gesellschafts- oder literaturkritischen) Texten enthalten die Bände ein Register. Wenn Gutzkow Vorworte zu späteren Auflagen schrieb, werden diese wie andere relevante Textzeugnisse des Autors ebenfalls im Apparat abgedruckt.

Über die Zeit ist der Herausgeberanteil an gedruckten Bänden erweitert worden. Beschränkte sich in der Anfangszeit die „Editorische Notiz" auf die textkritische Basisinformation, kann dieser Teil des Apparats inzwischen recht ausführliche Einblicke in die Änderungen geben, die Gutzkow für spätere Auflagen vornahm, und damit wird das Weiter- bzw. Umschreiben eines Werkes als Merkmal seiner Schriftstellerexistenz beleuchtet. Sollte in der Anfangszeit ein eher essayistisch gehaltenes Nachwort zur literaturgeschichtlichen Verortung des edierten Textes genügen, sind die Ansprüche daran beträchtlich gestiegen. In den drei separaten Nachworten der Herausgeber des „Zauberer von Rom" – eines zur Entstehungsgeschichte, die beiden anderen jeweils zur literaturgeschichtlichen Bedeutung des Romans und zum Stil Gutzkows – wurde vorexerziert, was auch ein einzelnes Nachwort ausloten kann. Wo immer möglich, enthält dieses nun außer einer Textinterpretation auch Ausführungen zur Entstehungs- und Rezeptionsgeschichte. Bände, die von Herausgebern zusammengestellt sind und eine Anzahl von (oft journalistischen) Einzeltexten enthalten[21], können im Nachwort natürlich kaum entstehungs- oder rezeptionsgeschichtliche Aspekte berühren; stattdessen sind hier biographische, gattungsspezifische und/oder literatur- und sozialgeschichtliche Faktoren über einen weiten Schaffenszeitraum zu berücksichtigen (vgl. z. B. die Nachworte in den „Schriften zum Buchhandel und zur literarischen Praxis", den „Kleinen autobiographischen Schriften und Memorabilien" und in „Ueber Göthe im Wendepunkte zweier Jahrhunderte").

Das Projekt traf eine richtungsweisende Entscheidung, als 2015 erstmals auch ein Kommentar (derjenige zu den „Neuen Serapionsbrüdern") in die Druckausgabe aufgenommen wurde. Obwohl für die Kommentierung die *digitale* Ausgabe vorgesehen ist, soll der Kommentar als Supplement zum Textband erhältlich werden, wenn die sukzessive Kommentierung im Netz den denkbar höchsten Grad an Abgeschlossenheit erreicht hat. Als eigenständiger Band der Ausgabe lässt sich ein Kommentar parallel zum Text benutzen oder auch einzeln lesen. So stellt der Supplementband der „Neuen Serapionsbrüder" eine für sich wertvolle Ressource an Wissen über die Gründerzeit und über den späten Gutzkow dar: Die „sozialhistorischen, literaturgeschichtlichen und werkgenetischen Zusammenhänge" seien dort, wie Patrick Fortmann in seiner Rezension schreibt, „hervorragend aufgearbeitet", und der Kommentarband leiste „einen bedeutenden Beitrag zur Neuentdeckung G[utzkow]s als Autor des Realismus und Wegbereiter serieller Schreibweisen."[22]

Aus der Werkstatt der Kommentierung

Da die Genauigkeit von Herausgeber-Kenntnissen mit dem Wachstum der Ausgabe zunimmt, lässt sich der Kommentar in der digitalen Ausgabe immer wieder nachschärfen. Was für die sukzessive Bereitstellung der Texte gilt, trifft auch in hohem Maße auf den wissenschaftlichen Apparat zu: Dieser ist sowohl hinsichtlich seiner Materialien als auch im Hinblick auf die Exegese *work in progress*. Beispielsweise kann eine bisher unbekannte oder übersehene Stelle im Briefwechsel einen bereits bestehenden Kommentar exakter machen, korrigieren oder gar in ein neues Licht stellen.

Der Apparat stuft die Kommentierung so ab, dass die interpretierenden Teile den auswertenden folgen. So ergeben sich aus den Materialsammlungen zur Entstehungs- und Rezeptionsgeschichte (größtenteils Korrespondenzen und Rezensionen) Zusammenhänge, die von den Herausgebern dargestellt werden, bevor der Globalkommentar eine interpretierende Gesamtschau unternimmt.[23] Auf dieser Grundlage basieren die Stellenerläuterungen, die auf Informationen aus allen vorangegangenen Apparatteilen rückverweisen können und neue Einsichten hinzufügen. Die Verzahnung von Auswertungen, Globalkommentar und Stellenkommentar ist im digitalen Medium durch Links auf ideale Weise durchführbar. Bei fortschreitendem Stellenkommentar kann wiederum der Globalkommentar ergänzt werden: Dies geschah auf geradezu paradigmatische Weise bei den „Neuen Serapionsbrüdern", als durch die Stellenerläuterungen deutlich wurde, dass Gutzkow das Bild der „Sonne der Nacht" leitmotivisch verwendet. Eine untergründige Aufklärungskritik wurde in diesem seinem letzten Roman zutage gefördert und fand als ganz neu geschriebenes Kapitel in den Globalkommentar Eingang: „Die Naturwissenschaften unter der ‚Sonne der Nacht'".[24]

Auch die Entdeckung eines Textzeugen kann einen bereits existierenden Apparatteil revisionsbedürftig machen. Als Beispiel sei hier der Abschnitt „Entstehungsgeschichte" zu den „Briefen eines Narren an eine Närrin" genannt. Biographische Dokumente aus Gutzkows schriftstellerischen Anfängen sind spärlich, und zur Entstehung der ‚Narrenbriefe' sind mit Ausnahme von retrospektiven Äußerungen Gutzkows keine Dokumente bekannt. Einzig eine Mitteilung des Verlegers Julius Campe an Heine in Paris vom 17. Juni 1832 gibt Aufschluss darüber, dass sich das Manuskript von Gutzkows Erstlingswerk zu diesem Zeitpunkt wohl bereits beim Verlag befand:

> Ein bedeutendes Buch von einem sehr jungen Mann „Briefe eines Narren an eine Närrin" habe ich übernommen. Der Mensch wird es zu etwas Ungewöhnlichem bringen, und mache ich Sie aufmerksam hierauf. (HSA XXIV, 129)

Nach Kenntnislage der Kommentarbearbeiter nahm Gutzkow das Manuskript von Stuttgart im April/Mai 1832 mit nach Berlin, wo er möglicherweise noch daran weiterschrieb, und schickte es vermutlich Ende Mai oder Anfang Juni an Campe. Diese rein faktischen Daten wurden um eine höchst bedeutsame autobiographische Dimension bereichert, als eine von Johannes Proelß zitierte verschlüsselte Passage aus Gutzkows Folgewerk, „Maha Guru", den Bearbeitern ins

Auge fiel. Plötzlich erschloss sich die Veröffentlichung der ‚Narrenbriefe' bei Hoffmann und Campe 1832 als kühne Selbstbehauptung eines jungen kritischen Schriftstellers, der noch auf eine Anstellung im preußischen Staatsdienst hoffte und sich diese Möglichkeit mit dem Akt der Manuskript-Absendung ziemlich bewusst verbaute.[25] Der Kommentar zur Entstehungsgeschichte musste also in dieser Hinsicht überarbeitet werden.

Ein weiteres Beispiel für eine solche sukzessive Vertiefung findet sich wiederum im Kommentar zu den „Neuen Serapionsbrüdern". Ein im Gutzkow-Nachlass gefundener Brief der Wiener Schriftstellerin Ada Christen vom November 1876 machte auf eine Stelle im Journal-Vorabdruck des Romans aufmerksam, von der sich die Kollegin zutiefst getroffen fühlte. Gutzkow änderte die entsprechende Stelle dann für die Buchfassung. Dies zeigt exemplarisch, was es heißt, den „Schnittpunkt von Produktion und Rezeption" in der Kommentierung des Erstdrucks zu erfassen: Der Roman tritt in Feuilleton-Fortsetzungen an die Öffentlichkeit und gewinnt dadurch schrittweise Werkcharakter; dieser Charakter aber wird mit der Buchfassung, die bereits auf die erste Rezeption reagiert, gefestigt.[26]

Die zunehmende Unterstützung des Kommentars durch Material und Wissen, das durch Recherchen im Internet bezogen werden kann, lässt sich an einer Stellenerläuterung illustrieren. In der folgenden Passage aus Gutzkows Beitrag „Ueber Preisherabsetzungen im Buchhandel" (Telegraph für Deutschland, 7. Dezember 1838) war die Bedeutung des Ausdrucks „Lords vom Mühlendamm" 2001 noch nicht ermittelt:

> Die Buchhändler berufen sich darauf, daß sie die vom Autor erstandene Auflage eine ihnen zugehörige W a a r e nennen, mit der sie machen dürften, was sie wollen. Sie behaupten, es läge wenig Unterschied zwischen einem Ballen unverkauft lagernder Exemplare eines Buches und einem verschossenen Reste Kattunwaaren, den man, um aufzuräumen, zu beispiellos billigen Preisen losschlägt. In Berlin nennen das die Lords vom Mühlendamm A u s v e r k a u f. Gegen keinen Ausdruck sollte man aber in literarisch-merkantilischen Dingen spröder seyn, als gegen den, daß Bücher eine Waare sind.[27]

Die provisorische Stellenerläuterung lautete:

> Lords vom Mühlendamm] Nicht exakt festzustellen. Der Mühlendamm in Berlin besaß zu dieser Zeit einen Kolonnadengang, an dem wohl Kattunhändler ansässig waren. ‚Preußische Tuche' waren Exportgut, und Kattundrucker gehörten zu den Spitzenverdienern im Handwerk.

Benutzer der Ausgabe wurden zur Hilfe aufgerufen, aber die Antwort kam 2007 aus einem historischen Nachschlagewerk:

> Lords vom Mühlendamm] Es handelt sich um eine spöttische Berliner Redensart, die im ersten Drittel des 19. Jahrhunderts üblich war: „'n Lord von' Mühlendamm, Stutzer niederen Ranges. Bis 1820 etwa waren unter dem Mühlendamm die feinsten Schnittwaren- und dergl. Geschäfte; die Kommis strebten durchweg nach Eleganz; daher Lords." (Hans Meyer: Der Richtige Berliner in Wörtern und Redensarten. 6. Aufl. Berlin: Hermann, 1904. S. 83) Die dort ansässigen Textilgeschäfte verschwanden im Laufe des 19. Jahrhunderts und damit auch die ironische Anspielung.

Inzwischen ergibt bereits eine einfache Google-Suche wertvolle zeitgenössische Belegstellen wie die folgende aus der „Wiener Zeitschrift für Kunst, Literatur, Theater und Mode" vom 19. März 1829. Dort schreibt ein Berliner Korrespondent:

> L o r d v o m M ü h l e n d a m m [...]; so heißen bey uns die Ritter von der Elle, welche gern eine gewisse literarische Bildung affectiren, und nicht selten sogar in Journalen und Tagesblättern die literarische Elle schwingen.[28]

Damit gewinnt das Lemma eine zusätzliche sprachkritische Dimension. Gutzkow attackiert nicht nur das merkantilische Denken der Buchhändler, die Literatur zur Ware machen, sondern auch die Verflachung des journalistischen, literaturkritischen Diskurses durch modische Ausdrücke, die sich aus der Welt der (Tuch-) Waren herschreiben.

Auch dunkelste Stellen wie jene aus den „Briefen eines Narren an eine Närrin" können inzwischen mit Hilfe des Internets aufgeklärt werden (blau eingefärbte Stellen, hier als Unterstreichungen dargestellt, zeigen die Dichte der erläuterten Lemmata):

> In Italien findet man die Blüthe des Ballets, die hier so gereift ist, daß der Ausländer gern von Extravaganzen spricht. <u>Eine Reisende</u> sah <u>in Neapel ein Ballet aufführen, das die Geschichte Heinrichs des Vierten vorstellte.</u> Dieser große König hielt es verträglich mit seiner Würde, seine Schritte nach den Touren des Balletmeisters einzurichten, und mit <u>Sülly</u> ein Pas de deux zu tanzen. Dieselbe Dame, von der ich diese Notiz entlehne, wie sehr sie den Widerwillen gegen diese Art des historischen Ballets nicht zu unterdrücken vermochte, mußte doch eingestehen, daß ein junger Italiener ihr zur Seite ausrief: <u>„Bei Gott, Heinrich war ein großer Fürst! Wie glücklich mußten die Franzosen sein, einen König zu haben, der ein so großer Tänzer war!"</u>[29]

Bei der „Reisenden" handelt es sich um die englische Schriftstellerin Elizabeth Craven (1750–1828), Witwe des Markgrafen von Anspach. Ihre „Memoirs" wurden noch vor der englischen Buchausgabe ins Deutsche übertragen: „Denkwürdigkeiten der Markgräfin von Anspach. Aus einer englischen Handschrift übersezt", und erschienen 1826 in zwei Bänden bei Cotta. Im ersten Band wird die Ballettaufführung geschildert, die Gutzkows ‚Narr' jedoch abändert. In Cravens Bericht kommt es nicht zu einem Tanz des französischen Königs mit seinem Finanzminister und intimen Berater Sully, obwohl das derzeit beliebte Ballett „Heinrich IV." von Peter Winter (1754–1825) diesen *Pas de deux* wohl enthielt. Den Ausruf des jungen Italieners gibt Gutzkow fast wörtlich nach der deutschen Übersetzung der „Memoirs" wieder. Als Mitrezensent Wolfgang Menzels für Cottas „Literatur-Blatt" hatte es der junge Autor mit Büchern wie diesen „Denkwürdigkeiten" täglich zu tun. Die Stelle aus dem Reisebericht der Engländerin verwob er in die Reflexionen über Tanz, Zivilisation und Religion des einundzwanzigsten ‚Narrenbriefs'. Es steht zu hoffen, dass der Kommentar zu den „Briefen eines Narren an eine Närrin", einem Werk, in das der zweiundzwanzigjährige Debütant Gutzkow den geballten Lehrstoff einer philosophisch-theologischen Fakultät und die Lesefrüchte einer ganzen Bibliothek neuer Buch- und Zeitschriftenpublikationen zu verpacken schien, nach Vollendung des Globalkommentars ebenfalls im Druck erscheinen kann. Die Stellenerläuterungen der ‚Narrenbriefe' dürfen als abgeschlossen gelten und stehen in der Internetausgabe.

Stellenerläuterungen können die für Gutzkow typische, kreative Verarbeitung von Wissen so deutlich machen wie kein anderer Kommentarteil, und daher bilden sie neben der Textkritik ein Standbein der Edition.

Die Briefedition

Da der Abschluss der autobiographischen Abteilung der Ausgabe abzusehen ist, wird – allein schon zu Kommentierungszwecken – die Verfügbarkeit von Gutzkows Korrespondenz zu einem großen Desiderat. Es handelt sich dabei um ein Konvolut von weit über 10.000 bekannten Briefen von und an Gutzkow, die in Archiven verstreut liegen und bisher nur zu einem geringen Teil gedruckt wurden; dies meist in editorisch unzureichender Form. Wie Wolfgang Rasch bemerkt:

> Eine moderne Ausgabe von Gutzkows Briefen ist vergleichsweise voraussetzungslos und kann weder auf eine bewährte Editionspraxis noch auf eine jahrzehntelange Ausgabentradition zurückgreifen, wie wir sie etwa bei Heine, Hebbel oder anderen Zeitgenossen Gutzkows finden.[30]

Trotz dieser Ausgangssituation sind die Voraussetzungen einer Brief-Edition ermutigend. Raschs Bibliographie verzeichnet die oft an entlegener Stelle gedruckten Korrespondenzen.[31] Zu der Bibliographie ist inzwischen eine umfangreiche Dokumentation über Gutzkow in der Wahrnehmung seiner Zeitgenossen hinzugekommen.[32] Die in der Frankfurter Senckenberg-Bibliothek archivierten, über 9000 Briefe und Briefabschriften aus dem Gutzkow-Nachlass und der Sammlung Houben sind durch Mitglieder des Projekts gesichtet, erschlossen und z. T. digitalisiert worden. Diese Ressourcen bilden den Kern der Briefedition. Während die digitale Ausgabe eine Vollständigkeit der Briefe von und an Gutzkow anstrebt, wird im Druck eine chronologisch geordnete Auswahl erscheinen. Was an bibliographisch-biographischen, editionsphilologischen und informatischen Vorüberlegungen zu diesem ‚Projekt im Projekt' bereits geleistet ist, lässt sich dem oben zitierten Beitrag entnehmen.[33]

Unter den Handschriften, die in der Sammlung Houben der Senckenberg-Bibliothek liegen, befindet sich auch ein Brief Gutzkows an Gustav Schlesier vom 10. Juli 1835. Schlesiers Kritik an „Maha Guru" hatte Gutzkow einen wesentlichen Anstoß dazu gegeben, als Schriftsteller solches „Herzblut" zu zeigen wie die verehrte moderne George Sand mit ihren Romanen[34], und aus diesem Impuls entstand „Wally, die Zweiflerin". Als Gutzkow die folgenden Zeilen schrieb, war er im Zuge der Fertigstellung dieses verhängnisvollen Werkes, und an den geistigen Paten Schlesier schrieb er geradezu prophetische Worte:

> [M]an soll nicht sagen, dß diejenigen, welche der Staat mit Stricken um den Hals lohnt, von der Literatur mit Lorbeerkränzen bedacht werden.[35]

Dieses aphoristische Diktum veranschaulicht, wie ‚literarisch' eine Korrespondenz ausfallen kann, die um die Heranbildung einer eigenen, ‚jungen' literarischen Identität kreist; Gutzkows spektakulärer Bruch mit seinem Mentor Menzel war längst angebahnt. Houben bemerkt zu den an Schlesier gerichteten Korrespondenzen Gutzkows, „eine Sammlung ähnlicher intimer Geständnisse" der jungdeutschen Schriftsteller von 1835 liege „überhaupt nicht vor", und es „dürfte auch kaum noch viel derartiges gefunden werden, was uns so reiche Details aus Gutzkows Leben und Tätigkeit veranschaulicht und uns von seinem Innenleben soviel verräth".[36] Diese Briefstelle ziert denn auch – mit vielen anderen Zitaten – die Eingangsseite der neuen Internetedition von „Gutzkows Werken und Briefen".

Anmerkungen

1 Einen Überblick über die ‚Gutzkow-Welle' dieser Jahre vermittelt Bernd Kortländer: Das Gutzkow-Projekt. – In: Internationales Jahrbuch der Bettina-von-Arnim-Gesellschaft 16 (2004), S. 123–131.
2 Die Sigle GWB mit römischer Werkabteilungsziffer, gefolgt von der Bandangabe, bezieht sich auf die beim Oktober Verlag in Münster erscheinende Printausgabe „Gutzkows Werke und Briefe"; die Sigle eGWB bezieht sich in derselben Weise auf die „Kommentierte digitale Gesamtausgabe" im Internet unter URL: https://gutzkow.de [letzter Zugriff: 29.06.2020]. Eine umfassende Einführung in die Edition bietet: Gutzkows Werke und Briefe. Kommentierte digitale Gesamtausgabe. Eröffnungsband. Hrsg. v. Gert Vonhoff, Martina Lauster. Münster 2001. In Einzelheiten inzwischen überholt, gibt der Band aber die Grundgedanken und Funktionsweisen der Ausgabe wieder.
3 Gert Vonhoff: Möglichkeiten einer modernen kritischen Gutzkow-Ausgabe. – In: Karl Gutzkow. Liberalismus – Europäertum – Modernität. Hrsg. v. Roger Jones u. Martina Lauster. Bielefeld 2000, S. 255–262, hier S. 257.
4 Wolfgang Rasch: Bibliographie Karl Gutzkow (1829–1880). Bd. 1: Primärliteratur, Bd. 2: Sekundärliteratur. Bielefeld 1998. Die Bibliographie hat Ergänzungen erfahren [vgl. Anm. 17], und ein dritter Band ist geplant.
5 Die Disziplinen umfassen außer der germanistischen Literaturwissenschaft und Editionsphilologie: Romanistik, Hispanistik, Komparatistik, Philosophie, Altertumswissenschaft, Kunstgeschichte, Buchwissenschaft und Informatik. Germanistik und Informatik sind außerdem auch durch Kollegen aus Großbritannien vertreten, die Germanistik zusätzlich auch durch Kollegen aus Frankreich und Italien. Bibliographisches und biographisches Fachwissen zum Autor bilden das Rückgrat der Edition.
6 Christine Haug legte den letzten größeren Bericht zum Editionsprojekt vor: Karl Ferdinand Gutzkow (1811–1878) und das literarische Leben des 19. Jahrhunderts. Ein Forschungsbericht anlässlich des 200. Geburtstags. – In: Jahrbuch der Raabe-Gesellschaft (2012), S. 127–144, bes. S. 130–132.
7 Alexander Košenina: Wally läßt das Zweifeln sein. – In: Frankfurter Allgemeine Zeitung, Nr. 27, 1. Februar 2002, S. 46.
8 Bernd Füllner: Editionen. – In: Vormärz-Handbuch. Hrsg. v. Norbert Otto Eke im Auftrag des Forum Vormärz Forschung. Bielefeld 2020, S. 443–452, hier S. 448.
9 Der (wegen gegenwärtiger Schließung der Universität leider nicht aktualisierte) Editionsplan ist zugänglich unter URL: https://projects.exeter.ac.uk/gutzkow/Gutzneu/edition/index.htm [letzter Zugriff: 29.06.2020]. Die bis 2022/2023 geplanten Bände sind: Kleine erzählerische Schriften, Bd. 2. Hrsg. v. Dirk Göttsche unter Mitarbeit von Joanna Neilly (GWB I, Bd. 9); Aus der Knabenzeit (1852). Mit den Ergänzungen der zweiten Ausgabe von 1873 hrsg. v. Wolfgang Rasch (GWB VII, Bd. 1); Kleine erzählerische Schriften, Bd. 1. Hrsg. v. Stephan Landshuter (GWB I, Bd. 7).

10 Die geplanten sechs Briefbände müssen als ‚Projekt im Projekt' betrachtet werden und fallen aus dieser Bandzählung sowie aus den folgenden Angaben heraus. Der vorliegende Beitrag geht an späterer Stelle auf die Briefedition ein.
11 Karl Gutzkow: Wally, die Zweiflerin. Studienausgabe mit Dokumenten zum zeitgenössischen Literaturstreit. Hrsg. v. Günter Heintz. Stuttgart 1979; Karl Ferdinand Gutzkow: Die Ritter vom Geiste. Roman in neun Büchern. Hrsg. v. Thomas Neumann. 3 Bde. u. ein Kommentarbd. Frankfurt a. M. 1998.
12 Dies sind die Texte der Bände: Kleine autobiographische Schriften und Memorabilien. Hrsg. v. Wolfgang Rasch (GWB VII, Bd. 3, 2018); Ueber Göthe im Wendepunkte zweier Jahrhunderte. Mit weiteren Texten Gutzkows zur Goethe-Rezeption im 19. Jahrhundert. Hrsg. v. Madleen Podewski (GWB IV, Bd. 3, 2019); Maha Guru. Geschichte eines Gottes. Hrsg. v. Richard J. Kavanagh (GWB I, Bd. 2, 2020).
13 Siehe Vonhoff, Lauster (Hrsg.): Gutzkows Werke und Briefe [Anm. 2], Abt. I, S. 25.
14 Vgl. die Rezension von Christian Jäger: Editionsprojekt Karl Gutzkow (Hrsg.). Gutzkows Werke und Briefe. Erzählerische Werke, Bd. 1, hrsg. v. R. J. Kavanagh, Oktober Verlag, Münster 2003 […]; Bd. 17, hrsg. v. Kurt Jauslin, 2002 […]. – In: Zeitschrift für Germanistik 14 (2004), S. 661–662.
15 Siehe die Besprechung dieses Bandes im vorliegenden Heine-Jahrbuch.
16 Die Texte aus dem Band „Ueber Göthe im Wendepunkte zweier Jahrhunderte" stehen im Prototyp der neuen Internetausgabe und sind daher zur Zeit im Netz noch nicht zugänglich.
17 Wolfgang Rasch: Bibliographie Karl Gutzkow (1829–1880). Nachträge und Berichtigungen. – In: eGWB, Digitale Gesamtausgabe, Bibliographie-Nachtrag.
18 Zu den Richtlinien der Textkritik und der Kommentierung siehe eGWB, Editionsprojekt, Editionsprinzipien.
19 Die Ausgabe ist subskribierbar unter URL: https://www.oktoberverlag.de/buecher_12.html#Gutzkow [letzter Zugriff: 29.06.2020]. Subskribenten erhalten eine Ermäßigung von 15 % auf den Ladenpreis. Bei Beginn einer neuen Subskription können auf Wunsch alle bereits veröffentlichten Bände geliefert werden.
20 Die im „Vormärz-Handbuch" [Anm. 8] auf S. 448 gegebene Information trifft also auf gedruckte Bände nicht mehr zu: „Druckseitenidentische Dateien finden sich zugleich im Internet (*.pdf)".
21 Dazu gehören bisher: Schriften zum Buchhandel und zur literarischen Praxis (GWB IV, Bd. 7); Kleine autobiographische Schriften und Memorabilien (GWB VII, Bd. 3); Ueber Göthe im Wendepunkte zweier Jahrhunderte. Mit weiteren Texten Gutzkows zur Goethe-Rezeption im 19. Jahrhundert (GWB IV, Bd. 3).
22 Patrick Fortmann: Gutzkow, Karl: Werke und Briefe. Kommentierte digitale Gesamtausgabe. Hrsg. v. Editionsprojekt Karl Gutzkow, Exeter und Berlin. [I. Abt.] Erzählerische Werke. Bd. 17. Die neuen Serapionsbrüder. Kommentarband. Hrsg. v. Kurt Jauslin in Zusammenarbeit mit Martina Lauster. Münster: Oktober Verlag, 2018. – In: Germanistik 60 (2019), S. 316.
23 Der Globalkommentar der digitalen Edition besteht meist aus einer Weiterentwicklung des Herausgeber-Nachworts im Druckband.
24 Die neuen Serapionsbrüder. Kommentarband. Supplement zu GWB I, Bd. 17. S. 147–158. – eGWB I, Bd. 17, Apparat: Globalkommentar 6.1.7.
25 Vgl. Briefe eines Narren an eine Närrin, eGWB I, Bd. 1, Apparat: 4.2. Entstehungsgeschichte.
26 Vgl. Kommentarband der „Neuen Serapionsbrüder" [Anm. 22 und 24], S. 24–25, 45–46 und 221–222.
27 Karl Gutzkow: Ueber Preisherabsetzungen im Buchhandel. – In: Ders.: Schriften zum Buchhandel und zur literarischen Praxis. GWB IV, Bd. 7, S. 156–161, hier S. 158.
28 Correspondenz-Nachrichten. Berlin, den 12. December 1828. – In: Wiener Zeitschrift für Kunst, Literatur, Theater und Mode 34 (19. März 1829), S. 279–280, hier S. 280.

29 Karl Gutzkow: Briefe eines Narren an eine Närrin. GWB I, Bd. 1, S. 161. Die Stellenerläuterungen dazu: eGWB I, Bd. 1, Apparat, 18.–27. Brief, 161,17–18 bis 161,25–27.
30 Wolfgang Rasch, Wolfgang Lukas, Jörg Ritter: Gutzkows Korrespondenz – Probleme und Profile eines Editionsprojekts. – In: Brief-Edition im digitalen Zeitalter. Hrsg. von Anne Bohnenkamp und Elke Richter. Beihefte zu editio 34 (2013), S. 87–107, hier S. 95.
31 Rasch, Bibliographie Karl Gutzkow [Anm. 4], Bd. 1, S. 593–633.
32 Karl Gutzkow. Erinnerungen, Berichte und Urteile seiner Zeitgenossen. Hrsg. v. Wolfgang Rasch. Berlin, New York 2011.
33 Vgl. Rasch, Lukas, Ritter: Gutzkows Korrespondenz [Anm. 30].
34 Vgl. Karl Gutzkow: Rückblicke auf mein Leben. GWB VII, Bd. 2, S. 19.
35 Dieser Brief ist wie die weitere Korrespondenz Gutzkows an Schlesier aus den Jahren 1834–1835 abgedruckt in H. H. Houben: Jungdeutscher Sturm und Drang. Ergebnisse und Studien. Leipzig 1911, S. 37.
36 Ebd., S. 39.

Heinrich-Heine-Institut
Sammlungen und Bestände
Aus der Arbeit des Hauses

„Allerlei Dummes"

Neue Heine-Briefe (Berichtszeitraum 2017–2020)

Christian Liedtke

Auch in den vergangenen Jahren ist der Bestand der Heine-Sammlung im Archiv des Heine-Instituts kontinuierlich gepflegt und erweitert worden. Nachdem zuletzt 2018 neu erworbene Werkmanuskripte Heines präsentiert werden konnten[1], sollen hier die seit 2017 hinzugekommenen Briefe von und an Heine vorgestellt werden. Die Mitteilungen schließen an die früheren Publikationen neuer und unbekannter Heine-Briefe[2] an. Ein herzlicher Dank gilt allen, die diese Ankäufe durch ihre nachhaltige Unterstützung möglich gemacht haben, insbesondere der Heinrich-Heine-Gesellschaft und ihren Mitgliedern. Hervorzuheben ist hier vor allem die Großzügigkeit von Frau Dorothea Basrai (Hilzingen): Sie hat das kürzlich vorgestellte Albumblatt Heines für einen unbekannten Bonner Empfänger[3], das sich in ihrem Besitz befand und das in ihrer Familie überliefert worden ist, dem Heinrich-Heine-Institut gestiftet (s. u.). Vielen Dank dafür!

Die neuen Heine-Briefe, die hier präsentiert werden, sind überwiegend kurz – abgesehen von dem an Julius Campe (s. u., 1, 2), dem Heine selten kurze Briefe schrieb –, wo nicht gar fragmentarisch, und manche von ihnen werfen Fragen auf, die sich bisher noch nicht beantworten lassen. Die Art der Darstellung folgt den Editionsgrundsätzen der Brief-Abteilung der Heine-Säkularausgabe[4]; wie dort erscheinen auch hier die Brieftexte recte, der Herausgebertext kursiv, die Rubriken des Apparates (Datum, Adresse, Überlieferung, Mitteilungen zum Text, Erläuterungen) wurden übernommen. Die bereits gedruckten Briefe (1, 2) werden hier nicht erneut wiedergegeben. Korrekturen gegenüber dem Abdruck in der HSA, die sich aus der durch den Erwerb möglich gewordenen Autopsie ergeben, werden aber mitgeteilt sowie, falls nötig, die Angaben zur Überlieferung, zum Datum oder die Erläuterungen ergänzt oder korrigiert.

C. Liedtke (✉)
Düsseldorf, Deutschland
E-Mail: christian.liedtke@duesseldorf.de

1. Neue Heine-Briefe im Archiv des Heinrich-Heine-Instituts

1.1 Unbekannte oder nur teilweise gedruckte Briefe von Heine

Vordere Seite des Brieffragmentes an Maximilian oder Gustav Heine

An Maximilian oder Gustav Heine

Paris [?], zwischen 1831 und 1848

[Anfang fehlt] heitere Briefe empfangen kann, welche mir schreibt, spielt darauf an, daß ich ein Schwätzer sei, der Dir allerlei Dummes aus ihrem Briefe über Dich mitgetheilt hätte. Daraus ersehe ich, daß Du durch *[Schluss fehlt]*

Dein Bruder
Harry Heine

DATUM

Die grobe Datierung ergibt sich einerseits aus der Papiersorte[5], andererseits aus der Tatsache, dass Heine nur bis ca. 1848[6] eigenhändige, mit Tinte geschriebene Briefe versandte.

ÜBERLIEFERUNG

H   *Heinrich-Heine-Institut, Düsseldorf.*

MITTEILUNGEN ZUM TEXT

Abgeschnittener, unterer Rand eines Quartblattes. Der Abschnitt heitere … durch *steht recto, die Unterschrift verso. Dieses Bruchstück gehört also zu einem Brief mit zwei vollständig beschriebenen Seiten, deren Text jeweils vor*

und nach den hier erhaltenen Teilen stand. Alle Wörter auf der Vorderseite sind bis auf mir *eigenhändig und gründlich durchgestrichen, offenbar in der Absicht, die Passage unleserlich zu machen (die hier präsentierte Lesung ist darum auch etwas unsicher). Das lässt vermuten, dass Heine diesen Rand selbst abgeschnitten hat.*[7] *Das Fragment lässt sich keinem bekannten Brief zuordnen, bei dem ein entsprechender Textteil abgetrennt worden sein könnte.*

heitere … welche – *H [durch Streichung unkenntlich gemacht]*

schreibt … durch – *H [durch Streichung unkenntlich gemacht]*

der – *H* ihr *[gestrichen]*

ERLÄUTERUNGEN

heitere Briefe – *Möglicherweise ein Hinweis darauf, dass hier von Charlotte Heine die Rede sein könnte, von deren* geistreichst heitersten Briefe[n] *(HSA XXIII, 94) Heine stets schwärmte. Die Schwester könnte dann als Empfängerin des Briefes, zu dem dieses Fragment gehörte, ausgeschlossen werden, und es ginge um* allerlei Dummes, das sie in *ihrem Briefe* an Heine *über einen ihrer Brüder geschrieben hätte. Welcher Brief das sein könnte, lässt sich aber ebenso wenig ermitteln wie der inhaltliche Zusammenhang, um den es hier geht.*

An einen unbekannten Empfänger

Paris, zwischen 1832 und 1847

Henri Heine, pour vous dire le bonjour. – J'espère avoir la bonne fortune de vous trouver chez vous un autre jour ou de vous rencontrer peut-être chez Lagrange.

DATUM

Der Zeitraum für die Datierung ergibt sich aus Heines Bekanntschaft mit de la Grange (s. Erläuterungen) und dem Beginn seiner dauerhaften Bettlägerigkeit.

ÜBERLIEFERUNG

H Heinrich-Heine-Institut, Düsseldorf.

MITTEILUNGEN ZUM TEXT

Notiz auf einer unbedruckten Visitenkarte.

ERLÄUTERUNGEN

Lagrange – *Adélaïde Édouard Lelièvre de la Grange (1796–1876), Aktionär und Mitarbeiter der Zeitschrift „L'Europe littéraire", war einer von Heines ersten und langjährigsten Pariser Bekannten; 1835 publizierte er eine französische Über-*

setzung von zehn Gedichten aus der Nordsee *(HSA XIII, 275 ff.).*[8] *Der Beginn ihrer Verbindung – spätestens im Frühjahr 1832*[9] *– markiert den, wenn auch vagen, Terminus post quem zur Datierung dieser Notiz, und die Erwähnung einer möglichen Begegnung* chez Lagrange *ist ein Hinweis auf ihren Empfänger, der also in jedem Fall ein gemeinsamer Bekannter von Heine und de la Grange ist. In Frage kommt darum insbesondere Alfred de Vigny, dessen Kontakt mit Heine durch de la Grange vermittelt wurde.*[10] *Ähnliche Billets mit Morgengrüßen schrieb Heine aber u. a. auch an Théophile Gautier, Cristina di Belgiojoso, Charles Duveyrier, Marie Escudier oder Nicholas Martin*[11]*, die alle ebenfalls mögliche Empfänger sind.*

An Hector Berlioz

Passy ce 22 Juillet 1848, *Samstag*

Mon cher Berliozzo!
Le citoyen Weil m'a dit quevous avez demandé mon adresse et que vous me menaçez d'une visite. J'espèreque la menace sera suivied'effet. Vous serez poliment étonné de voir combien ma paralysée a augmentée depuis;vous n'avez pas une idéedu degoutant metier de moribond que je mène depuis 2 Mois. – Adieu – Liberté, égalité et fraternité sans musique; –

Henri Heine
64. grande rue, Passy.

ÜBERLIEFERUNG

H *Heinrich-Heine-Institut, Düsseldorf.*

D *Nouvelles lettres de Berlioz, de sa famille, de ses contemporains. Hector Berlioz. Correspondance générale IX, suppléments 2. Texte établi et presenté de Peter Bloom, Joël-Marie Fauquet, Hugh J. Macdonald, Cécile Reynaud. Arles 2016, S. 323 f. (Auszug und Inhaltsangabe)*

MITTEILUNGEN ZUM TEXT

Am oberen Rand alte Sammlervermerke.

de voir *– H [nachträglich oberhalb der Zeile eingefügt]*

degoutant *– H [verbessert: am Wortanfang g überschrieben mit d]*

ERLÄUTERUNGEN

Weil *– Der Schriftsteller Alexandre Weill besuchte Heine in der ersten Jahreshälfte 1848 mehrfach in Passy.*[12]

visite – *Ob es unmittelbar danach zu einem Besuch des wenige Tage zuvor von einer London-Reise¹³ zurückgekehrten Komponisten kam, ist nicht gewiss. Die nächste Erwähnung einer Begegnung von Berlioz und Heine stammt erst wieder aus dem März 1851.*¹⁴

depuis 2 Mois – *Spätestens seit Mai konnte Heine wegen seines kontinuierlich verschlechterten Gesundheitszustands das Krankenlager nicht mehr verlassen.*

Liberté, égalité et fraternité – *Anspielung auf die Pariser Februarrevolution und den blutig niedergeschlagenen Arbeiteraufstand vom Juni 1848.*

sans musique – *Die Formulierung* für mich hat alle Musik […] aufgehört *(DHA XIV, 142) verwendet Heine auch später zur Charakterisierung seiner sozial isolierten, vom kulturellen Leben abgeschnittenen Lage nach dem gesundheitlichen Zusammenbruch.*¹⁵

An Hector Berlioz
                                                    Paris, 14. August 1855, Dienstag

Mon cher Berlioz!
N'oubliez pas votre pauvreami cul-de-jatte et si votre chemin vous conduit dans les paragesde l'avenue Matignon (Nº. 3) donnez vous la peine de monter jusqu'amon grabat où je vous attends aussitôtque possible – J'ai plusieurs choses à vous dire –

                                                    Votre tout devoué
                                                    Henri Heine

P. ce 14
Août.

DATUM

Das Jahr ergibt sich aus der Adressangabe avenue Matignon (Nº. 3); *dort befand sich Heines letzte Wohnung, die er im November 1854 bezogen hatte.*

ÜBERLIEFERUNG

H *Heinrich-Heine-Institut, Düsseldorf.*

D^1 *HSA XXIII, 433 (erschlossene Inhaltsangabe)*¹⁶

D^2 *Nouvelles lettres de Berlioz, de sa famille, de ses contemporains. Hector Berlioz. Correspondance générale IX, suppléments 2. Texte établi et présenté de Peter Bloom, Joël-Marie Fauquet, Hugh J. Macdonald, Cécile Reynaud. Arles 2016, S. 433 (Auszug).*

MITTEILUNGEN ZUM TEXT

Am oberen Rand alte Sammlervermerke.

de voir – H *[nachträglich oberhalb der Zeile eingefügt]*

degoutant – H *[verbessert: am Wortanfang g überschrieben mit d]*

ERLÄUTERUNGEN

choses – *Möglicherweise standen die Dinge, die Heine mit Berlioz besprechen wollte, bereits im Zusammenhang mit dem kurzen Artikel „Henri Heine", den Berlioz im Oktober 1855 im „Journal des Débats" veröffentlichen sollte.*[17]

1.2 Bereits gedruckte Briefe von Heine

An einen unbekannten Empfänger, Bonn, 16. September 1820

ÜBERLIEFERUNG

H   *Heinrich-Heine-Institut, Düsseldorf (Stiftung Dorothea Basrai).*

D   *Christian Liedtke: Ein unbekanntes Bonner Albumblatt von Harry Heine aus dem Besitz von Theodor Erasmus Hilgard. Eine Spurensuche. – In: Heine-Jahrbuch 57 (2018), S. 24–36, hier S. 25.*

An Ferdinand Hiller, Paris, 11. April 1834

HSA XXI, 81 (Nr. 482). Zu ergänzen:

ÜBERLIEFERUNG

H   *Heinrich-Heine-Institut, Düsseldorf.*

MITTEILUNGEN ZUM TEXT

Am oberen und unteren Rand jeweils Vermerke von alter Sammlerhand.

An Julius Campe, Paris, 3. Mai 1837

HSA XXI, 203 ff. (Nr. 635). Zu ergänzen:

DATUM

Poststempel: 3 MAI 1837; T. T. Hamburg 8. Mai. 37, C · F · 3 · B.

ADRESSE

Messieurs/ Hoffman & Campe/ Libraires, Bohnenstraße/ à/ H a m b o u r g./ Ville anseatique en Allemagne.

ÜBERLIEFERUNG

H   *Heinrich-Heine-Institut, Düsseldorf.*

MITTEILUNGEN ZUM TEXT

Geringfügige Textverluste durch Beschädigung beim Öffnen des Siegels. Auf allen Seiten An- und Unterstreichungen sowie Zusätze von fremder Hand. An den Rändern der Adressseite Beschriftungen von Sammlerhand („Heinrich Heine") und von anderer Hand („Herr Dr. Heine / d 3 May / <u>1837</u> / Paris"), am Oberrand der ersten Seite ein weiterer Zusatz von Sammlerhand („Heine").

203,26 Lieder – H erst he *[gestrichen]*

203,27 diplomatisch – H *[verbessert: om nachträglich eingefügt]*

204,3 Anzeige – H *[verbessert aus]:* anzeige *[a überschrieben mit A];* umgehend daß es s *[gestrichen]*

204,9 bey – H *[nachträglich eingefügt für:]* dergl *[gestrichen]*

204,15 nicht – H *[vom Herausgeber verbessert aus:]* ich

204,33 Contrakts – H *[vom Herausgeber verbessert aus:]* Contrakt

Durch die Autopsie der Handschrift ergeben sich geringfügige Korrekturen am Brieftext. Die Unterstreichungen und redaktionellen Veränderungen, die der erste Herausgeber des Briefes, Adolf Strodtmann, durch Bleistiftzusätze vornahm, sind rückgängig zu machen: Paris *(203,22) wird nicht gesperrt (die Unterstreichung stammt von der Hand Strodtmanns), auch nicht die Unterschrift* Heine *(204,39); statt* so bald *(204,5) heißt es* sobalde, *statt* acht *(204,2) steht die Ziffer* 8, *statt* Felde *(204,10)* Feld, *statt* Kommando *(204,19)* Commando, *statt* fünfzig *(204,23)* 50, *statt* vierzehn *(204,27)* 14; *an den folgenden Stellen steht kein Komma (es wurde jeweils von Strodtmann mit Bleistift eingefügt): nach* Schreiben *(203,25),* Kommts *(203,25) – das Wort schreibt Heine zudem ohne Apostroph –,* denke *(203,28),* ersparen *(203,29),* umgehend *(203,32),* wissen *(204,2),* soll *(204,4),* haben *(204,6),* Fall *(204,7),* Anzeige *(204,9),* steht *(204,10),* Schlechteste *(204,18),* nicht *(204,22),* Stück *(204,23),* sind *(204,25),* nur *(204,36). Die folgenden Textverluste (s. o.) wurden von Strodtmann ergänzt:* H*ab (204,27),* können *– (204,28),* nemlich *(204,29),* las*se (204,33),* h*inreichend (204,33). Dem Brief war das Manuskript „Literärische Anzeige" (HSA XXI, 205; DHA X, 302 f.) beigefügt, das schließlich unveröffentlicht blieb.*

An Charles Nisard, Paris, 5. Juni 1838 (?)
HSA XXI, 279 (Nr. 713). Zu ergänzen:

DATUM

Angesichts der Identifikation des Überbringers dieser Nachricht und des Verlaufs von Heines Augenbeschwerden (s. u., Erläuterungen) muss sie auf den 5. Juni 1841 (Samstag) datiert werden.

ÜBERLIEFERUNG

H   *Heinrich-Heine-Institut, Düsseldorf.*

MITTEILUNGEN ZUM TEXT

Am unteren Rand Vermerk von unbekannter Hand („Henry. Stoïer, 93 rue de La Harpe"[18]).

ERLÄUTERUNGEN

279,26 Professeur allemand – *Als Überbringer dieses Billets, für den Heine von Charles Nisard eine Empfehlung an dessen Bruder Désiré erbittet, vermutet der Kommentar der Säkularausgabe Maximilian Schottky (vgl. HSA XXI K, 187), ohne dies zu begründen. Heine spricht jedoch von einem* Professeur allemand qui vient d'Alger *(279,26), und über einen Algerien-Aufenthalt Schottkys ist nichts bekannt – wenn er tatsächlich eine Orientreise unternommen hätte, dann hätte Schottky, der auch als Reiseschriftsteller tätig war, darüber aber gewiss berichtet. Das Reiseziel Algerien passt ohnehin nicht zu den wissenschaftlichen Interessen Schottkys, der als Volkskundler und Sprachforscher über österreichische und böhmische Dialekte, Geschichte, Volkslieder u. a. arbeitete. Das gleiche gilt auch für die beiden anderen deutsche Professoren, von denen bekannt ist, dass Heine sie in Paris mit Empfehlungsschreiben versah: den Philosophen Amadeus Wendt (1835 an Xavier Marmier, vgl. HSA XXI, 97) und den Literarhistoriker Oscar Ludwig Bernhard Wolff (1835 an Victor Hugo, vgl. ebd., 100). Letzterer veröffentlichte zwar ein Buch über die französischen Feldzüge in Algerien[19], war jedoch nie selbst dort. Auch weiß man, dass er keineswegs* d'Alger, *sondern vom Niederrhein nach Paris und zu Heine kam.[20] Und von den mehr weniger bekannten deutschen Algerienreisenden jener Zeit[21], die möglicherweise über Paris zurückkehrten, trug keiner damals einen Professorentitel.*

  In Frage kommt eigentlich nur ein Professeur allemand: *der Gräzist und Paläograph Karl Benedikt Hase (1780–1864), der bereits seit 1801 in Paris lebte.[22] Er hatte früher u. a. den späteren Kaiser Napoleon III. unterrichtet, seit 1816 hatte er verschiedene Lehrstühle an Pariser Universitäten inne, war 1824 Mitglied der Académie des inscriptions et belles-lettres geworden und spielte eine wichtige wissenschaftspolitische Vermittlerrolle zwischen Frankreich und Deutschland. 1842 gehörte er der vom französischen Unterrichtsministerium eingesetzten wissenschaftlichen Kommission für Algerien an, welche die dortigen lateinischen Inschriften erschließen sollte. Aus einem Brief, den er im Dezember 1839 in Paris schrieb, geht hervor, dass er bereits im Sommer 1840 im Regierungsauftrag zu der wissenschaftlichen Expedition nach Algier entsandt werden sollte.*[23] *Heines Brief an Nisard trägt das Datum* ce 5 Juin *(279,32), das früheste mögliche Jahr von Hases Rückkehr* d'Alger *und damit für die Datierung dieses Briefes ist demnach 1841.*

Für Hase als porteur de ces lignes *(279,26) spricht außerdem, dass Heine für ihn um ein Empfehlungsschreiben an Charles Nisards* frère *(279, 28) bittet, denn Désiré Nisard ist u. a. ebenfalls Altphilologe*[24], *Hase hätte also durch Heine Verbindung zu einem Fachkollegen aufzunehmen versucht. Aber es geht offenbar auch um das, was man heute „Netzwerken" nennt, denn Désiré Nisard bekleidet als Abteilungsleiter im Unterrichtsministerium eine wichtige Position. Das Bemühen, bei dem Heine Hase mit diesem kurzen Brief unterstützt, hatte offenbar Erfolg: Unterrichtsminister Villemain berief ihn 1843 als Präsidenten der großen Kommission für die lateinischen Inschriften (nicht nur in Algerien), der dann übrigens auch Désiré Nisard angehören sollte.*[25] *Sie konstituierte sich im Juli jenes Jahres, die spätestmögliche Rückkehr Hases aus Algier nach der im Sommer 1840 begonnenen Expedition – und damit Terminus ante quem für dieses Billet – wäre also 1842.*

Heines persönliche Verbindung zu Hase war bisher nicht bekannt. Sie ist aber nicht überraschend, denn beide bewegten sich in den selben Kreisen: Ein Blick auf die Korrespondenzpartner Hases[26] *zeigt mit Honoré de Balzac, David Ferdinand Koreff, François Mignet, Jules Michelet, Salomon Munk, Victor Cousin oder Philarète Chasles zahlreiche Pariser Freunde und Bekannte Heines, er hatte wie Heine Umgang mit François Guizot und war mit Alexander von Humboldt befreundet, Heinrich Laube oder Rosa Maria Assing hatten bei ihren Paris-Aufenthalten Kontakt zu ihm wie zu Heine. Dass es nicht nur Berührungspunkte zwischen ihnen gab, sondern dass Heine von der Bedeutung Hases wusste, geht aus seinem Brief an Johann Hermann Detmold vom 14. Juni 1837 hervor, in dem es um den (nicht ausgeführten) Plan einer gemeinsamen Artikelserie über prominente, in Paris lebende Deutsche geht. Bei der Aufzählung der Namen, über die Heine Detmold zu schreiben empfiehlt, fragt er diesen:* Kennen Sie Professor Hase? *(HSA XXI, 216) Die Heine-Forschung muss diese Frage nun nicht mehr, wie bisher, verneinen.*[27]

279,28 Mes yeux vont toujours mal – *Zum Ende der 1830er und Beginn der 1840er Jahre klagte Heine vermehrt über Augenbeschwerden.*[28] *1841 waren sie akut, aber im März 1842 schreibt er seiner Mutter* meine Augen sind wieder ganz gut *(HSA XXII, 21). Als Datum dieses Billetts kommt also auch deswegen nur der 5. Juni 1841 in Frage.*

1.3 Unbekannte Briefe an Heine

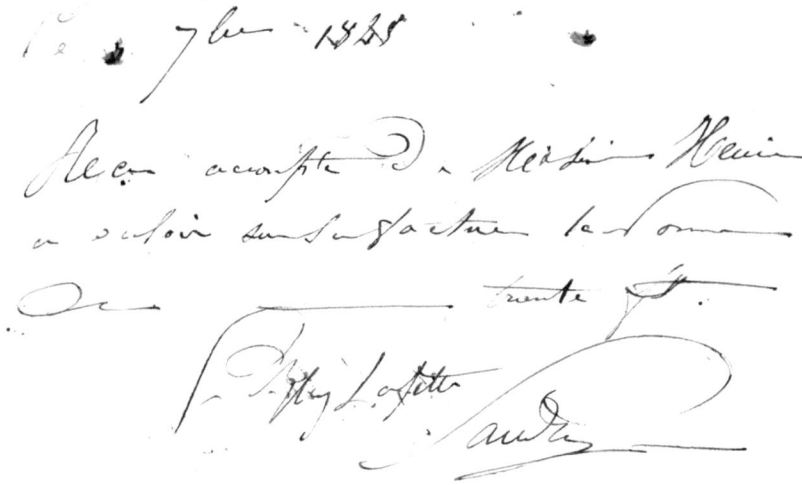

Quittung für Heine vom 3. September 1845

Von einem unbekannten Absender (Lafitte?)

Paris, Le 3 7bre 1845, *Mittwoch*

Reçu *et* accepte de Monsieur Heine a valoir sur sa facture la somme de – trente Fs.

xxxxx Lafitte
xxxxx

DATUM

Die Lesung 3 *für den Tag ist unsicher, da die Tinte verwischt ist.*

ÜBERLIEFERUNG

H   *Heinrich-Heine-Institut, Düsseldorf.*[29]

MITTEILUNGEN ZUM TEXT

et – H *[versehentliche Auslassung ergänzt]*

xxxxx – H *[Wort nicht entziffert]*

xxxxx – H *[Wort nicht entziffert]*

ERLÄUTERUNGEN

Lafitte – Wer diese Quittung unterzeichnet hat oder in wessen Auftrag sie gezeichnet wurde, ist nicht zu ermitteln. Der einzige mit Sicherheit zu erkennende Name Lafitte *könnte auf ein Bankhaus hindeuten: etwa die Firmen Ferrère-Lafitte oder Blount, Laffitte & Cie (über die Benjamin Lumley im Februar 1846 das Honorar für „Die Göttinn Diana" an Heine zahlte; vgl. HSA XXVI, 148), wobei die Schreibweise Lafitte/Laffite schwankt – und die zweite (mit zwei „f") bei beiden Häusern eindeutig häufiger und wohl auch korrekt ist –, was eine Identifikation ohnehin schwierig macht. Auch die Frage, wofür Heine die hier quittierte Anzahlung leistete, muss ungeklärt bleiben, zumal aus der Zeit von Ende Juli bis Ende Oktober 1845 keine Briefe von ihm überliefert sind. In den wenigen erhaltenen Briefen an ihn gibt es keinerlei Anhaltspunkte, aus denen sich Rückschlüsse über den Zweck dieser Anzahlung ziehen ließen. Für ein Aktien- oder Anleihgeschäft, wie er es offenbar einige Monate später bei einem Börsenmakler tätigte (vgl. HSA XXVI, 139 f.), ist die hier gezahlte Summe von 30 Francs allerdings wohl zu gering.*

2. Unbekannte Briefe von Heine in anderen Archiven und Sammlungen

An Théodore Mangin

                                Boulogne-sur-Mer, 22. November 1835, Sonntag

Mon cher Monsieur Mangin!
Je suis très chagrin qu'une attaque de migraine ne me permet pas de diner avec vous aujourd'hui; ce mal me donne une double souffrance en me privant d'un très grand plaisir.
    Mille amitiés

                                                   Votre tout dévoué
                                                           Henri Heine
ce 22 Nov.

DATUM

Das Jahr ist erschlossen aus Heines gesichertem Aufenthalt in Boulogne-sur-Mer von August bis Dezember 1835.

ADRESSE

Monsieur/ Mr Mangin.

ÜBERLIEFERUNG

H   *Librairie Trois Plumes, Angers.*

D   *Librairie Trois Plumes, Online-Katalog (Abbildung)*[30]

MITTEILUNGEN ZUM TEXT

Am unteren Rand Bleistiftvermerk von unbekannter Hand („Boulogne-sur-Mer / 22. Nov. 1835").

ERLÄUTERUNGEN

Mangin – *Amédée Jean Théodore Mangin (1779–1853) war Postdirektor im Badeort Boulogne-sur-Mer*[31] *und mit vielen bekannten Schriftstellern und Musikern befreundet. Seine Ehefrau Julie und ihr Sohn Arthur blieben auch lange nach seinem Tod mit Heine in brieflichem und persönlichem Kontakt.*

Anmerkungen

1   Vgl. Christian Liedtke: Kommentiertes Bestandsverzeichnis der Düsseldorfer Heine-Autographen. Neuerwerbungen 2013–2017. – In: HJb 57 (2018), S. 155–166.
2   Vgl. Christian Liedtke: „Ce pauvre ours allemand". Neue Heine-Briefe (Berichtszeitraum 2013–2016). – In: HJb 55 (2016), S. 197–211; ders.: „Eine ganze Ladung Schmeichelworte". Neue Heine-Briefe (Berichtszeitraum 2005–2012). – In: HJb 51 (2012), S. 185–214; Joseph A. Kruse, Marianne Tilch: „Ich hatte mir so oft vorgenommen Ihnen zu schreiben". Neue Heine-Briefe (Berichtszeitraum Mitte 1996–Ende 2004). – In: HJb 44 (2005), S. 204–219; Bernd Füllner, Christian Liedtke: Die Datenbanken des Heinrich-Heine-Portals. Mit fünf unbekannten Briefen von und an Heine. – In: HJb 43 (2004), S. 268–276; Helmuth Mojem: Als Cottascher Musquetir. Zu einem neu aufgefundenen Brief an Heinrich Heine. – In: Jahrbuch der deutschen Schillergesellschaft 42 (1998), S. 5–20; Inge Hermstrüwer, Joseph A. Kruse, Marianne Tilch: „Blätter verweht zur Erde der Wind nun". Neue Heine-Briefe (Berichtszeitraum 1983–1996). – In: HJb 35 (1996), S. 176–223; Joseph A. Kruse: Neue Heine-Briefe. – In: HJb 22 (1983), S. 121–134.
3   Vgl. Christian Liedtke: Ein unbekanntes Bonner Albumblatt von Harry Heine aus dem Besitz von Theodor Erasmus Hilgard. Eine Spurensuche. – In: HJb 57 (2018), S. 24–36.
4   Vgl. HSA XX K, 9–12; XXIII K, 9–13; XXIV K, 9–12; XXVII K, 9–12.
5   Das gelblich-weiße, glatte, maschinell hergestellte Papier gehört offenbar zu einer der Sorten, die Heine vorwiegend in den 1830er und 1840er Jahren verwendete. Vgl. Wisso Weiß: Papier und Wasserzeichen zu Heine-Autographen. Ein Verzeichnis der in der DDR vorhandenen Manuskripte. – In: HJb 11 (1972), S. 170–217, hier S. 212 f. Strodtmann beobachtete eine Verwendung überwiegend gelblichen Papiers bei Heine vor allem 1830er Jahren. Vgl. Adolf Strodtmann: Vorwort des Herausgebers. – In: Heinrich Heine: Letzte Gedichte und Gedanken.Aus dem Nachlasse des Dichters zum ersten Male veröffentlicht. [Hrsg. v. Adolf Strodtmann]. 2. Aufl. Hamburg 1869, S. IX–XX, hier S. XIII.
6   Vgl. Erhard Weidl: Heinrich Heines Arbeitsweise. Kreativität der Veränderung. Hamburg 1974, S. 10.

7 So verfuhr Heine z. B. auch mit einer verworfenen Stelle seines „Memoiren"-Manuskripts. Ähnlich wie in diesem Brief ging es dabei um eine Familienangehörige. Vgl. Joseph A. Kruse: <‚Textlücke'>. Ein bisher verschollenes Bruchstück aus dem „Memoiren"-Fragment Heinrich Heines. – In: HJb 49 (2010), S. 229–241.
8 Zur Entstehung vgl. die Erläuterungen von Pierre Grappin in HSA XIII K, 140 ff.
9 Vgl. Friedrich Hirth: Heinrich Heine und seine französischen Freunde. Mainz 1949, S. 116, und den Kommentar in Heinrich Heine: Briefe. Erste Gesamtausgabe nach den Handschriften. Hrsg. u. eingel. v. Friedrich Hirth. Bd. 2. Mainz 1951, S. 72 ff.
10 Vgl. Hirth: Heine und seine französischen Freunde [Anm. 9], S. 116.
11 Vgl. HSA XXI, 391; ebd., 80; ebd., 87; HSA XXII, 72; ebd., 173.
12 Vgl. Weills Schilderungen seiner Besuche in Werner/Houben II, 102 ff.
13 Er hatte sich dort zu Aufführungen seiner Werke aufgehalten; der letzte Londoner Brief datiert vom 11. Juli. Vgl. Nouvelles lettres de Berlioz, de sa famille, de ses contemporains. Hector Berlioz. Correspondance générale IX, suppléments 2.Texte établi et presenté de Peter Bloom, Joël-Marie Fauquet, Hugh J. Macdonald, Cécile Reynaud. Arles 2016, S. 321 f.
14 In einem Brief an Vesque von Püttlingen vom 31. März 1851 erwähnt Berlioz „un des dernières visites" bei Heine. Sie scheinen allerdings nicht allzu häufig gewesen sein, denn Berlioz überliefert Heines gespielt überraschten Ausruf: „Quoi, Berlioz, vous ne m'avez donc pas oublié! Toujours original!" Werner/Houben II, 250. Über Heine und Berlioz vgl. Léon Guichard: Berlioz et Heine. – In: Revue de littérature comparée 41 (1967), S. 5–23; Marc-Mathieu Münch: Berlioz et Heine. – In: Hector Berlioz. Ein Franzose in Deutschland. Hrsg. v. Matthias Brzoska, Hermann Hofer, Nicole K. Strohmann. Laaber 2005, S. 165–174; Marie-Ange Maillet: „Le plus grand et plus original musicien que la France a donné au monde"? Heine et la musique de Berlioz. – In: Heine à Paris. Temoin et critique de la vie culturelle française. Hrsg. v. Marie-Ange Maillet u. Norbert Waszek. Paris 2014, S. 147–165; Klaus Heinrich Kohrs: Und alles wandelt sich ins Gegenteil. Hector Berlioz' kontrafaktische Szenen. Frankfurt a. M. 2014, S. 93 ff.
15 Klaus Heinrich Kohrs deutet sie politisch und sieht darin eine Parallele zu Heines späteren Äußerungen über die Kunstfeindlichkeit der Kommunisten. Vgl. Klaus Heinrich Kohrs: Heine schreibt an Berlioz: Generalpause im Revolutionsjahr. – In: Frankfurter Allgemeine Zeitung, 21.09.2019.
16 Vgl. HSA XXIII K, 220. Erschlossen aus dem Brief von Berlioz an Heine vom 16.08.1855 (HSA XXVII, 343 f.), in dem dieser sich für die Übersendung von Heines „Poëmes et Légendes" bedankt. Ob das Buch diesem Brief vom 14. August beilag oder es ein weiteres Schreiben gab, ist nicht klar. Zur Problematik der erschlossenen Briefe und Inhaltsangaben in diesem Zusammenhang vgl. Winfried Woesler: Miszelle zum Briefwechsel Berlioz-Heine. – In: HJb 13 (1974), S. 103–104.
17 Vgl. Hector Berlioz: Henri Heine. – In: Journal des Débats, 19.10.1855, S. 2. Auch in: Die französische Heine-Kritik. Bd. 3: Rezensionen und Notizen zu Heines Werken aus den Jahren 1846–1856. Hrsg. v. Hans Hörling. Stuttgart, Weimar 2002, S. 420.
18 Eine Person mit diesem Namen ließ sich nicht ermitteln, auch nicht, ob die mit Tinte geschriebene Notiz in irgendeinem Zusammenhang mit diesem Billet und seiner Überlieferung steht und wer sie schrieb. Unter der genannten Adresse lassen sich u. a. für 1845 eine Buchhandlung (vgl. Adressbuch des auslaendischen Buchhandels. Leipzig 1845, S. 31) sowie der Verlag von Gabriel de Gonet (vgl. Bibliographie de la France, ou Journal général de la librairie […]. XXXIVe Année. Paris 1845, S. 188 und 494) nachweisen, mindestens zwischen 1843 und 1851 befand sich dort zudem ein Institut für homöopathische Medizin (vgl. The British Journal of Homoeopathy 1 (1843), S. 414, und Carl Christian Schmidt's Jahrbücher der in- und ausländischen gesammten Medicin. Red. v. Dr. Hermann Eberhard Richter und Dr. Adolf Winter. Bd. 70. Leipzig 1851, S. 136).

19 Oscar Ludwig Bernhard Wolff: Der Kampf der Franzosen in Algerien. Eine historische Skizze nach den besten vorhandenen Quellen entworfen. Leipzig 1845. Eine zweite, „bis auf die Gegenwart vermehrte" Aufl. erschien 1846. Das Buch beruht nicht auf eigener Anschauung, sondern ist eine Kompilation verschiedener, von Wolff übersetzter und bearbeiteter französischer Quellen zum Thema.
20 Vgl. Oscar Ludwig Bernhard Wolff: Briefe geschrieben auf einer Reise längs dem Niederrhein, durch Belgien nach Paris. Leipzig 1836. In diesem Reisebericht schildert er auch seinen Besuch bei Hugo und insbes. den Effekt von Heines Empfehlungsschreiben (vgl. ebd., S. 322 f.), Nisard aber erwähnt er hingegen nicht.
21 Einen Überblick geben Doris Binder: Deutsche Algerienreisende des 19. Jahrhunderts. – In: Zeitschrift für Kulturaustausch 20 (1970), S. 212–215, und Ernstpeter Ruhe: Orientträume und Europamüdigkeit. Deutsche Algerienreisende im 19. Jahrhundert. – In: Europas islamische Nachbarn. Studien zur Literatur und Geschichte des Maghreb. Hrsg. v. Ernstpeter Ruhe. Würzburg 1995. Bd. 2, S. 281–313.
22 Vgl. Karl Felix Halm:Hase, Karl Benedict. – In: ADB 10 (1879), S. 725–727.
23 Vgl. die Inhaltsangabe des in der Universitätsbibliothek Leipzig aufbewahrten Briefes von Hase an Gustav Hänel vom 8. Dezember 1839 im Handschriftenportal Kalliope, online unter URL: https://kalliope-verbund.info/DE-611-HS-1995550 [letzter Zugriff: 28.07.2020].
24 Vgl. z. B. M. D. Nisard: Études de mœurs et de critique sur les poètes latins de la decadence. 3 Bde. Paris 1834.
25 Vgl. den Bericht über die Gründung der Kommission in Literarische Zeitung Jg. 10, Nr. 59, 25. Juli 1843, Sp. 945. Zu ihrem Vorhaben und ihrer Arbeit vgl. John Scheid: Le projet français d'un recueil des inscriptions latines. – In: Bartolomeo Borghesi. Scienza e libertá. Colloquio internazionale AIEGL. Hrsg. v. Giancarlo Susini. Bologna 1982, S. 337–353.
26 Vgl. die Übersicht zum Bestand 108 (Hase, Karl Benedikt) in der Archivdatenbank des Goethe-Schiller-Archivs, Weimar, URL: https://www.klassik-stiftung.de/goethe-und-schiller-archiv/das-archiv/ [letzter Zugriff: 28.07.2020].
27 Die HSA kommentiert diese Stelle gar nicht und verweist auf Hirth (vgl. HSA XXI K, 152), der in seinem Kommentar allerdings einen falschen Hase nennt: Karl August Hase (1800–1890). Vgl. Heine: Briefe. Hrsg. v. Hirth [Anm. 9], Bd. 5, S. 210. Dieser ist jedoch Theologieprofessor in Jena, gehört also in keinem Fall in diese Aufzählung von Deutschen, die in Paris leben.
28 Vgl. die chronologische Übersicht über Heines Symptome in dieser Zeit bei Henner Montanus: Der kranke Heine. Stuttgart, Weimar 1995, S. 100 ff.
29 Diese Quittung fand sich bei den Sammlungsmaterialien zur Heine-Sammlung Strauß, war jedoch in den Aufnahmen des Bestandes nicht verzeichnet – auch nicht für die Zeit, bevor die Sammlung in den Besitz der Stadt Düsseldorf kam. Vgl. Ernst Elster: Die Heine-Sammlung Strauß. Ein Verzeichnis. Marburg 1929.
30 Vgl. URL: https://tinyurl.com/y4js9xf5 [letzter Zugriff: 28.07.2020].
31 Zu Heines Aufenthalten dort vgl. Jean-Pierre Lefebvre: Heine à Boulogne-sur-Mer. – In: Revue de littérature comparée 47 (1973), S. 196–224.

„laß mich Theil an Euch haben"

Familienbriefe der Schriftstellerin Fanny Lewald aus Privatbesitz

Gabriele Schneider

Am 29.10.1884 gratuliert Fanny Lewald ihrem Neffen Hans Gurlitt[1], dem jüngsten Sohn ihrer Schwester Elisabeth, zu seiner Verlobung:

> Man kann mit sehr Wenigem glücklich sein; das haben zwei Leute, mein Adolf Stahr u Fanny Lewald, durch lange Jahre bewiesen; aber es muß wie Göthe sagt, sein: ‚wenn's auch nur kümmerlich, so stets doch das beste Festessen!' Danach trachte mit Deiner Braut u kümmert Euch um keine Kinkerlitzchen. Ich habe nicht Prachtmöbel, nicht geschnitzte Stühle, habe kein Buffet – u habe den König von Rumänien u den Großherzog von Sachsen u die Celebritäten aller Länder bei mir gehabt.[2] Mach's ebenso! Das Nothwendigste – – – u Arbeitsamkeit u Eintracht u Sparsamkeit! Das wünsche ich Dir u Deiner Braut. Hast Du ein Bild von ihr, so sende es her, die anderen Tanten[3] würden sich gewiß auch darüber freuen. Hoffentlich sehe ich Dich u Frl. Lehmann einmal. Bis dahin grüße sie von mir u habt so viel Glück als ich es dem jüngsten Sohn Deiner lieben Eltern wünsche.
>
> Deine Tante
> Fanny Lewald Stahr

Hans Gurlitt ist der Großvater von Elizabeth Baars, die Anfang 2020 21 Briefe und eine Postkarte Fanny Lewalds aus ihrem Besitz dem Düsseldorfer Heinrich-Heine-Institut übergeben hat. Die Briefe ergänzen die Sammlung von Briefen Lewalds, die ihre Tante zweiten Grades, Mercedes Gurlitt, bereits 1996 als Stiftung Gurlitt dem Institut geschenkt hatte.[4]

Elizabeth Baars ist die Urenkelin des Landschaftsmalers Louis Gurlitt (1812–1897), der 1847 Fannys Schwester Else (1822–1909) geheiratet hatte. Fanny Lewald gilt als Stifterin dieser Ehe, sie hatte den verwitweten Louis Gurlitt und seinen kleinen Sohn Wilhelm, genannt Memmo (1844–1905), während ihres Romaufenthaltes 1845/1846 kennengelernt. Wie die vorliegenden Briefe zeigen,

---

G. Schneider (✉)
Mettmann, Deutschland
E-Mail: Drs.Schneider@t-online.de

unterhielt Lewald zeitlebens einen engen Kontakt zu den Mitgliedern der Künstler- und Gelehrtenfamilie Gurlitt. An Schwester Else sind die meisten der jetzt dem Heine-Institut überlassenen Briefe gerichtet (12), einer an Hans und sieben Briefe sowie eine Postkarte an Memmo.[5]

Frau Baars organisierte zum Gedenken an ihren Urgroßvater zwei Ausstellungen in Hamburg, eine zum 100. Todestag 1997 (im Altonaer Museum), eine weitere anlässlich des 200. Geburtstages im Jenisch-Haus. 2019 erinnerte die Hamburger Kunsthalle in einer Ausstellung an die Hamburger Schule, zu der der Altonaer Louis Gurlitt gehörte.[6] Bei Elizabeth Baars hat auch ein Familientreffen der Nachfahren der Familie Gurlitt/Lewald stattgefunden, bei ihr laufen die Fäden zusammen. Fanny Lewald, von 1855 bis zu seinem Tod 1876 mit Adolf Stahr verheiratet, hatte selbst keine Kinder. Aber ihre Geschwister Otto Lewald (1813–1874), Else (Elisabeth), verh. Gurlitt, Clara, verh. Dorsch (1816–1877) und Minna (Wilhelmina), verh. Minden (1821–1891), hatten Nachkommen, die sich bis in die Gegenwart nachverfolgen lassen, das gilt insbesondere für die Familie Gurlitt sowie für die Familie von Ottos Sohn Moritz Otto Fidelio Lewald (1857–1936). Auch aus der Familie eines Onkels von Fanny Lewald, Friedrich Jacob Lewald (1796–1858), eines jüngeren Bruders ihres Vaters David (1787–1846), gibt es Nachfahren, in deren Besitz sich bis heute Gegenstände und Dokumente ihrer einstmals berühmten Vorfahrin befinden.[7]

Eine weitere Schnittstelle war Elizabeth Baars' Tante Mercedes Gurlitt, die Stief- und Schwiegertochter des Reformpädagogen Ludwig Gurlitt (1855–1931). Sie hat ab 1922 noch die Zwillingsschwester Ludwig Gurlitts, Else Gurlitt (1855–1936) kennengelernt, Fanny Lewalds Patentochter[8], die im Haus des Bruders lebte.

Aus den vorliegenden Briefen werden Kontakte Fanny Lewalds mit Familienmitgliedern bis in die übernächste Generation deutlich. Dazu zählen nicht nur die Großnichten und -neffen, die noch während Lewalds Lebzeiten geboren wurden[9], sondern auch die Kinder des Stahr-Sohns Alwin Stahr (1836–1892) und seiner Frau Marie, geb. Gerson (1840–1903); außer den namentlich bekannten Söhnen dieses Paares, Hermann Stahr (1867–1945) und Walter Alwin Helmut Stahr (1870–?), gab es noch einen weiteren Sohn und zwei Töchter.[10]

Die Briefe Lewalds aus dem Besitz von Frau Baars datieren aus den Jahren 1870 bis 1888, sie umfassen die Altersphase Fanny Lewalds. Als solche geben sie Aufschluss über die gesundheitlich schwierige letzte Lebenszeit Adolf Stahrs, dem stets alle Sorge Fanny Lewalds galt, sowie über ihre eigene Gesundheit, ihre gesellschaftlichen Kontakte, Arbeitsvorhaben, Reisen, einen Umzug sowie ihre Fürsorge für ihre weitverzweigte Familie und ihre Anteilnahme an deren Geschick.

„[…] ich bin, wie Stahr es auch für sich behauptete, ‚nicht für das Alter gemacht! Unsere Naturen waren auf Jugend angelegt!'"[11] – Als Fanny Lewald und Adolf Stahr sich 1845 in Rom kennenlernten, waren sie beide nicht mehr ganz jung, 34 und 40 Jahre alt. Stahr weilte zu einem Kuraufenthalt in Italien, doch seine angegriffene Gesundheit ließ sich nicht wieder ganz herstellen und führte schließlich zur Frühpensionierung des Altphilologen und Gymnasiallehrers. Die berufliche Neuorientierung als Schriftsteller und Kritiker sowie der lange, zermürbende Kampf um die Scheidung von seiner ersten Ehefrau Marie Krätz

(1813–1879), der Mutter seiner fünf Kinder, waren ebenfalls kräftezehrend. Krankheit und Kuraufenthalte gehörten zum Leben des Schriftstellerpaars Lewald-Stahr, man traf sie auf Helgoland, in Swinemünde, in Bad Ragaz, Liebenstein, Schlangenbad, Thale, Karlsbad und Baden-Baden. Ab 1870 häuften sich die Krankheitsphasen Stahrs, überschatteten das Leben des Paares und schränkten es ein:

> Unser ganzes Leben hat dadurch auch viel Umgestaltungen erlitten – indeß habe ich ein dankbares Herz dafür, daß es doch nicht schlimmer wird, daß ich Adolf habe, daß ich hoffen kann, ihn mir noch zu erhalten, daß wir Beide noch mit Erfolg u Gutes schaffen u daß ich mich so durchschlagen u meinen Pflichten genügen kann.[12]

Im März 1873 berichtet Fanny ihrer Schwester Else, dass Stahr über sechs Wochen hinweg sehr krank gewesen sei. Erst seit einer Behandlung mit Chinin gehe es ihm etwas besser.[13] Auch im darauffolgenden Winter ist er wieder sehr krank.[14] Lewald schiebt es auf diese Verhältnisse, dass sie nicht die Zeit findet, allen Geschwistern zu schreiben, die u. a. in Dresden (Else) und Königsberg (Clara und Minna) wohnen: „Ihr müßt es wirklich mit meinen Briefen machen, wie Adolf es mit den seinen schon seit Jahren machen läßt: Ihr müsst sie einander mittheilen u dann an den ursprünglichen Empfänger zurückgeben."[15] Alle gesellschaftlichen Kontakte und die eigene Arbeit müssen zurückgestellt werden, wenn Adolfs Gesundheit es erfordert. Erst Ende 1874, nach viermonatiger Kur in Bad Liebenstein, geht es ihm wieder leidlich. Am 25.12.1874 dankt Fanny Else für ihre Glückwünsche zum Geburtstag Adolfs, „[…] der nun in seinem siebzigsten Jahr, der Senior der ganzen Familie, u jetzt gottlob für sein liebes Alter wieder recht rüstig u munter ist." Endlich ist Fanny auch in der Lage, ihre regelmäßigen Salonabende wieder aufzunehmen:

> […] weil wir im vorigen Winter in unserm Hause gar keine Geselligkeit haben halten können, wollte ich dieses Jahr gleich Adolfs augenblickliches gutes Befinden benutzen u habe wöchentlich – außer Adolfs Spielpartie an jedem Donnerstag – in den letzten 4 Wochen auch an jedem Montag 12 – 20 Personen bei uns gehabt –

Umso mehr freut sie sich über Feiertagsbesuche zu Weihnachten, den Weihnachtsbaumaufbau im Haus von Alwin Stahr und den Gegenbesuch der Familie. Sie ist eine liebevolle Großmutter und berichtet stolz: „[…] dann habe ich, untergefaßt von Marie u Hermann, wieder einmal das Andersen'sche Mährchen von Däumelinchen ausdrucksvoll vorgelesen […]."[16] Auch eine versprochene Arbeit habe sie beenden können[17] und „[…] nebenbei eine kleine polemische Spitze zu schreiben begonnen […]."[18] Sie wird nun lange keine Zeit mehr haben für konzentriertes Arbeiten. In ihrem nächsten Brief an Else Gurlitt schreibt Fanny am 4.4.1875: „Es geht nun in die 11. Woche, daß der geliebte Mann nicht aus der Stube gekommen ist. […] Ist morgen das Wetter so wie heute, so hoffe ich, daß Adolf ausfahren kann, u ich verspreche mir viel von der frischen Luft." Die Sorge um Adolf Stahr nimmt zu.

Zunächst aber hatten die Geschwister Lewald im Frühsommer zuvor den Tod ihres Bruders Otto zu beklagen, ein harter Schicksalsschlag, vor allem für seine Frau Elisabeth, geb. Althaus (1825–1884), und seine vier Kinder, Martha (1852–nach 1900), Felix (1855–1914), Moritz Otto Fidelio (1857–1936) und Theodor

(1860–1947).[19] Fannys eigene Beziehung zu ihm war seit Jahren distanziert gewesen:

> Ich halte mich mit warmer Erinnerung an die Jahre voll redlichen gemeinsamen für die Eltern und Geschwister vorsorgenden Strebens, die wir friedlich verlebt, in denen ich ihm – wie er es selbst oft gesagt hat, ein Bruder gewesen bin[20], u suche mir aus dem Sinn zu schlagen, was er mir an schwerem, unverdienten Unrecht selbst gethan hat u hat thun lassen, um der Eitelkeit seiner Frau zu genügen. [...] Seinen Kindern bewahre ich lebhafte Theilnahme u es würde mich freuen, sie ihnen beweisen zu können. [...] Sein Vermächtnis wollte ich erst gar nicht antreten, habe mich dann aber anders besonnen, u werde die paar Thaler Zinsen so lange ich lebe, für die Schwestern in seinem Sinne verwalten u verwenden, u wenn ich todt sein werde, könnt Ihr die Summe theilen. Ich habe sehr reichlich für Euch vorgesorgt, u wenn ich u Adolf todt sind, erhaltet Ihr von mir bedeutend mehr als die 4250 Thl, die ich von unserem Vater ererbt habe.[21]

Am 22. Oktober 1875 steht ein runder Geburtstag Adolf Stahrs an. Ab Juni 1875 halten sich Fanny und Adolf in Bad Liebenstein auf, um im Herbst „Stahr's vollendetes 70. Jahr am 22. Oktober mit seinen Kindern hier in der Heimath zu feiern."[22] Adolf Stahr erlebt den Ehrentag nicht bei guter Gesundheit:

> Es geht mit Adolf besser, aber doch noch Nichts weniger als gut, u heute wird es acht volle Monate, daß Traube[23], der nun auch schon hier ist, ihm in Liebenstein den Rath ertheilte, das Zimmer nicht zu verlasen. Seitdem ist er, die Reise ausgenommen, nur noch zweimal im Anfang Oktober hier an die Luft gekommen, u der Himmel weiß, wann er heraus kann u bis wie weit er sich noch einmal erholen wird. [...] Ich habe seit einem vollen Jahre – eigentlich seit Dezember 1874, Nichts gemacht, als den Laskerbrief[24], die paar Briefe zur Volkserziehung im Steffen'schen Kalender[25], u dann die kleine Erzählung „Die Stimme des Blutes", die im Aprilheft der Westermann'schen Monatshefte steht.[26] Glücklicher Weise fanden u finden diese Sachen so großen Anklang u so viel Zustimmung, daß mir das den Muth gibt, auch in der sehr zerstückelten Zeit u unruhigen Gemüthsverfassung, etwas vorzunehmen. Die Arbeit zieht mich dann doch für Stunden von der Sorge um den Geliebten ab – man wird sich auch der Schaffenskraft doch immer dabei bewußt – u es ist auch für die Lebensfreiheit, deren man bei so nothwendig sich steigernden Bedürfnissen, wie Krankheit u Alter sie mit sich bringen, sehr empfindlich, wenn man mit einemmale auf das Leben von seinen, durch die Verhältnisse des Handels beschränkter gewordenen Zinsen angewiesen wird, während man sonst noch nebenher über den guten Erwerb von zwei sehr arbeitsamen Menschen verfügte. So habe ich denn auch wieder eine kleine Erzählung angefangen, die ich, wenn sie mir glückt u ich sie fertig machen kann – was ich ja leider jetzt niemals weiß – der Rundschau für das Augustheft geben will.[27] Und da es jetzt grade leidlich bei uns geht will ich mich an die Arbeit halten.[28]

Aus den Plänen, den Sommer 1876 in Heidelberg zu verbringen und einen Spezialisten, Geheimrat Nikolaus Friedreich (1825–1882), zu konsultieren, wird nichts. Von der Lungenentzündung, an der Stahr 1875 so schwer erkrankte, erholt er sich nur schleppend. Erst im Juli 1876 tritt eine vorübergehende Besserung ein, woraufhin Fanny Lewald eine Reise nach Wiesbaden veranlasst, um dort den Winter in einem für Adolf günstigeren Klima zu verbringen. Nach einer Erkältung wird ein Lungenödem diagnostiziert, von dem er sich nicht mehr erholt. Adolf Stahr stirbt am 3. Oktober im Hotel Vier Jahreszeiten und wird auf dem protestantischen Alten Friedhof an der Platter Straße beerdigt. Seine Kinder Adolf,

Alwin, Anna (1835–1909) und Helene (1838–1914) sowie Fannys Schwester Henriette und ihr Lieblingsneffe Memmo Gurlitt nehmen an der Beerdigung teil.[29]

Else Gurlitt mit ihrem Bruder Hans [Bildausschnitt]

An Memmo Gurlitt sind die nächsten Briefe dieser Sammlung gerichtet. Am 6. März 1878 schreibt Fanny Lewald ihm aus Rom, wo sie sich nach den beiden gemeinsamen Aufenthalten mit Adolf Stahr 1845/1846 sowie 1866/1867 nun erstmals wieder seit 1877 für längere Zeit aufhält. Der Brief zeigt, wie eng die Beziehung zwischen Tante und Neffe ist, den sie seit seiner frühesten Kindheit kennt. Sie gratuliert ihm zu seinem 34. Geburtstag am 7. März 1878:

> Die herzlichsten Wünsche mein lieber Freund, zu Deinem Geburtstag. Am 8. März 1846 hatte ich Dich in Stahrs Wohnung auf Piazza Poli – das Haus ist niedergerissen u umgebaut – bei dem Mittagessen, das Stahr zu Deines Vaters Geburtstagsfeier[30] bei sich gab, auf dem Schoße. Ich hatte zu Stahrs Mißvergnügen darauf bestanden, daß Du dabei sein solltest, u Du warst auch ganz manierlich u gut die Zeit, die sie Dich dort behielten.

Der Altphilologe und Archäologe Memmo, der 1877 einen Lehrstuhl an der Universität Graz erhalten hatte, vermag als einziger aus der Familie zumindest ansatzweise die Lücke zu füllen, die Stahr hinterlassen hat: „Ich habe Dich so lieb gewonnen, das Beisammensein mit Dir, das mir jenes glücklich liebevolle

Belehren vielfach in das Gedächtnis rief, dessen ich theilhaftig gewesen war durch so liebe lange Jahre, hatte mich erquickt."[31] Er ist auch derjenige, dem Lewald Einzelheiten ihrer Arbeitsvorhaben berichten kann:

> Ich bin mit meinem Winteraufenthalte hier sehr zufrieden, obschon ich wenig von Gallerien u dergl. gesehen, weil es mir zu kalt in den meisten ist. Aber ich habe viel in mich aufgenommen, viel u bedeutenden Menschenverkehr gehabt, viel erfreuende geistige Frucht meines Lebens u Schaffens genossen u reichen Stoff zum Betrachten u Nachdenken in u über den großen rückblickenden historischen Prozess gewonnen, der sich hier in dem Zusammenstoß des Königreichs Italien mit dem Papstthum früher oder später, lind oder gewaltsam vollziehen wird u muß. – Ich kann in der Köln. Zeitung nur kurz u andeutend darüber schreiben, habe aber gerade jetzt begonnen ein paar Briefe reflektierender Art über diese Dinge zu schreiben [...].[32]

Am 9.8.1878 berichtet Fanny Lewald auf der Rückreise von Rom aus Bergisch Gladbach an Memmo Gurlitt, dass ihr Lebenswille und ihre Schaffenskraft wieder hergestellt seien:

> Dein Wort, das mich in einem Deiner Briefe einmal lebhaft traf, hat sich in gewissem Sinne bewahrheitet. ‚Meine Lebenskraft hat sich wider meinen Willen gegen meine Lebensmüdigkeit aufgebäumt' u ich habe mich in den Gedanken eingewöhnt, allein zu leben – so bitterlich schwer es mir fallen wird so lang ich athme u von mir weiß – für mein Empfinden mit allem Denken, Fühlen, Erleben, immer in das Blaue hinein zu leben, ohne auf mein mir zum Ich gewordenes[33] anderes Ich zu stoßen. Aber ich lebe, habe auch Neigung noch länger zu leben, halte es für möglich, dass ich lange lebe, wenn keine akute Krankheit mich trifft; u ich werde das angenehm finden, wenn die Personen, wenn Menschen wie Du u manch lieber Anderer, mir sagen, daß ich ihnen etwas gewesen bin u sein kann. Habe Dank dafür, daß Du es gethan hast.
> Zunächst aber habe Dank für alle Arbeit, die Du für die Ausgabe des Torso[34] übernommen, u glaube nicht, daß ich Dich mit dem Honorar für dieselbe entschädigt glaube. Wir wollen gemeinsam für die Vorbereitung des Werkes thätig sein, damit womöglich die dritte Auflage früher als die 2. ermöglicht wird, u in diesem Falle würde Dir dann bei geringer Arbeit, die Hälfte des Honorars mit 2000 u einigen Mark zum Antheil fallen – nach dem vom Onkel mit Vieweg eingegangenen Contracte, von dem ich Dir, wenn ich zu Hause bin, gelegentlich eine Abschrift senden kann – was übrigens nicht nöthig ist, da ja Vieweg's die andere Contraktbescheinigung in Händen haben.

Wie immer ist Arbeit Fanny Lewalds Lebenselixier, wie sie ihrem Neffen Memmo in ihrem nächsten Brief am Ende ihrer langen Italienreise schreibt: „[...] da Arbeiten u Erwerben, so lange man es kann, wirklich eine Freude sind, bin ich dankbar, daß ich es noch kann. – Zu größeren Sachen habe ich keinen rechten Muth."[35] Immerhin, sie hat einiges zu Papier gebracht in der letzten Zeit:

> Für die Köln. Zeit. die sehr großen ‚Briefe an die deutschen Frauen' die mich freilich sehr angegriffen, mir eine Menge zustimmender Zuschriften eingetragen, auch hie u da ein paar christ-katholische Tadelsbriefe veranlasst haben.[36] Dann ein Erinnerungsblatt an Theodor Döring, das vielleicht morgen in der Köln. erscheint[37] – u endlich das beikommende Mährchen für Else[38], das ursprünglich nur auf ein paar Seiten für Walther Stahr's morgenden Geburtstag berechnet war, u seinen Geburtstagsbrief machen sollte.[39]

Von dem Märchen erhält Lewald einen Separatdruck in 20 Exemplaren, so „[...] daß ich dem, auch von mir <u>sehr</u> geliebten Elsenkinde, eins <u>extra</u> schicken kann."[40]

Neben der Arbeit, die Fanny Lewald von ihrer Trauer um Adolf Stahr ablenkt, ist es immer wieder die Liebe ihrer Familie, die sie in dieser Zeit trägt. Sie richtet Memmo Grüße an ihre Schwester Else aus – „Eure Liebe für mich, freut mich! Deiner trefflichen, mir sehr werthen Mutter, das Liebevollste von mir"[41] – und sie spricht sie auch direkt an, da sie erwartet, dass der Brief an sie weitergereicht wird:

> Dich Mutter Else u Alles was Dein ist, den alten Herrn, den Otto, Cornelius, Fritz u die beiden Zwillinge grüße ich. […] Erhalte ich mich so mache ich im Frühjahr einmal zu Euch herüber auf ein paar Tage in das Hotel Bellevue, wo ich immer gern gewesen bin. Dich Memmo, hoffe ich jeden Falls zu sehen u zu sprechen – denke nur wie alt ich bin u daß ich nicht ewig lebe […]. Kannst Du so komm nach Berlin![42]

Zurück in Berlin nach 17-monatiger Reise nimmt Fanny Lewald das gewohnte Leben wieder auf, auch wenn es anstrengend für sie ist. Sie beklagt, dass die Berliner Gesellschaft, obwohl sie „doch lange Abende u schlecht Wetter von Mitte Oktober bis Ende April hat"[43], alle Geselligkeiten innerhalb von zehn Wochen stattfinden lässt,

> So daß ich, deren Kreis nicht übermäßig groß ist, durch diese ganze Zeit nicht einen Tag ohne Einladung zu großen Gesellschaften – oft zu 2, 3 an einem Tage gewesen bin – u es nur darum gut durchhalte, weil ich dazwischen 2, 3 Tage fest um 10, 10 ½ Uhr zu Bette gehe u nirgend lange bleibe.[44]

Daneben findet sie noch Zeit, neue Arbeiten zu beginnen, darunter eine, die sie noch lange beschäftigen wird: ihr dreibändiges Alterswerk „Die Familie Darner"[45], ein panoramaartig angelegter Roman, der in ihrer Heimatstadt Königsberg spielt:

> Ich habe in diesem Winter eine, vor meines Mannes Tod begonnene Erzählung beendet, die Hallberger bekommen hat.[46] Nun habe ich ein Ding angefangen, das eigentlich künstlerisch ein Fehler ist. Ich bin aber seit Jahren u zu verschiedenen Zeiten immer wieder darauf zurückgekommen u da ja ohnehin bei meinen Jahren doppelt die Frage ist, ob ich Zeit haben werde, es zu vollenden, so pussele ich doch daran weiter fort u werde sehen, was es wird.[47]

In den nächsten Jahren bewegt sich Fanny Lewalds Leben in den gewohnten Bahnen zwischen ihrer Arbeit, Berliner Geselligkeit und Reisen. 1879 reist sie an die Ostsee, nach Heiligendamm, Lübeck und Kiel und besucht in Kopenhagen die Malerin Elisabeth Jerichau-Baumann, mit der sie seit ihrem Romaufenthalt von 1845 befreundet ist.[48] Im Herbst 1880 reist sie, zusammen mit ihrer Schwester Henriette, ein letztes Mal nach Italien; bis Mai 1881 hält sie sich in Rom auf. Wie sie es stets gehandhabt hat, verarbeitet sie ihre Eindrücke zu Reisebriefen, die sie in Zeitschriften und/oder in Buchform veröffentlicht.[49]

Einschneidende Erlebnisse in den letzten Jahren waren neben dem Tod Adolf Stahrs auch der Verlust enger Freunde wie Johann Jacoby aus Königsberg (1877). Weitere Weggefährten folgen, im Juli 1886 stirbt Franz Liszt. Neben Bruder Otto (1874), Schwester Clara (1877) – und Moritz, der bereits 1847 im Alter von 32 Jahren in Tiflis an der Cholera gestorben war – wird Fanny Lewald im März 1886 ihre jüngste Schwester Henriette betrauern, die 1885 an unklaren Hustenbeschwerden erkrankt, Kuraufenthalte in Wiesbaden und Karlsbad bewirken keine Besserung.[50] Anfang Januar 1886 schreibt Lewald bedrückt: „Die Sorge um diese von mir vorzugsweise geliebte Schwester lag in meiner eigenen Abspannung so herzbedrückend auf mir, daß ich mit schwerer Sorge u sehr mutlos in das neue Jahr gegangen bin."[51]

Ein weiteres einschneidendes Ereignis ist der Auszug Lewalds aus ihrer Wohnung in der Matthäikirchstraße 18[52], in der sie seit 1860 mit ihrem Mann gelebt hatte. Nach 25 Jahren zieht sie im Mai 1885 in die Bendlerstraße 21. Am 9.4.1885 schreibt sie ihrer Schwester Else:

> Ich war von 12 – 13 Uhr in meiner Wohnung (eine halbe Stunde) u die übrige Zeit in 5 Magazinen in der Stadt, alles für die Einrichtung, weil nichts paßt, u alles angestoßene neu gemacht werden muß, was ich sehr langweilig finde. Neues anzuschaffen erst recht. Ich war zufrieden mit dem lieben alten Trödel. [...]
> Ich habe von 10 – 12 den Bücherpacker hier gehabt, da ich Adolf's Bibliothek/über 3000 Bd./dem Oldenburger Gymnasium schon jetzt schenke, wie er es für den Fall meines Todes gewünscht. [...]
> Denke Dir, daß 16 Kisten à 1 Ctr. herauskommen werden. Die für alt gekauften Kisten, die Verpackung u Sendung nach Oldenburg werden 150 – 200 Mark kosten. Aber ich habe es dann selbst u gut besorgt, habe diese Tage für den geliebten Mann gearbeitet – u dann wird sein Heim zerstört. Ich lasse mir die Stube aquarellieren so wie mein Zimmer damals[53] – u den Hausflur hat Ernst photographiert. – Ich hoffe, in den letzten Tagen des Monats ziehen zu können, u werde, so schwer ich hier fortgehe, doch zufrieden sein, wenn ich es überstanden habe.

Am 31.05.1884 schreibt sie Memmo Gurlitt bereits aus der neuen Wohnung: „Seit dem 2. Mai bin ich nun hier, in einer sehr hübschen, mich völlig befriedigenden Wohnung." Sie habe auch ein „hübsches Fremdenstübchen", in dem sie Gäste wie Patentochter Else aufnehmen kann. Inständig bittet sie den Neffen: „[...] laß mich Theil an Euch haben, so lang mir's noch gegönnt ist, zu athmen im rosigen Licht!"

Am Leben und Werden ihrer Neffen, Nichten und Stiefkinder nimmt Fanny Lewald regen Anteil. Besonders freut sie die Selbständigkeit, die ihr Patenkind Else Gurlitt erreicht. Sie absolviert eine Lehrerausbildung am Gärtnerischen Institut in Dresden und erteilt Privatunterricht. Als sie beginnt, kunstgewerblich tätig zu werden, gratuliert Fanny Lewald der „neuen Malerin"[54]. Nach dem Tod ihres Bruders Fritz Gurlitt am 8.2.1893 erklärt sich Else bereit, in seiner Kunsthandlung mitzuarbeiten und sich mit einer Kapitaleinlage aus ihrem privaten Vermögen daran zu beteiligen. Über ihren Vater Louis Gurlitt hat sie Kontakte zu Malern, Mäzenen und Literaten, darunter Hugo von Hofmannsthal.[55]

Immer wieder erkundigt sich Fanny Lewald nach den Kindern ihrer Schwestern:

> Theile mir mit, liebe Else! Wie es Deinen Kindern geht, was Memmo treibt, wo Cornel ist, wie Fritz die Arbeit erträgt u.s.w. von Allen. [...] Deine Elisabeth[56], liebe Minna, sehe ich ab u zu. Sie scheint sehr unverdorben u kindlich zu sein, behagt sich bei Marie und hat an ihrem Unterrichten[57] [...] große Freude.[58]

Im April 1875 freut sich die Tante: „Daß Memmo, Hans u die tapfere Else ihre Examina hinter sich haben, dafür sollen sie sehr beglückwünscht sein."[59]

Sie ist sehr betroffen über die angegriffene Gesundheit von Fritz Gurlitt[60], sorgt sich 1870 während des deutsch-französischen Kriegs mit den Eltern Else und Louis Gurlitt um die im Feld stehenden Söhne Otto und Cornelius.[61] Auf der Rückreise von Rom im September 1878 reist sie eigens über Weimar, um dort ihre Stieftöchter Anna und Helene zu treffen.[62] Als es ihr mit den Jahren selbst schwerer fällt, das Haus zu verlassen, freut sie sich über Besucher, seien es nun Cornelius Gurlitt[63], Annarella, die Frau von Fritz Gurlitt, mit Tochter Angelina[64], oder Felix Lewald, der zum Gänseessen kommt.[65]

Eine besondere Freude bereitet ihr die Hochzeit ihres Lieblingsneffen Memmo Gurlitt am 12. Januar 1885 mit Mary Labatt (1857–1940); das Paar erinnert sie in seiner Lebensweise an ihr eigenes Zusammenleben mit Adolf Stahr:

> In meinem Tagebuch, das ich nach meines geliebten Mannes Beispiel fortgeführt, steht unter den Gedenken ‚12. Januar' Memmo's Hochzeit 1885. Und ich hätte ohne das mich auch daran erinnert.
>
> Laß mich denn mit Euch Beiden, wie Du es thust, die Stunde seegnen, in welcher Du Deine Frau in Dein Haus geführt, u gebe der Himmel, daß Ihr das gemeinsam durch lange, unabsehbare Tage in möglichst ungetrübtem Glücke immer auf das Neue thut! […]
>
> Zu Zweien in verständnisvoller Liebe, mit einem einheitlichen, gemeinsamen Arbeitsberuf, ohne Nahrungssorgen, gesund, mit der Aussicht auf ein Vorwärtskommen in jedem Sinne – ohne Zwang zu zerstreuendem oft wenig bietenden Menschenverkehr u doch nicht abgeschieden von geistiger Anregung, wenn man sie von Außen begehrt – das ist eigentlich der wünschenswertheste Zustand von der Welt; u es ist mir eine Freude, daß Ihr dasselbe mit Bewußtsein genießt.[66]

Es stellt eine große Beruhigung für Fanny Lewald dar, dass Schwester Else und Schwager Louis Gurlitt im August 1888 wieder in ihre Nähe nach Berlin-Steglitz ziehen: „Geliebte Else, guter Louis, einen herzlichen Gruß nun aus der Nachbarschaft! Sei Euch Steglitz gesegnet wie das freundliche Plauen u uns ein häufiges Wiedersehen gegönnt!"[67]

Doch Fanny Lewalds eigene Gesundheit lässt keine häufigen Treffen mehr zu. Seit 1879 weiß sie, dass „[…] mein Herz gar nicht in Ordnung u wohl bedroht ist […]."[68] Sie ist sich bewusst, „[…] daß man es nach 70 Jahren überhaupt als eine Zulage anzusehen hat, wenn man noch existiert, u als ein Glück, wenn man in Zuständen wie die meinen existiert."[69] Im letzten Lebensjahr ist Lewalds Gesundheit sehr angegriffen:

> Sonntagmorgen 8 Uhr lag ich mit Schröpfköpfen, Moschuseinspritzungen, Campher Pulver, überschwemmt mit Champagner und schwarzem Kaffee, 2 Aerzten an meinem Bett. Körte[70] war den Tag 4 mal bei mir. – Der Anfall von Herzschwäche, der sich jeden Augenblick wiederholen kann, ist nun überwunden. – Du siehst, obschon ich noch stark huste ab u zu – ich schreibe wieder – u spiele wieder Comödie als Gesunde mit, bis ich wieder umklappe! Aber das ist kein Leben mehr! Am wenigsten für mich u meinen ungebrochenen Geist! Ich habe es hinzunehmen u zu tragen, da gar Nichts dagegen zu thun ist. Es ist mir bitterschwer u grausam u ich trage es ohne alle sittliche Würde![71]

Die Herzanfälle häufen sich:

> Morgen sind es 4 Wochen, daß Du bei mir warst, u übermorgen, Freitag, eine Woche, daß ich den unseligen Anfall wieder gehabt, der mich körperlich u moralisch so heruntergebracht hat, daß ich am liebsten nicht davon schreibe. […] An treuen Menschen fehlt

es mir ja Gott Lob nicht! Nur an Kräften, u die stellen sich in meinem Alter schwerlich wieder her. Man muß sehen, wie es kommen wird.[72]

Immer wieder hält sich Fanny Lewald in den letzten Jahren ihres Lebens in Dresden auf. Ihr Neffe Heinrich Minden ist dort Verleger, und seine Mutter Minna ist ihm, nachdem sie verwitwet war, dorthin gefolgt. Stets steigt Fanny im Hotel Bellevue ab, „das ich gern bewohne", findet aber, dass es „lebensgefährlich zugig" sei.[73] Der letzte Aufenthalt dort wird ihr wirklich lebensgefährlich, denn ausgerechnet in diesem Hotel stirbt Fanny Lewald am 5. August 1889 an den Herzbeschwerden, die sie schon so lange plagen.

Anmerkungen

1 Johannes David Cecil (1857–1929).
2 Fanny Lewald führte seit 1847 bis in die 80er Jahre einen renommierten Salon in Berlin, in dem sie neben Künstlern und liberalen Politikern auch ihren langjährigen Freund und Korrespondenten, den Großherzog Carl Alexander von Sachsen-Weimar-Eisenach (1818–1901), empfing: „Es ist wohl kaum eine politische oder literarische Größe durch Berlin gegangen in jener Zeit, die nicht im Stahrschen Hause ihren Besuch gemacht hätte." Marta Weber: Fanny Lewald. Ihr Leben und ihre Werke. Diss. Zürich, Leipzig 1921, S. 41; zit. n. Gabriele Schneider: Fanny Lewald. Reinbek 1996, S. 95.
3 Gemeint sind die jüngeren, unverheirateten Schwestern Fanny Lewalds, Marie (1824–1905) und Henriette (Jettchen) Lewald (1825–1886), die beide in der Nähe von Fannys Wohnung in Berlin wohnten.
4 Vgl. dazu Gabriele Schneider: „Meine Mutter paßt auf, daß mir Keiner was thut!" – Fanny Lewald privat. – In: HJb 37 (1998), S. 252–271.
5 Ein weiterer an Memmo gerichteter Brief vom 21.06.1879 ist nicht von Fanny Lewald geschrieben, sondern von Memmos Halbschwester Else (es geht um Sehstörungen, die sie während eines Besuchs bei Tante Fanny in Berlin hatte). Das Konvolut enthält auch einen Brief von Henriette Lewald an ihren Neffen Memmo. In der Handschrift Fanny Lewalds ist „Memo" stets mit einem Oberstrich versehen, daher schreibe ich ihn mit doppeltem „m".
6 Hamburger Schule. Das 19. Jahrhundert neu entdeckt (Hamburger Kunsthalle, 12. April–14. Juni 2019). Vgl. den Katalog Hamburger Schule. Das 19. Jahrhundert neu entdeckt. Hrsg. v. Markus Bertsch u. Iris Wenderholm im Auftrag der Hamburger Kunsthalle. Petersberg 2019.
7 Hier sind Schmuckstücke im Besitz von Frau Baars sowie das Porträt von Fanny Lewald von David Wihl aus dem Jahr 1851 im Besitz der Familie Fremerey zu erwähnen. Außerdem befinden sich noch zahlreiche Familiendokumente im Besitz des Urenkels von Mercedes und Winfried Gurlitt, Andreas Abele.
8 Über sie hat Elizabeth Baars einen Aufsatz verfasst, der demnächst in einem von Prof. Dr. Ursula Renner-Henke initiierten Sammelband zur Geschichte der Familie Gurlitt erscheinen wird. Von Else gibt es Fotos, die sie allein oder zusammen mit ihrem Bruder Hans zeigen.
9 Darunter die Kinder des Kunsthändlers Fritz Gurlitt (1854–1893), des vierten Sohnes von Else und Louis Gurlitt: Angelina (1882–1962), Margarethe (1885–1944) und Wolfgang (1888–1965) sowie Willibald Gurlitt (1889–1963), Sohn des dritten Gurlittkindes Cornelius (1850–1938).

10 An Adolf Stahr erinnert ein Preis, der seit 1996 in seiner Heimatstadt Prenzlau vom Uckermärkischen Geschichtsverein für regionale schriftstellerische, historische, journalistische und wissenschaftliche Arbeiten vergeben wird.fanny Lewalds Brief vom 06.03.1878 an ihren Neffen Memmo erwähnt, dass Marie Stahr gerade das fünfte Kind innerhalb von sechs Jahren zur Welt gebracht habe. Stahrs Sohn Alwin hatte Marie Gerson geheiratet, deren Familie während der Kaiserzeit das größte Kaufhaus Berlins besaß. Der Journalist, Autor und Verleger Wolf Jobst Siedler (1926–2013) beruft sich in seinen Erinnerungen „Ein Leben wird besichtigt. In der Welt der Eltern" (Berlin 2000) mütterlicherseits auf Adolf Stahr und seine Kinder.
Zur Familiengenealogie vgl. Ein Leben auf dem Papier. Fanny Lewald und Adolf Stahr. Der Briefwechsel 1846 bis 1852. Hrsg. von Gabriele Schneider u. Renate Sternagel. Bielefeld 2014, S. 624 f.; Catherine Hickley: Gurlitts Schatz. Hitlers Kunsthändler und sein geheimes Erbe. Wien 2016, S. 290 f. Ferner danke ich Theo Roon Lewald, dass er mir den Stammbaum der Breslauer Linie seiner Familie zur Verfügung gestellt hat.
11 Fanny Lewald an Memmo Gurlitt am 01.07.1886.
12 Fanny Lewald an Else Gurlitt am 10.12.1870.
13 Fanny Lewald an Else Gurlitt am 14.03.1873.
14 Fanny Lewald an Else Gurlitt am 15.04.1874.
15 Fanny Lewald an Else Gurlitt am 27.07.1874 aus Bad Liebenstein.
16 Fanny Lewald an Else Gurlitt am 25.12.1874.
17 Vermutlich handelt es sich um die Buchausgabe ihres Romans „Benedikt", der im Herbst 1873 zuerst in Fortsetzungen in der „Deutschen Zeitung", Wien, erschienen war; nachdem er 1874 in Berlin in der „Deutschen Romanzeitung" veröffentlich worden war, folgte im selben Jahr die Buchausgabe, ebenfalls in Berlin.
18 Fanny Lewald an Else Gurlitt am 25.12.1874 [Anm. 16]. Es handelt sich um die Schrift „Über das Alter. Ein Brief an Dr. Eduard Lasker". – In: Deutsche Rundschau Bd. 4 (1875, Juli), S. 49–64. Auf diese Schrift verweist sie in einem weiteren Brief an Else Gurlitt am 15.04.1876.
19 Theodor Lewald war als Staatssekretär im Reichsinnenministerium an der Organisation der Olympischen Spiele von 1936 in Berlin beteiligt.
20 Vgl. Schneider/Sternagel (Hrsg.): Ein Leben auf dem Papier [Anm. 10], S. 569.
21 Fanny an Else Gurlitt am 27.07.1874 [Anm. 15].
22 Fanny Lewald an Else Gurlitt am 04.04.1875.
23 Der Mediziner Ludwig Traube (1818–1876). Er wurde 1849 an der Charité zu Berlin Assistent von Johann Lukas Schönlein (1793–1865), bei dem sich Fanny Lewald ebenfalls behandeln ließ.
24 Vgl. Anm. 18.
25 Gemeint ist der „Volkskalender", herausgegeben von Karl Steffens, Berlin. Die hier erwähnten Briefe konnten bisher nicht ermittelt werden.
26 Die Erzählung erschien in Westermanns Monatshefte, Bd. 40 (1876), S. 1–59, und später in Fanny Lewald: Neue Novellen. Berlin 1877.
27 Gemeint ist die Erzählung „Martina"; sie erschien in Westermanns Monatshefte. Bd. 41 (1876/77), S. 1 ff., später auch in Lewald: Neue Novellen [Anm. 26].
28 Fanny Lewald an Else Gurlitt am 15.04.1876.
29 Vgl. Schneider: Fanny Lewald [Anm. 2], S. 118.
30 Louis Gurlitt hatte am 8. März Geburtstag, einen Tag nach seinem Sohn.
31 Fanny Lewald an Memmo Gurlitt am 06.03.1878. Der Brief wird vollständig abgedruckt in meinem Beitrag „,…in der braunen Stube bei Tante Fanny…" Fanny Lewalds Verhältnis zu Louis Gurlitt und seiner Familie., der wie der Beitrag von Elizabeth Baars im Gurlitt-Sammelband, vgl. Anm. 8, erscheinen wird.

32 In „Westermanns Monatsheften" erscheinen in Bd. 44 (1878), S. 210–215, 322–333, 545–552 und 644–654, Lewalds „Römische Briefe", in Bd. 45 (1878/79), S. 116–122, ihr Beitrag „Aus römischen Ateliers"; beide Beiträge sind auch enthalten in Fanny Lewald: Reisebriefe aus Deutschland, Italien und Frankreich". Berlin 1880.
33 In der Handschrift „gewordenen".
34 Adolf Stahr: Torso. Kunst, Künstler und Kunstwerke der Alten. 2 Bde. Braunschweig 1854/1855.
35 Fanny Lewald an Memmo Gurlitt am 21.09.1878.
36 Gemeint sind die Briefe „An die deutschen Frauen", die in drei Abteilungen erschienen in Lewald: Reisebriefe aus Deutschland, Italien und Frankreich [Anm. 32], S. 414–437. Als Zeitungsartikel waren sie bisher noch nicht bekannt.
37 Eine Erinnerung an Theodor Döring findet sich in Fanny Lewald: Zwölf Bilder nach dem Leben. Berlin 1888. Ein Zeitungsartikel in der „Kölnischen Zeitung" ist bisher nicht bekannt.
38 Memmos Halbschwester.
39 Das Märchen erscheint unter dem Titel „Der neugierige Robby (Eine Geschichte für die Enkel erzählt)" ebenfalls in Lewald: Reisebriefe aus Deutschland, Italien und Frankreich [Anm. 32].
40 Fanny Lewald an Memmo Gurlitt am 21.09.1878 [Anm. 35].
41 Ebd.
42 Ebd.
43 Fanny Lewald an Memmo Gurlitt am 06.03.1879 [Anm. 31].
44 Ebd.
45 Der Roman erschien zuerst in Deutsche Romanbibliothek, Bd. 1 und 2 (1887), spätere Ausgaben erschienen 1887 und 1888 in Berlin sowie 1925 in Königsberg (hrsg. von Heinrich Spiero).
46 Die Erzählung „Zum Zeitvertreib" erschien in der von Eduard Hallberger herausgegebenen Zeitschrift „Über Land und Meer", Bd. 41 (1879), S. 2–6, 21–26, 42–46, 61–66, 81 ff., 101–110. Später erschien sie unter dem Titel „In Ragaz" in: Fanny Lewald: Zu Weihnachten. Drei Erzählungen. Berlin 1880.
47 Fanny Lewald an Memmo Gurlitt am 06.03.1879. Sie wird diese Arbeit 1886 beenden: „[...] bin auch wieder an meinen Roman gegangen, u bleibe ich dazu wohl genug, so hoffe ich, ihn im Frühjahr beenden zu können. Er wird circa 70 starke Druckbogen – 3 Bände – umfassen, von denen ich 56 fertig habe, so daß doch ein Ende abzusehen ist. Was ich <u>gemacht</u> habe, weiß ich sehr gut – was geworden sein wird, ruht auf den Beinen der Götter." (Fanny Lewald an Memmo Gurlitt am 07.01.1886).
48 Else Gurlitt (Tochter) an Memmo Gurlitt in Graz am 21.06.1879 (im Besitz von Elizabeth Baars).
49 Vgl. Fanny Lewald: Römische Briefe. – In: Westermanns Monatshefte Bd. 51 (1881/1882), S. 133–137, 271–276, 802–806, sowie Bd. 52 (1882), S. 401–404; Fanny Lewald: Vom Sund zum Posilipp. Briefe aus den Jahren 1879–1881. Berlin 1883.
50 Fanny Lewald an Else Gurlitt am 08.04.1885.
51 Fanny Lewald an Memmo Gurlitt am 07.01.1886 [wie Anm. 47].
52 Die Hausnummer wurde später geändert zu 21.
53 Um 1860 herum hatte Fanny Lewald das Aquarell „Meine Stube" anfertigen lassen. Vgl. Schneider: Fanny Lewald [Anm. 2], S. 88. Das Bild befand sich im Privatbesitz von Maria Gurlitt, einer Tochter von Wolfang Gurlitt (1888–1965), der die Kunsthandlung seines Vaters Fritz Gurlitt weiterführte.
54 Fanny Lewald an Else Gurlitt (Schwester) am 14.12.1882.
55 Vgl. Elizabeth Baars über Else Gurlitt in dem geplanten Gurlittband [Anm. 8].
56 Elisabeth Minden (geb. 1853), zwei Jahre älter als ihre Kusine Else Gurlitt.
57 Sie wurde am selben Institut ausgebildet wie ihre Kusine.

58 Fanny Lewald an Else Gurlitt (als Rundbrief an die anderen Schwestern) am 25.12.1874 [Anm. 16].
59 Fanny Lewald an Else Gurlitt am 04.04.1875.
60 Am 27.07.1874 schreibt sie Else Gurlitt, dass sie bei Fritz ein Lungenleiden befürchte.
61 Fanny Lewald an Else Gurlitt am 10.12.1874.
62 Vgl. Fanny Lewald an Memmo Gurlitt am 21.09.1878 [Anm. 35]. Anna und Helene Stahr hatten beide in Weimar bei Franz Liszt Klavierunterricht erhalten und galten als seine Lieblingsschülerinnen.
63 Fanny schreibt darüber an Else Gurlitt am 23.10.1888.
64 Vgl. Fanny Lewald an Memmo Gurlitt am 07.01.1886.
65 Vgl. Fanny Lewald an Else Gurlitt am 23.10.1888 [Anm. 63].
66 Fanny Lewald an Memmo Gurlitt am 07.01.1886.
67 Fanny Lewald an Else Gurlitt am 18.09.1888.
68 Fanny Lewald an Memmo Gurlitt am 06.03.1879 [Anm. 31].
69 Fanny Lewald an Else Gurlitt am 14.12.1882.
70 Vermutlich der Mediziner Friedrich Körte (1818–1914), der in Berlin bei Lukas Schönlein und Moritz Heinrich Romberg studiert hatte, die zuvor Ärzte Fanny Lewalds waren.
71 Fanny Lewald an Else Gurlitt am 04.04.1888.
72 Fanny Lewald an Else Gurlitt am 23.10.1888 [Anm. 63].
73 Fanny Lewald an Else Gurlitt am 14.03.1873 [Anm. 13].

22. Forum Junge Heine-Forschung 2019 mit neuen Arbeiten über Heinrich Heine

Sabine Brenner-Wilczek

Zum 222. Heine-Geburtstag veranstalteten das Heinrich-Heine-Institut, die Heinrich-Heine-Gesellschaft e. V. und das Institut für Germanistik der Heinrich-Heine-Universität Düsseldorf das 22. Internationale Forum Junge Heine-Forschung mit neuen Arbeiten zu Heinrich Heine und seiner Zeit.[1] Vier ausgewählte Vorträge wurden von fünf Referentinnen am Samstag, dem 7. Dezember 2019, von 11 bis 16 Uhr in der Bibliothek des Heinrich-Heine-Instituts präsentiert. Zur Veranstaltung kamen als Vortragende Kyra Gerber aus Amsterdam, Simone Pohlandt aus Düsseldorf, Vanessa Mittmann aus Wuppertal, Geraldine Hupp und Nina Staudinger aus Düsseldorf sowie ein großes interessiertes Publikum aus Universität und Stadtgesellschaft. Die Organisation, Leitung und Moderation haben Sabine Brenner-Wilczek und Volker Dörr übernommen. In bewährter Form wurde für den besten Vortrag ein Preis ausgelobt, der, bedingt durch die Corona-Schutzverordnung, allerdings bis zur Drucklegung des Jahrbuchs noch nicht auf der Mitgliederversammlung der Heine-Gesellschaft durch deren Ersten Vorsitzenden Felix Droste vergeben werden konnte.

Den ersten Vortrag präsentierte mit Kyra Gerber die aktuelle Heine-Stipendiatin 2019. Bereits zum zweiten Mal konnte das Forum Junge Heine-Forschung durch die aktuelle Stipendiatin eröffnet werden.[2] Das Heine-Stipendium wurde insgesamt zum fünften Mal an eine international Forschende vergeben, der Turnus ist jedoch erst zum zweiten Mal zugunsten einer möglichen Teilnahme am Forum auf ein Wintersemester umgestellt worden. Kyra Gerber referierte über „Heine auf dem europäischen Olymp: Die jüdische und weltliche Emanzipation in der Umsturzperiode von 1830–1848" und stellte „Heines Ideen über die jüdische und die weltlich-europäische Emanzipation und seine Vorstellungen von einem

S. Brenner-Wilczek (✉)
Düsseldorf, Deutschland
E-Mail: sabine.brennerwilczek@duesseldorf.de

© Springer-Verlag GmbH Deutschland, ein Teil von Springer Nature 2020
S. Brenner-Wilczek, *Heine-Jahrbuch 2020*, Heine-Jahrbuch,
https://doi.org/10.1007/978-3-662-62311-4_15

vereinten Europa"³ dar. Sie überzeugte durch ihr Kontextwissen und ihre *close reading*-Analyse. Den Preis für das 22. Forum Junge Heine-Forschung erkannte die Jury[4] dem Beitrag von Kyra Gerber zu.

Der nächste Beitrag von Simone Pohlandt erkundete die „Heinrich-Heine-Denkmäler von Bert Gerresheim". Der anschauliche, mit Fotografien von den Denkmälern und aus den Skizzenbüchern des Künstlers illustrierte Beitrag beleuchtete sowohl das 1981 errichtete Heinrich-Heine-Monument am Schwanenspiegel als auch die Marmorbüste in der Walhalla (2010) und das Heine-Buch an der Heinrich-Heine-Universität (2012). Simone Pohlandt studierte Sozialwissenschaften, Geschichte und Germanistik an der Universität Erfurt und an der Heinrich-Heine-Universität Düsseldorf. 2016 erschien ihr Buch „Auseinandersetzung und Provokation. Die Heinrich-Heine-Denkmäler von Bert Gerresheim".[5]

Den dritten Vortrag hielt Vanessa Mittmann, die derzeit als wissenschaftliche Volontärin im Museum des Heinrich-Heine-Instituts arbeitet. Sie studierte Germanistik und Philosophie in Düsseldorf an der Heinrich-Heine-Universität. Sowohl in ihrer Bachelor- als auch Masterarbeit beschäftigte sie sich thematisch mit den Werken Heinrich Heines. Sie trug über „Handelswege als Handlungswege. Bacharach als Schlüsselort in Heinrich Heines ‚Der Rabbi von Bacherach' vor. Die Zuhörerinnen und Zuhörer erhielten vor allen Dingen einen Einblick in den Rhein als Topos und zentrale Handelsroute: „Bis in die Antike zurück wurde der Rhein als Handelsweg genutzt. Der Rheinhandel verhalf auch Bacharach zum Ausbau, begünstigt durch seine geografische Lage."[6] Überdies warf der Vortrag weitere Fragestellungen auf wie: „In welchem Zusammenhang stehen demnach Bacharach und der Rhein? Wie ist dies in den Werkkontext des „Rabbis von Bacherach" von Heinrich Heine einzubinden?" Die These, dass sich im „Rabbi" verschiedene Handelsmotive wiederfinden, die sich in der Handlung des Romanfragments kausal miteinander verknüpfen, wurde allerdings nur angeschnitten und konnte ansatzweise diskutiert werden.

Den Abschluss des Kolloquiums bildete der gemeinsame Vortrag von Geraldine Hupp und Nina Staudinger zum Thema „Philologie und Praxis – Die Harzreise". Geraldine Hupp studiert seit dem Wintersemester 2017/2018 an der Heinrich-Heine-Universität in Düsseldorf Germanistik im Kernfach und Geschichte im Ergänzungsfach. Nina Staudinger studiert im Bachelor-Studiengang seit dem Wintersemester 2013/2014 Germanistik im Kernfach und Philosophie im Ergänzungsfach an der Heinrich-Heine-Universität Düsseldorf. Sie berichteten multimedial mit Hör-, Film- und Fotobeispielen von einem Heinemodul, bei dem „die nachhaltige Verbindung der Elemente forschenden Lehrens und Lernens mit konkreten Anwendungsbezügen im Kontext von Berufsbezogenheit und Praxisnähe im Vordergrund für die Studierenden steht":

> Nach einem literaturwissenschaftlichen Einführungsseminar, einer Exkursion in das Heine-Institut, dem Erstellen von Referaten und Hausarbeiten und gemeinsamen Vorbereitungssitzungen fand eine fünftägige „Harzreise" der Studierenden auf den Spuren Heines statt. Drei Seminare aus dem KUBUS-Programm der Heine-Universität bereiteten die Exkursion parallel vor und begleiteten die Reise. Diese Studierenden erstellten unter professioneller Anleitung u. a. ein Hörfunkfeature, eine Filmdokumentation und eine Publikation über das Projekt.[7]

Erstmalig wurde ein solches Praxisseminar und dessen journalistische wie wissenschaftliche Ergebnisse auf dem Forum Junge Heine-Forschung vorgestellt. Diese originelle Herangehensweise und Annäherung an Heinrich Heine fand viel Zuspruch beim Publikum, und es kam der Wunsch auf, diese Art von Vorträgen bei eigenständigen Veranstaltungsabenden im Heinrich-Heine-Institut zu präsentieren.

Anmerkungen

1 Zu Konzeption, Organisation und Geschichte des von Heinrich-Heine-Institut, Heinrich-Heine-Gesellschaft und Heinrich-Heine-Universität gemeinsam veranstalteten Forums vgl. die Berichte über die vorangegangenen Kolloquien von Karin Füllner. Diese sind seit 2001 kontinuierlich im Heine-Jahrbuch erschienen.
2 Das Institut für Germanistik der Heinrich-Heine-Universität mit dem Lehrstuhlinhaber Volker Dörr und das Heinrich-Heine-Institut mit seiner Direktorin Sabine Brenner-Wilczek übernehmen die fachliche Beratung und die Betreuung der Stipendiaten. Gefördert wird das Heine-Stipendium von der Landeshauptstadt Düsseldorf mit einer Gesamtsumme von 10.000 EUR.
3 Zitiert nach der von Kyra Gerber vorgelegten Zusammenfassung.
4 Mitglieder der Jury waren in diesem Jahr Dr. Sabine Brenner-Wilczek, Prof. Volker Dörr, Felix Droste, Dr. Karin Füllner und Gesa Jessen.
5 Simone Pohlandt: Auseinandersetzung und Provokation. Die Heinrich-Heine-Denkmäler von Bert Gerresheim. Düsseldorf 2016.
6 Zitiert nach der von Vanessa Mittmann vorgelegten Zusammenfassung.
7 Zitiert nach der von Geraldine Hupp und Nina Staudinger vorgelegten Zusammenfassung.

Nachrufe

Ein Kämpfer für Heine

Nachruf auf Wilhelm Gössmann

Bernd Kortländer

In der Nacht zum 2. Januar 2019 starb im Alter von 92 Jahren der Literaturwissenschaftler, Autor und langjährige Vorsitzende der Heine-Gesellschaft Wilhelm Gössmann. Über Jahrzehnte hat er sich mit seiner temperamentvollen und herzlich-zugewandten Art eingemischt in das Kulturleben der Stadt Düsseldorf, die für ihn vor allem die Stadt Heinrich Heines war und in der er seit 1968 seine zweite Heimat gefunden hatte.

Gössmann wurde 1926 als Sohn einer Bauernfamilie im Dorf Langenstraße-Heddinghausen in der Nähe von Soest geboren. Der ostwestfälischen Provinz und dem Ort seiner Geburt blieb er sein Leben lang verbunden. In seinen Gedichten und Prosastücken hat er sich immer aufs Neue bemüht, der westfälischen Landschaft eine sprachliche Gestalt zu geben, die frei bleibt von jeder heimattümelnden Nostalgie. Darin folgte er der von ihm bewunderten Dichterin Annette von Droste-Hülshoff, mit der ihn nicht nur die westfälische Herkunft verband, sondern auch eine tiefe Religiosität. Sie war das Fundament seines Lebens und seines Schaffens. Nach Schule und Studium von Germanistik, Philosophie und Theologie in Münster und München promovierte er 1955 mit einer Arbeit über das Schuldproblem im Werk Droste-Hülshoffs. Die Frage nach der Verbindung von Literatur und Religion, Germanistik und Theologie, die bereits in seiner Doktorarbeit gestellt wird, blieb in der Folge eines der Hauptthemen seiner wissenschaftlichen Arbeit.

Zunächst verschlug es ihn aber von 1955 bis 1960 an japanische Universitäten in Tokio, wo er eine überaus erfolgreiche „Deutsche Kulturgeschichte im Grundriss" (1960) verfasste. 1962 wurde er an die Pädagogische Hochschule in Weingarten und 1968 an die Pädagogische Hochschule Rheinland (Abteilung Neuss) berufen. Nach der Zusammenlegung der Neusser Hochschule mit der Universität

B. Kortländer (✉)
Düsseldorf, Deutschland

Düsseldorf arbeitete er dort von 1980 bis zu seiner Emeritierung im Jahr 1991 als Professor für deutsche Literatur.

Gössmanns wissenschaftliche Publikationen kreisen um literaturdidaktische Themen, aber auch weiterhin um den Schwerpunkt „Literatur und Religion" und seit Anfang der 1970er Jahre verstärkt um Heinrich Heine, der über die Jahre zum wichtigsten literarischen Gegenstand für Gössmann wurde. Was ihn jenseits seiner wissenschaftlichen Publikationen als Hochschullehrer in besonderer Weise auszeichnete, war eine sehr dezidierte Vorstellung von Literatur. Sie war für ihn nichts, dem man sich nur mit der Distanz des Philologen näherte, sondern Teil des Lebens, gelebte Wirklichkeit. Das war ein Ansatz, den er immer wieder mit dem ihm eigenen Charme und Temperament seinen Studierenden nahezubringen wusste, und zwar mit einer Begeisterung, die ansteckend war und bei vielen, die mit ihm umgingen, bleibende Wirkungen hinterließ. Selbst wenn man gar nicht seiner Meinung war, war es doch eine Freude zu erleben, wie er sich noch im hohen Alter von der Literatur mitreißen ließ und sich für ihre Belange ereifern konnte. Man darf sicher sein, dass er auf diese Weise mehr Menschen zur Literatur gebracht hat, als viele gelehrte Abhandlungen es vermocht hätten.

Wenn die Literatur Teil des Lebens wird, so Gössmanns Credo, dann wird sie *per se* politisch. An diesem Punkt war es dann, wo er auf Heinrich Heine stieß, dessen Text „Deutschland. Ein Wintermärchen" er unermüdlich als Meisterwerk einer politischen Literatur darzustellen suchte. Nun gab es freilich in den Jahren, als Gössmann nach Düsseldorf kam, für einen Freund und Verehrer des Düsseldorfer Dichters viel zu tun. Die bereits 1956 gegründete Heinrich-Heine-Gesellschaft, die es sich zur Aufgabe gemacht hatte, das dichterische und zeitkritische Werk Heines lebendig zu halten, rieb sich auf in ideologischen Grabenkämpfen zwischen radikal- und liberaldemokratischen Freunden des Dichters. Wilhelm Gössmann war der richtige Mann, um ohne Berührungsängste und jenseits aller Ideologie die Gesellschaft in ruhigeres Fahrwasser zu lenken. Von 1973 bis 1983 tat er das als ihr Vorsitzender und später bis in die letzten Jahre als kritischer und engagierter Berater. In seine Zeit als Vorsitzender fiel der Umzug des Heinrich-Heine-Instituts in ein eigenes Haus in der Bilker Straße (1974); sie wurde aber auch geprägt vom langen und zähen Kampf um die Benennung der Universität Düsseldorf nach Heinrich Heine, der erst 1988 ein glückliches Ende fand. Heine hatte endlich den ihm gebührenden Platz in seiner Vaterstadt eingenommen, der in den folgenden Jahren bis zu den großen Feiern zu seinem 200. Geburtstag im Jahr 1997 weiter ausgebaut werden konnte. Es war typisch für Gössmanns Haltung, dass er jetzt schon wieder befürchtete, Heine könne allzu beliebig vereinnahmt und damit entpolitisiert werden.

Anfang der 1990er Jahre hat Wilhelm Gössmann zusammen mit Studierenden einen Stein vor dem Gebäude der Philosophischen Fakultät der Heinrich-Heine-Universität aufgestellt. Er trägt Verse aus Heines spätem Gedicht „Enfant perdu", die auch den Abschluss dieser Erinnerung an einen großen Freund der Literatur und Verehrer Heinrich Heines bilden sollen:

Ein Posten ist vakant! – Die Wunden klaffen –
Der Eine fällt, die Andern rücken nach –
Doch fall' ich unbesiegt, und meine Waffen
Sind nicht gebrochen – Nur mein Herze brach.

Dieser Text erschien zuerst in der Rheinischen Post, Düsseldorf, vom 3. Januar 2019.

Hartmut Steinecke – „gedacht soll seiner werden"

Dietmar Goltschnigg

Am 25. Jänner 2020, wenige Wochen vor Vollendung seines 80. Geburtstags, verstarb Hartmut Steinecke daheim in Paderborn. Der Anschein, dass ihm, dem Agnostiker, Rilkes sehnsuchtsvoller Wunsch: „O Herr, gib jedem seinen eignen Tod", erfüllt worden sei, möge den trauernden Hinterbliebenen ein – wenngleich wohl nur schwacher – Trost sein. Am Vorabend hatte er mit seiner geliebten Frau Christa vor dem Schlafengehen noch ein Glas Rotwein getrunken, am nächsten Morgen lag er friedlich im Bett, ohne dass er sie vorzeitig aufgeweckt hätte.

Vor nunmehr genau 46 Jahren, im April 1974, durfte ich den gerade nach Paderborn berufenen Professor für Neuere deutsche Literaturwissenschaft brieflich kennenlernen. Der Anlass war meine ehrfürchtige Anfrage, ob die von ihm redigierte Berliner „Zeitschrift für Deutsche Philologie" an einer Miszelle über die Erstveröffentlichung von Georg Büchners „Woyzeck"-Tragödie in der Wiener „Neuen Freien Presse" (3., 5., 23. November 1875) interessiert wäre. Ich bin noch heute fest überzeugt, dass ich die Veröffentlichung meiner kleinen Anfängerarbeit der Fürsprache Herrn Steineckes zu verdanken hatte. Ich benötigte damals für ein Forschungsstipendium der Alexander von Humboldt-Stiftung zumindest *einen* Beitrag in einer international angesehenen germanistischen Fachzeitschrift, und tatsächlich wurde mir noch im selben Jahr dieses begehrte Stipendium gewährt.

Meine ersten persönlichen Begegnungen mit Herrn Steinecke fanden in den 1980er Jahren an der State University of New York in Albany statt, wo von Joseph P. Strelka alljährlich Symposien zu österreichischen Autoren veranstaltet wurden. Ich erinnere mich an die gemeinsamen Tagungen über George Saiko, Franz Theodor Csokor, Karl Kraus und Paul Celan. Zu einem weiteren Treffen kam es 1986 in Budapest, anlässlich einer Konferenz über Hermann Broch zu dessen

---

D. Goltschnigg (✉)
Graz, Österreich
E-Mail: dietmar.goltschnigg@uni-graz.at

hundertstem Geburtstag. Broch zählt mit vielen anderen Autoren – wie besonders auch Nikolaus Lenau – zu jenen Österreichern, mit denen sich Hartmut Steinecke jahrzehntelang beschäftigt hat. Er war überhaupt ein ungemein belesener und kompetenter Kenner der österreichischen Literatur. Dies mag mit ein plausibler Grund für seine Auszeichnung mit dem Österreichischen Ehrenkreuz für Wissenschaft und Kunst sein, das ihm vor zwei Jahren, 2018, in der Österreichischen Botschaft in Berlin feierlich verliehen wurde. In einem Sammelband eigener Aufsätze zur österreichischen Literatur erklärte er einmal – mit dem ihm eigenen, diskret an Robert Musil erinnernden „konstruktiv-ironischen" Unterton –, dass die österreichische Literatur zu bedeutend sei, um sie nur der österreichischen Germanistik zu überlassen.

Im Jahre 1990 begegnete ich ihm in Tokyo auf dem Fünfjahreskongress der Internationalen Vereinigung für Germanistik. Und dort lud ich ihn an die Karl-Franzens-Universität Graz (KFUG) zu einer Gastprofessur ein, die er dann sogleich im nächsten Studienjahr absolvierte, mit solch überwältigendem Erfolg – sowohl bei den Studierenden als auch bei den Kolleginnen und Kollegen –, dass bis zu meiner Emeritierung 2013 weitere Einladungen folgten, insgesamt waren es fünf, zur Abhaltung von Lehrveranstaltungen und Diskussionen über seine und unsere Forschungsprojekte.

Professor Steinecke hat darüber hinaus in Graz eine Reihe von Einzelvorträgen gehalten und war Teilnehmer an mehreren germanistischen und interdisziplinären Humboldt-Kollegs: z. B. über Zukunftschancen der deutschen Sprache in Mittel-, Südost- und Osteuropa (2002), über existenzphilosophisch und gesellschaftspolitisch grundlegende Phänomene wie „Zeit" (2009) und „Angst" (2011), ferner an einer Tagung über „Plagiat, Fälschung und Urheberrecht" in Literatur und Musik, Kunst und Wissenschaft, Wirtschaft, Medizin und Technik (2012). Herr Steinecke hat an unserem Institut eine Reihe von Diplomarbeiten, Dissertationen, Habilitationsschriften und Forschungsprojekten angeregt, gefördert und auch begutachtet, bis hin zur beratenden Begleitung eines derzeit noch laufenden Forschungsvorhabens, das den Anteil österreichischer, aus Wien stammender Zionisten an der Gründung des Staates Israel untersucht. Die deutsch-jüdische und die österreichisch-jüdische Literatur sind jene Forschungsbereiche, die uns aufs Engste verbunden haben.

Als Dank für seine vielfältigen Verdienste um die Grazer Germanistik erhielt Hartmut Steinecke im Jahre 2005 das Ehrendoktorat der KFUG. Er war der dritte ‚germanistische' Ehrendoktor meiner Alma Mater: nach Elias Canetti und Walter Sokel (1917–2014), dem in Wien gebürtigen, 1938 nach Amerika vertriebenen, großen Kafka-Forscher, mit dem wir beide langjährig befreundet waren. Mit ihm darf ich aus diesem Anlass noch eines zweiten Wiener Emigranten und gemeinsamen Freundes gedenken, der in Amerika nach abenteuerlichem Lebenslauf, in der es „keine Zeit für Eichendorff" gab, ebenfalls zu einem der angesehensten Literaturwissenschaftler avancierte: Egon Schwarz (1922–2017), von dem wir 2000 einen Band ausgewählter Aufsätze im Berliner Erich Schmidt Verlag herausgaben.

Von den Forschungsprojekten, die ich gemeinsam mit Hartmut Steinecke durchführen durfte, sei hier nur ein einziges, freilich zentrales hervorgehoben:

eine dreibändige Wirkungsgeschichte Heinrich Heines. Die fast zehnjährige Zusammenarbeit an diesem ambitionierten Unternehmen hat unsere fachliche und freundschaftliche, ja familiäre Verbundenheit noch weiter vertieft.

Seine Paderborner Schüler, Mitarbeiter und langjährigen Weggefährten Alo Allkemper und Norbert Otto Eke besorgten zu Steineckes 60. Geburtstag (2000) eine Festschrift unter dem vielsprechenden Titel „Literatur und Demokratie". Die offene, demokratische – und ich möchte, ohne zu ideologisieren, hier noch ergänzen: *sozial*demokratische – Vermittlung von Literatur bildete das Leitmotiv seines öffentlichen akademischen und seines persönlichen, ganz privaten Wirkens. Steinecke war – auch als Mitherausgeber der „Zeitschrift für Deutsche Philologie" – nahezu allen Methoden durchaus aufgeschlossen, aber er war vor allem Historiker, der die Literatur stets in einen soziopolitischen Zeitraum stellte. Auch das war und ist uns beiden gemeinsam.

Als im Jahre 2006 Peter Handke infolge der heftigen internationalen Kritik an seinen Sympathien für Serbien auf die Entgegennahme des Heine-Preises verzichtete, wurden kurzfristig zu dem dafür schon festgelegten Veranstaltungstermin Hartmut Steinecke und ich – quasi zum Ersatz – nach Düsseldorf eingeladen, um den gerade erschienenen ersten Band unseres Forschungsprojekts im Heine-Institut zu präsentieren. Wir betrachteten das Ereignis, dessen Zeitpunkt in Heines 150. Todesjahr fiel, als zwar nur zufällige, aber nicht ganz unverdiente Anerkennung unserer gemeinsamen wirkungsgeschichtlichen Bemühungen um diesen großen, bis in unsere unmittelbare Gegenwart umfehdeten „Dichterjuden", den die Düsseldorfer Universität erst nach jahrzehntelangen, peinlichen Auseinandersetzungen als ihren Namenspatron akzeptiert hatte.

‚Ernst ist die Wissenschaft, heiter ist das Spiel', wo wir erst „ganz Mensch" sein und gemeinsam die „Wonnen der Gewöhnlichkeit" auskosten durften. Nicht nur Heine verband uns, sondern auch das runde Leder, dem wir aktiv in der Jugend nachgejagt waren. Der Lieblingsfußballverein des gebürtigen Nürnbergers war der „Club", mit dem auch ich, als in Würzburg geborener Franke, mich stets verbunden fühlte. Und eines unserer favorisierten Gedichte war folgerichtig Peter Handkes prosaisch wirkendes Diagramm „Die Aufstellung des 1. FC Nürnberg vom 27.1.1968", das von so manch unverständigem Leser als banales „Plagiat" abgetan wird. Bei jenem Grazer Kongress über „Plagiat, Fälschung, Urheberrecht" haben wir beide das Gedicht als singulären, originellen Kunstgriff gleichsam zelebriert.

In meinen Händen halte ich nun Hartmut Steineckes letztes, postum erschienenes Buch, das mir kürzlich aus Paderborn zugesandt wurde: ein Vermächtnis seiner Judaica-Forschungen unter dem Titel „Deutsch-jüdische Literatur und die Shoa. Schreiben über ‚es'", über das Un-sägliche, das man eigentlich nicht beschreiben und erzählen kann: „die Erinnerung an die systematische Ermordung der europäischen Juden in der Zeit des Nationalsozialismus", eingeleitet mit Heines aktualisierend gelesener Prophetie eines „Vorspiels" der Bücherverbrennungen des „Dritten Reichs", weiter über Hermann Broch und Jenny Aloni bis hin zur „Zweiten Generation" deutschsprachiger jüdischer Dichter mit Robert Schindel, Barbara Honigmann und einer Reihe anderer jüngerer „Stimmen" – ein eindringliches Memento an die Katastrophe, das „Grauen zwischen Bestialität und Gleichgültigkeit" (Broch). Nicht zuletzt auch für dieses Vermächtnis sei des großen Literaturwissenschaftlers Hartmut Steinecke in wehmütiger Dankbarkeit gedacht.

Graz, im Frühjahr 2020

Buchbesprechungen

Nicole Bröhan: *Fürst Pückler. Eine Biographie.*
Berlin: Jaron Verlag 2018. 219 S. € 10,00.
Ulf Jacob, Simone Neuhäuser, Gert Streidt
(Hrsg.): *Fürst Pückler. Ein Leben in Bildern.*
Berlin: be.bra Verlag 2019. 480 S. € 34,00

Der Heine-Zeitgenosse Hermann Fürst von Pückler-Muskau (1785–1871) ist in vieler Hinsicht eine faszinierende Figur. Als Parkgestalter von Muskau und Branitz führte er die Kunst des englischen Landschaftsgartens nach Deutschland ein und leistete einen bedeutenden Beitrag zum deutsch-englischen Kulturtransfer. Als Reiseschriftsteller berichtete er anschaulich über Großbritannien, Frankreich, Tunesien, Ägypten und den Sudan und wirkte so als Mittler zwischen Europa und dem Orient und zwischen Deutschland und Frankreich. Bei seinen Zeitgenossen war der „tolle Pückler" als Meister der Selbstinszenierung bekannt, der durch extravagante Abenteuer wie eine Spazierfahrt mit einem Gespann gezähmter Hirsche auf dem Berliner Boulevard Unter den Linden, eine Ballonfahrt und später durch seine „etwas pretenziöse[] Toilette" (Ludmilla Assing: Fürst Hermann Pückler-Muskau. Eine Biographie. Bd. 2. Berlin 1874, S. 52) im orientalischen Stil mit „einem rothen Tunesischen Fez" und „Cashemirshawl" auf sich aufmerksam machte (Herrmann Fürst von Pückler-Muskau: Vorletzter Weltgang des Semilasso, Bd. 1, Stuttgart 1835/36, S. 15).

Heine nennt Pückler in seinem Zueignungsbrief zu „Lutezia" den „fashionabelste[n] aller Sonderlinge" (DHA XIII, 19) und ehrt ihn als Orientreisenden. 1854 hatte der Fürst den Dichter, dessen „Reisebilder" ihm zeitlebens als stilistisches Vorbild für seine eigenen Reiseberichte gedient hatten, an seinem Krankenbett in Paris besucht. Es ist sehr erfreulich, dass das Forschungsinteresse an Hermann Fürst von Pückler-Muskau in den letzten Jahren wieder zugenommen hat. Zwei neue Biographien versuchen nun, dieser exemplarischen Mittlerfigur der ersten Hälfte des 19. Jahrhunderts aufs Neue gerecht zu werden.

L. Brückner (✉)
Metz, Frankreich
E-Mail: leslie.brueckner@gmx.de

2018 erschien eine Biographie Fürst Pücklers von Nicole Bröhan. Die Autorin bezieht die neuere Forschungsliteratur zu Pückler angemessen in ihre Darstellung ein; eine Zeittafel und ein Personenverzeichnis im Anhang ermöglichen den schnellen Zugang zu wichtigen Informationen und Eckdaten aus Pücklers Biographie. Allerdings wird nicht immer deutlich, ob die Autorin gerade Pücklers eigene Darstellungen – etwa seine Reiseberichte aus dem Orient – nachvollzieht oder ob sie der Forschungsliteratur folgt. Als Beispiel sei ein nicht als Zitat gekennzeichneter Satz aus Brückner „Fürst Pücklers Orientreisen" angeführt – hoffentlich der einzige Ausrutscher dieser Art im Buch (S. 141; vgl. Leslie Brückner: Fürst Pücklers Orientreisen und die Orientreisen der französischen Romantiker. – In: Fürst Pückler und Frankreich. Ein bedeutendes Kapitel des deutsch-französischen Kulturtransfers. Hrsg. v. Marie-Ange Maillet u. Ulf Jacob. Berlin 2012, S. 133–148, hier S. 139). Einige Zitate erscheinen in Anführungszeichen, aber ohne Nachweise (vgl. z. B. S. 179 [Dumas], S. 141 [Pückler], S. 200 [Assing]). Im Gegensatz zu der bis dato einzigen neueren Pückler-Biographie von Heinz Ohff (Der grüne Fürst. Das abenteuerliche Leben des Fürsten Pückler-Muskau. München u. a. 1991), die manchmal etwas zu sehr in den Plauderton verfällt, bleibt Bröhans Darstellung durchgehend sachlich. Leider ist das gleichzeitig eine Schwäche ihres Buchs: Im Vergleich mit Pücklers sehr lebendigen Reiseschilderungen und Ohffs Faszination für die schillernde Gestalt des exzentrischen Fürsten bleibt Bröhans Text ein bisschen farblos. Fraglich erscheint auch, warum in der Vorbemerkung nicht zuerst von Pücklers Bedeutung für den Kulturtransfer und die Gartenkunst, sondern von frühkindlicher Prägung die Rede ist, und ob es nötig war, der Frage von Pücklers Im/Potenz ein ganzes Kapitel zu widmen. Insgesamt bietet die Biographie dem interessierten Leser aber einen guten, konzisen Überblick über Pücklers Leben und Werk.

2019 widmete die Stiftung Fürst-Pückler-Museum in Branitz – seit 1991 ein wichtiges Zentrum der Pückler-Forschung, das sich mit Ausstellungsprojekten, internationalen Tagungen und einer Schriftenreihe hervortut – Pücklers Biographie einen prachtvollen Bildband. „Fürst Pückler. Ein Leben in Bildern" zeichnet das Leben des Fürsten anhand zeitgenössischer Bildquellen und wissenschaftlicher Aufsätze detailliert nach.

Die Herausgeber haben eine eindrucksvolle Vielfalt an Bildmaterial zu Pückler und seiner Zeit zusammengetragen. Für die über 500 zumeist farbigen Illustrationen schöpfte die Pückler-Stiftung aus den eigenen Beständen sowie aus Archivmaterial u. a. der Krakauer Jagiellonen-Bibliothek und des Brandenburgischen Landeshauptarchivs in Potsdam. Das Bildmaterial umfasst zeitgenössische Karten und Porträts, Autographen und reproduzierte Buchseiten, historische Lithographien zu Pücklers Landschaftsgärten, zeitgenössische Illustrationen seiner Reiseberichte sowie einige frühe Fotografien. Anhand dieser vielfältigen Bildquellen wird Pücklers Biographie chronologisch nachvollzogen. Zu jeder Abbildung gibt es einen ausführlichen Kommentartext, in dem Pücklers Biographie erzählt wird und seine Bezüge zu dieser Quelle genau dargestellt werden. Der dokumentierte Zeitraum reicht dabei von seiner Jugend um 1800 bis zu seinem Todesjahr 1871 und umfasst somit einen von politischen und gesellschaftlichen Umbrüchen geprägten Zeitraum von der napoleonischen Ära bis zur deutschen Reichsgründung.

Der an Pückler interessierte Leser wird auf eine Reise durch Pücklers Leben und seine Zeit eingeladen, bei der es viel Interessantes und Neues zu entdecken gibt. So bieten zum Beispiel die zahlreichen zeitgenössischen Bildquellen zu Pücklers Reisen nach Großbritannien, Frankreich, in die Schweiz und in den Orient – darunter viele Reiseberichte, Karten und Ansichten, die Pückler selbst für seine Reiseplanung verwendete oder in seinen Reisejournalen sammelte – eine sehr anschauliche Darstellung zu den Vorformen des modernen Tourismus in der adeligen Grand Tour des 19. Jahrhunderts. Die Porträts prominenter Zeitgenossen Pücklers geben einen lebendigen Einblick in die Netzwerke der Epoche. Besonders zu bemerken sind dabei zahlreiche gebildete Frauen – etwa Rahel Varnhagen, Bettine von Arnim, Ida von Hahn-Hahn –, mit denen Pückler korrespondierte. So entsteht anhand einer wissenschaftlich hervorragend kommentierten Bilderfülle ein anschauliches und lebendiges Panorama der Epoche zwischen 1800 und 1870.

Ergänzt wird diese opulente Bilderschau durch zwölf wissenschaftliche Aufsätze, die verschiedene Aspekte aus Pücklers Leben und Schaffen vertieft untersuchen. Pückler wird zunächst als Gartenkünstler gewürdigt: Katrin Schulze behandelt seine Schrift „Ansichten über die Landschaftsgärtnerei" (1834) und die Gestaltung des Muskauer Parks; zwei weitere Beiträge beschäftigen sich mit Pücklers Ausgestaltung des Branitzer Schlosses (Simone Neuhäuser, Anne Schäfer) und mit dem Branitzer Park als „Spiegel der Pücklerschen Lebensreise" (Claudius Wecke).

Ulf Jacob präsentiert Pückler als Figur seiner Epoche zwischen Modernität und Tradition. Der Fürst, der als moderner Reiseschriftsteller dem republikanischen Gedankengut zugetan war, repräsentiert verschiedene widerstreitende Entwicklungen seiner Zeit. Jacob zeigt auf, wie Pücklers adelige Herkunft zeitlebens sein Handeln prägte – sei es als Standesherr auf Muskau, als Gourmet und Gastgeber, als adeliger Reisender, der im Orient von Fürsten und Herrschern wie ein Diplomat empfangen wird, oder als „Meister der Selbstinszenierung".

Andrea Polaschegg widmet Pücklers Reiseberichten aus dem Orient einen hochkarätigen Beitrag, in dem sie die Präsenz orientalischer Märchen – vor allem „Sindbads des Seefahrers" – in Pücklers Reiseschilderungen aufzeigt und seine Selbstinszenierungen als Orientreisender im Kontext des deutschen Orientalismus des 18. und 19. Jahrhunderts situiert.

Weitere zentrale Aspekte aus Pücklers Biographie, die im Band besprochen werden, sind die Beziehung zwischen Pückler und Lucie von Hardenberg (Jana Kittelmann), Pücklers gespaltene Haltung zu Preußen (Gerd Streidt), Pückler als Sensationsautor (Urte Stobbe), Pückler als Gourmet (Marina Heilmeyer) und der Streit um Pücklers Nachlass zwischen der Familie von Seydewitz und Pücklers Biographin, Varnhagens Nichte Ludmilla Assing (Nikolaus Gatter). Zwei Beiträge internationaler Forscher über Pücklers Rolle als kultureller Mittler – die Rezeption seiner Werke in England (Peter James Bowman, Cambridge) und Pücklers Beziehungen zu Frankreich (Marie-Ange Maillet, Paris) – runden den Band ab.

Dank des umfangreichen Bildmaterials ähnelt das Buch einem Museumskatalog zu einer – freilich so niemals präsentierten – Ausstellung. Mit bewunderungswürdigem Aufwand haben die Herausgeber des Bandes, unter Beteiligung der Autorinnen und Autoren der Beiträge, zu allen Bildquellen wohlinformierte Kommentare erstellt und zusammengetragen. Die wissenschaftliche Darstellung wird durch einschlägige Zitate aus Pücklers Reiseberichten, Tagebüchern und Korrespondenzen bereichert. Im Anhang enthält der Band zudem eine umfassende Bibliographie zu Pückler und einen ausführlichen Personenindex seiner Zeitgenossen. Der Band bietet so einen hervorragenden Ausgangspunkt für weitere Forschungsvorhaben zu Pückler, aber auch zu weiteren (kultur)geschichtlichen Themen, etwa der Geschichte des Tourismus, zum Landschaftsgartenbau, zum Wandel des adeligen Lebens, zu gebildeten Frauen des 19. Jahrhunderts. Die Hoffnung, eine Anregung für die Forschung zu bieten, die die Herausgeber im Vorwort formulieren, erscheint mir daher mehr als gerechtfertigt.

Man könnte den Herausgebern zum Vorwurf machen, dass das Buch im Vergleich zu einer herkömmlichen Biographie relativ unübersichtlich ist, da es keinen „Leittext" gibt und sich der Leser Informationen zu Pücklers Biographie aus den Kommentartexten zusammenlesen muss. Gerade die Detailfülle und der große Reichtum an unterschiedlichen Quellen scheint mir aber die größte Stärke des Buchs zu sein. Wie die Herausgeber im Vorwort bemerken, muss man es nicht chronologisch durchlesen, sondern ist zum Stöbern und Betrachten eingeladen. Über die Biographie Fürst Pücklers hinaus – zu der vielleicht nicht jeder 500 Seiten lesen möchte – kann man den Band als Illustration einer Epoche lesen: ein Bilderbogen, der es dem Leser erlaubt, anhand der Lebensreise Fürst Pücklers in seine Epoche einzutauchen. Wir empfehlen die Anschaffung dieses schönen Bildbands, er ist ein Muss für jeden Pückler-Freund!

Leslie Brückner

Wolfgang Drost: *Der Dichter und die Kunst. Kunstkritik in Frankreich. Baudelaire, Gautier und ihre Vorläufer Diderot, Stendhal und Heine.* **Unter Mitwirkung von Ulrike Riechers. Heidelberg: Universitätsverlag Winter 2019 (Reihe Siegen. Beiträge zur Literatur-, Sprach- und Medienwissenschaft, Bd. 180). 319 S. € 34,00**

„Kunstkritik ist die Auseinandersetzung von Journalisten, Schriftstellern und Dichtern mit der Kunst ihrer Zeit." (S. 13). So definiert Wolfgang Drost, emeritierter Romanist aus Siegen, den Gegenstand seiner Studie zur Kunstkritik im Frankreich des 19. Jahrhunderts. Am Anfang der Reihe der Autoren, die Drost in den Blick nimmt, steht mit Diderot ein Autor des 18. Jahrhunderts, dann folgen Kapitel zu Stendhal, Heine, Gautier und schließlich Baudelaire. Alle fünf haben sich, zum Teil neben anderen umfangreicheren oder weniger umfangreichen kunstkritischen, kunsttheoretischen und kunsthistorischen Schriften, mit den jährlichen Pariser Salons beschäftigt und mit ihren Besprechungen der dort gezeigten Bilder ästhetisch oder auch kunstpolitisch Stellung bezogen: „Sie ergriffen Partei, engagierten sich für die Positionen der Kunstschaffenden, die ihren ästhetischen Vorstellungen entsprachen, und waren bemüht, deren Werke dem Publikum nahezubringen." (ebd.)

Fluchtpunkt der Betrachtungen ist Baudelaire, wie sich rein quantitativ anhand des Inhaltsverzeichnisses feststellen lässt: Kapitel von jeweils unter 20 Seiten versuchen, den Gegenstand der Studie zu definieren („Was will Kunstkritik im 19. Jahrhundert?") und die Vorläufer im 18. Jahrhundert in den Blick zu nehmen („Von den Anfängen der französischen Kunstkritik"). Nicht mehr Seiten sind jeweils Diderot und Heine in eigenen Kapiteln gewidmet, Stendhal erhält immerhin 25 Seiten. Das Kapitel zu Gautier umfasst dann bereits mehr als 50 Seiten, und Baudelaire widmen sich dann, tiefer gegliedert als die vorangehenden Kapitel, ganze 120 Seiten. Dass Drost hier die Summe eines ganzen Gelehrtenlebens zieht, offenbart ein Blick ins Literaturverzeichnis, in dem der Verfasser 27 eigene Veröffentlichungen zu den behandelten Autoren und ihrem Verhältnis zur

---

R. Steegers (✉)
Bonn, Deutschland
E-Mail: steegers@uni-bonn.de

Bildenden Kunst auflistet, publiziert zwischen 1959 und 2017. Wie die Auswahl der im Titel der Studie als „Vorläufer" benannten Diderot, Stendhal und Heine zustande kommt, wird nicht ganz deutlich. Um es am Beispiel Heine zu zeigen: In den Kapiteln zu Gautier und Baudelaire wird er jeweils einmal erwähnt, zu Gautier mit Blick auf dessen Rezension der „Tableaux de voyage" von 1837 (vgl. S. 130), zu Baudelaire mit der Vermutung, Heines Bericht zum Salon 1831 könne auf Baudelaires Text zum Salon 1846 eingewirkt haben (vgl. S. 193). Unklar bleibt, angesichts der chronologisch-additiven Reihe und dieser spärlichen Verknüpfungen zwischen den behandelten Werken und Autoren, ob den drei „Vorläufern" nicht mit gleichem Recht weitere (oder gar andere) zur Seite hätten gestellt werden können.

Aus der Sicht der Heine-Philologie interessiert an Drosts Studie natürlich vor allem, welcher Gewinn für Verständnis und Deutung von Heines Werk aus ihr zu ziehen ist und welche gegenseitigen Spiegelungen (im Falle der Zeitgenossen) oder zumindest Reflexe (im Falle Diderots) sichtbar werden. Die jeweils singulären Heine-Erwähnungen im Gautier- und im Baudelaire-Kapitel sind da leider symptomatisch, und auch die „Gesamtschau" (vgl. S. 279–283), mit der Drost sein Buch beschließt, reiht nur aneinander, was sein Fazit der jeweiligen Kapitel ist. Die Bedeutung Diderots für Heine (wie die der französischen und deutschen Aufklärung insgesamt) ist schon untersucht worden, doch ließe sich hier, etwa mit Blick auf eine Instrumentalisierung der Kunstbetrachtung im Sinne einer sich als operativ verstehenden Literatur, sicherlich noch einiges an Einsichten gewinnen. Und auch das wechselseitige Verhältnis Heines zu Gautier könnte, über Übersetzertätigkeit und gegenseitige dichterische Anregungen hinaus, gewiss von einer intensiven Analyse der jeweiligen Perspektive auf die zeitgenössische Kunst, wie sie sich in den jährlichen Salons präsentierte, profitieren. Mit Stendhal verbindet Heine wiederum nicht nur das Grab auf dem Cimetiére de Montmartre, und eine Quelle für den „Asra". Vorhandene Studien, die unter verschiedenen Aspekten Heine und Stendhal (und jeweils andere zeitgenössische Autoren) in Beziehung setzen – etwa Hans Robert Jauß' Aufsatz „Das Ende der Kunstperiode – Aspekte der literarischen Revolution bei Heine, Hugo und Stendhal" oder Dorothee Kimmichs 2002 veröffentlichte Gießener Habilitationsschrift zur Geschichtlichkeit in der Literatur („Wirklichkeit als Konstruktion. Studien zu Geschichte und Geschichtlichkeit bei Heine, Büchner, Immermann, Stendhal, Keller und Flaubert") – lassen weitere Untersuchungen ertragreich erscheinen.

Was nun das Heine-Kapitel in Drosts Studie selbst angeht, so lässt sich dort über den Rapport des Bekannten (vgl. die „Bibliographische Notiz" am Ende des Kapitels, S. 98) wenig entdecken. Einige der Schlussfolgerungen und Urteile, zu denen Drost gelangt, verwundern dabei sogar: Dass Heine Delaroches „Cromwell vor dem Sarg Karls I." allegorisch auf die Niederschlagung des polnischen Aufstands durch Paskewitsch bezieht („[…] und wenn ich genauer hinschaue, so liegt kein König, sondern das ermordete Polen in dem schwarzen Sarge, und davor steht nicht mehr Cromwell, sondern der Zar von Rußland" – DHA XII, 45), wird von Drost mit einer gewissen Empörung als „willkürliche Verdrehung der Bildfakten",

„[e]ntgegen aller inhärenter Bildlogik", (S. 94) bezeichnet – der dabei verkennt, dass Heine hier sehr wohl die Essenz des Gemäldes, nämlich den Triumph des Brutal-Faktischen über das Edel-Erhabene, transponiert hat in den des zaristischen Despotismus über die Freiheit des polnischen Volkes. Dabei ist das Gemälde wohl doch mehr als der „Vorwand [zur] Darstellung dessen, was dem Betrachter am Herzen liegt, und zwar nicht nur unabhängig vom dargestellten Gehalt, sondern im Gegensatz zu ihm." (S. 95) „Die Kunstkritik wird zum politischen Bekenntnis" (ebd.), folgert Drost und nennt diese „Verkehrung der historischen Tatsachen" „unseriös" (ebd.). Dass Heines Ziel überhaupt nicht Kunstkritik in Drosts Verständnis, sondern von vornherein die Einwirkung auf das zeitgenössische Lesepublikum im Sinne operativer Literatur gewesen sein könnte, kommt ihm dabei nicht in den Sinn. Und dass Drost Heines Diktum vom „Ende der Kunstperiode" (DHA XII, 47) dann auch noch verallgemeinernd als Rede vom „Niedergang der Kunst" (S. 97) versteht, ohne auch nur anzudeuten, dass Heine den Begriff stets (und auch hier in „Französische Maler") mit dem Zusatz „goethesche" oder „literarische" verwendet, trägt auch nicht zur Erhellung bei. Zumindest für die Heine-Philologie bietet der vorliegende Band also, von der Anregung, noch einmal genauere Blicke in die Werke von Diderot und Stendhal zu werfen, leider wenig.

Robert Steegers

Maria Carolina Foi, Gabriella Pelloni, Marco Rispoli, Claus Zittel (Hrsg.): *Heine – Nietzsche. Corrispondenze estetiche. Ästhetische Korrespondenzen.* Rom: Istituto Italiano di Studi Germanici 2019. 204 S. € 25

Der neben dem Vorwort zehn Aufsätze umfassende Sammelband geht auf eine internationale, vom Istituto Italiano di Studi Germanici unterstützte Tagung in Rom zurück, das Vorwort und einer der Beiträge sind auf Italienisch verfasst, die übrigen auf Deutsch. Das zugrundeliegende Forschungsinteresse gilt einer vergleichenden Lektüre von Heinrich Heine (1797–1856) und Friedrich Nietzsche (1844–1900), die beide auf ihre Weise als widerständig gelten können, was sich nicht zuletzt in ihrer wechselvollen Rezeptionsgeschichte widerspiegelt, die zu ihren dunkelsten Zeiten den einen als „undeutsch" diffamierte und den anderen zum Vordenker nationalsozialistischen Gedankenguts machen wollte. Mit Blick auf die Rezeption in Italien erfreut sich Nietzsche bis heute eines regen wissenschaftlichen Interesses („Nietzsche in Italia è onnipresente", S. 14), so wird auch von Giorgio Colli und Mazzino Montinari die „Kritische Gesamtausgabe" seiner Schriften verantwortet, wohingegen Heine von der philologischen Forschung in Italien bis auf wenige Ausnahmen weitgehend vernachlässigt wird und ebenso von der literarisch interessierten Öffentlichkeit, wovon die kaum mehr verfügbaren Übersetzungen seiner Werke zeugen. Umso verdienstvoller ist das Vorhaben der Herausgeber, die besondere Modernität beider Autoren aufzeigen zu wollen, die die Traditionen der Form und des Inhalts aufbrechen („una sorta di controtradizione die scrittura e pensiero", S. 10) und die auch immer neu die Frage nach der Verortung und Rolle des Künstlers stellen – gleichzeitig ein roter Faden und ein „Leitmotiv" (S. 16) der einzelnen Beiträge.

Bernd Füllner („‚… die Revoluzion tritt ein in die Literatur, und der Krieg wird ernster'. Heine als Polemiker") geht im ersten Aufsatz der Frage nach, in welcher Form und zu welchem Zweck Heine das für seine Schriften oftmals stilbildende Mittel der Satire einsetzt. Im Mittelpunkt steht dabei Heines Fehde mit dem Konkurrenten August von Platen, die er prominent und *coram publico* in den „Bädern von Lukka" austrägt. Des Weiteren beleuchtet Füllner Heines Lessing-Rezeption und das Zweifeln des Dichters, ob Lessings Polemik immer im Dienste der Aufklärung gestanden habe oder aber auch eine „negative, antiaufklärerische Seite" und eine „grundsätzlich inhärente Brutalität" aufweise (S. 33). Nietzsche wird hier nur abschließend und am Rande erwähnt, indem Füllner Heine „als Bindeglied zwischen Lessing und Nietzsche" betrachtet (S. 33).

Die Nähe bzw. Entfernung beider Autoren zu- und voneinander neu zu vermessen unternimmt Christian Liedtke in seinem Beitrag „Heine, Nietzsche, Goethe. Eine Triangulation", ausgehend von ihrer Einschätzung des Altmeisters Goethe. So schnell werden sie trotz oder gerade wegen ihrer emanzipatorischen Bestrebungen nicht mit ihm fertig, und tatsächlich ist Goethe „[d]erjenige deutsche Dichter [...], den beide am häufigsten im Zitat zu Wort kommen lassen oder durch Parodie oder Anspielung aufrufen" (S. 39). Ihre Rezeption ist dabei allerdings selektiv und beschränkt sich „vorwiegend [auf] den Klassiker", während die „Revolutionäre Nietzsche und Heine [...] erstaunlicherweise den Revolutionär Goethe, den Dichter des Sturm und Drang", ausblenden (S. 41). Eine weitere Gemeinsamkeit sei ihr Verständnis von Goethe als Galionsfigur im Kampf gegen „alles engstirnig Nationale", „erhaben über deutsche Kleingeisterei" (S. 49). Den „Punkt, an dem einige Linien dieser Triangulation zusammentreffen" (S. 54), sieht Liedtke in Heines und Nietzsches Erahnen von Goethes wahrer Bedeutung und Größe, die über sie und ihre Zeit hinausrage und möglicherweise in letzter Konsequenz erst von der Nachwelt begriffen werde.

Mit dem Themenkomplex „Stolz", „Skepsis" und „Distanz" beschäftigt sich Marie Wokalek in ihrer vergleichenden Analyse „Stolz als Last und Lust in Nietzsches ‚Morgenröthe' und Heines ‚Heimkehr'-Zyklus". Der „Stolz" fungiert dabei als Passepartout für eine Verortung des Künstlers, eine Abgrenzung und eine (neue) Selbstdarstellung, so werde gemäß der These Wokaleks bei Heine und Nietzsche das „Selbstwertgefüh[l] ‚Stolz' zu einer selbstreflexiven Denkfigur [...], die als Habitus skeptischer Distanz auch die Darstellung dieser Texte mitorganisiert" (S. 58) – immer unter Berücksichtigung „der destruktiv pathologischen Neigung des Stolzes zur Eitelkeit" (S. 59). Beide Autoren etablieren Wokalek zufolge eine „Ästhetik der Distanz", die in einer „affektiv-agonale[n] Grundstruktur von Illusion und Desillusionierung, Pathos und Komik, Hoffnung und Misstrauen, von Affirmation und Spott, Spruch und Widerspruch, Klage und Anklage" greifbar werde (S. 76). Einen entscheidenden Unterschied zwischen den beiden sieht sie allerdings darin, dass der ältere Heine, noch im Zeitalter der Aufklärung und Französischen Revolution geboren, die Macht der Vernunft nicht grundsätzlich anzweifle, ebenso wenig wie ihm eine generelle „Sprachskepsis" zu attestieren sei – anders als dies bei Nietzsche der Fall ist (vgl. S. 77–78).

Mit dem Einfluss der französischen Moralistik auf die Werke Heines und in einem Ausblick Nietzsches beschäftigt sich Alice Stašková („Aspekte einer Poetik der Sentenz bei Heinrich Heine. Mit Anmerkungen zu Friedrich Nietzsche"), ausgehend von der Prämisse, „wie präsent die französische Moralistik in Deutschland seit den 1760er Jahren war" (S. 88). Die Besonderheiten dieser Schreibtradition zieht Stašková als Schablone heran, um zwei Phänomene des Heine'schen Stils zu beleuchten: die „prinzipielle Diskontinuität" seiner Texte und „seine Tendenz zur Pointe", wobei „die wesentlich diskontinuierliche Faktur dieser Prosa" es Heine möglich mache, seine Schriften gleichsam als *work in progress* zu „reaktualisieren" (S. 84). Dennoch, so die *conclusio*, sei bei Heine doch eine „Tendenz zur Finalisierung der Textsegmente" zu beobachten, ein „Zug auf die finale Pointe" hin, anders als bei Nietzsche, eine Differenz, die Stašková auch mit „dem poetischen Charakter von Heines Schriften einerseits und dem philosophischen Schreiben Nietzsches andererseits" begründet (S. 95).

Ein Textvergleich und die Frage nach dem Konzept und der jeweiligen Realisation der Parodie liegt Gabriella Pellonis Beitrag („‚Kluge Narrn reden besser'. Poetische Korrespondenzen zwischen Heines ‚Nordsee'-Zyklen und Nietzsches ‚Dionysos-Dithyramben'") zugrunde. Pelloni stellt zunächst heraus, dass Nietzsches „intensive Heine-Lektüre […] insbesondere dem ‚Buch der Lieder' und den ‚Reisebildern' gilt" (S. 97). „Die ‚Nordsee'-Zyklen markieren" dabei, so Pellonis These, „den Anfang einer neuen Poetik der Hymne im Zeichen der Parodie, die bei Nietzsche eine Fortsetzung und eine Radikalisierung finden" (S. 102). Der Altphilologe Nietzsche orientiere sich dabei „eindeutig [am] antiken Parodiebegriff" und konzentriere sich auf eine „Pluralisierung der Stimmen im Subjekt und die De-Essentialisierung der Autorposition" (S. 109). Hinsichtlich Heines Schreibtechnik und Stil konstatiert Pelloni die „implizite Inanspruchnahme einer ausgeprägten Intertextualität" gepaart „mit der intrinsischen Komplementarität zwischen Erhaben[em] und Komisch[em]", wobei Heine in die Rolle des Narren schlüpfe, um gleichzeitig seine (überlegene) Außenseiterrolle zu betonen (S. 105).

Vivetta Vivarelli („Der Polemiker, der Dichter und der Lügner") lotet das Spannungsfeld aus zwischen einem Verständnis der Kunst und des künstlerischen Rollenspiels als *l'art pour l'art* und einem von außen an die Texte herangetragenen Anspruch einer wie auch immer gearteten Wahrhaftigkeit, ausgehend von der extremen Zuspitzung einer Position, die den „‚Betrüger' als […] beinahe identisch mit dem Wort ‚Künstler'" erachtet (S. 115 f.). Als Referenz dienen ihr unter anderem Nietzsches Auseinandersetzung mit Richard Wagners (antisemitischen) Betrachtungen über die Literatur im Allgemeinen und Heine im Besonderen sowie Heines auch literarisch ausgetragene Auseinandersetzung mit Ludwig Börne, mit dem er sich bekanntermaßen uneins war über die Rolle und Verantwortung des Dichters angesichts konkreter gesellschaftlicher und politischer Fragen und die Funktion der Kunst, die Heine trotz allem Engagement nicht vereinnahmt sehen wollte.

In einigen Punkten an Vivarellis Beitrag anknüpfend setzt Isolde Schiffermüller („Heinrich Heine in Nietzsches Ästhetik. Zur Kunst der Umwertung") sich mit Nietzsches „Heinebild" auseinander, das sich „im Lauf der Jahre stark verändert" und „erst im Zeichen der Parodie" von anfänglicher kritischer Distanz zu einer größeren Nähe finde (S. 131). Am Ende wird Heine im „modernen Europa der Artisten", in „dieser fremden Heimat" für Nietzsche „zur Identifikationsfigur, die sich von allem Deutschen weit entfernt hat" (S. 145), schlussfolgert

Schiffermüller. Die Beschäftigung mit Heines Lyrik und seiner, nach Nietzsche, „göttliche[n] Bosheit" („Ecce homo", Schiffermüller, S. 145) wird für den Philosophen wegweisend im Hinblick auf seine eigene Ausrichtung und sein Selbstbild, welches dahingehend zu interpretieren ist, dass er sich gern als Avantgarde zu begreifen scheint.

Der für Nietzsches eigenes Schaffen so konstituierenden Rezeption von Heines Schriften und der „Wahlverwandtschaft" (S. 145) zwischen beiden spürt auch Fabrizio Cambi nach („,Er liebt die bunte Hanswurstjacke'. Il linguaggio del corpo e della danza in Heine e Nietzsche. Consonanze e distanze"). Als Schlüssel und Ansatzpunkt seiner vergleichenden Analyse dienen Cambi dabei Nietzsches zunehmendes Interesse an der französischen Kultur, die Bedeutung eines Wechselverhältnisses zwischen dem Körper in Bewegung und dem Gedanken sowie, damit zusammenhängend, das Motiv des Tanzes (vgl. S. 148). Letzteres ist Cambi zufolge bei Heine ein wiederkehrender und vielgestaltiger Topos, der in den unterschiedlichsten textuellen Zusammenhängen in je anderer Funktion begegnet (vgl. S. 151–152). Für Nietzsche symbolisiert der Tanz, ein Bild, auf das auch er immer wieder rekurriert, vor allem eine Leichtigkeit des Denkens, die sich selbst über Abgründe und Gräben schwingt.

Einen weiteren Aspekt der Heine-Rezeption bringt Claus Zittel („Gustav Theodor Fechners ‚Heine als Lyriker' und Nietzsches Heinebild: ‚ein elektrisches Band'") ins Spiel, ausgehend von Nietzsches Lektüre der Schriften des eigenwilligen Universalgelehrten Fechner (1801–1887), insbesondere seines Essays zu Heine. Fechner, der in bildreichen Passagen den Wildwuchs von Heines Poesie hervorhebt, schätzt Zittel zufolge den Dichter dafür, „dass er sich alle Freiheiten in der Form erlaube und diese Freiheiten dann sogar auf den Inhalt ausgriffen" (S. 172). Den „Konnex von Wildnis, virtuosem Stil und der Freigeisterei" (S. 184) leitet Nietzsche aus Fechners Heine-Lektüre ab, überträgt sie auf seine eigene Rezeption und stellt sich schließlich selbst in diese für ihn stilprägende Traditionslinie.

Den Band schließt Renate Müller-Buck („,Dass der tiefste Geist auch der *frivolste* sein muss …'. Nietzsche, Heine und das Feuilleton") mit ihren Betrachtungen zu Nietzsches sich wandelndem Heine-Bild. Während der Philosoph bereits früh seine „Vorliebe für das feuilletonistische Schreiben im Stil Heines" entdeckt (S. 188), schlägt seine Bewunderung „in den siebziger Jahren" sodann durch den Kontakt zu Wagner in ein abschätziges Urteil um, „Heine wird auch für ihn zum Juden, der zu keiner eigenen Literatur fähig ist, sondern nur nachahmen" könne (S. 191). Erst gen Ende seines Schaffens kehrt Nietzsche dann in seiner Einschätzung Heines „zu seinen Anfängen zurück", die „Neigung zu Scherz und Parodie" und zu feuilletonistisch-französischer Leichtigkeit rehabilitieren sein großes „Vorbild" Heine (S. 197).

Im Mittelpunkt dieses Sammelbandes stehen zwei Autoren, die „stets eher den Modus des Angriffs als der Verteidigung, der Bewegung als des Stillstands, der Kritik als der Affirmation [wählten]" (Christian Liedtke, S. 35), die in gewisser Weise ihre eigene Zeit überragten und die bis heute Anlass zu immer neuen Perspektiven und Fragestellungen bieten, trotz bereits zahlreicher vorhandener

Publikationen. Die Beitragenden leisten ihren Anteil, die Forschung sowohl zu Heine als auch zu Nietzsche um wichtige Blickwinkel und Facetten zu bereichern, die oftmals auch den Anstoß zu weiteren, größeren Projekten geben könnten. Die hier geleisteten Analysen lassen sich teilweise zu Themenblöcken gruppieren, wie etwa die Rezeption Heines durch Nietzsche, beider Rolle und Selbstwahrnehmung als Schriftsteller respektive Künstler, die Funktion der Satire, Parodie und des Lachens in ihren Texten, der Einfluss weiterer prominenter Vertreter der Geistes- und Kulturwelt auf ihr Schaffen (wie im Falle Heines und Nietzsches Goethe und im Falle Nietzsches Wagner). Im Zusammenhang damit wäre ein Desiderat, diese gemeinsamen Figurationen und Themen eventuell editorisch noch transparenter zu machen, ein überarbeitetes Vorwort im Zuge einer etwaigen Nachauflage wäre ein geeigneter Ort dafür. Des Weiteren bliebe es wünschenswert, wenn gelegentlich noch deutlicher darauf eingegangen würde, dass Nietzsche anders als Heine primär kein Dichter, sondern Philosoph ist, mag er auch eine Zwitterstellung einnehmen und der allgemeine Konsens heute dahin gehen, ihn eher in der Philologie anzusiedeln. Dennoch scheint eine grundsätzliche Unterscheidung nicht unangebracht, gerade auch im Hinblick auf ein Rollenverständnis und auf die jeweiligen Textsorten. Auch dies könnte eventuell im Rahmen einer zweiten Auflage nachgeholt werden. Insgesamt aber bleibt der Sammelband eine wertvolle Ergänzung für jede Bibliothek und alle Forschenden, die sich mit Heine oder Nietzsche tiefergehend beschäftigen wollen.

Patricia Czezior

Adolf Glaßbrenner: *Eine Fahrt nach Oranienburg. Feuilleton-Erzählung. Mit anderen neuentdeckten Beiträgen zum* Freimüthigen *(1839).* **Hrsg. und mit einem Vorwort und einem Kommentar von Peter Sprengel. Bielefeld: Aisthesis 2019 (Aisthesis Archiv Bd. 21; Vormärz-Archiv Bd. 6). 158 S. € 24,80**

Durch Forschungsbeiträge und Textausgaben hat sich das Wissen um den humoristischen Schriftsteller Adolf Glaßbrenner in den letzten Jahren deutlich verbessert, und diese Edition zeigt: Es sind weiterhin Entdeckungen zu machen. Sie enthält ausgewählte Beiträge Glaßbrenners aus „Der Freimüthige" (1839) – einem in Berlin erschienenen Blatt, das Glaßbrenner in diesem einen Jahr als im Hintergrund wirkender, eigentlicher Redakteur verantwortete. In ihrem Zentrum steht das längere Reisefeuilleton „Eine Fahrt nach Oranienburg", das dort in mehreren Nummern erschienen war. Ergänzt wird es mit kleineren journalistischen Beiträgen, in denen Themen aufscheinen, die sich für das Schaffen des Autors in diesen Jahren als markant erweisen: Kritik an einer sogenannten Volksliteratur, die auf unterstem Niveau agiere; Kritik an billiger Theaterunterhaltung; das Lob Schillers als freisinnigem und virtuosem Dichter usw. Unter ihnen finden sich poetische Trouvaillen wie die Schilderung von Buffeys und Flitters Besuch eines ausgestellten Walfischskeletts (hier kommt Buffeys Berlinerischer Dialekt zur Geltung) oder eine leider auf nur eine Folge beschränkte und Fragment gebliebene Eulenspiegel-Variation (die Glaßbrenners vielgestaltige Auseinandersetzung mit dem Narrenthema bezeugt).

Im Mittelpunkt dieser kenntnisreich eingeleiteten und kommentierten Edition steht mit Recht aber „Eine Fahrt nach Oranienburg". Dieser Text ist künstlerisch originell, und es ist eine Freude, ihn zu lesen. Er folgt den Regeln des unterhaltenden Feuilletons, entzieht sich aber auf gewisse Weise herkömmlichen Gattungskonventionen. Denn dieser plaudernde und idyllisierende Reisebericht

O. Briese (✉)
Frankfurt (oder), Deutschland
E-Mail: olafbriese@gmx.de

handelt nicht von einer Reise etwa nach Italien oder Skandinavien, sondern in die scheinbare Ödnis der Mark Brandenburg. Geschildert wird eine Landpartie, eine Kremserfahrt (und man sollte an dieser Stelle unbedingt erwähnen, dass auch Fontanes „Wanderungen durch die Mark Brandenburg" zumeist keine Wanderungen waren, sondern Kutschfahrten). Und wie in damaligen Reisefeuilletons üblich, geht es auch um Land und Leute, aber vornehmlich um ganz andere Belange. Die Leser und Leserinnen Heinrich Heines werden wissen, wie schnell seine Reiseberichte u. a. bei Napoleon landeten. So steht in Glaßbrenners Text nicht die Gegend um Berlin im Zentrum, sondern das gesellige Reisen selbst, es geht um Freundschaft, um Sinnesgenuss in Gemeinschaft und letztlich auch um ‚hohe' Politik. Wie das zusammengehören kann, verdeutlicht Glaßbrenner am Knallen von Champagnerkorken: „Gesprengt müssen die Fesseln werden, soll der Geist frei sein, und das Knallen ist sein Siegesschrei, und das Moussiren sind die Millionen Küsse, die uns der Geist gibt, oder der göttliche, wie Ihr ihn nennen wollt" (S. 63). Dieser Enthusiasmus mündet dann im Text in die Gründung eines Geselligkeits-Vereins namens „Duslebimbam" (der fortan einige Jahre im ‚wirklichen' Leben als Freundeskreis mit Glaßbrenner im Zentrum tatsächlich bestand).

Diese Vereinigung hatte, der im Text vorgestellten Satzung zufolge, ausdrücklich das Anliegen, Standesgrenzen aufzuheben („vergißt Jeder, was er ist, welchen Rang und welche Stellung er in der menschlichen Gesellschaft einnimmt", S. 42). Hier erkennt man, wie der Kommentar des Herausgebers mit Recht hervorhebt: Standesgrenzen sollen fallen, und diese Vereinigung von mehreren reisenden Adligen und Bürgern ist ausdrücklich ein Beispiel dafür. Die ebenso geschilderte wie verklärte Emanzipationsvereinigung ist eine für Bürger, die zu Adligen aufrücken und eine für Adlige, die zu Bürgern werden. Und das ist – bei aller Hochschätzung, die Glaßbrenner stets Künstlern und insbesondere Dichtern verleiht – eben kein Künstlerverein, sondern ein ‚Menschen'-Verein. Dieser intendiert einen universellen Ständeausgleich, eine Ständeaufhebung, und man ist an Schleiermachers frühromantisches Konzept von Geselligkeit erinnert, das einen ähnlichen Ständeausgleich beinhaltete (allerdings nicht in freier Landschaft, sondern im geschlossenen Rahmen von Salons). Der Bauernstand allerdings wird in der Matrix Glaßbrenners, wie der präzise Herausgeberkommentar ebenfalls betont, nicht in dieses Bündnis einbezogen. Er bleibt ausgeschlossen. Bauern bleiben folkloristisch-tanzende Staffage in einer Dorfkneipe; diese derben und naturbelassen-unreinlichen Gestalten sind keinesfalls für eine solche Vereinigung vorgesehen. Und diese ist überdies ausdrücklich und ausschließlich, wie die im literarischen Text mit zum Abdruck gebrachte Satzung betont, eine für Männer (hier erkennt man geradezu einen Rückschritt gegenüber frühromantischen Konzepten). Es handelt sich ja schließlich – auch eine gewisse Burschenherrlichkeit klingt an – um eine Herrenpartie. Insofern erweist sich diese Vereinigung also allen Verlautbarungen zum Trotz dennoch als exklusiv: Alle Menschen sind Brüder, aber einige noch viel mehr, und die Schwestern haben ohnehin andere Pflichten. Trotz dieser Grenzen des Glaßbrenner-Kosmos: Sein

Text schildert beschwingt einen Landausflug, bekennt sich zu einer „Emancipation des Fleisches" (S. 56) und beschwört einen Gesellschaftszustand, in welchem „die Menschenliebe die letzten Fesseln der Convention löst, und die allgemeine Umarmung eintritt" (S. 60). Ein ansteckender Optimismus! Oder ein exklusiver?

Olaf Briese

Willi Goetschel: *Heine and Critical Theory.* London, New York: Bloomsbury 2019. XII, 303 pp. £ 26,09

Willi Goetschel's "Heine and Critical Theory" makes a convincing argument that Heine was a Frankfurt School theorist *avant la lettre.* It demonstrates, among other connections, that Heine anticipates Nietzsche's critiques of asceticism and historicism; Heine is hinted at in Benjamin's work on Baudelaire (and was also a distant relative of Benjamin); he is "quasi-omnipresent" (p. 79) in Freud's œuvre (and distantly related by marriage – six degrees of separation is really more than a European Jewish intellectual seems to need); he is the paragon of Arendt's analysis of the *schlemihl,* counterpart to the Jewish pariah; and above all, in Goetschel's rendition the closest connection is to Adorno's negative dialectics.

Along with showing how an approach with Frankfurt-School concerns in mind sharpens a reading of Heine, for instance in Goetschel's chapter on "Der Rabbi von Bacherach", Goetschel conversely evokes Heine to reanimate the "pleasure and emancipatory verve" (p. 2) of Critical Theory. Certainly pleasure and verve are not the first words that may come to mind when reading Horkheimer's "Traditional and Critical Theory" or Adorno's "Aesthetic Theory". In contrast, in Heine's work laughter and entertainment are often the point. Heine's irony, which Goetschel characterizes as distinctly "post-Romantic" (p. 115, but weren't the early German Romantics *already* post-Romantic?), is embedded in his formulations, in the structures of narrative and poetry he employs, and in the sometimes slapstick, sometimes irreverent moments he depicts, as in the famous scene of the "secularization" of Francesca's kisses in the "Reisebilder". Even when he is not ha-ha funny, the irony bespeaks a certain level of interference that renders Heine proto-deconstructive in Goetschel's careful rendition.

K. Feldman (✉)
Berkeley, USA
E-Mail: kfeldman@berkeley.edu

Critical Theory, as Goetschel observes, can be seen as "Heine without the humor" (p. X). If we begin with a consideration of Marx (another distant relative!), the filiation of Critical Theory with Heine's comedy is not at all surprising. The familial, amical and intellectual relationship between Heine and Marx is well known. Whether or not it is a result of a direct influence of Heine or instead a factor in his admiration for Heine, Marx is possibly the most hilarious theorist of all time, as in his parody of Hegel by way of Szeliga [Franz von Zychlinski] in "Die heilige Familie":

> If from real apples, pears, strawberries and almonds I form the general idea "Fruit", if I go further and imagine that my abstract idea "Fruit", derived from real fruit, is an entity existing outside me, is indeed the true essence of the pear, the apple, etc., then in the language of speculative philosophy – I am declaring that "Fruit" is the "Substance" of the pear, the apple, the almond, etc.[....] I therefore declare apples, pears, almonds, etc., to be mere forms of existence, *modi,* of "Fruit" [....] Hence the value of the ordinary fruits no longer consists in their natural qualities, but in their speculativequality, which gives each of them a definite place in the life-process of "the Absolute Fruit." (Karl Marx: Selected Writings. Ed. by David McLellan. Oxford 1977, p. 150).

While Goetschel points forward from Heine to the Frankfurt School, he also draws an older tradition of thought – from Spinoza to Goethe – into the lineage. For Goethe, "irony is a less a technical rhetorical device than a structural, constitutive feature of language" (p. 119). Goetschel calls attention to how Goethe evokes the multilingual aspects within German, an intrinsic alterity, as it were. In this respect Goethe emerges as among the most Jewish of all the thinkers Goetschel describes, as will become clearer below with regard to Goetschel's rendition of what "Jewish" means. Spinoza's "dual-aspect monism" (p. 200), on the other hand, as Hegel well recognized, sets the stage for dialectics and his anti-religious materialism anticipates Marxism.

Although Adorno's publications on Heine are not consistent in representing their kinship (for once a metaphorical one), Goetschel draws out the Adornian aspects of the relationship between theory and praxis in Heine's work. The dissonance that Adorno's aesthetics insisted upon, and which structured his own writing, is key to his connection to Heine. As with Benjamin, Adorno's version of dialectics does not involve a Hegelian resolution, absorption or moving-forward. Instead it maintains the incompatibility of the dialecticized elements. Their non-resolution is what forms their dialectical character. Adorno's most-admired music, and his dialectics, are constituted as dissent; the dissonance and incompatibility are the source of their critical power. They are non-identical in their very structure. This non-identity takes on a temporal dimension in the Freudian *Nachträglichkeit* that Goetschel aligns with Heine's own versions of belatedness and in his model of history.

In tandem with the representation of Heine as the *Urgroßvater* of Critical Theory, Goetschel also argues that Heine's work theorizes and enacts "Jewish difference." It speaks against a Hegelian universal by *being* dissonantly different within that universal, by being (in Goetschel's eyes) Jewish. This means that there is also an ontological argument undergirding this book about what

"Jewish" means, and the argument suggests that "Jewish" doesn't "mean" any particular thing. Rather, "Jewish" is a term that evokes particularity itself, along with comedy, dramatization, pleasure, subversion, exposition, and hybridity. In Goetschel's reading of Heine, "Jewish" is a term for embracing difference, liberating, and critiquing. It also retains its more usual meanings – coming from Jewish background, pertaining to Jewish tradition, involving experiences of Jews, and anticipating a messianic return. Finally "Jewish" also evokes exile and estrangement. In this respect while "Jewish" may appear to be an essentialist term, in Goetschel's rendition it designates the undermining of essence. The old joke goes "Two Jews; three opinions"; here we have one word – "Jewish" – that does the work of dozens of operations, deconstructions, associations and even "opinions". The fact of Heine's baptism may be only fleetingly dealt with in this volume, but it does not appear to throw a wrench into Goetschel's claim for Heine's Jewishness when "religious belief" is only one element of the constellation that "Jewish" evokes in Goetschel's reading.

In addition to the multiplicative character of "Jewish," in Goetschel's analysis, Heine thoroughly presaged the contemporary critiques of secularism. That is, the notion of "secular" always was born of religion and in particular from a Protestant model in which privatized conscience is at the center. Historical secularization narratives elide their own religious underpinnings, which themselves involve unstated ontological claims about what is "a religion" and what is "Jewish". Goetschel, via Heine, could thus be seen as indirectly exploiting the many subversive possibilities of embracing claims, such as Kant's, that Judaism is not a religion. To protest, "But Judaism *is* a religion, just like Protestantism is a religion", is to already grant Kant's point; Christianity (as he conceives it) is the only true religion because it embodies the essence of what religion properly is. The protest frames "Jewish" as a matter of inward belief and thus to accept the entire Protestant framing of "religion" and of a presumed secularizing arc of history. Heine's critique of secularization narratives thus unmasks the normative Protestant principles of their formulations. Juda*ism* may be an attempt to achieve the ontological status of religion, a defensive move to gain recognition; but the term is an essentialized *derivative* of "Jewish," whose ontological status is multifarious from the ground up.

Goetschel's argument thus combines formal and historical strands: Heine's style of writing, even across his very heterogeneous corpus of poetry and prose, operates in ways that undergird the historical analyses and projects of the Frankfurt School. Goetschel details in systematic fashion how Heine's work comedic, performative, hybridizing, and subversive writing anticipates multiple major threads of Critical Theory. The self-deconstruction of "Jewish" in these analyses, is even more provocative than Goetschel acknowledges and could provide an opening to many discussions of the figuration and literalization of Jewishness.

Karen Feldman

Karl Gutzkow: *Ueber Göthe im Wendepunkte zweier Jahrhunderte.* **Mit weiteren Texten Gutzkows zur Goethe-Rezeption im 19. Jahrhundert hrsg. v. Madleen Podewski. Münster: Oktober Verlag 2019 (***Gutzkows Werke und Briefe. Kommentierte digitale Gesamtausgabe.* **Hrsg. vom Editionsprojekt Karl Gutzkow, Exeter und Berlin. Abt. IV: Schriften zur Literatur und zum Theater, Bd. 3). 281 S. € 32,90**

Seit nunmehr zwei Jahrzehnten arbeiten die Mitwirkenden des Editionsprojekts Karl Gutzkow, initiiert bei einem 1997 an der Keele University abgehaltenen Symposium, an einer kommentierten Gesamtausgabe der Schriften Gutzkows, die seit langem ein Desiderat darstellte, da die älteren Auswahlausgaben Gutzkows Texte dem zeitgenössischen Leser nicht mehr hinreichend erschließen können und vieles, allen voran die späten Romane, gar nicht erst enthalten. Einzelne Editionen, etwa der „Wally", der „Ritter vom Geiste" oder ausgewählter Erzählungen und Schriften, machten die Lücke nur fühlbarer. Ziel des Editionsprojekts ist es daher vor allem, verlässliche Textausgaben zu bieten, deren gründliche Kommentierung erst Gutzkows Beitrag zur Literatur des Vor- und Nachmärz erkennbar machen kann. Die Gesamtausgabe ist als Hybridausgabe konzipiert, alle Texte werden mit textkritischem Apparat, Dokumenten zu Entstehung und Rezeption sowie einem Global- und Stellenkommentar unter der URL <www.gutzkow.de> frei zugänglich präsentiert, die Textteile erscheinen parallel in gedruckter Version.

Im Rahmen dieser Ausgabe hat Madleen Podewski nun Gutzkows 1836 veröffentlichte Schrift „Ueber Göthe im Wendepunkte zweier Jahrhunderte" herausgegeben, Gutzkows Versuch, sich in der zeitgenössischen Debatte zu positionieren, in der, am Prüfstein Goethe, letztlich über die Möglichkeiten und Funktionen von Literatur überhaupt verhandelt wurde. Leider ist bislang nur der

Textband im Oktober-Verlag veröffentlicht, während Text und Apparat in der digitalen Ausgabe noch nicht vorliegen, so dass der ganze Wert der Hybridausgabe an diesem Text noch nicht aufgezeigt werden kann. Immerhin sind dem Band ein informatives Nachwort der Herausgeberin und editorische Notizen beigegeben, die die Druckgeschichte der Goethe-Schrift (die Gutzkow für wert hielt, sie in seine beiden Werkausgaben von 1845 und 1876 aufzunehmen, 1876 in einer deutlich überarbeiteten Fassung) und der weiteren enthaltenen Texte nachvollziehbar machen. Vor allem auf den Stellenkommentar darf man gespannt sein.

Mit „Ueber Göthe im Wendepunkte zweier Jahrhunderte" versucht der noch junge Gutzkow, vier Jahre nach Goethes Tod, eine Position zwischen den – langsam bereits (literatur-)historisch werdenden – Lagern der Goethe-Verehrer und Goethe-Verächter zu finden. Seine Perspektive ist dabei nach vorne gerichtet: Wie kann „Goethe" (wobei diese Persona für ein Konglomerat von „Leben" und „Werk" steht, zwei Begriffe, die ihrerseits aus Wirkungen und Meinungen geschaffene Konstrukte im zeitgenössischen Diskurs sind) als epochale Schwellenfigur zwischen einer „alten" und einer „neuen" Zeit argumentativ genutzt werden, um Perspektiven und Leitideen für eine zeitgemäße Kunst und Literatur zu finden? „Es mußte ein Grab nicht nur vor Hyänen, die verwesende Leichen witterten, geschützt, sondern auch an dem alten lebendigen Gedächtniß unsers großen Dichtes mußten diejenigen Gesetze der Kunst, diejenigen Thatsachen der Literatur entwickelt werden, welche Saatkörner der Zukunft sind", schreibt Gutzkow am Ende des ersten Kapitels seiner Abhandlung (S. 27 f.). Interessanterweise hat in Gutzkows Schrift dann aber nicht Goethe das letzte Wort, sondern Schiller – letztlich soll auf die Epoche des „Talents" (Goethe) die der „Tendenz" (Schiller) folgen, soll Literatur operativ in die gesellschaftlichen Entwicklungen der Zeit eingreifen: „Die Zeit der Tendenz kann beginnen, wenn man über die Zeit des Talents im Reinen ist." (S. 111).

Das Stichwort „Schiller" bildet eine Brücke, um hervorzuheben, worin das besondere Verdienst der vorliegenden Ausgabe liegt: Während „Ueber Göthe im Wendepunkte zweier Jahrhunderte" so gut greifbar ist wie außer „Wally, die Zweiflerin" wohl kein anderer Text Gutzkows (mit zwei Ausgaben, zum einen innerhalb der Auswahlausgabe der „Schriften", 1998 im Verlag Zweitausendeins herausgegeben von Adrian Hummel, zum anderen im Goethe-Jahr 1999 herausgegeben von Olaf Kramer – letztere ohne das Vorwort, das wesentlich mehr als ein entbehrlicher Paratext ist), bietet Madleen Podewskis Edition eine Reihe weiterer Texte Gutzkows zu Goethe und zur Goethe-Rezeption, die durchweg seit ihren jeweiligen Journalveröffentlichungen (und, in wenigen Fällen, der Aufnahme in Buchveröffentlichungen Gutzkows) nicht wieder gedruckt wurden und, in der zusammenhängenden Präsentation, Zeugnis der lebenslangen Auseinandersetzung Gutzkows mit Goethe bis in die 1870er-Jahre sind. Auch in diesen Texten taucht immer wieder Schiller neben Goethe als Referenzpunkt für die Bestimmung der Funktion von Literatur auf. Mal werden beide einträchtig nebeneinandergestellt und gegen ihre Epigonen in Stellung gebracht („Schiller und Goethe. Einleitung zu literarischen Unterhaltungen", 1852), mal, wie am Ende von „Ueber Göthe", der eine gegen den anderen ausgespielt: „Männer der reinsten Geistesthätigkeit aber,

Dichter und Denker, werden doch immer wieder auf Schiller, als ihr nächstes und bestes Vorbild, zurückkommen müssen." („Ob Schiller, ob Goethe", 1854, S. 181). Ausführlich entfaltet Gutzkow in seinem Beitrag „Nur Schiller und Goethe?", 1860 in den „Unterhaltungen am häuslichen Herd" veröffentlicht, was in seinen Augen die beiden Klassiker trennt und verbindet. Ausgehend von Ernst Rietschels 1857 errichteten Doppelstandbild vor dem Weimarer Theater charakterisiert Gutzkow die Dioskuren: „[…] bei Schiller geht die Wirkung mehr nach außen und reißt den Menschen zum Anschluß an das Gute und Schöne hin, […] bei Goethe geht der sittliche Entschluß mehr innenwärts und festigt die Widerstandskraft im Menschen bei den Stürmen des Geschicks […]" (S. 196). Aber: „‚Schiller und Goethe' drücken nicht das ganze Gebiet des dichterischen Schaffens aus" (S. 200), und:

> Wollte man aber sofort jeden jetzt noch Schaffenden nach diesen Maßstäben beurhalen, […], so würde sich die Literatur bald in Sonntags-Nachmittagsgottesdienst verwandeln; selbst die stolzeste, auf den Schiller- und Goethe-Cultus gegründete *Akademie* mit dem glänzendsten Marmorgetäfel der ‚Formen' würde etwas Oedes, Kaltes und Langweiliges haben. (S. 205)

Was Gutzkow dagegenhält – und damit 1860 letztlich denselben Ansatz einer eingreifenden Literatur verfolgt wie 1836 in der Goethe-Schrift –, ist „das lebensschaffende, befruchtende, fortzeugende Princip der Literatur" (S. 201). Eher für die Geschichte der Goethe-Rezeption im 19. Jahrhundert interessant sind einige weitere Beiträge, so der 1838 im „Telegraph für Deutschland" gedruckte Bericht einer Visite in Weimar im Herbst 1837, „Ein Besuch bei Göthe", der das Museale des nachgoetheschen Weimars anschaulich erfasst. Natürlich ist der Besucher in Goethes Wohnhaus, herumgeführt von Goethes Sekretär Theodor Kräuter, berührt und gerührt: „Ich wußte zwar, daß Göthe schon todt ist, war doch darauf gefaßt, ihn plötzlich aus einem Nebenzimmer treten zu sehen." (S. 119), aber: „Sonst ist Alles, was man in dem Zimmer anrührt, todt und kalt. Es scheint zu verwesen, seitdem der Herrscher darüber nicht mehr ist. Ich dankte Gott, als ich draußen auf der Straße wieder frische Luft schöpfte. Ich war wieder ein freier und eigner Mann" (S. 122). Noch mehr gilt das eher literarhistorische Interesse für Gutzkows Bericht von der Feier zur Enthüllung des Frankfurter Goethe-Denkmals (und von dessen Vorgeschichte) im Oktober 1844. Auch der Trinkspruch, den Gutzkow bei einem Bankett zu diesem Anlass im Frankfurter Börsensaal hielt, ist hier dokumentiert, in dem er auch Herder, „der die Theologie aus ihrem Zunftbanne befreite", Wieland, „der mit dem Zauberstabe des Oberon alte poetische Sünden vergessen machte", und vor allem Schiller als Streiter „für Wahrheit und Freiheit" (S. 153) hervorhebt und Weimar recht jungdeutsch zu einer Keimzelle der Religionskritik, einer emanzipatorischen Sinnlichkeit und des revolutionären Freiheitspathos umdeutet. Dass alle diese kleinen Texte (die knapp die Hälfte des Bandes ausmachen) nun endlich wahrgenommen werden können, ist nicht das geringste Verdienst der vorliegenden Ausgabe. Die Veröffentlichung des kritischen Apparats auf der Website des Editionsprojekts wird der Auseinandersetzung mit Gutzkow im Kontext der literarischen Diskurse des 19. Jahrhunderts gewiss weitere Impulse geben.

Robert Steegers

Helmut Schanze: *Erfindung der Romantik.* Stuttgart: Metzler 2018. 434 S. € 49,99

Helmut Schanze ist ein ausgewiesener Kenner der deutschen Romantik und zieht mit diesem Buch die Summe seiner Beschäftigung mit einem Thema, das ihn sein ganzes Berufsleben hindurch seit Mitte der 1960er Jahre umgetrieben hat. Das umfangreiche Verzeichnis seiner einschlägigen Veröffentlichungen hat er separat dem Literaturverzeichnis angefügt (S. 421 f.). Und dennoch sieht er sich außer Stande, wie er in der „Einleitung" gesteht, eine bündige Definition dessen zu geben, was unter „Romantik" und „romantisch" zu verstehen ist und schlägt vielmehr vor, den Begriff ganz im Sinne seines Erfinders Novalis als „Ausgangspunkt für eine Vielzahl von Theorien und Praxen in Literatur, Kunst, Wissenschaft und der Gesellschaft" zu nehmen (S. 2). Zugleich betont er, dass die Romantik keineswegs eine „deutsche Affäre" sei (so der Untertitel des populären Romantik-Buchs von Rüdiger Safranski), sondern eine europäische, ja universelle Angelegenheit (wobei allerdings auch seine Darstellung sich weitgehend auf die deutsche Romantik beschränkt).

Gegliedert ist das Buch in drei Großkapitel, die zugleich den zeitlichen Rahmen abstecken und, dem ‚triadischen Geschichtsmodell' der Romantiker folgend, eine ‚Vorzeit' (1793–1798), ‚Mittelzeit' (1798–1828) und eine ‚Nachzeit' (1828–1918) unterscheiden. Die wenig ergiebige Diskussion um Romantik als „Chronotopos" hält Schanze zu Recht kurz. Im Vordergrund der Untersuchung steht die Füllung jener inhaltlichen Begriffsbestimmungen, die die Romantiker selbst getroffen haben. Grundlegend ist für Schanze der Begriff der Romantik als „Lehre vom Roman". Im ersten der drei Großkapitel, das mit „Tendenzen (1793–1798)" überschrieben ist und vor allem die Anfänge der romantischen Bewegung bis zur Gründung der Zeitschrift „Athenäum" in den Blick nimmt, geht es denn auch um die Bedeutung von Goethes „Wilhelm Meister", den Friedrich Schlegel

B. Kortländer (✉)
Düsseldorf, Deutschland

neben der Französischen Revolution und der Fichteschen Wissenschaftslehre zu den „größten Tendenzen des Zeitalters" zählte. In seiner Verbindung von höchst anspruchsvollem Inhalt und populärer Form liefert Goethes Roman das Urbild moderner, ‚romantischer' Literatur und den Ausgangspunkt, von wo aus Schlegel sein Postulat der „progressiven Universalpoesie" entwickelt.

Im zweiten, umfangreichsten Großkapitel mit dem Titel „Doktrinen (1798–1828)" stehen zunächst die großen in den Bänden des „Athenäums" veröffentlichten Texte im Fokus, insbesondere die von Friedrich Schlegel und Friedrich von Hardenberg. Die Zeitschrift funktionierte als „Medium und Organ einer fiktiven Schule" (S. 100), worauf bereits der Name hindeutet. Die im „Athenäum" entworfene Theorie des Romans lässt diese bis dahin als minderwertig angesehene ‚Mischgattung' zum Ziel- und Höhepunkt der nachklassischen Tradition und Inbegriff der ‚romantischen Tendenz' der modernen Poesie aufsteigen: „Romantische Poesie, Romanpoesie ist ‚universelle Mischpoesie'" (S. 117). Die mit diesem Perspektivwechsel verbundene ästhetische Revolution betrifft nicht nur die Kunst, sondern die Gesellschaft als Ganze, denn die „Theorie der ‚progressiven Universalpoesie' [ist] eine historische Theorie" (S. 107). Auch das Leben ist Buch, oder wie Novalis sagte, „ein von uns gemachter Roman" (S. 168). Novalis steuerte 1798 den Terminus „Romantik" zur Debatte bei (der im Übrigen, anders als der Verf. suggeriert (S. 4), schon bald auch in der Tagespresse, z. B. 1824 in den Paris-Korrespondenzen des „Morgenblattes", Verwendung fand). Sehr anschaulich wird demonstriert, dass der Terminus aus naturwissenschaftlichem Geiste geprägt wurde und, anders als die spätere Stilisierung des Novalis zur „schönen Seele" vermuten lässt, als „rationales Verfahren einer generischen Inventorik" gedacht war, „die nach dem ‚Ursprung' der Poesie sucht und neue Welten erfindet" (S. 150).

Diese Erfindungen setzen an bei einer Vielzahl von neu geschaffenen Mythologien, die am Mythos des umgewerteten Mittelalters ebenso festgemacht sind wie am Mythos Europas oder des Orients, in dem Friedrich Schlegel „das höchste Romantische" (S. 200) zu finden hofft. Schlegels Orientkonstrukt ist dabei zugleich der Ausgangspunkt für seine Erfindung Europas, seine wissenschaftliche Studie zur Sprache und zur Philosophie des Ostens zugleich Suche nach den europäischen Ursprüngen, die er „über den Mythos des ‚ex oriente lux' mit seinem christlichen Apostolat" verbindet (S. 212). Das bringt Goethe gegen ihn auf, der in Schlegels Indien-Buch nur das Vehikel einer „dogmatischen Religionspolitik" (S. 214) sieht und es zum Anlass nimmt für den endgültigen Bruch mit der romantischen Schule.

Im Unterkapitel „Orte – Schulen" (S. 240 ff.) geht es um die Zentren der Wirksamkeit der Romantiker. Zu den in diesem Kontext vertrauten Namen wie Jena, Heidelberg, Berlin treten Orte wie das Landgut des Musiker-Schriftstellers Johann Friedrich Reichardt in Halle-Giebichstein oder, aus der Biographie Friedrich Schlegels abgeleitet, Städte wie Paris, Köln und Wien. Im letzten Teil des Großkapitels liegt ein besonderer Schwerpunkt auf der Bedeutung der Musik für die Ausgestaltung des Begriffs vom Romantischen. Zwischen dem „Wunderhorn" (1806), einem Liederbuch ohne Noten, und Mendelssohn Bartholdys „Liedern ohne Worte" (ab 1833) entwickelt sich die Vorstellung von der Musik – insbesondere der Instrumentalmusik – als der „romantischsten aller Künste" (S. 313). Nicht nur für E.T.A. Hoffmann hatte in Beethovens Symphonien das ‚Wesen der Romantik' Gestalt angenommen.

Das letzte der drei Großkapitel „Kein Ende (1828–1918)" setzt ein mit einem Blick auf den ‚entlaufenen Romantiker' („romantique défroqué") Heine, dessen Kritik der „Romantischen Schule" auch früher bereits zu Wort kommt. Sein „Schwabenspiegel" lässt die Vertreter der schwäbischen Dichterschule satirisch als Beleg dafür aufmarschieren, dass die Romantik in der deutschen Provinz ihre „utopisch-synthetische Funktion" verloren hat und als „Reflexionsmedium" an ihre Ende gekommen ist (S. 360). Heine selbst hat, z. B. im „Buch der Lieder" (1827), wie Schanze überzeugend darlegt, Elemente der Romantik als „Lehre vom Roman" beherzigt und durch die Zyklenbildung seinem Liederbuch die Form eines biographischen Romans gegeben: „Aus der ‚Poesie in Prose' wird, in der Sammlung der Lieder, eine romantische Lebens- und Liebesgeschichte in der Form einer ‚Suite' von Liedern." (S. 363) Neben Heine, der später als „letzter […] Fabelkönig" (HSA XXII, 181) der Romantik abdankt, ohne sich freilich gänzlich von ihr loszusagen, führt der Verf. in Gestalt von Kierkegaard, Wagner, Nietzsche und Thomas Mann weitere Figuren und Positionen vor, für die die Auseinandersetzung mit der deutschen Romantik grundlegend war.

Schanze hat ein Buch über die Romantik vorgelegt, das man beinahe selbst ‚romantisch' nennen möchte. Trotz der vorgegebenen Chronologie ist der Text nicht linear angelegt, gibt es keinen dicken roten Faden, an dem man sich durch die Kapitel und Unterabschnitte hangeln könnte. Das Buch stellt sein Thema nicht nur inhaltlich dar, sondern bildet es gewissermaßen in seiner Schreibart ab. Die sehr dichte Schrift umkreist den Gegenstand „Romantik" gelegentlich wie in Arabesken, auch assoziativ, aphoristisch, fragmentarisch und paradox – und folgt damit dem Arsenal romantischer Rhetorik. Auf keinen Fall ist dies eines der gängigen Einführungsbücher, für Anfänger ist es wenig geeignet, und auch der Fortgeschrittene muss sich konzentrieren, um dem Verf. auf den verschlungenen, sich ständig kreuzenden Gedankenwegen zu folgen. Wer sich auf die Mühe einlässt, wird belohnt durch überraschende Einblicke und viele weiterführende Hinweise.

Bernd Kortländer

Heine-Literatur 2019 mit Nachträgen

Zusammengestellt von Elena Camaiani

1 Primärliteratur
   1.1 Gesamtausgaben
   1.2 Einzelausgaben und Teilsammlungen
   1.3 Texte in Anthologien
   1.4 Übersetzungen
2 Sekundärliteratur
   2.1 Studien zu Leben und Werk
   2.2 Untersuchungen zur Rezeption
   2.3 Forschungsliteratur mit Heine-Erwähnungen und –Bezügen
3 Literarische und künstlerische Behandlung von Person und Werk
   3.1 Literarische Essays und Dichtungen
   3.2 Werke der Bildenden Kunst
   3.3 Werke der Musik, Vertonungen
4 Rezensionen
5 Allgemeine Literatur mit Heine-Erwähnungen und -Bezügen

1 Primärliteratur

1.1 Gesamtausgaben

1.2 Einzelausgaben und Teilsammlungen

Heine – wie neu. Deutschland. Ein Wintermärchen. Sprecher: Thomas Brückner. Flöte: Katharina Sommer. Gitarre: Uwe Kropinski. Schlagzeug & Perkussion: Günter ‚Baby' Sommer. Demo-CD. Leipzig 2006. 1 CD (22 Min.). [Caput 14, 16, 24, 27].

Heine, Heinrich: Deutschland. Ein Wintermärchen. Mit e. Vorw. von Joachim Gauck. Einbandgestaltung und Ill.: Olivia Pilgrim. Ill. Schmuckausg. Hamburg 2019. 124 S.: Ill.

Heine, Heinrich: Die Harzreise. Mit Horst H. Vollmer. Ungekürzte Lesung. Berlin 2019. 1 CD (2:16 Std.). (Große Werke – große Stimmen).

Heine, Heinrich: Wintermärchen. Lim. Sonderausg. Norderstedt 2019. 72 S. (Sternendichter Edition; 2).

1.3 Texte in Anthologien

Auf Samtpfoten. Katzengedichte und Katzengeschichten. Hrsg. und neu erz. von Heinz Janisch. Ill. von Marion Goedelt. Berlin 2016. 91 S.: Ill.

Böse Sprüche für sie & ihn. Dietmar Bittrich [Hrsg.]. Mit Ill. von Thomas August Günther. München 2004. 128 S.: Ill. (dtv; 20761: Galleria).

Eulenspiegels fröhliches Weihnachtsbuch. Hrsg. von Margarete Drachenberg. Mit Ill. von Hans-Eberhardt Ernst. Berlin 2018. 223 S.: Ill.

Europareise. Historische Berichte. Freiburg i. Br. 2018. 8 CDs (10 Std.) + 1 Booklet.

Gedichte, Geschichten mit Nadel und Faden. Zusammengestellt und ill. von Susanne Schnatmeyer. Berlin 2018. 189 S. (Edition Textile Geschichten).

Gert Westphal liest: Die Jahreszeiten in der deutschen Dichtung. Hans Christian Andersen, Matthias Claudius, Theodor Fontane, Heinrich Heine, Detlev von Liliencron [und weitere]. München 2019. 4 CDs.

Glückwünsche in Vers und Reim. Tag für Tag. Christian von Bergen (Hrsg.). 9. Aufl. München 2000. 260 S.: Ill.

Gute Besserung. Geschichten, Lieder und Gedichte. Kompilation: Miriam Pauly. Hamburg 2018. 1 CD (71 Min.) + 1 Booklet. (Hören & genießen. Goya NiCE).

Das Herz braucht zum Glück ein zweites. Zusammenstellung: Volker Bauch. Leipzig 2019. 135, 135 S.

Ein Himmel voller Geigen. Die schönsten Musikgeschichten. Hrsg. von German Neundorfer. Frankfurt a. M. 2009. 235 S. (Fischer; 90260: Klassik).

Das Hörbuch für Regentage. Geschichten, Gedichte & Musik, bis die Sonne wieder scheint. Kompilation: Dana Nitz. Hamburg 2018. 1 CD (1 Std.) + 1 Booklet. (Hören & genießen. Goya NiCE).
Hundert Jahre Berliner Humor. Von den Freiheitskriegen bis zum Weltkrieg. Gustav Manz [Hrsg.]. Texte von Heinrich Heine, Julius Rodenberg, Theodor Fontane und vielen mehr. Neusatz der Ausgabe von 1916. Hamburg 2019. 272 S.: Ill.
Ich schenk dir was! Weihnachtsgedichte für Kinder. Hrsg. von Ursula Remmers und Ursula Warmbold. Mit Ill. von Andreas Röckener. 2. Aufl. Ditzingen 2018. 94 S.: Ill.
In den Himmel springen und die Sterne fressen. 99 Grotesken aus allen Zeiten. Ausgew. von Walter Gerlach. Wiesbaden 2018. 319 S.: Ill.
Jeden Tag ein Lächeln. 365 komische Gedichte. Hrsg. von Nele Holdack und Catrin Polojachtof. Berlin 2019. 414 S.
Jeder Tag ein Gedicht. 366 Texte. Ausgew. von Ursula Baltz-Otto. Stuttgart 2018. 403 S.
Die kleinen liebenden Deutschen. 69 entflammte Gedichte. Ausgew. von Steffen Jacobs. Frankfurt a. M. 2006. 96 S.
„Das Leben und dazu eine Katze". Geschichten, Gedanken, Gedichte. Ausgew. von Luise Marohn. Ditzingen 2019. 120 S.: Ill.
Lieblingsballaden von Goethe, Schiller und anderen. Ausgew., durchges., revidiert und mit e. Nachw. hrsg. von Joerg K. Sommermeyer. Norderstedt 2018. 295 S. (Orlando Syrg Taschenbuch; 2018, 15. Reihe Alte Tradition Azurcelesteblueoscuro; 11. Exemplarische Werke der Weltliteratur).
Preußen. Deutsche Debatten 18.–21. Jahrhundert. Eine Anthologie. Hrsg. von Hans-Jürgen Bömelburg und Andreas Lawaty. Stuttgart 2018. 600 S.
Das schönste Geschenk. Geschichten und Lieder zu Advent und Weihnachten. Thomas Begrich (Hrsg.). Mit Ill. von Klas Fahlen. Leipzig 2018. 167 S.: Ill.
Statt Socken. Flotte Lektüre zur Weihnachtszeit. Ditzingen 2018. 75 S. (Reclams Universal-Bibliothek; 19545).
Tannenbaum und Kerzenschein. Die schönsten Weihnachtsgeschichten. Hrsg. von Antonie Schneider. Ill. von Elisa Vavouri. Berlin 2018. 90 S.: Ill.
Unterm Regenbogen. Gedichte rund ums Jahr für Kinder und Erwachsene. Barbara Stein. Bonn 2018. 104 S.: Ill.
Von Liebe singt die Nachtigall. Bettina Köller. [Hrsg.] Eine Zusammenstellung von Liebeslyrik und Texten von Paul Celan, Erich Fried, Heinrich Heine, … Jena 2018. 26 ungez. S.: Ill.
Was zum Teufel ist mit Gott los? Sinnstiftendes und Übersinnliches. Von Woody Allen … Mit Zeichn. von Sempé … Orig.-Ausg. Zürich 2007. 414 S.: Ill. (Das Tintenfass; 31. Diogenes-Taschenbuch; 22031).
Wer reitet so spät durch Nacht und Wind? Bekannte Gedichte zum Erinnern und Vorlesen. Günter Neidinger [Hrsg.]. Karlsruhe 2018. 137 S.
Winter am Kamin. Hrsg. von Julia Gommel-Baharov. Frankfurt a. M. 2018. 256 S. (Fischer; 90698: Klassik).

Zettelkalender – Adventspoesie mit deutschen Dichtern. 24 Gedichte und Aphorismen von Fontane, Goethe, Heine, Morgenstern, Rilke und Ringelnatz auf Briefen und Geschenkkärtchen. Münster 2018. 1 Adventskalender.

1.4 Übersetzungen

Carmina pulcherrima = Die schönsten Balladen. Latein – Deutsch. Ausgew. und übers. von Franz Schlosser. Darmstadt 2017. 111 S.: Ill. [„Loreley", latein. S. 42–59].

Djiparmissa. Klassische deutsche Gedichte auf Romanes. Übers. und hrsg. von Reinhold Lagrene. Mit e. Vorw. von Romani Rose. Heidelberg 2018. 139 S. [„Neuer Frühling", Romani. S. 58–59].

Heine, Heinrich: Memoires en bekentenissen. Vertaald, ingeleid en van commentaar voorzien door Jan Sietsma. Amsterdam [u. a.] 2019. 159 S.

Heine, Heinrich; Alves, Castro: Navios negreiros. Organização: Priscila Figueiredo. Tradução: Priscila Figueiredo e Luiz Repa. 4a impressão. São Paulo 2018. 75 S.: Ill. [„Das Sklavenschiff", portug. S. 13–29].

Heine, Heinrich: No lae ui chaeg = Buch der Lieder. I Jae yeong olm gim. Se gye mun hag pan 2 swae. Paju 2018. 368 S. (Yeol lin chaeg deul se gye mun hag; 234). [kor., dt.].

Heine, Heinrich: Ramble through the Tyrol. Impressions of a Journey. Ed. and with an afterword by Bernd Schuchter. Transl. by Thomas Weyr and Mark Miscovich. Innsbruck 2019. 73 S. (Limbus Preziosen).

Jackson, W. D.: Opus 3. Nottingham 2018. 483 S. (Jackson, W. D.: Then and now; 3). [verschiedene Übersetzungen].

Parallele Versübersetzungen = Párhuzamos versfordítások. Szalki Bernáth Attila és klasszikusaink versfordításai. [Ungarn] 2018. 65 Bl. [„Es liegt der heiße Sommer" und „Hohelied", ungar. S. 35–37].

2 Sekundärliteratur

2.1 Studien zu Leben und Werk

Angelov, Angel Valentinov: Anti/Modernität. Bilder des Exotischen und des Paradieses auf Erden in der ersten Hälfte des 19. Jh. in Europa. Sofia 2019. 373 S. [Kap. II: „Metropolis, Exotik und Stereotype. „Französische Maler" und Reisebeschreibungen von Heine". S. 76–117].

Arnauld, Andreas von; Klein, Christian: Weil Bücher unsere Welt verändern. Vom Nibelungenlied bis Harry Potter. Darmstadt 2019. 400 S. [Kap.: „Heinrich Heine: Deutschland. Ein Wintermärchen. Ein Exilant begegnet der Heimat". S. 212–215].

Bartscherer, Christoph: Morphium und Theodizee. Zum religiösen Gehalt von Heines Lyrik aus der „Matratzengruft". – In: Itinéraires poétiques de Heinrich Heine. Nancy 2018. S. 97–108.

Bauer, Lukas: „Sie durchziehen dieses Land in ganzen Schwärmen". Tourism as a Marker of Modernity in Heine's ‚Reisebilder'. – In: Monatshefte für deutschsprachige Literatur und Kultur 110, 2018, 4. S. 487–508.

Benedict, Hans-Jürgen: „Staatsgefährliche Triller" der Buffo-Musik. Feuilletonist Heine über Rossini und Mendelssohn. – In: Ders.: Erzählte Klänge. Musikbeschreibung in der deutschen Literatur. Berlin 2018. S. 231–237.

Brenner-Wilczek, Sabine: 21. Forum junge Heine-Forschung 2018 mit neuen Arbeiten über Heinrich Heine. – In: HJb 58, 2019. S. 173–176.

Brückner, Leslie: „Shocking! for shame, for shame!". Mehrsprachigkeit in den Reiseberichten Heinrich Heines und Hermann von Pückler-Muskaus. – In: HJb 58, 2019. S. 46–63.

Calvié, Lucien: Henri Heine et l'exil. – In: Der Rhein im deutsch-französischen Perspektivenwechsel = Le Rhin. Regards croisés franco-allemands. Willi Jung, Michel Lichtlé (Hrsg.). Göttingen 2019. (Deutschland und Frankreich im wissenschaftlichen Dialog; 8). S. 373–396.

Cambi, Fabrizio: „Er liebt die bunte Hanswurstjacke". Il linguaggio del corpo e della danza in Heine e Nietzsche. Consonanze e distanze. – In: Heine und Nietzsche. Rom 2019. S. 147–156.

Caven, Robert: Ein Fräulein gibt zu denken. – In: Zeno 39, 2018, 38. S. 167–175.

Clausberg, Karl: Badereisen als Fieber-Cur – mit Heinrich Heine unterwegs durch Tollhäuser und Gefängnisse. – In: HJb 58, 2019. S. 12–26.

Czezior, Patricia: Die Repressalien der Zensur und die juristisch-dichterische Utopie des „freyen Menschenthums" in Heinrich Heines „Deutschland. Ein Wintermärchen". – In: Menschenrechte im Vormärz. Hrsg. von Sandra Markewitz und Jean-Christophe Merle. Bielefeld 2019. (Forum Vormärz-Forschung: Jahrbuch 24, 2018). S. 125–148.

Deutschbuch – Gymnasium. Hrsg. von Andrea Wagener. – Bd. 6: Sprach- und Lesebuch. Berlin 2019. 360 S.: Ill. [Kap. „Heinrich Heine: Das Fräulein stand am Meere". S. 160].

Dirschel, Margit: Tausendundeine Nacht in Paris. Heinrich Heines Gedicht ‚Der weiße Elefant'. – In: Itinéraires poétiques de Heinrich Heine. Nancy 2018. S. 55–68.

Ehret, Ramona: Der Rabbi von Bacherach (Romanfragment von Heinrich Heine, 1840). – In: Handbuch des Antisemitismus. Judenfeindschaft in Geschichte und Gegenwart. Im Auftr. des Zentrums für Antisemitismusforschung der Technischen Universität Berlin hrsg. von Wolfgang Benz … – Bd. 7: Judenfeindschaft in Geschichte und Gegenwart. München 2015. S. 395–398.

Einberger, Caryl Lyn: From Maidens to Mephistophela. The Transformation of Heinrich Heine's female Figures. East Lansing, MI, Michigan State Univ., Diss., 2006. 219 S.

Faßhauer, Vera: Textmaskerade und Bildchiffrierung. Thematische und methodische Beziehungen zwischen Heines ‚Französischen Zuständen' und den Bildsatiren der ‚Caricature'. – In: Interplay 3, 2017, 1. S. 1–35.

Faust I. Lyrik: Unterwegs sein, Die Marquise von O ..., Der Sandmann, Das Haus in der Dorotheenstraße. [Teil 1]: Schülerarbeitsbuch. Jan Janssen Bakker [u. a.]. Druck A2. Braunschweig 2018. 327 S. [Kap.: „Heinrich Heine als Grenzgänger. Ein europäisches Ereignis und ein deutscher Skandal". S. 122–126].

Foi, Maria Carolina: East-west Experiments in the Prose of the young Heine. – In: Zwischen Orient und Europa. Orientalismus in der deutsch-jüdischen Kultur im 19. und 20. Jahrhundert. Chiara Adorisio, Carmela Lorella Bosco (Hrsg.). Tübingen 2019. (Studien und Texte zur Kulturgeschichte der Literatur; 8). S. 61–72.

Foi, Maria Carolina; Pelloni, Gabriella; Rispoli, Marco; Zittel, Claus: Heine e Nietzsche. Corrispondenze estetiche. Nuove prospettive tra Italia e Germania. – In: Heine und Nietzsche. Rom 2019. S. 7–19.

Füllner, Bernd: Heines politische Gedichte. ‚Erinnerungen aus Krähwinkels Schreckenstagen' als gereimtes „Memoir". – In: Itinéraires poétiques de Heinrich Heine. Nancy 2018. S. 69–80.

Füllner, Bernd: „... die Revoluzion tritt ein in die Literatur, und der Krieg wird ernster". Heine als Polemiker. – In: Heine und Nietzsche. Rom 2019. S. 21–34.

Füllner, Karin: Das traurige Herz. „Gewaltige Schlüsse" in Heines früher Liebeslyrik. – In: Itinéraires poétiques de Heinrich Heine. Nancy 2018. S. 5–16.

Garcia Adanez, Isabel: Gastronomía, cosmopolitismo y sensualidad en la obra literaria de Heinrich Heine. – In: Estudios interdisciplinares sobre lenguas modernas. Una perspectiva intercultural. Milagros Beltrán Gandullo (ed.). Madrid 2004. S. 109–126.

Gauck, Joachim: In der Wunderkammer. Zum 175-jährigen Jubiläum von ‚Deutschland. Ein Wintermärchen'. – In: Heine, Heinrich: Deutschland. Ein Wintermärchen. Hamburg 2019. S. 9–15.

Genton, François: „Les Tisserands de Silésie" (1844, Heinrich Heine), „Le chant des ouvriers" (1846, Pierre Dupont) et „Les lendemains qui chantent". – In: La question sociale du „Vormärz" 1830–1848. Perspectives comparées = Vormärz und soziale Frage 1830–1848. Vergleichende Perspektiven. Actes des journées d'études „La question sociale du jour. Sociétés et économie entre représentation et conceptualisation. France-Allemagne 1830/1848" du 25 et 26 novembre 2016. Organisées à l'Université de Reims par le CIRLEP EA 4299. Sous la dir. de Thomas Bremer [u. a.]. Reims 2018. S. 11–33.

Gigl, Claus: Abitur-Wissen. – [Teil] Deutsch. Deutsche Literaturgeschichte. Hallbergmoos 2018. 260 S.: Ill. [Kap. „Heines Lyrik: Zwischen Romantik und Realismus". S. 94–96].

Gille, Klaus F.: „Ich bin daher der inkarnierte Kosmopolitismus". Zu Heine und Europa. – In: Eurovisionen. Europa zwischen Globalisierung und Polarisation. Innen- und Außenansichten von Europa in Literatur, Geschichte und Philosophie. Hrsg. von Barbara Mariacher [u. a.]. Würzburg 2019. (Deutsche Chronik; 63). S. 71–78.

Goetschel, Willi: The Hyphen in the Theological-Political. Spinoza to Mendelssohn, Heine, and Derrida. – In: Religions 10, 2019, 1. 13 S.

Grün, Anselm: „Ich lebe mein Leben in wachsenden Ringen". Gedichte voller Weisheit und Kraft. Hrsg. von Rudolf Walter. Erw. Neuausg. Freiburg [u. a.] 2018. 141 S. (Einfach leben).

Heine und Nietzsche. Ästhetische Korrespondenzen. Hrsg. von Maria Carolina Foi, Gabriella Pelloni, Marco Rispoli, Claus Zittel. Rom 2019. 204 S.

Heinrich Heine und die Frauen. Ein literarischer Spaziergang im Pariser Montmartre-Viertel von der Passage des Panoramas zum Cimetière de Montmartre. Eine Führung von Dr. Karin Füllner und Dr. Bernd Füllner. 31. März und 1. April 2012. Veranstalter: Maison Heinrich Heine Paris, Heinrich-Heine-Institut und Heinrich-Heine-Gesellschaft Düsseldorf. Videodokumentation: Timecode Rolf Neddermann. 2012. 1 Video-DVD (2:15 Std.).

Honsza, Norbert: Heine i Chopin w Paryżu. Fragment miniatury eseistycznej. – In: Ders.: Kulturlandschaft Literatur. Wroclaw 2016. S. 61–78.

Honsza, Norbert: Heinrich Heine: „Deutscher auf Widerruf". Ein Beitrag zur deutschen Identitätsdebatte. – In: Ders.: Kulturlandschaft Literatur. Wroclaw 2016. S. 23–32.

Honsza, Norbert: Heinrich Heine: Der Schatten des Juden. Reflexionen nach 157 Jahren. – In: Ders.: Kulturlandschaft Literatur. Wroclaw 2016. S. 11–22.

Honsza, Norbert: Heinrich Heine. Ein Intellektueller erobert Europa. Biographie. Berlin [u. a.] 2019. 189 S. (Europäische Studien zur Germanistik, Kulturwissenschaft und Linguistik; 13).

Honsza, Norbert: Zweifler und Herold der Moderne. Heinrich Heine und die Dissonanzen seiner Epoche. – In: Ders.: Kulturlandschaft Literatur. Wroclaw 2016. S. 33–46.

Hristea, Mihaela: Influența liricii lui Heinrich Heine în creația lui St. O. Iosif. – In: Journal of Philology and intercultural Communication 3, 2019, 1: (Re)reading Reception Studies. Comparative Perspectives = (Re)lectures des études de réception. Perspectives comparatives. S. 104–113.

Itinéraires poétiques de Heinrich Heine. Études réunies et publiées par Marie-Thérése Mourey et Stéphane Pesnel. Nancy 2018. 121 S. (Collection Le Texte et l'idée).

Jacobsen, Roswitha: Heinrich Heine: ‚Die schlesischen Weber'. Das politische Gedicht als Sprachkunstwerk. – In: Studia germanistica 2019, 24. S. 77–89.

Jannssen Bakker, Jan: Literatur und Sprache um 1800, Drama und Kommunikation, Literatur und Sprache um 1900, Vielfalt lyrischen Sprechens – Abitur 2020 Deutsch. Rahmenthemen 1 bis 4. [Teil] Schülerarbeitsbuch I. Erarb. von: Jan J. Bakker [u. a.]. Druck A1. Braunschweig 2018. 287 S.: Ill. [Kap. „Die Nacht, die Ironie, die Revolution". S. 237–240].

Janz, Rolf-Peter: Lachlust und Lachverbot. Mit Anmerkungen zu Nietzsche, Heine und Kafka. – In: Zeitschrift für deutsche Philologie 137, 2018, 4. S. 543–561.

Jessen, Gesa: „und daß ich selbst wieder zerrinnen möchte in süße Atome". Zur Dynamik von Wasser, Wirtschaft und Geschlecht in „Die Harzreise". – In: HJb 58, 2019. S. 3–11.

Klüger, Ruth: Heine's last Poems. – In: Wegweiser und Grenzgänger. Studien zur deutsch-jüdischen Kultur- und Literaturgeschichte. Festschrift für Mark H. Gelber. Stefan Vogt [u. a.] (Hrsg.). Wien [u. a.] 2018. (Schriften des Centrums für Jüdische Studien; 30). S. 95–103.

Kluxen, Guido; Gerste, Ronald D.: Heinrich Heines Krankheit – war es eine Myasthenie? – In: HJb 58, 2019. S. 72–83.

Kocziszky, Eva: Der Schlaf in Kunst und Literatur. Konzepte im Wandel von der Antike zur Moderne. Berlin 2019. 240 S.: Ill. [Kap. IX: „Der Mohnblumenkranz des Hypnos. Heines ‚Morphine'". S. 168–171].

Kortländer, Bernd: Ein Gott im Exil. Heines Pariser Exil nach 1848. – In: Der Rhein im deutsch-französischen Perspektivenwechsel = Le Rhin. Regards croisés franco-allemands. Willi Jung, Michel Lichtlé (Hrsg.). Göttingen 2019. (Deutschland und Frankreich im wissenschaftlichen Dialog; 8). S. 397–406.

Krobb, Florian Ulrich: Streiflichter zur deutsch-jüdischen Literaturgeschichte. Selbstbild – Fremdbild – Dialog. Hildesheim; Zürich 2018. 290 S. (Haskala; 52). [Kap. 5: „‚… wenn wir eine solche Ahnenreihe besäßen!". Marranische Konstellationen in der deutsch-jüdischen Literatur des 19. Jahrhunderts. Heines ‚Almansor'". S. 73–90].

Kruse, Joseph A.: Heine und die Folgen. Stuttgart 2016. 155 S.

Kruse, Joseph A.: Prügelknaben. Exempel bei Luther, Moritz und Heine. – In: HJb 58, 2019. S. 64–71.

Lee, Hae-Kyong: haine-ui min-yo (si) ‚lolellai' = Heinrich Heines volksliedhaftes Lied ‚Loreley'. – In: Togil-munhak 45, 2004, 9. S. 105–125.

Lerousseau, Andrée: Appropriation du discours et des clichés antisémites dans „Les tableaux de voyage en Italie" de Heinrich Heine. – In: Les appropriations du discours antisémite. Comportements mimétiques et détournements carnavalesques. Maxime Decout [u. a.] (sous la dir.). Lormont 2018. S. 33–48.

Liedtke, Christian: Heine, Nietzsche, Goethe. Eine Triangulation. – In: Heine und Nietzsche. Rom 2019. S. 35–54.

Maillet, Marie-Ange: Poésie politique, poésie engagée, poésie de l'intime. L'exemple de ‚L'Ancien Veilleur de nuit (Der Ex-Nachtwächter)'. – In: Itinéraires poétiques de Heinrich Heine. Nancy 2018. S. 81–96.

Malkani, Fabrice: Critique de la virtuosité et virtuosité de la critique dans ‚Lutetia' de Heinrich Heine. – In: Sprache und Theatralität des Virtuosen – Franz Liszt. Der vorliegende Band basiert auf den Referaten des Symposiums Sprache und Theatralität des Virtuosen – Franz Liszt – Langage et mise en scène de la virtuosité. Hrsg. von Thomas Betzwieser und Sarah Mauksch. Würzburg 2019. S. 55–76.

Mayr, Sabine: Von Heinrich Heine bis David Vogel. Das andere Meran aus jüdischer Perspektive. Mit e. Vorw. von Hans Karl Peterlini. Innsbruck 2019. 354 S.: Ill. [Kap. 1: „Tirol im literarischen Vormärz. Tirol demontiert. Heine setzt Maßstäbe". S. 54–64].

Meißner, Thomas: Der prominente Patient. Krankheiten berühmter Persönlichkeiten. Berlin 2019. XI, 407 S. [Kap. IV: „Woran starb eigentlich …!" [darin: „Heinrich Heine: Krankheit glücklicher Männer"]. S. 377–379].

Mielke, Christine: Scheherazade auf der Couch. Heinrich Heines Zyklus ‚Florentinische Nächte'. – In: Der Rahmenzyklus in den europäischen Literaturen. Von Boccaccio bis Goethe, von Chaucer bis Gernhardt. Hrsg. von Christoph Kleinschmidt, Uwe Japp. Heidelberg 2018. (Germanisch-romanische Monatsschrift; 91). S. 215–232.

Möbius, Thomas: Beliebte Gedichte interpretiert. Deutsch, 9.–12./13. Klasse. [35 der beliebtesten Gedichte analysiert und interpretiert. Gedicht und Musterinterpretation für G8 und G9]. Hollfeld 2014. 120 S.: Ill. (Königs Lernhilfen). [Kap. „Heinrich Heine: Nachtgedanken". S. 49–51].

Mönig, Klaus: Venedig als urbanes Kunstwerk. Goethes Perspektiven auf Kultur und Öffentlichkeit der Dogenrepublik im Epochenumbruch. Heidelberg 2012. 303, [10] S. (Beiträge zur neueren Literaturgeschichte; 304). [Kap. 6.1: „‚„Der große Heide Nr. II". Heine als Goethes sensualistischer Erbe". S. 247–257].

Mourey, Marie-Therese: Heinrich Heine, un maître des formes poétiques? – In: Itinéraires poétiques de Heinrich Heine. Nancy 2018. S. 109–121.

Müller-Buck, Renate: „Dass der tiefste Geist auch der ‚frivolste' sein muss…". Nietzsche, Heine und das Feuilleton. – In: Heine und Nietzsche. Rom 2019. S. 187–204.

Muzelle, Alain: L'héritage romantique chez Heine. – In: Itinéraires poétiques de Heinrich Heine. Nancy 2018. S. 29–40.

Nauwerck, Patricia: Literalität im Vor- und Grundschulalter. Wege ebnen zur Schriftlichkeit mit der Bilderbuchreihe „Weltliteratur für Kinder". – In: Sprache erleben und lernen mit Kinder- und Jugendliteratur. Ulrike Eder (Hrsg.). – Bd. 1: Theorien, Modelle und Perspektiven für den Deutsch- als Zweitsprachenunterricht. Wien 2015. (Kinder- und Jugendliteratur im Sprachenunterricht; 1). S. 51–80.

Oberlin, Gerhard: Ich weiß nicht, was soll es bedeuten … Deutsche Seele. Ein Psychogramm. Würzburg 2019. 167 S. [Kap.: „Ich weiß nicht, was soll es bedeuten". S. 73–82].

Pascu, Christina-Andreea: Georg Grosz und Heinrich Heine – zwei Künstler, ein Volk, ein Gedanke. – In: Neue Didaktik 1, 2008, S. 87–100.

Pelloni, Gabriella: „Kluge Narrn reden besser". Poetische Korrespondenzen zwischen Heines ‚Nordsee'-Zyklen und Nietzsches ‚Dionysos-Dithyramben'. – In: Heine und Nietzsche. Rom 2019. S. 97–112.

Pesnel, Stéphane: „Die Freyheit ist eine neue Religion, die Religion unserer Zeit". Bemerkungen zu Heinrich Heines Freiheitsbegriff. – In: Studi germanici 15/16, 2019. S. 89–97.

Pisano, Libera: The Roots of German Philosophy. Heinrich Heine's Reading of Martin Luther. – In: Kulturelle Wirkungen der Reformation. Kongressdokumentation Lutherstadt Wittenberg August 2017. Hrsg. von Klaus Fitschen [u. a.]. – Bd. II. Leipzig 2018. (Leucorea-Studien zur Geschichte der Reformation und der Lutherischen Orthodoxie; 37). S. 249–256.

Ponzi, Mauro: Orientalismus und Paradox. Die deutsch-jüdische Spannung bei Heine, Zunz und dem Verein für Cultur und Wissenschaft der Juden. – In: Zwischen Orient und Europa. Orientalismus in der deutsch-jüdischen Kultur im 19. und 20. Jahrhundert. Chiara Adorisio, Carmela Lorella Bosco (Hrsg.). Tübingen 2019. (Studien und Texte zur Kulturgeschichte der Literatur; 8). S. 73–86.

Rattner, Josef: Heinrich Heine: Ein deutscher Dichter von europäischem Format. – In: Ders.: Aufsätze aus drei Jahrzehnten über personale Psychologie, Therapie und Kulturanalyse. – Bd. II. Berlin 2018. S. 46–53.

Regler, Gustav: Heinrich Heine. Zu seinem 80. Geburtstag. – In: Gätje, Hermann; Singh, Sikander: Studien zu Leben und Werk von Gustav Regler. Tübingen 2018. 184 S. (Passagen; 3). S. 98–108.

Ritte, Jürgen: Schiffbruch mit Dichter. Annäherungen an Heines Loreley. – In: Itinéraires poétiques de Heinrich Heine. Nancy 2018. S. 17–28.

Routledge, Peter: Selective Affinities. Luther within Heine's historical Discourse. – In: HJb 58, 2019. S. 27–45.

Schirneck, Hubert: Heinrich Heine auf Abwegen in Thüringen. [Zu: „Einem Abtrünnigen"]. – In: Thüringer Anthologie. Eine poetische Reise. Hrsg. von Jens Kirsten und Christoph Schmitz-Scholemann. Wiesbaden 2018. S. 240–241.

Schlieper, Andreas; Reinecke, Heike: Legendäre Katzen und ihre Menschen. Salzburg; München 2019. 224 S.: Ill. [Kap.: „Bin kein sittsam Bürgerkätzchen. Heinrich Heine (1797–1856)". S. 120–125].

Seyhan, Azade: Heinrich Heine and the World Literary Map. Redressing the Canon. Singapur 2019. X, 225 S. (Canon and World Literature).

Shooman, Yasemin: Heine, Heinrich. – In: Handbuch des Antisemitismus. Judenfeindschaft in Geschichte und Gegenwart. Im Auftr. des Zentrums für Antisemitismusforschung der Technischen Universität Berlin hrsg. von Wolfgang Benz in Zusammenarbeit mit Werner Bergmann … – Bd. 2, 1: Personen A-K. Berlin 2009. S. 347–348.

Solheim, Birger: Extremwandern und Schreiben. Ein kulturhistorischer Streifzug von Goethe bis Hesse. Wien [u. a.] 2018. 298 S.: Ill. [Kap.: „Heines Harzreise. Tempolauf vom Brocken herunter als Kur gegen allzu viel Ironie". S. 115–134].

Stadnikov, Gennadij Vladimirovic: Genrich Gejne o novom iskusstve, rozhdennom „svyashennymi dnyami" parizhskoy revolyutsii. – In: Revoljucija i évoljucija v nemecko. XV sezd Rossijskogo sojuza germanistov. Sankt-Peterburg, 30 nojabrja-2 dekabrja 2017 goda. Red.: N.S. Babenko. Moskau 2018. (Russkaja germanistika; 15). S. 49–55.

Staškova, Alice: Aspekte einer Poetik der Sentenz bei Heinrich Heine. Mit Anmerkungen zu Friedrich Nietzsche. – In: Heine und Nietzsche. Rom 2019. S. 79–95.

A Study Guide for Heinrich Heine's „The Lorelei". Farmington Hills 2016. 22 S. (Poetry for Students; 37).

Stuhlmann, Andreas: „La littérature – c'est nous et nos ennemis". Heinrich Heine contre August von Platen et Karl Kraus contre Maximilian Harden. Deux polémiques. – In: Intellectuels et polémiques dans l'espace germanophone. Université de Paris III, Sorbonne Nouvelle, Institut d'Allemand d'Asnières.

Valérie Robert (éd.). Asnières 2003. (Publications de l'Institut d'Allemand; 34). S. 329–334.

Teraoka, Takanori: Revolution als Hauptfigur von Heines pantheistischer Geschichtsphilosophie. – In: Okayama Daigaku Daigakuin Shakai Bunka Kagaku Kenkyūka kiyō 48, 2018, 3. S. 47–63.

Trüper, Henning: Aphrodite stillborn. Heinrich Heine, humanitarian Imperatives, and the Dead of Shipwreck. – In: History of the Present 9, 2019, 1. S. 27.

Vedda, Miguel: Heinrich Heine und Karl Marx als Essayisten. – In: Das Argument 60, 2018, 4 = 328. S. 556–567.

Vester, Annette: „Der Himmel weiß! In welchem Geistesstall er sein nächstes Steckenpferd finden wird". Liszts Interesse an der bildenden Kunst mit den Augen Heines gesehen. – In: Studia Musicologica 55, 2014, 1/2. S. 81–101.

Warakomska, Anna: „Der heiligen Stadt Cöllen Geschichten". Annolied, Grimmelshausen, Heine. – In: Orbis linguarum 49, 2018. S. 415–428.

Waszek, Norbert: Sinnlichkeit und Saint-Simonismus in Heines Gedichtzyklus ‚Verschiedene'. – In: Itinéraires poétiques de Heinrich Heine. Nancy 2018. S. 41–54.

Weder, Christine: The Questioning in, by, and about Literature. Reading Heinrich Heine's Poem ‚Lass die heil'gen Parabolen' and the Book of Job. – In: The modern Language Review 114, 2019, 4. S. 788–803.

Wokalek, Marie: Stolz als Last und Lust in Nietzsches ‚Morgenröthe' und Heines ‚Heimkehr-Zyklus'. – In: Heine und Nietzsche. Rom 2019. S. 55–78.

Zatorki, Tadeusz: Rewolucjonista mimo woli. Luter oczyma Heinego. – In: Konteksty 72, 2018, 3. S. 138–146.

Zerback, Ralf: Der Dichter und die Flussjungfrau. Mit seinem „Lied von der Loreley" verzaubert Heinrich Heine das Publikum. Seinen Gegnern aber gilt er als undeutsch. – In: Zeit-Geschichte 2018, 5: Was ist deutsch? S. 74–76.

Zum Kampf gegen Judenfeindschaft von Saul Ascher bis Heinrich Heine (1812 bis 1843). Kollektiv von AutorInnen. Offenbach 2018. 235 S. (Der Kampf gegen Judenfeindschaft von Johannes Reuchlin bis Heinrich Heine; 3. Zur Analyse des Kampfs gegen Judenfeindschaft). [Kap. 5: „Die besondere Rolle von Heinrich Heine im Kampf gegen die Judenfeindschaft". S. 135–174].

2.2 Untersuchungen zur Rezeption

Achkasov, Andrei V.: Translators' Selections from Heine as lyric Cycles. – In: Žurnal Sibirskogo Federal'nogo Universiteta 5, 2018, 11. S. 698–706.

Angelov, Angel Valentinov: Anti/Modernität. Bilder des Exotischen und des Paradieses auf Erden in der ersten Hälfte des 19. Jh. in Europa. Sofia 2019. 373 S. [Kap. II.1: „Die bulgarischsprachigen Ausgaben von Prosatexten Heinrich Heines 1956–2005". S. 118–126].

Bielfeldt, Sigrun: „Der schwere Schritt in die Wirklichkeit". Schelling und Bakunin. Berlin 2018. 292 S. (Arbeiten und Texte zur Slavistik; 95). [Kap. I: „Idealismus und revolutionäres Pathos (Heinrich Heine in Moskau)". S. 35–140].

Brus, Günter: Erdruckt und Erstochen. Die Druckgrafik von Günter Brus. Diese Publikation erscheint anlässlich der Ausstellung im Bruseum/Neue Galerie Graz, Universalmuseum Joanneum, 29. März – 30. Juni 2019 = The Graphic Works of Günter Brus. Hrsg.: Roman Grabner. Köln 2019. 480 S.: Ill.

Clausberg, Karl: Heine-Lyrik in Photogrammen. – In: Näscher, Friederike: Meer und Himmel hör ich singen. Bildhafte Begegnungen mit Heinrich Heines Frühlyrik. Düsseldorf 2019. S. 7.

Döring, Jörg; Passmann, Johannes: Lyrik auf YouTube. Clemens J. Setz liest „Die Nordsee" (2014). – In: Zeitschrift für Germanistik NF 27, 2017, 2. S. 329–347.

Domanskij, V. A.: Lirika G. Gejne v russkich perevodach. Diskursivnye praktiki. – In: Evropejskij interlingvizm v zerkale literatury. Kartina mira v nemeckojazyčnoj poèzii i eèrusskich perevodach. Ot romantizma k modernizmu. Materialy rossijsko-germanskogo seminara, 24–28 aprelja 2006 g. Federal'noe Agentstvo po Obrazovaniju; Tomskij Gosudarstvennyj Universität. Otv. red.: O. B. Kafanova; N. E. Razumova. Naučnoe izd. Tomsk 2006. S. 40–62.

Füllner, Bernd: Heinrich Heines „Weberlied". Genese und frühe Rezeption. – In: La question sociale du „Vormärz" 1830–1848. Perspectives comparées = Vormärz und soziale Frage 1830–1848. Vergleichende Perspektiven. Actes des journées d'études „La question sociale du jour. Sociétés et économie entre représentation et conceptualisation. France-Allemagne 1830/1848" du 25 et 26 novembre 2016. Organisées à l'Université de Reims par le CIRLEP EA 4299. Sous la dir. de Thomas Bremer [u. a.]. Reims 2018. S. 35–63.

Görner, Rüdiger: „Mir träumte, du lägest im Grab". Traumpoetisches in Heinrich Heines ,Lyrischem Intermezzo', bei E. A. Poe, nebst einem Traum-Stück Ernst Blochs, und das Problem des ,Traumkitsches' bei Walter Benjamin. – In: KulturPoetik 19, 2019, 1. S. 96–111.

Goltschnigg, Dietmar: Plädoyer für grenzenlose Wirkungsgeschichten moderner Klassiker. Georg Büchner, Heinrich Heine, Karl Kraus. – In: Grenzenlosigkeit. Transkulturalität und kreative Schreibweisen in der deutschsprachigen Literatur. Internationale Tagung des Germanistischen Instituts der Universität Pécs vom 21. und 23. April 2016. Hrsg. von Edina Sándorfi und Lehel Sata. Wien 2017. (Pécser Studien zur Germanistik; 8). S. 115–130.

Günther, Ralf: Heine, Sisi, Düsseldorf und die Bronx. – In: NRW – Natur Heimat Kultur 2019, 1. S. 32–33.

Hashimoto, Hiroki: Zwei Vorträge Adornos über Heine oder Kulturkritik und Gesellschaft. – In: Neue Beiträge zur Germanistik 16, 2017, 2. S. 174–191.

Heinrich Heine: Späte Ehrung des Dichters und Kritikers in der Walhalla. Annika Darsdorf (Hrsg.). [Ohne Ort] 2010. 146 S.: Ill. [Abdruck von Wikipedia-Artikeln].

Höhn, Gerhard: Heines Verse, Näschers Farben. – In: Näscher, Friederike: Meer und Himmel hör ich singen. Bildhafte Begegnungen mit Heinrich Heines Frühlyrik. Düsseldorf 2019. S. 6.

Honsza, Norbert: Marcel Reich-Ranicki und sein Heine-Bild. – In: Ders.: Kulturlandschaft Literatur. Wroclaw 2016. S. 47–60.

Honsza, Norbert: „Polacy! Krew drga mi w żyłach". Heinrich Heine a Polska. – In: Ders.: Kulturlandschaft Literatur. Wroclaw 2016. S. 79–99.

Krause, Carmen: Franz Bach: Architekt und Unternehmer. Hamburgische Wissenschaftliche Stiftung. Hamburg 2010. 82 S.: Ill. (Mäzene für Wissenschaft; 8). [Kap. 6: „Die Spitalerstrasse – keine Heimat für Heinrich Heine". S. 39–49].

Kryeziu, Naim: Heinrich Heine in der albanischen Literatur und Kultur. – In: Kosovarisch-rumänische Begegnung. Beiträge zur deutschen Sprache in und aus Südosteuropa. Hrsg. von Hannes Philipp, Bernadette Weber, Johann Wellner. Regensburg: Open Access Schriftenreihe der Universitätbibliothek Regensburg 2019. (Forschungen zur deutschen Sprachein Mittel-, Ost- und Südosteuropa; 8), S. 44–73.

Kryeziu, Naim; Mrasori, Naser: Heinrich Heines Einflüsse und Innovationen in der deutschen Literatur. – In: Dituria 2018, 12. S. 69–75.

Kurbatova, Olga: Lirika Gejne v ukrainskich perevodach vtoroj poloviny XIX veka. Sankt Petersburg, Univ., Bachelor-Arb., 2018. 59 Bl.

Lawrie, Bianca Simone: ‚Lorelei' and ‚The beautiful Lau'. The Portrayal of Water Nymphs in seminal Works of 19th Century German Literature. Hillcrest, Hamilton, Univ. of Waikato, Master of Arts, 2017. 96 S.: Ill.

Meyer, Julia: „Zwei Seelen wohnen, ach, in mir zur Miete". Inszenierungen von Autorschaft im Werk Mascha Kalékos. Dresden 2018. 444 S.: Ill. (Lesecher – Judentum in Mitteleuropa; 4). [Kap. 4: „Da fuhr ich nach Deutschland hinüber. Comeback als Miss Heine". S. 227–298].

Moreno Hernández, Carlos: Cursilería y traducción poética. Byron y Heine. – In: Revista de la Facultad de la Traducción e Interpretación de Soría Hermēneus 20, 2018. S. 403–433.

Müller-Jentsch, Walther: Adornos ambivalente Heine-Rezeption. – In: HJb 58, 2019. S. 93–99.

Neumann, Thomas: „… beim Heine aber könnte uns der Rahm von der Milch geschöpft werden." Oskar Walzels Heine-Ausgabe im Insel-Verlag. – In: Archiv für Geschichte des Buchwesens 54, 2013. S. 219–270.

Palacios Bustamante, Óscar: Das Dilemma der Liebe und die Poetik der Aufrichtigkeit. Heinrich Heine und Alain Badiou. – In: Acta Universitatis Carolinae / Interpretationes 8, 2018, 1. S. 66–79.

Robinson, Justin: Schumann's ‚Dichterliebe'. A Revelation of a great Composer's Life and Passion. Lynchburg, VA, Liberty Univ., lecture recital, 2019. 65 S.: Notenbeisp.

Rokitska, N. V.; Litvinyuk, O. V.: Krytsya, shcho ne irzhavis. Lesya Ukrayinka i Henrikh Hayne – dva svytyla dvokh mohutnikh kul'tur. Metodychna rozrobka. Ministerstvo osvity i naukyb, molodi ta sportu ukrayiny Ternopil's'kyy natsional'nyy pedahohichnyy universytet imeni Volodymyra Hnatyuka. Ternopil 2011. 144 S.

Schiffermüller, Isolde: Heinrich Heine in Nietzsches Ästhetik. Zur Kunst der Umwertung. – In: Heine und Nietzsche. Rom 2019. S. 131–146.

Schiller, Dieter: Heinrich Heine als Leitfigur in der Exilpublizistik 1933–1945 (1997). – In: Ders.: Literarische Erbschaften. Vorträge, Reden und Betrachtun-

gen (1972–2013). Gransee 2018. (Erkundungen – Entwürfe – Erfahrungen; 19). S. 238–251.
Schiller, Dieter: Tucholsky und der „Jahrhundertkerl Heine" (2004). – In: Ders.: Literarische Erbschaften. Vorträge, Reden und Betrachtungen (1972–2013). Gransee 2018. (Erkundungen – Entwürfe – Erfahrungen; 19). S. 302–317.
Singh, Sikander: Gustav Regler liest Heinrich Heine. – In: Gätje, Hermann; Singh, Sikander: Studien zu Leben und Werk von Gustav Regler. Tübingen 2018. (Passagen; 3). S. 109–118.
Steinbeck, Wolfram: Mendelssohn und die Ironie. Zu Mendelssohns Heine-Liedern. – In: Archiv für Musikwissenschaft 75, 2018, 4. S. 278–300.
Varpula, Veli-Pekka: Dichterliebe op. 48. Taustatietoa esittämisen tueksi. Tampere, ammattikorkeakoulu, Bachelor-Arb., 2018. 35 Bl.: Notenbeisp.
Vivarelli, Vivetta: Der Polemiker, der Dichter und der Lügner. – In: Heine und Nietzsche. Rom 2019. S. 113–129.
Wright, Thomas: „The exquisite Form, or Aroma of the Original". Oscar Wilde's Engagement and Affinity with Heine. – In: HJb 58, 2019. S. 84–92.
Zittel, Claus: Gustav Theodor Fechners ‚Heine als Lyriker' und Nietzsches Heinebild: „ein elektrisches Band". – In: Heine und Nietzsche. Rom 2019. S. 157–186.

2.3 Forschungsliteratur mit Heine-Erwähnungen und -Bezügen

Adomeit, Stefanie: Aspekte einer literarischen Obsession. Das Haar als Fetisch-Motiv des 19. Jahrhunderts. Freiburg i. Br., Albert-Ludwigs-Univ., Diss., 2007. 243 S.
Ammon, Frieder von: Wer spricht beim Gedichtvortrag? Zum Problem der Korrelation von Sprecher und Adressanten in Aufführungssituationen. – In: Grundfragen der Lyrikologie. Hrsg. von Claudia Hillebrandt [u. a.]. – Bd. 1: Lyrisches Ich, Textsubjekt, Sprecher? Berlin 2019. S. 224–241.
Arendt, Hannah: Vor Antisemitismus ist man nur noch auf dem Monde sicher. Beiträge für die deutsch-jüdische Emigrantenzeitung „Aufbau" 1941–1945. Erw. u. akt. Taschenbuchausg. München 2019. 252 S.
Bauer, Fritz: Kleine Schriften. Hrsg. im Auftrag des Fritz Bauer Instituts von Lena Foljanty und David Johst. – Bd. 1: 1921–1961. Frankfurt a. M. 2018. 865 S. – Bd. 2: 1962–1969. Frankfurt a. M. 2018. S. 872–1853.
Beebee, Thomas O.: Can Karl Kraus „Live away" from Austria? Jonathan Franzen's ‚The Kraus Project'. – In: German Studies Review 42, 2019, 1. S. 103–121.
Berndt, Stephan: Neustart. Visionen und Prophezeiungen über Europa und Deutschland nach Crash, Krieg und Finsternis. Regensburg 2018. 328 S.: Ill.
Berner, Hannah Lena: Inszenierte Volkstümlichkeit in Balladen von 1800 bis 1850. Genf, Univ., Diss., 2019. 330 S.
Biderman, Shlomo: Crossing Horizons. World, Self, and Language in Indian and Western Thought. New York 2008. X, 356 S.

Birkin-Feichtinger, Ingeborg: „Dem Fürsten meinen Respekt!". Neue Perspektiven zu David Poppers Löwenberger Jahren 1862 bis 1868. – In: Studia Musicologica 48, 2007, 3/4. S. 391–448.

Blumenberg, Tobias: Der Lesebegleiter. Eine Entdeckungsreise durch die Welt der Bücher. Köln 2019. 776 S.

Borchard, Beatrix: Clara Schumann: Musik als Lebensform. Neue Quellen – andere Schreibweisen. Mit einem Werkverzeichnis von Joachim Draheim. Hildesheim 2019. 431 S.: Ill.

Brand, Thomas: Wie interpretiere ich Lyrik? Anleitung und Übungen. Ein Übungsbuch für Schüler der Mittel- und Oberstufe. 5. Aufl. Hollfeld 2010. 220 S.: Ill. (Königs Lernhilfen Deutsch. Klassen 10–13).

Bremer, Thomas: Gutzkow und der französische Frühsozialismus. – In: La question sociale du „Vormärz" 1830–1848. Perspectives comparées = Vormärz und soziale Frage 1830–1848. Vergleichende Perspektiven. Actes des journées d'études „La question sociale du jour. Sociétés et économie entre représentation et conceptualisation. France-Allemagne 1830/1848" du 25 et 26 novembre 2016. Organisées à l'Université de Reims par le CIRLEP EA 4299. Sous la dir. de Thomas Bremer [u. a.]. Reims 2018. S. 165–181.

Bremer, Thomas: „In häuslicher Verbindung mit dem liebenswürdigen Monarchen". Alexander von Humboldts Briefwechsel mit Friedrich Wilhelm IV. von Preußen. – In: L'art épistolaire entre civilité et civisme. Études réunies par Françoise Knopper, Wolfgang Fink. – 2: De Jean Paul à Günter Grass. Aix-en-Provence 2016. (Cahiers d'etudes germaniques; 2016, 2 = 71). S. 77–88.

Briese, Olaf: Johannes Scherr: Publizist, Schriftsteller, Kulturhistoriker. Vorwort. – In: Scherr, Johannes: Kaiser So und So und Prinzeß Gloria. Ein chinesisches Schattenspiel. Hrsg. von Olaf Briese. Bielefeld 2019. (Vormärz-Archiv; 7). S. 7–25.

Bülow, Ulrich von: Papierarbeiter. Autoren und ihre Archive. Göttingen 2018. 351 S.: Ill.

Celenza, Anna Harwell: Hans Christian Andersen and Music. The Nightingale revealed. Oxfordshire 2005. X, 269 S.: Ill.

Dickel, Manfred: Zionismus und Jungwiener Moderne. Felix Salten – Leben und Wirken. Jena, Univ., Diss., 2003. IV, 892 S.

Eiden, Patrick: Die Poesie der Klasse. Romantischer Antikapitalismus und die Erfindung des Proletariats. Berlin 2017. 460 S.

Evelein, Johannes F.: Literary Exiles from Nazi Germany. Exemplarity and the Search for Meaning. Rochester, NY 2014. X, 201 S. (Studies in German Literature, Linguistics, and Culture).

Ferruta, Paola: Göttinnendämmerung. Henriette Herz, Karl August Varnhagen und ‚Rahel' in den 1830er Jahren. – In: Die Kommunikations-, Wissens- und Handlungsräume der Henriette Herz (1764–1847). Hannah Lotte Lund [u. a.] (Hrsg.). Göttingen 2017. (Schriften des Frühneuzeitzentrums Potsdam; 5). S. 261–276.

Feuchtwanger, Lion: Ein möglichst intensives Leben. Die Tagebücher. Hrsg. von Nele Holdack [u. a.]. Berlin 2018. 639 S.: Ill.

Fink, Wolfgang: Le prince et les prolétaires. Ruptures et continuités dans le roman social allemand. – In: La question sociale du „Vormärz" 1830–1848. Perspectives comparées = Vormärz und soziale Frage 1830–1848. Vergleichende Perspektiven. Actes des journées d'études „La question sociale du jour. Sociétés et économie entre représentation et conceptualisation. France-Allemagne 1830/1848" du 25 et 26 novembre 2016. Organisées à l'Université de Reims par le CIRLEP EA 4299. Sous la dir. de Thomas Bremer [u. a.]. Reims 2018. S. 139–164.

Fischer, Rotraut; Ujma, Christina: Salon vierhändig – Karl Hillebrand und Jessie Laussot-Hillebrand in den künstlerisch-intellektuellen Florentiner Zirkeln der Gründerzeit. – In: Jahrbuch für internationale Germanistik 48, 2019, 1. S. 31–49.

Forrer, Thomas: Philologische Dichtung. Friedrich Nietzsches ‚Lied eines theokritischen Ziegenhirten'. – In: Nietzsche als Dichter. Lyrik – Poetologie – Rezeption. Hrsg. von Katharina Grätz und Sebastian Kaufmann. Berlin; Boston 2017. (Nietzsche-Lektüren; 1). S. 153–178.

Friedl, Gerhard: Politische Lyrik. Hrsg. von Johannes Diekhans. Druck A[1]. Braunschweig 2019. 269 S.: Ill. (EinFach Deutsch. Unterrichtsmodell).

Gatter, Nikolaus: „Scheren-Plastik" – „Landschäftchen" – „Spielkunst". Das Geschwisterpaar Varnhagen-Assing und sein Einfluss auf Arthur Maximilian Millers Scherenschnitte. – In: „Wer den Schatten hat, der hat die Gegenwart des Körpers". Arthur Maximilian Millers Scherenschnitte und Schattentheater im Kontext der Geschichte des Scherenschnitts, seiner Biographie und Dichtung. Wissenschaftliches Kolloquium über das Scherenschnittwerk Arthur Maximilian Millers am 15. Juni 2012 in Kornau/Oberstdorf. Peter Fassl (Hrsg.). Augsburg 2014. (Schriftenreihe der Bezirksheimatpflege Schwaben zur Geschichte und Kultur; 7). S. 67–103.

Geisler-Baum, Silja: „Die Loreley" – Emanuel Geibel als Opernlibrettist. – In: Wären meine Lieder Perlen. Das Lübecker Geibel-Projekt. Hrsg. von Michael P. Schulz. Lübeck 2008. S. 335–352.

Geisler-Baum, Silja: „… teksti on saksalainen, mutta säwel on Suomemme". Zu Fredrik Pacius' Oper ‚Die Loreley'. – In: Jahrbuch für finnisch-deutsche Literaturbeziehungen 41, 2009. S. 28–40.

Geisler-Baum, Silja: „Unter der Loreley". Die Vertonungen des Opernlibrettos „Die Loreley". – In: Wären meine Lieder Perlen. Das Lübecker Geibel-Projekt. Hrsg. von Michael P. Schulz. Lübeck 2008. S. 353–385.

Geisler-Baum, Silja: Von Wagner beeinflusst? Fredrik Pacius' Oper ‚Die Loreley'. – In: Arcturus 2009, 6. S. 99–106.

Geller, Jay: The other Jewish Question. Identifying the Jew and making Sense of Modernity. New York 2011. xiv, 510 S.: Ill.

German Reich 1938-August 1939. Executive ed.: Susanne Heim. Boston; Berlin 2019. 911 S.: 1 Kt. (The Persecution and Murder of the European Jews by Nazi Germany, 1933–1945; 2). [Deutsches Reich 1938-August 1939].

Görner, Rüdiger: Thomas Mann. Der Zauber des Letzten. Düsseldorf; Zürich 2005. 340 S.: Ill.

Gössmann, Wilhelm: De guo wen hua jian shi = Deutsche Kulturgeschichte im Grundriss. Wang Xu yi [Übers]. Di 1 ban. Guilin 2017. iv, 322 S.

Gössmann, Wilhelm: Deutsche Kulturgeschichte im Grundriss. Überarb. Neuausg. Düsseldorf 2006. 207 S.: Ill.

Goetschel, Willi: A Jewish ‚Faust' Commentary. Notes on Franz Rosenzweig's ‚The Star of Redemption'. – In: Goethe Yearbook 26, 2019. S. 251–266.

Goßens, Peter: Weltliteratur. Modelle transnationaler Literaturwahrnehmung im 19. Jahrhundert. Stuttgart; Weimar 2011. XIII, 457 S.

Graf, Esther: Die jüdische Genremalerei der voremanzipatorischen Zeit als Motivquelle für Moritz Daniel Oppenheims Zyklus zum altjüdischen Familienleben. Eine gattungs- und motivgeschichtliche Untersuchung. Heidelberg, Hochschule für Jüdische Studien, Diss., 2004. IV, 225, 53 Bl.: Ill.

Gramer, Mareike: Defiance! Helden, Antihelden und das Problem der Zeugenschaft in deutschsprachig-jüdischer Literatur. – In: Gegenbilder – literarisch, filmisch, fotografisch. Hrsg. von Corina Erk und Christoph Naumann. Bamberg 2013. (Bamberger Studien zu Literatur, Kultur und Medien; 8). S. 65–79.

Gutzkow, Karl: Gutzkows Werke und Briefe. Hrsg. vom Editionsprojekt Karl Gutzkow, Exeter und Berlin. – Autobiographische Schriften; Bd. 3: Kleine autobiographische Schriften und Memorabilien. Hrsg. von Peter Hasubek. Münster 2006. 400 S.

Hagedorn, Volker: Der Klang von Paris. Eine Reise in die musikalische Metropole des 19. Jahrhunderts. Reinbek bei Hamburg 2019. 409 S.

Handbuch des Antisemitismus. Judenfeindschaft in Geschichte und Gegenwart. Im Auftr. des Zentrums für Antisemitismusforschung der Technischen Universität Berlin hrsg. von Wolfgang Benz … – Bd. 2, 1: Personen A-K. Berlin 2009. XXI, 445 S. – Bd. 2, 2: Personen L-Z. Berlin 2009. XVII, S. 447–934. – Bd. 3: Begriffe, Theorien, Ideologien. Berlin 2010. XII, 388 S. – Bd. 4: Ereignisse, Dekrete, Kontroversen. Berlin 2011. XV, 492 S.

Heicker, Dino: Peter Joseph Lenné und seine Landschaftsgärten. Ein Künstlerleben. Berlin 2019. 207 S.: Ill.

Heitmann, Klaus: Das italienische Deutschlandbild in seiner Geschichte. – Bd. II: Das lange neunzehnte Jahrhundert (1800–1915). Heidelberg 2008. 743 S. (Studia Romanica; 143).

Herwegh, Georg: Werke und Briefe. Hrsg. von Ingrid Pepperle. – Bd. 3: Werke und Briefe. Prosa 1833–1848. Bearb. von Hendrik Stein. Bielefeld 2019. VI, 630 S.

Hinck, Walter: Selbstannäherungen. Autobiographien im 20. Jahrhundert von Elias Canetti bis Marcel Reich-Ranicki. Düsseldorf; Zürich 2004. 200 S.

Hipp, Hermann: Hamburg und Gottfried Semper. Spuren einer schwierigen Beziehung. – In: Werk, Bauen und Wohnen 90, 2003, 10: 19. Jahrhundert. S. 40–47.

Hoffmann, Peter: Claus Schenk Graf von Stauffenberg. Die Biographie. 4., neu durchges. Aufl., Pantheon-Ausg. München 2017. 717 S.

Holländer, Hans: Europas chinesische Träume. Die Erfindung Chinas in der europäischen Literatur. Hrsg. und mit einem Vorw. von Ernst Strouhal. Berlin 2018. 447 S.: Ill. (Edition Angewandte).

Honsza, Norbert: Am Anfang war das Essen. Kulinaristik: jüngste Schwester der Kulturwissenschaft. – In: Studia niemcoznawcze 60, 2017. S. 285–297.

Hülk, Walburga: Phrase und Gemeinplatz. Kraus, Flaubert und der Boulevard. – In: Dies.: Herzstücke. Ausgewählte Beiträge zur romanistischen Literatur-, Kultur- und Medienwissenschaft. Hrsg. von Marijana Erstić. Heidelberg 2018. 263 S.: Ill. (Reihe Siegen / Romanistische Abteilung; 178). S. 109–119.

Hülk, Walburga: Der Rausch der Jahre. Als Paris die Moderne erfand. Hamburg 2019. 414 S.: Ill.

„Ich dichtete so mancherlei, Unsterbliches war auch dabei". Nachlese. Zu den Schriften von und über Ernst Ortlepp aus den Jahren 1822–1864 und danach. Eine Dokumentation. Hrsg. von Manfred Neuhaus. Münster 2012. 509 S. (Schriften der Ernst-Ortlepp-Gesellschaft zu Zeitz; 6. Edition Octopus. Exlibris).

Ißler, Roland Alexander: Europas Strom, aber nicht Europas Grenze. Zur Genese einer europäischen Sicht auf den Rhein zwischen Rheinromantik und deutsch-französischer Rheinkrise. – In: Der Rhein im deutsch-französischen Perspektivenwechsel = Le Rhin. Regards croisés franco-allemands. Willi Jung, Michel Lichtlé (Hrsg.). Göttingen 2019. (Deutschland und Frankreich im wissenschaftlichen Dialog; 8). S. 161–204.

Jobke, Hanka: Phantastische Motive bei Kai Meyer. Dresden, Univ., Magisterarb. 2010. 121 S.

Junker, Ida: Le „complot des rats". La légende allemande du „Charmeur de rats" dans la littérature russe des années 1920. – In: Affinités électives. Les littératures de langue russe et allemande. 1880–1940. Sous la dir. de Kerstin Hausbei … Paris 2006. S. 115–124.

Kalthoff, Corinna: Sagen und Legenden in Romanen von Kai Meyer. Bochum, Univ., Magisterarb., 2004. 96 S.

Kaufmann, Sebastian: Heiterkeit, Heroismus, Sentimentalität. Nietzsches ‚Idyllen aus Messina' und sein poetologisches Konzept der Idylle. – In: Nietzsche als Dichter. Lyrik – Poetologie – Rezeption. Hrsg. von Katharina Grätz und Sebastian Kaufmann. Berlin; Boston 2017. (Nietzsche-Lektüren; 1). S. 95–120.

Kaufmann, Sebastian: Lyrik und Lyriktheorie im Werk Nietzsches. – In: Nietzsche als Dichter. Lyrik – Poetologie – Rezeption. Hrsg. von Katharina Grätz und Sebastian Kaufmann. Berlin; Boston 2017. (Nietzsche-Lektüren; 1). S. 7–24.

Keller, Andreas; Siebers, Winfried: Einführung in die Reiseliteratur. Darmstadt 2017. 183 S.: Ill. (Germanistik kompakt).

Kern, Jane Eleanor: Alienation, Uncertainty, and the Waters of Change. The Water-Sprite in early Nineteenth-Century Germany. Walla Walla, WA, Whitman College, Diss., 2018. IV, 65 Bl.

Kilcher, Andreas B.: Jüdische Buchkultur in der Weimarer Republik. Der Welt-Verlag, Berlin (1918–1933). – In: Naharaim 12, 2018, 1/2. S. 9–30.

Kirstein, Ulrich; Rausch, Tina: Allgemeinbildung deutsche Literatur für Dummies. Weinheim 2018. 486 S. (Lernen einfach gemacht).

Klopp, Onno: Tagebücher und Briefe des Historikers Onno Klopp von 1841–1903. Onno Karl Klopp (Hrsg.). – Bd. 2: 1871–1903. Aachen 2018. L, S. 550–1119, LXXII S.

Knechtges-Obrecht, Irmgard: Clara Schumann. Ein Leben für die Musik. Darmstadt 2019. 256 S.: Ill.

Knopper, Françoise: La relation de voyage entre tourisme et enquête sociale. Sur les traces de Theodor Mundt en France à l'époque du Vormärz. – In: La question sociale du „Vormärz" 1830–1848. Perspectives comparées = Vormärz und soziale Frage 1830–1848. Vergleichende Perspektiven. Actes des journées d'études „La question sociale du jour. Sociétés et économie entre représentation et conceptualisation. France-Allemagne 1830/1848" du 25 et 26 novembre 2016. Organisées à l'Université de Reims par le CIRLEP EA 4299. Sous la dir. de Thomas Bremer [u. a.]. Reims 2018. S. 183–206.

Krobb, Florian Ulrich: Kollektivautobiographien – Wunschautobiographien. Marranenschicksal im deutsch-jüdischen historischen Roman. Würzburg 2002. 174 S.

Kühn, Renate: „Weil sie mit Werken schwanger sind". Anthropomorphe metapoetische Metaphorik im Kontext des biologischen Modells von Autorschaft. – In: Schreiben. Dortmunder Poetikvorlesungen von Felicitas Hoppe. Schreibszenen und Schrift. Literatur- und sprachwissenschaftliche Perspektiven. Ludger Hoffmann, Martin Stingelin (Hrsg.). Paderborn 2018. (Zur Genealogie des Schreibens; 20). S. 39–90.

Kwon, Hye-Ryung: „The rainy Fragrance Musical". Wintter Watts' Song Cycle ‚Vignettes of Italy' with Poetry by Sara Teasdale. Denton, TX, Univ. of North Texas, Diss., 2011. VII, 49 S.

Laroche, Bernd: Das Libretto der Oper „Tannhäuser und der Sängerkrieg auf Wartburg" von Richard Wagner. Untersuchungen seiner philosophisch-poetischen Quellen der Romantik. Hamburg 2017. 296 S.: Ill. (Schriftenreihe Poetica; 141).

Lehmann, Jürgen: Russische Literatur in Deutschland. Ihre Rezeption durch deutschsprachige Schriftsteller und Kritiker vom 18. Jahrhundert bis zur Gegenwart. Stuttgart; Weimar 2015. 417 S. (Fachbuch Metzler).

Liebermann, Max: Briefe. Zusammengetragen, komm. und hrsg. von Ernst Braun. [Übers. aus dem Franz. Claude Keisch]. – Bd. 8: Briefe 1927–1935. Baden-Baden 2019. 697 S. (Schriftenreihe der Max-Liebermann-Gesellschaft Berlin e. V.; 8).

Liedtke, Christian: „Die Lore-Lei". Johann Baptist Rousseaus Opern-Entwurf für Felix Mendelssohn Bartholdy. – HJb 58, 2019. S. 100–120.

Lotz, Hans-Joachim: Paris. Eine literarische Entdeckungsreise. Darmstadt 2013. 235 S.

MacGregor, Neil: Deutschland. Erinnerungen einer Nation. Aus dem Engl. von Klaus Binder. 2. Aufl. München 2016. 640 S.

Mah, Harold: Enlightenment Phantasies. Cultural Identity in France and Germany, 1750–1914. Ithaca; London 2003. X, 227 S.: Ill.

Matala de Mazza, Ethel: Der populäre Pakt. Verhandlungen der Moderne zwischen Operette und Feuilleton. Frankfurt a. M. 2018. 479 S.: Ill.

Mayer, Judith: Lorelei-Gedichte und ihre Vertonungen. Graz, Kunstuniv., Künstl. Masterarb., 2012. 31 S.

Meid, Volker: Hear, Germany! Kleine Geschichte der Deutschlandgedichte. Stuttgart; Weimar 2019. 219 S.: Ill.

Michels, Karen: „Es muß besser werden!". Aby und Max Warburg im Dialog über Hamburgs geistige Zahlungsfähigkeit. Hamburgische Wissenschaftliche Stiftung. Hamburg 2015. 112 S.: Ill. (Mäzene für Wissenschaft; 17).

Müller, Armin Thomas: Nietzsches Gimmelwalder Melancholie-Gedichte aus dem Sommer 1871. – In: Nietzsche als Dichter. Lyrik – Poetologie – Rezeption. Hrsg. von Katharina Grätz und Sebastian Kaufmann. Berlin; Boston 2017. (Nietzsche-Lektüren; 1). S. 47–78.

Müller, Armin Thomas: Nietzsches Jugendlyrik am Beispiel des Gedichtzyklus ‚In der Ferne'. – In: Nietzsche als Dichter. Lyrik – Poetologie – Rezeption. Hrsg. von Katharina Grätz und Sebastian Kaufmann. Berlin; Boston 2017. (Nietzsche-Lektüren; 1). S. 25–46.

Müller, Lothar: Poseidons Büro. – In: Gespenster des Wissens. Hrsg. von Ute Holl [u. a.]. Zürich; Berlin 2017. S. 271–276.

Nordau, Max: Reden und Schriften zum Zionismus. Hrsg., komm. und mit e. Nachw. vers. von Karin Tebben. Berlin 2018. XVII, 772 S. (Europäisch-jüdische Studien / Editionen; 4).

Ochel, Ewald: „Was die nächste Zeit bringen wird, sind Kämpfe." Erinnerungen eines Revolutionärs (1914–1921). Hrsg. und mit einer biogr. Notiz vers. von Joachim Schröder. Berlin 2018. 311 S.: Ill.

Olive, Thierry; Lebrace, Jean-Louis: La dimension visuo-spatiale de la production de textes. Approches de psychologie cognitive et de critique génétique. – In: Langages 2010, 1 = 177. S. 29–55.

On tour. Clara Schumann als Konzertvirtuosin auf den Bühnen Europas. Begleitbuch zur Ausstellung im Ernst-Moritz-Arndt-Haus in Bonn (15. Juni bis 29. September 2019). Hrsg. von Ingrid Bodsch. Bonn 2019. 400 S.: 283 Ill.

Otto, Norbert: Julian Schmidt – eine Spurensuche. Hildesheim; Zürich 2018. 252 S.: Ill. (Lebensberichte – Zeitgeschichte).

Oz, Amos; Oz-Salzberger, Fania: Juden und Worte. Aus dem Engl. von Eva-Maria Thimme. 3. Aufl. Berlin 2015. 285 S.

Pelger, Gregor: A Longing for India. Indophilia among German-Jewish Scholars of the nineteenth Century. – In: Studia Rosenthaliana 36, 2002–2003: Speaking Jewish – Jewish Speaking. Multilingusm in Western Ashkenazic Culture. S. 253–271.

Prinz, Alois: Rebellische Söhne. Die Lebensgeschichten von Bernward Vesper, Hermann Hesse, Klaus Mann, Franz Kafka, Martin Luther, Franz von Assisi, Michael Ende und ihren Vätern. Weinheim; Basel 2012. 254 S.: Ill. (Gulliver; 1362).

Profile deutscher Kulturepochen. Vom Realismus in die Moderne 1849–1918. Hrsg. von Joachim Bark und Hans-Christoph Graf v. Nayhauss. Stuttgart 2015. 333 S.: Ill. (Kröner-Taschenbuch; 512).

Reinalter, Helmut: Die Geschichte der frühen Demokratie in Europa. Ideengeschichtliche Studien und Biografien. Innsbruck 2018. 244 S. (Interdisziplinäre Forschungen; 31).

Rennicke, Rafael: „Komponieren – das ist die Suche nach dem endgültigen und einzigartigen Ausdruck". Im Gespräch mit dem Komponisten Veit Erdmann. – In: Musik in Baden-Württemberg 21, 2014. S. 157–172.

Rochelson, Meri-Jane: Eli's Story. A Twentieth-Century Jewish Life. Detroit 2018. XXI, 317 S.: Ill.

Rottmann, Mike: „Das Unglück holt den Flüchtigen ein – und sei's". Nietzsches inszenierte Melancholie als poetische Begründung des zukünftigen Philosophen. Mit zwei Exkursen zum Problem der Interpretation Nietzschescher Gedichte. – In: Nietzsche als Dichter. Lyrik – Poetologie – Rezeption. Hrsg. von Katharina Grätz und Sebastian Kaufmann. Berlin; Boston 2017. (Nietzsche-Lektüren; 1). S. 207–244

Sasdelli, Diogo Campos: Freiheit der Person und Freiheit des Eigentums in der Paulskirchenverfassung. – In: Menschenrechte im Vormärz. Hrsg. von Sandra Markewitz und Jean-Christophe Merle. Bielefeld 2019. (Forum Vormärz-Forschung: Jahrbuch 24, 2018). S. 59–84.

Sandler, Willibald: Der verbotene Baum im Paradies. Was es mit dem Sündenfall auf sich hat. Kevelaer 2009. 208 S. (Topos-Taschenbücher; 689).

Scharmitzer, Dietmar: Anastasius Grün (1806–1876). Leben und Werk. Wien; Köln; Weimar 2010. 604 S.: Ill. (Literatur und Leben; NF 79).

Scharnowski, Susanne: Heimat: Geschichte eines Missverständnisses. Darmstadt 2019. 272 S. [Kap.: „Heimat als Modell. Vormärz und der Beginn der ‚Großen Transformation'". S. 34–55].

Scheck, Denis: Schecks Kanon. Die 100 wichtigsten Werke der Weltliteratur von „Krieg und Frieden" bis „Tim und Struppi". München 2019. 456 S.: Ill.

Schiller, Dieter: Der abwesende Lehrer. Georg Lukács und die Anfänge marxistischer Literaturkritik und Germanistik in der SBZ und der frühen DDR (1991/1998). – In: Ders.: Literarische Erbschaften. Vorträge, Reden und Betrachtungen (1972–2013). Gransee 2018. (Erkundungen – Entwürfe – Erfahrungen; 19). S. 208–237.

Schiller, Dieter: Antifaschismus und Klassenbild. Konsens und Widersprüche in Exil-Debatten der dreißiger Jahre (1988). – In: Ders.: Literarische Erbschaften. Vorträge, Reden und Betrachtungen (1972–2013). Gransee 2018. (Erkundungen – Entwürfe – Erfahrungen; 19). S. 147–165.

Schiller, Dieter: „Humanistisch im deutschen Sinne". Vier Varianten antifaschistischer Grimm-Lektüre im Exil (1985). – In: Ders.: Literarische Erbschaften. Vorträge, Reden und Betrachtungen (1972–2013). Gransee 2018. (Erkundungen – Entwürfe – Erfahrungen; 19). S. 118–135.

Schiller, Dieter: Jacob Grimm-Reminiszenzen in Literatur und Publizistik des antifaschistischen Exils. Eine Rede (1984). – In: Ders.: Literarische Erbschaften. Vorträge, Reden und Betrachtungen (1972–2013). Gransee 2018. (Erkundungen – Entwürfe – Erfahrungen; 19). S. 105–117.

Schiller, Dieter: Überlegungen zum Frankreichbild bei Walter Benjamin. Eine Diskussionsrede (1990). – In: Ders.: Literarische Erbschaften. Vorträge, Reden und Betrachtungen (1972–2013). Gransee 2018. (Erkundungen – Entwürfe – Erfahrungen; 19). S. 182–193.

Schmeling, Manfred: Verlockungen. Der Sirenenmythos und die Kunst der Imagination. – In: Der Traum vom Glück. Orte der Imagination. Konrad Hilpert; Peter Winterhoff-Spurk (Hrsg.). St. Ingbert 2002. (Annales Universitatis Saraviensis / Philosophische Fakultäten; 15). S. 59–80.

Schneider, Ulrike: „Ein Freund ist ein köstliches Kleinod das man zu schäzen, zu hegen u zu pflegen wißen muß u auch weiß sobald man es wirklich besitzt." Der Briefwechsel von Henriette Herz und Ludwig Börne unter der Herausgeberschaft Ludwig Geigers. – In: Die Kommunikations-, Wissens- und Handlungsräume der Henriette Herz (1764–1847). Hannah Lotte Lund [u. a.] (Hrsg.). Göttingen 2017. (Schriften des Frühneuzeitzentrums Potsdam; 5). S. 277–290.

Schöffel, Joachim: Symbol und Bühne der Stadt. Die historische Mitte im Wandel städtebaulicher Leitbilder. Eine Untersuchung bundesdeutscher Städte seit ihrer Kriegszerstörung. Darmstadt, Techn. Univ., Diss., 2003. 257, [8] Bl.

Schofield, Benedict: Private Lives and collective Destinies. Class, Nation and the Folk in the Works of Gustav Freytag (1816–1895). Sheffield, Univ., Diss., 2009. 254 S.

Schoppe, Amalie: „… das wunderbarste Wesen, so ich je sah". Eine Schriftstellerin des Biedermeier (1791–1858) in Briefen und Schriften. Hrsg. von Hargen Thomsen. Bielefeld 2008. 720 S.: Ill.

Schulte, Christoph: Die Töchter der Haskala. Die jüdischen Salonièren aus der Perspektive der jüdischen Aufklärung. – In: Die Kommunikations-, Wissens- und Handlungsräume der Henriette Herz (1764–1847). Hannah Lotte Lund [u. a.] (Hrsg.). Göttingen 2017. (Schriften des Frühneuzeitzentrums Potsdam; 5). S. 57–70.

Schumann, Robert: Neue Ausgabe sämtlicher Werke. Hrsg. von d. Robert-Schumann-Gesellschaft, Düsseldorf durch Akio Mayeda und Klaus Wolfgang Niemöller in Verbindung mit dem Robert-Schumann-Haus Zwickau. – Ser. 1: Orchesterwerke; Werkgruppe 1, Symphonien; Bd. 2. 2: Symphonie op. 61 = Symphony No. 2, Op. 61. Hrsg. von Ingeborg Maaß und Ute Scholz. [Partitur]. Mainz 2018. XVI, 512 S.+Faks. – Ser. 3: Klavier- und Orgelwerke; Werkgruppe 1, Werke für Klavier zu zwei Händen; 1, 2: Impromtus sur une Romance de Clara Wieck pour le Pianoforte op. 5 (Originalausgabe 1833). Hrsg. von Timo Evers. [Partitur]. Mainz 2018. XXVI, 498 S.: Notenbeisp.+Faks.

Schumann, Robert; Schumann, Clara: Schumann-Briefedition. – Ser. 2: Freundes- und Künstlerbriefwechsel; Bd. 17: Briefwechsel Robert und Clara Schumanns mit Korrespondenten in Berlin 1832 bis 1883. Hrsg. von Klaus Martin Kopitz [u. a.]. Köln 2015. 999 S.

Schwarz, Jan: ‚Serving up his Grandmother in spicy Sauce'. Conflicting Views on Jewish Literature in Nineteenth-Century Denmark. – In: Studia Rosenthaliana 36, 2002–2003: Speaking Jewish – Jewish Speaking. Multilinguism in Western Ashkenazic Culture. S. 197–210.

Schwarz, Ralf-Olivier: Jacques Offenbach. Ein europäisches Porträt. Köln; Wien; Weimar 2019. 320 S.: Ill.

Schweiggert, Alfons: Sisis Wohnwelten. Traumschlösser, Seelenorte und Fluchtburgen der Kaiserin von Österreich. München 2018. 207 S.: Ill. (Edition Monacensia).

Sielemann, Jürgen: Aus der Geschichte der Hamburger Familie Gumprecht. Was Selbstzeugnisse in Behördenakten offenbaren. – In: Liskor – Erinnern 4, 2019, 016. S. 3–24.

Singh, Sikander: Das Erinnerungsbuch ‚Das Ohr des Malchus' im Kontext literarischer Reflexionen über die Grenze. – In: Gätje, Hermann; Singh, Sikander: Studien zu Leben und Werk von Gustav Regler. Tübingen 2018. (Passagen; 3). S. 39–48.

Sloterdijk, Peter: Neue Zeilen und Tage. ‚Notizen 2011–2013'. Berlin 2018. 540 S.

Steckmest, Sylvia: Führende Modehäuser am Neuen Wall Nr. 25 bis 35. Blicke hinter die Fassaden einer Hamburger Top-Adresse. – In: Liskor – Erinnern 4, 2019, 015. S. 21–41.

Sternburg, Wilhelm von: Lion Feuchtwanger. Die Biographie. Berlin 2016. 543 S.: Ill.

Strowick, Elisabeth: Gespenster des Realismus. Zur literarischen Wahrnehmung von Wirklichkeit. München 2019. VII, 354 S.

Studemund-Halévy, Michael: Biographische Skizzen Hamburger Portugiesen. Teil 3: Debora Hana Naar. – In: Liskor – Erinnern 3, 2018, 012. S. 25–32.

Studemund-Halévy, Michael: Biographische Skizzen Hamburger Portugiesen. Teil 4/1: Rahel de Castro oder das lange Warten auf die Zivilehe. – In: Liskor – Erinnern 4, 2019, 013. S. 18–24.

Studemund-Halévy, Michael: Biographische Skizzen Hamburger Portugiesen. Teil 4/2: Rahel de Castro oder Briefe in die Aufklärung. – In: Liskor – Erinnern 4, 2019, 014. S. 33–38.

Stückemann, Frank: Lateinische Dekadenz und lateinisches Christentum bei Lionel Johnson (1867–1902). – In: Johnson, Lionel Pigot: Gedichte zweisprachig. Hrsg., übers., mit e. Einl. und Anm. von Frank Stückemann. Heidelberg 2019. (Dichtung der englischsprachigen Welt). S. 11–26.

Štulová, Pavlína: Písně Josefa Bohuslava Foerstra na texty německých a rakouských básníků = The Songs by Josef Bohuslav Foerster on the Texts of German and Austrian Poets. Olmütz, Univ., Bakalářská práce, 2011. 54 S.

Tourlamain, Guy: Völkisch Writers and national Socialism. A Study of right-wing political Culture in Germany, 1890–1960. Oxford [u. a.] 2014. VIII, 384 S. (Cultural History and literary Imagination; 21).

Waszek, Norbert: Die soziale Frage bei Lorenz von Stein. – In: La question sociale du „Vormärz" 1830–1848. Perspectives comparées = Vormärz und soziale Frage 1830–1848. Vergleichende Perspektiven. Actes des journées d'études „La question sociale du jour. Sociétés et économie entre représentation et conceptualisation. France-Allemagne 1830/1848" du 25 et 26 novembre 2016. Organisées à l'Université de Reims par le CIRLEP EA 4299. Sous la dir. de Thomas Bremer [u. a.]. Reims 2018. S. 245–279.

Weissweiler, Eva: Wilhelm Busch. Der lachende Pessimist. Eine Biographie. Köln 2007. 381 S.: Ill.

Wenner, Milan: „Nach neuen Meeren". Nietzsches Abenteurerlyrik vor dem Hintergrund der ,Fröhlichen Wissenschaft'. – In: Nietzsche als Dichter. Lyrik – Poetologie – Rezeption. Hrsg. von Katharina Grätz und Sebastian Kaufmann. Berlin; Boston 2017. (Nietzsche-Lektüren; 1). S. 121–152.

Wenusch, Monica: „… ich bin eben dabei, mir Johannes V. Jensen zu entdecken …". Die Rezeption von Johannes V. Jensen im deutschen Sprachraum. Wien 2016. 331 S. (Wiener Studien zur Skandinavistik; 23).

Wilke, Carsten: Heinrich Graetz's Neologism „Marrano" and the historiographical Paradox of the Non-Jewish Jew. – In: Jewish Studies at the Central European University 8. 2011–2016, 2017. S. 83–95.

Wille, Gudrun: Jente Hameln. Ahnfrau bedeutender und berühmter Persönlichkeiten. – In: Töchter der Zeit. Hrsg. von Andrea Germer. Erforscht und dargest. durch die Geschichtsgruppe im Frauen-Labyrinth-Projekt Region Hildesheim e. V. – Bd. 2. Hildesheim 2013. S. 27–70.

Wimmer, Kathrin: Lebendiges Kunstwerk, tödliche Kunst. Der Pygmalionmythos in Peter Stamms ,Agnes'. – In: Gegenbilder – literarisch, filmisch, fotografisch. Hrsg. von Corina Erk und Christoph Naumann. Bamberg 2013. (Bamberger Studien zu Literatur, Kultur und Medien; 8). S. 151–168.

Winkler, Markus: Nietzsche's Concept of Barbarism. From Rhetoric to Genealogy. – In: Ders.: Barbarian. Explorations of a Western Concept in Theory, Literature, and the Arts. – Vol. 1: From the Enlightenment to the Turn of the twentieth Century. Stuttgart 2018. (Schriften zur Weltliteratur; 7). S. 258–284.

Witte, Bernd: Abendländischer Mythos und kapitalistischer Kultus. Das Ende der monotheistischen Religion. – In: Der Kult des Kapitals. Kapitalismus und Religion bei Walter Benjamin. Mauro Ponzi [u. a.] (Hrsg.). Heidelberg 2017. (Beiträge zur neueren Literaturgeschichte; 361). S. 217–236.

Wolbring, Fabian: Sprachbewusste Gedichtanalyse. Eine praktische Einführung. Stuttgart 2018. 176 S. (UTB; 5035).

Wu, Longkang: Kompositionstechnik und Semantik der Klaviertranskriptionen von Franz Liszt. Berlin, Freie Univ., Diss., 2018. 170 Bl.: Notenbeisp.

Ziegler, Edda: Verboten – verfemt – vertrieben. Schriftstellerinnen im Widerstand gegen den Nationalsozialismus. Rev. und erw. Neuausg. München 2010. 361 S.: Ill. (dtv; 34611).

3 Literarische und künstlerische Behandlung von Person und Werk

3.1 Literarische Essays und Dichtungen

Barsch, Frank: Harry, der Sommer und ich. Eine abenteuerliche Harzreise. Roman. Heidelberg 2019. 161 S. [Orientiert an Heines Reisebild].

Bauer, Friedhold: Nachschläge. Aus der Gerüchteküche linkerseits. Aufbereitet und serviert vom Hörensagen. Aachen 2019. 84 S. [Gedicht „Erinnerungen an Revolutionstage à la Heinrich Heine". S. 33–34].

Die besten Kugel-Schreiber 2018. „Wachtberger Kugel – Preis für komische Lyrik". Dieter Dresen, Herbert Reichelt (Hrsg.). Bonn 2018. 199 S. [Gedicht von Andreas Kley: „Heines Tod" S. 97].

Böhm, Thomas; Graf, Philipp; Stratmann, Janine: Irrwege zum Ruhm. Weltliteratur in Korrektur. Berlin 2018. 142 S.: Ill. [Gedicht „Sonnenuntergang". S. 34–35].

Bonn, Benjamin: Es klappert & Ich weiß nicht was. Anagrammgedichte. Nebst einer Ein- und Anleitung für Anagramm-Interessierte, auch zum Selbermachen! Münster 2005. 92 S. (Autoren-Edition). [Anagrammgedichte aus „Ich weiß nicht, was soll es bedeuten". S. 63–92].

Borchers, Elisabeth: Zeit. Zeit. Gedichte. Frankfurt a. M. 2006. 48 S. [Gedicht „Heinrich Heine. Henri Heine". S. 13].

Drohsen, Hanns E.: Deutschland – ein Märchen. Auf den Spuren Heinrich Heines. 2. Aufl. Wroclaw 2018. 121 S.

Gaier, Ulrich: Ballade und Romanze. Poetik und Geschichte. Würzburg 2019. 244 S. [Gedicht von Erich Kästner: „Der Handstand auf der Loreley". S. 90–91].

Dem Garten Eden abgeschaut. Mensch und Landschaft, Gedichte und Grafiken. Eine Anthologie. Hrsg. von Klaus Kühnel. Berlin 2018. 177 S.: Ill. [Gedicht von Harald Gerlach: „Heine im Eichsfeld". S. 101].

Gernhardt, Robert: In Zungen reden. Stimmenimitationen von Gott bis Jandl. 3. Aufl. Frankfurt a. M. 2002. 240 S.: Ill. (Fischer; 14759). [Gedichte „Anfrage", „Zögern", „Vorsatz", „Er beginnt die Lektüre", „Er liest im „Buch der Lieder"", „Erinnerung,. S. 50–53].

Gernhardt, Robert: Weiche Ziele. Gedichte 1984–1994. 2. Aufl. Frankfurt a. M. 2001. 205 S. (Fischer; 12986). [Gedicht „Sieben Dichterporträts". S. 112–113].

Heinrich Heine vs Bas Böttcher. (La poésie – morte ou vive!). Séance de Slam-Poetry, sous-titres français. 31. März 2012, Maison Heinrich Heine Paris, Dir. Dr. Chr. Deussen. Videorealisation: Timecode Rolf Neddermann. Paris 2012. 1 Video-DVD.

Kumar, Anant: Chili Chicken. Alte & neue Satiren. [Ein Inder in Kassel]. Mit 12 Zeichn. von Ulrich Suberg. Verl 2015. 131 S.: Ill. [Gedicht „Heinrich Heine am Ganges". S. 124].

Opolony, Carl: Deutschland. ‚Mein' Wintermärchen. Gedichte. 2. Aufl. Frankfurt a. M. 2017. 148 S.: Ill.

Orlando, Leoluca: Dankrede anlässlich der Verleihung des Heine-Preises 2018. – In: HJb 58, 2019. S. 153–159.

Peringer, Manfred: Befreiung der Worte. Sei so nett, lies – mal wieder – Terzett. Leipzig 2018. 115 S. (LyBi – Engelsdorfer Lyrikbibliothek; 122). [Gedicht „Heine goes to Nashville". S. 91].

Pistiak, Arnold: ‚Kaleidoskop' oder ‚Besuch bei Hölderlin'. Nach-Denk-Szenen aus einem Traumhaus. Buskow 2018. 304 S. [Kap.: „Wie Kaiserin Sissi ihren Meister Heine grüßte und junge Leute riefen „Refugees Welcome!"". S. 99].

Poenaru, Vasile V.: Heine, Hesse und Goethe. Ein deutsches Trio für Toronto. – In: Ders.: Creative Writing Sturm und Drang. Goethe, komm her! Toronto 2019. (Edition Zeitkritik; 2). S. 3–17.

Roos, Martin: Ja, ich lebe! Ein Gespräch mit Heinrich Heine über die Gegenwart. Typografie und Gestaltung: Helfried Hagenberg. Heinrich-Heine-Gesellschaft (Hrsg.). Düsseldorf, 2019. 23 S.

Schäfers, Eduard: Gedichte zu Kunst und Leben. Göttingen 2018. 87 S.: Ill. [Gedicht „Heinrich Heine". S. 73–75].

Die Wahlesel. Nach dem gleichnamigen Gedicht von Heinrich Heine. Ein Film von Laura Straßer und Anna Gierster. Gesprochen von Johannes B. Harht. 2008. 1 DVD (6:51 Min.). [Stop-Trick-Film].

Wijnberg, Nachoem M.: Of great Importance. Transl. by David Colmer. Earth, Milky Way [Goleta, California] 2018. 131 S. [Inspiriert von Heine].

Wünsch, Frank: Deutschland. Ein Ökomärchen. 2., erw. Aufl. Fulda 2019. 211 S. [Freie Anlehnung an Heines Wintermärchen].

3.2 Werke der Bildenden Kunst

Backes, Lutz: Büsten & Statuetten. Bronze & Kunststein. 2009–2017. Nürnberg 2017. 64 S.: Ill. [Bronze-Büste von Heinrich Heine S. 314].

Brus, Günter: Erdruckt und Erstochen. Die Druckgrafik von Günter Brus. Diese Publikation erscheint anlässlich der Ausstellung im Bruseum / Neue Galerie Graz, Universalmuseum Joanneum, 29. März – 30. Juni 2019 = The graphic Works of Günter Brus. Hrsg.: Roman Grabner. Köln 2019. 480 S.: Ill. [Abb. „Heinrich Heine-Triptychon". S. 353–355; „Liebeslächeln und Hohngelächter". S. 356–363].

Grösel, Lutz: Heinrich Heine (1797–1856). – In: SELC-Express 2006, 64. S. 10. [Schweizerischer Ex-Libris-Club]. [Abb.: Heine-Exlibris von Eugen F. Strobel].

Näscher, Friederike: Meer und Himmel hör ich singen. Bildhafte Begegnungen mit Heinrich Heines Frühlyrik. Düsseldorf 2019. 36 S. [Abb.: 14 Photogramme zu Heine-Gedichten].

Peut-être 2016, 7. [Abb.: Theresia Schüllner: „Aquarelle avec autographie d'Heinrich Heine, extrait de ‚Deutschland – Ein Wintermärchen' (2008)". S. 41].

Simon, Howard: 500 Years of Art in Illustration. From Albrecht Dürer to Rockwell Kent. Unabridged republication of the work New York, 1942. Mineola, NY 2011. XVIII, 476 S. [Abb.: M. N. Poliakov: „Illustration for Heinrich Heine's Germania". S. 294–295].

3.3 Werke der Musik, Vertonungen

Bachlund, Gary: Privatdruck ohne Titel. [Los Angeles] 2004–2018 [„Nehm ich Abschied" („Warte, warte, wilder Schiffsmann"); „Zwei Ritter" („Crapulinski und Waschlapski"); „König David" („Lächelnd scheidet der Despot"); „Doch möchte ich" („Die Welt ist so schön und der Himmel so blau"); „Belsazar" („Die Mitternacht zog näher"); „Der Kaiser von China" („Mein Vater war ein trockner Tap"s); „Die Wahl-Esel" („Die Freiheit hat man satt am End"); „Die Wanderratten" („Es gibt zwei Sorten Ratten"); „Der Tod" („Der Tod, das ist die kühle Nacht")].

Beneking, Stephan: Brennende Bücher = Burning Books. Im Gedenken an die Bücherverbrennung am 10. Mai 1933 auf dem Berliner Opernplatz. [Klaviernoten]. Berlin 2013. [Heine-Motto].

Biermann, Wolf: Warte nicht auf bessre Zeiten! Die Autobiographie. Gelesen von Burghart Klaußner mit Gedichten und Liedern vom Autor. Gekürzte Lesung mit Gedichten und Liedern. Hamburg 2016. 10 CDs (754 Min.) + 1 Booklet (6 ungez. S.). [CD 3: Lied: „Deutschland, ein Wintermärchen, Kapitel I" (1964)].

Bröder, Alois: 5 Heine-Lieder für Sopran und Klavier. Darmstadt 2019. [I. „Die Welt ist so schön"; II. „Erleuchtung" („Michel! Michel! Fallen die die Schuppen von den Augen?"); III. „Lebewohl" („Hatte wie ein Pelikan"); IV. „Vermächtnis" („Nun mein Leben geht zu End"); V. „Wo?" („Wo wird einst des Wandermüden")].

Erdmann-Abele, Veit: Drei Lieder für Sopran und Klarinette. 2006. [„Neuer Frühling" („Der Schmetterling ist in die Rose verliebt"); „Der Vorhang fällt …"; „Mir träumte wieder"].

Farber, Richard: Heinrich Heine „Verschiedene". Lieder. [Michael Dahmen, Bariton. Torben Jürgens, Bass. Christoph Schnackertz, Piano. Dirk Wedmann, Piano]. Köln 2013. 1 CD (3 Std.).

Franz, Ralf Albert: Sechs romantische Lieder. 2016–2018 (15'50) mit Texten von Fontane, Heine, Morgenstern, Rilke und Weinheber. Für mittlere Singstimme und Klavier. Kassel 2018. [„Die Rose" („Die Rose, die Lilje, die Taube, die Sonne")].

Froleyks, Stephan: Vier Sätze mit Heine und Schumann für Ensemble und DJ. Münster 2006. [„Anfangs wollt' ich fast verzagen"; „Hör' ich das Liedchen klingen"].

Fuhrmeister, Matthias: Poetenlieder. Komp.: Matthias Fuhrmeister. Demo-CD. 2010. 1 CD. [1. „Laß die heilgen Parabolen"; 2. „Monat Mai (4 versch. Gedichte)"; 3. „Gesellschaft (4 versch. Gedichte)"].

Gehrigk, Martin: Lyrik lebt! [Komp. von] Martin Gehrigk. Demo-CD. Haltern am See, 2007. 1 CD. [1. „Misere", 3. „Warten"].

Gehrigk, Martin: Lyrik lebt! Live aufgenommen Juli 2007, Haltern am See. Alle Titel komp. und arr. von Martin Gehrigk, außer … Demo-CD. Haltern am See, 2007. 1 CD. [2. „Kirschen ohne Kerne"; 7. „Misere"].

Hanelt, Thomas: Allnächtlich im Traume für Männerchor a cappella. Ober-Mörlen 2017.

Hermsdorf, Dieter: Das Grab. Für Singstimme und Klavier, 2005 (dt). Niedernhausen 2006. [„Es träumte mir von einer weiten Heide"].

Huyssen, Hans: Die zwölfte Stund'. Heine Vertonung (sic) für 5 Frauenstimmen. Stellenbosch 2011. [„Wie dunkle Träume stehen"].

Jendrek, Johannes: Der scheidende Sommer (Das gelbe Laub erzittert). Düsseldorf 2019?

Karwatzki, Siegfried: Jetzt wohin? Herr K [d. i. Siegfried Karwatzki]. Windeck 2018. 1 CD. [„In der Fremde"(„Es treibt dich fort von Ort zu Ort"); „Jetzt wohin"; „Der Kaiser von China"(„Mein Vater war ein trockner Taps"); „Die schlesischen Weber" („Im düstern Auge keine Träne"); „Laß Dein Grämen"].

Kirchner, Theodor: Die schönen Augen der Frühlingsnacht. Sechs Lieder von Theodor Kirchner nach Gedichten von Heinrich Heine für Sopran und Streichquartett bearbeitet und verbunden mit sieben Bagatellen für Streichquartett von Aribert Reimann. Partitur, Stimmen und Originalfassung der Lieder. Uraufführung: 14. Dezember 2017, Amsterdam. Mainz 2018. [I „Frühlingslied" („In dem Walde sprießt und grünt es"); II „Frühlingslied" („Die blauen Frühlingsaugen schau'n"); III „Fichtenbaum und Palme" („Ein Fichtenbaum steht einsam"); IV „Frühlingslied" („Leise zieht durch mein Gemüt"); V „Frühlingslied" („Die schönen Augen der Frühlingsnacht"); VI „Frühling" („Unterm weißen Baume sitzend")].

Koetsier, Jan: Aus den „Schöpfungsliedern" (Heinrich Heine). Op. 75,2. Neudr. d. Ausg. München 1981. Planegg bei München 2019.

Krüger, Katja: Es hat die warme Frühlingsnacht. Quickborn o. J.

Loreley-Variationen. Der Junge Chor, Remscheid-Lüttringhausen. Leiter: Jürgen Harder. Heine-Kunst-Kiosk. Remscheid-Lüttringhausen 2009. 1 CD.

Lunen, Camille van: Lorelei – gestrandet auf Texte von Clemens Brentano, Dagmar Nick, Rose Ausländer, Heinrich Heine für hohe Singstimme und Klavier. Auftrag für den Deutschen Musikwettbewerb 2018. Kassel 2018.

Mayrhofer, Christian: Trauerkantate. 2017. [IV „Anfangs wollt ich fast verzagen"].

Messager, André: Nouveau printemps. Cinq mélodies pour chant et piano (fr). Poésie de Georges Clerc aprés Henri Heine. Niedernhausen 2011. [No. 1 „Se peut-il quòne larme vienne" („Was will die einsame Träne?"); No. 2 „Mai vient" („Gekommen ist der Maie"); No. 3 „Un réseau d'ombres emprisonne" („Dämmernd liegt der Sommerabend"); No. 4 „La lune égrène en perles blondes" („Der Mond ist aufgegangen"); No. 5 „Dans les arbres blancs de givre" („Unter'm weißen Baume sitzend")].

Mittmann, Jörg-Peter: Sieben Strophen Heimat für Frauenstimme, Flöte, Gitarre und Violoncello. Berlin 2018. [IV „Einst" (frei nach Heinrich Heine, Franz Schubert: „Der Doppelgänger")].

Müller-Wieland, Jan: Aventure Faust. Drei Traumszenen frei nach Goethes „Faust" und Heines „Deutschland. Ein Wintermärchen" für sechs Soli und Ensemble im Raum. Text: Birgit Müller-Wieland. Partitur. Hamburg 2008.

Müller-Wieland, Jan: Traumbilder leichenstill für Streichorchester oder Streichquartett (2010). Partitur. Hamburg 2010. [Zeilen aus Heines Ballade „Belsazar" dienen als Suggestionshife, inneres Bild].

musica e parole: Neuer Frühling. Lieder, Duette und Chansons nach Gedichten von Heinrich Heine und Karl Kraus. Katharina Richter, Sopran. Reinhart Ginzel, Tenor, Rudolf Gäbler, Klavier. Berlin 2009. 1 CD (31 Min.). [„Neuer Frühling. Sechs Lieder nach Gedichten von Heinrich Heine, op. 34 (2006)"; „Man fragt nicht, was all die Zeit ich machte. Lieder und Duette für Sopran und Tenor mit Klavierbegleitung nach neun Gedichten von Karl Kraus, op. 36 (2008)"].

Offene Wunden. Ein Abend des Ensemble Modern mit zwei Songspielen und Film. [Mahagonny-Songspiel, Kurt Weill – Die Wunde Heine, Helmut Oehring]. Oper Frankfurt. Hrsg. Bernd Loebe. Frankfurt a. M. 2010. 32 S.: Ill.

Pistorius, Günter: Alte Rose. Imprint. Hamburg 2010. [„Eine Rosenknospe war sie"].

Raecke, Hans-Karsten: Deutschland, ein Wintermärchen. Werkausschnitte von 12 Min. auf DVD aus dem musikalisch-dramatischen Zyklus für Stimme und klangerweiterten Flügel (präpariertes Klavier). Komp. und interpr. von Hans-Karsten Raecke. Demo-DVD. Kyjov 2008. 1 DVD (12 Min.). [Probe zum Konzert vom 13.11.2008 in Kyjov Tschechien].

Rimsky-Korsakov, Nikolai: 2 Romansa. Soc 25 = 2 Lieder für Singstimme und Klavier. Op. 25. Niedernhausen 2011. [25, 1 „K moej pesne" („Mir träumte einst ..."); 25, 2 „Kogda gljazu tebe v glaza ..." („Wenn ich in deine Augen seh")].

Rose & Georgi: Reminiszenzen an Heinrich Heine. ... ich bin ein deutscher Dichter ... [Lieder, Gedichte, Prosa, Briefe]. Detlev Rose (Gesang, Rezitation, Gitarre, Piano, Flügel) & Christian Georgi (Flöten, Saxophon, Midi-Sax, Gesang). Berlin 2003. 1 CD (60 Min.).

Schneider, Enjott: Sinfonie Nr. 6 „Der Rhein" für Sopran, Chor und Orchester. Mainz 2013. [Sätze: 1: „Am Rheinfall"; 2: „Von Burgen, Wein und Klöstern"; 3: „Die Loreley"; 4: „Im Rhein am schönen Strome"].

Schüeli, Felix: 6 Lieder für Sopran und Klavier. Luzern 2007/2015. [„Dein Angesicht"].

Schumann, Robert: Myrthen Opus 25. Liederkreis. Urtext. Originaltonarten für hohe Stimme. Hrsg. von Kazuko Ozawa. München 2019. [7. „Die Lotosblume"; 21. „Was will die einsame Träne"; 24. „Du bist wie eine Bume"; „Du bist wie eine Blume". Frühfassung für Elisa Meerti; „Du bist wie eine Blume". Frühfassung für Clara Wieck].

Schweikert, Margarete: Vier Blumenlieder für Singstimme und Klavier. Hrsg. von Jeannette La-Deur. Kassel 2019. [„Morgens send ich dir die Veilchen"].

Silcher, Friedrich: Lorelei (Ich weiß nicht, was soll es bedeuten). Satz: Richard Rudolf Klein. Niedernhausen 2017.

Skielka, Siegfried. Born 2006–2013. [„Die Wälder und Felder grünen"; „Maienlied" („Gekommen ist der Maie"); „Gekommen ist der Maie" (m. Duett); „Frühling" („Die Wellen blinken und fließen dahin"); „Du schönes Fischermädchen"; „Dämmernd liegt der Sommerabend"].

Sound of a Poem. J. Marx, Debussy, Schoeck, Endstrasser. Esther Kretzinger, Sopran. Georges E. Schneider, Violine. Tim Collins, Vibraphon. Wayne Darling, Kontrabass. Gerald Endstrasser, Schlagzeug. Wien 2016. 1 CD (41 Min.). [Othmar

Schoeck: „Drei Lieder von Heinrich Heine", Op. 4 („Sommerabend"; „Warum sind denn die Rosen so blass?"; „Wo?". Arrangiert von Gerald Endstrasser).

Toscanini, Arturo: The Songs. Original Compositions for High Voice & Piano. Verona, NJ 2010. [„V'amo. Romanzetta" („Die Jahre kommen und gehen")].

Weiss, Manfred: Zwei Lieder auf Gedichte von Heinrich Heine für Bariton und Klavier. Landsberg 2018. [1. „Weltlauf" („Hat man viel, so wird man bald"); 2. „Die Wanderratten" („Es gibt zwei Sorten Ratten")].

World poetry in Russian Music. Dmitri Shostakovitch, Dmitri Kabalevsky, Valery Gavrilin [Komp.]. Baritone: Frieder Anders. Piano: Stella Goldberg. Darmstadt 2006. 1 CD (1 Std.)+Booklet. [Valery Gavrilin: „Four Heine-Songs (German Book II)"].

4 Rezensionen

Heine, Heinrich: Katechismus. Hrsg. von Christian Liedtke. Hamburg 2017. 208 S. – Rez. von Robert Krause in: HJb 58, 2019. S. 186–187.

Heinrich Heine – Miszellen aus Berlin.Roland Schiffter [u. a.] [Hrsg.]. Berlin 2018. 322 S. – Rez. von Robert Steegers in: HJb 58, 2019. S. 200–202.

Kilcher, Andreas Benjamin: Poétique et politique du mot d'esprit chez Heinrich Heine = Poetik und Politik des Witzes bei Heinrich Heine. Trad. de l'allemand de Guillaume Burnod. Éd. Stephan Braese ... Paris 2014. 103 S. (Conférences Franz Hessel/Franz Hessel Lectures). – Rez. von Felix Woywode in: Zeitschrift für Germanistik NF 29, 2019, 3. S. 682–683.

Kruse, Joseph A.: Heine und die Folgen. Stuttgart 2016. 155 S. – Rez. von Jan von Holtum in: Germanistik 60, 2019. S. 318.

Oberheide, Jens: Freier Geist und Rauer Stein: Heinrich Heine. Querdenker – Sinnsucher – Freimaurer. Leipzig 2018. 182 S. – Rez. von Robert Steegers in: HJb 58, 2019. S. 197–199.

Steckmest, Sylvia: Heinrich Heines Geschwister. Charlotte, Gustav, Maximilian. Mit e. Vorw. von Christian Liedtke. Norderstedt 2018. 172 S. – Rez. von Patricia Czezior in: HJb 58, 2019. S. 203–205.

Steinecke, Hartmut: „Das Gepräge des Außerordentlichen". Heinrich Heine liest E.T.A. Hoffmann. Berlin 2015. 116 S. (Philologische Studien und Quellen; 248). – Rez. von Barbara Di Noi in: Studi germanici 2017, 11. S. 292–295.

„Was die Zeit fühlt und denkt und bedarf". Die Welt des 19. Jahrhunderts im Werk Heinrich Heines. Hrsg. von Bernd Kortländer. Bielefeld 2014. 323 S. (Vormärz-Studien; 32) . – Rez. von Lucien Calvié in: Etudes Germaniques 73, 2018, 3. S. 426–427.

Youens, Susan: Heinrich Heine and the Lied. Cambridge [u. a.] 2007. XXX, 378 S.: Ill., Notenbeisp. – Rez. von Sanna Pederson in: H-German, H-Net Reviews 2009, April. [http://www.h-net.org/reviews/showrev.php?id=24059, letzter Zugriff: 28.10.2019].

5 *Allgemeine Literatur mit Heine-Erwähnungen und -Bezügen*

Arzberger, Norbert: Wien – Hamburg. Reise durch einen deutschen Herbst. Oldenburg 2015. 63 S.

Beim Bliesfluss fast ein Himmelreich. [Fred Oberhauser, dem Nestor der literarischen Topografie, zum 90. Geburtstag]. Martin Baus … (Hrsg.). [Hrsg. im Auftr. des Saarpfalz-Kreises]. St. Ingbert 2013. 382 S.: Ill. (Saarpfalz-Lesebuch; 2).

Bock, Benedikt: Baedeker & Cook. Tourismus am Mittelrhein 1756 bis ca. 1914. Frankfurt a. M. [u. a.] 2010. 456 S.: Ill. (Mainzer Studien zur neueren Geschichte; 26). [Zugl.: Mainz, Univ., Diss., 2008]. [Kap. 1.2.1: „Sagen, Legenden und Gedichte". S. 74–90].

Brockerhoff, Michael: Die Stadt der Ringe. Düsseldorfs Geschichte neu ausgegraben. Mit Ill. von Isabella Roth. Köln 2016. 96 S.: Ill.

Düsseldorf – Geschichten einer Stadt. 1811 – Besuch des Kaisers. – In: Die Bilker Sternwarte 52, 2006, 3. S. 103–104.

Egelhof, Gerd: 88 lesenswerte Bücher. Neukirchen 2018. 105 S. [„Heinrich Heine, Gedichte". S. 48].

Erler, Rolf-Joachim: Freiheit, die ich meine. Flagge zeigen! Jugendjahre in den Fängen der DDR-Staatssicherheit. Zürich 2018. 198 S.

Friedrich, Doris: Multiple Sklerose. Das Leben meistern. Eine Patientin gibt Rat und Information. DMSG, Deutsche Multiple-Sklerose-Gesellschaft, Bundesverband e. V. Stuttgart 2008. 209 S. [Kap.: „Geschichte der Multiplen Sklerose". S. 17–24].

Fugitives etraves. Poèmes et chansons de mal-aimés. [Hrsg.:] Ambroise-Luc [d. i. Claude Cassel]. Epervans 2011. 42 S.: Ill.

Ganahl, Kay: Feld der letzten Ernte. Lindau 2018. 156 S. [Kap.: „Heinrich Heine: Eine Würdigung". S. 93–96].

Gatzen, Helmut: Kriegsende in Naumburg. – In: Kein Zaun war mir zu hoch. Kindheit und Jugend in Naumburg. Ein Leseheft zur Ausstellung im Stadtmuseum Naumburg Hohe Lilie vom 26.06. bis 16.11.2003. Hrsg. von Maryla Malonek und Siegfried Wagner. Naumburg (Saale) 2003. (Schriften des Stadtmuseums Naumburg; 13). S. 51–55.

Gernhardt, Robert: Über alles. Ein Lese- und Bilderbuch. Hrsg. von Ingrid Heinrich-Jost. 6. Aufl. Frankfurt a. M. 2002. 479 S.: Ill. (Fischer; 12985). [Kap.: „Warum ich nicht gern Satiriker bin und mich nur ungern als solchen bezeichnet sehe. Keine Satire". S. 385–399].

Gerste, Ronald D.: Wie Krankheiten Geschichte machen. Von der Antike bis heute. 3. Aufl. Stuttgart 2019. 381 S.: Ill.

Gibson, Carl: Faustinus – der glückliche Esel und die Revolution der Tiere. Kommunismus-Parodie und Totalitarismus-Kritik in Humoresken und Satire. Heiterer Ausflug in die Geschichte der Philosophie – Heranführung an das ethische, existenzielle und staatspolitische Denken. Bad Mergentheim 2018. 769 S.

(Schriften zur Literatur, Philosophie, Geistesgeschichte und Kritisches zum Zeitgeschehen; 5, 1). [Kap. 6: „Heinrich Heine – ein Vorbild in Sachen Zeitkritik? Zyniker und schlechter Spott – Ressentiments als Antrieb der Pseudosozialkritik". S. 245–246].

Gibson, Carl: Leben ohne Würde – armer Poet im reichen Deutschland!? Die neuen Elenden heute: Diogenes, Lumpen-Akademiker, Intellektuelle ohne Job, „brotlose Künstler"… und die verordnete Gleichmacherei in der „Leistungsgesellschaft" für alle – „J'accuse…!". Tauberbischofsheim 2018. 292 S.: Ill. (Schriften zur Literatur, Philosophie, Geistesgeschichte und Kritisches zum Zeitgeschehen; 5, 2). [Kap.: „Nach Heinrich Heine und Carl Spitzweg – der arme Poet heute…". S. 37–38].

Giese, Thomas: Heine-Institut zeigt: „Lüpertz malt ab". Lüpertz' Kopien von Michelangelos Fresken sind noch bis zum 17. März zu sehen. – In: Terz 28, 2019, 2. o. S.

Giese, Thomas: „Wir können auch anders". „Das Junge Rheinland" im Kunstpalast. – In: Terz 28, 2019, 3. S. 17.

Gössmann, Wilhelm: Liebe als Lebenselixier. Gedichte und Geschichten. Düsseldorf 2014. 91 S.

Das goldene Ufer. [Film] nach dem Roman von Iny Lorentz; Regie: Christoph Schrewe; Drehbuch: Benjamin Hessler; Kamera: Mathias Neumann; Darsteller: Miriam Stein, Volker Bruch, Ulrike Folkerts, Walter Sittler [u. a.]. München 2015. 1 DVD (104 Min.). [Heinrich Heine hat einen Auftritt bei ca. Min. 65].

Graf, Oskar Maria: Das Leben meiner Mutter. 5. Aufl. Berlin 2014. 567 S. (List-Taschenbuch; 60912).

Henschel, Gerhard: Arbeiterroman. Hamburg 2017. 527 S.

Henschel, Gerhard: Erfolgsroman. Hamburg 2018. 601 S.

Henschel, Gerhard: Künstlerroman. Hamburg 2015. 572 S.

Holtei, Christa: Drei Tage im November. Düsseldorf 1811. Roman. Düsseldorf 2019. 319 S.: Ill.

Kabatek, Elisabeth: Kleine Verbrechen erhalten die Freundschaft. Roman. Vollst. Originalausg. München 2017. 416 S.

Kanis, Annette: Dein Düsseldorf. Düsseldorf 2018. 167 S.: Ill. (Mausschlaue Freizeittipps). [„Heinrich Heine, oder: Wie lebte Düsseldorfs bekanntester Dichter?". S. 156–159].

Kracht, Christian: Die Toten. Roman. 4. Aufl. Köln 2016. 211 S.

Krüger, Jonas Torsten: Das Geheimnis der Dünen. Gefährliche Ferien auf Norderney. Frankfurt a. M. 2004. 144 S. (Fischer; 80497).

Leitzbach, Christian: Vier Phasen Heine. Professor Bernd Kortländer sprach bei den Bilker Heimatfreunden. – In: Die Bilker Sternwarte 53, 2007, 2. S. 34–35.

McKinty, Adrian: Cold water. Thriller. Aus dem Engl. von Peter Torberg. Berlin 2019. 376 S. (Suhrkamp Taschenbuch; 4981: nova).

Noll, Wulf: Schöne Wolken treffen. Eine Reisenovelle aus China. Eutin 2014. 462 S.

Pestum, Jo: Die streng geheime Weihnachtsmission. Ein Weihnachtskrimi in 24 Kapiteln. Mit Bildern von Lisa Althaus. Würzburg 2012. 200 S.: Ill.

Peters, Martina: Ich weiß nicht, was soll es bedeuten. Musizieren mit Menschen mit Demenz. Hrsg. von der Landeszentrale für Gesundheitsförderung in Rheinland-Pfalz e. V. Autorin: Martina Peters. 5. Aufl. Mainz 2018. 31 S.: Ill.

Redmer, Kurt: Damals in Ostpreußen und Mecklenburg. Dokumentation zu den Kriegsjahren 1935–1945 und danach. Strausberg 2012. 120 S.: Ill. [Kap. 13: „Heinrich Heine wurde zur Unperson". S. 81–84].

Scheufler, Lutz: KREUZ statt QUER. Impulse über Gott und die Welt. Waldenburg 2018. 196 S.

Schröder, Jörg: Schröder erzählt. Schwarze Serie; Folge 1: Willkommen! Berlin 2001. 47 S.: Ill.

Schröder, Jörg: Schröder erzählt. Schwarze Serie; Folge 11: Eitelkeit auf Eitelkeit. Berlin 2008. 45 S.

Schröder, Jörg; Schröder erzählt. Schwarze Serie; Folge 17: Hörst du mein heimliches Rufen. Berlin 2012. 54 S.: Ill.

Die Skulpturen im Hamburger Stadtpark. Stadtpark Verein Hamburg e. V. Red.: Susanne Gabriel … . Hamburg, 2017. 30 S.: Ill. [Heine-Denkmal S. 28].

Sokolowski, Herbert: Um die Jahrtausendwende. Deutsche Erfahrungen nach beendeter Berufsarbeit. Frankfurt a. M. 2019. 174 S. [Kap. 9: „Docendo discimus. Heine – Brecht – Goethe". S. 36–45].

Turckheim, Émilie de: Im schönen Monat Mai. Roman. Aus dem Franz. von Brigitte Große. 2. Aufl. Berlin 2012. 105 S.

Vogeler, Heinrich: Heinrich Vogelers Werden in Bildern. [Deutsch-English] = Heinrich Vogeler's Emerging – with Illustrations. Selected by Petra Hempel. Engl. Übers.: Ian Bild. Ottersberg 2012. 79 S.: Ill.

Waldera, Ilona: Happy-Huhn-Harmonists. Erbauliches, Köstliches und Nützliches um ein einzig dastehendes Quartett. Norderstedt 2011. 212 S.

Waschinsky, Angelika: Heinrich Heine: Deutschland. Ein Wintermärchen. – In: Festschrift zum 85. Geburtstag von Wilhelm Gössmann mit Textbeiträgen seiner Schüler zur Feier im Heinrich-Heine-Institut Düsseldorf, 22. Oktober 2011. Düsseldorf 2011. S. 14–17.

Wenders, Wim: Laudatio auf Leoluca Orlando. – In: HJb 58, 2019. S. 134–152.

Wilde, Oscar: Ein Leben in Briefen. Hrsg. und komm. von Merlin Holland. Aus dem Engl. von Henning Thies. München 2005. 607 S.

Würger, Takis: Stella. Roman. München 2019. 218 S.

Veranstaltungen des Heinrich-Heine-Instituts und der Heinrich-Heine-Gesellschaft e. V. Januar bis Dezember 2019

Zusammengestellt von Maren Winterfeld

10.01.2019	Heinrich Böll in Moskau – Lew Kopelew in Köln Vortrag von Dr. Beate Fieseler Veranstalter: Arbeitskreis Moderne im Rheinland e. V. in Kooperation mit dem Heinrich-Heine-Institut
16.01.2019	Heinrich Heine und Don Quijote – Begegnungen zwischen der deutschen und der spanischen Romantik Seminarleitung: PD Dr. Vera Elisabeth Gerling Veranstalter: Masterstudiengänge Romanistik und Literaturübersetzen an der Heinrich-Heine-Universität Düsseldorf in Kooperation mit dem Heinrich-Heine-Institut
20.01.2019	Palais Wittgenstein Vernissage der Ausstellung „Markus Lüpertz. Michael Engel beide in einem" Mit Markus Lüpertz Veranstalter: Heinrich-Heine-Institut in Kooperation mit der Galerie Till Breckner, Düsseldorf
22.01.2019	Integration in der postmigrantischen Gesellschaft Vortrag von Prof. Dr. Naika Foroutan Veranstalter: Kommunales Integrationszentrum und Heinrich-Heine-Institut
29.01.2019	Blick auf Beowulf. Eine einzigartige Zusammenarbeit – Thomas Kling und Ute Langanky Buchpräsentation von Sophia Burgenmeister und Foyerausstellung von Ute Langanky Veranstalter: Heinrich-Heine-Institut
31.01.2019	Evangelische Stadtakademie Akademie am Morgen „Jetzt wohin?" – Der späte Heine Seminarleitung: Dr. Karin Füllner Veranstalter: Heinrich-Heine-Institut und Evangelische Stadtakademie

02.02.2019	Mit Heine in der Sixtina Vortrag von Heinrich Heil zur Ausstellung „Markus Lüpertz. Michael Engel – beide in einem" Veranstalter: Heinrich-Heine-Institut in Kooperation mit der Galerie Till Breckner, Düsseldorf
02.02.2019	Reihe: Samstags um drei – zu Gast bei Heine „Unterwegs zu Hause" Von und mit Dr. Andreas Turnsek, Stephanie-Marie Turnsek und Gudrun Salger Veranstalter: Heinrich-Heine-Institut
03.02.2019	Klavierrecital von Ani Ter-Martirosyan Werke von Brahms, Ravel und Chopin Veranstalter: Robert-Schumann-Gesellschaft in Kooperation mit dem Heinrich-Heine-Institut
07.02.2019	Kuratorenführung durch die Ausstellung „Markus Lüpertz. Michael Engel – beide in einem" Mit Heinrich Heil Veranstalter: Heinrich-Heine-Institut
09.02.2019	Schumann als Musikdirektor in Düsseldorf oder Das Desaster in der Maxkirche Vortrag von Dr. Irmgard Knechtges-Obrecht Veranstalter: Robert-Schumann-Gesellschaft Düsseldorf in Verbindung mit dem Heinrich-Heine-Institut im Rahmen der Kooperation „Heine@Schumann"
14.02.2019	Evangelische Stadtakademie Akademie am Morgen „Jetzt wohin?" – Der späte Heine Seminarleitung: Dr. Karin Füllner Veranstalter: Heinrich-Heine-Institut und Evangelische Stadtakademie
14.02.2019	Heinrich Heine – Miszellen aus Berlin Die Sektion Berlin-Brandenburg der Heinrich-Heine-Gesellschaft präsentiert sich Mit Prof. Dr. Roland Schiffter, Dr. Sabine Bierwirth und Dr. Arnold Pistiak Veranstalter: Heinrich-Heine-Gesellschaft in Kooperation mit dem Heinrich-Heine-Institut
16.02.2019	Paris Heinrich Heine und die Musik. Ein literarischer Spaziergang im Pariser Montmartre-Viertel Seminarleitung: Dr. Bernd Füllner und Dr. Karin Füllner Veranstalter: Maison Heinrich Heine (Paris) in Zusammenarbeit mit Heinrich-Heine-Institut und Heinrich-Heine-Gesellschaft
16.02.2019	Parabase. Vortrag von Heinrich Heil zur Ausstellung „Markus Lüpertz. Michael Engel – beide in einem" Veranstalter: Heinrich-Heine-Institut in Kooperation mit der Galerie Till Breckner, Düsseldorf
17.02.2019	„Und der Rhein rauscht so vernünftig" Deutsch-französische Lesung Mit Dr. Sabine Brenner-Wilczek und Nadine-Isabelle Royer Veranstalter: Heinrich-Heine-Institut

17.02.2019	Paris „Apfeltörtchen waren nämlich damals meine Passion" Kulinarisches bei Heine Mit Dr. Bernd Füllner und Dr. Karin Füllner Veranstalter: Maison Heinrich Heine (Paris) in Zusammenarbeit mit Heinrich-Heine-Institut und Heinrich-Heine-Gesellschaft
21.02.2019	Kuratorenführung durch die Ausstellung „Markus Lüpertz. Michael Engel – beide in einem" Mit Heinrich Heil Veranstalter: Heinrich-Heine-Institut
27.02.2019	„Aus der Fernnähe – Begegnungen mit Theater- und Film-Künstlern" Buchvorstellung mit Andreas Wilink, Jana Schulz und André Kaczmarczyk Veranstalter: Heinrich-Heine-Institut
08.03.2019	Reihe: Text & Ton „Heine, Schumann, Mendelssohn und die MAX" Heine-Literaturdinner Mit Dr. Karin Füllner, Dr. Ursula Roth, Aleksandar Filić Veranstalter: Heinrich-Heine-Institut, Heinrich-Heine-Gesellschaft, Maxhaus
10.03.2019	„Lob der Schönheit" Sonette von Michelangelo Buonarotti Lesung und Interpretation auf Italienisch und Deutsch Mit Renzo Brizzi, Davi Brizzi und Heinrich Heil Veranstalter: Heinrich-Heine-Institut in Kooperation mit der Galerie Till Breckner, Düsseldorf
12.03.2019	Reihe: Clara200 „Begegnung in Wien – Clara Wieck und ‚Fürst S.'" Vortrag mit Klaviermusik in Bildern Mit Dr. Gerd Nauhaus (Vortrag) und Gülru Ensari (Klavier) Veranstalter: Robert-Schumann-Gesellschaft in Kooperation mit dem Heinrich-Heine-Institut
16.03.2019	Kindheit im alten Düsseldorf Berühmte Autorinnen erinnern sich Mit Dr. Ariane Neuhaus-Koch (Vortrag) und Elisabeth Ulrich (Lesung)
16.03.2019	Palais Wittgenstein Elena Uhlig und Fritz Karl lesen aus Briefen und Tagebüchern von Clara und Robert Schumann Veranstalter: Heinrich-Heine-Institut und Gleichstellungsbüro der Landeshauptstadt Düsseldorf
17.03.2019	Finissage der Ausstellung „Markus Lüpertz. Michael Engel – beide in einem" Nachbetrachtung und Führung mit Kurator Heinrich Heil Veranstalter: Heinrich-Heine-Institut in Kooperation mit der Galerie Till Breckner, Düsseldorf
24.03.2019	Düsseldorf musikalisch Lesung und Musik mit Jan Michaelis und Markus Goosmann Veranstalter: Heinrich-Heine-Institut

31.03.2019	Vernissage der Ausstellung „Wortwelten – Bildwelten. Lion Feuchtwanger und Solomon Judowin" Mit Dr. Sabine Brenner-Wilczek, Tanya Rubinstein-Horowitz, Nora Schön und Jan von Holtum. Musik: Dr. Courtney Elise LeBauer und Michelle Post Veranstalter: Heinrich-Heine-Institut in Kooperation mit Tanya Rubinstein-Horowitz, Sammlung Rubinstein, Düsseldorf Im Rahmen der Jüdischen Kulturtage Rhein-Ruhr 2019
04.04.2019	Evangelische Stadtakademie Akademie am Morgen „Jetzt wohin?" – Der späte Heine Seminarleitung: Dr. Karin Füllner Veranstalter: Heinrich-Heine-Institut und Evangelische Stadtakademie
04.04.2019	Irene Dische liest „Schwarz und Weiß" Veranstalter: Heinrich-Heine-Gesellschaft und Gesellschaft für Christlich-Jüdische Zusammenarbeit Im Rahmen der Jüdischen Kulturtage Rhein-Ruhr 2019 Mit freundlicher Unterstützung des Kulturamtes der Landeshauptstadt Düsseldorf
06.04.2019	Nacht der Museen 2019: Schmetterlingsträume – Literatur und Musik Literarisch-musikalisches Programm und Führungen durch die Ausstellungen mit Dr. Sabine Brenner-Wilczek, Kubilay Demir, Dr. Jan-Christoph Hauschild, Jan von Holtum, Jagular, David Melkoyan, Frederike Möller, Nadine-Isabelle Royer, Carolin Scholz, Ralf Olivier Schwarz und dem Solo-Programm von Oliver Steller Veranstalter: Heinrich-Heine-Institut
07.04.2019	„Wort Welle Muschel Mensch" – Eine Reise zu Rose Ausländer Multimediale Performance von Friederike Felbeck. Mit Nicola Thomas, Boleslav Martfeld, Rudolf Schlager Veranstalter: Heinrich-Heine-Institut Im Rahmen der Jüdischen Kulturtage Rhein-Ruhr 2019 Mit freundlicher Unterstützung des Kulturamtes der Landeshauptstadt Düsseldorf
11.04.2019	Harrys Poetry Slam Veranstalter: Heinrich-Heine-Gesellschaft
12.–13.04.2019	FIKTIVA//Media Art Festival An unterschiedlichen Orten des Altstadtbezirks und am Worringer Platz, Düsseldorf Veranstalter: FF TheaterFilmFest gUG
14.04.2019	Tonhalle Düsseldorf, Rotunde Lyrikmarathon „Wort an Wort" Veranstalter: Heinrich-Heine-Institut in Zusammenarbeit mit der Jüdischen Gemeinde Düsseldorf, dem Nelly Sachs Haus, Bürgermeisterin Klaudia Zepuntke und mit freundlicher Unterstützung der Tonhalle Düsseldorf Im Rahmen der Jüdischen Kulturtage Rhein-Ruhr 2019 Mit freundlicher Unterstützung des Kulturamtes der Landeshauptstadt Düsseldorf
16.04.2019	Sarah Kirsch: Von Haupt- und Nebendrachen. Von Dichtern und Prosaschreibern. Frankfurter Poetikvorlesungen 1996/1997 Buchpräsentation mit Moritz Kirsch Veranstalter: Heinrich-Heine-Institut

17.04.2019	Kuratorenführung durch die Ausstellung „Wortwelten – Bildwelten. Lion Feuchtwanger und Solomon Judowin" Mit Jan von Holtum, Tanya Rubinstein-Horowitz und Nora Schön Veranstalter: Heinrich-Heine-Institut
24.04.2019	„Unter der Haut" Gespräch und Lesung mit Gunnar Kaiser über seinen literarischen Thriller und Heines „Wintermärchen" Moderation: Dr. David Eisermann Veranstalter: Heinrich-Heine-Institut
27.–28.04.2019	Reihe: Text & Ton „Mit Makkaroni und Geistesspeise" Heinrich Heine, die Musik und die Salons Mit Dr. Hella Bartnig und Dr. Karin Füllner Veranstalter: Heinrich-Heine-Institut, Heinrich-Heine-Gesellschaft
02.05.2019	Solomon Judowin – vom weißrussischen Schtetl nach Leningrad Kunsthistorischer Vortrag und Führung von Dr. Olga Sugrobova-Roth Veranstalter: Heinrich-Heine-Institut
04.–05.05.2019	Paris „La grande affaire de ma vie" Ein literarischer Spaziergang durch Paris Mit Dr. Bernd Füllner und Dr. Karin Füllner Veranstalter: Maison Heinrich Heine (Paris) in Zusammenarbeit mit Heinrich-Heine-Institut und Heinrich-Heine-Gesellschaft
08.05.2019	Reihe: Heine um 11 „Nichts als ein Dichter" – der Dichter Heinrich Heine Mit Dr. Karin Füllner und Dr. Martin Menges Veranstalter: Heinrich-Heine-Gesellschaft und VHS Düsseldorf
09.05.2019	Reihe: archiv aktuell Peter-Maiwald-Abend Mit Dr. Enno Stahl u. a. Veranstalter: Heinrich-Heine-Institut
12.05.2019	Wandelkonzert und Führung zu Heine und Europa durch die Dauerausstellung Mit Dr. Sabine Brenner-Wilczek, Nadine-Isabelle Royer und Vasilena Krastanova Veranstalter: Heinrich-Heine-Institut
14.05.2019	Lion Feuchtwanger: Ein möglichst intensives Leben. Die Tagebücher Buchvorstellung mit Nele Holdack, Marje Schuetze-Coburn und Michaela Ullmann Veranstalter: Heinrich-Heine-Institut
19.05.2019	Finissage der Ausstellung: „Wortwelten – Bildwelten. Lion Feuchtwanger und Solomon Judowin" Mit Jan von Holtum Veranstalter: Heinrich-Heine-Institut
19.05.2019	Heine exklusiv: Museumsgeschichten Führung durch die Dauerausstellung mit Jan von Holtum anlässlich des Internationalen Museumstags Veranstalter: Heinrich-Heine-Institut
21.05.2019	Festakt anlässlich der Rückkehr des Klems-Flügels in die Dauerausstellung des Heine-Instituts Mit Dr. Sabine Brenner-Wilczek, Dr. Armin Koch und Tobias Koch (Klavier)

22.05.2019	Dieter Fortes Düsseldorf Mit Dr. Enno Stahl (Vortrag), Jan Moldenhauer und Gerrit Pesch (Rezitation) Veranstalter: Heinrich-Heine-Institut
23.05.2019	Hommage an Schubert Konzert von Studierenden der Internationalen Musikakademie Anton Rubinstein Moderation: Dr. Karin Füllner Veranstalter: Internationale Musikakademie Anton Rubinstein in Kooperation mit der Heinrich-Heine-Gesellschaft
01.06.2019	Vernissage der Sonderausstellung „Die Comic-Kunst des Erzählens. Weltliteratur als Graphic Novel" Moderation: Jan von Holtum Veranstalter: Heinrich-Heine-Institut Im Rahmen der Düsseldorfer Litertaturtage
06.–10.06.2019	Bücherbummel auf der Kö Heinrich-Institut und Heinrich-Heine-Gesellschaft präsentieren sich Veranstalter: Bücherbummel auf der Kö e. V.
11.06.2019	Die Comic-Kunst des Erzählens Lesung und Gespräch mit Moritz Otto und Jan von Holtum Veranstalter: Heinrich-Heine-Institut Im Rahmen der Düsseldorfer Litertaturtage
12.06.2019	Experimentale 6 Sonderthema – Heimat und Exil Mit Sven-Ingo Koch, Matthias Schamp und Anke Stelling Veranstalter: Heinrich-Heine-Institut Im Rahmen der Düsseldorfer Litertaturtage
12.06.2019	Anke Stelling liest „Schäfchen im Trockenen" Moderation: Dr. Enno Stahl Veranstalter: Heinrich-Heine-Institut Im Rahmen der Düsseldorfer Litertaturtage
14.06.2019	Marion Brasch liest „Lieber woanders" Moderation: Dr. David Eisermann Veranstalter: Heinrich-Heine-Institut Im Rahmen der Düsseldorfer Litertaturtage
15.06.2019	Sonderführung „Clara Schumann" Mit Dr. Sabine Brenner-Wilczek und Frank Zabel Veranstalter: Heinrich-Heine-Institut in Kooperation mit dem Clara-Schumann-Kammerchor
18.06.2019 25.06.2019 29.06.2019	Haus der Universität Düsseldorfer Schule für Literatur und Kritik Mit Prof. Dr. Thomas Anz, Dr. Insa Wilke und Joshua Groß Veranstalter: Haus der Universität der Heinrich-Heine-Universität und Heinrich-Heine-Institut mit freundlicher Unterstützung durch das Kulturamt der Landeshauptstadt Düsseldorf
23.06.2019 14.07.2019	Theatermuseum Reihe: Reisebilder – Literatur im Hofgarten Stan Lafleur liest „Am Rande der Wahrscheinlichkeit" Philipp Schwenke liest „Das Flimmern der Wahrheit über der Wüste" Veranstalter: Heinrich-Heine-Institut, Literaturbüro NRW, Theatermuseum Düsseldorf, zakk. Mit freundlicher Unterstützung des Kulturamtes der Landeshauptstadt Düsseldorf

23.06.2019	Literatursalon „In Heines Gesellschaft" Moderation: Dr. Karin Füllner Veranstalter: Heinrich-Heine-Gesellschaft
04.07.2019	Kuratorenführung durch die Sonderausstellung „Die Comic-Kunst des Erzählens. Weltliteratur als Graphic Novel" Moderation: Jan von Holtum Veranstalter: Heinrich-Heine-Institut
07.07.2019	„Happy Birthday Clara" Experimentelles Wandelkonzert Mit Valentin Ruckebier, Frederike Möller, Cecilia Castagneto, Michalis Nicolaides, Ton und Bild: Konstantin Faust und Torsten Helbron Mit freundlicher Unterstützung der Kunststiftung NRW, der Kunst- und Kulturstiftung der Stadtsparkasse Düsseldorf und Frau Dr. med. Martina Häger
21.07.2019	„Erinnerungen". Es lesen: Ulrich Straeter und Bernd Desinger Moderation: Jan Michaelis Veranstalter: VS-Nordrhein-Westfalen, Regionalgruppe Düsseldorf Düsseldorf
11.08.2019	Kuratorenführung durch die Sonderausstellung „Die Comic-Kunst des Erzählens. Weltliteratur als Graphic Novel" Mit Jan von Holtum Veranstalter: Heinrich-Heine-Institut
18.08.2019 25.08.2019	Peter Schaaff: Comics zeichnen bei Heinrich Heine Moderation: Nora Schön Veranstalter: Heinrich-Heine-Institut
01.09.2019	Finissage der Sonderausstellung „Die Comic-Kunst des Erzählens. Weltliteratur als Graphic Novel" Gaby von Borstel und Peter Eickmeyer: „Im Westen nichts Neues" Moderation: Jan von Holtum Veranstalter: Heinrich-Heine-Institut
08.09.2019	„Viele tausend mächtige Bücher" Führung durch die Dauerausstellung zum Tag des offenen Denkmals Mit Dr. Sabine Brenner-Wilczek Veranstalter: Heinrich-Heine-Institut
14.08.2019	Digitales Museum: Heinrich Heine für Große und Kleine Museumsrallye und Workshop zum „Tag der Bildung" Veranstalter: Heinrich-Heine-Institut
15.08.2019	Vernissage der Ausstellung „Ideen! Zur Straße der Romantik und Revolution" Mit Dr. Sabine Brenner-Wilczek und Gaby Köster Veranstalter: Heinrich-Heine-Institut
19.09.2019	Tagesausflug der Heinrich-Heine-Gesellschaft Zur Synagoge und zur Mahn- und Gedenkstätte Düsseldorf Veranstalter: Heinrich-Heine-Gesellschaft
21.09.2019	Lesarten und Tonarten zum „Wintermärchen" Musikalische Lesung mit Dr. Andreas Turnsek, Gudrun Salger, Stephanie-Marie Turnsek und Olaf Schaper Moderation: Maren Winterfeld Veranstalter: Heinrich-Heine-Institut
01.10.2019 08.10.2019 29.10.2019	VHS-Seminar „Ideen! Zur Straße der Romantik und Revolution" Veranstalter: VHS Düsseldorf und Heinrich-Heine-Institut

12.–13.10.2019	Reihe: Text & Ton „Mit Makkaroni und Geistesspeise" Heinrich Heine, die Musik und die Salons Mit Dr. Hella Bartnig und Dr. Karin Füllner Veranstalter: Heinrich-Heine-Institut, Heinrich-Heine-Gesellschaft in Kooperation mit der Gesellschaft für Christlich-Jüdische Zusammenarbeit
12.–13.10.2019	Hamburg Exkursion: Auf Heinrich Heines Spuren in Hamburg Mit Dr. Sabine Bierwirth und Prof. Dr. Roland Schiffter Veranstalter: Sektion Berlin-Brandenburg der Heinrich-Heine-Gesellschaft
16.10.2019	Herbstferienprogramm Workshop „Wunderprächtiges Stammbuch" Moderation: Nora Schön Veranstalter: Heinrich-Heine-Institut
20.10.2019	Wilhelm Gössmann zum 93. Geburtstag Moderation: Dr. Sabine Brenner-Wilczek Veranstalter: Heinrich-Heine-Institut
20.10.2019	Familienführung durch die Dauerausstellung Veranstalter: Heinrich-Heine-Institut
20.10.2019	Literatur aus dem Gastland der Frankfurter Buchmesse Hanne Ørstavik liest „Die Zeit, die es dauert" Moderation: Maren Winterfeld Veranstalter: Heinrich-Heine-Institut
24.10.2019	„Annäherungen" Uwe Schütte über W. G. Sebald Moderation: Maren Winterfeld Veranstalter: Heinrich-Heine-Institut
25.10.2019	Maxhaus Reihe: Text & Ton „Düsseldorf ist ein Klein-Paris, aber verflucht klein" Felix Mendelssohn Bartholdy und Heinrich Heine Heine-Literaturdinner Mit Dr. Karin Füllner und Dr. Ursula Roth Veranstalter: Heinrich-Heine-Institut, Heinrich-Heine-Gesellschaft, Maxhaus
26.10.2019	Fest auf der Bilker Straße „Ideen! Zur Straße der Romantik und Revolution" Mit Dr. Sabine Brenner-Wilczek und Gaby Köster Veranstalter: Heinrich-Heine-Institut
27.10.2019	Familienprogramm „Heine-Trommel bauen" Veranstalter: Heinrich-Heine-Institut
29.10.2019	Heine und Fontane Vortrag von Prof. Dr. Joseph A. Kruse Veranstalter: Heinrich-Heine-Institut

30.10.2019	„Das Wunderkind – An Clara Schumann" Konzertperformance mit Musik und Schauspiel von Friederike Felbeck Mit Karin Pfammatter, Ani Ter-Martirosyan und Julia Hagemüller Veranstalter: Heinrich-Heine-Institut
03.11.2019	„Es ist so süß zu scherzen" – Künstlerpaar, Liebespaar Clara und Robert Schumann und ihre Vertonungen der Gedichte Emanuel Geibels Mit Stefan Adam, Christoph Stöcker und Dr. Cornelia Preissinger Veranstalter: Heinrich-Heine-Institut
06.11.2019	Reihe: Heine um 11 „O schöne Welt, du bist abscheulich" Heinrich Heine in der Pariser Matratzengruft Mit Dr. Karin Füllner und Dr. Martin Menges Veranstalter: Heinrich-Heine-Gesellschaft und VHS Düsseldorf
15.11.2019	Podiumsdiskussion zur Sonderausstellung „Ideen! Zur Straße der Romantik und Revolution" Veranstalter: Heinrich-Heine-Institut
16.11.2019	Düsseldorfer Toy Piano Festival 2019 Komponistinnen und ihre Heine-Vertonungen Mit Frederike Möller Veranstalter: Heinrich-Heine-Institut
17.11.2019	Kabarett mit Martin Maier-Bode zur Sonderausstellung „Ideen! Zur Straße der Romantik und Revolution" Veranstalter: Heinrich-Heine-Institut
21.11.2019	Hommage an Clara Schumann Konzert von Studierenden der Internationalen Musikakademie Anton Rubinstein Moderation: Dr. Karin Füllner Veranstalter: Internationale Musikakademie Anton Rubinstein in Kooperation mit der Heinrich-Heine-Gesellschaft
24.11.2019	„Clara 200" Clara Schumann als Klavierpädagogin und Geschäftsfrau Mit Prof. Dr. Ute Büchter-Römer und Nadja Bulatovic Veranstalter: Robert-Schumann-Gesellschaft in Verbindung mit dem Heinrich-Heine-Institut im Rahmen der Kooperation Heine@Schumann
28.11.2019	Berlin „Ich wollte über Literatur schreiben und habe mit der Politik angefangen" Abschlusspräsentation der Herwegh-Gesamtausgabe Veranstalter: Sektion Berlin-Brandenburg der Heinrich-Heine-Gesellschaft in Kooperation mit dem Forum Vormärz Forschung
05.12.2020	Adventskonzert mit Studierenden der Internationalen Musikakademie Anton Rubinstein Moderation: Dr. Karin Füllner Veranstalter: Musikakademie Anton Rubinstein in Kooperation mit dem Heinrich-Heine-Institut

07.12.2019	22. Internationales Forum Junge Heine-Forschung Mit Vorträgen von Kyra Gerber (Amsterdam): Heine auf dem europäischen Olymp. Die jüdische und weltliche Emanzipation in der Umsturzperiode von 1830–1848; Simone Pohlandt (Düsseldorf): Auseinandersetzung und Provokation. Die Heinrich-Heine-Denkmäler von Bert Gerresheim; Vanessa Mittmann (Wuppertal): Handelswege als Handlungswege. Bacharach als Schlüsselort in Heinrich Heines „Der Rabbi von Bacherach"; Geraldine Hupp und Nina Staudinger (Düsseldorf): Philologie und Praxis – „Die Harzreise" Leitung und Moderation: Dr. Sabine Brenner-Wilczek und Prof. Dr. Volker Dörr Veranstalter: Heinrich-Heine-Institut, Heinrich-Heine-Gesellschaft, Institut für Germanistik der Heinrich-Heine-Universität Düsseldorf
12.12.2019	Berlin Feier zu Heines Geburtstag Mit einem Gastspiel des Zimmertheaters Steglitz: „Heinrich Heine und die Jiddische Seele" Veranstalter. Sektion Berlin-Brandenburg der Heinrich-Heine-Gesellschaft
14.12.2019	Palais Wittgenstein. Institut Français, Heinrich-Heine-Institut 5. Heine-Nacht Katharina Thalbach liest aus „Deutschland. Ein Wintermärchen"; Vorträge, Performances, Musik und Führungen von Duo „toi et moi", Dr. David Eisermann, Moritz Führmann, Thomas Karl Hagen, Dr. Jan-Christoph Hauschild, Jan von Holtum, Christian Liedtke, Tom Lorenz, Vanessa Mittmann, „Rheinische Humorverwaltung", Nadine Royer, Nora Schön, Dr. Enno Stahl, Marcia Zuckermann Veranstalter: Heinrich-Heine-Institut, Heinrich-Heine-Gesellschaft in Verbindung mit dem Institut Français und dem Kulturamt der Stadt Düsseldorf Im Rahmen der Ausstellung „175 Jahre ‚Deutschland. Ein Wintermärchen'" Kuratorin: Dr. Sabine Brenner-Wilczek

Ankündigung
24. Forum Junge Heine-Forschung
Heinrich-Heine-Institut, Düsseldorf
11. Dezember 2021

Gesucht werden neue Arbeiten und Forschungsansätze, die sich mit dem Werk des Dichters, Schriftstellers und Journalisten Heinrich Heine beschäftigen oder die Heine-Zeit thematisieren. Die Forschungsergebnisse können auf Bachelor- und Masterarbeiten, Dissertationen oder laufenden, nicht abgeschlossenen Studien basieren und im Rahmen halbstündiger Vorträge einem interessierten und fachkundigen Publikum präsentiert werden. Das „Forum Junge Heine Forschung" weist eine internationale sowie interdisziplinäre Ausrichtung auf.

Als Vernetzungs- und Austauschplattform blickt das „Forum Junge Heine Forschung" auf eine mehr als zwanzigjährige Tradition zurück. Am 5. Dezember 2020 laden das Heinrich-Heine-Institut der Landeshauptstadt Düsseldorf, die Heinrich-Heine-Gesellschaft e. V. und das Institut für Germanistik der Heinrich-Heine-Universität Düsseldorf anlässlich des Geburtstags des Dichters bereits zum 24. Mal zu diesem besonderen Kolloquium ein.

Die anfallenden Fahrt- und Übernachtungskosten werden für alle Referentinnen und Referenten übernommen. Die Heinrich-Heine-Gesellschaft lobt für das beste Referat, die Auswahl erfolgt durch eine Fachjury, einen Geldpreis aus. Der prämierte Vortrag wird zudem im Heine-Jahrbuch 2022 publiziert. Weitere Informationen zur Konzeption und Ausrichtung bieten die Berichte in den Heine-Jahrbüchern von 2001 bis 2020.

Einsendungen

Für die Anmeldung eines Referats ist es erforderlich, ein kurzes Exposé (ca. 1 Seite) sowie ein Curriculum Vitae per Email einzureichen. Stichtag ist der 1. Oktober 2021.

Adresse:
Heinrich-Heine-Institut
Landeshauptstadt Düsseldorf
Bilker Straße 12–14
40213 Düsseldorf
Dr. Sabine Brenner-Wilczek, Direktorin
E-Mail: sabine.brennerwilczek@duesseldorf.de

Abbildungsnachweise

S. 18 Titelseite der Zeitschrift „Bimini" (Hoffmann und Campe) mit einer Illustration zu Heines gleichnamigem Gedicht (1924)
Heinrich-Heine-Institut, Düsseldorf

S. 31 Holzschnitt zu Sebastian Brant, „Das Narrenschiff" (1499)
Heinrich-Heine-Institut, Düsseldorf

S. 45 Ein römischer Liktor. Stahlstich nach einer Zeichnung von Jacques Grasset de Saint-Auveur. Aus: Jacques Grasset de Saint-Auveur: L'Antique Rome ou déscription historique et pittoresque de tout ce qui concerne le peuple romain […]. Paris 1796.

S. 53 Weltkarte aus: Heinrich Bünting: Itinerarium Sacrae Scripturae, Oder: Reise-Buch über die gantze heilige Schrift. Erfurt 1752.
Wikimedia Commons

S. 82 Sederfeier. Abbildung aus der Darmstädter Pessach-Haggada (um 1410). Aus: Adolf Kober: Aus der Geschichte der Juden im Rheinland. Düsseldorf 1931 (Rheinischer Verein für Denkmalpflege und Heimatschutz, 1931, Heft 1)
Heinrich-Heine-Institut, Düsseldorf

S. 118 Theodor Fontane, Notat eines Heine-Zitats im Notizbuch E6. Aus: Theodor Fontane: Notizbücher. Digitale genetisch-kritische und kommentierte Edition. Hrsg. von Gabriele Radecke. URL: https://fontane-nb.dariah.eu/index.html [letzter Zugriff: 28.07.2020]
Creative Commons CC0

S. 160   Bücherverbrennung beim Wartburg-Fest (1817). Spätere Darstellung von unbekanntem Künstler.
Heinrich-Heine-Institut, Düsseldorf

S. 166   Hinterhäuser in der Frankfurter Judengassse. Lithographie von Peter Becker (1872). Aus: Peter Becker: Bilder aus dem alten Frankfurt nach der Natur gezeichnet. Frankfurt a. M. o. J. [1874].

S. 207   Un accapareur du Café Momus (Paris). Lithographie nach Charles Joseph Traviès de Villers. Paris o. J. (ca. 1825).
Heinrich-Heine-Institut, Düsseldorf

S. 225   Schreiben von Karl Gutzkow an Bernhard von Cotta, 19. Januar 1856, mit Briefkopf der „Unterhaltungen am häuslichen Herd".
Heinrich-Heine-Institut, Düsseldorf

S. 240   Abgeschnittenes Fragment eines Briefes von Heinrich Heine an Gustav oder Maximilian Heine.
Heinrich-Heine-Institut, Düsseldorf

S. 248   Quittung von Lafitte (?) für Heinrich Heine, 3. September 1845.
Heinrich-Heine-Institut, Düsseldorf

S. 257   Else Gurlitt mit ihrem Bruder Hans. Fotografie von August Linde, Gotha. Elizabeth Baars, Hamburg. Mit freundlicher Genehmigung

Hinweise für die Manuskriptgestaltung

Für unverlangt eingesandte Texte und Rezensionsexemplare wird keine Gewähr übernommen. Ein Honorar wird nicht gezahlt.

Es gelten die Regeln der neuen deutschen Rechtschreibung.

Bei der Formatierung des Textes ist zu beachten: Schriftart Times New Roman 14 Punkt, linksbündig, einfacher Zeilenabstand, Absätze mit Einzug (erste Zeile um 0,5 cm); ansonsten bitte keine weiteren Formatierungen von Absätzen oder Zeichen vornehmen, auch keine Silbentrennung.

Zitate und Werktitel werden in doppelte Anführungszeichen gesetzt. Langzitate (mehr als drei Zeilen) und Verse stehen ohne Anführungszeichen und eingerückt in der Schriftgröße 12 Punkt. Auslassungen oder eigene Zusätze im Zitat werden durch eckige Klammern [ ] gekennzeichnet.

Außer bei Heine-Zitaten erfolgen die Quellennachweise in den fortlaufend nummerierten Anmerkungen. Die Anmerkungsziffer (Hochzahl ohne Klammer) steht vor Komma, Semikolon und Doppelpunkt, hinter Punkt und schließenden Anführungszeichen. Die Anmerkungen werden als Endnoten formatiert und stehen in der der Schriftgröße 10 Punkt am Schluss des Manuskriptes. Literaturangaben haben die folgende Form:

Monographien: Vorname Zuname des Verfassers: Titel. Ort Jahr, Band (römische Ziffer), Seite.

Editionen: Vorname Zuname (Hrsg.): Titel. Ort Jahr, Seite.

Artikel in Zeitschriften: Vorname Zuname des Verfassers: Titel. – In: Zeitschriftentitel Bandnummer (Jahr), Seite.

Artikel in Sammelwerken: Vorname Zuname des Verfassers: Titel. – In: Titel des Sammelwerks. Hrsg. von Vorname Zuname. Ort Jahr, Band, Seite.

Verlagsnamen werden nicht genannt.

Bei wiederholter Zitierung desselben Werks wird in Kurzform auf die Anmerkung mit der ersten Nennung verwiesen: Zuname des Verfassers: Kurztitel [Anm. XX], Seite.

Bei Heine-Zitaten erfolgt der Nachweis im laufenden Text im Anschluss an das Zitat in runden Klammern unter Verwendung der Abkürzungen des Siglenverzeichnisses(hinter dem Inhaltsverzeichnis) mit Angabe von Band (römische Ziffer) und Seite (arabische Ziffer), aber ohne die Zusätze „Bd." oder „S.": (DHA I, 850) oder (HSA XXV, 120).

Der Verlag trägt die Kosten für die von der Druckerei nicht verschuldeten Korrekturen nur in beschränktem Maße und behält sich vor, den Verfasserinnen oder Verfassern die Mehrkosten für umfangreichere Autorkorrekturen in Rechnung zu stellen.

Das Manuskript sollte als „Word"-Dokument oder in einer mit „Word" kompatiblen Datei per E-Mail (an: christian.liedtke@duesseldorf.de) eingereicht werden.

Mitarbeiterinnen und Mitarbeiter des Heine-Jahrbuchs 2020

Dr. Sabine Brenner-Wilczek, Heinrich-Heine-Institut, Bilker Str. 12–14, 40213 Düsseldorf

PD Dr. Olaf Briese, Europa-Universität Viadrina Frankfurt (Oder), Kulturwissenschaftliche Fakultät, Lehrstuhl für Neuere Geschichte und Kulturgeschichte, Große Scharrnstr. 59, 15230 Frankfurt (Oder)

Dr. Leslie Brückner, CEGIL, Université de Lorraine, UFR Arts, Lettres et Langues, Ile du Saulcy, CS 70328, 57045 Metz cedex 01, Frankreich

Elena Camaiani, Heinrich-Heine-Institut, Bilker Str. 12–14, 40213 Düsseldorf

Dr. Patricia Czezior, Verlagsgruppe Random House GmbH, Neumarkter Str. 28, 81673 München

Prof. Dr. Iwan-Michelangelo D'Aprile, Kulturen der Aufklärung, Universität Potsdam, Am Neuen Palais 10, 14469 Potsdam

Prof. Dr. Karen Feldman, Department of German, University of California, Berkeley, Berkeley, CA 94720-3243, USA

Kyra Gerber, Van Nijenrodeweg 32, 1083EB Amsterdam, Niederlande

Prof. Dr. Willi Goetschel, Department of German, University of Toronto, St. Michael's College, Odette Hall, 50 St. Joseph Street, Toronto, ON M5S 1J4, Kanada

Prof. Dr. Dietmar Goltschnigg, Karl-Franzens-Universität Graz, Institut für Germanistik, Harrachgasse 21/V, 8010 Graz, Österreich

Prof. Dr. Ralph Häfner, Lehrstuhl für Neuere deutsche Literaturgeschichte, Deutsches Seminar, Universität Freiburg. Platz der Universität 3, 79085 Freiburg/Br.

Prof. Dr. Bernd Kortländer, Rheinallee 110, 40545 Düsseldorf

Prof. Dr. Jörg Kreienbrock, Department of German, Comparative Literary Studies Program, Northwestern University, 1880 Campus Drive, Evanston, Illinois 60208, USA

Dr. Hans Kruschwitz, RWTH Aachen, Germanistisches Institut, Templergraben 55, 52056 Aachen

Prof. Dr. Joseph A. Kruse, Heylstr. 29, 10825 Berlin

Prof. Dr. Martina Lauster, Cowley Manor, Cowley, Exeter EX5 5EJ, Großbritannien

Christian Liedtke, Heinrich-Heine-Institut, Bilker Str. 12–14, 40213 Düsseldorf

Dr. Andree Michaelis-König, Selma Stern Zentrum für jüdische Studien Berlin-Brandenburg / Axel Springer-Lehrstuhl für deutsch-jüdische Literatur- und Kulturgeschichte, Exil und Migration, Kulturwissenschaftliche Fakultät der Europa-Universität Viadrina, Große Scharrnstr. 59, 15230 Frankfurt (Oder)

Dr. Gabriele Schneider, Gartenkampsweg 13 d, 40822 Mettmann

Dr. Zouheir Soukah, Himmelgeister Str. 72, 40225 Düsseldorf

Dr. Robert Steegers, Rheinische Friedrich-Wilhelms-Universität Bonn, Bonner Zentrum für Lehrerbildung, Poppelsdorfer Allee 15, 53115 Bonn

Maren Winterfeld, Heinrich-Heine-Institut, Bilker Str. 12–14, 40213 Düsseldorf

MIX
Papier aus verantwortungsvollen Quellen
Paper from responsible sources
FSC® C105338

If you have any concerns about our products,
you can contact us on
ProductSafety@springernature.com

In case Publisher is established outside the EU,
the EU authorized representative is:
**Springer Nature Customer Service Center GmbH
Europaplatz 3, 69115 Heidelberg, Germany**

Printed by Libri Plureos GmbH
in Hamburg, Germany